巨匠之门

画坛名家寻访录

任愚颖 著

青岛出版社
QINGDAO PUBLISHING HOUSE

图书在版编目(CIP)数据

巨匠之门: 画坛名家寻访录/任愚颖著. --青岛:
青岛出版社, 2021.1
　　ISBN 978-7-5552-7362-2

　　Ⅰ.①巨… Ⅱ.①任… Ⅲ.①书画家－生平事迹－中
国－现代 Ⅳ.①K825.72

中国版本图书馆CIP数据核字(2019)第024443号

书　　名	巨匠之门——画坛名家寻访录
著　　者	任愚颖
出版发行	青岛出版社
社　　址	青岛市海尔路182号（266061）
本社网址	http://www.qdpub.com
邮购电话	13335059110　0532-85814750（传真）　0532-68068026
策划编辑	申　尧
责任编辑	唐运锋　张凯歌
责任校对	李文艳　张伸宇
装帧设计	乔　峰
内文制版	珍丽工作室
印　　刷	青岛东方华彩包装印刷有限公司
出版日期	2021年1月第1版　　2021年1月第1次印刷
开　　本	16开（710 mm×1000mm）
印　　张	45
字　　数	710千
印　　数	1-5000
书　　号	ISBN 978-7-5552-7362-2
定　　价	158.00元

建议陈列类别：传记/艺术/

编校质量、盗版监督服务电话 4006532017 0532-68068670

青岛版图书售后如发现质量问题，请寄回青岛出版社出版印务部调换。电话：0532-68068629

自　序

二○○七年春天，我开始写可染先生逸闻轶事，连续写了一段时间，报章发表不久，便有读者来函来电，说是都剪贴了起来，这说明拙作并未被当作废纸丢弃。后来我又写了几位先生，都有读者说好，于是便有了成书之想。最后定格为十位先生，写到二○一七年春末，用了十年。

"十年磨一剑，霜刃未曾试。"这是唐代诗人贾阆仙（岛）《剑客》中的诗句。我之所为与贾诗人说的不一样。十年之间，我边"磨"边试，从反馈的信息看，这把"剑"还不算"钝"。

写的十位先生都是书画大家。所作有的出于本意，有的出于无心，有的出于随意。二十世纪八十年代初，因为某次会议去安徽，顺道访问了歙县潭渡村的黄宾虹故居，宾翁亲朋故旧以朴实的言辞叙述老先生的行状和艺术，本人感慨颇多。不久又搜集了不少宾翁的资料，写过可染先生后，便写了黄宾虹。不过，宾翁的书画和学问等，艰深而古奥，的确让我费了不少力气，当然，更多的是让我学到了不少东西。原来并无写吕凤子先生的打算，一次偶然去苏州，画友介绍凤子先生晚年居姑苏，是中国近现代美术史上不可或缺的人物。画友又带我访问了凤子先生四子去癖先生，尔后又去丹阳造访凤子先生故居，有了大量资料，写凤子先生便成了顺理成章之事。写潘天寿先生也是那次去安徽，接下来去杭州，参观南山路潘先生故居时，他的一本线装诗稿吸引了我。在我了解的当今书画大家中，旧诗造诣能超过潘先生的，不多。于是我从潘诗入手，知其画、知其人，便有了后来的文章。写其他先生也各有一段故事，这里不一一赘述。

写作中我把先生们为人熟知的行状和艺术一笔带过，不细说。有些事情受历史背景的限制，不能不说时，或详或略视情而定。此种情况我便在人们对先生们不甚了解的大量素材中筛选、过滤。比如可染先生有一方"三企"画印，写这一节时，我把笔墨都用在学术考证上，对印章少有人知的来历，做了自认比较精准的论定。还有，抱石先生一生嗜酒，几乎无人不知，我则从他为何嗜酒入手，追根求源。原来，抗战奔波途中，国破家亡之际，抱石先生最心爱的大女儿因病不能及时得到救治而亡故，他五内俱焚，以酒浇恨、浇怨、浇愁，也"浇"画，从此便有了"傅氏常常把酒当作茶饮"的轶闻。

承蒙不弃，先生们的夫人和后人，为我提供了大量鲜为人知的资料，这是我能够写成这部书稿的重要原因，我诚挚地感谢他们。

写作过程中，我以两种思维方式为导引，即：一般情况下，胜利了，就是正确了；失败了，就是错误了。还有做任何事情，从坏处着想，往好处努力。基于此，我才能于十年之内把"剑"磨了出来。

本书至少可以从以下三个方面回答读者特别是年轻读者欲知、须知和要知的问题：其一，一个人可不可以成为大家？其二，怎样才能成为一个真正的大家？其三，为什么要成为一个大家？从我对十位先生的学问、艺术、为人等述说之中，读者或许可以得到点滴启示。

"路漫漫其修远兮，吾将上下而求索。"这是屈子两千多年前说的话，似乎老了些，然而，当我将这部书稿奉献在读者面前的时候，我觉得这句话有了更新的意蕴，使我想到日后该如何做事。

"《诗》总六义，'风'冠其首，斯乃化感之本源，志气之符契也。"这是刘勰说过的话，意为文章不在长短，而在风骨。这部书稿能否为读者接受，公等自可裁之，余岂敢奢想欤？

任愚颖

二〇一八年冬初于风储堂上

● 工艺美术先驱陈之佛

● 艺高仁厚李苦禅

默默耕耘林风眠

· 真情真性傅抱石

心系山川李可染

黄宾虹是大学问家、大艺术家、大鉴赏家，他的名字在业内几乎无人不晓。就是这样一位大家，却有着令人意想不到的非凡经历：年轻时身背宝剑，飞跨战马，为抗清的乡勇团练指点迷津；为了支持辛亥革命，他在家乡支起炉灶，铸起了铜钱……他心仪黄宗羲，崇仰谭嗣同……一腔爱国情怀和满腹经纶铸就了这位时代骄子。

• 满腹经纶　黄宾虹 •

纪念室留步

晚秋的杭州栖霞岭，虽然已是"霜露既降，木叶尽脱"，然而红枫却像是簇簇火焰，在碧空中闪闪跳跳，令人目不暇接。望着美丽的景致，想起秋熟后农家丰收的喜悦，一首首秋歌仿佛荡进了耳廓。此刻，我和杭州的朋友走进了西湖岳庙旁边的一个小巷，也就几分钟的路程，便来到了我们要拜访的黄宾虹的故居。

故居的大门为月洞门，门上端有青瓦厦檐，檐下是沙孟海先生题写的"黄宾虹纪念室"六个大字，凝重、清逸而端庄。站立门口，首先映入我们眼帘的是黄

⊙ 黄宾虹纪念室

3

⊙黄宾虹雕像

宾虹的雕像。翠竹丛中，黄宾虹布袍长衫，面容谦恭而慈祥，手臂放在身前，平易而朴实。望着黄宾虹眼镜片后面那双略带笑意的眼睛，好像可以听到他浓重的安徽歙县乡音，在亲切地招呼前来拜望的人："欢迎光临寒舍……"黄宾虹就是这样一位满腹经纶、平易近人又热情好客的巨擘。

黄宾虹是我国开宗立派的山水画大家。他一八六五年出生，安徽歙县人，名质，字朴存，别署予向、虹叟，中年时更号宾虹。他是画家，也是思想家、政治家。早年他与谭嗣同结识，希图革新政事，后来又与柳亚子等人创立南社，与孙中山的海外同盟会相呼应，反抗清廷。黄宾虹在长达八十余年的艺术实践活动中，参赞造化，匡正时弊，开拓创新，在我国美术史上留下了辉煌的一页。

进门不多远，便是黄宾虹的画室。面积不太大的一个书桌，是黄宾虹的画案。据工作人员介绍，画室里的一切陈设，以及黄宾虹的居室等，都是按照黄宾虹生前原样布置的。画室里的一砚一钵、一墨一笔，都散放在那里，很随意。笔筒里的笔，大多无毫；笔筒旁边的笔洗上还有墨痕点点，没做任何整理和修饰，自然而真实。听当年曾经亲眼看见过黄宾虹挥毫的先生们说，黄宾虹使用的毛笔几乎都是秃的，作起画来，先是对宣纸端详一阵，然后蘸起浓浓的墨汁，便在纸上飞笔走线了；运腕过程中，也不蘸墨，笔上的墨用尽了，还画，还在勾勾点点；然后，再把笔往笔洗里沾些水，再画；这样一遍遍沾水，直至笔上没有墨了，再蘸墨……如此反复数次，直到完成画作。黄宾虹这种特有的运笔方法，使每一个旁观的人无不大为惊诧。人们根本不会想到，黄宾虹一张张劲健沉稳、浑厚华滋的瑰宝佳作，竟是这样问世的。

纪念室里，我们可以看到，黄宾虹的画案前有一扇明窗，透过明窗，可以看到栖霞岭。当年，栖霞岭上的云卷云舒，啸啸涛声，给黄宾虹带来了多少遐思和愉悦。黄宾虹心态好，勤奋治艺，每天总是凌晨便起来运腕走墨，不管冬春寒暑，无休止时。在黄宾虹的卧室里，可以看到一张简朴的单人床，四周墙上挂着黄宾虹的一幅幅画作，或远山，或近树，或小桥，或亭榭，叠嶂层峦，烟云满纸，沧古而润泽，淋漓而酣畅，真是气韵生动，惊人魂魄。

纪念室里陈列着黄宾虹生前用过的实物，诸如画稿、速写本之类。墙上的一幅幅放大了的生平照片，透过岁月的风尘，真实而生动地向人们述说着黄宾虹一生的坎坷与追求、泪水与欢乐、忧戚与希冀。老人坚韧而沧桑的足迹，使人们近距离地了解到黄宾虹既是一位对祖国、家乡饱含深情的伟大爱国者，同时也是对中华民族传统绘画传承、开拓和发展的一代宗师。

同来的朋友说，晚年的黄宾虹在杭州栖霞岭一共生活了七年。他应当时国立杭州艺术专科学校（以下简称杭州艺专）校长潘天寿先生的聘请到学校任教授，于一九四八年七月二十三日由北平南归（这时杭州艺专的校长已是汪日章了）。临行之前，当时国立北平艺术专科学校（以下简称北平艺专）的校长徐悲鸿去看望他，为他送行。黄宾虹正在作画，徐悲鸿看到老人刚画完一石，便挥笔在石上补了一只展翅的雄鹰，算是作为与黄宾虹分别的纪念。黄宾虹先是到上海作短暂停留（因当时正值解放战争期间，交通不便，家人要从天津走水路到上海与黄宾虹会齐，再一同赴杭州）。上海的亲朋故旧和美术界的同仁为黄宾虹举行了隆重的欢迎会，一直到八月十二日（在沪停留二十天），全家才从上海一起来到杭州。

同来的杭州朋友对黄宾虹的逸闻知之较多。他说，黄宾虹到杭州后，全家人的落脚点开始时是岳庙旁边栖霞岭十九号的杭州艺专宿舍。当时的房子共两间，全家六口人都挤在这两间房子里，未免太狭窄。就是这样，黄宾虹也一直在这里住了三年。经领导过问，才于一九五一年四月迁到了栖霞岭三十二号，即现在的纪念室。黄宾虹在给友人的信中说："……敝寓迁移栖霞岭三十二号，距旧址仅一牛鸣地，较前宽展……"黄宾虹在杭州安顿下来之后，一面到杭州艺专授课，一面在家里作画，整理文稿。一次，杭州艺专国画科的教授潘天寿、吴茀之、诸乐三、潘韵等先生在杏花村宴请黄宾虹和夫人，吴茀之教授就当时国画创作遇到的一些问题，特别是对一些画得不中不西、不讲笔法、缺少时代性的作品怎么看的问题，求教于黄宾虹。黄宾虹立刻回答说，国画讲究笔墨，犹如人体要有骨骼一样，如果光是靠明暗色彩取媚，不讲笔墨，作品就会像木偶一样，没有灵魂气血；反过来，如果只讲笔墨，缺乏生趣，无气无韵，也不足取。因此，中国画既要有笔有墨，又要讲究气韵生动，再和时代背景结合起来，这样才能把创作的路子走好。黄宾虹对东方艺术特有之精神又作了阐述，他说："我们国家的科学发展，虽然不如西方，但是，我们的艺术却能卓立于世界。西方的艺术崇尚写实，我们的艺术则是以'神'为象征，这也就是我们东方艺术特有的精神。有些西方人误认为日本是东方艺术的代表，其实我们国家才是东方艺术的发源地。"又说，"我们国家有那么多的精妙作品和画家人才，日本是远远不能比的。"黄宾虹自己经常外出写生，把看到的能够打动心弦的山山水水收进自己的画本，从而使自己的笔墨更加超脱，境界更加新奇。诸教授对黄宾虹八十五岁高龄还跋山涉水写生的这种执着追求的可贵艺术精神着实钦佩。

吴茀之等教授宴请黄宾虹后不几天，黄宾虹便从自己收藏的古今名画中拿出四十幅，在外西湖的杭州艺专画廊对外展出。黄宾虹不仅天天到展览现场接待参观人员，还结合画作，详细而生动地一一解答提问者的问题，他还为展出的每一件作品写了比较准确而详细的说明文字。展品中有明人徐渭的立轴人物，黄宾虹在说明中写道："徐渭字文长，号青藤，工诗文书画，才气雄伟，笔墨章法，冠冕明代。所画人物，尤为罕见。"此言准确而形象，生动而真实，黄宾虹就是这样一位对艺术认真、严肃、负责、一丝不苟，让人肃然起敬的一代大家。

当我们恋恋不舍地离开黄宾虹纪念室的时候，栖霞岭的红枫似乎更加灿烂、艳丽了。我们在纪念室的半天时间里，得到了丰厚的收获，这些收获，像是一首首秋歌，又荡进了我们的耳廓……

拳拳报国心

　　年轻时的黄宾虹，也曾浸润于中国传统书画的研究，特别对古印产生了浓厚兴趣，既精心搜罗，又致力研究。无奈，终因国运不昌，容不得他安然坐在书斋里舞文弄墨。他的心时时与国运兴衰牵系在一起，所以当康梁变法失败，八国联军攻占北京，全国上下怒斥清廷腐败无能，纷纷举起反帝大旗的时候，本来就忧国忧民的黄宾虹，当然也坐不住了。

　　由于义和团的兴起，杀洋教、抗击清军的热潮此起彼伏。黄宾虹的家乡安徽歙县也受到波及，自发办起了团练。在国事日艰的情况下，黄宾虹苦于报国无门，决心从家乡做起，于是便和朋友郑摺书一起，招募新兵，在家乡潭渡村对岸的圣僧寺进行训练，以图报效国家。他每天和兵丁一起跃马击剑，演习拳术，颇有豪气。但是，养兵需要饷银，当时老百姓正处在水深火热之中，哪有力量捐出饷银？有人提出，歙县东边的丰塥（塥，犹如土堰，土地无堰水土易流失）常年失修，许多田地荒芜在那里，实在可惜，如果把那里的土地认真整修一遍，把荒田变成良田，农民就可以精耕细作，自然也就能过上温饱的日子，拿出一些饷银来也就不在话下了。歙县知县许崇贵知道黄宾虹可以担起此任，就委派他和郑摺书一起承办整修丰塥的水利和农垦方面的事情。这时黄宾虹三十七岁，正是奋发有为的年纪，出于对穷苦百姓的同情，也出于一颗强烈的报国之心，他欣然接受知县的委派，并立即走马上任。第二年春天，农事不忙，正是兴修水利的大好时节，他便和修塥人员一起，查看流水的走向，安排塥坝的修建，研究水势的高低和田地的肥沃与贫瘠。他每天日出而作，日落而息，"终朝力役……风餐露息，作辍不时"。由于黄宾虹尽职尽责，对"作苦之夫"根据工作量的大小付给报酬，提高了大家的积极性，所以修堨的工程进度很快。当年春天开始施工，到了秋天，田地便有了很好的收成。

次年，郑撮书要到南京的洋务局去做事，继续修堨的任务便落到黄宾虹一人身上了。黄宾虹也觉得肩上的担子更重了，他在《任耕感言》中回忆道，自己是"独任其艰""益加谨慎"。他是一个办事非常认真的人，每天天不亮就骑马出去，在星月朦胧之中，渡水过桥，有时遇到山洪暴发，大水没到马的腹部，他也不惧危险照样前行。有时遇到晚上行路，不是烟雾昏霾看不清路径，就是蔓草堵塞无法行走……但他仍然马不停蹄地"循行垄"细心勘察，唯恐修好的丰堨出问题。

因为孙中山组织的兴中会和后来黄兴等人组织的兴华会在全国各地开展民主、民权的宣传，一时间宣传民主革命思想和新政的热潮如火如荼，一些志士仁人到处奔走呼号，以实际行动兴学堂、办报纸。一九〇四年二月，陈独秀在芜湖创办了《安徽白话报》。趁农闲之际，黄宾虹也到了芜湖，一位朋友便介绍他到当时革命志士集中、宣传民主革命氛围最浓的安徽公学去做事。当时陈独秀是这所学校的教员。陈独秀在安徽公学发起成立了革命秘密组织岳王会，并担任会长。在革命氛围如此浓厚的情况下，黄宾虹身临其境，接触了许多革命志士，其中，陈去病就是最突出的一位。当时歙县也办起了新学，黄宾虹的同窗好友许承尧把旧试院改成校舍，成立了歙县第一所中学——新安中学堂，聘请黄宾虹担任该校的国文老师。不久，他就把陈去病介绍到新安中学堂教书。

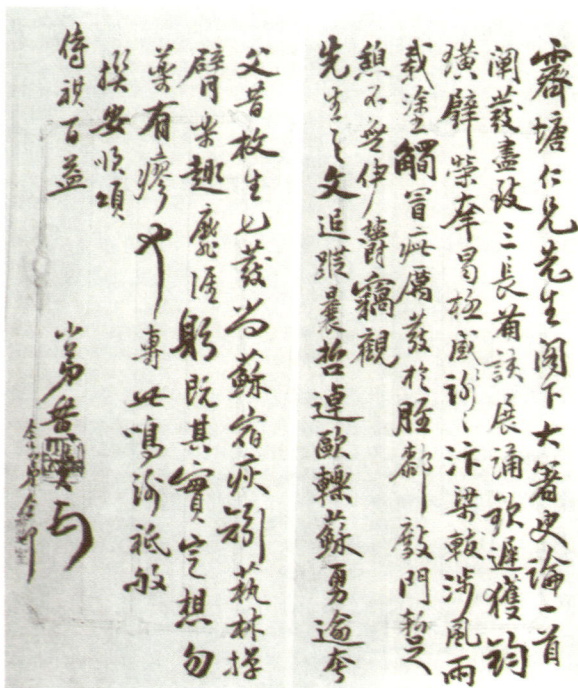

⊙ 黄宾虹致许承尧的信

陈去病(一八七四至一九三三),字巢南,号佩忍,江苏吴江人,早年在家乡的时候就组织过雪耻会,大力宣传维新和革命。此前曾在日本加入过"拒俄义勇队",在上海担任过《警钟日报》的主笔,并加入孙中山领导的同盟会。陈去病的到来,令新安中学堂出现了新的革命生机。陈去病在《诸生讲史》一诗中这样写道:"兴亡自古寻常事,只为中原种族悲……而今休痛无家国,不见稽山励胆新。匹妇匹夫咸与责,楚吴三户可亡秦。""天下兴亡,匹夫有责"的爱国情怀溢于言表。在新安中学教书时期,他还写了两部著作,一部是叙述清初汉族人民抗拒剃发蓄辫的故事,再一部是介绍东南志士的抗清轶事。为了更有力地开展反清运动,陈去病到歙县不久,黄宾虹便与新安中学堂的几位老师一起组织了以诗文宣传革命的黄社——这是为纪念明末清初著名思想家黄宗羲而创建的组织。黄宗羲的一个重要观点就是"非君论",他认为"然则天下之大害,君而已矣! 向使无君,人各得其私也",黄宾虹等人认为黄宗羲的这个观点与他们强烈反对清朝统治的看法一致,所以将创建的组织取名叫"黄社"。黄社的社盟由校长许承尧起草,主要的观点是:一、遵梨洲(黄宗羲,字梨洲)之旨;二、取新学明理;三、忧国家而为文。黄社不设社长,只设理事,由许承尧担任,黄宾虹为助理。当初成立的时候,属于秘密性质,社盟共九人,有黄宾虹、陈去病、许承尧、江炜、汪律本等,另外还有在县学任职的聂伯麓、李潮。黄社成立后,成员除了撰写一些带有革命倾向的诗文外,还秘密进行了一些活动,黄宾虹都参与了。有时他还在自己家里进行一些活动,他的妻子洪四果只知道黄宾虹常常是半夜三更才回家,有时还带来一些平素并不熟悉的人,她就忙着给这些人做饭,给他们安排休息的地方。这些人总是来去匆匆,悄无声息。

由于各地反帝反封建斗争的热情日益高涨,孙中山领导的同盟会提出了"建立共和"的口号,一些青年子弟便纷纷出国留学,以求深造。朋友来找黄宾虹,约他一起同行。但黄宾虹看到自己的家乡这样贫穷,许多儿童都失学在家,他不肯出国,便于一九〇六年春节前夕,在自己居住的怀德堂大厅开办了一个三日学堂,春节后经过一番认真筹备,一所以"惇素"命名的初级小学正式成立了。他聘请同县的师范毕业生汪毓英、汪印泉为助理。这是歙县创办的第一所小学。

后来,新安中学堂校长许承尧被人以"阴谋结社,颠覆大清"的罪名控告到省里，几乎有生命危险，也不能继续在学校任职了。他后来写诗回忆当年建立黄社的岁月，情真意切：

> 三五同心侣，公然妄有期。仰天阴部署，斫地姿酣嬉。犊笑初生猛，
> 蚕忧破蜕迟。儒濡慕侠武，留一小镂崎。……

因为学校发生事变，陈去病也不得不离开歙县。他将因时局变化志不能舒的抑郁之苦，寄之于诗：

> 嗟我娄蹭蹬，有怀不得宣。空山独踟蹰，愿力徒宏坚。安得际圣明，
> 重来开发筵。

面对愁云低锁、阴霾沉沉的形势，黄宾虹并没有丝毫的气馁消沉，他一边和家乡人一起治竭，一边按革命党的要求，秘密地做着自己应该做的事情……

仰慕谭嗣同

黄宾虹是一位实实在在的爱国主义者。从对艺术产生浓厚兴趣的孩提时代起，他就对清政府的日益衰颓、列强意欲瓜分中国、仁人志士振臂而起的时势十分关心。康梁变法，他参与过；辛亥革命，他与革命党人一起奔走呼号；尔后军阀混战、国内战争，直至中华人民共和国成立，年年岁岁，黄宾虹一身的热血，无时不在为民族自尊、自强拼搏而沸腾。

黄宾虹的青年时代，大部分时间生活在扬州，他在这里坐过馆、教过书，在盐运使署做过文书。在这里，他结识了宁国人肖辰（字清渭）。由于肖辰的叔父早就和康、梁认识，肖辰也便对康、梁深有了解。两人的相识使黄宾虹更加深入地认识了康、梁，肖辰常常和他谈起康有为，通过叔父得到一部分康有为撰写的《大同书》初稿（即《人类公理》），曾把稿子拿给黄宾虹看，两人还认真细致地研究过一番。

光绪二十一年（一八九五年），康有为参加北京的会试。因为清政府的妥协与投降，致使甲午战争失败，清政府和日本签订了丧权辱国的《马关条约》。在北京参加会试的一千三百余位举子，在康、梁等人的鼓动之下，联名上书光绪皇帝，坚决反对《马关条约》，并提出要"改变祖宗成法"。这就是当时震动中国的"公车上书"。

此时的黄宾虹因父亲定华公逝世，正在家乡歙县服丧，听到康、梁要求变法的消息后，他立即致信康、梁言称"政事不图革新，国家将有灭亡之灾"。

一八九五年的夏天，康梁变法六君子之一的谭嗣同，在家乡湖南浏阳开设算学格致馆，打算向国人介绍西洋科学知识。因为人力不足，谭嗣同要去上海招揽

⊙谭嗣同

人才，此时肖辰就在浏阳协助谭嗣同做事。肖辰立即给好友黄宾虹去信，约他在安庆和谭嗣同见面。黄宾虹接信后立即从歙县赶去，在贵池的一家旅馆里，肖辰介绍黄宾虹与谭嗣同认识。黄宾虹对谭嗣同的改良思想也很认同，特别赞赏他"革去故，鼎取新"的观点。

谭嗣同，字复生，与黄宾虹同岁，两人一会，大有相见恨晚之感。三个人见面之后，当晚便在旅馆里要了酒菜，边吃边叙。肖辰是一个性格内向的人，平素不大喜欢说话，只是闷着头，一个人自顾吃酒；谭嗣同则说自己肠胃不大好，不能饮酒，于是黄宾虹便直截了当地从时政谈起。黄宾虹说："目下各国列强都在盯着我们，意欲瓜分，我们不能让他们得逞，应该对着他们伸出我们的铁拳才对。"谭嗣同没有马上答话，只是静听不语。黄宾虹以为谭嗣同生性高傲，不想与自己说话，自己也觉得说得太多，有些不好意思，便不开口了。哪知吃过饭后，谭嗣同目光如炬，霍地站了起来，对着黄、肖二人发起了宏论。他说："宾虹说要把我们的拳头伸出去，这话不错，可是现在的情形是这只手的五个指头都合不拢，哪有力量去打呢？"他还说，"清政府之所以丧权辱国、割地赔款，李鸿章起了很坏的作用，他的卖国行径应该受到国人的严惩！再说，还有清廷的一帮顽固派，只知道闭关自守，盲目排外，这也是中国受欺侮的一个重要原因。""同治三年（一八六四），大臣奕䜣奏请皇上设立西学，结果就有人上疏反对，胡说什么天下这么大，又不缺少人才，何必要把西方人请来做老师？"谭嗣同又说，"这就是顽固派的论点。我们国家虽然大，就是不向别人学习，人才又怎么能出得来呢？西学东传，势在必行！想阻拦也阻拦不住。以后我们国家发达了，东学照样可以西传。科学是取之于天地之间，用于普天之下的，西人既然能用，我们为什么不能用？像上疏的顽固派之流，实际就是一群废物。"谭嗣同激昂慷慨，越说越动容，他又把嗓子提了提，大声说道："我国图强的根本之路在变法，如果不变，则无以利天下。"不知不觉，已经到了初更时分，三人吃了点夜宵，谭嗣同又把他的《莽苍苍斋诗草》拿出来诵读。之后，三个人又谈到了妇女的缠足问题，谭嗣同不无风趣地说："国要开关，妇女就要放足，只要开关、放足，我国就一定会强大。"黄宾虹后来才知道，谭嗣同和梁启超、汪康年、康广仁等人在上海发起成立了"戒缠足会"，定了二十条章程，办公地点就在当时的《时务报》报馆。谭嗣同当时激昂慷慨的一番宏论，使黄宾虹大为感慨，后来他对亲朋、学生们说，谭嗣同真是一位豪侠之士，他不怕天、不怕地，见义勇为，维新爱国，可敬可佩啊！

黄宾虹和谭嗣同分别后，曾有过书信往来，谭嗣同就反对阴阳五行谶纬之说与黄宾虹通信讨论过。之后，到了一八九八年六月二十一日，光绪皇帝向国人颁布《明定国是诏》，起用康有为，宣布"维新变法"，史称"戊戌变法"。结果维新不到百日，慈禧太后便把光绪皇帝软禁在瀛台，康、梁出逃，谭嗣同、杨锐、林旭、康广仁、杨深秀、刘光第等人被杀害。行刑的日子是农历八月十三日，这天，刑场上聚集了万人之众，只见谭嗣同神色不变，大义凛然，大声吟道："有心讨贼，无力回天，死得其所，快哉快哉！"快到年底时，黄宾虹才知道谭嗣同遇害的事情。当时他正在家乡歙县，噩耗传来，不禁失声痛哭。谭嗣同在黄宾虹心中一直是一位了不起的仁侠之士，特别是贵池旅馆的长谈，黄宾虹对谭嗣同的民族气节更是赞叹仰慕。谭嗣同也成了对他一生有重要影响的人物。据有关资料记载，黄宾虹曾对谭嗣同的殉难作过一首诗，直到一九五五年黄宾虹去世前才喃喃吟出，只听得清其中两句云："千年蒿里颂，不愧道中人。"

因为和谭嗣同结识，谭嗣同被害后，黄宾虹自然也受到了一些牵连，据说曾被人以"维新派同谋者"密告。迫于无奈，他只得出走。当他路过十年前全家离开的出生地金华时写道："笑语暌违十载期，悔疏折简问离思。……燕为巢倾应有恨，狐能掘穴讵无悲。"没想到自己十年后竟因为"维新"案的牵连而又回到故地，真是既恨又悲啊！冬天，黄宾虹路过宣城，看到民不聊生、盗贼蜂起，不禁又诗思涌起，对清政府的残酷剥削发出了控诉："苛敛追捕谷弃农，盗由民化困穷凶。却为当道豺狼迫，狮吼空山一震聋！"

出走上海

一九〇七年，黄宾虹四十四岁。这一年，是他人生发生重要转折的一年。此前，他因为家乡的铸钱案被人告发，于是出走沪上，从此，在上海一住三十余年。在上海，他极力向国人介绍中国传统绘画、治印、书法等艺术，同时了解西方艺术发展的脉络，并参加了南社和与之有关的进步活动。从歙县出走沪上，黄宾虹的命运可以说是否极泰来，这改变了他深居偏远歙县山村治堨务农的环境，开阔了他的视野，使他接触了更多的文人高士。

⊙作者与黄宾虹亲属黄荫棠（左，黄宾虹纪念馆馆长）

黄宾虹在家乡潭渡村时，与同盟会的革命党人多有往来，革命党人缺少活动资金，便决定让黄宾虹在自己居住的地方支炉铸钱，一是可以增加革命党的活动经费，二是可以扰乱清政府币制。之所以让黄宾虹担当这个任务，主要是黄宾虹住的徽州属于深山旷野，交通不便，清政府在这里的统治相对薄弱。当时革命党人派了一位叫李金生的师傅做技术指导，此人曾参加过太平军，干的也是铸币。太平天国失败后，他又参加了同盟会。

　　黄宾虹做事素来认真，接受铸钱的委托后，一边忙着安排李金生师傅的吃住，一边选择地点。尽管黄宾虹家属于偏僻的农村，但私铸铜钱也是犯法杀头的事，所以他们只能夜里偷偷地行事。正当大功将要告成，首批铜钱出了坯正要往上面印字的时候，同盟会安排在衙门里的内线说，铸钱的事已经被人发觉，并且告发到了省里，让黄宾虹等人立即拆掉机器躲避起来。黄宾虹安排工人离开后，打算让李金生到邻近的村子里躲起来，等日后平静了再重新支炉。黄宾虹离开家的时候，夫人洪四果对黄宾虹说："你放心，不要顾虑我，千刀万剐我一人承当！"黄宾虹赞扬夫人说："好！有胆识！"回身上马，又高声对夫人道："我走了！"之后黄宾虹和李金生到了黄宾虹的岳父家，等到半夜，李金生又送他到不远的朱家村上了船。

　　李金生当时年事已高，不便到外边躲避，因他在黄家一直扮作"马夫"，所以就留在了黄家，由黄夫人照顾他的生活。黄宾虹到上海后多次给夫人来信，说李金生是他的患难之交，一定要好好照顾。后来李金生在黄家因年高而终，黄宾虹又来信嘱咐家人，每逢年节不要忘了给老人上坟。黄宾虹离家出走后不久，安徽巡抚恩铭被革命党人徐锡麟刺杀，铸钱案不了了之，黄宾虹的老家潭渡村才免了一劫。

　　黄宾虹在家乡治塌务农的时候，经常写一些议论时政的文字寄给上海的《政艺通报》《国粹学报》等报刊发表。办这些报刊的人是广东的邓实（秋枚）和黄节（晦闻）。他们于一九〇二年创办《政艺通报》，后来又创办《国粹学报》，一九〇五年正式创办了神州国光社，出版以提倡国粹、宣传革命为宗旨的报刊。因黄宾虹给过他们稿件，也知道邓、黄二人，所以黄宾虹一到上海便去了神州国光社，邓、黄二人立即把黄宾虹留在社里，让他参与《神州国光集》《国粹学报》等报刊的编辑工作，后来他又当了社里的美术主任。

　　到上海的第二年，黄宾虹在神州国光社与邓实一起合编了《美术丛书》《神州国光集》等画册。《神州国光集》的刊头由吴昌硕题写，刊登的古画、书法、金石拓本等内容大多是邓实的藏品，在社会上影响很大。后来黄宾虹又编了大型画册《中国名画集》，全用铜版纸珂罗版印刷，印刷之清晰、精美，为其他同类画册所不及，成了脍炙人口、令人拍案叫好的读物，在全国影响越来越大。

除了做好神州国光社的编辑工作之外，黄宾虹还经常参加社会上的一些艺术活动。汪渊若、吴昌硕等人创办的"海上题襟馆金石书画会"，是一个规模比较宏大、在社会上也很有影响的书画会组织，会员有七十余人，汪渊若为会长，他故去后由吴昌硕继任会长。黄宾虹常常到这里与会员们聚首，和大家一起研究、探讨书画金石等方面的话题，会员们还把自己珍藏的书画精品拿到会上陈列展出，标价出售。邓实这时候为黄宾虹订的润格是：堂幅（中堂）每尺洋三大元，屏幅减半；琴条卷册每尺洋两大元，余照递加；纨扇每件洋一元，青丝泥金加倍；篆刻石印，每字洋三角。由于看的多，经手的多，黄宾虹每次到题襟馆来都有很大的收获，这对他编好各种大型画册也起到了很好的作用。

黄宾虹到上海的第三年（一九〇九年），参加了柳亚子等人创办的文学社团——南社。这是黄宾虹参与的许多革命社团中最具有影响力的一个，这对他的人生、艺术、事业等方面，都产生了重要影响。一九〇九年十一月十三日，陈去病（巢南）、高旭（天梅）、柳亚子等人发起创办的南社在苏州正式成立。南社的宗旨是支持孙中山的"三民主义"主张，宣扬资产阶级民主革命，反对清王朝的专制统治，研究文学，提倡气节。清廷在北边，南社反对清廷，"操南音不忘其旧"，故名曰南社。

柳亚子于一九〇七年到上海为邓实、黄节编辑的《国粹学报》撰稿时结识了黄宾虹。一九〇九年春，柳亚子患腿疾，到上海同济医院治疗了半年。这期间与黄宾虹多次接触，也谈到了要成立南社的想法。柳亚子《己酉（一九〇九年）七月二十七夜海上归舟成怀人诗十四章》其中一首有句云："许我忘年订交谊，知君饶有古贤风。滨虹一抹斜阳影，老向天涯作寓公。"柳亚子时年二十二岁，黄宾虹四十五岁，比柳亚子大二十三岁，故柳诗开首一句说是忘年订交。南社的发起人之一陈去病是黄宾虹的好朋友，还是同盟会会员，黄宾虹与他在很多地方观点一致，既然是老朋友发起组织的南社，黄宾虹便积极加入了。

南社成立（即第一次雅集）时，按照柳亚子的话说，共有"十九筹好汉"，其中十四位是同盟会的会员，柳亚子说即此一端，"足可证明这一次雅集革命空气"何等浓厚了。当时介绍黄宾虹是这样写的："黄宾虹，名质，字朴存，安徽歙县人，国学保存会会员。"十一月十三日各位好汉到达苏州后，临近中午时雇了一条船（画舫），带上酒菜向虎丘划去，他们把开会的地点选在虎丘的张公祠。张公祠是为了纪念明末抗清义士张国维而建的。雅集的地点选在这里，与南社的反清之意暗合，有一定意义。十九人一共开了两桌，大家一边吃酒谈诗论文，一边选举工作人员，并决定出版发行《南社丛刊》。陈去病当选文选编辑员，高天梅当选诗选编辑员，柳亚子为书记员。雅集之后柳亚子有诗记其事云："寂寞湖山歌舞尽，无端豪俊又重来。……登高能赋寻常事，要挽银河注酒杯。"其后南社的每次雅集，黄宾虹几乎无不莅临。

原配夫人洪四果

　　黄宾虹于一八六五年生于浙江金华，九岁多住在金华兴让坊的时候，经常和邻居蒋莲芝姐弟一起嬉戏玩耍，蒋莲芝比黄宾虹大一岁，生于一八六四年。蒋、黄两家非常看好这对小姐弟的情谊，正要给他们议婚的时候，不幸蒋莲芝因病逝去，时年仅十岁。和黄宾虹幼时一起玩耍的蒋莲芝的弟弟蒋莲僧后来成了黄宾虹的挚友，两人在金华一起习画，蒋莲僧能画花卉，后来做了国画老师。黄宾虹去上海后，蒋莲僧曾游历上海，并在那里参加了黄宾虹发起组织的"中国金石书画艺观学会"，成为会员。

　　一八八六年，黄宾虹二十二岁，在家乡歙县潭渡村与本县洪坑的洪四果结为夫妇。说起这段姻缘，还要从黄宾虹童年在金华时的一段故事说起。黄宾虹八岁那年，歙县的一位名叫黄崇惺的族侄到金华来探望黄宾虹的父亲黄定华。黄崇惺，字麟士，原名崇姓，号次苏。他是咸丰辛亥年（一八五一年）浙榜的举人，同治辛未年（一八七〇年）的进士。黄崇惺幼时聪颖过人，能诗文，多著述，工篆刻，对于歙县故里的一些乡土掌故特别熟悉。他到金华拜望

⊙原配夫人洪四果

18

黄宾虹的父亲时，是要去福建做官绕道而来的。他后来做了归化、福清的知县，署汀州同知。黄崇惺到金华后，住在黄宾虹的家塾中，问了黄宾虹兄弟的功课后，又为他们制订了新的课程。一天，定华公陪黄崇惺游览婺州的八咏楼，黄宾虹兄弟也一同随行。看到林中的红叶，黄崇惺问小宾虹知不知道与之有关的诗文，宾虹立即背诵了几首唐诗。看到路边飞过的草虫，黄崇惺又问这是什么虫，宾虹回答说这是蚱蜢，就是蝗虫。黄崇惺听了，笑着又问："你还知道和蚱蜢有一个读音相近的名词吗？"黄宾虹立即回答说："那是舴艋，是小船的意思，和蚱蜢形体上很相像。"黄崇惺听了宾虹的回答，高兴地对定华公说道："族叔小小年纪就如此聪明，真是令人称奇呀！"由此，黄宾虹在黄崇惺的心目中留下了很深的印象。黄崇惺临去闽中之前，还向定华公推荐老家歙县的名师程健行先生来金华为黄宾虹兄弟授业。到闽中后，又把自己的著作《劝学赘言》以及论述太平军入徽详细情况的《凤山笔记》、讲述潭渡沿革的《潭滨杂志》等书寄给黄宾虹，让他参阅。黄宾虹对这位学识渊博的族侄也很敬重，像崇仰太史公司马迁似的，称黄崇惺为次莼太史。

到了一八七六年春天，即黄宾虹十二岁的时候，父亲带着他回到老家歙县应县试（童子试），黄宾虹名列前茅。第二年，黄宾虹又和二弟懋赓及族侄石珊、崇保一起从金华回到歙县参加府试（院试），时与著名国学家汪仲伊的长子汪吉修一起名列前茅。

黄宾虹十七岁考上秀才后，二十岁的时候又回歙县应试，和他一起考试的有洪坑洪荩臣的儿子秋潭、印潭二位，没想到这二位兄弟日后竟成了黄宾虹的两位大舅子。原来，黄宾虹在歙县应试的时候，洪荩臣的大哥常被县衙邀去帮助看考生的卷子，他看到黄宾虹的卷子，觉得这个考生的答卷非同一般，日后定会成为国家有用的人才，于是便借故找黄宾虹闲聊，问他读过哪些书，喜欢写什么、画什么，黄宾虹都一一回答。洪荩臣的大哥不禁心中暗喜，回去后立即向洪荩臣夫妇说潭渡的秀才黄宾虹文才不凡，可以把他们的长女洪四果许配给他。洪荩臣夫妇听了建议，想亲自见见黄宾虹，然后再作定夺。洪荩臣和潭渡村的黄崇惺家有来往，于是便到了黄崇惺家里。这时候，黄崇惺已经在闽中过世了，他的夫人鲍氏已回到故里。洪荩臣和鲍氏商量一番后，便请黄崇惺的小弟弟崇健到黄宾虹家里把他请了过来。这时的黄宾虹已从金华回到潭渡长住，因他的二伯父黄有华没有去金华经商，一直留在潭渡务农，所以他就住在二伯父的家里。洪荩臣见到黄宾虹，和他叙起了大哥与之闲聊的情形，又问起他的读书习艺情况，之后，他让黄宾虹画一张画看看，又让他写了一首诗。洪荩臣回到家里，向夫人细细述说了黄宾虹的情况，认为这是一桩很好的姻缘，于是他们就请鲍氏做媒，先向黄有华说明此事，有华公又亲自赶到金华，向黄宾虹的父亲说明议婚经过，黄定华夫妇二人也甚是满意，便决定了这门亲事。

一八八六年，黄宾虹正在扬州做事，有华公把他召回，决定为他与洪四果完婚。黄宾虹到金华把双亲接回潭渡，与洪四果正式举行了婚礼。洪四果过门后，黄宾虹对这门亲事也非常满意，说洪四果自从十九岁嫁到他家，持家节俭、温恭贤淑，对公婆孝敬有加，甚得二老欢心。次年，定华公夫妇返回金华后，黄宾虹还要到南京、扬州谋生，就任两淮盐运使署的文书之职，于是暂把洪夫人送回洪坑娘家居住。两年后，浙江七府因洪灾泛滥，定华公的生意不能维持，全家便迁回潭渡，不久又做起了制墨生意。洪夫人此时也从娘家回来侍奉公婆。因为黄宾虹原来都是在二伯父家居住，现在全家都回到潭渡了，要有一个正式居住的地方。洪夫人知道黄氏族人黄辅之有一处房产怀德堂，便找到他的遗孀，用自己的积蓄把房子典当下来。黄宾虹当年在家乡治堨、参加革命党的活动、铸造钱币等，洪夫人都亲身经历过，她全力支持夫君的事业，从无一句怨言。后来因铸钱案发，黄宾虹出走上海。生活安定下来之后，便于一九一〇年秋天把洪夫人和子女一起接到上海居住。此时洪夫人已经生了五个子女，除长女映宝在潭渡外，二女映班、长子映燨、次子映灼、三子映明和父亲一起前行，他们走的是水路，此时黄宾虹的心情已经不同于往日的抑郁苦闷，他在《江行杂咏》一诗中记述当时和全家人一起赴沪的心情："……田舍接遥浦，欣欣花竹明。雨霁得开颜，江行待放关。推篷未岑寂，饱看米家山。"

黄宾虹在上海任《神州月报》的"神州月旦"专栏主笔时，每天读书、作画，还要到报社上夜班，甚为忙碌。洪夫人悉心照顾丈夫起居的同时，还要照顾好儿女们的生活。不幸的是，黄宾虹有几个儿女相继去世，夫妇二人悲痛不已，加之洪夫人对上海嘈杂的生活也不太习惯，便于一九一四年携三子映明回老家潭渡居住。一九三六年，洪夫人在潭渡去世，享年六十九岁。黄宾虹撰写了《洪夫人行状略述》一文，表达了对贤妻的深深怀念之情。

勤劳贤惠的夫人宋若婴

⊙宋若婴

黄宾虹的原配夫人洪四果一九一四年末从上海回到安徽。临走前她嘱咐黄宾虹说，为了照顾好他的生活，不妨再续纳一个人。开始时黄宾虹对这件事情也并没有太在意，后来，由于又编报纸，又搞出版，还要参加一些社会上的艺术活动，就有点忙得不可开交了，"续纳"一个人的想法自然提上了黄宾虹的议事日程。

一九二〇年，经朋友介绍，黄宾虹认识了宋若婴。宋若婴是安徽无为县人，一九〇五年出生，时年十六岁，黄宾虹五十七岁。宋若婴的父亲是一个做金银器首饰的手工艺人。她有兄弟姊妹四个，哥哥也会做金银器首饰。由于家里的日子过得拮据，十多岁的时候，宋若婴被人拐卖到了上海。黄宾虹去见宋若婴的时候，她正在庭院洒扫，个头高高的，微胖，人长得富态，显得厚道，干活也很麻利，黄宾虹颇为满意。一九二〇年深秋，黄、宋结为秦晋之好。过了两年，宋若婴十八岁的时候生下了长子黄映宇。

为了适应家庭文化氛围，黄宾虹首先认真地教宋若婴读书、识字。宋若婴当时不到二十岁，因为年轻、聪明，接受能力很强，不仅认识了很多字，逐渐地还能诵读《唐诗三百首》，再后来，还跟黄宾虹学会了写字、作画、刻印。有时候朋友来访，黄宾虹不在家的话，她还能和朋友谈论一些文学、绘画方面的事情，甚至还能说出黄宾虹对这些问题的见解。

宋若婴生下第一个孩子不久，即一九二二年六月十三日，这天晚上，正巧遇上邻居家失火，黄宾虹又没在家，宋若婴只顾抱着怀中的孩子，把黄宾虹常年精心收藏的装有金银质古玺的箱子交给了用人，邻居家的火熄灭后，箱子却被趁火打劫的盗贼抢走了。黄宾虹回来听说此事后，痛惜不已。宋若婴后来每每忆起此事总是后悔不迭，觉得这是她最对不起黄宾虹的一件事。黄宾虹对古玺的收藏，尤其精品古玺，上海无两。当时失印后也曾报告了警察局，警察局不久有了回音，说是古玺有了下落，但需要巨款赎回，黄宾虹无力筹钱，此事只好作罢，为此黄宾虹抑郁不乐了好长时间。

宋若婴有了一定的文化水平，对于书画艺术方面的事情渐渐通晓之后，便成了黄宾虹的得力助手。黄宾虹经常撰写书画方面的文章，发表之后，宋若婴就立即剪下来贴在一个册子上，一是作为积累，二是便于查询。一九二五年秋天，黄宾虹发起组织"中国金石书画艺观学会"，并着手创办《艺观画刊》和《艺观》杂志，宋若婴每天和黄宾虹一起忙里忙外，又是拟章程，又是约稿，而且还兼做学会的"书记""庶务"等事。迄今能够看到的黄宾虹当年撰写的《中国金石书画艺观学会画报招股章程》，就是当年在《美术周刊》发表后，由宋若婴剪下来保存的。《艺观画刊》于一九二六年二月正式出刊，上面印的承办人的名字是编辑黄宾虹，而宋若婴则是庶务。

洪夫人有时回上海，宋若婴就像对待自己姐姐一样，悉心照顾。洪夫人看到宋若婴在黄宾虹身边忙碌无暇，处理事情井井有条，也放心了。黄宾虹每月要给洪夫人寄去一些生活费用，有时一忙起来就忘了，宋若婴就立即提醒，让

⊙黄宾虹和夫人宋若婴在一起

23

黄宾虹赶快给"大姆"（宋若婴对洪夫人的尊称）寄。宋若婴也几次回过歙县老家看望大姆，她对那里的生活习俗很快就适应了。为了不使洪夫人过得寂寞，她还让自己的儿子映宇到歙县老家陪大姆过了三年。这里最值得一提的是，洪夫人于一九三六年在老家病故，黄宾虹闻讯后，准备立即返回，孰料因积忧成病，只好让宋若婴前往料理丧事。宋若婴就携带儿子映宇回到歙县潭渡村，丧事的一切事宜，比如看坟地、牌位点主、摔盆下葬等，都安排得井井有条，甚为邻里所称道。

黄宾虹在其撰写的《洪夫人形状略述》中除了对洪夫人的美德予以褒奖颂扬外，也提到宋夫人："……又念余旅食辛劳，因为置侧室持门户，往来沪寓，亲爱如手足……"说明洪、宋之间的关系是十分亲密的。

一九三二年秋天，黄宾虹所在的神州国光社由广东的一些朋友筹集资金，准备扩展规模，趁这个间隙，黄宾虹于中秋节晚上与朋友吴一峰一起乘船入蜀，一方面游览写生，另一方面讲学授课。哪知道四川的军阀刘文辉、刘湘正在厮杀，夺地争战，闹得民不聊生。远在沪上的宋若婴听到消息，也甚为担惊受怕。黄宾虹给宋夫人的信中这样写道："若婴君鉴：航快信已聆悉，大小清顺为慰，你们远在沪上，大人孩子都很平安，我也放心了。成都景象，好比上海法租界与中国地界之间，风俗虽近繁华，却多循守旧昔道德。今年川战激烈，尚无放火残杀之事，待于人民稍安。"黄宾虹这样写，实际是对夫人的一种安慰，要她不要挂念自己。

此后，凡是黄宾虹外出，家里的一切事务都是宋夫人照料。后来举家迁居北平，再后又回杭州定居，宋夫人一直在黄宾虹身边悉心照料。黄宾虹年龄越来越大，宋夫人的照顾更是呵护有加，给黄宾虹做上可口的饭菜，帮助他洗脚、洗澡、换衣服；黄宾虹情绪不好，她还要耐心劝慰，等等一切，黄宾虹甚为欢喜。

一九五五年三月，黄宾虹病情加重，逐日恶化，十六日早晨，黄宾虹感到自己来日无多，便对随侍在侧的夫人宋若婴说，家里收藏的一切文物，一定要尽数捐献给国家。宋夫人频频点头应诺。到了三月二十四日，黄宾虹生命垂危，神志时而清醒，时而模糊；下午又断断续续吟出宋人大易学家邵雍（康节）的《励志》诗中的句子："呸！何物羡人？二月杏花八月桂；呸！有谁催我？三更灯火五更鸡。"宋夫人在旁听了，对来探视的人说："宾翁临要去了还这样不忘念诗，叫人看了心里真是不好受呀！"三月二十五日凌晨黄宾虹驾返道山。三月二十七日公

◉ 黄宾虹和幼子黄鉴

祭黄宾虹的时候，宋夫人携子女遵照先生遗嘱，将所遗作品、所藏文物全部捐献给国家。三年之后，即一九五八年三月二十五日黄宾虹逝世三周年之际，浙江省及杭州市文艺界在浙江省博物馆的文澜阁举行"黄宾虹先生逝世捐献遗物和授奖纪念会"，省文化局负责人代表文化部与宋夫人（携子女）签署了《遗物捐献接收书》，其中，古代名画一千余件、古印玺近九百方、黄宾虹本人的作品四千余件，加上其他文物万余件。若干年后，宋夫人又把家中留作纪念的黄宾虹本人书画和其他文物近三百件都捐给了浙江省博物馆。

不久，"文革"开始，宋若婴被造反派当作"牛鬼蛇神"一次次拉出来无情揪斗，此时宋夫人已是六十多岁的老人，经受不住多次摧残和迫害，再加之生活困苦，于一九七一年含冤去世，享年六十六岁。

与张大千交往记事

　　黄宾虹与张大千相识于二十世纪三十年代的上海，黄宾虹比张大千大三十四岁，按年龄来说，张大千在黄宾虹面前属于晚辈。两人的了解和认识始于张大千的两位老师，一位是曾熙（号农髯），另一位是李瑞清（号清道人）。

　　张大千幼时曾随母亲学过绘画，后来到了上海曾想专门学画，但家里认为学画没有什么出息，不如搞实业，不让他学，他就东渡日本，学习染织。两年后回到上海，他还是学起了绘画。此时他的二哥张善子是上海颇有名气的画师。张大

⊙黄宾虹（二排右五）和张大千（一排右三）等在一起

⊙曾熙

⊙李瑞清

千认为，学画要拜老师，于是经人介绍，他便拜在湖南衡阳人曾熙的门下。曾熙擅长山水，尤擅书法，在上海名气很大。张大千常常把自己的书画作品拿到老师那里去请其指点。在老师身边学习的时候，常常看到老师与一些学者名流和书画家们谈诗论画，言谈话语之中，使他学到不少东西。曾熙的书画朋友中，有一位叫李瑞清，江西临川人，南京的两江师范学堂就是他创办的。李瑞清在清朝做的官职不小，他为官清正，性格孤傲，忠君思想很重；后来不做官了，便隐居到上海。他和曾熙相识于科考场上。曾熙到上海时，李瑞清让曾熙留下，在李瑞清的提携之下，曾熙在上海逐渐名声大振。由于这一层关系，张大千又拜了李瑞清为师。李瑞清魏碑（北宗）写得好，只是张大千随他学习时间不长，李瑞清便溘然仙逝了，然而李瑞清的魏碑书法，却影响了张大千一生。李瑞清和黄宾虹的关系很密切，辛亥革命前，黄宾虹常到南京，李瑞清对黄宾虹的学识和艺术修养很赏识，便邀请他一起办学。黄宾虹那时刚到上海不久，便接受了李瑞清的建议，在上海筹办了"留美预备学堂"，自掌教务，并兼做国文老师。至于曾熙，与黄宾虹的交往更是密切，他们经常在一起写字作画、吟诗唱和、说古论艺。一九二四年秋天，江浙军阀混战，人心惶惶，黄宾虹携家人隐归到了安徽贵池，冬天回到上海，便立即拜访了曾熙。曾熙在《一叶轻舟》的画幅上题诗道：

既无山可隐，扬帆任所适。

甲子冬十一月四日与宾虹叟论画极快写此。

熙

　　次年，黄宾虹给曾熙画了一个扇面。曾熙给黄宾虹写信说："我要把你给我画的扇面作为传家之宝永远留存。你对画作评论的过人之处，使我佩服，你对乐毅收藏的唐佛的题跋，博雅而精……"

　　黄宾虹对石涛、石溪等人的作品非常喜欢，多有收藏，更为曾、李所知。一次，曾熙给一个从医的学生姚云江的信中说："本日午后六时，约黄朴翁携石涛来舍（万不可不看也，恐不能留），弟可带石涛、瞿山、倪迂之轴来舍会友。"足见曾熙对石涛的痴迷。李瑞清、曾熙、黄宾虹在一起谈论石涛的时候，张大千有时也在旁边聆听，使他对石涛也产生了浓厚的兴趣，于是，他也渐渐喜爱上了石涛，积极收藏的同时，对石涛的作品潜心临摹，有时甚至能以假乱真。后来就发生了这样一个故事：一次，曾熙从朋友处得到一张石涛的横幅山水，极为高兴，兴之所至，很想再得到一幅与其尺幅相近的石涛的山水相匹配，以便裱成一个手卷收藏。李瑞清的弟弟筠庵知道此事后，对曾熙说："听说宾翁处收藏有一件与石涛差不多大小的山水，凭着你和宾翁的友谊，是不是请他转让一下？"曾熙听后大喜，遂致黄宾虹书信一封，表明自己想收藏石涛画作的心情。哪知黄宾虹收到曾熙的手书后，表明自己对石涛也太喜爱，不能出手相让。这事让张大千知道了。他手头就藏有一幅石涛的山水长卷，为了安慰老师得不到黄宾虹所藏石涛画的抑郁之情，便把石涛长卷中的一段认真进行了临摹，然后又造出石涛常用的"阿长"印章，自觉天衣无缝了，便拿去向老师请教。曾熙一看，极为高兴，认为大千所临石涛画作，形神皆备，着实赞赏了一番。一天，黄宾虹到曾熙府上拜望，无意中看到了这张画，连连称妙，叹为石涛的精品，说可以以自己收藏的一张与之交换，曾熙不好说出这是大千的临摹之作，就勉强地对黄宾虹说："既然宾翁对此画如此喜爱，那就拿去吧。"就这样，一张假石涛换了一张真石涛。张大千后来对人说，其实他对黄先生丝毫没有愚弄之意。此前他听说宾翁收藏有不少石涛的佳作，曾经向他开口借过，以便好好揣摩、研习一番，哪知宾翁不忍释手，拒绝了。那时的张大千正是年轻气盛的时候，吃了黄宾虹的闭门羹，暗暗赌下一口气，于是就花了大力气，一心一意临摹石涛的画作，所以，致使精于鉴赏石涛画作的黄宾虹也被瞒过，足见张大千临摹石涛画作的功夫已是何等惊人了。

黄宾虹和张大千兄弟曾经是住得很近的邻居。一九二九年，著名书画家俞剑华介绍黄宾虹一家搬到上海西门路西成里居住。张善子、张大千兄弟早已住在这里，于是，黄宾虹一家住楼上，张氏兄弟住楼下，两家相处甚睦。此前，黄宾虹曾与张善子、张大千、马骀、俞剑华、熊松泉、陈刚叔、蔡逸民等人组织成立了"烂漫画社"，黄宾虹为会长，他们还集资出版了《烂漫社同人画册第一集》。画册的"小传"对黄宾虹这样介绍道："宾虹散人，画法初师明贤文、沈、唐、董，旅沪二十年，搜览宋元墨迹，临摹百数十本，日夕观摩，经游江浙山水名胜，积稿盈尺，近复点染成幅，不袭前人面目云。"小传的文字，表明了烂漫社同仁对宾翁的尊崇。为此，张大千曾经精心画了一张山水赠给黄宾虹，题句道："宾虹社长博教，大千张爱写。"不久，张善子、张大千、道人丁六阳在西成里一百六十九号（张氏的住所）举行"大风堂所藏书画展"，其中有张大千临摹石涛的山水卷，黄宾虹看了甚为快意，在上面作了题跋。一九二九年秋天，经亨颐、陈树人、何香凝在上海的海庐宴请海上名家，王一亭、黄宾虹、张大千兄弟等人都到了，这天过得十分愉快。黄宾虹和张大千等还一起为何香凝合作了扇面，大家一边猜酒行令，一边拈笔挥洒，俄顷之间，涉笔成趣，璀璨琳琅，粲然满目。像这样的艺术活动，黄宾虹和张大千兄弟几乎都要到场。

一九三○年冬天，张大千母亲过七十大寿的时候，黄宾虹画了《福地洞天图》表示祝贺。后来安徽大水，黄宾虹在上海搞书画捐赠活动，张大千兄弟拿出几十幅作品，说明黄、张情谊已日渐深厚。

一九三六年黄宾虹到北平鉴定文物，张大千也到了北平，与黄宾虹同时执教于北平古物陈列所国画研究室。后来张大千去了敦煌，临了不少壁画。一九四七年年初，张大千到北平时与黄宾虹谈了在敦煌临摹壁画的情景，黄宾虹听了甚为动容。此后，张大千去了海外，与黄宾虹各奔东西，再也没有来往过。

最大知己傅雷

一九五五年三月初，艺术大师黄宾虹身患胃病，病势危笃，时而清醒，时而昏迷，但他还常常叨念着一个人，并说这个人是他一生的"最大知己"，此人就是著名美术评论家、翻译家傅雷先生。黄宾虹是一位高寿的艺术家，他的生命几乎延续了一个世纪。他接触过的老师、学生、朋友不可胜数，而让他能引为知己，并且是最大知己的，恐怕也只有傅雷了。

傅雷于一九〇八年四月七日生于上海的南汇县周浦镇渔潭乡王楼村。他与黄宾虹相识于二十世纪三十年代的上海美术专科学校（以下简称上海美专）。一九三一年秋天，傅雷与上海美专校长刘海粟留学法国后一起回国。因他与刘海粟情同手足，于是应他之邀，出任上海美专的办公室主任，同时给学生讲授美术史，兼教法文。四个月后，即一九三二年二月，黄宾虹应刘海粟之邀到上海美专任教，讲授国画理论，与傅雷便成了同事。尽管是同事，但是各有各的事情要做，二人之间并没有什么交往。傅雷对黄宾虹的了解，始于他的表兄顾伦布、表姐顾飞（又名顾慕飞、默飞）。傅雷当年要到法国留学时，因父亲早年去世，他与寡母相依为命，母亲不让他去。此时在法国勤工俭学、学习染织的表兄顾伦布正好回沪，便找到傅雷的姑母傅仪

⊙傅雷

一起劝说傅雷的母亲李欲振，傅雷这才于一九二七年年末去了法国留学。

这里先说一说顾飞认识黄宾虹的情况。顾飞早年在上海一户人家做家庭教师，这户人家在黄宾虹任职的神州国光社对面。顾飞平时喜欢书法绘画，常常把自己的习作贴在墙上自我欣赏。一次她把洗笔的水从窗外沿着墙壁往下倒，无意中被对面一位女学生模样的人看到了，只见她指指墙壁，意思是把墙壁搞脏了。后来，那位女学生模样的人招手让顾飞过去。顾飞上楼后看到一位老先生，老先生听说她喜欢作诗、画画，希望她今后常来。后来她才知道，老先生就是黄宾虹。顾伦布从法国回国后，知道妹妹顾飞对书画特别喜爱，建议她正式拜黄宾虹为师，说黄宾虹画意深，取法高。于是顾伦布带着顾飞到西城里黄宾虹的住处，正式拜师，成了黄宾虹的入室女弟子。

到了一九四三年五月，黄宾虹才从女弟子顾飞处了解到了傅雷的一些详细情况。此前，傅雷在上海美专任职，两年后离开，后来也一直没有固定做什么事情。他把主要精力用在翻译上，同时撰写一些美术评论文章。一次，傅雷在上海偶然得到一本黄宾虹的山水画册，认真翻阅之后，不禁击节赞叹，认为黄宾虹的山水画意境深邃、浑厚华滋、动人心魄，他觉得像黄宾虹这样的画家才是中国真正的大师。因为有表姐顾飞的介绍，他买了黄宾虹的一幅山水画，激动之余，便

⊙顾飞（左起坐者第四人）

⊙ 傅雷写给黄宾虹的信

于一九四三年五月二十五日给黄宾虹写了一封信，这也是他给黄宾虹写的第一封信。信中说："八年前（一九三五）在海粟家曾接謦欬，每以未得畅领教益为憾。犹忆大作峨眉写生十余横幅陈列美专，印象历历，至今未尝去怀……"信中还说，他常常在顾飞处了解到黄宾虹对绘画的高超见解，他认为黄宾虹的这些高超见解，不仅有益于传承古法（传统），如果把西洋画法拿过来吸收作为借鉴，也有新意。他说他这几年蛰居沪上，除埋头中西故纸堆外，就是把欣赏绘画、音乐作为消遣。他收到新买到的黄宾虹的山水画，说实在是"蕴藉浑厚，直追宋人，而用笔设色仍独具面目，拜领之余，珍如拱璧……"黄宾虹于六月十四日给傅雷回信说："你信中对我的赞扬，实在是不敢当。给你画的画你还给了润笔，使我感到惭愧。"又接着说，"自从咱们在上海海粟家见过面后，我就准备到终南、太白等地游览写生，由于战事频仍，不能成行，最后又来到了旧京（北京），常常以研究古人的真迹而'因循度日'。"这封信黄宾虹向傅雷阐明了一个重要观点，他说:"我常常悟省笔墨精神,'千古不变,章法面目,刻刻翻新,所谓师古人不若师造化,造化无穷,取之不尽'。说得具体一点,就是大自然、生活是取之不尽、用之不竭的创作源泉。"这个观点和傅雷一致。傅雷收到黄宾虹的信后立即给他复信说:"你所说的'师古人不若师造化'实在是千古不灭的真理,这和西洋的画论、文艺复兴时期的各位大家的见解是一致的。"傅雷说:"纵览东西艺术盛衰之迹,亦莫不由师造化而昌大,师古人而陵夷。"他进而对闭门造车者指责道,"今世俗流,一生不出户牖,日唯以印刷含糊之粉本,描头画角,自欺欺人,求一良工巧匠且不得,遑论他哉!"

傅雷对黄宾虹之所以如此推崇,是他对黄宾虹的绘画、艺术理论系统深刻研究之后得出的结果。他认为黄宾虹早年师法古人,中年之后到大自然中去写生,遍游名山大川,到了晚年(七十岁)后画风大变,形成了浑厚华滋、意境高远的独特风格,特别是黄宾虹根据自己多年研究、创作得出的五笔(平、留、圆、重、变)、七法(浓、淡、破、泼、焦、积、宿),更为世人所赞扬。

由于对黄宾虹的作品太喜爱,傅雷决定在上海举办一个"黄宾虹八秩诞辰书画展览会"。征得黄宾虹的同意后,他与黄宾虹的学生裘柱常(顾飞的丈夫)等人一起,用了将近一年的时间筹备,于一九四三年十一月十九日至二十三日在上海的宁波同乡会四楼举办了这个展览。当时正值上海沦陷的"孤岛"时期,为了举办这个展览,傅雷与黄宾虹的学生、友人四处奔走、忙碌,并且在展览开幕时还印制了《黄宾虹先生山水画册》《黄宾虹书画展特刊》,使展览会办得隆重热闹,产生了很大的反响。此时,黄宾虹远在北平,不能莅沪,傅雷便天天把展览会的情况驰书相告。此前,为了让观众更加了解黄宾虹及其作品,他于九月间撰写了《观画答客问》一文,其中对黄宾虹作品分析的一段文字尤为精彩传神:"黄氏兼采众长,已入化境,故家数无穷……黄公则游山访古,阅数十寒暑;烟之雾霭,缭绕胸际,造化神奇,纳于腕底。故放笔为之,或收千里于咫尺,或图一隅为巨障;或写暮霭,或状雨景,或咏春潮之明媚,或吟西山之秋爽;阴晴昼晦,随时而异;冲淡恬适,沉郁慷慨,因情而变。画面之不同,结构之多方,乃为不得不至之结果……"

展览会短短五天时间,参观者、签名者络绎不绝。遥在京华的黄宾虹,通过这次办展,对傅雷的为人、文采也有了更深的了解,对傅雷也从内心充满了尊重之情。

松风琴韵

鲲乙先生鉴正

丙寅年九十二

《松风琴韵》（黄宾虹作）

笔墨仍然多姿多彩

黄宾虹和傅雷两人对绘画的一些看法大多一致，特别是对当时社会上重临摹、轻创作的衰颓之风都十分憎恶。他们对国画创作的真知灼见，今天看了，字字依然是熠熠生辉、震人心魄。

一九四三年六月二十六日傅雷收到黄宾虹赠给他的册页后复信说："您老先生的画不仅笔墨简练，画意高古，就是在设色方面，也是色彩艳丽（这种艳丽，在您老先生的风格中，也是比较少见的），态愈老而愈媚，或则拂晓横江，或则骤雨初歇，看了这些变化万端的画稿，究竟是您老先生的写生呢，还是创作？真难分得清楚！以您老先生这样八秩高龄的年纪，还能在纸上把墨色表现得这样多姿多彩、层次分明，真应该使我发出这样的感叹：艺人的生命应该与天地同寿、日月争光啊！然而，再看看目下的一些流俗之辈，他们天天为名利二字所束缚，把学问当作敲门砖，这些令人触目惊心的事实，难道预示着大道真的就要沦亡了吗？"傅雷接着又语重心长地向黄宾虹倾诉说，"古人论画，多重摹古，有人就认为只要临摹古人的山水多了，就能画出像真山真水一样的画了。这种论调，流毒甚为深广。至于说到师法造化，究竟怎样师法、变化？许多人又都说不到点子上。有人甚至把师法造化当作阳春白雪，不愿意去实践。就是到了近年间，也没有人能把这个道理讲清楚，看来，国画的命运要'不绝如缕矣'！"

为了挽救国画的命运，傅雷在信中向黄宾虹提出了三点建议："一是请您老先生列出一个法则，由浅入深，把道理讲清楚；同时，再配上一些图像，这样就可以使初学者循序渐进，慢慢地入门了。也可以借鉴'芥子园'的体例，但要着重在用笔、用墨的方法上多作阐述。二是临摹古人的作品还是必要的，可以找出古人的典范作品，就勾勒、皴法、布局、设色等等，详加分析；同时可以附上实物图片，使得初学者能按图索骥，揣摩有自，不至于不知道从何处下手。三是最终要把初学者引导到对景写生这条路上来。这里面重要的问题是如何使初学者参悟造化，如何把主客合而为一。做到了主（写生者）客（被写生的物象）合一，就是进入了'心与天游之境'，这样才可以谈创作二字。像这类的启蒙读物，虽然不是什么命世之业，但是，也只有像您这样经纶满腹、学养俱臻化境的老先生来做，才是大大嘉惠艺术的好事，这对于发扬国教、拯救颓危的国画，也很有意义啊！"

　　黄宾虹收到傅雷的信后，心情很激动，他认为，傅雷对自己的绘画创作和理论能够理解，固然使自己高兴，但更重要的是，像傅雷这样懂创作、明画理的美术评论家的存在，对发展中国的艺术实在是一件值得庆贺的好事！黄宾虹对傅雷提出的几点建议和看法，在信中做了细致的分析和说明。他认为，清代的娄东、虞山画派，专门崇尚临摹，他们重貌似不重神似，两百多年以来，因为被他们影响，不仅解析画理的人越来越少，国画也被引到了低谷和歧途。黄宾虹说，他也不是一意反对临摹，只是反对没有任何新意、死气沉沉地为临摹而临摹。仅仅追求貌似的临摹，是心存泥古之见、食古不化的结果。黄宾虹还说："古代名家的真迹之所以能够万世流芳，关键在于古人用笔的功力，这种功力，有的像挽强弓，有的如举九鼎。如果'力有一分不足，即是勉强，不能自然。自然是活，勉强即死'。谢赫在'六法'中讲气韵生动，气是从力出的，笔有力而后能用墨，墨可有韵，有气韵而后生动，学的人需要尽毕生之力，不能一息间断，就是这样，也不一定能够达到古人那样的境界。"黄宾虹还向傅雷谈到古人作品之所以成为最美之佳作，其中的原因是"不假修饰涂泽"，也就是"笔"用得好。用笔的弊病有这样几个："一曰描，无起讫转折之法；一曰涂，一支浓笔，一支淡笔，晕开其色，全无笔法；一曰抹，如抹台布，顺拖而过，漆帚刷成，无波磔法，皆不知用点之法为贵。"黄宾虹恳切地对傅雷说："这些古人发明的理论，和你的许多见解多有相合之处，因此，希望你以一颗慈悲的心肠，做出一定努力，对今天学习绘画的人多加鼓励，使他们能遵循传统的古法而走上正道，并能使其发扬光大！"他还把自己的《青城山》十二幅赠给傅雷，题款道："青城山为蜀山最胜，幽邃深秀，与峨眉特异。写十二番，即希怒庵先生粲正。癸未，宾虹。"

一九四八年五月十八日，傅雷携夫人朱梅馥到北平看望黄宾虹。他们在北平住了半个月，在黄宾虹处一连看了几天黄宾虹的珍贵书画藏品，大多是宋元时期的稀世之作，使傅雷大开眼界。这时黄宾虹给傅雷画了《尘甸初晴图》册，题句道："戊子之春，南汇傅怒庵先生携其夫人同游北平，遍访故都名胜，赏览园林，宫室陈设古物，评骘精确。猥荷枉顾寓斋，小叙又别，因图城郊风景，以博笑正。"傅雷夫妇在黄宾虹的女婿赵志钧、女儿黄映家的陪同下游览了故宫，北平给他们留下了深刻、美好的印象。六月二日，傅雷回沪后立即致函黄宾虹，说他们在北平期间"搅扰至再至三，心中惶悚，难以言宣，复蒙厚赐，尤深铭感……旧京半月游踪历历犹在目前，翘首北望，曷胜依依，特此申谢……"此后，黄、傅之间相处越来越密切，黄宾虹常常把自己的画作寄到傅雷处，请他点评。一九五四年九月二十日，上海华东美术家协会（以下简称华东美协）在上海文化俱乐部举办"黄宾虹作品观摩会"，展出山水作品一百余件。傅雷看了展览后，在下午的座谈会上就黄宾虹的作品谈了许多看法，他认为黄宾虹的画浑厚深沉，近看笔头很粗，远看却很细致，称"这种技术才是正品"。由此发表感想说："看了黄宾虹的画展，说明中西画的发展，近代已走到同一条路上，中国画家应向西方画家学习，中西画家应互相观摩、学习，任何艺术家都应该对其他的艺术有兴趣。"座谈会前，傅雷的许多老朋友、画家对他说："黄先生常常给我们说，你是他生平一大知己！"一个多月后，即这年的十一月九日，傅雷夫妇游览杭州时，在黄宾虹处又盘桓两日，看了他的藏画，对画的评论也很得黄宾虹赞许，称之"卓识高见"。

傅雷夫妇从杭州回沪后不久，傅雷因不慎把腿跌伤了，卧床十余日，没有来得及和黄宾虹书信联系。

⊙傅雷夫妇（右一、右二）到北平看望黄宾虹夫妇

一九五五年三月二十四日，他听朋友说黄宾虹病情很重，深为焦虑，便写信向宋夫人询问。

一九五五年三月二十五日黄宾虹驾返道山，傅雷悲痛万分，他在给儿子傅聪的信中这样写道："……以艺术家而论，我们希望他活到一百岁呢。去冬我身体不好……很少和他通信；只是十一月初到杭州去，连续在他家看了两天画，还替他拍了照，不料竟成永诀。听说他病中还在记挂我，跟不认识我的人提到我，我听了非常难过，得信之日，一夜没睡好……"

北平十年

　　一九三六年五月，黄宾虹应北平古物陈列所所长钱桐之约，于十八日赶赴北平，帮助鉴定文物（主要是金石、书画）。其间，也抽空游览了一些名胜景点。再就是天天和宾朋好友宴饮取乐，在文物市场上不时还可以淘到一些书画文物，这些都使他心里很愉快，对北平留下了很好的印象。

　　除了钱桐之外，他还与北平艺专校长赵畸（太侔）、中国画研究会会长周肇祥等也过从甚密。这时候，实际上他已经有了留在北平做事的想法。回到上海后，这年年底，他又到南京鉴定文物。一九三七年春天，他接到北平艺专校长赵畸的

⊙黄宾虹（前排左二）在北平古物陈列所

聘书，于四月十六日由沪赴北平，中间在南京休息了一天，十九日下午到达，从此开始了在北平居住十年的漫长岁月。

黄宾虹在北平主要做的事情是执教北平艺专，同时帮助故宫古物陈列所鉴定文物，还兼任北平古物陈列所国画研究室研究员、作品及资格审委会的主任委员。不久，夫人宋若婴也带着三个孩子到了北平。开始时他们住在西城石驸马后宅胡同七号，这是一个三合院，他本人住在南屋，也在这里作画、写文章。后来房子被房东卖掉，他们又迁到了对过的三十五号，夫人和孩子们住在三合院的前院，黄宾虹住在西屋。

除了艺专安排的课程必须要去上以外，其余的时间，黄宾虹大多在家里潜心作画，或者是进行文物、书画的学术研究。他还把大部分时间用在了接待来客上——来客中多是慕名前来拜访者——或是释疑，或是探讨，或是请教，他也不怕耽误自己的时间，总是谦恭和蔼地见了一位又一位。琉璃厂的书画商也常找到他，有时请他鉴定真伪，有时向他兜售书画。当看到一些罕见的真迹时，他就会让书画商把书画暂时留下来，以便再揣摩真伪，同时他可以利用书画作品留在家里的时间潜心临摹，也让子女们临摹。黄宾虹这时候过的日子比较清苦，尽管有艺专的薪水，但是甚为微薄，维持五口之家相当艰难，他们常常吃的是小米粥、棒子面窝头，吃上米饭的时候，多以白菜、豆腐佐餐，再不然就是蘸着酱油就大米饭。就是这样，他也是以苦为乐，寄情书画，不忘谆谆教导子女。子女们研习书画时，他就讲一定要先从工笔入手，先画仕女，然后才能画山水。还教他们磨墨时一定要用中指及拇指夹墨，食指压墨端，而且要悬腕，墨正不能歪，用力均匀，磨出的墨才能既细又匀。鉴定古玩书画时，他也让子女们在场，一边讲解，一边鉴定。比如一张古代真迹，他先从画家的名、号是什么讲起，然后再讲此人擅长画什么，这件作品画于何时，画的特点是什么，最后再对作品的笔法、章法、墨法等进行讲述。讲到鉴定真伪时，他说，主要从作品的纸张、印章、印泥、墨色、题跋以及裱工、用绢等方面进行识别。每天晚上吃完饭后，他常常把子女们留下来，给他们讲一些故事，教育他们如何为人处世。子女们记得最深刻的是馄饨的故事。黄宾虹讲道，两个人分别在店里买了两碗馄饨，一文钱能买几个，店家都有规定。吃完后有人问其中一人吃了多少个馄饨，他却答不出来，另一个人则很清楚地回答出了吃了几个。黄宾虹教育孩子说，能说出来吃了几个的人，就是做事心中有数的有心人，不像另一个人，心里不明白，混天混地地过日子。故事虽然简单，却能使人警醒。

在北平安定下来的三个月后，发生了卢沟桥事变，随后国土大部相继沦丧，想再回到南方已是不可能的事了。没有办法，黄宾虹只好"蛰居北平十年，谢绝应酬，惟于故纸堆中与蠹鱼争生活"。尽管政治空气越来越紧张，生活越来越艰苦，但他没有失去信心，仍然坚持作画、读书、研究考证文物。他心里坚信，国家绝对不

○黄宾虹北平故居

会亡。这年冬天他给朋友写信说："近读黄道周诗，卧对宋人山水，不无有感，粤桂、荆楚之山，何日可得共游？"信的末尾说，"我虽然已经老了，但是，青山却没有衰老的忧虑，这是值得高兴的事情啊！"他还常给家人诵读陆放翁的诗："呜呼！楚吴三户能亡秦，岂有堂堂中国空无人？"

这个时期他写的一些文章，多署"予向"的名字发表。这个名字是他当年初到上海时所取的别名。他在《八十自序》中说明了他取这个名字的原因和含义：一是他认为明代恽向（字香山）的画浑厚华滋，最合大家方数，心向往之，学之最多；二是自己喜欢游山，慕古向、禽为人。"向"是东汉的向子平，名长，字子平，隐居不仕；禽为禽庆，是向子平的好朋友，与向子平一起共游五岳之山。他在日寇铁蹄践踏国土的时刻使用这个名字，自然更有一番新意。予向"就是我的志向，我就是要做恽向、向子平、禽庆一样的人，尽管国土大部沦丧，但我志有所向，不能向日寇屈服"。

一九三九年冬天，年逾花甲的日本著名画家荒木十亩到北平访友。一天，他在西四的同和居饭庄举行酒会，邀请他当年的宾朋故旧参加，黄宾虹是受邀者之

一。此前，书画家惠孝同等人的"湖社画会"在中央公园的来今雨轩举行茶会，招待荒木十亩。惠孝同在茶会上说，荒木十亩是中国画界的老朋友，他曾在二十世纪二十年代邀请金北楼、陈师曾、王梦白、高希舜等人去日本举办画展。黄宾虹在北平古物陈列所国画研究室的学生石谷风把荒木十亩的请柬拿给了老师。黄宾虹拿了请柬，端详了一番，说："二十年前经陈师曾等人介绍，与日本的荒木十亩、中村不折、渡边晨亩等书画家认识，后来还有书信往来。荒木这次来平，时候不当，正值中日两国交战，我不愿见他。你就说我身体不适，不能到场，很抱歉。"荒木十亩举行宴会这天，石谷风把老师因故不能到来的事情给他说了，荒木十亩立即说："请转告黄先生，我明天午后到黄先生府上拜望。"石谷风把荒木十亩第二日午后要来拜望的话带给黄宾虹后，他略一沉思，然后拿出一张信笺在上面写道："黄宾虹因头疼病复发，遵医生所嘱需静养，概不会客，请予鉴谅。"写完，让石谷风贴到门上，并让他明天午后等荒木十亩来时，予以婉言谢绝。第二天午后，荒木十亩果然来了。这天他一身中式服装打扮：深蓝色缎面羊皮长袍，脚下一双千层底布鞋，浓眉方脸，花白头发。看了门口的贴条，又听了石谷风的致歉说明，荒木十亩一时默然。然后，从怀中取出一封信，让石谷风转交黄先生，并向着门内鞠了一躬，悄然离去。信是老友中村不折写给黄宾虹的，邀请他去日本开个人画展，黄宾虹一笑置之。

一九四三年，北平艺专（此时已更名为国立艺术专科学校）的"辅佐官"伊京、黑田委托学校的两位先生出面要为黄宾虹举办画展和八十岁祝寿仪式，黄宾虹又婉言谢绝了。不久，他画了一张两米长的《黄河冰封图》，抒发自己的忧国之情。一九四五年，抗战胜利的消息忽然传来，他高兴地说："黄河解冻，来日再写黄河清也！"他还给友人写信说，听到抗战胜利的消息，心里的喜悦，真是"无具脱阶下之囚""自难笔墨形容"云云。

弟子林散之

⊙林散之

晚年有"一代草圣"之称的林散之先生，是黄宾虹非常器重的弟子之一。林散之，一八九八年生于江苏浦江，祖籍安徽和县乌江镇，别署散耳、三痴，早年习山水，工草书。他之所以能成为黄宾虹的入室弟子，与黄宾虹的挚友张栗庵荐举有关。

林散之早年向乡贤范培开学习书道，范培开授以悬腕之法，并从唐碑入手，林散之颇有得益。范培开的老师就是前清进士、含山县的张栗庵。早年安徽各地办了许多书院，安庆的敬敷书院从本地名儒大家中聘请院长时，和县、含山两县推荐了张栗庵，而歙县推举的则是黄宾虹。自此黄、张二人相识，此后成了挚友。一天，张栗庵在范培开家里见到了林散之，林散之年轻好学，谈吐儒雅，为人朴实无华，给张栗庵留下了很好的印象。他对林散之说："你现在还很年轻，但到了而立之年，就应该留心注意，只有走正道，才不至于误入歧途。对于古文诗词，按照先贤教诲，精心苦读，是能学得很好的；但是对于书画之道，就不同于一般了，你应该选择一个很好的老师指点迷津，才能谋求深造。"他还说，"老友黄宾虹先生，是海内的名宿，我和他是同学，我把他推荐给你，你去上海找他，他会收你为徒的。"林散之对张栗庵的热情推荐甚为感佩，当下表示，一定按照张先生的教导，拜在黄先生门下，争取日后在书画方面能够有所建树。

后来，张栗庵写了一封信，并把林散之画的几幅山水一起寄给了黄宾虹。黄宾虹给林散之复信说："看到了栗庵写来的信，并看到了你的山水画，你画得很大胆，对你的才气磅礴，我极为钦佩。"然后便向林散之讲起了古人的作画之道。黄宾虹说明代的程青溪、柳公韩笔力能扛鼎，劝林散之作工细画，由细笔入，然后再谈所谓粗豪问题。黄宾虹在信中恳切地对林散之说，内地唐宋真迹不大容易看到，你可以多对古树疏柳不厌其烦地反复临写，时间长了，取得的成绩将会不可限量。

一九二九年四月初，林散之用心地编辑了一部《山水画类编》的稿子，向黄宾虹询问可否予以指正。黄宾虹于四月十八日给林散之复信说："如果你愿意的话，可以在《艺观》杂志上登载，'以扬大著'。"林散之立即把稿件寄给了黄宾虹。孰料，黄宾虹因家乡有圩田事宜，去了一趟贵池，同年的十一月初才返回沪上，看到林散之寄来的稿子后（他同时还寄了两张自己的山水画，请黄宾虹指正），给林散之复信说："看到《山水画类编》这样的'觥觥大集'，真是'无比钦佩'。"黄宾虹认真阅读之后，决定登载时在文章的前面加一凡例，逐篇之下再附一按语，这样可以使读者一目了然。黄宾虹说："等到打出小样之后，一定寄给你校正谬误。"对于林散之寄的两张山水画，黄宾虹说一张由友人带回给林散之，另一张留在沪上供同仁传观，暂时存在社里（神州国光社），还说自己给林散之写了一副对联，以作纪念。

虽然与恩师未曾谋面，但从书信来往中，林散之已深深感到黄宾虹是一位学问渊博、品德高尚的大儒。一九三〇年春天，三十二岁的林散之只身来到上海，恭恭敬敬地拜黄宾虹为老师。因为是从家乡来的，加之黄宾虹此前对林散之的学识有所了解，再看看林散之简朴的衣着和朴实憨厚的举止，自然对他有一番好感。黄宾虹看了林散之的书画作品，温和而严肃地指出："你在书画方面有一定才气，也有一定功力。但是，由于你临摹的绘画作品都来自珂罗版，画上无笔无墨，因此你不了解用笔用墨之法。历代的大家，尽管他们各宗各派技法上千变万化，但是他们都离不开笔墨二字，你要记住，书画之道，一定要以笔墨为主啊！"听到这里，林散之这才真正认识到书画之道是何等的不易，看看自己的往日之作，自感汗颜，于是暗暗下定决心，自此就在老师身边住下，每日亲聆教诲，以正往日之谬。

林散之在黄宾虹居住的西门里附近租了一个亭子间。因为经济条件不许可，林散之每天大多以稀粥充饥。见到老师、听过教诲之后，他回到亭子间，一边静心揣摩，一边读书自省。有向黄宾虹学画的人见林散之每天不写不画，只是在亭子间看书，就问他："你这样能学到黄老的技法吗？"林散之沉冷静地回答："各地来的学生都是学黄老的笔墨，学形式，我不能这样，我要把黄老的笔墨精神学到手。"他还给别人说："做学问不能为一千个人的捧场叫好而陶醉，如果有一位有识者啧啧有言，倒是要好好听听。"在上海期间，林散之除了每天向老师问道之外，还辅导黄宾虹的儿子读书，有时和他们一起下棋娱乐，日子过得倒还潇洒。荏苒之间，已过了三年。因受经济条件所限，林散之又回到家乡，每天闭门读书，省悟老师教诲，决定一改往日积习，治掉俗病。

不久，林散之为了不受家庭的干扰和阻拦，决定按老师"读万卷书，行万里路"的教诲，做一次远游。他走遍了河南、湖北、湖南、四川、江西等七省名山大川，行程一万八千余里，得画稿八百余幅、诗两百余首。这一次远游，对他的艺术升华起到了很好的促进作用。林散之壮游归来的第二年，抗日战争爆发，这时黄宾虹已居住北平，想起老师昔日教诲之恩，思念之情难以抑制，他在诗中写道："唏嘘此情已十年，别后邯郸几黄粱。江水江花各无恙，相思长念天一方。"一九三九年林散之有事到上海，专门拜访了黄宾虹的上海旧居，见屋思人，百感交集，"一自与君别，孤情日日深"的相思之苦，更是难以言表。

抗战胜利后，从友人处得知老师在北平安居，林散之惊喜雀跃，立即驰书向老师问候："……念自海上拜别，忽忽日月，历丧乱以迄今，兹十五年矣！风尘奔走，空山岑寂，毫无成就，其负恩师之火传为何如也……"黄宾虹看到弟子来信也很高兴，立即复了信。见到老师的手书，林散之又给老师写信说："……其喜从天外飞来，盖阔别十余年，杳杳无从得消息，一旦得睹手教，其快慰为何如！……"

黄宾虹后来到杭州任教，林散之又把儿子林昌午（已是杭州艺专学生）推荐给恩师，黄宾虹常常与林昌午谈诗论画，有时"历数小时不已"，令林散之十分感动。

一九四〇年，黄宾虹的同乡好友汪采白去世，黄宾虹书"云海英光"四字作

⊙林散之补黄宾虹书法

为悼念。后来，"光"字损坏，采白后人请林散之补题"光"字，并作跋文于后云："此为宾老挽采白先生'云海英光'四字，惜光字遭乱坏，兹为补上。采白与宾老同为歙人，善山水，清秀不凡，可贵也，宾老当时尝言之。今二公皆为古人，仅残墨留人间耳。"再后来，北京成立黄宾虹研究会，林散之与李可染被推举为名誉会长。会后，黄宾虹的小女儿黄映家到南京看望林散之，老人殷勤接待，回忆起与黄宾虹相处的时日，不禁感慨万千，黄、林两家的友谊一直传了下来。

李可染前来拜望

　　李可染到北平后，通过与许多人交流了解到一些关于白石老人的传闻，同时，也听到了许多关于黄宾虹的情况。他对黄宾虹十分仰慕。当年在重庆时，他曾带着四妹李畹和妻子邹佩珠去参观从北平运到重庆的书画国宝展览。他听人说，运到重庆来的这些书画，都是经过大收藏家、鉴赏家黄宾虹等人亲自鉴赏过的。他平时也看过黄宾虹关于书法和绘画的理论书籍，对他的学识很钦佩。

　　李可染决定带上自己的绘画作品，向这位当代著名的画家、学问家请教。一九四七年初春，乍暖还寒，李可染和妻子邹佩珠到了北平西城石驸马后宅胡同三十五号。这是一座三合院，房东是一位史姓人家，他们住在堂屋。西屋是黄宾虹的住所，东屋是他的画室，也是他的收藏室。

　　临来之前，李可染就听说黄宾虹学识渊博，讲起话来滔滔不绝，别人几乎插不上嘴，他叮嘱妻子说："黄先生说话的时候，咱们只在一边静静地听，千万不要插话，必要时可以问一问，不然的话就把老先生的思路打乱了。"见了黄宾虹之后，李可染自报家门，并介绍了自己的妻子。黄宾虹和蔼地笑笑，说："好啊，你在艺专教中国画，我也是教中国画的，咱们是同行啊！"李可染忙说："岂敢岂敢，我是晚辈，学疏才浅，应该尊您为老师！"李可染和邹佩珠进到屋子里，只见满屋都是书，书架上、桌子上、地上，全是书，几乎连下脚的空地都没有。李可染不禁脱口而出："黄先生的藏书真多！"黄宾虹说："这还不全呐！别的屋还有，做学问、做考据，没有几本书怎么行啊！"这时邹佩珠发现黄宾虹的画案上有一幅正在创作的山水画。桌子上也没有什么调色盘子，只是有许多牛眼大的酒盅子，花青、赭石、藤黄、胭脂等都在里面，大多是干的。砚台里有一些墨，看样子也不是当天磨的。再看桌子上和笔筒里的毛笔，大多没有笔锋，秃秃的。邹佩珠心想，老先生是怎么用这样的工具画出来这么多惊人的山水画的呢？李可染看到画案上的山水画，都是点出来的，随口说道："黄先生积点成线的功夫很深啊！"黄宾虹指指自己的画稿说："我对中国绘画研究几十年，总结出了一些笔墨之见，就是大家都知道的'五笔''七墨'。笔和墨

⊙拜访黄宾虹时的李可染夫妇

的关系，两者都非常重要，互相依存，二者缺一不可。说到点，就要说到线。线，来源于点，就是我们平常所说的积点成线。但是，点并不是线。我笔下的这些点，不是随便乱点一气，而是根据创作的需要，该聚的聚，该散的散。一般情况下，我是三点或者两点成为一丛，我自己将其归纳为'三五错综法'。北宋的一些画家擅长点染，不管是圆点、方点还是三角点，都蕴含着转折和虚实。我在用墨的时候，常用'渍墨法'，先蘸上浓墨，然后再轻轻蘸一点水，笔落到纸上，墨就可以化开。我的这个'渍墨法'和'积墨法'是两回事。'渍'，是笔蘸浓墨，再蘸水，把墨化开；'积'是一遍一遍加深，越加越黑，直加到黑中见亮，亮到像幼儿的黑眼珠。宋人米元章和清人石涛都善用'积墨法'，米元章的山水由淡渐浓，丛树用浑点点成，显得墨气爽朗；石涛画出的山水，屡变屡奇。"李可染细心倾听着，佩服得连连点头，心中暗想："这哪里是口若悬河，分明是句句箴言啊！八十二岁高龄的老人，思路清晰，记忆准确，非常人可及也！"

等到和黄宾虹聊完，天色也已不早，李可染连忙拿出自己的作品请教。黄宾虹一一看过，没有多说什么，唯独对其中一张《钟馗》赞不绝口，还说非常传神。看完了李可染的画，黄宾虹起身拿起了画钩，把自己收藏的一张元人的四尺整纸的《钟馗》展开，让李可染观赏。李可染一边欣赏，一边赞扬此作之高妙，说它

造型、神态、笔墨都极佳。没想到，黄宾虹见他对这张《钟馗》十分欣赏，竟开口说道："你既然这样喜欢，就送给你吧！"李可染几乎不敢相信自己的耳朵，愣了好长时间，然后才连连摆手道："不能，不能！第一次拜望黄先生，怎么能收受这样的大礼，实在不敢当！"黄宾虹却说："这有什么？你只要喜欢，拿去就是！"李可染再三婉谢，很快就拉着妻子告辞而去。

没过几天，李可染正在家里整理资料，忽听门口"砰"的一声响，邹佩珠连忙去看，激动、焦急的喊声随即传到屋子里来："可染，快来呀，黄先生摔倒了！"李可染愣了一下，随即大步奔出去，只见一位老人在邹佩珠的搀扶下慢慢从地上站了起来，老人正是黄宾虹。李可染奔过去扶住老人，急急问道："黄先生，您老怎么自己走来了呢？摔着了没有？"黄宾虹说："没有，没有。只是慌了些。到底是年纪不饶人啊！好在我身上穿着厚棉袍，不然可能真要伤筋动骨了。"夫妻俩把老人扶到屋里，在椅子上坐定，倒上热水，让老人驱驱惊吓和寒气。李可染一边为老人掸土，一边给他揉搓身子。原来，自从那天见了李可染后，黄宾虹就觉得

⊙黄宾虹送给李可染的画

这个年轻人言谈举止端庄，为人实在，画画也有才气，而其再三婉拒那件元人所绘钟馗的举动也给他留下了非常深刻的印象。这次黄宾虹只身前来，就是觉得自己上次说得多，没有画给李可染看，要补一补这个缺憾。

定下心神后，黄宾虹坐到画案前，在纸上先画了一些树，又画了几间房子，最后又画了山，而且一边画，一边给李可染讲解。纸画满了，他又把纸翻过来，讲"锥画沙""折钗股""屋漏痕"……他就这样讲了一个上午。李可染和邹佩珠激动不已，紧紧张张地张罗了一顿简单的午饭让老人吃了，然后护送老人回到家中。

杭州晚年

　　黄宾虹在杭州栖霞岭住下来后，一方面在杭州艺专教书，另一方面还饶有兴味地参与一些社会上与绘画艺术有关的活动，倒也过得充实。孰料好景不长，也就是在杭州安顿下来的两三个月之后，随着国民党政府的日薄西山，市面上物价飞涨。政府滥发金圆券，上午一张金圆券能买一袋面，到了下午，连一个烧饼也买不到。杭州艺专的教授们也不能靠喝西北风过日子，学校又没有钱发工资，多次向当时的教育部发电告急也无济于事，没有办法，只好向外面借钱，借来的钱，一次一位教授仅能得到二三十块。有的教授几乎到了无米下炊的地步，靠采摘野菜、山果充饥。于是，全体教授便以罢课抗议。黄宾虹也是教授中的一员，贫困的生活自然也折磨着一家老小（这时候，全家共六口人）。校长汪日章凭借个人的一点关系，向当时的浙江省政府借了一点钱，为表示酬谢，他给黄宾虹写信，请他画两幅着色山水，装

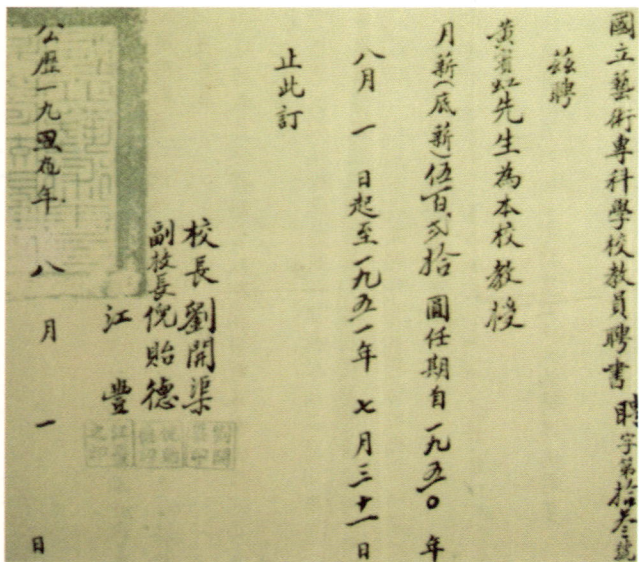

⊙杭州艺专发给黄宾虹的聘书

裱后送给省政府里的要员。就是这样，黄宾虹也一刻没有忘记自己热爱的艺术事业，每天除认真搜集资料，反复考据、研究外，还打算办一个西湖美术馆这样的艺术机构，聘请有关专家对书法、绘画、金石、艺术评论等进行深入而系统的研究，并对外交流。

一九四九年五月三日，杭州解放，美丽的杭州古城重新回到了人民的怀抱。过上了安定生活的黄宾虹，被正式聘为杭州艺专教授，刘开渠成为杭州解放后艺专的第一任校长。黄宾虹怀着兴奋的心情，以他的家乡歙县潭渡村为题，画了一幅《潭渡村图》，在画上题诗道："丰溪萦带黄潭上，德泽棠阴载口碑。瞻望东山云再出，万方草木雨华滋。"

社会发生了天翻地覆的变化，祖国的四面八方呈现蒸蒸日上、欣欣向荣的局面，黄宾虹犹如看到了天空升起的祥云，对于共产党领导的新中国，他高兴地说："……共产主义学说大公无私，坐言立行，上下一致，同心协力，诚人民之福，百世之利也。"暇时，他不顾八十六岁高龄，还跑到玉泉、灵峰一带写生游览，表示"愿做西湖老画人"。不久，他被推举为杭州各界人民代表会议的代表。杭州艺专进行教育改革，要求老师和学生要描写工农兵的斗争与生活时，他勉励学生说："为工农兵服务，要多增加研究，不急之务，可以搁开。况值民族复兴时期，人民自当加强学习。"

住在栖霞岭半山腰的一位叫余炳如的老农民，知道黄宾虹就住在岳庙附近，便主动前来与他结识叙谈。黄宾虹也乐意接待这位淳朴的老农。余炳如常常来和他谈起当地的物候农事和逸闻趣事，有时还带一些他自种的瓜豆

⊙黄宾虹（居中）在杭州写生

之类。日久天长，两位老人之间的情感越来越亲密。平时家里有些琐碎小事，黄宾虹就请余炳如办理，诸如寄信、取汇款等。"黄山扫客滞西湖，喜有芳邻德不孤"，这两句诗就是当时黄宾虹结识老农为友的写照。黄宾虹还画了《富春山色图》赠给余炳如，题款曰："观宋人长夏江寺卷，以富春山色之。炳如先生一笑。庚寅八十七叟宾虹。"

这时的杭州艺专已经改名为中央美术学院（以下简称中央美院）华东分院。随着政治气氛越来越浓厚，学院教改也越来越深入，到了一九五〇年夏天，黄宾虹虽然仍被聘为教授，却被列入"暂不任课之教员"行列。除了学校规定的业务研究和政治学习外，其他也就没有什么事情了。黄宾虹不觉有了失落之感，他在给一位友人的信中这样写道："……家中亦极禁近笔墨，收藏赏鉴早已置之脑后，现今普及教育，斯道见遣……"实际上，他对于暂不做"任课之教员"已是有了情绪。

随着北京"要取消中国画"的议论传来，杭州画界也有所动荡，潘天寿、吴茀之等人几乎已是无课可教。在这种情况下，黄宾虹利用参加浙江省第一届各界人民代表会议的机会，对中国画问题极力鼓与呼。他说："中国千百年来的绘画，虽然并非都是尽善尽美，但是，只要我们今天能够注意取长补短，正确吸收，在今后的实践中不断创造，就可以超过前人。如果把中国画全部抛弃，再去寻求别的蹊径，也是不可取的。"然而，这个时候，关于中国山水花鸟画不适合反映新生活的思想影响越来越大，致使华东分院决定不准学生观摩研究传统的绘画。本来有些学生还经常去向他请教一些笔墨技法，现在也大多不敢来了，有人甚至对黄宾虹的画说三道四，提出批评。一次，学校举行师生画展，黄宾虹、潘天寿等人的画作都被挂在很不起眼的地方：黄宾虹的画，挂在暗角处；潘天寿的画，挂在走廊里。他看到后，不禁黯然神伤，有一种说不出来的滋味。他不无埋怨地跟别人说："他们现在也不需要我们的这一套了，还不如干脆回乡种地算了。"当时他还真的给家乡歙县的亲友写了信，打听家乡的情况。这时候他已经患了眼疾，即使这样还常常伏案，勾勾点点不停地画，有时来看他的学生就劝他，既然眼睛不好，就不要再画了。他一边打断别人的话，一边还是自己画自己的，说自己就是想画。

浑厚华滋画
波正宗 苍润
而具气韵
而苍硬兴柔
靡皆尚气之

谦德先生

雅正癸巳宾虹
年九十

⊙黄宾虹和家人在栖霞岭

一九五三年秋天，全国第二届文代会在北京召开，会议肯定了中国山水花鸟画，毛主席也对此做出了指示。这时黄宾虹的心情方才好了一些。此前，他曾作为社会民主人士，应邀参加了全国政协一届三次会议，黄宾虹是会议中最年长的代表。会中用餐，毛泽东亲自过来给他敬酒，赞扬他这么大年纪了还如此好学不倦，还问他近来在研究什么。宾老说在研究战国方面的文字，毛泽东也说自己近日常常翻阅周秦诸子方面的书。周恩来也来到他身边和他叙谈，他只觉得来人显得很年轻，谈了半天，还不知道这就是总理。后来，他把自己的一幅山水画赠给周恩来总理，上面题道："武林古宕舟中所见，笔以追之。辛卯八十八叟宾虹。"又题道，"恩来先生雅正，辛卯宾虹八十又八。"

一九五三年是黄宾虹的九十寿诞。这年春天，中国美术家协会（以下简称中国美协）、中央美院华东分院联合于外西湖美院大礼堂隆重为他祝寿。浙江省委书记谭启龙、华东美协副主席赖少其、美院院长莫朴、教授潘天寿等人相继致辞祝贺。庆祝会上，赖少其代表华东行政委员会文化局授予黄宾虹"中国人民优秀画家"奖状，中华全国美术工作者协会（以下简称中华美协）也发来贺电，称赞他"数十年如一日，劳绩卓著"。他的老友陈叔通写诗祝寿道："能称三绝孰如君？奇字争推问子云。长住栖霞容笑傲，湖光山色远尘纷。鹿裘带素古风姿，老去情怀两地知。岁岁不忘遥寄赠，一枝竹外动吟思。"

凤先生何许人也？吕凤子先生是也。这位二十世纪三四十年代就被尊为绘画、教育大家的一代宗师，自抗日战争胜利回到家乡继续办学后，一直默默无闻地工作在教育岗位上，直到逝去。凤先生精通儒、释、道三家义理，他不求闻达，不求利禄，作画教书，兢兢业业，为人处世谦恭正直。这些高尚的节操，对于今天焦躁浮夸、追名逐利的现状做出了表率，树立了榜样。

博学大雅 吕凤子

一生三件事：画画、教书、办学

二〇〇三年初春，我在北京李可染老师家里和邹佩珠师母聊起老师当年在重庆国立艺术专科学校（以下简称国立艺专）雕塑系读书的往事，邹师母说，滕固校长离职后，教育部部长陈立夫任命吕凤子先生为国立艺专的校长。因此，国立艺专也便由昆明迁到了重庆璧山。凤先生到校后，对老师、学生谦恭和蔼，讲课的声音亲切，在黑板上的示范很生动，特别对于追求进步的学生更是喜爱。邹师母说，她当时经常和一些学生阅读进步书籍，参加进步活动，引起了当局注意，她就躲到凤先生和夫人在璧山办的正则艺专……此后，我一直关注和搜集吕凤子先生关于绘画、学问等方面的材料。再后来，我一次无意中发现苏州民俗风情人物画家谢友苏先生的画作，与友苏聊过几次后，才知道其父谢孝思先生（曾任江苏美协副主席）就是凤先生的高足，一生追随老师左右，成绩卓然。他曾饱含深情地说过，凤先生是少有的一代艺术大家，但他后半生一直默默地耕耘在教育岗位上，不事张扬，也从来不让别人宣传自己，是时代的洪流把凤先生遮掩了，可惜！

有一年的十一月末，我到苏州观赏谢友苏的画展，很想直接接触凤先生的亲属和学生。友苏向我推荐了两人，一位是凤先生的四子吕去癖先生，还有一位是凤先生在江苏教育学院任国画制图系主任时的学生葛藤（振华）先生。未拜望二位先生之前，我想去瞻仰一下凤先生当年在苏州的故居。朋友说故居已经不复存在，十多年前被苏州大学拆掉盖起家属宿舍了。我坚持要去，心想哪怕能看到些许蛛丝马迹也是对自己的一个慰藉。我们来到了沧浪区螺丝浜十号，这里现在是苏州大学家属楼。与几位老街坊聊起了凤先生，其中一位老者说，这里原来有两幢美国人造的三层小洋楼，每幢楼住四户人家，分东西两幢，住的都是当时东吴大学

（苏州大学前身）的学者、教授。凤先生当年（二十世纪五十年代初）就住在东楼的一层。另一位老先生还很认真地用手指了指朝东的方向说，那一带，就是当年的东楼。人去楼也不在了，再想想几乎为许多人所遗忘的吕凤子先生，不禁有些凄然。回来的路上，我思考着凤先生沉寂这么长时间，恐怕与凤先生青年时期对佛学的深入研究有关。他二十一岁时从家乡丹阳到南京，二十二岁考取李瑞清主办的两江师范学堂后，选习了图画手工科。课余，他打听到清代著名佛学家杨仁山居士常在南京常府街金陵刻经处的深柳堂讲经，便常常赶去聆听。再有，栖霞寺有许多精美的罗汉塑像，他也常常带上速写本去临摹。他对千佛岩的南朝石窟造像也很感兴趣，时时前往观摩。佛家讲究的是慈悲为本，不计名利得失，新中国成立后，凤先生经历了一次次运动，在那种形势下，急流勇退自然也便成了他适时的选择。

　　这天上午，我去拜望凤先生的四子吕去癖，他住在苏州木杏新村二十九幢楼的三楼。虽然已经是八十多岁的人了，但看上去红光满面，很健朗，说是除了腿脚不利索之外，没有什么其他毛病。一见面他就说，自己不写字，也不画画，没有继承父亲的衣钵，而大哥、大姐却都是画画的。他学的是社会科学，从重庆大学毕业后，便参加了人民解放军第二野战军，一直在二野的军械部计划室做统计。从部队复员后，他被分配到苏州医学院做了政治系的教授。去癖先生说，只有自己后来从事的教书事业和父亲终生从事的教育事业是一致的，单就这一点来说，倒可以告慰父亲的在天之灵了。说起凤先生，去癖先生陷入了深深的回忆之中，他说自己与父亲的感情很深，父亲常常说一辈子就只做了三件事：画画、教书、办学。我请去癖先生着重谈谈凤先生有关画画方面的逸闻趣事，老先

⊙作者采访吕凤子四子吕去癖（右）

生拿出许多他亲自拍下的凤先生的画作，并一一指出画作的背景和影响。

凤先生是一位渊博的学者。他的画作融书法、金石于一炉，不管是人物，还是山水、花鸟，或工或写，或墨或色，都是妙造自然、浑然天成。凤先生曾以十年时间专门研究西洋绘画，因此他的水彩、素描、油画基本功都很扎实。他对诗词、篆刻、画史、美术等方面也都做过精到的研究，这些学识都是凤先生形成独特绘画风格的重要因素。去癖先生取出一张他翻拍的凤先生一九五五年画的《乙未自造像》让我欣赏，只见画上题字道："教了将近五十年书，没教好；画了将近六十年画，没画成。就这样算了吗？不，还得做最后努力！老凤自策。"去癖先生说："家父这张《乙未自造像》画得栩栩如生，形神兼备，见了画好像又看到了故人。"每每想念起慈父来，他就常常把这张画拿到面前仔细观看，以慰思念之苦。《乙未自造像》是用"线"完成的。画面上凤先生的两只手，画得非常传神，既粗壮有力，又虚实相扣，表现的形式是一只手握着另一只手，犹似握笔，这个意思就是说，"用笔"在中国画中占着相当重要的位置，不论表现什么物象，都要用笔。而用笔又包括多个层面，比如力与感情的融合、线条的流畅和涩滞等，而《乙未自造像》中的线条，不管是方、圆、粗、细，还是燥、湿、浓、淡，都顺畅流利，没有顿挫，转折之处也不露圭角，线条中流露出一种愉快的情感。

去癖先生对画上的题字也做了阐释，当年画完这张画后，凤先生曾给他讲了戏剧大师梅兰芳的故事。凤先生说，梅兰芳的戏唱得好，但他只会唱京戏，别的戏他都不会唱。就京戏而言，他也不是什么行当都能唱，而只能唱旦角；就旦角而言，他也不是所有旦角都能唱。讲这个例子的目的，实际是凤先生对自己一生作画的自我鉴定和回顾。他对绘画做了将近六十年的研究、探索和实践，都没有取得成果(这是自谦的话)，说明书画的学问太深了。像梅兰芳这样的大师，他的名声可谓享誉海内外了，凤先生认为自己的名声当然不如梅先生高，但是，梅先生对京戏的认识、理解和实践，也不是全能的，因此，自己还应该在有生之年对书画的研究再做努力才是！

《乙未自造像》（吕凤子作）

凤体书法

　　吕凤子的书法艺术，以古茂朴拙、清逸冷峻的特色而闻名于世。收藏者、仰慕者、爱好者，莫不为其独有的神韵所倾倒。

　　有人认为，因凤先生画名太高，便把书名掩了。其实，凤先生因为认同"书画同源"的主张，所以，作画时便把自己深厚奇拙的书法、金石功底蕴含了进去；而作书时，则把清逸、高古的画艺包容于其中。形成了他独有的"画中有书，书中有画"的风格。至于书名为画名所掩的问题，实际是他书画艺术各有千秋，有着异曲同工之妙罢了。

　　单就凤先生的书法而言，一般读者的感觉是不太容易识别。因为他的字既有篆隶的影子，又有章草、甲骨、钟鼎的成分，由于他的学养深厚，能够把这些成分融成一体，每个字看上去就像是反过来写的。如果没有上述各种书体的基本知识，就很难准确表现到位。对今天的广大读者来说，凤先生的书法似乎有不合时宜的感觉，从这个角度来讲，今天的书法家、画家、学者，更有必要对凤体书法做一番认真研究，这样做，对增进近代书画艺术的认识，对提高当今书画家的艺术水准，都有所裨益。

　　凤先生的后人和学生们曾经回忆说，先生从很小的时候就对书法有浓厚的兴趣，所谓"三岁习字，五岁拜师"，便是指此而言。他五岁拜的是乡贤、丹阳著名书法家殷墨卿。他从描红印影学起，"亦步亦趋"，循规蹈矩，不敢一日懈怠。每天早晨起床后，先要用毛笔蘸着清水在青砖上练字，写到一碗水用完了才罢休。为了行笔时能够指实掌虚，在老师的启发下，他曾把一个小纸团握在手心里练习写字，这为运笔有致、开合自如打下了坚实的基础。后来，他又学习了一段时间的石鼓文。

吕凤子二十二岁考入南京两江师范学堂，学堂监督李瑞清是名重一时的大书法家，民国时期形成一派，特别是在教育界影响甚大。吕凤子这时候已经有了扎实的书法功底，到校不久便成了李瑞清的入室弟子。李瑞清亲自为之"传道授业解惑"，讲解自己精通的汉魏碑刻和宋人黄庭坚的书道，对于自己"求篆于金，求隶于石"和碑帖兼收的观点，更是旁征博引，有理有据，使吕凤子大受启发。此时，他对李瑞清的小楷风貌特别欣赏，于是朝摹夕研，自己写出的字竟与老师的不分轩轾。从两江师范学堂毕业后，吕凤子先后应各校聘请任教，一九一四年在扬州的江苏省立第五师范学校教书的时候，他把自己的《风景画法》一稿经过认真整理后，由上海有正书局印行出版，全书一万四千余字的说明，全由他用小楷一笔一笔书写出来，字体结构严谨，风貌儒雅俊伟，深得老师李瑞清艺术三昧。

吕凤子三十五岁到上海美专任教后，时常与上海大家吴昌硕接触，对吴老的金石入书尤为赞赏。平时，除了深入钻研、临写石鼓文外，他对最感兴趣的汉碑《石门颂》更是爱不释手，每有闲暇，必要临写。《石门颂》行笔飘然物外，如闲鸥野鹤，特别是圆润的中锋与篆书相通，每字起伏之间，多有变化的特色，尤为吕凤子所心醉。同时，他对汉碑《礼器碑》《张迁碑》《曹全碑》也是常常临写。他的老师李瑞清最钟爱的是《礼器碑》，尊之为"汉隶第一"，吕凤子也临写过不少时日。此后，他又受老师的启发，研究了甲骨文（殷文，字迹劲峭挺拔）、《毛公鼎》（金文，字迹典雅整饬）、《散氏盘》（金文，字迹浑

⊙《石门颂》碑拓

厚雄壮），还有汉简和敦煌写经等，为他日后书法中参有篆隶的风格打下了牢固的基础。

二十世纪三十年代之前，吕凤子的书法初步形成了篆隶相参、奇拙冷逸的"凤体"风格。三十年代以后，凤体书法已经基本成熟，特点是篆隶行草融合，字形不拘长短大小，运笔富于变化而轻松。四十年代以后，凤体书法更是发展到了既苍劲又飘逸，既古拙又朴茂的老辣境界。世人平时看到的凤先生的书法作品并不太多，他的书法大多在他的题画、信札往来中。书写时，他兴之所至，一挥而就，字体看似散落无常，实则瞻前顾后，错落有致，韵味隽永，高古秀逸。之所以出现这种效果，与他刻意追求的"拙趣"大有关系。他常常给学生们说，巧难，拙更难，拙中见巧难上难。他的学生顾莲邨说，老师凤先生为了体现书法艺术的拙趣，常常采用两种手法，一是把原有的笔顺打乱，比如该从左边下笔的字，却先从右边写起，如写"结"字，他先写"吉"，然后再写左边的偏旁，笔顺一乱，出手的字就有了生涩感，拙趣也就出来了。我们常常看吕凤子的字有反过来的感觉，恐怕与这种打乱笔顺书写有关。再有就是转移注意力，书写到了紧张的时候，他忽然分散注意力，在不经意之间随手继续运笔。他起笔很慢，起笔后便如疾风劲草，在快速中取势，这样可以使字出现奇险，拙趣横生。

抗日战争时期，吕凤子带领自己创办的正则学校迁到了四川重庆璧山。一天，他看到农人在田里辛勤耕作，便有感而发，写了两首五言《观耕》诗，其中一首以隶书写成横批（长一百六十六厘米、宽三十三厘米），字迹秀逸而奇拙，跋文篆隶相参，很能体现凤先生的书法风格，这也是凤先生不可多见的书法珍品。这首诗收在《吕凤子韵语》里："劳劳人与牛，斜阳淡烟里。往来相推挽，力竭未容已。"诗后跋文："三十一年某月日试强毫，凤先生写自写诗一首，题观耕。"书中首句第一个"劳"字，是古写，下面还有一"劳"字，以点示之；二句斜阳写成"余日"，余者，剩也，古写斜阳即写成余日；三句"往来相推挽"，"相"下少一"推"字。这正如他的门人所说，凤先生书写时往往心在纸外，出现漏字也就不足为怪了。看了凤先生的这张横批，就不要看汉碑《石门颂》了，从字的结构、笔法到神韵，与之几无二致。跋文中"凤"字用草书，大于其他字，这也是他的一贯用法。全书整体结构散落有致，开首两字一列，中间三字一列，末句又两字一列，列与

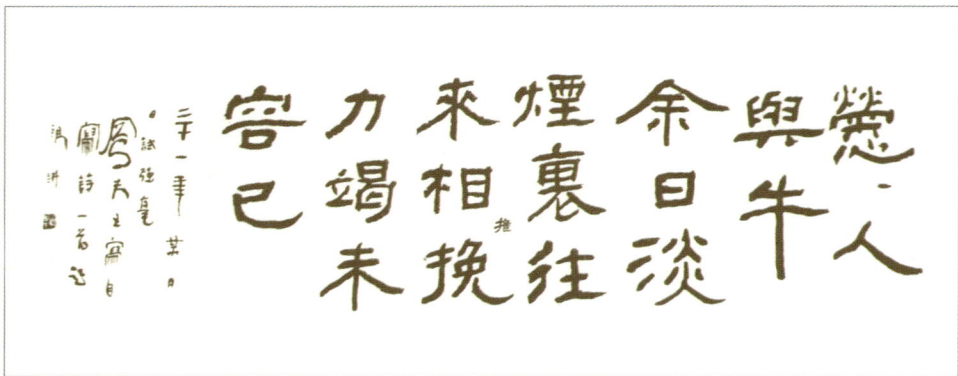

⊙ 吕凤子书法作品

列之间、字与字之间参差交错，大小各异，典雅而庄重，古拙而清逸。跋文中有"试强毫"三字，强毫者，狼毫兼毫也，他用什么笔写的这幅字也都说得清清楚楚，因为凤先生教学生写字时主张用硬毫，说是写出的字有力，富于神韵。

这里应该指出的是，凤体书法形成之前，凤先生也走过弯路。有人指出，他早期的字虽然写得别致，却失之板滞、僵硬，让人看了不舒服。后来他在追求拙趣上下过不少功夫，却忽略了字的线条率真和相互照应。再有，一个字当中把篆、草、隶、金文等书体糅合在一起，犹如古曲阳春白雪，有曲高和寡之虞，等等。但是瑕不掩瑜，凤先生的凤体书法毕竟在中国近现代书法史上书写了特有的一笔，不管是从欣赏的角度，还是从学术价值的角度来看，都有其特殊的意义。

两件作品获大奖

　　二十世纪三四十年代，凤先生的绘画艺术达到了一个新的高峰。海内外的艺术大家们几乎众口一词：深厚的学养和大胆的创新精神成就了吕凤子。这要从他的两件获奖作品谈起。

　　先说《庐山云》。这件作品一九三一年在法国巴黎世界博览会上荣获中国画一等奖，凤先生也因此成了第一位被收入《大英百科全书》的中国画家。此前，凤先生曾到庐山写生，飞渡的乱云、远逝的云雾、飘逸的烟岚、瞬息万变的庐山景观，使凤先生胸荡层云，按捺不住心头的激动。究竟怎样才能把自己的所见所闻和所思所想生动地表现出来？作为思维深沉、下笔严谨的艺术大家，凤先生做了认真的思考。他认为不管画什么，或山水人物、或花鸟鱼虫，都要把自己对事物的真切感受融入进去。他用大写意的手法，以泼墨画出心目中的匡庐奇景。画面上，以湿墨沾少许花青，画出清晰的山间浓雾，接着用淡墨渲出片片飞云，云飞雾罩、水墨交融、淋漓酣畅的墨趣，把云蒸霞蔚、水雾袭人的庐山奇景表现得摄人魂魄。据说当时参加巴黎世界博览会的美展时，有十个国家的画家参加评奖，《庐山云》这件作品被一致看好。

　　凤先生画《庐山云》之前，也曾想到许多古人笔下的山水佳作。那些画作，大多以中远景表现云雾。几乎是陈陈相因，没有生气。受"西风东渐"的影响，吕凤子也深切感受到中国山水画自明清以来，画家们从临摹到临摹，把中国的山水画几乎引向了死路。中国的山水画也因此受到了冲击和指责。凤先生认为，一味指责不是挽救中国山水画衰颓的明智之举，只有身体力行，对旧的中国山水画进行大胆创新和改造才是唯一的出路。于是他便把一九二九年带领中央大学艺术

68

系学生赴庐山写生所得的数十幅画稿进行了整理、研究和提炼，把云雾的气势画得磅礴雄浑，得到了画界内外的认可。

《庐山云》问世后，从国外回来不久、也在中央大学任教的徐悲鸿看了画作，大为惊诧，认为《庐山云》开了"当代新风"，便让凤先生把作品寄到法国参加世界博览会美展。凤先生只是谦逊地笑笑："不行不行，画作的水平还没有达到世界展的地步。再说，我也不想去凑这个热闹。"徐悲鸿知道凤先生做人一向低调，不愿意在同业中相互标榜，自抬身价。徐悲鸿趁凤先生不注意的时候把《庐山云》从教师休息室的墙上悄悄地摘了下来，寄往巴黎，代凤先生报名参展。后来徐悲鸿把这件事告诉了凤先生，并拿出一枚代表一九三一年巴黎世界博览会美展一等奖的圆形铜质奖章交给他作为纪念。这次美展，中国画家汪采白的山水画获二等奖，张书旂的花鸟画获得了三等奖。

凤先生的另一件获奖佳作是《四阿罗汉》，这是他一九四二年十月精心创作的佳构。一九四二年是抗战的关键时期，这一年的十二月二十五日至第二年的一月十日，当时的国民政府教育部在重庆中央图书馆举办了"第三届全国美术展览"，凤先生以《四阿罗汉》参展，被组委会评为一等奖。原因何在？还是本文开头说到的，就是不管画什么，凤先生都要把自己对事物的真实感情融进笔端。凤先生当时最直接的感受是悲愤，日军对重庆实行一次次残酷的大轰炸，给重庆的民众带来了深重的灾难。一天，凤先生正在给学生们上课，忽然看见三架敌机往璧山方向飞来，接着就是一阵狂轰滥炸和扫射。他连忙带领学生钻到书桌下面躲避，过后刚要跑出教室，敌机又来扫射，凤先生和学生们身上溅满了泥土。围墙塌了，教室倒了，望着远去的敌机，望着眼前的惨状，凤先生怒火中烧，悲恨交加。想起此前自己创造的《逃难图》《如此人间》《敌机又来也》等揭露日本军国主义罪行的作品，他决定这次不再直接画战争给人民带来无尽灾难的场景，而是画了四个罗汉。罗汉是人民心目中救苦救难的"菩萨"，是"救世主"的化身，他要以佛喻世，把深仇大恨化为对民众的安慰。

《四阿罗汉》画的是四个半身罗汉像，全以焦墨画出人物轮廓，然后以赭石平涂人物的脸部和手。四个罗汉各具形态，各有所指。位于前面的罗汉两拳紧握相对，面部表情似深深思索；最右边的罗汉身材健硕，左手握拳，右手置于胸前，

⊙《四阿罗汉》（吕凤子作）

面部表情为仰天傲视，神情怡然；后面的两位在对话，靠右边的一位，以右手指点说事，左边的一位则是听者，闻言捧腹大笑。简洁的笔触、生动的表情、平实的姿态，佛家乐善济世的形象栩栩如生，给人以联想和思索。他在画上的题跋有两处，右边的一处是说他为什么要画四阿罗汉，怎样才能修成罗汉。他认为只有在讲话时声震寰宇，像狮子一样吼叫才能成为罗汉。陷于水深火热的广大民众，不正是需要像狮子吼叫一样的罗汉来拯救他们吗？而画上左端的题跋，隐晦曲折，含义深远："曷来闻见，弭触悲怀，天乎？人乎？狮子吼何在？有声出鸡足山，不期竟大笑也，凤先生又志。"意思是说近来听到和看到的一些事情，实在是令人悲愤至极！这是天灾，还是人祸呢？像狮子吼一样可以救人的罗汉在哪里？听声音是在鸡足山方向，这就有希望了，于是便捧腹哈哈大笑起来。鸡足山在云南，传说是大阿罗汉迦叶尊者的道场。此时凤先生与共产党人已经有所接触，对远在延安的抗战救国领袖和战士十分崇敬。题跋中所说的"鸡足山"实际暗喻"宝塔山"（宝塔山代指延安）。同时也指出，拯救人民于水火的人不在重庆。画中捧腹大笑的罗汉，表明作者本人和广大民众对抗战取得最后胜利充满着必胜的信心。

　　当时评选优秀作品采取的是无记名投票，有作品参评的审查委员要回避，吕凤子是评选人员，评选时他回避了。评选时要求本着宁缺毋滥的原则，尽量把好作品评选出来，对于获得第一等级的作品，规定"一定要具有领导时代的独创性而造诣甚深者"。《四阿罗汉》无疑达到了这个标准。据说当时对这件作品也展开了激烈的争论，焦点在民主力量与反动势力之间。民主力量的代表理解凤先生画作的真实含义，说作品采用炉火纯青的技法，深刻地展现了民众的所思所想，在抗战中发挥了不可替代的战斗作用；反动势力无言以对，只好认同作品被评为一等奖。从此，凤先生的罗汉画也便更加受到人们的喜爱。

美不胜收仕女画

　　一九二九年，凤先生应张乃燕之约，以宋人词义为主，画了八幅仕女。这八幅仕女与四年前的人物相比，又凸显了这样几个特色：一、手法上全用工笔线描，较之以前的半工半写，显得更加细腻、规整；二、人物或立、或坐、或卧、或俯、或仰、或远眺，眉眼之间神情逼真，一扫明人以后仕女画"病态美"的弊病，人物更加清丽而秀媚；三、受民国时尚的影响，画中人物把流行的衣饰、色彩、发

⊙《仕女》（吕凤子作）

式等借鉴了过来，更具时代气息；四、每张人物敷色淡雅而清新，虽是线描平涂，因为讲究层次和明暗，人物的衣饰、裙裾等更具立体感。

凤先生于一九三三年把给张乃燕画的八幅仕女交由中华书局出版发行，把黄宾虹的题跋放在了画册的后面。收藏者张乃燕在画册前以易鲭（音丑）的笔名写了前言，全文是："书凤先生仕女画册前：先生每奋臂纵笔，顷刻尽寻丈纸，横绝、冷艳。不谓先生亦具儿女情，如是温柔蕴藉；亦做女儿态，如是娴雅且都也。是知凡昵之类不能仿，唯物为然。先生恶誉人，亦恶人誉之，则余又何敢赞一词！癸酉易鲭。"全文的意思是："凤先生平时作画很快，顷刻之间就可以画出一张很大的画来，画上的人物仕女妙趣横生，冷艳绝伦。因为凤先生有着真挚的儿女情怀，所以画出的仕女也便蕴含着深深的温情，既美丽又典雅。他把自己的情感融进画中人物的做法，是别人模仿不来的。他画出的人物都是从生活中来的。凤先生平时不轻易赞扬别人，也不喜欢别人轻易赞扬他。而我，又怎么好随便赞扬凤先生呢？"张乃燕之所以能写出这样的前言，来源于他对凤先生的了解。这里有必要说一说他和凤先生的关系。

张乃燕一八九四年出生于浙江吴兴，字君谋，号芸庐。他早年曾在欧洲各国留学，学的都是理工、化学，回国后在多个大学兼任化学教授。辛亥革命胜利那一年他参加了国民党。后来应孙中山先生聘请，出任广州大本营的参议。一九二七年四月，他到南京任江苏省政府委员兼教育厅厅长。这时候，国民政府准备把江苏的九所大学（如东南大学、江苏医科大学等）合并成国立第四中山大学（一中大在广州，二中大在武汉，三中大在杭州），隶属中央政府。在江苏教育厅厅长位置上的张乃燕就开始了筹备工作，他聘请二十七位专家学者为筹备委员。吕凤子当时正在要被合并的东南大学教书，是张乃燕聘请的二十七位专家学者之一。国立第四中山大学成立时，国民政府任命时年三十三岁的张乃燕为首任校长，张乃燕聘吕凤子为学校国画组首席教授，同时，吕凤子被当时的最高学术机构——大学研究院（院长为蔡元培）——聘请为画学研究员。因为这层关系，张乃燕在和吕凤子的接触中，对他的学养、画艺逐渐了解了很多。其实，凤先生给张乃燕画这八幅仕女图的时候，已离开南京，正在比利时全权公使的任上。

凤先生为张乃燕画的这八幅仕女，既借鉴了西洋绘画的技法，又承袭了中国传统风格的绘画，应该看作是凤先生二十世纪三十年代仕女画的高峰。凤先生的学生、著名画家姚梦谷曾经说："他（凤先生）在白描方面的功力，民国以来无人能及。敷色的匀雅，也是一绝。"我们再细细品味这八幅画作，看看画面上严谨的人物造型、细若游丝的线描、简洁至极的构图、疏淡清雅的敷色，确会感到这是民国以来少有的佳构。

这里应该提及的是，东晋顾恺之的春蚕吐丝技法，阎立本、张萱、周昉以及李龙眠的重色敷染等，都曾深深影响过吕凤子。经过一段时间的回顾和思考之后，特别是看了宋人石恪、梁楷的画作后，吕凤子备受启发，眼界大开，他决心一改自己旧有的套路。他认为，擅画佛道人物的石恪，能把强劲飞动的笔势和奔放潇洒的泼墨融为一体，出手的画作浓淡相宜，有笔有墨，人物形神兼备；而梁楷的画作，则是以减笔见长，墨色酣畅淋漓，豪放恣肆，旁若无人。凤先生把这些使他醉心的艺术借鉴过来的同时，又研究了高古朴拙的汉画像石，研究了小篆和金文之间的纵横变化，这才沉下心来，结合实践中所见所闻，创作出了这些美不胜收的仕女佳作。凤先生画的是范仲淹的《御街行》、李清照的《声声慢》、辛弃疾的《祝英台近》、王沂孙的《高阳台》、李彭老的《四字令》等，他通过画宋人的这些词义，营造出了一个个典雅、清丽、含蓄的意境和一个个栩栩如生的人物。看了这些画作，人们既有亲临其境之感，又加深了对画中人物命运的理解和怜惜。最生动的莫过于所画李彭老的《月移花影西厢》这一幅。画面上，一女发髻高挽，侧身倚在一块巨石上，她仰望前方墙头上方的窗棂，在"数流萤过墙"。凤先生画的"以侧取妍"的人物之美，给人无尽的遐想。

画册后面黄宾虹的题跋，对凤先生的人物和仕女给予高度评价："……笔力圆劲，墨光蓊郁，能得古人六法兼备之旨。余喜读古画，观于斯作，不胜钦佩。即题数语归之……"黄宾虹在题跋的一开始说了一个故事：唐时画家阎立本在荆州看到了南朝梁时画家张僧繇的释道人物画，开始觉得他的画不过是徒有虚名；第二天再看，觉得他的画不是近代高手所能画出来的；第三天又看，觉得他的画果然是名不虚传。他一连看了十天，最后干脆睡在这张画的旁边，仍然流连不忍离去。黄宾虹感慨道，作画难，识别一张好画更难，凤先生的画也不是一下子就能看出好来的，要细细品味才行。接下来，黄宾虹说，古人画得好，是因为他们很

重视笔墨；而吕凤子的人物画得好，也是好在笔墨上。黄宾虹本人看过许多古画，再看吕凤子的画，更觉得他画得"笔力圆劲，墨光蓊郁"，便有了"不胜钦佩"的感慨。

　　黄宾虹对凤先生的画作很欣赏，给予赞扬，说明他对吕凤子的学问、画艺也是很了解的。吕凤子当年在南京两江师范学堂读书的时候，黄宾虹与校长李瑞清是要好的朋友，黄宾虹经常往来于沪宁之间与李瑞清谈书论艺。吕凤子是李瑞清的入室弟子，对黄宾虹的学识也很敬仰。后来黄宾虹和吕凤子经常一起参加社会上的许多书画活动。一九二四年江苏举办第一届美展，黄、吕二人都是筹委会成员，黄宾虹是"中国画部审查员"，吕凤子是"学校成绩部审查员"。新中国成立后，黄、吕二人之间也常有往来。凤先生的学生葛藤回忆说，二十世纪五十年代初他出差到杭州，吕凤子特地让他带一封信向黄宾虹先生问好，黄宾虹看了吕凤子的信，十分高兴，也让葛藤代问凤先生合家安泰。

创办正则女校

　　吕凤子二十一岁这一年，父亲吕守成积劳成疾，不幸逝去。吕守成在他们兄弟四人中排行居长，去世后由其二弟掌管家业。因为家境富裕，管家的弟弟不务正业，最终把家产挥霍殆尽。吕凤子的母亲李夫人本是大家闺秀，眼睁睁地看着一个丹阳望族败落下去，于心不忍。那个时候女子讲究"三从四德"，分家之后，李夫人忍气吞声地带着吕凤子兄弟姊妹过着窘迫的生活。李夫人常常对吕凤子说，自己不识字，没有文化，也没有本事，只好听从命运的摆布，日后吕凤子有出息了，一定要记住，千万不要再让"女子无才便是德"这样的话害人了。艰难之中母亲的谆谆教诲，使吕凤子立下了宏伟的誓愿：自己有朝一日，一定办一所女子学校，让女同胞们识字，明理，长本事。

　　民国时期，"教育救国"的新思潮在中华大地沸腾。在母亲的敦促之下，吕凤子决定在丹阳开办女子学校。他节衣缩食，甚至动员母亲拿出房契，终于在丹阳城里的白云街选了三间旧屋，设小学和妇女补习班两个部分，总算把学校办起来了。他为学校取名"正则"。吕凤子幼年读书时就对伟大的爱国主义诗人屈原非常崇拜，因屈原的名字叫"正则"（《离骚》：名余曰正则兮，字余曰灵均），所以就用这两个字作为校名；另外，他要以"勤苦朴素，以身作则"为精神办学，并以此激励自己，把学校越办越好。因为只招收女生，学校就叫"正则女校"，他自己担任名誉校长。此时他正在常州的武进粹化女子师范担任图工科的班主任，分身乏术，就聘请同窗好友、同盟会会员韩北海担任校务主任，代他主持校务。不久，吕凤子又接受了常州、扬州和湖南长沙等地学校的聘请，后来还到国立北平女子高等师范等校教书，薪水大部分都补贴给了正则女校。他还经常把自己的

⊙吕凤子书"正则"石碑

绘画作品拿出来出售，把所得也用来办学。正则女校越办越好，从开办之初只有三名学生，发展到后来办成了完全小学，还附有幼稚园。十年之后，学校增设了中学部，开设了高级雕塑科、绘绣科、图案科，后来又增设了蚕桑、绣缝、化学等科，一时间"正则"的名字响遍了大江南北，各地学子纷纷到丹阳报名投考。

学校办到了一定规模，吕凤子亲自为学校写词谱曲，作《正则校歌》。歌词是："唯生无尽兮爱无涯，璀璨如花兮都如霞。畴发其蒙兮茁其芽，鼓舞欢欣，生气充塞，正则正如秋月华，美呀！"一次，学校举行隆重的开学典礼，全校师生在操场上把《正则校歌》唱了三遍，而后校长吕凤子走上讲台，他说有不少学生不明白歌词的含义，并解释说："头一句，说的是宇宙间一切物象都是力的表现，宇宙无尽，就是力无尽，生无尽，生无尽也就是爱无穷；第二句的意思是，无穷的爱是非常美丽的，像是璀璨的花、美丽的霞；第三句的意思是，我们现在做的事情就是启蒙祛蔽，这样，爱的芽就可以发荣滋长；第四句的意思是，每个同学如果都能尽量发展自己的不同个性，感受到趣味和幸福，学校就会使人欢欣鼓舞，到处充满生气；第五句的意思是，正则女校像秋月的光华，多么美啊！"吕校长讲完了，尽管低年级的学生对歌词还是有些懵懵懂懂，但是年级高一些的学生知道，吕校长的歌词里，充满了仁爱和善美，他要实现"生无尽，爱无涯，培养出如秋月之华"的一代新人。吕凤子常常对老师、同学们说："只有我们热爱学校，才能把学校办好，只有热爱学生，才能把学生教好。人们只有热爱劳动，才能感受到生的乐趣，成为有用的人。"

为了能使正则女校发展壮大，吕凤子一方面要以自己的声望与干扰办学的各种旧势力和派系周旋争斗，另一方面要苦口婆心地劝说有识之士到学校任教。到抗战前，正则女校已经有近千名学生。校园庄严、整洁，校门镶嵌着吕凤子手书的"正则"石刻，四十多名教师在各自的岗位上兢兢业业、尽心尽力地做事。吕凤子对学生的着装和风纪要求很严，要求学生春秋天穿蓝布短袖旗袍；夏季穿白布短袖上衣、黑裙子；冬季穿蓝布长袖旗袍；还规定短袖上不过肘，短裙上不过膝；学生不准烫发，不许涂胭脂、口红；走路要把脚抬起来，不许擦地。吕凤子对学生要求得这样具体，就是要使每个学生养成朴素、整洁、稳健的习惯，这些近似苛刻的规定，不仅没有引起反感，反而更加受到了师生和家长们的尊重和欢迎。

为了延揽人才，吕凤子不放过任何一个机会。他在武进粹化女子师范教书时，通过多次观察，发现学生杨韫（即后来的杨守玉）不仅图画成绩很好，还会刺绣，且虚心好学，为人谦和，就经常找她谈心，劝她毕业之后到正则女校教书。杨韫果然不负老师期望，毕业后从常州到了丹阳，担任了正则女校的绘图工艺教师。

⊙正则女校旧貌

吕凤子还在这个学校选聘了陶骥、史良（新中国成立后做了司法部部长）、周祖民、杨奇骓等人担任语文、算术老师。一九二一年夏天，杨韫在吕凤子的悉心指点之下改变"排比其线，密按其针"的绣法，以针代笔，中西法相结合，成功创造了"乱针绣"，并绣出了《凤先生像》《女体与鹅》《匡庐短瀑》等名作，轰动一时。吕凤子看了很高兴，想把乱针绣定名为"杨绣"，杨韫坚决不答应，最终以"正则绣"而闻名于世。

吕凤子把正则女校当作自己的家一样，既爱学校，也爱学生。学生朱竹雯回忆说，她因为家境贫寒，只读了一个学期就辍学了。吕凤子知道情况后，立即把她找来，说是只要愿意上学，可以免费。朱竹雯千恩万谢，从此得到了免费上学的机会。一九二七年，蒋介石发动"四一二"反革命政变，到处屠杀共产党人。此时的丹阳城也陷入了白色恐怖之中。革命志士惠裕宇、夏霖、管文蔚、韦永义等人，都在吕凤子的保护下继续从事革命活动。"七七"事变后，全面侵华战争爆发，这时的丹阳城沸腾了，热血青年们纷纷走上街头参加抗日宣传。正则女校的学生高唱救亡歌曲，呼喊口号，还演出了《放下你的鞭子》街头剧，救亡活动搞得如火如荼，有声有色。一九三七年十一月初，日军逼近丹阳，吕凤子在全体师生大会上说："眼看丹阳就要沦陷，学校明天就要停课了，有条件的老师、同学，迅速向后方转移；没有条件的，也要离开县城，到乡下避难。但是，不论到了哪里，都不能当亡国奴！"

困境中办学

日寇横扫江南之际，凤先生把家人、教师送到高淳暂避。

一九三七年十二月十四日一大早，吕凤子携同妻子儿女和正则女校的教师，从高淳往西行进。从前线溃退下来的国民党军队、伤兵以及难民，把狭窄的街道挤得水泄不通，他们好不容易才来到长江渡口处。他们雇了三只船，溯江而上，目的地是四川的重庆。此时已是初冬，江上风疾雨骤，船行很慢，五十二岁的凤先生也和年轻人一起走到岸上，挽绳拉纤。凤先生也顾不得苦累了，他心里想的是办了二十多年的正则女校，如今因为日寇入侵办不下去，重庆毕竟是大后方，到了那里一定要把正则女校继续办下去。

行船过了芜湖，在去九江的路上，一天凌晨，一艘小火轮忽然把凤先生的船拦住，原来是一群国民党匪军前来打劫。他们把船上的财物掠夺一空，扬长而去。吕凤子和家人、教师一行三十余人，每天要吃饭，财物被掠走了，怎么办？多亏凤先生的夫人胡育女士心思缜密，临行前她在女儿、儿子的鞋底、衣领等处缝进了一些钱，这才暂时缓解了大家的窘境。

凤先生一行到了武汉，他们在临时迁到这里的江苏省教育厅领到了些许救济费，便坐上了民生公司的"民权轮"到了重庆。四川的知名人士张澜、李璜到重庆办事，听说著名教育家、艺术家凤先生来了，知道他办学的意愿坚毅可贵，便动员有关人士给予支持，凤先生得到捐款一千余元。璧山中学校长钟芳铭也久仰凤先生大名，帮助他们在璧山租赁了天上宫为办学的校址。凤先生一行住在距学校二百多米远的陈家院子。一天深夜，二十多个匪徒来抢劫房东，凤先生出门看个究竟，不料，匪徒夺门而入，把屋内的财物又抢掠一空。这时几个歹徒不容分说把凤先生绑了起来，往后山奔去。房东连忙鸣枪报警，城内驻军也点起火把赶来营救，匪徒才扔下凤先生落荒逃去。一个又一个劫难几乎把凤先生摧垮。但是，松开绑绳后，凤先生仰天叹道："大难不死，算我有福气！就是有一口气，我也要把正则女校继续办下去！"

一九三八年初，经过多方努力，凤先生终于在璧山天上宫一所破旧的房子里，办起了"私立江苏省正则蜀校"，同时，还兼办"江苏省旅川临时中学璧山分校"。许多因战乱流亡漂泊的学子在这里找到了自己的"家"。学校渐渐有了规模，国民政府教育部又让地方政府在璧山北郊文凤桥畔划拨十亩地给吕凤子作为扩建校舍之用。

办学急需资金。吕凤子想到了在教育部任职的朋友顾荫亭。顾荫亭擅长画山水，两人商量后，决定到成都办画展筹集经费。凤先生拿出作品四十二幅，以人物为主，兼有山水、花鸟和书法等，标价最高的六百元（《颠沛流离图》《佛弟子第一次结集》等）；顾荫亭拿出山水画十九幅，标价最高的四百二十元（《楸树》等）；女教师杨韫拿出乱针绣杰作《楸树》，标价四百二十元；女教师任慧娴拿出乱针绣杰作《秋水》，标价四百元。当年正则女校的学生屈义林也来到了四川，展览会上见到了老校长凤先生，非常激动，自告奋勇地帮助张罗画展事宜。一天，时任中央大学校长的罗家伦到了成都，听说凤先生为了办学在这里办画展筹款，罗家伦深知凤先生的脾气，平时绝不无故接受馈赠，便对屈义林说："我开一张两千块钱的支票给你，请代我买一幅凤先生的大作，只要一幅就够了。支票一定要转交凤先生。我因为太忙，不能前去看他，代我问好。"屈义林选了凤先生的一幅《佛弟子第一次结集》给了罗家伦，罗家伦高兴而去。凤先生把卖画所得全部用在了扩建校舍上。

一九四〇年国民政府为了祝贺美国总统罗斯福第三次连任，把凤先生用水墨画的一幅《罗斯福像》和中央大学教授张书旂画的《百鸽图》作为国礼送到美国，参加罗斯福的就职大典。凤先生画得形神兼备，水墨淋漓。罗斯福看了自己的肖像画，赞扬说："真是神来之笔，神奇的艺术！这是我收到的最好的礼物。"于是，写了一封信向吕凤子致谢：

中国正则蜀校，尊敬的吕凤子先生：

我很高兴接受您珍贵的礼物，对您精湛的艺术和神奇的中国绘画由衷

憶歸美 己亥

辛口進尉月寓邮街踏山宮

《颠沛流离图》（吕凤子作）

钦佩。值此机会，我向您表示诚挚的感谢！……我对您十分关注的一点是，您在极其困难的时期从事着一项极其伟大的教育使命。深情地问候！

您的永远诚挚的朋友富兰克林·罗斯福。

一九四一年一月二十日

信后，罗斯福还回赠给凤先生两千美元稿费，凤先生把这笔钱又用到了办学上。

一年多之后，凤先生在璧山办学的消息传到了张大千那里。吕、张二人同是李瑞清的入室弟子。凤先生当年对张大千的才情很欣赏，说他"人很聪明，作画肯动脑筋"。六年前，二人在南京分手，不久日寇入侵，音信阻隔。现在张大千听说凤先生又来璧山办学，便风风火火地找到了凤先生。张大千端详了一阵子凤先生，连连叹道："日子过得肯定不顺心，你瘦了好多呀！"凤先生说："人虽瘦，精神还可以，你老兄倒是没有什么变化！"张大千说："咱们用石涛笔法合作一幅山水如何？"凤先生知道张大千擅写石涛，可以乱真，当年在上海美专教书时，两人曾经合作过一幅。听张大千一说，凤先生说："我也手痒痒了。"说罢理好宣纸，让张大千先来。张大千也不客气，随即挽袖濡墨，不一会儿工夫，一幅雨景出现了，然后又用枯笔在前景画树两株，接着他把手一伸，说："凤先生请！"凤先生在画上又画了一树、一石，还有草木，有凋零之意，秋意盎然。张大千又在远处山中补一小亭。凤先生在空白中景处补一舟，舟上一人持伞。张大千看后呵呵笑道："好一幅《秋江美景图》呀，美哉！"

画完画，两人谈起了办学问题。张大千知道凤先生限于财力，状况窘迫，劝他尽快"收兵"。凤先生说："矢志办学，我意决矣！"张大千说："既然老兄办学之志弥坚，我也要帮上一点忙才是。"他要与凤先生一起到成都合办画展筹钱。当下凤先生略做准备，便与张大千先到峨眉山小住两日，再到成都办画展。二位名流珠联璧合的画展，一时间在成都引起轰动。画展总共得金六千余元。张大千对凤先生笑笑："这点钱对你办学也帮不了大忙，算是救救急吧！"凤先生连连拱手道："多谢大千兄了！"

接任国立艺专校长

二十世纪三十年代，中国有两所国立艺专，一为北平，一为杭州。抗日战争开始，日军入侵，两所艺专先后迁移到四川。杭州艺专校长林风眠带领师生一百三十余人，经诸暨，到贵溪，再到湖南沅陵，与来到这里的北平艺专四十余位师生会合，教育部将两校合并，改名为国立艺专。因各方面矛盾重重，林风眠愤而去职，教育部任命从德国留学回来的滕固为校长。战事越来越紧，学校又由长沙迁到昆明，从一九三八年初到一九四〇年，艺专基本没有正式上课，一直处在筹备状态。这时凤先生在重庆璧山办的正则蜀校和正则艺专正在红红火火之际。一天教育部长陈立夫来到了正则蜀校，想让凤先生出任国立艺专的校长。

凤先生听说后，沉吟了半晌，说是自己有五点想法要请部长允准才可就任。陈立夫笑道："愿闻其详。"凤先生说了以下五点：一、自己正在办正则蜀校和正则艺专，只能是兼任校长，不要什么委任状；二、艺专的师生们现在昆明，但自己不能远离璧山，所以艺专的师生们必须迁到璧山；三、教育部不要干预学校的教书和用人；四、教育部不要过问学校经费开支；五、自己不是国民党员，对于每周一次读总理遗嘱、默哀之类"赌咒发誓"的事，自己不愿意做。陈立夫对前四条都表示同意，唯独对最后一条面露难色，便说凤先生可以不做，日后派专人来做就行了。

陈立夫回去后，教育部很快做出吕凤子任国立艺专校长的决定。凤先生立即着手学校的各项准备工作，主要是校舍的建设和师资的准备。不久，陈立夫派国民党员俞汝明到校任训育主任，"赌咒发誓"一类的事交给了他。经人举荐，杭州艺专毕业的学生王石城到校任生活指导主任。凤先生在中央大学教书时西画系的学生邓白也到了重庆，就聘他负责图案系的教学。教导主任一职非常重要，凤先生认为中央大学艺术系的谢孝思是不二人选，立即发电给他："我以一身兼掌两校，亟待仲谋（谢孝思，字仲谋）弟来匡助，你若不来，我就不接受国立艺专之聘矣！"谢孝思从中央大学毕业后回到了家乡贵阳，接受朋友黄齐生（革命家王若飞舅父）之请，出任达德学堂校长。抗战开始不久，日机屡屡轰炸，学校也迁到了乡下。谢孝思接到凤先生的来电后，心想达德学堂正处在危难之际，怎好一走了之呢？黄齐生听说后，说："凤先生如此看重你，你不应该推辞。你过去学艺于凤先生，如今到了老师身边，正好工作之余向老师求业问道。你去了以后，达德学堂由我全面过问吧。"

　　凤先生见到谢孝思之后，既高兴，又振奋，任命他为教导主任，与凤先生的另一位学生韩天眷一起负责筹建艺专校舍。凤先生选定距离璧山二十公里外的青木关西部的松林冈为艺专校址。冈上的三层楼大碉堡作为师生们的宿舍。谢孝思的任务是抓紧建造教室、饭厅、礼堂和厨房等，使用的主要原材料是竹子。自工程开始之日，凤先生几乎每天都要到工地来，一会儿和建筑人员商谈款项问题，一会儿又给工人讲解如何注意工程质量。对于教室的每个窗户，凤先生更是费尽了心思。他给每个窗户都设计出了独特的造型，一个窗户一个样，既不重复，又朴实、大方、美观。校舍在紧张施工时，昆明近二百名师生来到了璧山，此时天正入暑，师生们步行了几百里路，一路上又饥又渴，因信息不通一时没有准备接待，学生们大发雷霆。凤先生和谢孝思立即把师生们安排到正则学校住下，然后又陆续解决了餐

○吕凤子学生谢孝思，时任国立艺专教导主任

饮问题，学生们渐渐安下心来。

在学生、朋友们的共同帮助下，国立艺专终于正式开课了。学校设立国画、西画、图案、雕塑、音乐五个科，教授有刘开渠、林风眠、李超士、王临乙、吕霞光、张振铎、李剑晨、蒋仁、吴茀之、

⊙国立艺专时期吕凤子（右一）、蒋仁（右二）、刘开渠（右三）画像

张正宇、陈倚石、潘韵、岑家梧、程丽娜、卢景光等。凤先生根据各人的不同经历、思想和教学方法，扬长避短，因人而用。他希望教授们捐弃成见，精诚合作，全身心地投入教育，为国家培养出栋梁之材。凤先生又节衣缩食，拿出一部分积蓄，在学校设立了"吕凤子奖学金"，鼓励学生们奋发有为，争取学得一技之长，日后报效社会。

艺专办了一段时间，出现了一大"景观"——各教室和饭厅等处的墙壁上贴满了墙报。这些墙报有进步学生出的，有国民党组织出的，也有同学会出的，班级出的；内容有宣传抗战、学术研究、谈青年出路的，也有思念故乡、谈情说爱的；诗歌、散文、论文、漫画等形式不一而足。墙报一出，凤先生就一处处细细观看，他对生活主任王石城说："出这样的墙报你们不审稿，不表扬也不批评，办法可取，说明你们会做青年工作。"墙报办得很火的同时，学校又成立了"艺专剧社"，有五十多位师生参加。王石城不仅任副社长，还负责编导。他把梅特林的三幕剧《水落石出》改编成话剧《抗战与恋爱》，主题是为了抗战到底，人们可以牺牲爱情。参加演出的有靳尚侠、吴志璋、徐坚白、邹佩珠、宋振民、胡锋等人。话剧不仅在学校演出，还到青木关坊（四川的"坊"即镇）演出多场，那里是当时的政府和党政机关所在地，人们对演出赞不绝口。

一九四二年艺专学生毕业时，凤先生在《毕业同学录》中写下了如下赠言："我们是永生的创建文化的力量。我们要从爱完成每个自己。我们要鉴赏一切，认

识一切。我们要在美的环境中，发现道德境界……"《毕业同学录》中凤先生让师生们画一幅自画像作为纪念。他自己带头，画了一张侧面半身像。其他教授刘开渠、蒋仁、潘天寿和学生彦涵、吴冠中、张权等，也都画得形神兼备，栩栩如生。

　　凤先生为办好国立艺专打下了扎实的基础，取得了可喜的成绩。然而，由于学校派系林立，互不服气，特别是一些别有用心的人暗中挑唆，对凤先生大放冷箭，发生了国画系和西画系不能共容的状况。有的人还跑到教育部去告状，说国立艺专被"赤化"了，学生思想混乱，凤先生用人不当。随后许多主要教授、主任相继辞职，凤先生感叹道："事事总不能尽如人意，但求无愧于心足矣！"一九四二年暑假，凤先生向教育部提出辞呈。教育部长陈立夫再三挽留，凤先生坚持不肯，推荐陈之佛继任校长。凤先生辞职后，不久又被设在璧山城内的国立社会教育学院聘为教授兼系主任。

挚友黄齐生

一九四〇年春末，重庆璧山正则艺专来了一位身着长袍、脸上蓄着长长胡须的儒雅老人。老人走进教室不久，声如洪钟般的演讲便开始了："……如今，日寇肆无忌惮地蹂躏着我们中华民族的国土，我们能心安理得吗？中国的希望在哪里呢？"说着他用手指了指西北的方向，"那里才是挽救我们中华民族命运的希望所在啊！……"老人的演讲抑扬顿挫，有理有节，听讲的学生们时而交头接耳议论，

⊙吕凤子挚友黄齐生（前排左二）

时而拊掌……这位老人叫黄齐生，是当时中国共产党重要领导者之一王若飞的舅父。不久前正则艺专校长吕凤子聘任他担任学校的文史教授，每月给他五石米的最高薪水待遇。

黄齐生原名黄禄祥，号鲁连，字达人、石公，一八七九年十一月十六日出生于贵州安顺。他自幼聪慧勤勉，学有所成，青年时期即热心教育事业，曾与其兄创办达德学校。他参加过护国运动，反对袁世凯复辟称帝，在赴日和赴法留学期间接触了马克思主义。回国后因为倡导民主，讥讽时政，抗战时期遭贵州军阀迫害，说他"勾结共产党人要搞乱贵州"，到处通缉他。他辗转到了重庆，找到了他的学生、同乡——当时在正则艺专任职的谢孝思，谢孝思把黄齐生引荐给吕凤子。凤先生听了谢孝思的有关介绍，并与黄齐生认真交谈后，并不把他当作"危险人物"，而是奉为知己，聘他担任学校的文史教授，在谢孝思居所的旁边，专给他安排了两间瓦房居住。

凤先生当时在重庆虽然声誉很高，但他不攀附权贵，不喜交际，常年不出校门，一边教书，一边默默无闻地做学问。黄齐生因为有自己的政治主张，课余常到重庆的中国共产党办事处与董必武、王若飞和民主人士郭沫若、黄炎培、陶行知等人接触交往，对当时南北抗战形势和民主团结的动态进行研究和分析。之后，便专门到凤先生的办公室——"白室"——和凤先生悉心交谈。凤先生虽然不大与外界接触，但是对当时的抗战形势和自己经受的战争灾难却是了然于心，听了黄齐生讲的许多国内外大事以及延安的情况，心中对国家前途有了新的认识。

一次，两人在白室聊起了"正则"和"达德"的名称。黄齐生说："凤先生创办'正则'，取用屈原的名号，想来是对三闾大夫非常尊仰，要用他那种上下求索的精神，正视社会的污浊和黑暗，不屈不挠地进行抗争啊！"凤先生说："你创办学校以'达德'为名，不也是希望把学生培育成智、仁、勇三者合一的'达德'之人吗？"两人越谈兴致越高，越谈越觉得对方是难得的知己。黄齐生对吕凤子说："延安当前是全国抗战的指挥中心，他们的日子过得很艰苦，咱们学校应该对他们表示一下慰问才好。"当下两人商定，艺专既然是培养艺术人才的地方，不如就地取材，在师生中间征集一些书画作品托人送给他们。吕凤子让谢孝思主办这件事，并说自己也要拿出一些作品，表示对延安的敬意。

　　黄齐生到了艺专之后，学校出现了勃勃生机。他给学生们介绍了一些进步书刊，如《新华日报》社论等内容，学生们受到了鼓舞，有的表示要到陕北从军。为此，黄齐生亲自到重庆的八路军办事处接洽、联系，使许多学生走上了革命的道路。谢孝思在师生中征集书画作品时，说明征集的意义，大家情绪很高，不长时间就有许多作品交来。黄齐生看到作品后，认为比较有意义的就在上面做一些题跋，同时自己也创作一些作品，一并送到八路军办事处，由王若飞带到延安。

　　一九四四年冬天，黄齐生去延安前夕，和凤先生一起整理师生们的书画作品，其中有凤先生画的《罗汉》，题"寿者像"三字，凤先生说请他亲手交给毛泽东先生，以表示自己的一点绵薄之力，黄齐生说一定办到。毛泽东看了这幅《罗汉》，连说："真是神来之笔！"听了黄齐生关于凤先生矢志办学的事情，又赞扬说："凤子先生的这些做法，精神可嘉，他的眼光看得也很远，抗战胜利了，中华民族的文化素质要提高主要靠教育，凤子先生先把这些事情做了，我们应该向他表示感谢啊！"然后他拿出一条毛毯，请黄齐生转给吕凤子先生，以表达自己的一番心意。后来吕凤子收到了这条毛毯，一直作为最珍贵的礼物珍藏在身边。

　　两年之后的春天，重庆各界二十个团体在校场口召开庆祝政协成立大会，国民党特务闻讯前去捣乱，打伤了沈钧儒、郭沫若、马寅初等六十余人。黄齐生从延安赶到重庆进行慰问，后又来到璧山正则艺专，与凤先生谈了抗战的情况，对胜利充满了信心。一九四六年四月八日，黄齐生飞回延安，同机的有王若飞、秦邦宪（二人同为政治协商会议的中共代表），还有新四军军长叶挺夫妇、解放区工会主任邓发等十三人，下午飞机过西安后不久失事，十三人全部遇难。消息传到璧山，吕凤子悲痛难忍，他立即让谢孝思起草《黄齐生先生行述》一文，由他亲笔题签，印了五百册分送重庆、延安、贵阳等地。凤先生失去了难得的知己，夜不能寐，连夜填词《霜天晓角·悼黄石公先生》一阕，以志悼念。凤先生在词前的引文中说："石公先生曾任本校文史教授，昨自西北来即又匆匆去。去之前日，握别渝州，约再见沪上。翌日闻乘机触山，公死。公热情气盛，学博思远，能以异者，如是死亦殊！……"词云："年逾六十，须发凝霜雪，一日不遑宁处，还如少年时节。骇绝，一声砰磕，石山飞血。虽是形销骨毁，何曾消得心热？"对黄齐生一生支持革命、大义凛然的高风亮节，给予了高度评价。

一九四六年四月十二日，正则艺专全校师生举行"黄齐生先生殉难追悼大会"，吕凤子亲自主祭。他以悲戚、沉痛的心情诵读自己连夜撰写的祭文。凤先生说："齐生先生一生为教育事业奔走呼号的崇高精神，值得国人仰慕永记，多灾多难的国家又失去了这样一位可亲可敬的导师和战士，令人何等伤怀……"读到这里，师生号啕痛哭，悲哀的气氛笼罩了整个艺专。抗战胜利后，正则蜀校东迁之际，凤先生专门取道黄齐生的家乡贵阳，到黄齐生创办的达德学校拜访，他对校长曾俊侯说："黄齐生先生把达德的优良传统传到了正则，使正则能够跟随时代前进，我们永远忘不了他。"

抗战画作举要

全面抗战期间，凤先生都是在重庆度过的。从一九三七年十月自家乡丹阳逃难，到重庆办正则蜀校遇到敌机轰炸，这些穷困潦倒的艰难岁月里，凤先生一直都坚持秉笔作画，把当时悲、怨、恨的心境都淋漓尽致地表现了出来。

《逃荒》是他入蜀后创作的一件佳作。画面上一中年男子挑着担子，担子一头的箩筐里有嗷嗷待哺的孩子，男子神情忧愤，凝神远望；身边随行的妻子，手拄竹杖，身背幼子，二人愁苦的面容、艰难的步履，说明一家人历尽千辛万苦逃难的同时，也在忍受着国破家亡的屈辱和蹂躏。这是凤先生一家人的真实写照，也是当时千千万万个中国家庭的缩影。凤先生画出逃难路上的悲苦瞬间，既控诉了日寇的残暴与凶恶，又表达了千千万万个家庭厌恶战争、向往和平生活的美好意愿。

一九三八年十二月，汪精卫公开投敌之后，国民政府消极抗战，积极反共。面对时局，凤先生忧心似焚，想起了南宋后期词人刘克庄的一首词《贺新郎·送陈真州子华》。刘克庄崇拜辛弃疾，反对投降派，是南宋后期著名的爱国词人。凤先生以史为鉴，对刘克庄这首词的下半阕进行了刻意阐释。他画了一个老人，老人两手相握在胸前，伫立在高山之巅，远远观望，周围是一片空白。老人的两只眼睛用焦墨点出，显得醒目而灼灼有神。画的上端，凤先生书写的是刘克庄词的下半阕，个别字有所改动："两淮萧索惟狐兔，问当年、祖生去后，有人来否？"意思是国土沦丧了，大河南北人烟稀少，只有狐兔在出入，当地父老在问，还能有晋代祖逖那样的爱国志士出现吗？然而"多少新亭挥泪客，谁梦中原块土？"不仅丧心病狂、公然卖国的投降派不想恢复中原，就是那些像东晋对泣新亭、自命士大夫的一些人也不想收复失地了。"这事业、须由人做，堪笑书生心胆怯，向车中、闭置如新妇。空目送，塞鸿去。"词中"这事业"原词是"算事业"，"算"字改成了"这"字；"堪笑书生"的"堪"字，原字是"应"字，凤先生改动这些字，目的是使词义更能与现实契合。画作对可笑的"书生"汪精卫之流鄙视，嘲笑的同时，对国民政府中的投降派也给予了痛斥，画中的老人，无疑是痛斥者。这也是凤先生的画作为什么以"堪笑书生心胆怯"为题的缘由。

国民政府统治下的重庆人民生活在水深火热之中，他们劳累穷苦，既仇恨侵略者，又受统治者的盘剥，凤先生又何尝不是这些穷苦大众之中的一员呢？于是他把笔触对准了四川最底层的劳苦大众，《下山复上山，不知日已昃》这幅佳构诞生了。画面上，一位白发苍苍的老人，身背柴木从山上打柴归来，老人目光坚毅而沉重，脸上的皱纹如刀刻斧凿一般，饱经风霜的岁月留痕形象而生动。老人那双有力的大手、结实硬朗的身板、汗水湿透的衣衫，凤先生全以线条勾出，每个线条里面都融进了凤先生对老人同情、热爱、赞扬之情。凤先生挥洒自如，画面上的线条，时而风趋电疾，时而兔起鹘落，有的则是绵里裹铁，纵横挥斫，锋芒毕露，令人拍案叫绝。看到这幅画作，我们自然而然地会想起和老人一样不停劳作的凤先生，"上山下山，下山上山，日出而作，日落而归……"对生活的爱，对侵略者、统治者的恨，都蕴藏在老人灼灼有神的目光里了，老人的眼神是有骨气的眼神，是昂扬的眼神，也是中华民族劳苦大众的眼神。

抗日战争进入相持阶段之际，八路军、新四军深入敌后作战，取得了节节胜利。此时的重庆政府，不仅不与八路军、新四军配合对敌作战，反而趁机发起了国难财。富豪奸商相勾结，越来越挥霍无度，百姓们越来越困苦。凤先生拍案而起，为普通民众鸣不平，画出了《如此人间》这幅令人震撼的佳作。树林旁，几个穷苦的妇人跪在地上，向走来的富豪男女乞讨；富豪们旁若无人，说笑如常，根本没把跪在地上的穷苦人放在眼里。贫富悬殊，世态炎凉，凤先生一改所谓作画"不涉及政治"的"旧规"，画笔直指腐败社会。两年后，即一九四四年凤先生又以辛弃疾《菩萨蛮》词中"郁孤台下清江水"中的"郁孤台"为题，画了一幅山水，画上他钤了一方自刻的印章"如此江山"，却是倒着印上去的，并以此为画题。这幅画和当年画的《如此人间》正好相呼应。图章反盖，意思是江山本来是美好

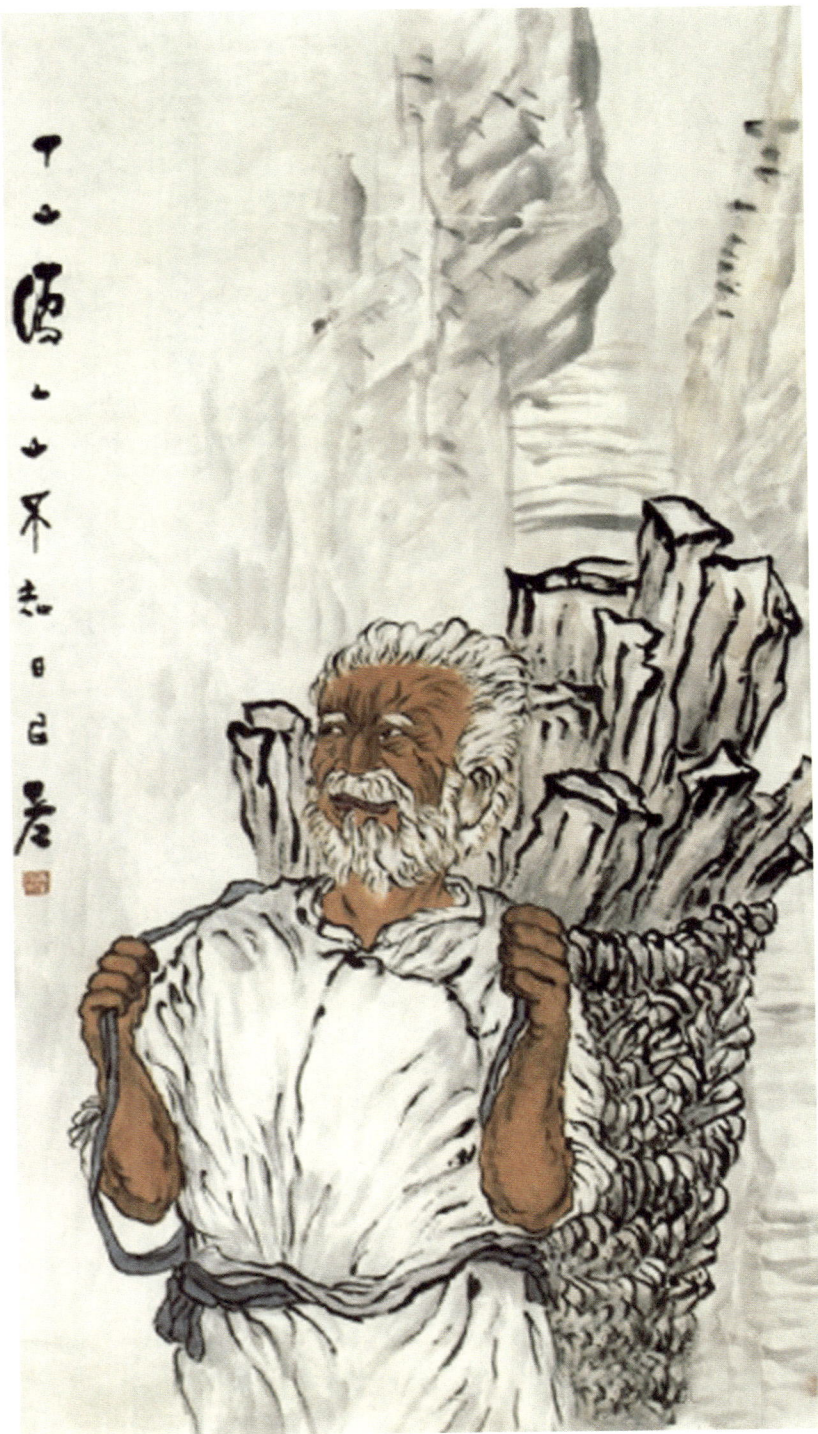

下山復上山，不知日已昃

96

的，如今却被重庆当局的腐败无能给弄颠倒了，人们对腐败成风、贪官横行的社会还能抱什么希望？

一九四五年八月十五日，日寇宣布无条件投降，人们欢呼庆祝，感慨万千。中国人民浴血奋战十四年，终于收复了大好河山，为了这一天的胜利，中国人民付出了多么沉重的代价啊！胜利了，今后国家的命运将会是怎样呢？凤先生于"三十四年八月寇降后一日"即日寇投降的第二天，以复杂的心境创作了《千古愿》这幅画作。画面分上下两个层次，上层七个人物坐在岩石上，有的在远处，有的在近处，他们似乎在议论什么，但是又都不在一起，实际是暗喻当时的上层究竟如何面对未来，既心中无数，也说不清楚。岩石下面的十个人物，凤先生尽管以流畅的线条画出了他们因为胜利而欢喜，了却了"千古愿"，但是他们大多数人的神情是黯然的，因为他们心中有"忧"，忧的是国家日后会不会出现内战局面。这幅画作的高妙之处在于凤先生超乎常人的想象，把人们最忧虑、最关切国家命运的复杂心理，以深刻、隐晦的手法表现了出来，给广大读者提供了一个深刻思考的空间，同时也在提醒广大民众和各界人士，不要只是陶醉在欢呼庆祝之中，忘掉了摆在每个人面前的国家命运。完成《千古愿》的第五天，他又创作了《噫，归矣！》这幅佳作。这实际是《千古愿》的延伸和更加形象的诠释。题目中的一个"噫"字，道出了因战乱而流离失所的人们的万千感慨。画面表现的是一家四口胜利后赶回家乡的场景：最近处的老祖母，由儿媳搀扶着，脸上流露出伤感与愁苦，荒凉的背景，散落着几处孤坟。胜利了，可以回家了，然而，因为战争而失去亲人的伤痛和贫苦不堪的生活，给人们的心头带来了难以愈合的创伤，该向谁人倾诉？于是，凤先生蘸着血泪，画出了这幅在广大民众心中产生强烈共鸣的画作，让人们永远不要忘记长留在心头的亡国之痛！

凤先生以抗日战争为题材创作了五十余幅作品，这些作品或直抒胸臆，或慷慨悲歌，或曲折隐晦，或鞭挞时弊，每幅作品都产生了强有力的震撼作用。这些作品为战争的沉重岁月留下了珍贵的真实记录，不仅是艺术品，也成了不可多得的历史资料。

客蜀逸事

　　凤先生客居四川八年期间，尝遍了生活中的酸甜苦辣，既有世态炎凉、人心险恶，也有侠肝义胆、赤诚相待。

　　二十世纪三十年代初凤先生在中央大学教书时的学生屈义林，当时在西画组学习，因喜爱凤先生的书画艺术，特别对凤先生当年画的仕女画尤为倾慕，于是，他选修了凤先生的中国画史课。因为这一层关系，他曾登门向凤先生求过仕女画。凤先生一般不轻易画仕女送人，便给屈义林画了一张陈子昂的诗意。虽然没有得到仕女画，却得到了凤先生的墨宝，屈义林也感到很高兴，然而求画仕女的心愿，他一直记着。一九三四年夏初毕业前，他又登门求凤先生画一幅仕女留念。凤先生提起笔来画了一尊面对老松的罗汉，罗汉形奇貌古，笔精墨妙。这回尽管又没得到老师的仕女，却从画中悟到了老师要自己像罗汉一样勤修苦练的劝诫……"七七"事变爆发后，屈义林也到了重庆，一次凤先生在成都举办义卖展览，他代中央大学校长罗家伦出价两千元向凤先生买画。罗家伦说只请他选一张即可，实际是资助凤先生办学。凤先生听了事情的原委，对屈义林说，你就挑选两三幅吧。屈义林挑了两幅，一幅罗汉送给罗家伦，另一幅仕女留给自己。这幅仕女是凤先生的精心佳构。画面上，一个素妆少女侧身坐于石凳之上，回首向远处凝望，背景是一棵古柳，几束柳枝轻轻飘垂；人物表情、衣饰，线条酣畅而秀逸，老柳杈丫苍古而怪异，屈义林连连说好。凤先生想起屈义林当年两次向自己求画仕女的往事，便在画上以老辣的凤体书法题字道："你要了多年的美人，这回该到你那里去了。"画上还题了屈义林的名字。题罢，师生两相对望，不禁哈哈大笑起来。

　　一九四三年六月六日是凤先生五十八岁生日。这天，学生、老师、朋友纷纷向凤先生祝寿。一位自称"艺丐"的陈乃圣也挤在人群中向璧山的正则蜀校走来。他带来一幅上海著名书画大家王一亭书写的"寿"字图轴，赠给凤先生，同时，他还把自己收藏的一百多幅名人字画也赠给凤先生，让凤先生陈列在刚刚建立不久的正则美术馆里。凤先生与陈乃圣是老相识，热情地把他招呼到白室饮茶叙谈。陈乃圣是苏州人，早年在东吴大学读书。三十年代的苏州，几乎没有不知道"陈乃圣"这个名字的，他做事怪诞，人们便给他送一个绰号"陈怪物"。他在东吴大学读书时，为了猎奇，常常是白天读书，晚上扮成黄包车夫去拉车。一次，东吴大学校长、美国人孙乐文坐了他的黄包车。孙乐文坐在车上，觉得拉车人的动作不同于一般的车夫，下了车一看原来是自己的学生陈乃圣，心里便好大的不高兴。他想，堂堂东吴大学的学生怎么能干这种营生呢？再说，自己是一校之长，怎么能让自己的学生拉自己呢？回到学校，不容分说便把陈乃圣除名了。这事当时还上了苏州的报纸。陈乃圣在生活上也是个怪异之人，别人是一日三餐，他则是一日数餐，每餐要吃五六碗饭。他也不讲究穿着打扮，常常是春天过完了，还不知夏天的衣服在哪里。陈乃圣在人们眼里，就是一个"怪物"。他平时酷爱书画艺术，因为财力拮据，只好去信向人索求，求的又多是名人，每寄一信，都要附上宣纸和回函的邮票，于是也便有了"艺丐"的名声。凤先生在中央大学教书时，陈乃圣每月一定给凤先生写一封信，一直写了两年，见没有回音，他就亲自到学校去找。一次在教师休息室附近见到了凤先生，凤先生看是躲不过去了，就给他画了一幅，自此二人便认识了。

这次陈乃圣给凤先生带来了王一亭的"寿"字轴，还有一百多幅名人字画，自然免不了向凤先生要画。凤先生笑笑，说："乃圣兄盛情难却，不知需要什么内容的画，请明言。"陈乃圣高兴地说："你就给我这个人称'艺丐'的画张像吧！"凤先生听了，连说："好，好，我这就给乃圣兄造像。"没多大工夫就画好了，画面上陈乃圣侧身而立，左臂下挟三幅立轴画，右手握一卷字画，眼睛望着前方，似有乞求之意。人物形神毕肖，堪称神来之笔。陈乃圣看了，连连拊掌赞道："妙！妙极！"然后又对凤先生开玩笑地说："凤先生再把你这双出神入化的妙手也给我吧！"凤先生说："把手送给你了，我还能做什么事啊？"说罢，在画上题字道："癸未六月六日，凤先生五十八初度，艺丐得来画百幅，实正则美术馆，并赠余一亭

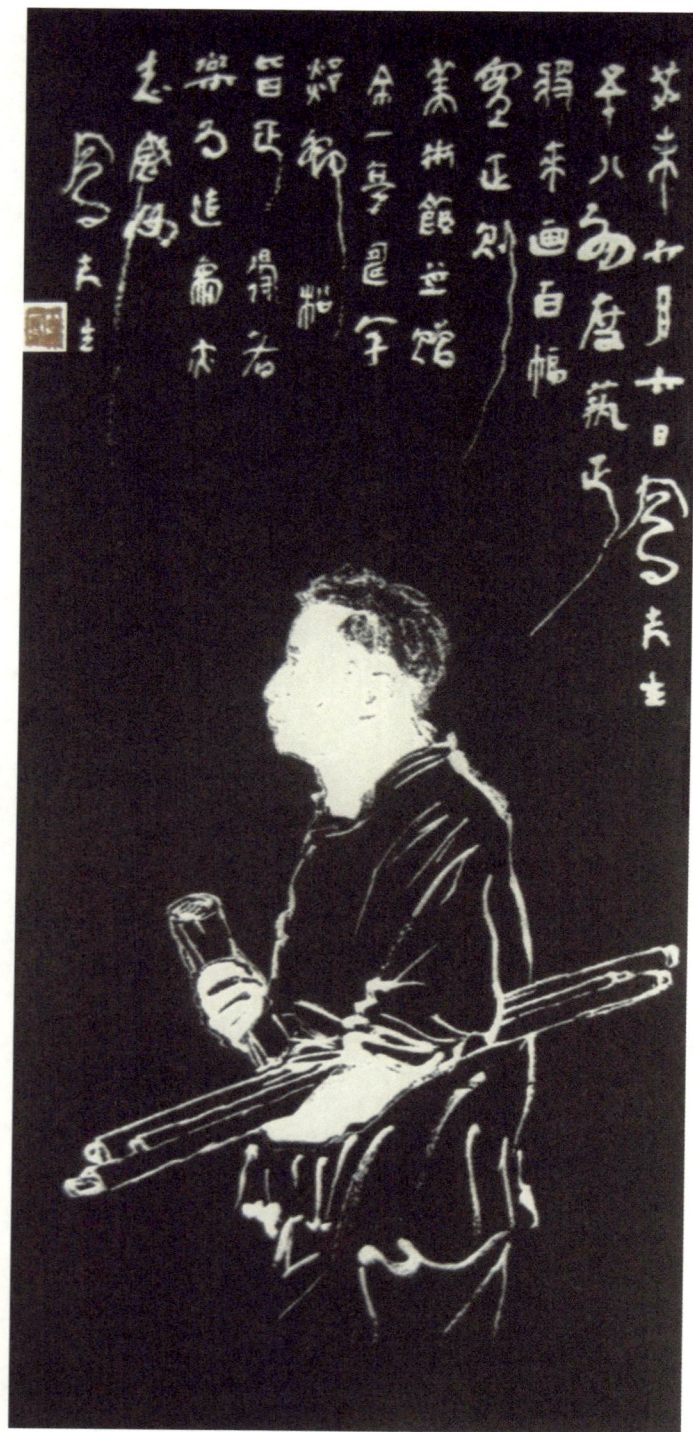

寿字……乐为造像，亦志感也。凤先生。"然后钤上"凤先生""江南凤"两印于其上。陈乃圣拿起画作对凤先生说："我这就去找人精裱，然后挂在书房里，天天观看自己的尊容。"陈乃圣平时有把收藏的书画勒之于石的习惯。后来战事平定回到苏州，他请师竹居碑帖店的店主杨文卿把自己的这张"造像"也刊于石上。凤先生定居苏州时又给陈乃圣作了一些画，他都让人把画作刻在了石上。

凤先生刚到重庆璧山时，住在陈家院子，一天深夜匪徒抢劫房东，也把凤先生一家抢了，凤先生便搬到了江津。刚住下来不久，陈独秀也来到了江津。这位当年创办《新青年》杂志、立言"科学与民主"、领导过五四运动、后来成为托派的政治闻人，蹲了几次监狱之后，已是形销骨立，流寓江津时，也是窘迫万状。凤先生当年在国立北平女子高等师范教书时，与在北大教书的陈独秀相识往来，他时常去拜望陈独秀，两人在一起谈诗论画，颇为投契。

陈独秀从监狱出来后，蒋介石曾经派人游说，让他出任"劳务部长"，他说："自己的两个儿子（延年、乔年）都被蒋介石杀了，还能再做他的官吗？"于是断然拒绝了。后来蒋介石又派戴笠、胡宗南前去游说，都是不欢而散。一天，凤先生来到陈独秀居住的石院墙鹤山坪，陈独秀不禁感慨系之，对凤先生说道："国难当头之际，凤先生仍然继续着你的事业，让愚昧的同胞看到光明，真是令人钦佩，而我已是力不从心了。"凤先生深情地看了看陈独秀憔悴的面庞，说："你虽然处境艰难，但能淡泊明志，洁身自好，不容易啊！"陈独秀说："你凤先生是一息尚存，仍坚持办教育不停，就是要改变国人不受欺凌的命运，这是让国人自强啊！"凤先生说："一个国家要想强大，主要看一个民族的文化素质如何。"陈独秀连连点头称是。

一九四二年五月十二日上午，陈独秀用蚕豆花泡水，饮后半小时，因中毒引发了高血压等并发症，半个月后即二十七日晚上人走灯灭。六月一日，遗体埋在江津大西门外鼎山山麓的康庄，享年六十二岁。

凤先生听到这个噩耗，为逝去的故人洒下了清泪。

儿女情长

凤先生一共生有七个子女，再加上他为四弟吕叔周代养的两个女儿，共五男四女。凤先生性情温顺，善良，在培育子女方面，既是慈父，又是严师。

凤先生的长子吕去疾出生于一九一〇年，他受父亲的教育和影响最多，也最大。二〇〇七年吕去疾在丹阳病逝，江苏省政协在追悼他的唁电中说："吕去疾先生秉承其父吕凤子先生的艺术教育理想，从正则学校辅助其父办学，一生用实际行动写就了一个教育家、艺术家平凡而光彩的一生。"吕去疾生前回忆起与父亲相处的时日，常常潸然泪下。凤先生晚年生病后，病情日益加重。吕去疾日夜守候在父亲的病榻前，为他按摩，陪他说话。父亲给他说过两件事情。一是民国元年（一九一二），孙中山让总统府秘书给吕凤子发了一份电报，让他到上海去一趟，凤先生听秘书说，中山先生要接见他。原因是凤先生的父亲当年在上海开过本德堂钱庄，曾捐钱给同盟会，帮助中山先生度过了当时的困境。中山先生时时想着这件事。此时凤先生的父亲已经过世，上海的钱庄也已不复存在。几经打听，本德堂的后人是吕凤子，中山先生想和吕凤子谈一次话，给他找一个合

⊙吕凤子和孩子们在一起

适的工作。凤先生听了，被中山先生知恩图报的高贵品格感动，连说自己正在专心致志创办学校，不想做官，于是就留了一个条子，请秘书转交中山先生，对中山先生的关怀表示感谢。他到丹阳后也没有向别人提起此事。另外一件事是，凤先生的父亲当年开钱庄时，很富有，并乐善好施。一次，凤先生跟父亲出门，父亲给他的指头上戴了十枚金戒指，路上遇到了贫穷的人，父亲就让凤先生送他一枚戒指。回到家时，十枚金戒指全部送了人。凤先生对吕去疾说："你祖父为什么这样同情穷苦人？因为他是从穷苦日子过来的人，知道穷苦人的难处在哪里，你祖父的这种品德就是咱们的传家之宝啊！"

吕无咎是凤先生的二女儿，身居美国的画家，也是八十五岁高龄的老人了。每次从国外回来她要做的头一件事，就是和吕氏家人一起去父母的灵前拜祭。她说，从记事的时候起，就从来没有看见父亲发过脾气或者骂过人，他脸上总是露出慈祥的笑容。凤先生知道二女儿对音乐很感兴趣，就送她到音乐训练班学习，毕业后叫她到正则女校教音乐。为了提高女儿的音乐素养，凤先生还把她引荐给擅长作曲的刘雪庵、擅长声乐的孙静绿，让她虚心向二位老师求教，长本事。凤先生还谆谆告诫二女儿："世间要学的东西太多，只要你有学习的心愿，随时随地都有东西可学。"他还说，"做学问之前要先学做人。做人要懂得谦虚。学问是学到老也学不完的。"后来吕无咎又喜欢上了绘画，她常常在给父亲研墨时看父亲作画。凤先生一边作画，一边对女儿说："要想做一个真正的画家并不容易。首先要有长期的耐心和毅力，平时要多读多看多写。读要读得活，看要看得透，写要写得自己满意。用自己的感触作画，才能画好，千万不要一成不变地去抄袭别人……"这些至理名言，吕无咎一直牢牢记在心间。在海外与众多画家、艺术家接触时，大家知道她是一代宗师吕凤子先生的女儿，常常让她讲一些凤先生在艺术上的高见。吕无咎说，父亲一生淡泊、谦虚、温厚，是一位蔼然的仁者。他胸襟广阔，包罗万象。在他的笔下，无论是字是画是文是诗词，都充分体现了他那种特有的清逸之气。

凤先生的二子吕去病，四子吕去癖，还有他在苏州师范大学教书的大女儿吕无愆，每每回忆起父亲来，最令他们难忘的是父亲一生对祖国的热爱。新中国成立不久，凤先生的心情特别舒畅，刻了"今而复有生之乐"图章钤在书画上，纵情歌颂新的生活。一九五八年凤先生患了癌症卧床不起，出于对新中国的深深热爱之情，他把这种爱化作力量，顽强地和病痛做斗争。一九五九年六月六日是他的七十四岁生日，他硬是让家人把他扶起来，画了两幅画，其中一幅是《老松》。他在上面题词道："老凤今年七十四，一身是病不肯死，新国建立才十年，似已过了一百世，还待一阅千世事。"对生活和祖国的热爱之情令人感慨万端。

在无锡市艺术馆工作的吕无非，是凤先生的四弟吕叔周的大女儿，她的父亲与五叔吕季楚在丹阳从医。抗战时吕叔周病死于四川，妻子戴侍梅后来也在四川过世。凤先生把四弟留下的三个女孩接到家里，像对待自己的亲生孩子一样抚养，故三姊妹也敬称凤先生为父亲。三姊妹中的老二炯炯从小就很聪明，很受父母宠爱。不料，年幼的炯炯忽然患了脑膜炎，高烧一直不退，连话也不能说了。伯母（母亲）胡育日夜守候在身边，忧心如焚。弥留之际，炯炯忽然睁大了眼睛，胡育立即把一双崭新的皮鞋举到了她的眼前，炯炯露出了微笑，永远告别了人世。凤先生望着逝去的炯炯，流着泪说："我答应过给炯炯买皮鞋的，买晚了，这个终生留下的遗憾，让我怎么弥补啊……"一边说，一边用颤抖的手抚摸着炯炯。

⊙ 多年后吕凤子的子女们

　　吕无非的乳名叫梅生，是为了纪念逝去的亲生母亲戴侍梅而取的。尽管凤先生按自己子女的行辈给她取了"无非"，但是，在往来通信中凤先生仍然写她的乳名。在凤先生眼里，尽管她已长大了，还是把她看作"孩子"。吕无非小时喜欢文艺，生性好动，常常写字都坐不住。寒假作业要写毛笔字，她总是草草写完了事。凤先生见了，十分生气，指着她的书法本子批评说："像你这样不知用功，日后怎么能行？"新中国成立不久，吕无非要参加解放军，凤先生非常高兴，一边帮她整理行装，一边鼓励她说："到了部队一定要自爱自重，争取早日成才啊！"无非参军了，凤先生又把二儿子去病、儿媳还有四子去癣也送去参加了人民解放军。听说孩子们在部队很努力，入了党，凤先生露出了会心的微笑。

忧国写《韵语》

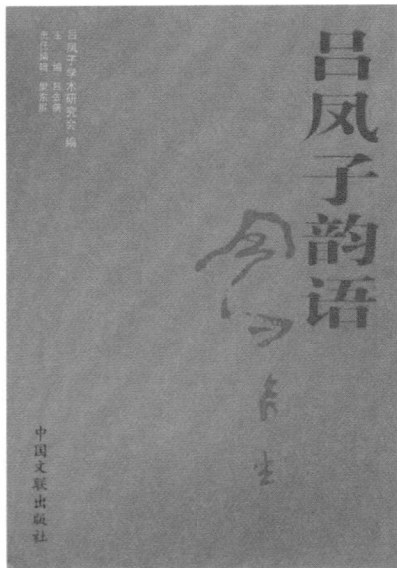

⊙《吕凤子韵语》书封

《吕凤子韵语》（以下简称《韵语》）是吕凤子在重庆含辛茹苦办学时创作的一组诗词，是凤先生创作的众多诗词中比较有特色的一组作品。为了有别于"诗词"二字的一般化，便以"韵语"二字名之。"韵语"者，有韵的文字是也。

《韵语》共收诗词二十二首，其中《忆江南》七首、五古十首、七言及长短句五首。尽管受抗日时局背景的局限，《韵语》却把凤先生忧国忧民的崇高情怀深刻地表现了出来。作品在练句、用典、叙事等方面，都表现出凤先生雄厚的古典诗词基础。在古典诗词创作中，他比较喜欢填词，在历代著名的诗人中，他尤爱辛弃疾，特别崇仰辛弃疾高尚的民族气节，在他的许多诗词中，都可以找到辛词的影子。凤先生对《韵语》这二十二首诗词特别喜爱，不仅一首首书写下来，还印了石印本。石印本比较集中地体现了凤先生诗、书、印三个方面的高深学养。

抗日战争时期，凤先生在重庆除了紧张筹办正则蜀校外，不久又兼任了国立艺专的校长。国立艺专从建设校舍到延聘师资，都要靠他一人忙碌，到一九四一年底，凤先生终因劳累过度病倒在路上，被送到了歌乐山下的中央医院。治疗的间隙，想起沦亡的家乡故土，想起抗战中牺牲的将士卒伍，凤先生不禁悲从中来。此前，即一九四〇年的春末，在家乡已经沦陷三个年头之际，他以白居易的《忆江南》为题画了一幅仕女，除了把白居易的"日出江花红胜火"全诗引在画上外，最后又加了一句"二十九年春阑写唐人词，凄然久之。凤先生"。"凄然久之"四字表明了凤先生对祖国山河破碎的沉重心情。《韵语》中《忆江南》的第一首《故土忆》，凤先生写得凄怆而悲凉："故土忆，万里曲阿城。计死欣曾封隙地，无家哀默揖归魂。长啸月三更。"大意是："想起万里之外的家乡丹阳（"曲阿"是丹阳的古称，是秦汉时的称谓），如今已沦陷了四年时间，我心里是何等悲伤。尽管我在那里置办好了墓地，可是，如今连家也没有了，又有谁迎接祭拜我的归魂呢？想到这里我只有望月长叹了。"第二首《物无我》，说自己物我两忘之际，却没有忘掉一个"情"字，而生发这个情字的原因，是因为世上的人太可爱了。爱他们，但又救不了他们所受的苦难，这种痛苦无法解脱，只有垂泪痛哭。第三首《徒词费》，写的是作者面对现实的一种消极抗争。诗人对人间事物的一切因缘变幻，认为没有必要再徒费口舌了。为什么？因为世间仅仅只能看见"血泪"两个字！糊涂也好，醒悟也好，还不都像云烟一样不可捉摸吗？面对这种现实还是举杯消愁吧！与其说这三首词是凤先生当时消极心态的客观流露，不如说是对当时大多数国人所处环境的真情实感的描述。亡国之恨、丧家之痛、流离之苦，伴着鲜血和泪水、硝烟和战火，每一个有良知的中国人，即使是凤先生这样的大儒，也只能是欲哭无泪，秉笔释怀了。

当然，《韵语》中凤先生写得更多的还是自己在大后方偏安一隅的平静生活。写于一九三九年底的《浣溪沙》一词，清雅明丽、朗朗上口："绝似江南三月天，余寒犹湿乍晴烟，微风拂面软于绵。山影倒随溪屈曲，竹梢舞似柳翩跹，还听鸟语出林园。"这一年，凤先生创办了正则蜀校，看着自己用心血浇灌开出的教育之花，心头有说不出的欢喜和愉悦。一天早晨去往青木关的路上，看到路旁赏心悦目的景色，不禁对比起"江南三月"的美景，软绵的微风、溪水里山的倒影，还有舞动的竹梢和林中的鸟鸣都在眼前跳跃，望着这有动有静、动静相宜的景色，凤先生按捺不住心头的激动，于是便诗兴大发有了这首词作。

凤先生通过《韵语》中的诗文劝化世人，朴素地陈述哲理，发人深省。写于

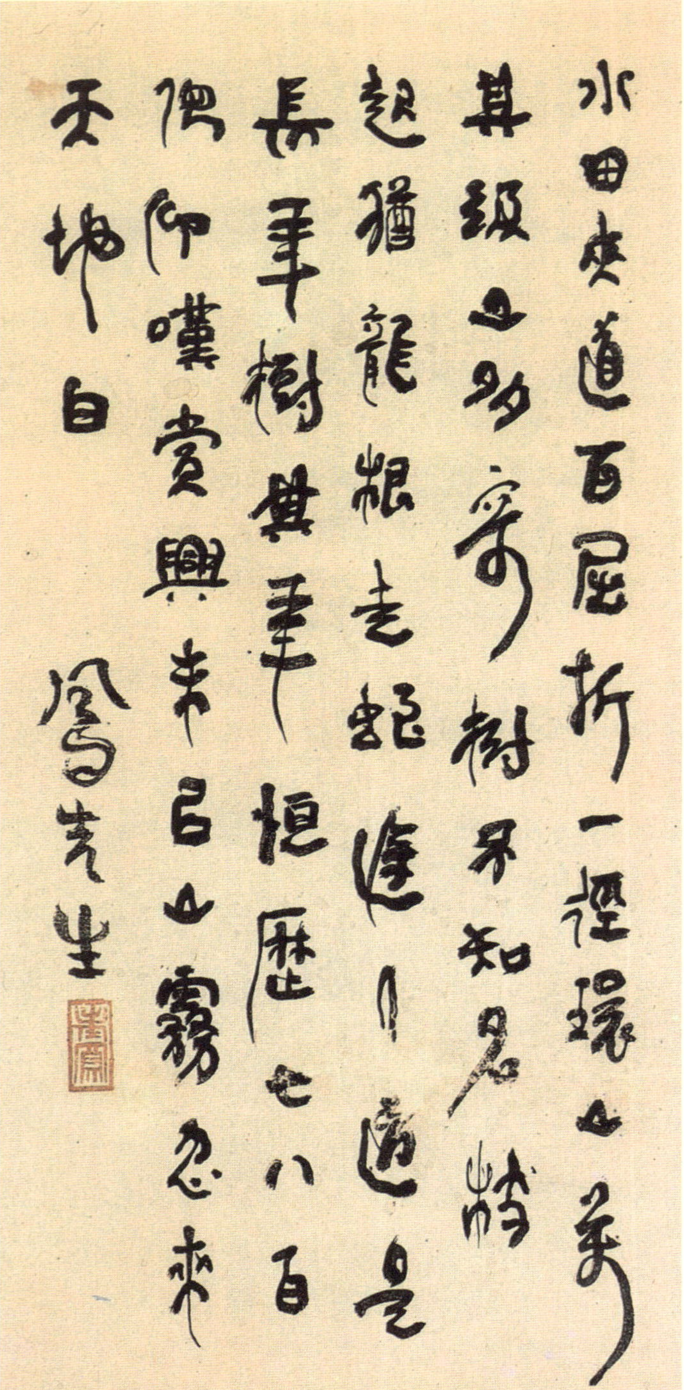

水田夾道百屈折一徑環山
其級山勾穿樹不知名山桥
趨猶龍根走蛇逢山道邑
長羊樹其羊桓歷也八百
低仰嘆賞興來已山霧忽來
天地白

一九四〇年的《游茅莱山》就是一首耐人寻味的诗作。作者到了茅莱山后，发现山后有一洞穴，名叫"烧米洞"。传说只要在洞口烧火，就会有白米从洞中流出，米量恰好够寺中僧人的一日所需。僧人为了得到更多的白米，把洞口扩大，结果呢，是"烧之烧之从此洞无一米出"。作者最后感慨道："会当澡雪来，于焉证冲寂。"意思是："等到过些日子我沐浴整装（澡雪，即洗涤、整装之意）再来看看，恐怕烧米洞还不会流出白米，当初我来的时候，是以一种淡泊静寂的心态来的，日后再来还是这种心态，说明我的心态没有变。而寺僧开始是以平常的心态接米而炊的，后来变贪婪了，结果是该得到的却得不到了。"作者以"烧米洞"的传说告诫世人处世千万不要"人心不足"，丢掉了平常心，事情就会走向反面，受到报复和嘲弄。

《韵语》的最后一首诗是七言长短句，是为四川画家万钟画的《百蝶图》的题词。凤先生平时画人物、山水，有时也画花鸟，通过对古代花鸟画家运笔傅彩的揣摩和自己作画时的感悟，凤先生写下这首题画诗，希望能使画家得到启示和借鉴。开头四句凤先生并没有对万钟的画作加以评论，而是说了两位古人："边鸾初工蜂蝶蝉，设色何异明且妍。昌祐继之作点画，轻色斡染取其翩。"中晚唐时的边鸾和滕昌祐，都是擅长画蜂蝶的名家。边鸾的特色是"下笔轻利，用色鲜明"，滕昌祐的特色是"傅彩鲜泽""宛若生意"。接下来凤先生又说了五代时的花鸟画家黄荃，说黄荃的特色是"重彩双钩"，独特而卓绝，令人羡慕。凤先生启发万钟说，你画蝶蝉时，如果能把滕昌祐的窈窕鲜艳、黄荃的重彩坚实借鉴过来，再把五代时花鸟画家徐熙的野逸之趣吸收进去，出手的作品就会和清代的"三南"不相上下了，"三南"指清代的恽恪（南田）、蒋延锡（南沙）、沈铨（南苹）。这首题画诗中凤先生阐明的观点和见解，对今天的花鸟画家们仍然有着深刻的启迪作用。

抗战后东归

抗战胜利这一年是凤先生花甲之年，回想起从故乡丹阳到重庆璧山的时间，办学、教书、画画，经过血与火的洗礼，终于扫去笼罩在头上的阴霾，迎来蓝天丽日，可以回故乡了。一天，他把最信得过的朋友韩笔海喊到身边，商量回乡之事。

韩笔海也是归心似箭，只是对辛辛苦苦建设的校舍不愿轻易丢下。凤先生说，建设校舍的过程中，地方上的贤达之士给了不少帮助，留给地方也是应该的。于是，他让韩笔海先带几个人回去，尽快把正则女校的校牌在丹阳挂起来。韩笔海走后，凤先生又忙着整修起校舍来。有人不解，凤先生说："我要把校舍完完整整地交给地方，让他们安心办教育，这样我才能安心回故乡啊！"一九四六年六月一日，凤先生满怀深情地写了《别话》一文，回顾自己在璧山办学的日日夜夜……"在短促九年中，迄今建校舍二二三间，可容学生五百人，培养各科学生一千五百余人……"这年秋天，正则蜀校和地方上办好交接后，凤先生便和部分师生整装东归。

经过战乱的丹阳，一片狼藉，凤先生家的二十余间房屋已经成了一片瓦砾。举目望去，断壁残垣，满目疮痍，凤先生感到十分凄楚，只能和家人一起挤在一间破旧的小屋里。他立即和韩笔海商量，尽快在废墟上重建正则女校。当晚，他以辛弃疾的词义用焦墨作画一幅，上面题道："凭谁问，廉颇老矣，尚能饭否？丁亥。凤先生。"画面上的廉颇凝神远望，身旁一妇人安详而立，意思是自己和老伴虽然已经是垂暮之年，但是还要第三次建校，人虽老，可依然壮志在胸啊！经过两年的努力，正则女校已初具规模，一九四七年八月六日，丹阳的《正报》刊载了这样一条消息："本邑正则小学，办理卓著声誉……据称，自复员以来，就以恢复战前规模即十四班为目标，时经两载，已恢复八个学级。"凤先生仍以"私立正

则女子职业学校"为校名,然后又扩大办了正则小学、正则中学、正则职校和正则艺专四个部分。他亲任正则艺专校长。到一九四八年上学期,全校师生已超过一千三百余人。师资力量也蔚为壮观,人才济济,艺专的教师有谢孝思、乌养叔、赵良翰、蒋仁、苏葆桢、李剑晨、吕去疾、顾莲村等;工艺专业则有吴澄奇、杨韫、任慧闲等人,理论方面有许幸之、王石城等;特聘教授则有吕秋逸、吕叔湘、陈中凡、姜丹书、张书旂、吕斯百、秦宣夫等。

一九四八年冬至,淮海战役打响,正则女校不得不又停了下来,凤先生便带了家属和部分教师到上海避难。这时,一些国民党上层人物纷纷来找凤先生,劝他举家去台湾。这时的张大千也来劝他,说是已替他买好了船票。凤先生想等等再说。张大千说:"再等恐怕就走不了了,如果台湾也保不住,我们就到其他的地方去,反正是画画。"张大千哪里知道凤先生心里装着多少事情呢?一想起丹阳的正则女校,凤先生就无心赴他乡了,他紧紧握住张大千的手说:"大千兄的心意我领了……领了……"

凤先生回到丹阳不久,丹阳城就解放了,华东军政委员会驻守在这里,做解放上海的准备。一天,凤先生正在办公室看书,门卫老吴匆匆来报告说:"陈毅司令来了。"凤先生连忙迎了出来,双手拱起道:"陈毅司令来了,欢迎啊!我是久仰您的大名啊!"陈毅也是两手抱拳,呵呵笑道:"如果没猜错的话,您就是凤先生吧?"凤先生热情地把陈毅请进屋内,他环顾一周,说:"凤先生画画得好,字写得好,学校办得也好!抗战时韩国均先生就提起过您,我们的部队里还有不少正则女校的学生呢!"听说学校已经停课,陈毅忙说:"要抓紧复学呀!我们共产党历来重视文化教育,全国解放了,没有教育、没有人才怎么行啊!"他让凤先生挺起身子大胆地干,有什么困难可以找军政委员会。说完与凤先生握手告别。陈毅爽朗的性格、亲切的举止,给凤先生留下了深刻的印象。

不久,上海军管会和上海市政府都在丹阳成立,凤先生和正则女校部分师生发挥自己的特长,为军管会刻制了各种印章,还帮助设计了许多臂章、胸章等。接着凤先生又把二儿子、四儿子和女儿无非送去参加了人民解放军。

因为年事已高,凤先生就把正则艺专交给了长子吕去疾,让他担任校长。一九五一年,苏南行署文教处聘请凤先生到设在无锡的苏南文教学院艺术系任美

术教授。离开丹阳前，凤先生在校园里徘徊良久，望着自己第三次亲手创建起来的正则女校，感慨万千。后来，他把正则女校毫无保留地捐给了国家。小女儿平时喜欢弹钢琴，要父亲把钢琴留下，凤先生说："一切都是国家的了，我们什么都不留！"

在文教学院，凤先生就是一名普普通通的美术教授。艺术系分美术、音乐两个组，美术组组长是他的学生蒋仁，系主任是音乐教授刘雪庵。因为是新中国成立初期，学校对政治思想教育抓得很紧，有人甚至要追究过去他与国民政府顾祝同等人的关系，凤先生思想上一时有些紧张。当时学院领导颇能主持正义，说："反动统治时期，一般教师是受压迫的。凤先生在旧社会办学，对教育事业做了很大贡献，他的绘画也取得了很大成就，至于和顾祝同来往，那也是为了办学，并无政治意图……"凤先生心里的石头这才落下。

一九五二年随着院系调整，凤先生又从无锡到了苏州，任江苏师范学院的教授、图画制图系的主任。教书之余，凤先生创作了许多歌颂新社会、新生活的作品。当时亚明在《苏南画报》做主编，常常向凤先生约稿。凤先生的《送公粮》在画报上发表后受到好评。而后，他又创作了《苏州园内新游人》《菜农的喜悦》《阿

⊙吕凤子华山速写

四的心愿》等作品。一九五七年八月，江苏人民出版社把凤先生二十三年前游华山、终南山的三十页速写稿出版成册，凤先生望着书稿颇为伤感。他在自序中说："今余老病，不复能远游臂战，不复能铅笔作画，目睹此幸存手迹，能不黯然？"他的老朋友陈之佛在序言中说："我和吕凤子交友近三十年，深深知道他一生从事于艺术劳动，不论在中国绘画的理论研究上，还是创作实践上，都有很大的成就，尤其始终不懈地对于青年的培养做出了很多的贡献……"

仙逝前后

一九五九年十二月二十日，凤先生于苏州螺丝浜一号寓所驾返道山，享年七十四岁。

凤先生仙逝之前，除妻子胡育及家人悉心照料外，亲友、学校领导及学生也多来探望。跟随凤先生左右三十多年的老学生谢孝思于凤先生七十四岁生日这天带着寿礼来看望他，凤先生此时已是瘦骨嶙峋，他有气无力地对谢孝思说："从你考入中央大学跟我学画起，算来也有三十多年了，这中间我们虽然有聚有分，但始终没断联系。在四川璧山国立艺专建校和创办正则艺专，你都出了很大的力，忘不了你啊！如今我重病在身，你又帮助请医生医治，足见我们师生之谊何等深厚！"谢孝思听了老师的话，不免有些激动："先生对我这个学生的厚爱，我有感不尽的大恩啊！"这时凤先生忽然让家人磨墨理纸，说是现在心情很好，要作画。凤先生拖着沉重的病体，画了一幅《老松》，题款曰："病不握笔两年矣，己亥六月六日强起为之。"盖印的时候，凤先生找来找去，没有了当年的纪年印，脸上露出了失落的神色。从一九五二年起，他每年都要刻一方纪年的印章以

⊙吕凤子印章

自励,一九五二年是农历壬辰年,凤先生六十七岁;一九五八年是戊戌年,凤先生七十三岁卧病在床,不能治印;一九五九年是己亥年,凤先生七十四岁,更不能捉刀了。于是在画上钤上名印,对谢孝思说:"仲谋弟,这幅画就送给你留念吧!"谢孝思说:"我手里有不少先生的墨宝,唯这一幅最为珍贵,先生在病榻上还作画给我,我终生要记住先生!"

凤先生仙逝后,家人将所藏凤先生本人的书画作品、印章等物都捐给了苏州博物馆。

一九八五年凤先生一百周年诞辰之际,江苏省委、省政府和镇江、丹阳的领导、学生、亲友以及从全国各地聚首丹阳的三百余人出席了纪念大会。为期两天的纪念活动,对凤先生的艺术思想、办学精神及高尚的节操品德进行了学术研究,与会人员表示一定要把凤先生的艺术精神好好地继承发扬下去,为繁荣祖国的艺术创作做出更大的贡献。

一九八七年春天的丹阳,莺飞草长,春光烂漫,当年正则学校的老学生张杰来到凤先生的故居。凤先生的长子吕去疾几乎认不出这个当年聪慧活泼的学生了。经过一番叙谈,才知道张杰现在已是台湾地区乃至东南亚地区的著名画家了。自一九四八年去台湾后,张杰一边教书,一边作画,画艺日益大进,但他一刻也没有忘记自己的恩师吕凤子先生。一九四五年张杰在璧山的正则艺专入学,抗日战争胜利后,他又从四川来到丹阳的正则艺专继续深造。凤先生看张杰悟性很高,经常对他悉心指点。张杰平时喜欢画水彩,同学们都说他画得好,而凤先生看了却不以为然。张杰诚恳地请凤先生指出不足。凤先生说:"你的最大缺点就是色多于用笔,用笔,是要体现扎实的书法基础的。再有就是你的画不够简约,凡是形体愈简的画,其力量也便愈加集中,感人愈深。一个成功的画家,只有做到'收万象于笔端,扫万趣于指下',才能走上艺术的高峰!"恩师这些振聋发聩的教诲,使他牢记终生。张杰这次到大陆来,是准备到中国历史博物馆办画展的,他提前先到丹阳,就是想看一看当年熟悉的巷陌老屋,看一看当年的恩师。张杰在吕去疾家里住了三天,一同吃饭,一同作画,一同饮茶叙旧,一同回忆凤先生当年的文雅举止。吕去疾介绍了全国各地举办的一些纪念凤先生的学术活动后,张杰表示回台湾后立即把台湾的正则校友组织起来,尽快开展凤先生的学术研讨活动。

张杰和台湾的几位正则校友认真磋商后，决定在台湾成立"吕凤子学术研究会台湾分会"，校友们通过写信、电话联络，居然联系到了三十多位同学，大家一致推举张杰为分会会长。张杰感到肩头的责任很重，决心不负众望，扎实抓好分会的各项活动。经过认真思考，分会决定于凤先生逝世三十周年（一九八九年十二月二十日）之际出版《吕凤子先生逝世三十周年纪念画册》。他们以此为契机，在学习、研究凤先生艺术思想的同时抓紧创作，争取拿出有分量的作品选入画册。出版画册的工作很繁重，而且需要数量不少的资金。张杰和分会的朋友商量后，决定请朱伯舜先生给予帮助。朱伯舜也是丹阳人，一九二九年生于丹阳埤城的丁家坝，厦门大学毕业后到了台湾，历任台北中国文化大学教授、纽约华美日报社董事长等职，时任丹阳同乡会的理事长。他曾多次到北京、上海等地考察，受到中央高层领导的接见。听说要出版凤先生纪念画册，他说这件事情意义十分重大，凤先生是海内外闻名的画家，是丹阳人的骄傲，也是国人的骄傲。他认为出版画册首先要讲究质量，粗枝大叶对不住一向严谨、认真的凤先生。至于资金方面的事情，他可以赞助，由同乡会负责出版。

出版画册要有序言，张杰又找到了当年与凤先生有所交往的国民党元老陈立夫，他们认为不管从资历还是从影响力方面，非陈立夫莫属。已是耄耋之年的陈立夫谈起凤先生，仍然很兴奋。他说四十年代抗日战争时期就和凤先生有所交往，凤先生人品、学问、艺术都好，为世人所敬仰。他在序文之中回忆了与凤先生交往的经过，对凤先生的绘画、书法等艺术，做了比较准确的评价："……余对凤先生之艺术思想及高尚品格，夙所钦佩，自不能无一言。其画擅长人物、山水、花鸟，早岁研究西洋画理论及画法，使其国画兼收水彩画、油画之风格……其书法则熔篆、隶、正、行、草于一炉，刚健凝练，亦独具一格……"画册出版前，陈立夫还拿出珍藏多年的凤先生为他画的《薛涛》和凤先生高足杨韫的《陈立夫绣像》，嘱张杰编入画册。

一九九一年春天，在许多地方都成立了吕凤子学术研究会，凤先生的故乡丹阳也正式成立了"吕凤子学术研究会"。研究会成立当日，一些著名画家、教育家以及正则学校的校友共三百余人云集丹阳。海内外研究凤先生学术思想的工作从此走上正轨。陕西咸阳的郭小林在凤先生一百二十周年诞辰之际，写下了这样的诗句怀念世人尊崇的凤先生："一袭布衣长衫，一根年迈的藤杖，一掬笑容，镶嵌在先生的身躯……先生不在了，可先生的身后，却长出一片精神的花朵，灿烂如先生晚年的笑容……"

从最早问世的著作《图案ABC》，到最后工艺美术研究的登峰造极，从流亡渝州的「流憩庐」到回归金陵的「养真庐」，这位一生勤恳、忠厚、心无旁骛的一代大家——陈之佛先生，在中国工笔花鸟画创作的史册上，留下了辉煌灿烂的一页。在中国教育史上，更是留下了许多诲人不倦、奖掖提携后进的感人篇章。陈之佛与傅抱石相交二十余年，傅抱石曾说：「陈老永远是我学习的榜样……」即此一端，足见陈之佛的人格魅力。

● 工艺美术先驱 陈之佛 ●

女儿心目中的一代宗师

　　"父亲是一位忠厚、善良、做事严肃认真的长者……"我国著名花鸟画大师陈之佛先生的女儿陈修范说起父亲，脸上带着谦和、慈祥的神色。在距离南京地铁仙鹤门站不远的郎诗钟山绿郡的一幢别墅里，我见到了陈之佛先生的女儿陈修范、女婿李有光，还有他们的儿子李欣。看得出来，一家人对之佛先生的怀念之情很深，对于老先生的处世、做学问的态度，更是津津乐道。

　　说起老先生的身世，陈修范说，父亲一八九六年九月十四日出生于浙江宁波浒山镇。浒山镇当年属于余姚县，后来划归慈溪，离海边不远，地处杭州湾南岸。陈之佛出生在一个大户人家，祖上都是读书做官的，到了他父亲这一代，家境开始败落。陈之佛是这个家庭里的第七子，在男孩中排行居三。父亲陈世英、母亲翁氏都出身于名门望族，为陈之佛取名"绍本"。后来陈之佛又为自己取名之伟、杰、之佛。

⊙陈之佛（右一）与夫人胡筠华（左一）、幼女陈修范（中）在寓所院内合影

123

他继承了父亲忠厚和善及母亲执着认真的优良秉性。浒山镇从明朝初年起就是抗击倭寇的前沿阵地，戚继光曾经在这里率领将士抗倭杀敌，许多壮烈英勇的故事不断流传开来，陈之佛从小就常常听人们讲述这些故事，幼小的心灵深处，埋下了爱国爱家、爱憎分明的深深情结。

陈修范说，父亲陈之佛从小就聪明过人，不管在私塾还是在洋学堂读书，成绩都是名列前茅。一九〇八年，十二岁的陈之佛考取了设在余姚县城里的县立高级小学，在这里他和喜欢绘画的高年级同学胡长庚成了好朋友。胡长庚用铅笔画的人物和风景，使陈之佛开了眼界，因为他从小也喜欢画画，只是没有胡长庚画得好。在胡长庚的指点和帮助下，陈之佛对绘画的兴趣越来越浓，画的画也越来越好，这也为他日后走上专业绘画道路打下了一定基础。

说到这里，陈修范陷入了深深的回忆里，说起了之佛先生当年在浙江省工业学校和到日本留学的故事。一天，陈之佛父亲的同乡好友黄越川来访，他是当地第一个到日本留学的人。黄越川看了陈之佛的学习成绩，又看了他的作文，赞不绝口，说是不妨让陈之佛去省城杭州报考工业学校，学工业既有前途，又能救国。于是，陈之佛在十六岁这一年，以第六名的成绩被浙江省工业学校录取。在学校他刻苦读书，每学期的成绩都是甲等。校长许炳堃早年留学日本，在东京高等工业学校染织科学习，回国后出任工业学校的校长。许校长治校有方，关心爱护学生。陈之佛学习成绩优秀，人品端正，深得许校长的赏识，陈之佛也经常向许校长请教学业，师生之间结下了深厚的情谊。陈之佛毕业后，留校做了教师。

工业学校有一位名叫管正雄的日本教员，他既是图案和意匠专家，又擅长摄影，在他的影响下，有着绘画基础的陈之佛对图案和图画产生了浓厚的兴趣。他留校的第二年，就编出了一本图案讲义。许校长看了非常高兴，让人把讲义石印成册，作为教材。从此，陈之佛对图案和图画的学习热情越来越高，后来便有了去日本留学的想法。许校长知道了陈之佛的想法后，说是与自己的想法不谋而合，他想等陈之佛日后学有所成归来后，在学校增设一个工艺图案科，以便培养更多这方面的人才。许校长积极向浙江省争取到了官费留学的名额，陈之佛和另外两名学生被录取。二十二岁这一年的秋天，他到了日本东京，安顿下来后立即积极补习功课，准备第二年三月报考东京美术学校。

《湖边双雁》（陈之佛作）

一九一九年春天，日本东京美术学校开始招生，陈之佛满怀激情前去报考，哪知好事多磨，头一道报考关就没有过去。原因是学校工艺图案科不招收外国留学生，只有美术部招生，实质是学校怕外国留学生学走了工艺技术，培养了竞争对手。陈之佛急了，心想到日本就是为了学习工艺图案而来，如今却不让报考了，怎么能就此罢休呢？他立即去找曾经请教过水彩画的日本老师三宅克己先生。三宅为人热情，特别喜欢中国的传统文化和艺术，对中国留学生很友好，他带上陈之佛找到了创办东京美术学校的黑田子爵。黑田对此事也很同情，又和他们一起找到了校长正木直彦和工艺图案科的主任岛田佳矣，通过一番斡旋，终于同意陈之佛报考了。被学校初录之后，陈之佛又遇到了第二关，就是他的身体瘦弱，体检不合格，不能录取。陈之佛又急了。学校的人说，如果一学期之内不生病，不请假，便可以继续读下去，这叫"假入学"。陈之佛答应说，一定不因为身体生病而请假。从此陈之佛便成了东京美术学校工艺图案科的第一个外国留学生，也是中国赴日本学习工艺图案的第一人。

陈修范、李有光二位老人又说了许多之佛老人当年在日本席不暇暖，食无求饱，一心刻苦读书，最终学成回国的往事。在之佛先生的苦心栽培之下，他的子女们也都术有专攻，各有建树。女儿陈修范一九三四年出生在南京，是江苏省画院的花鸟画家，国家一级美术师；女婿李有光一九三一年出生，是南京师范大学的教授，也擅丹青，且著述颇丰。

终生从事教育事业

陈之佛在日本东京美术学校刻苦研读四年，于一九二三年春天学成回国。回到故乡才发现时过境迁，物是人非，许炳堃校长已因病辞职，工业学校设立工业图案科的计划成了泡影。陈之佛面对冷酷的现实，长吁短叹。许多人知道他在日本学的是工艺图案，设计的图案纹样一定会大受欢迎，便争相邀请他一起办工厂。但陈之佛一心想的是教育，他要为新型工艺美术事业培养出更多人才，于是，就接受了上海东方艺术专门学校（以下简称上海东方艺专）的聘请，到学校担任图案教授。从此，他开始从事自己热爱的教育事业，终生不渝。

陈之佛在上海福生路德康里二号租了房子。在上海东方艺专任教的同时，他自己筹集资金，办了一所"尚美图案馆"。办图案馆的宗旨，是带领学生为商家做丝织、染织等工艺品的图案及设计。陈之佛要以理论、实践相结合的方法，培养学生掌握设计图案的技能。这也是我国首家从事图案设计的事务机构和专门培养人才的学馆。在图案馆里，他把辅导学生设计的图案和自己的作品一起推荐给厂商。因为这些作品色彩清丽，题材有特色，既有艺术性又有实用价值，生产出来的工艺品深受消费者的欢迎，在厂家获得丰厚利润的同时，尚美图案馆也名噪沪上。一时间，许多艺术院校增设了图案课，有的还单独成立了图案科。在陈之佛尚美图案馆的影响之下，一批专业图案设计人才脱颖而出，推进了中国现代工艺美术事业的发展。

二十世纪二十年代的旧中国，根本没有什么像样的民族工业。在欧、美、日等国家的商品不断涌进中国市场之际，一些目光短浅的厂商不愿意在图案设计上加大投资，只是拼拼凑凑，应付生产，导致其商品根本无法和国外的同类商品竞争。这些厂商对尚美图案馆设计的图案，只付给极低的酬金，想方设法进行盘剥。长此下去，图案馆负债运营，无法维持，短短三四年时间便关门停办。刚到上海不久，陈之佛把在日本读书时使用的名字"杰"改为"之佛"。理想抱负不能实现，时局动荡不安，社会黑暗，他只好以"之佛"为名，表明自己洁身自好的立场。他要做好人，做好事，不做坏事；以佛理净心，尽量排除杂念，目的是使自己设计出来的图案作品升华到一种新的境界。当初，陈之佛是以这样的心境创办尚美图案馆的，如今图案馆"夭折"了，陈之佛对现实的残酷、社会的腐朽与没落也更加深了认识，他以礼佛的心境，尽责尽力，教书育人。

一九二五年，上海东方艺专和上海艺术师范学校合并成立上海艺术大学（以下简称上海艺大），陈之佛在这里继续担任图案教授。两年后，学校又更名为中华艺术大学。尽管是他的好友陈抱一主政，学者陈望道相佐，但由于学校学潮不断，人事、经济多有纠纷，陈之佛感到手头的很多事情难以进行。此时，广州美术专科学校（以下简称广州美专）了解到陈之佛在图案和工艺美术方面有很深的造诣和声誉，在学校没有图案科和教师的情况下，诚挚聘请陈之佛到该校任教。为此学校积极招收学生，成立图案科，请陈之佛任美专教授兼图案科主任。和他一起在广州美专任教的还有著名画家关良、丁衍庸、倪贻德等人，他们经常在一起切磋艺术，探讨教学体会，相处得十分和谐融洽。

陈之佛为学生们讲课，有理论、有实践，他语言生动，风趣幽默，学生们被这位学识渊博、待人和蔼可亲的老师震慑住了。学生们对图案的定义不了解，陈之佛深入浅出地解释说，图案是工艺美术的重要组成部分，图案就是制作物品之前设计的图样。图案包括"美""实用"两个因素，而"美"的要素又包括形状、色彩、装饰等；"实用"的要素既包括使用上的安全、便利、适应性，还包括使用的快感和刺激等。至于什么是工艺美术（也称美术工艺）的问题，陈之佛给学生解释得更加准确、具体，他说："凡是我们日常生活所需要的衣服、用具，都是工艺美术的对象，工艺美术与人生有着密切的关系。它是为充实人的生活而制作的。因此，工艺美术是适应日常生活的需要，室内装饰、家具、服饰、舞台装置、街市公园等以及各种交通工具……"在二十世纪二十年代人们的封建意识还相当浓厚的时候，陈之佛在课堂上的这些新鲜见解，受到了学生们的欢迎和尊重。每当

陈之佛讲课的时候，不仅图案科的学生一个不少，就连其他学科的学生也报名前来旁听。为了加深学生们对图案画的理解，他鼓励学生们根据自己的兴趣和理想，大胆创作。到广州美专任教的第二年（一九二九年），在陈之佛的倡导之下，学校举办了图案、装饰画展览。展品除了学生的作品外，一些老师包括陈之佛本人也拿出了作品参展。美丽、典雅、生动的图案和装饰画，吸引了校外的许多人士过来观看。

书籍装帧艺术的开拓者

　　一九二五年至一九三五年，陈之佛在上海东方艺专、上海艺大、广州美专、南京中央大学艺术科担任教授的同时，先后为上海商务印书馆出版的《东方杂志》《小说月报》《文学》和天马书店出版的书籍设计封面。这期间，他先后出版了《色彩学》《图案》《图案法ABC》等著作。当负责编辑《东方杂志》的胡愈之找到陈之佛，让他帮忙设计杂志封面的时候，他便把在日本学到的图案、西方工艺美术，与中国古代的汉砖、汉画像石等艺术形式融会贯通，创造性地运用到书籍装帧艺术中去，设计出来的作品震动了当时的中国出版界。

　　《东方杂志》是上海商务印书馆继《绣像小说》后出版的具有代表意义的一本全新杂志。它有内务、军事、外交、教育、实业、小说等十余个栏目，一九〇四年三月十一日（清光绪三十年）创刊，宗旨是"启导国民联络东亚"，因当时有日商参与创办，日本文人撰写文章较多，所以有"联络东亚"之说。一九二〇年钱智修接手杜亚泉出任主编时，胡愈之是重要的助手。胡愈之是中国新闻出版的奠基人，他对杂志进行大胆改革、创新，指出办刊的宗旨应该是"舆论的顾问者""中国人公有的

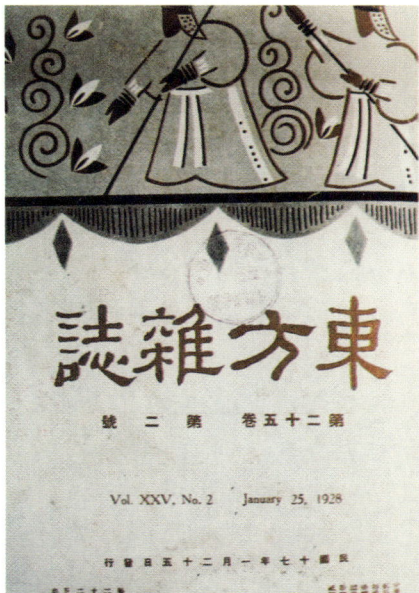

⊙《东方杂志》封面

131

读物",要记录时代发展,促进中国现代化的进程。正因为陈之佛理解胡愈之的初衷,所以才能愉快地接受杂志的封面设计工作。从一九二五年第二十二卷接手到一九三〇年的第二十七卷结束,他连续做了六年的封面设计。考虑到《东方杂志》在社会上的影响涉及中外各界,因此,对每一卷杂志的设计他都力求做到有特色、有个性,通过不同的视觉形象和色彩,体现出多个层面的民族气派。《东方杂志》第二十二卷的封面,陈之佛采用的基本色调是白色,杂志名称的方框用橘黄色,主图(汉砖、车马、人物)用果酱色,所有文字用黑色,这样设计出来的封面有一种厚重、大方、朴实、沉稳的感觉,使人耳目一新。第二十五卷十号的杂志,陈之佛设计的主图是以民间漆金画的形式(黑底,金色绘图)画的嫦娥倚着一头小鹿。按照民间传说,嫦娥应该和玉兔在一起,陈之佛却偏偏画了一头小鹿和嫦娥做伴,意思是,鹿和兔子都是善良的动物,而鹿要比兔子跑得快,嫦娥要让小鹿把自己对人间的思念之情更快地传递出去。进言之,就是要把《东方杂志》里的精彩内容更快地传递给读者。清新、优美、典雅的设计,看起来十分抢眼。陈之佛在为《东方杂志》设计封面时注意借鉴古埃及、希腊、波斯、印度以及文艺复兴时的装饰元素与风格,并把中国的汉画像石和隋唐刺绣等元素融合在一起,

⊙《小说月报》封面

彰显了独有的民族特色,也带来了杂志销量的日益大增。

新文学运动的倡导者茅盾、郑振铎把《小说月报》当作"文学研究会"的喉舌刊物,邀请陈之佛为之设计封面。他一改《东方杂志》封面古典、厚重的风格,以女性为主题形象,或女神,或少女、少妇,用西洋手法强化新文学杂志生机勃勃的浪漫风格,同样受到读者的欢迎。一九三五年,郑振铎又创办大型刊物《文学》,也请陈之佛设计封面。陈之佛针对时代发展的特点,和文学、思想界敏感与活跃的现状,在创刊号上采用与时代风格接近、带有强

⊙《文学》封面

烈视觉冲击力的火车、骏马、厂房、车轮等图案，表明人类社会与各种新兴艺术发展成长的趋势不可阻挡。在杂志封面设计的形式上，陈之佛既考虑到总体的连贯性，又照顾到每期的特色与个性，有时一期一个形式，有时隔几期一个形式，而在色彩上则是每期都有变化。这些特色与风格，客观上起到了引领书籍装帧艺术潮流的作用。

一九三二年，以"天马"命名的一家规模不大的书店在上海名噪一时。创办书店的店主是绍兴人郭抱清，他颇有开拓创新意识，取店名为"天马"就有不受各种约束之意。郭抱清找到陈之佛，请他为之设计店标。陈之佛根据"天马行空"之意，动了一番脑筋，设计出了这样一个图案：用黑色画了一只像是儿童乘坐的木马，木马身上画出两只翅膀，身上写着"天马书店"四字，简洁明了，既有很强的装饰性，又有童话色彩。郭抱清把这个形象的标记印在出版的所有图书上，如《鲁迅自选集》《茅盾自选集》《郭沫若自选集》等，几乎囊括了当时所有著名作家的书。于是，天马书店也一时间炙手可热起来。

作家黎锦明以一九三二年日军悍然侵犯上海为背景，写了一部以"战烟"为名的中篇小说，陈之佛为小说设计的封面是：天上穿行着飞机，地上布满了枪林刺刀，书名由战刀组成。这些令人

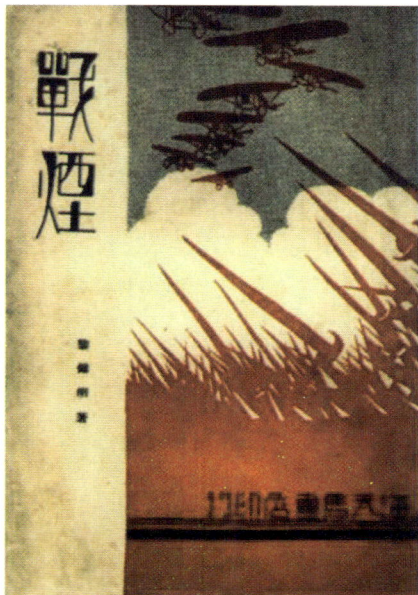

⊙《战烟》封面

133

怵目的军械，强烈地表明了上海军民英勇抗敌的大无畏精神，生动地凸显了全书的主题。不同时期设计出不同风格的封面，表明陈之佛既有高深的艺术学养，又有高明的设计手段，他在那个时代的书籍装帧艺术的发展上，起到了无人可以替代的开拓作用。

一鸣惊人的工笔花鸟画

在一九三四年中国美术会举办的第一届美术展览会上，署名"雪翁"的几幅工笔花鸟画和山水画引起了业内外人士的关注。特别是工笔花鸟画的冷逸、清丽、典雅，更是为人们所喜爱。几经打听，才知道"雪翁"就是以图案装饰画闻名于世的陈之佛。人们惊呼：之佛先生的工笔花鸟怎么会画得这般高妙？

陈之佛为什么以"雪翁"署名呢？原因是他对皑皑白雪情有独钟。数九隆冬，晶莹如玉的雪片飘飘洒洒，让人看了实在是心旷神怡。此时的陈之佛已经是年近四十岁的人了，想起自己经历的几多坎坷，不禁感慨，他多么希望世间的一切能像白雪一样纯净，高洁而无瑕！他喜雪、爱雪，实际是寄托了他对美好生活的向往。以"雪翁"署名的画作，正是他以画托志的一种独白。他画的《雪雁》《雪梅》《雪里茶梅》等作品，多少表明了他那个时期淡雅、静谧、唯美的风致。

一九三五年陈之佛专攻工笔花鸟。其实，在浙江工业学校、日本学习图案画时，他在花鸟、山水画等方面就下了不少功夫。图案画大多取材于花鸟，他经常到公园、山间等地写生，力求图案画的制作真实生动。这也为他日后从事工笔花鸟的创作，打下了坚实的基础。他对中国古代的花鸟画更是心仪已久，一有展出，他便去参观、临摹。特别是五代时南唐徐熙淡泊宁静、志节高迈的为人处世态度，以及他"穷学造化"到江湖、园圃观察动植物的形状，使花鸟、蔬果尽入图画的举动，以及他种种"野逸"画作的气韵风神，更使陈之佛为之倾倒。有画品"富贵"之称的五代后蜀黄荃，也是陈之佛崇仰的对象。他从黄荃的"细笔勾勒、填彩晕染"之法受到启发，作画时，对各种禽鸟的造型、形象以及骨肉等都把握得十分准确。他通过精细勾勒、小心傅色，使出手的画作生动传神，妙造自然，令人爱不释手。

就怎样学好工笔花鸟画的问题，陈之佛曾有精辟的"四字诀"，在工笔花鸟画家中影响极大。第一个字是"观"。他认为，"观"关乎"源"和"流"的问题。画家就是要深入生活、观察自然，师人、师造化。他通过不断观察、研究自然界花木禽鸟的生活规律及其特性来理解它、掌握它。陈之佛以宋元以及明清近代的花鸟画家为师，重点研习双钩重染以及没骨法、水墨写意等，取其长，弃其短，不泥古，不落前人窠臼。第二个字是"写"。写就是写生。通过写生，练习技巧，收集素材，掌握形象；通过勤学苦练，向生活、传统学习，使自己的技术由熟而巧，然后再由熟返生，由巧而拙。第三个字是"摹"。这是初学者的必经阶段。通过临摹，初步掌握形、线、色的处理，进而提高和丰富自己的技能。第四个字是"读"。就是研习理论，研读文学作品，读绘画史论、技法理论，还要读诗词、哲学等，目的是丰富自己的知识，提高自己的修养。

陈之佛在谈到工笔花鸟画的构图和设色问题时，认为一幅优美的花鸟画，往往是处理好形式美的结果。处理好形式美，主要靠构图和设色。构图的关键，就是要研究部分间的关系、题材的主次关系。如果部分间的关系不清，就没有统一性，没有重点。所以在一幅画的构图上，必须考虑宾主、大小、多少、轻重、疏密、虚实、隐显、俯仰、层次、参差等关系，最终是要掌握对比、调和、节奏、均衡等有关形式美的法则。谈到设色问题，陈之佛认为，色彩的运用极其微妙。至于"随类傅彩"，绝不等于依样画葫芦，只有妙法自然，才能进入形似的境地。根据中国画家们的论述，陈之佛就工笔花鸟画的设色问题指出，要忌枯忌火忌俗，忌主辅不分、交错凌乱，忌深浅模糊、平淡无味。而究竟怎样使一幅画取得完美的设色效果呢？他认为掌握色彩学上的色相、光度、纯度的相互关系，以及调和、对比等形式法则，都是必要的。这些关于工笔花鸟画构图、设色等方面的真知灼见，既是陈之佛实践经验的总结，又是准确、深刻、精到的理论阐释，不管是初学者，还是专家学者、画家，都能从这些精辟的论述中获得启发和教益。

跟随陈之佛左右三十多年的中国美术学院教授、博士生导师、白发苍苍的老

学生邓白在论述老师的花鸟画时指出，陈先生注重写生，观察入微，"含毫命素，动必依真"，他的作品无一笔无来历，无一处牵强附会；他的工笔花鸟画的高度造诣，在近代画坛中是少见的，起到了承前启后的作用。

"流憩庐"与"养真楼主"

　　"流憩庐"是陈之佛抗战时期在四川重庆居住的房子，地点在沙坪坝正街二十七号。一九三七年抗日战争全面爆发，陈之佛身为南京中央大学艺术专修科的教授，要随学校一起疏散，他决定带上全家七口人（五个子女）先回老家浒山暂避。此时日军正在进攻上海，隆隆炮火声中，陈之佛一家仓皇出行，到了老家他便生了病。不久，与浒山只有一水（杭州湾）之隔的金山卫沦陷，情势十分危急，浒山随时有被日寇侵占的危险。此时，中央大学已迁重庆。陈之佛曾在日本读过书，认识的人较多，他想，万一日寇来了让他出山就麻烦了。绝对不能做违背良心的事，不能做屠杀自己同胞的刽子手。他决定立即带着家人转移。

　　此时已是深秋十月。陈之佛的伤寒病虽有好转，但身体仍然十分虚弱。一路上，他拖着病体，去南昌，走武汉，到了宜昌，因为没有行船，只好再等。直到一九三八年一月底，全家人才到达重庆，期间辗转流离了三个多月。后来他才知道，从南京出来后不久，家中的字画、文物、资料等都已丢失，特别是自己费尽心力设计的几大抽屉染织纹样也损失殆尽。他不禁怒火中烧。重庆的中央大学一时不能安排住房，全家只好在旅馆里暂住，过了一段日子，经朋友吴朗西介绍，才找了一处住房，此处便是沙坪坝正街二十七号。这是一所临街的简易楼房，七口之家都挤在这里。陈之佛把两张接起来的木桌摆在窗下，作为自己的画案，吃饭、休息、作画都在一处。他知道，日寇的铁蹄尽管几乎踏遍了国土，但抗日战争一定会胜利，这里不过是一处临时流亡避难的休憩之地，于是，他便把这里命名为"流憩庐"。他素来推崇陆游和爱国学者顾炎武，"流憩庐"的墙上，贴满了他手书的陆、顾等人的诗文、条幅与格言，画案对面他贴的是梁任公（启超）的四

⊙陈之佛在"流憩庐"

句诗:"诗界千年靡靡风,兵魂销尽国魂空。集中什九从军乐,亘古男儿一放翁。"他还治印"流憩庐"一方,时时印在画作上,以此明志,不因环境所囿而忘国难。

陈之佛在重庆一边教书,一边作画,看起来生活很平静,然而国民党当局时常找他的麻烦,使他平添了许多烦恼。一九四五年春天,重庆文化界人士不满国民党的独裁统治,举行了争取民主、自由的"进言"签名活动,陈之佛毅然在"进言"上签下了自己的名字。国民党在《新华日报》看到后,便派人多次威胁,要他发表声明,退出签名。陈之佛大义凛然,不为所动。尔后不久,国民党又发起了一个反签名的活动,让陈之佛签名,陈之佛不予理会。

抗日战争胜利后,陈之佛要随中央大学举家迁回南京。飞机、轮船早被达官贵人占去了,他们全家等了半年多,才登上了返回南京的轮船。返回南京一年多后,住进了南京成贤街七十四号中贤村的教授宿舍,全家才算安定下来。刚从重庆返回南京,重庆谈判协定就被国民党一手撕毁,内战一起,老百姓又陷入水深火热之中。面对飞涨的物价和国民党腐败的种种丑恶现象,陈之佛不愿意向恶势力妥协,他自称"养真楼主",他要修身养性,洁身自好,从精神上找到慰藉。此时,他把自己的身心全部投入到教书、研究和创作中,特别是花鸟画创作,更是佳作迭出,成绩斐然。徐悲鸿、陈之佛、吕斯百、傅抱石、秦宣夫联合展览开幕时,他拿出五十四幅作品参加,受到广泛好评。陈之佛还被推选为中华全国文艺作家理事、中华全国美术会常务理事。

此时的陈之佛不仅要求自己洁身自好,他还撰写文章,劝化人们用"美"和"艺术"滋补自己的心灵。他说:"国人大家只在'利害'两个字上转念头,人一被利害绊住,便只知自己而不知其他,于是互相欺诈、互相攘夺、互相猜忌、互相凌虐，虚伪百出……"他认为必须用"艺术"来治疗，人以"艺术"的精神去领悟一切，国家和民族也自然繁荣了。他的这种想法在国民党统治下的黑暗岁月是不可能成为现实的，只能说明陈之佛心中时时在忧虑着国家的前途和命运。

一九四七年，南京国民政府要成立所谓"戡乱委员会"，因为他和国民党的上层人物张道藩一起参加过一些活动，张道藩便派人给他送去通知，硬拉他去参加成立大会。陈之佛早已对国民党当局完全失去了信心，对他们的种种作为嗤之以鼻，拒绝出席会议。后来，张道藩硬是给他挂了一个"委员"的名号。陈之佛立即把这个"委员"的聘书退了回去。随着解放军的节节胜利，国民党政权已走到末日。此时的中央大学要迁到台湾，陈之佛听说后立即带领全家到上海暂住，表示坚决不愿去台湾。后来中央大学又不迁了，陈之佛也接到了中央大学按期开学的通知，他又立即带领全家回到南京的学校。

三次办展　轰动山城

一九四二年三月，陈之佛决定把自己在重庆生活近四年时间日夜精心绘制的工笔花鸟画拿出来展示给世人。《陈之佛国画展》一揭幕，画作别致的构图、清新的画面、雅致的色彩，轰动了山城。重庆夫子池励志社上下两层楼的展厅里挂满了他的画作，人们怀着好奇的心情涌向这里，每天来参观的人络绎不绝。

这次展览之所以引起轰动主要是陈之佛不同凡响的画作。这些画作一是功底雄厚，不落前人窠臼，如画作《暗香疏影》等。著名学者潘菽在当时的《中央日报》发表文章评论说陈之佛"这次展览中颇有几张已足与前人的名作什臂入林"（意为可与前人名作媲美），是"数年来最具特色而值得注意的一个。我们热切地盼望中国画风的转变将至此而开始"。二是巧用图案创意，画作别具一格，如画作《梅雀》等。评论家李长之发表评论说："他惯于用细线条，又因为造诣于图案者之深……把埃及的异国情调吸取来了，这是使人欢欣鼓舞的。"美学家宗白华说："陈之佛先生运用图案意趣构造画境，笔意沉着，色调古艳……"画展引起轰动还有一个重要原因，就是陈之佛以"雪"和"白"为题材的各类作品（如《雪梅》《雪里茶梅》《雪雁》《白玉兰》《白梅》《白鸽》《白鹰》《白荷》等），与高洁、雅静、绝俗的品格互为默契，这种优秀的品格，对于被黑暗、腐朽、没落的社会压抑得透不过气来的普通民众来说，恰如一泓清流从心底潺潺流过，舒畅而快意。他们理解陈之佛以这样的画作展示自己"出淤泥而不染"的优秀品格，看了这些画作后，自然是抚掌击节，连连叫好。著名作家郭沫若分别为陈之佛的《梅花图》《梅花宿鸟图》《碧桃月季图》等画作题诗。其中为《梅花宿鸟图》题的是："天寒群鸟不呻喧，暂倩梅花伴睡眠。自有惊雷笼宇内，谁从渊默见机先？"著名书法家沈尹默为陈之佛

的《玉兰鹦鹉图》题的是："肯以颓唐趋俗媚，要从刻画见天真。老莲家法君余事，直逼黄荃与问津。"画展临近尾声，参观的人群还是不断涌来，结束的这一天，直到天色渐晚，许多参观者仍是迟迟不忍离去。正在收画作时，忽然又来了一群并不相识的观众，他们恳求陈之佛务必把画作再挂起来，以便观赏和收藏，陈之佛没有让这些观众失望，又把画作张挂起来。

一九四四年八月，陈之佛辞去国立艺专校长短短几个月之后，在重庆又办了第二次画展。画展从开始到结束仍很轰动，一共卖了几十万元。办这次画展主要是为了"还债"。陈之佛在国立艺专做校长时，因为当局不给予经济支持，致使陈之佛负债履职。用卖画所得的这些钱还了债后，陈之佛总算是卸下了身上的包袱和精神枷锁，从此他觉得自己可以安心投入到教学、研究和绘画创作中去了。

一九四五年八月，日寇投降，抗战取得胜利，山城重庆一片欢腾，陈之佛一家沉浸在欢乐的气氛中。此时距九月十四日陈之佛五十岁生日不远，重庆的朋友们在沙坪坝的金刚饭店提前为他祝寿。旧交新朋、学者教授、大家名流济济一堂，徐悲鸿、吕凤子、汪东、柯璜、陈树人、赵少昂、黄君璧、傅抱石、傅狷夫、杨仲子、张安治等，带来了自己精心绘制的书画作品，作为寿礼相赠。翰墨有缘，情深意笃，望着朋友们的一幅幅佳作，陈之佛激动之情难以言表。

⊙陈之佛（前排居中）与友人合影

在山城重庆仍然是爆竹喧天、锣鼓声声庆祝抗战胜利之际，陈之佛又得到一个喜讯，成都老友、四川省教育厅厅长郭有守给他发来邀请函，请他到成都办展。想到抗日战争总算胜利了，穷苦百姓的苦难岁月熬到了头，加之毛泽东又来到重庆相商国是，陈之佛以无限喜悦的心情接受了老友的邀请。画展日期定在一九四五年十二月一日，陈之佛先期抵达成都。这时，他在成都的学生、好友以及文艺界人士，在成都祠堂举办文化茶座欢迎他来成都举办画展。因为大家都有"抗战胜利了"的好心情，所以见了陈之佛就像是亲人久别重逢一样，既悲喜交集，又感慨系之，道不尽的欣喜与激动。第二天，展览大厅走道两侧摆满了人们为祝贺画展成功敬献的花篮。画展开幕当天，国民党行政院长兼四川省主席张群、四川省教育厅厅长郭有守等要员到现场祝贺。参加开幕式的还有来华访问的印度文化代表团的人员，成都的知名人士、知名画家冯骧文、吴一峰、张采芹、钟道泉、梁鼎铭、梁又铭，女作家谢冰莹，知名导演万籁天等。一时间展览大厅人头攒动，气氛热烈空前，参观者更是人山人海、熙熙攘攘。陈之佛在成都的画展又取得了成功，"工笔花鸟大师"的称号也由此更加深入人心。

勉为其难执掌国立艺专

一九四二年夏初，国立艺专因为出现多种矛盾，校长吕凤子不愿留任，向教育部提出辞职。部长陈立夫一再挽留，吕凤子伤透了心，坚持请辞，他推荐好友陈之佛继任校长。这年春天陈之佛刚刚办过画展，轰动了山城，陈立夫立即请陈之佛到部里一叙。陈之佛听说要他接任吕凤子，连忙推辞：自己不擅长交际应酬，不知道如何做官，坚辞不就。陈立夫却认定陈之佛是不二人选。

陈之佛回到家后，与妻子相商，考虑再三，还是不能就职，于是立即写信请辞。

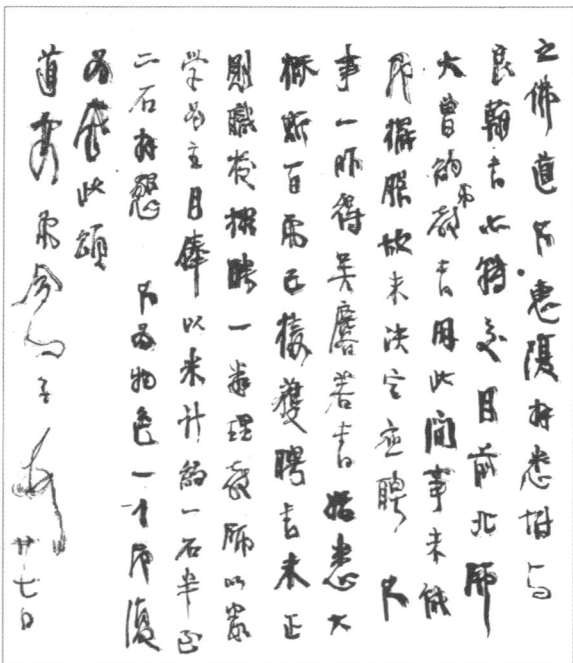

⊙吕凤子写给陈之佛的书信

这时，中央大学的同事、教育家、科学家、佛学家顾毓秀登门相劝（他是抗战时的教育委员会主任委员，后来做了中央大学的校长）。陈之佛一时不便拒绝，推辞说再考虑几天后答复。部里催得正紧，陈之佛便与好友傅抱石相商如何推辞。两人几经商量，认为只有提出苛刻条件方可推辞。于是便有：一、把学校从璧山青木关的松林岗迁到重庆的盘溪——因自己住在沙坪坝，距离学校有几十里远，极不方便；二、增加办学经费三十万元和新校迁址费用二十二万七千元；三、把艺专改成学院。三条呈上去后，部长陈立夫满口应允，七月初就把聘书发来了。陈之佛接到聘书后，一时骑虎难下，只好勉为其难走马上任。

陈之佛素来为人忠厚、善良，办事严谨认真，已答应下来的事情，就一定要做好。再说这也是为国家培养人才，马虎不得。他首先考虑的是迁校。他在盘溪选定了一个叫作黑院墙的庄姓大院作为艺专的新址。这里环境清幽、依山傍溪，新修的汉渝公路正从这里经过，交通也很方便。他每天从沙坪坝渡过嘉陵江后再步行五六里路到达学校视事，虽然不太方便，但总比要跑几十里路到松林岗好得多。陈之佛接下来又考虑学校的人事安排问题。先是发函到贵州遵义，请好友丰子恺来任教务主任，请傅抱石任校长秘书兼中国画史、画论教授，黄君璧任国画科主任，秦宣夫任西画科主任，王道平任应用美术科主任，另聘王临乙、吴作人、吕霞光、李超士、刘开渠、庞薰琹、李可染、赵无极、蒋仁、邓白等为教授。一时间，学校人才济济，贤能会聚，陈之佛心里感到颇为踏实。

为了提高国画专业学生的造型能力，陈之佛与黄君璧商定，在国画科增开实像摹写一课（即西画素描），陈之佛说，这对于提高学生对基本物象的认识，锻炼写生与笔墨技巧都很重要。开课之后，学生兴趣很浓，老师教得也认真，师生之间十分融洽。其他像西画科、应用美术科也都拿出了详尽可行的教学计划，力求把工作做到极致，从而支持校长陈之佛。陈之佛对于学生，也是悉心呵护，诚挚关爱，学生们把他尊为慈祥、亲切的长者。学生们每每看到陈校长来了，便会热情地围上去，或请教问题，或嘘寒问暖，或坦陈心迹，陈之佛总是和蔼、真诚地和学生们沟通、交流。学生叶文熹因晚到没有考文化课，陈之佛就让叶文熹到自己家里补考，给他监考，最终叶文熹被录取。几十年过去了，叶文熹一直把陈校长记在心里。

陈之佛做了一段时间的国立艺专校长之后，上任前所提的三条，除了实现学校迁址以外，其余两条全都落了空。他茫然了，心里空荡荡的。最头疼的是经费，校舍、教具、教职员工薪水等，都成了棘手的问题。怎么办？只好把办画展所得的钱补贴进去。日子不可长算，每天学校的大门一开就要花钱，陈之佛把办画展

147

所得的钱全贴进去了，还是捉襟见肘，他被搞得焦头烂额。这时傅抱石因身体不好，提出不能继续到校，办理校务的人没有了，陈之佛更是心力交瘁。

接着，国民党党部给学校发来两道密令。一是说学校有人推销共产党办的《新华日报》，是异党分子所为，要立即在师生中进行调查。一向温顺、亲和的陈之佛不禁勃然大怒，拍案而起："学校都是青年学生，他们有自己的理想和抱负，都有一颗炽热的爱国之心，怎么能借机迫害他们？"他对训导主任说，对这一条学校坚决抵制，不予执行。二是要各院校校长去受训三十五天，目的是洗洗脑子，"防赤化"。陈之佛觉得这是对自己莫大的侮辱。他说："不要说去受训了，这个校长我也不干了！"当即向教育部写了辞呈，但并不见允。此时陈之佛的痔疮复发得很厉害，大量出血，在家治疗的同时，连续递了六次辞呈，教育部才同意。

从一九四二年七月到一九四四年四月，陈之佛做了一年零九个月的国立艺专校长，结果是得了一身病，欠了一身债（国币数十万元），直到再次办画展才把欠债还清。他满腔愤怒，于次年重阳佳节作《鹡鸰一枝图》一幅，宣泄心中怒气。鹡鸰是一种很不起眼的微黄色小鸟，西晋范阳人张华（字茂先）所作《鹡鸰赋》有句云："……惟鹡鸰之微禽兮，亦摄生而受气……飞不飘扬，翔不翕习。其居易容，其求易给。巢林不过一枝，每食不过数粒……委命受理，与物无患……"陈之佛把赋的全文及其本人感言写在画上面，意思是这样一种普普通通的小鸟，为什么还要受到欺侮折磨呢？实则他是以鹡鸰自喻，指责国民党当局为什么要和他这样一个认认真真教书、老老实实作画的人过不去！

与丰子恺

陈之佛与丰子恺相识于一九二一年春天的日本东京。是时，陈之佛正在东京工艺美术学校读书。这年春天，丰子恺也来到东京的川端洋画学校和二科画会学习油画。陈之佛比丰子恺年长两岁，当年陈之佛二十五岁，丰子恺二十三岁。陈之佛是浙江余姚（今慈溪）人，丰子恺是浙江崇德（今桐乡）人，因为都是浙江同乡，通过同乡会两人很快熟悉了，后来成了很好的朋友。丰子恺到东京工艺美术学校拜访陈之佛，见陈之佛正专心致志对景写生，说他在写生方面很下功夫。陈之佛听说丰子恺曾随李叔同学过绘画、音乐和日文，并有志于艺术，现在又对日本画家竹久梦二的漫画风格产生了兴趣，愿他早日成才。这年底，丰子恺因学习经费无着，只好怅然回国，两人就此分手。

陈之佛回国后，在上海、广州等地美术学校任图案教授。一九三〇年七月，陈之佛由广州回到上海，又到一些学校讲授图案和色彩等课程，还为上海的开明、天马等书店设计书籍封面。这时的丰子恺和朋友匡互生、朱光潜等人在上海已创办立达中学（后改为立达学园）五年了。丰子恺也为开明、天马书店做事，常与陈之佛来往，因丰子恺是立达学园的校务委员，便聘请陈之佛到立达学园兼课。当时在立达学园兼课的还有夏丏尊、夏衍、黄涵秋、丁衍庸等学者，他们一有余暇，便聚在一起谈人生，讲逸闻趣事，大家志趣相投，日子虽然清苦，但过得很舒心。后来丰子恺等人发起成立了"立达学会"，该学会以修养人格、研究学术、发展教育、改造社会为宗旨，文化教育界知名人士大多参加，学会选举九人为常务委员，陈之佛为其中之一。后来陈之佛到南京中央大学艺术专修科任教授，因举家迁宁，只好与丰子恺等朋友暂时作别。

一九四二年，国民政府让陈之佛出任国立艺专校长。筹备期间，他首先想到有一定办学经验的老友丰子恺。丰子恺这时是浙江大学的艺术指导，日寇入侵后，浙江大学也往西撤，后来到了遵义。陈之佛知道后立即给丰子恺去信，请他速到重庆协助自己筹办刚刚接手的国立艺专。陈之佛给丰子恺去信之前，就学校有关人员任职问题，按照常规给教育部提交了函件。函件中写明"教务主任一职拟聘丰子恺担任"，并说"因人选困难，未能依照规定加倍遴荐，仰息俯察事实，予以通融"云云。函件递上不久，有人说陈之佛在招纳亲信，教育部要陈之佛再予以补荐。陈之佛坚持己见，依然推荐丰子恺。一九四二年十一月十九日，教育部同意了陈之佛的人事方案。丰子恺接到陈之佛的信后十分高兴，决定应聘。他与家人到了重庆，一时居无定所，只好暂住陈之佛家里，陈夫人对丰子恺一家的饮食起居照顾得非常周到。陈、丰二人常常促膝而谈。丰子恺画了一幅《米与豆》赠给陈之佛，表达对陈家关心和照顾自己一家的感谢。陈之佛在丰子恺的画上题诗道："笔底烟霞未肯贫，家山携酒醉花茵。他年倘过章门路，沽酒江潭是故人。一片芦烟忆断鸿，还家三过白萍风。逢窗若展烟江看，帆影反疑在扇中。"情深意笃，诗情画意，丰子恺心中甚乐。

丰子恺做了国立艺专的教务主任后，还兼着艺术概论等课程，每天忙忙碌碌，日子倒还过得下去。后来，学校经费困难，陈之佛力不从心。丰子恺是过惯闲散日子的人，看到学校面临窘境，便于次年三月辞去职务，在沙坪坝的庙湾用画展所得建造了三间平房，取名"沙坪小屋"，以种植果蔬为乐，和小狗、小猫、鸭、鹅为友，优哉游哉的日子过得颇有生气。丰子恺走后，陈之佛辞职的想法更加坚定，获准后依然回到中央大学艺术系任教。

新中国成立后，丰子恺定居上海，先后担任上海美协副主席、上海画院院长等职。陈之佛则先后在南京大学、南京师范学院、南京艺术学院担任系主任、副院长，又任江苏省文联副主席、江苏省美协副主席等职。他在授课时，常常向学生介绍丰子恺的艺术思想。他指出，中国近现代的艺术教育自然形成了一个重要的脉络，这就是以李叔同、丰子恺为主导的一条艺术思想主线，这条主线对研究中国近现代艺术教育史有着重要作用。

一九五八年春天，人民美术出版社为庆祝新中国成立十周年，决定出版一套美术大家的画集，陈之佛的作品为其中之一。当时陈之佛正在波兰、匈牙利进行友好访问，编辑画集的任务便落到好友丰子恺的身上。画集序言也由丰子恺捉刀。

丰子恺在序言中说："吾友陈之佛毕业于东京工艺美术学校图案科，为中国最早之图案研究者。我和他同客东京的期间，曾注意他重视素描，确知他对写生下过长年功夫。他归国后，应用这写生修养来发扬吾国固有的民族风格的花鸟画，所以他的作品能独创一格，不落前人窠臼。他是采用洋画技法中的优点来运用在中国民族绘画中，换言之，是使洋画为国画服务。"

◎ 丰子恺为《陈之佛画集》
封面题签

《陈之佛画集》共选二十二幅作品，丰子恺说他确信"这些都是我国广大群众所喜欢的画"，还为画集封面题签。

到中央大学执教

一九三〇年盛夏，时任南京中央大学艺术科主任的徐悲鸿给陈之佛来函，请他到艺术科执教。此时的陈之佛刚刚接手上海美专的课程，不能半途辞职，便立即赶到南京与徐悲鸿商定先把中央大学艺术科的课程接下来，每周由沪赴宁上一堂课。到了次年暑假，陈之佛辞去上海美专职务，开学后正式到了中央大学艺术科。

陈之佛之所以接受徐悲鸿的邀请，原因有三：一、徐悲鸿当年三十五岁，已是著名画家、教育家；二、陈之佛时年三十四岁，在图案教学方面已是名闻遐迩，自己有能力做好中央大学艺术科的教学事宜；三、南京中央大学前身即是著名大学问家李瑞清主政的南京两江师范学堂，名声显赫，师资力量雄厚，能进入这样一所高等学府，并非易事。徐、陈二人商定去中央大学上课之日，正是二人结交之始，此后二十余年，两人互相信任、互相帮助，始终如一。尽管徐悲鸿性格豪爽、热情果断，陈之佛稳重沉着、谦和内向，但两人在爱国爱民、识才爱才上都是一致的。

陈之佛到中央大学后，仍然教他擅长的图案课程。为了能够专心致志地投入教学工作，他只身赴宁，住在中央大学教习房的单身宿舍里。正式到中央大学兼课之前，陈之佛发挥自己的图案才能，为学校设计了一枚校徽。校徽为三角形，上端是自右而左的"国立中央大学"六个美术字，下面是门楼，再下面是五道水纹，寓意为设在大江边的高等学府。校徽庄重大方，醒目明了，受到教职员工、学生和社会人士的普遍好评。除了讲授图案课外，陈之佛还先后开设了透视学、色彩学、艺用人体解剖学，还有西洋美术概论、中国美术史等课程。至此，徐悲

⊙陈之佛（右十）当年在南京中央大学和徐悲鸿（右六）、潘玉良（右十二）、学生孙多慈（右八）等人合影

鸿主持的中央大学艺术科的课程全部开齐，徐悲鸿对陈之佛的兢兢业业和谦逊务实精神十分感佩，经常称赞他为艺术科做出了不可磨灭的贡献。从一九三〇年到一九三八年中央大学西迁，这八年时间也是陈之佛从事教育事业的鼎盛时期。他把自己的教学讲义认真整理后出版，同时他还根据教学的需要，发表了《古代墨西哥及秘鲁艺术》《现代法兰西的美术工艺》等近二十篇著述与论文，其卓越的才华、渊博的知识、敬业的精神，受到了全科同仁的尊敬和赞扬。

这期间，徐悲鸿除了全身心关注自己所主持的艺术科外，还在忙碌的事务中精心构思创作了巨幅油画《田横五百士》《溪我后》，以及大幅中国画《九方皋》等作品。陈之佛看了《溪我后》感慨万千，对他说："对多灾多难中国的热爱之情，都在你的画笔下表现出来了，让人震撼啊！你看，干旱的土地上，一群男女老幼在炎炎夏日之下，企盼着甘霖的到来，你是多么希望百姓们得到解放啊！"然后，他指着最边上的一个男子说："这不就是你徐悲鸿自身的影像么！"陈之佛对画作的深刻理解和细微之处的观察，使徐悲鸿赞叹不已："还是之佛老弟理解我啊！"

陈之佛正式到中央大学的第二年，发生了日寇入侵上海的"一·二八"事变，当时全国一片混乱，学校也暂时停了课，因为陈之佛的妻子儿女还留在上海，且一时失去了联系，徐悲鸿让他立即把家搬过来，以便照应。费尽几多周折，陈之佛才把全家接到了南京。徐悲鸿立即把陈之佛安排在中央大学丹凤街的宿舍里，徐悲鸿住楼上，陈氏一家住楼下，两家朝夕相处，十分和顺。尽管徐悲鸿后来迁到了傅厚岗的新居，陈氏一家也迁至石婆婆巷，两家仍然往来不断，相处融洽。

一九三三年一月，徐悲鸿应法国、比利时等国邀请出国办展，临别时嘱咐陈之佛，多为中国的美术事业做贡献。陈之佛不负众望，立即与南京的美术界人士一起，发起组织了全国美术家第一个群众性的组织——中国美术会。发起人共有五十三位画家，选举了九人为首届常务理事，陈之佛为其中之一。中国美术会共设艺术、宣传、交际、总务四股，陈之佛任宣传股干事，负责编辑出版《中国美术会季刊》。与此同时，陈之佛还和有关人员一起，联系举办全国性的展览。短短三年时间，他们就组织了国画、油画、书法、篆刻、雕刻、图案、摄影、建筑及工艺等展览。每一届展览陈之佛都要亲自参与组织、评选，并把办展情况在会刊上刊出。他负责会刊的封面设计、编排及装饰工作，既忙碌，又辛苦，但没有丝毫怨言。徐悲鸿从国外办展回来后，立即被选为中国美术会理事，与陈之佛在宣传股共事，共同为中国的美术事业发展发挥各自的一技之长。

抗日战争全面爆发后，南京国民政府迁都重庆。中央大学也随之疏散人员，继而西迁到了重庆。陈之佛与家人辗转流离，最终也到了重庆，徐悲鸿去香港、广州等地办完画展后，由桂林到达重庆，徐、陈二人在国难中重新聚首，百感交集，叙不尽离别之苦。

两心相通

抗战时期的重庆，陈之佛与徐悲鸿虽然都是在中央大学执教，但是因为两人都有较高的社会声望，他们的教职生涯也发生了变化。素来看重徐悲鸿才识的朱家骅（字骝先），当时在政府中担任要职，他曾是中央大学校长，现在又是中英庚款的董事长，便委托徐悲鸿办一所专事研究美术的机构，徐悲鸿将机构定名为中国美术学院。徐悲鸿曾发表文章说："朱家骅先生，宏奖学术，提议于中英庚款委员会设立中国美术学院，每月经费一万元，使不佞筹备其事。"不久，陈之佛也做了国立艺专校长。因中国美术学院和国立艺专都在盘溪，两人各自忙于教务的间隙，亦时常不断往来。陈之佛拜访徐悲鸿的时间更多些。

一九四三年夏天，徐悲鸿带领学院相关人员和学生到灌县的青城山避暑写生，不久，在中国美术学院办了一个展览。公开展览之前，陈之佛认真看了一遍大家的画作，撰写了一篇文章，题目是《中国美术学院美术展览会前的随谈》，文中说："在盘溪培园，葱郁的花木围着高耸的宝塔之下，徐悲鸿先生领导的中国美术学院，这里是艺术人才荟萃之地，无论在中国画方面，还是西洋画方面，都有他不平凡的表现。最近他们要举行美术作品展览会，我就把我所认识的各位先生的作品做简单介绍。"凭着观看画作的记忆，陈之佛在文中对李瑞年、陈晓南、张倩英、孙宗慰、费成武、黄养辉、张安治、沈逸仁等人的作品做了详细、诚挚的评述，徐悲鸿认为文章写得认真、准确，受到了大家的好评。

一九四五年抗战胜利，陈之佛虚年五十岁，在重庆的老友为他举行寿宴，徐悲鸿带了自己的一件画作前往祝寿。他画的题目是"八百遐龄"，画上一株翠柏葱郁挺拔，其间的八只八哥儿，或伫立枝头，或相戏追逐，画面洋溢着欣欣向荣、生机勃勃之意。徐悲鸿在画上题道："雪翁先生五十寿，弟悲鸿写贺，重庆嘉陵江上盘溪。"寿宴设有册页，供艺术家们当场作画、题字于其上以作留念。徐悲鸿在册页上又画了一幅昂首奔腾的骏马，题"之佛先生'五十寿，乙酉夏　悲鸿'"。册页封面也由徐悲鸿题签，书"日之方中"四字，后题"雪翁先生五十纪念册　悲鸿题"。八哥儿画作题"八百遐龄"、册页题"日之方中"，都寓有吉祥、美好之意，他希望自己的朋友健康长寿，事业发达。此时，徐悲鸿与原配蒋碧薇已分居八年之久，中间坎坷碰撞，使他精神上受到了影响，大病了一场。为陈之佛祝寿的画作以及题写册页，都是他刚刚病愈不久拖着虚弱的身体完成的，由此可见，二人之间的关系非同一般。

抗战胜利后第二年的暑假，陈之佛全家随中央大学东归迁回南京，又住进了成贤街七十四号中贤村的教授宿舍。徐悲鸿则于这年春天被任命为北平艺专校长，五月下旬回到了南京，因为长途跋涉的劳顿，徐悲鸿住进了南京第一医院。病愈后，由宁赴沪，八月初到达北平接收艺专。陈之佛因忙于中央大学教务和创作，

⊙徐悲鸿送给陈之佛的画

未能与徐悲鸿谋面，但两人的心还是相通的。一天，徐悲鸿的女儿丽丽来到陈家，说是近日要到解放区去，特来向陈伯伯辞别。原来丽丽经常与进步组织接触，要求进步之心甚为坚决，陈之佛听说后，觉得丽丽一个女孩家要只身闯过国统区防线未免太危险，有些不放心。当听说丽丽已经通过有关人员进行了安排和联络，并有人结伴而行，这才落下了心里的一块石头，并谆谆嘱咐丽丽说："你有这样坚强的意志和信心，值得称赞、佩服，但出行时一定要注意安全，一切要小心谨慎，祝你早日进入解放区。"不久，北平解放，陈之佛的老友刘树勋之子从北平回到南京，向陈之佛详细转述了北平解放后的情形，并告知徐悲鸿仍留在北平艺专任校长，还带信给陈之佛，希望他能去艺专任教。当时正是解放战争的关键时期，因交通不便，陈之佛无法成行。

陈之佛这时在南京积极参加文艺界的各项活动，还被任命为联合国教科文组织中国委员会委员兼艺术组的专门委员，同时兼任上海铁路局与南京邮电总局的艺术顾问。陈之佛尽管兼职很多，事务繁忙，但出于一颗爱国之心，总是把担负的工作认真做好，从不奴颜婢膝、阿谀奉承获取荣华富贵，更不愿谋取个人私利，这使得他在美术界和社会上的声望越来越高。

一九四九年三月二十五日是美术节，此时南京解放在即，已是中央大学艺术系代理主任的陈之佛，在系里召开的庆祝大会上，心情激动，慷慨陈词，表明对美好时日到来的向往与期盼。他说："阴霾吹散，光明快要到来，我们是以愉快与兴奋的心情来纪念这个节日的……"回到家里，陈之佛激动的心情还是不能平静下来，随手在一张梅花草图上写道："平生多傲骨，不畏霜雪加，若得知音至，随开满树花……"

徐悲鸿真诚相助

一九四九年四月二十四日，人民解放军"百万雄师过大江"，隆隆炮声中，古城南京回到了人民的怀抱。陈之佛和所有沐浴在幸福阳光下的人们一样处处感到新鲜、美好。当看到自己读初中的两个孩子在家里扭秧歌时，他也跟着扭起来。夫人胡筠华在一旁呵呵笑道："老先生，你返老还童啦！"来到了新社会，因为喜悦之情是从内心发出的，所以他感到自己也变得年轻了。

陈之佛的次子陈家玄在南京中央大学附中读高中，要去报名参军，陈之佛虽然舍不得，考虑到这是儿子自己做出的选择，鼓励他说："我们支持你，到了部队好好干，要做好思想准备，不要怕苦怕累。"陈家玄入伍随二野到了浙江金华一带，父子常常书信往来，陈之佛对儿子取得的每一点进步都及时给予鼓励。留在家里的幼女、幼子参加了街头宣传队，常常去宣传新中国成立后的新南京，一时间笑声、腰鼓声不断从陈家传出，陈之佛掩盖不住内心的高兴，决心把精力都用在为新中国培养更多的人才上面，认真做好自己挚爱的教学工作。

哪知道，昨天还是"春光烂漫"，今朝却是"匆匆春又归去"，一层阴影在陈之佛的家中弥漫开来。原来，一个莫须有的罪名扣到了他的头上。人民政府接管南京后，对教育部门要进行整顿，从中央大学（新中国成立后改为南京大学）传出来一条消息，艺术系的陈之佛、傅抱石、秦宣夫三位老教授不予聘用。不聘用陈之佛是因为以前他参加过国民党组织的"戡乱委员会"，并且还是"委员"，这是反革命行为！陈之佛一家没有笑声了，随之而来的是焦虑、烦躁和不安。陈之佛找到军代表，向他说明情况，但是有人却说："《中央日报》上明明印着你的名字，这怎么解释！"后来陈之佛又多次找军代表，还提供了可以调查的证明人。可是调查结果不仅发不下来，有人还在旁边煽风点火，说他问题严重，要他赶快去坦白。还有人说把他担任的课程都精简掉。陈之佛说："我就不信问题得不到澄清。没有工作做，就是摆香烟摊子也要把问题弄清楚。"这时，他想到了老友徐悲鸿。

此时徐悲鸿正作为我国出席世界拥护和平大会的代表，在捷克首都布拉格参加会议，回到北京看到老友陈之佛写给自己的蒙冤信函，立即回信道："之佛吾兄：手教及附件诵悉，可谓冤枉！弟已为同仁及足下附件，托金女大教授陈中凡先生面致文化工作委员会（以下简称文委会）主任徐平羽先生，请为查明处理，当有结果也。百忙又病，不多述，歉甚，静候佳音。合府均此。弟悲鸿，静文。八月九日。"陈之佛蒙冤之际，许多人特别是有些老朋友，见了他多是避而远之，生怕连累自己，当然，更多的是一些对他深知的老朋友，常常来家安慰，为之打抱不平。读了徐悲鸿百忙中的来信，陈之佛感慨万千，仰天叹道："知我者，悲鸿也！"不久，在徐悲鸿及有关朋友的关心下，所谓"戡乱委员会"问题很快得以澄清。南京军管会文化教育委员会送来了聘书："兹聘请陈之佛先生为国立中央大学师范学院艺

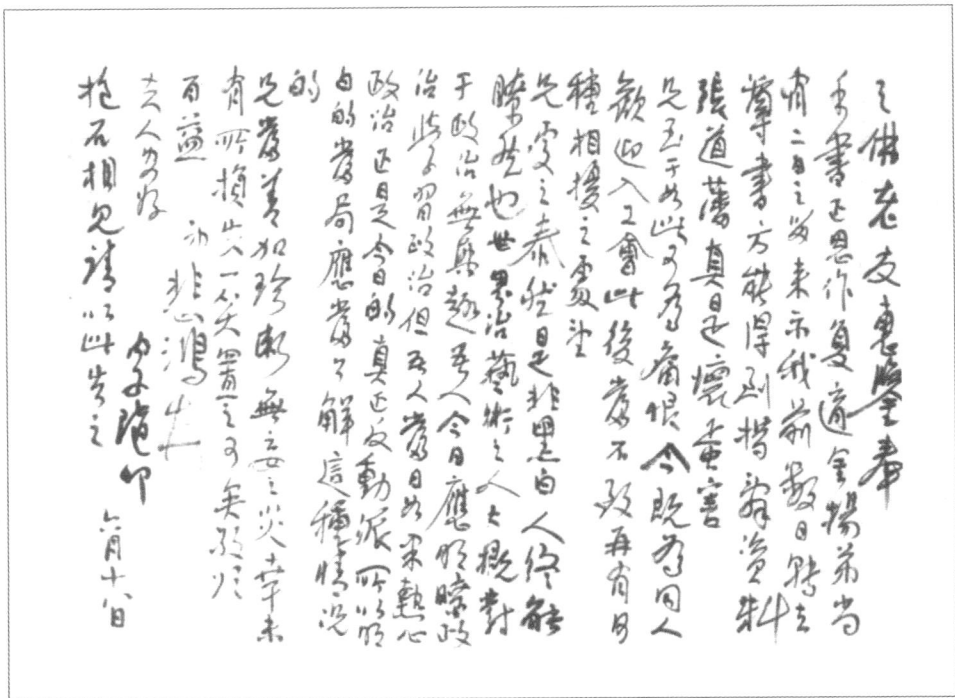

⊙徐悲鸿写给陈之佛的信

术系教授，此聘。主任：徐平羽，副主任：王明远、任崇高。"接着，南京市市长刘伯承、副市长柯庆施、张霖之又聘请陈之佛为文物保管委员会主任，二野政治大学直属文艺新闻大队聘请他为色彩学、图案学教授。学校还批准他参加了工会、中苏友协等组织。激动之余，陈之佛又把笔致函老友徐悲鸿说明当时的情况。徐悲鸿看了信，为老友冤案得以澄清欣喜万分，立即致书道："……张道藩真是坏蛋！害兄至于此，可为痛恨！今既为同仁欢迎加入工会，此后当不致再有何种相扰之处，望兄处之泰然，是非黑白，人均能了然也。"又语重心长地说，"世界治艺之人，大概对政治无兴趣。吾人今日应明了政治、学习政治，但吾人当日如果热心政治，正是今日的真正反动派，所以明白当局，应当了解这种情况。兄当善加珍微，无妄之灾，幸未有所损失，一笑置之可矣。"

一九五三年九月，陈之佛去北京参加全国文艺工作者第二次代表大会。此时他与徐悲鸿足足七年没见面了，便立即前去拜望。徐悲鸿带他参观了中央美院，然后又邀他一起同游颐和园。两人一边远眺万寿山的景色，一边欣赏长廊里的彩画，叙不尽几年来的离别之情。九月二十三日大会开幕，二人一起聆听了周总理的报告。不料，次日凌晨徐悲鸿因脑出血住进了医院，二十六日即撒手人寰。陈之佛闻讯后，顿时失声痛哭，没想到一九三〇年就在一起共事的老友，七年未见，今天见了竟成永诀！参加过徐悲鸿的公祭大会后，带着心中久久不能平复的哀伤，陈之佛回到了南京。

南京结识傅抱石

从一九三三年秋天到一九六二年春，陈之佛与傅抱石相交二十九年。傅抱石回忆说："近三十年的相处不能说是一个短时间。就我们两个人说，陈老虽然大我几岁，而大致可以说是从青壮年时代相识直到不知老之已至。"陈、傅二人是怎么相识的呢？

一九三二年徐悲鸿在南昌与傅抱石结识后，推荐他到日本留学。次年秋天，傅抱石到南京办理出国手续，行前，到徐悲鸿的住处拜望。这时的陈之佛已在南京中央大学执教，与徐悲鸿同住在丹凤街中央大学宿舍，徐悲鸿住楼上，陈之佛住楼下，两家相处甚好。徐悲鸿设宴款待傅抱石，请陈之佛作陪，傅抱石听说一起共饮的是陈之佛，相见时高兴地对他说："我早就知道你的大名了！你当年出版的《图案

⊙陈之佛（前排居中）与傅抱石（前排左三）等人合影

法 ABC》是我十分喜欢的读物。还有你为上海商务印书馆的《东方杂志》《小说月刊》《文学》等刊物设计的封面典雅大方，独具风格，我也很喜欢，大家都说你是图案家啊！"陈之佛连连摆手："哪里哪里，老弟过奖了！"接着，陈之佛又向傅抱石介绍了自己当年在日本留学的情况。这次会面，陈之佛的谦恭、和蔼给傅抱石留下了深刻的印象。两年后，傅抱石回国，到中央大学艺术科任教，从此两人开始一起共事。

抗日战争全面爆发后，陈之佛几经辗转到了重庆，仍在中央大学教书。傅抱石则于一九三八年四月随当时国共合作的政治部第三厅（厅长郭沫若，傅抱石是郭沫若的秘书。以下简称三厅）到达重庆。皖南事变后，三厅解散改成"文委会"，傅抱石回到中央大学艺术科任教，又与陈之佛一起共事了。陈之佛住在沙坪坝的正街，寓所取名"流憩庐"，他一边教书，一边画起工笔花鸟来。傅抱石住在南郊歌乐山的金刚坡下，寓所取名"抱石山斋"，也是一边教书，一边精心创作书画。陈之佛家常有客人来访，傅抱石是其中之一，每周必来一次，总是带上自己的画作与陈之佛一起切磋，陈之佛总是诚恳地给傅抱石提出意见和建议。当时，山水画家傅抱青也常来陈家请教，有时与傅抱石相遇，于是三人在一起谈艺论画，颇能谈得来。有人以为"二傅"是兄弟，其实两人原来并不认识，后来傅抱青改名傅狷夫，去了美国。

为了展示自己多年潜心工笔花鸟画创作的成果，陈之佛于一九四二年三月在重庆夫子池励志社举办"陈之佛国画个展"。展出前，傅抱石在陈之佛的一幅《梅雀图》上题写五言长诗一首，以蝇头小楷书之，劲健有力。全诗从评价纷繁多姿的花鸟画入手，叙及陈之佛的画作时，说他是继八大山人、恽寿平等人三百年之后的花鸟大家。诗文写得流畅上口，委婉跌宕，意趣盎然，体现了傅抱石的才识和学养，现将全诗抄录如下，与读者共赏：

花鸟至今日，纷纷多径蹊。漫狂称八大，刻画许云溪。雪翁逞遐想，落笔世所稀。既擅后蜀意，复具南唐奇。展此梅花图，白赭两相施。疏斜含余韵，仿佛烟云姿。能使笔头憨，又使笔头痴。雪个已矣瓯香死，三百年来或在斯。辛巳冬十二月朔后三日，抱石为雪翁率题，意有未已也。

为了便于读者理解傅诗，现把这首诗阐释如下：现今的花鸟画式样繁多，各有各的创作路径。八大山人的狂放不羁、恽寿平的没骨工笔，都很有特色。而雪翁（之佛）带有联想丰富的构思创作，体现在画面上的作品就觉得是世间少有了，他既擅长后蜀黄荃的富丽，又具有南唐徐熙的野逸。他的这幅梅花图，用白色和赭石两色绘制，画上的梅花既有疏斜蕴含的韵味，又有烟云卷舒般的变化美姿。憨实凝重的笔触、如醉如痴的意境，是雪翁挥洒自如的特色。如今花鸟大家雪个（八大山人）、恽寿平（画馆名瓯香）都不在了，三百年后的花鸟大家或许就是陈之佛了。

接着，傅抱石又专门撰写《读雪翁花鸟画》一文，在当时重庆《时事新报》的副刊《学灯》上发表，文中说："雪翁是我国学图案的前辈，于花鸟画亦极虑专精，垂十余年……他的画有丰富的情感和紧劲的笔墨，于是浓郁的彩色遂反足构成甚为难得的画面。原来勾勒花鸟好似青绿山水，是不多见好的，若不能握得某种要素，便十九失之板细，无复可令人流连之处。这一点，雪翁借他的修养，能有把握地予以克服……"这些话，说明傅抱石对陈之佛的花鸟创作的关注非止一日，经过长期缜密的观察，才能写出这些准确而精到的评价。

陈之佛当年办画展，既是展示自己多年来潜心努力作画的成果，也是缓解当时生活拮据的需要。傅抱石在一篇文章中回忆说："雪翁虽然是图案专家，但当年

⊙《寒梅雪鹰》（陈之佛作）

在中央大学教授图案，是'兼任'老师，'兼任'和'专任'有区别，'兼任'老师每年的二月、八月不发薪水。后来到了重庆，国统区的'教授'成了'教瘦'，要靠自己想办法弄饱肚皮。我和陈老一家老小在四川，陈老不得不重新画起花鸟画来补贴家用。他于一九四二年第一次办个人画展，作品被定购一空，换了不少'法币'，才算解了燃眉之急。"

画印情怀

抗战时期，陈之佛与傅抱石是相处比较密切的挚友。

为生活计，在陈之佛办过个人画展后不久，傅抱石也"急起直追"，一边拼命作画，一边向陈之佛借钱装裱，在陈之佛办画展的同一地点也办了画展，结果大获成功，收入所得使之渡过了生活难关。展览期间，陈之佛常去参观，因对傅抱石的绘画艺术极其喜爱，便购得多幅收藏，如《洗砚图》《送苦瓜和尚南返》等，而其中一幅根据郭沫若诗意创作的长条青绿山水尤为珍贵，画面是山峦叠翠间，一舟行于江上，气势恢宏，诗意浓郁。右上角傅抱石以篆书题"壬午春蜀中写，抱石"。一九三八年武汉失守，郭沫若率三厅同仁至桂林，与大家一起同游阳朔。抵重庆后，郭沫若有《记游诗》一首赠给傅抱石，傅抱石根据郭沫若的诗意，遂画此图。画的左中上侧傅抱石把郭沫若的原诗抄录后，又作了题跋。郭沫若的诗是："临流扣楫且高歌，拔地群山奈尔何？白马嘶风弄碧荷，青螺负角压长河。芋台斗酒奚辞醉，宣室从潭不厌多。暂把烽烟遣物外，兹逛我足傲东坡。"傅抱石的跋文是："己卯中夏抵山城未久，沫若先生写戊寅逛阳朔即滕予，不啻为此图发也，寒食日，抱石记。"陈之佛喜欢这幅画作的原因有二：一是郭沫若记述当年游阳朔的事情，有历史意义；二是傅抱石变法之后，少有青绿山水之作，此帧工而且细，更有珍藏价值，所以购买。陈之佛买后立即将此画装裱保存起来。

陈之佛不仅喜欢傅抱石的画，对傅抱石的篆刻也极为推崇。他知道，傅抱石早年不是因画而闻名于世，而是因篆刻而得名。傅抱石童年在南昌"新喻会馆"读私塾时，常常在裱画店、刻字摊流连忘返。及长，他从实践中研习各种刀法，且对篆刻理论苦心研究，曾经著有《摹印学》《刻印概论》《中国篆刻史述略》等。

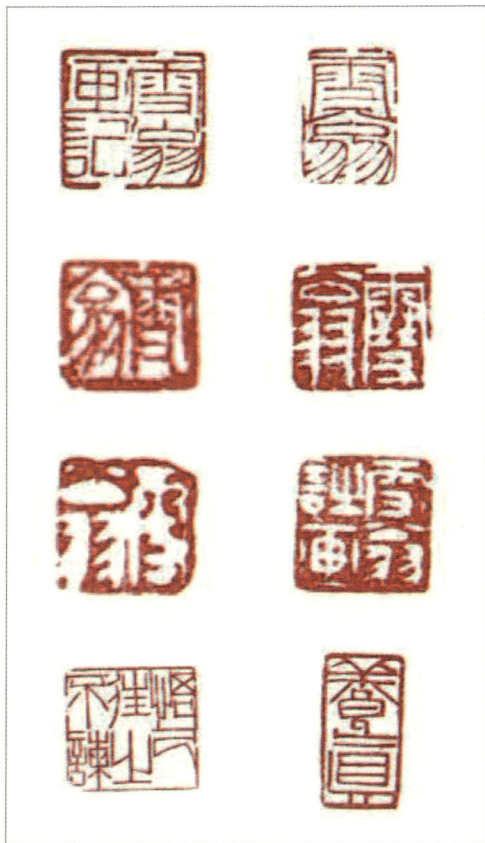
⊙ 傅抱石为陈之佛所治印文

傅抱石因治印有自己的特色和风格，常常有人请其奏刀。他为陈之佛治印共八方，是为朋友治印中较多的一位。这八方印，都是自篆自刻，大多作于抗战时期。八方印的具体情况如下：第一方"雪翁画记"，为朱文印，方形，印纽为荷叶浮雕，款识："之佛兄正刻，抱石"；第二方"雪翁"，为朱文印，长方形石印，印纽为山羊，款识："雪翁属，抱石刊"；第三方"雪翁"，为朱文印，方形石印，款识："抱石"；第四方"雪翁"，为白文印，方形石印，印纽为兔，款识："之佛兄正，抱石"；第五方"雪翁"，为白文印，方形石印，印纽为象，款识："抱石"；第六方"雪翁诗画"，为白文印，方形石印，

印纽为狮，款识："之佛兄正刊，抱石"；第七方"悟已往之不谏"，为朱文印，方形石印，印纽为双羊浮雕，无款；第八方"养真"，为朱文印，长方形石印，印纽为双羊浮雕，款识："抱石"。陈之佛对傅抱石刻的这些印章特别喜爱，抗战时期和抗战胜利后到达南京，陈之佛的许多重要作品用的都是傅抱石刻的印章，比如《梅雀》《梅花宿鸟》《寒汀孤雁》《飞鸟迎春》《蕉荫双鹅》《秋江双雁》《芦花双雁》等，最少印一方，多则两三方。

这里说一说傅抱石为陈之佛刻的闲章"悟已往之不谏"的有关背景。这是东晋大诗人陶渊明《归去来兮辞》里面的话，下一句是"知来者之可追"。两句连起来的意思是："我已深知过去的不可挽回，而未来的还可以弥补。"这方闲章主要指的是陈之佛出任国立艺专校长一职。当初出任时，陈、傅二人反复商量过。按

照当时的情况，二人都知这是要陷陈之佛于水火。陈之佛觉得既然国民党当局对提出的三个条件都答应了，不妨一试。按照傅抱石的想法，是不去赴任，不然他就不帮助陈之佛提出三个条件去为难国民党当局了。出任校长，肯定是错了。傅抱石在后来的回忆文章中这样说："抗战开始，我和陈老都到了重庆。一九四二年，国民党反动派硬拉陈老做'国立艺专'校长。陈老明知这等于驱他下火坑，然而，知识分子那点主观主义的所谓'抱负'又引起我们一线的幻想。于是终于上了大当。陈老精神上，这一阶段是一生最痛苦的阶段。"这里"又引起我们一线的幻想"的"我们"，说明当时出任校长一事，陈、傅是一起商量的。后来陈之佛赴任，傅抱石也跟着一起去了，而且做了校长的秘书，他的主要职责是办理有关行政事务，当然也还要兼课。后来三个条件有两个重要的（主要是拨给经费）都石沉大海，陈之佛白白辛苦一场不说还欠了一屁股债，这才知道被骗了，于是连续六次辞职才予准许。静下心来，"悟已往之不谏"的感触自然会袭上心头，傅抱石给陈之佛刻的这方闲章，应该说是把当时陈之佛的心境十分准确、深刻地表现出来了。

傅抱石为雪翁造像

一九四五年九月，重庆。长夏渐消，金秋临近。日寇投降过去了一个月，山城重庆依然沉浸在欢呼沸腾的气氛之中，声势有增无减。这天，位于沙坪坝的金刚饭店，人来人往，热闹异常，在渝的著名艺术家们聚集在这里，正在为德高望重的美术教育家、著名工笔画家陈之佛祝寿。他这年五十岁。

名声赫赫的徐悲鸿、吕凤子携带自己的书画作品作为寿礼来到了大厅。陈树人、黄君璧、赵少昂、张安治等名家也来了。和陈之佛交往较多的傅抱石落座后，便把自己的一幅画作展示出来。这是他为好友雪翁画的一幅肖像。傅抱石是山水大家，他的名声已在山城人尽皆知。他平时画古装人物，特别以屈子之赋为题材的人物更是为人称道，画现代人物并不多见，为朋友造像更是未曾有闻。为了表达对老友的诚挚感情，傅抱石决心画一幅雪翁的全身像。画笔落在夹宣上，尺幅为一百三十六厘米乘以四十厘米，即四尺整纸。画面是这样安排的：雪翁着长衫，立在青松之下。构图虽然直白，但用笔、点景、表现人物内心世界的感情，却是丰富多彩。先说面部，头发、胡须用写意之法，眉、眼、鼻、面部轮廓，全以工笔为之。传神的是雪翁的那双不卑不亢凝神远望的眼睛，把陈之佛内心喜、怒、哀、乐的情感和儒雅气质表现得神完气足。五十年的沧桑岁月，那凝重的眼神可以说明一切。傅抱石用线描出陈之佛的中式长衫，然后以花青加墨平涂，这是雪翁平时常穿的衣服，符合生活的真实性。

傅抱石把陈之佛画于松树之前，旁有红梅自乱石中伸出，横陈膝下，一层青竹点在陈之佛身后的左侧，以松、竹、梅、石作为人物的衬景，说明傅抱石对陈之佛的秉性、绘画技法、构想理解透彻。傅抱石把陈之佛身后的松树画得郁郁葱

《陈之佛造像》（傅抱石作）

葱，挺拔伟岸，画树而不圈皮，用散笔直写松之枝干、松叶，深浅互为，再加墨点，更显生动，以此引喻陈之佛刚正而谦恭的性格。松树是陈之佛常画的重要题材，他认为松树苍老劲拔，一年四季常青，寿至千年，寒冬时仍然傲然屹立，为"岁寒三友"之首。傅抱石画陈之佛身后的几点青竹虽着墨不多，却是劲节萧疏，淡雅有致，因陈之佛体味到竹的虚怀若谷和高风亮节，所以也常常以竹入画。至于梅，傅抱石以秃笔画出陈之佛膝下的梅的俏拔坚劲之态，别有一番韵味，以此引喻陈之佛的孤高散淡性格。尽管陈之佛平时为人低调，不事张扬，但他的真诚品格却如寒梅一样，香气四溢。傅抱石画陈之佛足下的乱石，用笔恣肆，气势恢宏，暗喻陈之佛心胸宽阔，大方沉稳，不为外物所动。石也是陈之佛常画的题材，屡屡写之。

在用色上，傅抱石仅用赭石、花青、胭脂三色（面部肉色系调配而成），以墨中有色、色中有墨、墨色互溶为特色，使得画面上人物大气磅礴，震人心魄。

在画面的左上方空白处，傅抱石的落款题跋也颇具匠心。落款是他自撰的四言韵语，以小篆书之，原诗是："心即是佛，佛即是心；寄生吾党，乃掬之英；弊徒晋宋，遑论元明；而今而后，北斗是尊。"全诗三十二字，分三列，书写时以细线压好格子，以示慎重之至。诗的大意是，陈先生一心与人为善，是国家的杰出人才，他在艺术上不走前人老路，按照自己认定的方向走下去，一定会大获成功。诗后的跋语是："之佛道兄五十初度，适占日本降后，普天同庆，中怀欢忭，敬此为寿。三十四年八月十三日，同聚重庆。弟傅抱石金刚坡下山斋并记。"

跋语共五十一字，分两列以蝇头小楷书之，书写规整而精到。款和跋，应该是傅抱石书法之精品。跋语中"之佛"二字略大，高于其他小字，表示对雪翁的尊重。全画共钤印四方，系傅抱石自篆自刻。跋后钤印两方，上为圆形，朱文印"傅"字；下为方形，白文印"抱石大利"；右侧钤长方形，朱文印"乙酉"，此为年号印；右下角钤一闲章，为方形朱文印"其命维新"，表明自己和陈之佛在绘画艺术上的使命，在创作的道路上不断前行。

傅抱石为雪翁造像的时间是一九四五年，距今已有数十载，其间经历过战争等各种浩劫，世事沧桑，斗转星移，整个中国发生了天翻地覆的变化，而这幅珍宝由陈氏后人能够珍藏到现在，实属不易。据说，陈、傅二人辞世后，家人在南京的雨花台望江矶为他们选了墓地。孰料，"文革"风暴骤起，陈、傅二人的墓地厄运临头，被砸得一塌糊涂，如果不是陈之佛后人将画像保护生命一样地保护起来，此画就早已化为齑粉了。这真是不幸中之万幸。

爱才的贤德长者

　　二〇〇六年九月十四日是陈之佛一百一十周年诞辰。为了纪念这位德高望重的人民教育家、工笔花鸟画大师，江苏省决定举办多项纪念活动。陈之佛的女儿陈修范、女婿李有光夫妇在编辑父亲的全集时，面对一件陈之佛于一九四六年亲笔抄写的学生答卷，踌躇起来。之佛先生一九六二年病逝前一直没能将此事告诉家人。这份答卷和他的手稿完全可以入选，但是至今不知道答卷人为谁，疑团一直在夫妇二人心中存着。

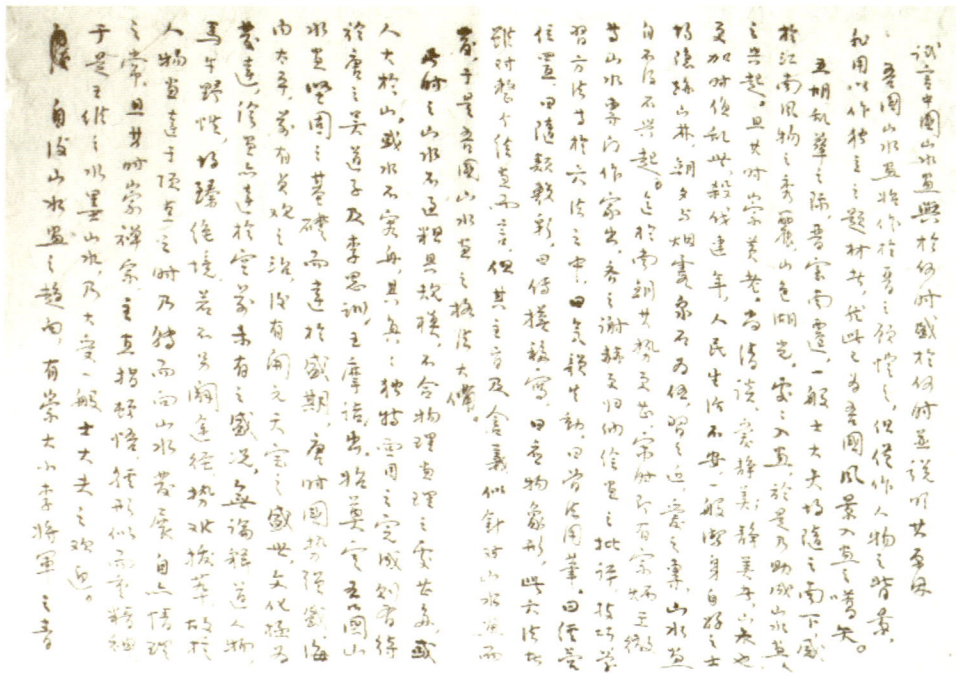

⊙陈之佛手抄吴冠中答卷

抗战胜利后，国民政府教育部决定选拔出国留学生，在南京、上海、广州、昆明、武汉、西安、重庆、北平、沈阳九大城市设立考区。考试学科有文、理、工、农、哲学、法律、音乐、绘画等，录取人数一百多名。每科选定一至五名，绘画科招两名。抗战期间，出国留学业务停止，因此应试者人数众多，竞争尤为激烈。陈之佛被教育部聘为"三五年度公、自费留学生考试阅卷委员"。考试委员会委托陈之佛、徐悲鸿、汪日章三人出美术方面的试题。陈之佛负责出公费生美术史、艺用解剖学和自费生美术史三项试题。他出的试卷涉及中西美术史，难度较大。题目由两部分组成：一、试言中国山水画兴于何时盛于何时，并说明其原因；二、意大利文艺复兴对后世美术有何影响。答题者不仅要有中西美术史知识，而且要有独特的个人见解。试毕，全国的试卷集中在南京、上海两地阅评。此时的陈之佛已随中央大学迁回到了南京。

陈之佛在阅评时发现了一份令他非常满意的答卷。答卷共计四张、一千七百余字，通篇用文言文，主题集中，脉络清晰，语言生动，环环紧扣，特别是文中不拘一格评古论今的气势和气度，令人击节。陈之佛不仅给了这份答卷最高分，还当场用毛笔一字一句抄录下来，尔后注明："三五年官费留学考试美术史最优试卷。"

当时的答卷是密封的。答卷人究竟是谁？如今安在？是在异国他乡，还是在中华大地？陈修范、李有光夫妇二人从之佛先生过世后，就积极寻访当年的答卷人，一直杳无音信。到二〇〇六年，答卷整整保存了六十年。此时的陈修范、李有光已是七十开外的老人，迷茫中，两位老人总觉得答卷人一定能找到。然而，静下心来细想，又觉得遥遥无期……

事有巧合。二〇〇六年一月十五日，李有光先生的三舅父方君默先生忽然写来了一封信。这位创作颇丰的安徽作家，也时时关心陈修范、李有光夫妇寻访当年答卷人的事。一次，方君默先生在华夏出版社出版的《吴冠中集》里看到一篇文章，写的是回忆恩师陈之佛的往事，其中就提到吴冠中于一九四六年参加出国留学的考试时，陈之佛先生给他的试卷打了最高分。方先生把这篇文章复印下来，立即随信一起寄给了李有光夫妇。夫妇二人读了信和复印文章后，喜出望外。吴冠中文中说他一九四六年参加出国留学考试，一九四六年就是民国三十五年。文中又说陈之佛给他的试卷打了最高分，而陈之佛手抄答卷后面注有"美术史最优试卷"字样，因此，便断定这份答卷的作者是当今赫赫有名的大画家吴冠中。激动之余，两人立即秉笔疾书，致信吴冠中。

夫妇二人在信中写道："我们是陈之佛先生的女儿陈修范和女婿李有光。先生一九四六年留学考试的美术史试卷，父亲当年亲自手抄下来，并在后面注明'三五年官费留学考试美术史最优试卷'字样。父亲病逝后，我们一直把他这份手抄试卷和他的文稿珍藏在一起，但一直不知答卷人是谁。答卷写得很有见地，很精彩，今天看到大作回忆父亲的文章，这才知道当年最优秀试卷的作者一定是先生了。从试卷问世到现在已是整整六十年，如今找到了答案，这真是缘分啊！今年是父亲一百一十周年诞辰，省里要举办纪念活动，我们正在编辑父亲的全集，要把这份答卷选进去。如果先生需要，我们复印给你。父亲于一九六二年病逝，现在安葬在南京西天墓园，我们每年清明节携子女前去祭奠……"

吴冠中接到陈、李信后，也是欣喜异常。因他在回忆陈之佛的文章的末尾有这样的两句话，"雪翁今在何处？我们（与夫人朱碧琴）也已成白头夫妇了"，说明他也在时时关注老师的信息。不过，他总是把心思用在精心创作上，没有刻意寻访老师，到了暮年，思念老师的心情更加迫切，所以才有了上面的话。当得知陈之佛先生已经过世并知道当年答卷一事，时已八十七岁高龄的吴冠中先生立即回信告知，之佛先生当年手抄的这份答卷的作者，就是他本人，并随信寄上他的著作——《吴冠中集》《画外文思》《我负丹青》。

不久，吴先生在《文汇报》著文《怀念陈之佛老师》，以深沉的笔触、生动的语言，回忆了他与陈之佛先生的诚挚友谊。

与吴冠中

　　吴冠中二十世纪三十年代初学习美术时，就读过陈之佛的图案构成、艺术概论、美术史等方面的著作，对他的学识、人品颇为景仰。考上杭州艺专后，才知道在中央大学执教的陈之佛还是一位颇有特色的工笔花鸟画家。因为陈之佛执教甚忙，吴冠中也在紧张读书，二人无缘相聚。

　　一九四二年，吴冠中在国立艺专就要毕业的时候，校长吕凤子认为他的基本功扎实，绘画个性鲜明并富于创新意识，对他很有好感，决定把他留在艺专任助教。当时正是抗战时期，政府腐败，民不聊生，想找一份工作相当困难。现在吕校长留他在学校任教，吴冠中心中甚为感激。

　　到了暑假，事情发生了变化，吕凤子因为多方原因，决定辞去校长之职。去职之前，他找到吴冠中，说是接任国立艺专校长的是中央大学教授陈之佛，他写了一封信给吴冠中转交陈之佛，仍然推荐他留校任教。拿着吕凤子的信，吴冠中找到位于沙坪坝的陈之佛家。陈之佛看了吴冠中的信，笑容满面，亲切地对吴冠中说："既然有吕校长的推荐，我也同意你留校。我也是刚到，咱们一起为办好艺专努力吧！"望着这位身材不高但风度儒雅的学者，听着他那亲切的话语，第一次见面，吴冠中就对这位校长有了好感。表达内心的诚挚谢意之后，吴冠中便离开了沙坪坝。

　　不久，吴冠中又接到了重庆大学建筑系助教的聘书。重庆大学与中央大学比邻。为了继续深造，吴冠中决定到中央大学旁听法文及文史课，这样，国立艺专的助教就不能再做了。他又来到陈家，说明事情原委，并对陈校长的聘任深表谢意。陈之佛说："尊重你的选择，只要学有所成，成为有用之才，怎么做都可以。"

陈之佛的宽容大度给吴冠中留下了终生难忘的印象。

重庆大学的助教宿舍就在沙坪坝，因与陈之佛住得很近，每逢假期，吴冠中便到陈家拜望，经常受到他为人从艺的谆谆教诲。

抗战胜利后，当时的教育部要派出留学生，吴冠中决定报考。一九四六年的暑假他来到设在重庆沙坪坝南开中学的考场应试。十一月发榜，吴冠中怀着急切的心情等待着，成绩出来发现榜上有自己的名字，激动得难以自己。绘画系公费留学的名额只有两个，而自己能为其一，说明没有白费苦功。录取后，便与恋人朱碧琴到南京暂住，等候出国。

此时，陈之佛全家已随中央大学迁回南京，仍然住在中大的宿舍。一天，吴冠中赶到陈家，向恩师报告考取公费留学的喜讯。陈之佛连忙高兴地问他美术史的答卷情况，吴冠中立即背诵几段自己撰写的论文内容，陈之佛大喜道："不仅美术史的题目是我出的，而且我还是美术史的评卷者，其中有一份答卷我认为是最佳的，便给了他九十几分，听你刚才背诵的几段文字，原来这份最佳美术史答卷就是你的呀！"吴冠中连连点头，对恩师的褒奖更是心存感激，激动得泪花盈盈。

过了一些时日，经过一番筹备，吴冠中决定与朱碧琴在南京成婚，他觉得最理想的证婚人应该是恩师陈之佛，于是便登门相邀。陈之佛听说喜讯后，不仅满口答应，还给他们画了一幅工笔《茶花小鸟》相赠。

⊙陈之佛在吴冠中夫妻的婚礼上

日月如梭。过了几十年之后，吴冠中收到了陈之佛女儿陈修范、女婿李有光的信。他不仅热情回信说自己就是当年的答卷者，还深情地回忆了与恩师的交往逸事。信中说："当年恩师为我们画的《茶花小鸟》，画雅而藏艳，极美，我珍藏至今，犹鲜如近作……
一个甲子转回来，我
看到了六十年前年轻
的我，道是无情却
有情，历史这面镜
子恩赐我一次超常的
窥视……"回信中还
说，他的夫人朱碧琴
当年在重庆红庙小学
执教时，陈修范就是
她的学生……陈修范、李有光夫妇更是激动和惊喜。

⊙陈之佛送给吴冠中夫妇的《茶花小鸟》

对于陈之佛的画作，吴冠中在一篇文章中说，先前他对于工笔画并不重视，觉得精力都用在"工细"上，离艺术愈来愈远。然而，看了陈之佛的画后，才感觉到原来先生的工笔画"却具写意的情趣，画面品味多样：纷繁飘荡的柳叶，秋风吹拂的芦花，修竹挺立，禽鸟聚散，乱荷穿插……他的作品繁中求动，有异于一般工笔画专注于物象的描摹刻画……"他分析陈之佛的表现手法时又说："他用大弧线、直线、曲线、折线，块面对照，线面之撞击与拥抱展拓了表现意境……"还说，他每次在人民大会堂江苏厅大门口看到陈老的《松龄鹤寿》苏绣复制品，总要多次徘徊、观摩……足见这位学生对之佛先生的作品是何等钟爱了！

春江水暖
一九六〇年春 之佛

和弟子们

　　陈之佛终生从事教育事业，年复一年，培养出来的学生一茬又一茬，桃李满天下，其中名声佼佼、冠盖华夏者有之，默默从事美术教育工作者亦有之。

　　著名画家张光宾是雪翁执掌国立艺专时的学生，每每忆及恩师，总会说老师待人诚恳谦和，平易近人，凡是接近他的人，都会感受到他的仁厚慈蔼，如沐春风之中。跟他学画的人，也都为他敬谨弘毅的治学精神所感动。张光宾在努力求学时，常常随同学一起到沙坪坝看老师在寓所作画。通过学习和揣摩，他深深体

⊙陈之佛指导弟子们合作《百鸟朝凤》

179

味出雪翁画作的三个特色。一是创作严谨，无一处不见生动自然，无一处不见功力。他反对浮华取巧，讲究在传统基础上下功夫，但又不要做古人的奴隶，坠入摹古的老套。二是画作傅彩清丽，典雅俊逸。雪翁认为要使一幅画令人一见顿觉心神愉悦，就需要以高度的艺术手法和精神修养去认真创作。他以数十年从事工艺美术创作的经验及对古人作画设色的充分体认，结合他精练细致的手法，出手的作品总是清新典雅，俊逸华滋。三是胸怀高洁，寓意梅雪。雪翁胸怀坦荡，淳朴雅洁，托物自喻，画梅画雪笔墨灵秀，幽雅绝伦。

学生朱朴存回忆说，抗战胜利前夕，陈先生知道他要在成都举办画展时，不仅高兴地予以鼓励，还抽出时间检看他的作品，然后提出自己的看法——哪些可以展出，哪些还需要再加工、创作，娓娓道来、和蔼可亲。看到画中的佳作，陈先生便在画上题词予以提携。陈先生还做了他画展的发起人。朱朴存深情地回忆说，他手里至今还有雪翁当年在他的一幅《鹌鹑图》上的题字，每每看到先生秀丽的字迹，眼前就会浮现出先生慈祥的面容。

后来在上海做出版工作的学生叶文熹回忆起抗战时期参加国立艺专考试的经过，更是按捺不住心头的激动。他一九四二年从河北保定老家逃亡到了四川，委托同学帮他报考国立艺专。他到沙坪坝的时候，文化科目考试正在进行中，但是准考证还在同学那里，又不能补考，叶文熹急了，给艺专老师解释说，父亲不许他考艺专，说学美术将来要饿肚子，但母亲支持他。他说考不上艺专就不回家了。老师就把他带到校长那里，校长陈之佛见了这位一头汗水、稚气未脱的学生，慈祥地让他坐下，让他喝杯水喘喘气再说。陈校长听了叶文熹的一番叙述，让他第二天参加素描和创作的考试，还问他为什么要考艺专，不怕将来饿肚子？叶文熹说自己从小就爱美术，决心将来要当个美术家，再苦再穷也不怕，他要走自己选择的道路。因为还没从同学那里拿到准考证，叶文熹担心不能参加考试，陈校长和气地说，不要急，考完了再去取。考过素描和创作，第二天叶文熹又到陈校长家里补考文化课。榜张出来，他的成绩名列前茅，居第三名。几十年过去了，每每想起当年考试的情景，叶文熹就会说，先生虽然身材不高，但在他的心目中十分高大。他慈祥的面容、开阔的胸怀、浓重的浙江乡音、飘然的长须、炉火纯青的艺术造诣，永远深深地印在他的脑海里。

在众多学生之中，江苏的喻继高是比较出类拔萃的一个。二十世纪五十年代初，他考上了南京大学艺术系。第一天上课，个儿不高、须发斑白的之佛先生走进他们的教室，喻继高回忆说，陈之佛先生讲课时和蔼可亲，一边认真讲课，一边在黑板上画出各种图案，画满了一黑板，擦掉又画一黑板，各式各样的图案深深地吸引了同学们。喻继高学习努力，不久便担任了班级图案课代表，和之佛先生接触的机会也多了起来。

喻继高知道，陈之佛先生当时就是全国著名的工笔花鸟画家，但他当时并不教花鸟，而是教图案。喻继高就利用课余时间，到陈之佛先生家里看他作画。《白鸡青松》《秋荷白露》《和平之春》……一幅幅画作，都有无穷的吸引力。有一回，

⊙《荷花蜻蜓》（陈之佛作）

181

《红荔白鹦》（陈之佛作）

芳樹層々紹嫩葉碧叢翠朵畫丹砂躯馳
驛路雅調复試弄團窠豔質雲之百初支
雪翁

陈之佛先生把全部作品都拿了出来让学生们观看。喻继高清楚地记得，为了把所有的画拿出来，陈师母还帮忙搬箱子，累得满头是汗。陈之佛先生慢慢把画打开，不紧不慢地讲述说，这一幅是在什么背景下画的，为什么要这样设色；那一幅的梅花为什么要这样构图，立在枝上的鹦鹉头部为什么要略微偏些，如此等等。先生讲得那样认真而生动，从此，喻继高便和花鸟画结下了不解之缘。

喻继高还回忆说，之佛先生的画作之所以受到这么多人的喜爱，这与他对画作构思的重视是分不开的。他的创作态度十分严肃认真，不考虑成熟，绝不草草动笔。一次他为某博物馆画一幅刺绣稿，因为一个枝干问题整整研究了一下午，到了第二天，又做了修改。他为了画好《鸣喜图》，除了参考古今名作，还到实地写生，整整用了近四年的时间。

与南京云锦和苏州刺绣

国民政府统治时期濒于倒闭的南京云锦和苏州刺绣，如今却已是花团锦簇，百草丰茂了。看到绚丽多姿的工艺美术之花兴旺的景象，便会油然想起始终关注它们成长、发展的之佛先生。

早在一九三〇年陈之佛应徐悲鸿之邀到南京中央大学兼课时，他就注意到了南京云锦。那时候，清王朝已被推翻，专门为皇家生产云锦的宫廷织造机构也已解体，散存于南京民间的织机已是屈指可数，陈之佛当时忙于教务，想关注南京云锦也是力不从心。

新中国成立后，国家把工艺美术事业的发展提上了议事日程，一九五三年北京举办全国工艺美术展览会就是一个最好的例证。也就是在这次展览会上，南京云锦《大地加金龙凤祥云妆》令广大参观者叹为观止：整幅的金龙彩凤不仅富丽堂皇，且气势宏大，引得报纸杂志争相推介。当时参加这次展览会的陈之佛看到这个场面，也抑制不住心头的激动，向学生张道一介绍说："几百年来，南京、苏州和杭州一直是江南的三大丝织中心，特别是南京云锦已有一千五百年的手工织造史。因为它是专门为皇家服饰所用的，在用料上也是极为考究，不惜工本，精益求精。有的是用金、银、铜线及长丝、绢丝和鸟兽的羽毛来织造的，技术工艺水平相当高，生产出来的云锦用'典丽'来形容比较恰当。"张道一后来回忆说，之佛先生用"典丽"一词，既道出了它是御用品的庄重严正，又点明了云锦在艺术上的独异之处。

北京展览会之后，南京市文化处为了继承和弘扬云锦的传统工艺，便多次与陈之佛商量，要成立一个云锦研究工作组，请他做组长。工作组成立后，陈之佛立即带领大家全力以赴地投入工作。他们对云锦图案纹样进行整理后，又把老艺人吉干臣、张福永等人请进工作组，对他们的设计经验进行总结。很快，一套云锦图案和一批技艺成果整理了出来，部分工艺品种也恢复了生产，产品也慢慢进入了市场。这个人工织成的"天上彩云"又开始大放异彩了。

正当南京云锦的发展初具规模之际，一九五六年北京举办埃及艺术展，周恩来总理看了他们的织锦工艺后问起南京的云锦，这时陈之佛的学生张道一正在现场，周恩来握着张道一的手说："一定要南京的同志把云锦工艺继承下来，发扬光大。"为了把周恩来的指示落到实处，陈之佛又为筹建南京云锦研究所多方奔走，一九五八年十二月得到了江苏省政府的批准。这也是全国第一个工艺美术专业研究机构。不久，陈之佛主编的彩色图案集《南京云锦》出版，次年，他参加整理编辑的《云锦图案》画册也由人民美术出版社出版。从此，在陈之佛的影响下，南京云锦从理论研究到规模化生产，都取得了丰硕的成果。

说起陈之佛对苏绣工艺的革新和提高，中国苏绣艺术博物馆原馆长顾文霞深情地回忆说，作为陈老师亲自教导过的校外学生，有幸聆听过他的教诲，感到无比荣幸。新中国成立十周年之际，苏绣研究所正在为创作一件献礼的绣稿着急时，陈之佛把自己的《松龄鹤寿》画稿交给了研究所。画面上，十只形态各异的丹顶鹤立于葱郁挺拔的劲松之下，象征着国家的繁荣和昌盛。苏绣研究所的领导和绣工们兴高采烈，决心把陈之佛的这幅佳作栩栩如生地在双面绣屏风上表现出来。

听说苏州的绣工们夜以继日地埋头在绣绷前，一边研究松针的层次和丹顶鹤的生活规律，一边紧张地飞针走线，陈之佛在繁忙的教务间隙，风尘仆仆地赶

⊙陈之佛创作《松龄鹤寿》

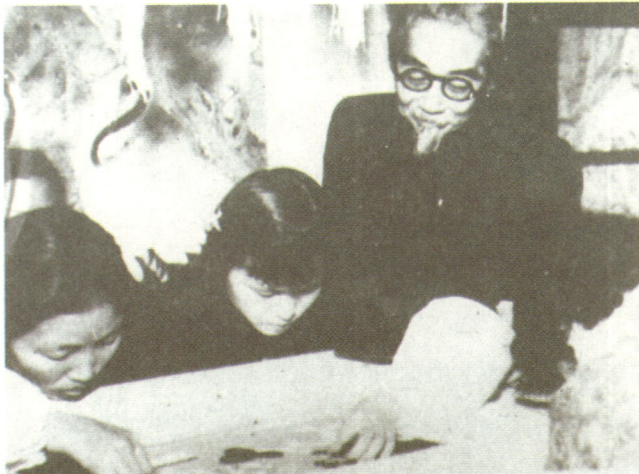
⊙陈之佛在苏州刺绣研究所指导《松龄鹤寿》双面绣的制作

到了苏州。在绣绷前，他仔细观察绣工们的工作，鼓励说，大家绣得很好，很辛苦。还给绣工们讲解了色彩与层次的关系。经过大家的共同努力，一件高二米、宽三米的《松龄鹤寿》巨幅双面绣屏风在北京人民大会堂江苏厅立了起来。人们望着这件凝聚着画家、绣工心血的精美艺术品，啧啧称赞不已，争相在屏风前合影留念。自此以后，陈之佛也成了苏绣研究所的良师益友。他多次给研究所的设计者们说，一件绣稿的设计，粗石大树，大笔一挥而就，非常容易，而刺绣起来，千针万线要花多少劳动啊！所以设计者一定要深入生活，了解苏绣的工艺特点。

苏绣研究所后来大多采用陈之佛的画稿进行生产，其中《蔷薇小鸟》《芙蓉翠鸟》《芦雁》《石榴白鸡》等一绣再绣。而《松龄鹤寿》不管是绣成双面绣落地屏，还是挂屏、双面台绣屏以及单面绣册页等，都是国内外人士的抢手产品，后来绣到一百多幅还不能满足需求。

用苏绣表现陈之佛的花鸟画之所以能够获得良好的效果，关键的一条是他的作品清新、典雅，与苏绣的精细、雅洁相吻合，在充分发挥刺绣针法、丝理转折、丝光明亮等方面，都能充分体现苏绣的风格。

和谐美满的一家

　　陈之佛在艺术上的成功，除了得力于他自身的好学、兢兢业业、奋斗之外，有一个和谐美满的家庭，有一个温顺、善良、细心体贴的妻子，也是他成功的重要原因。

　　一九一六年陈之佛二十岁，在家乡余姚的浒山镇与农村姑娘胡竹香女士结婚。几十年来，夫妻相敬如宾，恩爱和谐，从来没有因为一点小事红过脸。结婚两年后，陈之佛到日本学习工艺美术。当时许多人留日归来，往往会带上一位年轻漂亮的日本妻子。但陈之佛在求学的四年时间里，刻苦攻读，从不为外物所动。尽管妻子相貌一般，又是农村人，没有什么文化，还缠过足，但他对妻子一往情深，从来没有其他非分之想。据说，陈之佛在日本留学时也有日本姑娘对他有意，他只是不加理会而已。后来到了上海，陈之佛与许多同道接触，其中有一位女画家对他表示倾慕，也有人想为之撮合，陈之佛说自己是有家室的人，婉言谢绝了。

　　陈之佛常常对学生们说："大凡真正的艺术家，一定是感情比较真挚，感觉比较敏锐，观察比较深刻，思想比较丰富，以这几个条件来创作，自然会产生优美的艺术品。有人以为艺术家最浪漫，不拘世俗，甚至以为非放荡生活，不足以显示其为艺术家的身份，我可不同意这种借口。试看艺术家在创作的时候，一笔一画，一字一句，都要苦心思索，甚至废寝忘食，非达完美境界绝不终止，这种严肃的态度，是艺术家创作时应有的良知。如果失去了这些良知，也就不称其为艺术家了。"看得出来，陈之佛对人品与艺术的关系摆得非常正确，也正因为他严格恪守这个信条，所以他在生活中绝对不做有违道德的事情。也正因为此，他才能对艺术如醉如痴，"不产生优美的艺术品绝不罢休"。

《荷风双燕》（陈之佛作）

胡竹香自从进了陈家，除了每天忙于烦琐的家务外，还要悉心侍奉公婆，体贴丈夫，抚养孩子，许多事情都是和女佣一起做。陈之佛对勤恳、贤德的妻子也是悉心呵护，关心备至。陈之佛从日本学成回国后到上海执教，要把妻子带到上海，结果父母不依。陈之佛只好让妻子先去娘家小住照顾孩子，后来，他借到岳父母处看望之机，便带着妻儿去了上海。在上海接触的都是文人雅士，陈之佛觉得妻子的名字"竹香"应该改一改，于是便给她取了一个"筠华"的

⊙二十世纪三十年代的陈之佛全家合影

名字，而且常常耐心地教她读书写字、待人接物等，以便适应新的生活环境。有时朋友来访，来人多是学者、艺术家，陈之佛就把妻子向朋友做介绍。

抗日战争时期，陈之佛已有五个子女（实际是七个，长子和次女幼年时病夭），全家七口人全靠他一人教书维持生活，未免捉襟见肘。学生朱朴存回忆说："陈师母是一个娴静端庄、勤劳不知疲倦的人。经常看到她在忙忙碌碌地操持家务，有时为儿女缝缝补补、做衣做鞋一直忙到深夜。那时生活条件差，营养不足，她患了贫血，时常于家务劳动中眩晕，她就倚在桌椅旁，脸色苍白……人们劝她雇用人，她只是说，日子困难，怎么雇得起？再说，自己不劳动也不舒畅。日子过得苦，她对陈老师却是体贴入微。老师一件穿了十几年的灰色夹袍，陈师母不知为他补了多少次。老师需要静下心来构思画作，陈师母就把孩子揽在身边，绝对不让孩子打扰他的工作。"

陈之佛夫妇对儿女们也是十分关爱。他的大女儿、现居台湾的绘绣艺术家陈嗣雪曾深情地回忆说，他们兄妹五人，父亲特别疼爱她，小时候，父亲走到哪里

就把她带到哪里。她从小就喜欢画画，一次画了一个椭圆的东西，说是爸爸的茶壶，陈之佛见了高兴地说，这孩子将来能当画家，后来她果然走上了绘画之路。父亲名雪翁，为她取名嗣雪，显而易见，是有继承父志之意。学生们到家里画画，陈先生就让学生们画她，让她当"模特儿"。陈先生留着胡须和长发，不想到理发店去，她读初中时就学会了修剪头发，便成了父亲专职的理发员，直到她去台湾之前，父亲的头发都是由她来理的。

新中国成立前夕，陈之佛所在的中央大学要迁往台湾，他不愿去台湾，就带着全家到上海躲避。哪知到了上海后，大女婿所在的单位要迁往台湾。陈之佛坚决不同意他们随行，要女儿和女婿在上海找个工作。那时兵荒马乱，找个工作又谈何容易。陈之佛让他们和自己一起生活。大女儿心想，自己已经有了孩子，一家三口都靠年迈的父亲养活怎么能行？再说，弟弟妹妹还小，自己又不能帮助他们，思来想去，只好随丈夫的单位迁台。陈之佛与大女儿一家分别，只好仰天长叹，何时才能再相见？别离之苦，都是因为生活所迫啊！

新中国成立后陈之佛一家过上了稳定的日子，他立即把次子家玄送去参军。一九五一年，抗美援朝时，他又把幼子家宇送到了部队。他经常与儿子们书信来往，鼓励他们要立下宏伟志愿，好好报效国家。

晚年岁月

一九五八年，六十二岁的陈之佛比往年更加忙碌。从五月下旬开始，他作为中国的友好使者，出访波兰、匈牙利。在波兰三十五天，他访问了华沙、弗洛茨瓦夫等六个城市。六月一日中午，中国国画展览在波兰的弗洛茨瓦夫开幕，陈之佛和波中友协主席共同出席开幕式并讲话。在波兰期间，他对于简单明了、重点突出的宣传画很感兴趣，还有布置得极富创造性和艺术性的商店橱窗也给他留下了深刻的印象。在匈牙利访问的四十二天中，他主要的任务是了解这里的美术教育工作。匈牙利全国只有一所美术学院、一所工艺美术学院，都设在首府布达佩斯。他与匈牙利的教授、专家进行了交流，与一些画家特别是访问过中国的画家进行了亲切的会见，两国艺术家之间的深情厚谊，使得陈之佛在晚年岁月一次次沉入美好的回忆之中。"开卷分明使命在，抛却闲愁一身轻。"这是陈之佛在访问异国时写下的两句诗，他知道，这是国家有意识地让他与域外文化接触，从而开阔他的视野，提高他的艺术修养，争取在艺术上为国家做出更多的贡献。

出访期间，陈之佛被任命为南京艺专副校长（后改为南京艺术学院，

⊙陈之佛（中）访问波兰时与当地艺术家交谈

任副院长）。回国后他顾不得旅途疲劳，立即走马上任。尽管学校情况比较复杂，为了做好团结工作，陈之佛竭力加强与广大师生之间的联系，反复阐明自己的观点：大家都要为办好学校做出努力。为了提高广大师生的艺术水平和设计能力，他积极组织师生参加社会实践，带领学生参加了北京人民大会堂江苏厅的布置和设计工作，他还组织学生参加了美术创作活动和学术讨论等，使得学校教学质量有了显著提高。江苏省政府授予他"社会主义建设先进工作者"的光荣称号。

新中国成立十周年之际，陈之佛发动全校师生积极创作高质量的艺术作品，向国家献礼。他自己带头实践、创作。这年夏天南京特别热，他每天冒着酷暑，汗流浃背地作画不止。屋里又闷又热，也不敢开窗，怕风把纸吹起来，他就打一盆凉水，用毛巾擦汗。为了创作一百四十八厘米高、二百九十六厘米宽的《松龄鹤寿》，他每天从早到晚伏在学校会议室的乒乓球案子上，累得直不起腰来时就让女儿为他捶一捶。接着，他又创作了《祖国万岁》《鸣喜图》等作品，大家深为陈之佛的满腔爱国热情感动。第二年，他拿出自己的八十件佳作，在江苏省美术馆首次举办了"陈之佛花鸟画展览"。画家和评论家们认为他的这些继承民族传统精华、汲取异国艺术特长、敢于自辟蹊径的作品，将工笔花鸟画推向了一个新的发展阶段，对工笔画发展起到了承前启后的作用。

一九六一年五月，文化部委托陈之佛主持《工艺美术史》的编写工作。陈之佛立即到了北京，和来自全国各地的专家们一起，就工艺美术的研究方针、任务和方法，对工艺美术的本质、范围和正确对待艺术遗产的态度，怎样创新和发展工艺美术等问题，进行了认真的讨论和精辟的论述。他对工艺美术的观点，为撰写《工艺美术史》教材和工艺美术史奠定了基础，指明了方向。一九六二年一月春节临近之际，编写组作短暂休息。陈之佛于一月五日回到南京，他顾不上休息，立即参加有关活动。

一月六日下午，江苏省国画院召开画家石鲁作品座谈会。院长傅抱石看到陈老也来了，立即和他挨身坐下，问道："您回来了？身体好吗？"陈之佛答："很好！我是昨天回来的。"傅抱石后来回忆说："我看他的气色很不错，人也似乎比半年前还胖了一些。休息的时候，许多同志都跑来向陈老问好，陈老非常高兴地和同志们交谈着……"

《梅鶴迎春》（陈之佛作）

193

一月八日下午，江苏省国画院举行学术研讨会，院长傅抱石作《郑板桥试论》演讲，陈之佛打算去参加。哪知道这天他一早起来就感到身体有些不舒服，头晕无力，有些支持不住。他对女儿陈修范说："我感到非常难受，今天的会不能参加了。你去开会，代我请个假。"女儿知道父亲一天到晚忙碌，早该歇歇了，下午便去听傅先生演讲。学术讲座开始不久，学校打电话给她，说陈先生中风住院了，正在抢救。陈修范和丈夫李有光立即奔向父亲就医的铁道医院附属医院。经诊断，之佛先生患了脑出血。江苏省委、省政府得到消息后，立即组织省内著名中西医专家会诊，制定抢救方案。一月十五日晚上十时四十五分，之佛先生终因抢救无效，心脏停止了跳动。

一月十九日，江苏省委省政府在南京殡仪馆举行"陈之佛追悼大会"，省委书记彭冲主祭。文化部、轻工部、供销合作总社、美协和各地院校发来唁电、唁函。老友、上海美协主席丰子恺发来唁电说："……犹思开春赴南京晤，岂料遽成永别。老友一生勤勉……为人民美术增光不少，天年不永，实为全国人民之一大损失……"

一味霸悍　潘天寿　·

他终生没有离开过自己热爱的教育事业。他办学育人以德为先，他节操高尚，莘莘学子把他视为严师，更视为慈父，「为人师表」他当之无愧。因为有崇高的修养，他的诗文、绘画、书法才能奇崛霸悍，震人魂魄。中国近代美术史上，潘天寿是一位标杆式的人物。

诗家潘天寿

　　潘天寿是诗、书、画、印皆工的大师。在近现代中国书画家中，除了齐白石、黄宾虹外，在学养方面能与他比肩者寥若晨星。特别是他的古体诗，不论长歌或短吟，或状物、或怀人、或咏事，既有高古清奇的一面，也有平易上口的一面，既能看到"铁板铜琶"，也能读到"晓风残月"。读潘天寿的诗，我们在品味他敦厚温良，才华横溢的同时，还能得到一种莫可名状的精神享受。

　　二〇〇六年的初冬，我路过杭州，在南山路参观潘天寿故居时，得线装本《潘天寿诗存》（以下简称《诗存》）一册。这本《诗存》一九九一年五月由当时的浙江美术学院出版社出版，潘天寿纪念馆编纂，杭州富阳古籍印刷厂印刷，当时的定价是十二元。书的封面为深蓝色，看上去甚为古雅、端庄。

　　《诗存》扉页有王个簃题写的"阿寿诗存"小篆四字，古色古香，颇有书卷气。序文则是潘天寿请张宗祥老先生撰写的，时间是一九六三年四月，当时张宗祥已是八十二岁高龄，逾二年便过世了。张宗祥是杭州西泠印社

⊙作者和潘天寿之子潘公凯（左）在一起

197

⊙《潘天寿诗存》封面

的第三任社长，也是新中国成立后的首任社长。他是学识渊博的宿儒，工山水，兼画花卉，古诗作得也相当好，格调清新自然，有人说他信手拈来便成佳作。潘天寿一九五八年加入西泠印社，为印社的中期社员，当时与张宗祥、陈伯衡一起为筹委会主任，出于对张宗祥学问的仰慕，便请他作《诗存》的序文。序文里有这样的话："……潘子天寿癸卯（一九六三年）暮春出诗剩一卷、诗存二卷见示。其古诗全似昌黎、玉川，其近体又参似倪鸿宝之笔……倪诗棱峭峻拔，意出人表，予极爱之。今读此集，何其相似之甚也。潘子以画名世界，琢一章曰：一味霸悍，其志之所在，可知宜其诗棱峭横肆如此也。喜有素心相同之友，为拉杂序之……"张宗祥认为，潘天寿的古诗受昌黎、玉川影响很大，几乎"全似"，而近体"棱峭险拔"的风格，则是受了倪鸿宝的影响。这些话固然点明了潘天寿写作诗歌的传承与借鉴，但是细读潘天寿的诗文，又觉得张宗祥的话只是说明了潘天寿一个方面的特色。其实，李白、李贺、杜甫对他的影响也很大，据潘天寿的门人回忆，宋人杨万里（诚斋）的诗对他影响更深。我觉得在许多潘诗的字里行间可以找到杨诗的影子。

《诗存》里的"诗剩自序"，潘天寿写得华彩斐然，文笔流畅，情感真挚，是不可多得的一篇精妙散文。文中说自从卢沟桥事变（一九三七年）发生后，杭州不久也沦陷了。一九三七年秋天，他随杭州艺专西撤，在此过程中，最值得惋惜的是，他二十年来的习作和书画都遗失了。在一年多的时间里，潘天寿辗转于建德、缙云之间，然后又由南昌、长沙到了沅陵，《诗剩》就是卢沟桥事变的第二年（一九三八年）在沅陵甲第巷二十三号他的容膝寓庐里，以一个多月的时间随记随录成册的。当时，住在"华夷杂处"的落后小城沅陵，想想江浙清丽雄奇的山山水水，更觉得寂寞无聊。怎么办呢？不能就这样白白打发光阴啊！于是，便把能记得起来的旧稿抄录下来，击节吟诵，这样，好像又回到了居住在江东的岁月。潘天寿感慨说，这实在是能够治疗闷损的一剂良方啊！尽管很伤感，但是潘天寿对未来仍然充满希望，对抗战必胜抱定信心，一旦抗战胜利，他就要"下沅水，渡洞庭，浮扬子，返杭州"，那时候再回首看看这册《诗剩》，便觉得这是不可多得的"流离纪念物"了。

⊙二十世纪二十年代的潘天寿

《诗剩》里的作品没有编年，看诗题中的纪年才能知道作于何年何月，标明年号的最早一首即《诗剩》中的第十五首《辛酉暮春》，是一九二一年所作，也就是潘天寿二十五岁时在家乡宁海正学高小做老师的时候。这首诗的题目是"独游崇山寺桃林"，七言一句，四句一首，共计六首。诗前小序说，"辛酉暮春，意绪无聊，每喜独游看花，则欲与对语，问水则久自凝眸，盖别有感于怀也"。诗中"正是江南风景好，寻春一笑便登山""同许清真同洒脱，万花扶我酒初醒""相对嫣然成一笑，不曾讶我是刚归"等句，明白如话、清新洒脱，把儒雅倜傥、想和花儿说话、久久望着流水逝去的一介书生，描写得生动自然、情真意切。《诗剩》中纪年最晚的一首是"乙亥"，即一九三五年，潘天寿时年三十九岁。从一九二一年到一九三五年，共计十四年，实际的时间跨度恐不仅仅就这十四年，或许还要更长一些。

《诗剩》中的佳作妙构有很多，《画松》《忆黄山》《论画绝句》等，写来确是"棱峭险拔"，斟字酌句，不论布局、章法、构思，都令人意想不到。特别是《忆黄山》，读来真是气吞山河、势不可挡。丰富的想象力、大开大合的表现手法，潘天寿一开始就以造物者突发奇想造就黄山的奇特思路，把读者的眼光引进了其营造的磅礴画面，让读者惊心动魄的同时，似见鬼神跃动，眼花缭乱。为了造就一个黄山，只见天门大开，天兵天将纷纷出动，雷车风马，仙人来来往往，连补天的女娲都累得精疲力竭了，于是，一座妙如仙境的黄山便呈现在了人间。气魄之大、想象之奇、意境之妙、遣词造句之练达，真是非大手笔不可为也。

《诗存》的卷一、卷二内容最感人的莫过于潘天寿对时局的感伤与无奈，特别是"避寇"（日军犯境时逃难）时的举止和心境，写来情感真挚，字里行间流露出泪水与愤懑。《渡湘水》一诗，潘天寿想到了屈原："岸天烟水绿粼粼，一桨飘然离乱身。芳草满江歌采采，忧时为吊屈灵均。"在沅陵过中秋时，清晨下起了细雨，离乱之人既盼月，又怕月，复杂的心境，令人嗟叹："料知今夜月，怕照乱离人。血泪飞鼙鼓，江山泣鬼神。"诗尾，潘天寿坚信"捷报终有日"，到时千万不能空负了储存许久的美酒啊！乱离奔波途中，潘天寿为自己的平安无恙而庆幸，《过阳朔》有云："征袍风雨太披猖，已上衡阳向贵阳。十万峰峦齐点首，轻车无恙过潘郎。"由于日机狂轰滥炸，潘天寿四岁的次子赦儿在浙江缙云受惊吓而夭亡，他闻讯后以歌当哭，如泣如诉，《哭幼子赦儿》有句云："何事乱离里，意违慈母身？问天天亦老，疑梦梦难真，万里投荒外，泪涔舐犊人！"此时潘天寿已是四十四岁的中年人，面对失子之痛，涕泪交流，哽咽不能语，只能寄情于诗，对造成"离乱"的倭寇予以痛斥。

由于篇幅所限，《诗存》的佳作不能一一提及。我认为，如果观赏潘天寿绘画作品的同时，再细细品味他的《诗存》，或许能进入潘天寿给我们营造的一个更高、更广阔的艺术世界。

仰慕几位先贤

　　潘天寿之所以成为国人崇仰的一代宗师，主要是他的诗、书、画、印造诣极深，蕴涵着非凡的功力和智慧。"冰冻三尺，非一日之寒"，潘天寿丰厚的学养和高尚的德操，并不是一朝一夕形成的。他七岁丧母，每天放牛拾柴，日子过得十分清苦。劳碌清贫的生活养成了他勤劳、刻苦、节俭的秉性。他十九岁考上杭州的浙江省立第一师范学校（以下简称浙一师）后，主张教育救国、支持新文化运动的校长经亨颐和教师李叔同对他影响很大，特别是李叔同，潘天寿几乎终生都没有忘记这位学养、思想、品德都极为崇高的老师的教诲："吾师弘一法师云，应使文艺以人传，不可人以文艺传。"这就是说，他和老师弘一法师一样，把"人"和"文艺"之间的关系看得很清楚，"人"很重要，"文艺"能传与否关键在"人"。

　　他早年学古人的诗歌，经历了一个不断转化的过程，他说："我早年最喜欢李白、李贺的诗……后来，我渐渐觉得二李诗非有特具的才情学养是学不到的，因而转到杜、韩一路。虽然如此我仍觉得自己才情功夫太浅，而近时却又逐渐转到两宋了。"李白的豪放飘逸、李贺的诡谲冷艳、杜甫的沉郁顿挫、韩愈的奇崛险怪，这些独特的风格曾深深地影响着潘天寿，他为了学到这些先贤诗歌的精髓，日夜吟诵，刻苦写作，不惜时日，特别是对这些诗哲的经历和为人，潘天寿更是常记心头，时时效法。他后来学诗转到两宋，主要学的是杨万里。他对杨万里的"映日荷花别样红""小荷才露尖尖角，早有蜻蜓立上头"等脍炙人口的诗句，如痴如醉，不仅经常诵读，更是时时题写在画上，因为他平生尤喜画荷，对荷"出淤泥而不染"的高洁德操非常崇仰，而杨万里的诗正好与他心有灵犀，所以他的案头常常摆放着杨万里的诗集。潘天寿喜欢杨万里，首先是因为杨万里是一个爱

国诗人。杨万里是南宋时和陆游齐名的"中兴四大诗人"之一。他是宋高宗绍兴二十四年（一一五四年）的进士，做过太常博士、宝谟阁直学士等官职。在奸相韩侂胄当国的时候，他"居家十五年不出"，绝不与奸相为伍，最终也是因忧愤国事而逝去。他的《初入淮河》二首其中有这样四句："中原父老莫空谈，逢着王人诉不堪。却是归鸿不能语，一年一度到江南。"这是诗人当时奉命到淮河迎接金使时写下的。淮河当时是南宋和金兵对垒的前沿，淮河以北的土地都沦陷于金，诗人到了淮河以后，想到失去的国土，悲哀而愤怒的心绪油然而生，但自己也只能像是"一年一度"飞来的"归鸿"一样，无言以对了。潘天寿学杨万里诗的另外一个原因，就是杨万里也有一个学诗逐渐变化的曲折过程。杨万里开始时学"江西诗派"，到了晚年，才认识到了江西诗派"搜猎奇书、穿穴异闻"的严重缺点和弊病，于是断然抛弃了这个罩在身上多年的形式主义的枷锁，走出了一条师法自然不师法古人的创作道路，形成了"新鲜活泼、雅俗共赏"的诗歌特色，受到了人们的欢迎，在社会上产生了很大的影响。潘天寿受杨万里诗歌特色的影响，也写出了不少风格类似的佳作，《潘天寿诗存》卷二里就有很多这样的好诗。他在《天柱峰》一诗中这样写道："是谁信手施锤錾，拔地擎天树此材？拟置金盘最高处，夜深承得露华来。"写得既朴实无华，又形象生动。写《水仙》时把水仙喻为姗姗而来的"仙子"："名珰罗袜步姗姗，浅倦仙妃归宴欢。洛浦夜深明月白，天风香逗水云寒。"而《访显道上人于灵岩古寺》四首更是明白如话，令人击节，其中二首云："为访灵岩寺，行行山复山。天风吹海月，直到万峰间。未见禅林近，先闻云里钟。夕阳新雨后，一树石榴红。"这种见景生情、信手拈来的佳作，说明潘天寿学杨万里不是单纯模仿，而是以自己深厚的学养和功力，独辟蹊径，形成了特有的风貌和特色。

在书法方面对潘天寿影响很大的也有两位，即明末的黄道周和倪鸿宝。"我开始学钟（繇）颜（真卿）两家，后学汉碑和魏碑，现在又学黄道周，也经过许多反复。"这是潘天寿学习书法过程的一段自白。他学诗和学习书法一样，经过"转益多师"之后，才选准了自己要学习的对象，选准了自己要走的路。学书法时，潘天寿首先也是学人品。他写的隶书和行书较多，晚年多以行书为主，一眼看去，便可从字里行间看出有黄道周的神韵。潘天寿为人耿直、忠厚、善良，对于钻营

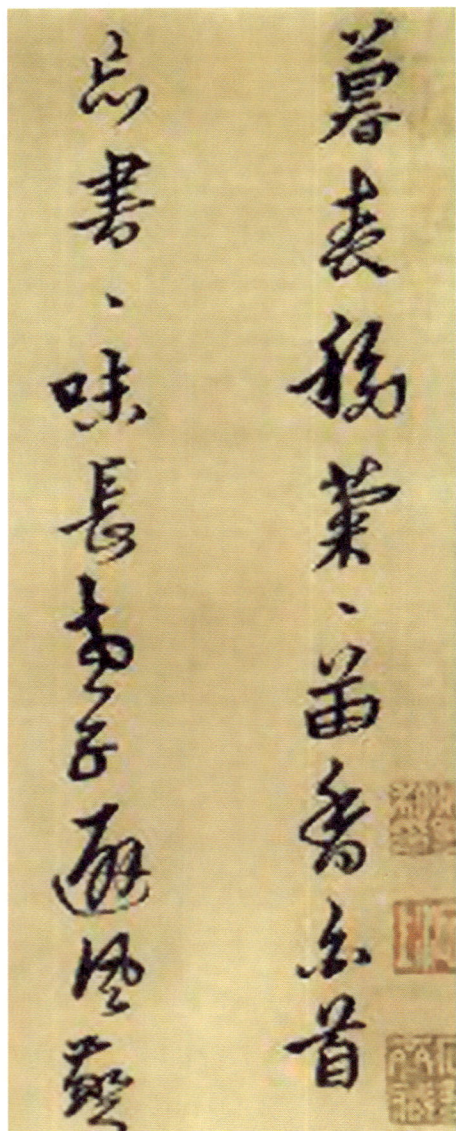

鼠辈极为蔑视。黄道周就是这样的人，他是福建漳浦铜山人，生于明神宗万历十三年（一四六九年），少年时即有远大抱负，后来做了官，仕途充满了坎坷，因他蔑视权奸，时常与崇祯皇帝顶撞，所以被一贬再贬。相传他被崇祯皇帝打成"朋党"时，下狱受刑，因为他一身清贫，没有钱财贿赂狱吏，狱吏就每天给他纸笔榨取他的书法。他被打得不能动弹，还倚靠着木案子书写《孝经》。明亡之后，他四处征集兵丁抗清，因寡不敌众，结果被俘。顺治三年（一六四六年）三月五日清廷处决他的时候，他还从容书写以前答应过给人的书法，先小楷，又行书，再大字，最后题款盖印。临刑前，他咬破手指书写了"纲常万古，节义千秋，天地知我，家人无忧"。黄道周的书法和他的人品一样，刚毅正直，不入俗流，他的行草，字势向右上仰侧，形态扁平，重心多偏下，酣畅而婉曲，奔放而洒脱，近代大书法家沙孟海评价黄道周的书法说："……其书波磔多，停蓄少，方笔多，圆笔少。真书如断崖峭壁，土花斑驳；草书如急湍下流，被咽危石……"从沙孟海对黄书的评语之中，我们也可领略潘天寿书法的真谛。

潘天寿对倪鸿宝更是推崇备至，连睡梦中似乎都在揣摩倪鸿宝墨宝的意趣。倪鸿宝名元璐，浙江上虞人，和黄道周是同科进士，同朝为官，意趣相投。和黄道周不同的是，他从不和崇祯皇帝顶撞，崇祯皇帝对他甚为"眷顾"。但在对待权奸的问题上，他和黄道周是一致的，都是伸张正义，刚正不阿。他的书法和黄道周相近，康有为说他的字"新理异态尤多"，沙孟海则说他的字"有锋棱，有色泽"，但格局不如黄道周宏大。潘天寿在他的《诗存》卷一中专门写了一首他一九四〇年春天，"梦入家祠见倪鸿宝墨迹喜甚，醒后即记以诗"的五古长诗，其中"上虞诗亦虎，画以诗为主，平淡出层奇，云林一门户"，既表明了他对倪鸿宝墨宝的赞扬，也说明了他本人在学习前人的基础上，不依傍古人，自创新路，在绘画创作中形成了"画中有诗，诗中有画"的特色。

为人师表

"为人师表"四个字，是潘天寿的学生们对他的普遍赞誉。凡是跟他上过课、读过书的，几乎是众口一词，说他敦厚、善良、诚信、耿直。不管是在家乡的正学高小，还是在上海的女子工校、上海美专，以及新华艺术学院、昌明艺专，乃至杭州艺专，每当谈起这位桃李满天下的老师时，学生们总是抑制不住内心的激动，说潘天寿的高尚节操时时在他们的脑海中浮现，激励他们正确地面对人生和艺术。

潘天寿二十世纪三十年代就已经名满天下了。许多学生对潘天寿的认识，先是从接触他的书画艺术开始，深深为他冷逸隽永的笔墨所折服。他们想象中的潘天寿，是一位不苟言笑、不太容易接近的学者；哪知一和他本人接触，不用多长时间，就发现这位才华横溢的先生，是那样的平易近人、和蔼可亲，像是慈爱的父亲。

⊙潘天寿（左一）给学生们上课

上海著名山水画家应野平和潘天寿既是同乡，又是世交。他早年在上海谋事时也喜欢画画，临摹了不少作品，便到潘天寿兼课的上海美专和昌明艺专向他请教。潘天寿并没有因为应野平画艺幼稚而瞧不起这位小同乡（应比潘天寿小十三岁），总是在认真指出他的不足和要注意的地方的同时，鼓励他多看、多画、多学、多问。最使应野平难以忘怀的是，潘天寿对他这样一位初出茅庐的练习生，指导得是那样热情而诚恳。潘天寿给他讲了一个例子，说："如果有人找你画张兰草，总是说请你撇三笔。为什么说这个话呢？为什么不说撇两笔、四笔呢？因为两笔、四笔都分不出兰草的疏密来，只有三笔，一边是两笔，一边是一笔，既疏密匀称，又典雅入画。"这些话应野平到老都没有忘记。

学生郝石林刚开始见到潘天寿的时候，就像是见到慈父一样，既感到和蔼可亲，又觉得无拘无束。可是上课了，潘天寿一脸的严肃、认真，绝不马虎、塞责、应付，他说，只有诚心诚意地对待学生，教好学生，才能不误人子弟。他反复向学生强调，要苦练基本功，要从一块石头的一笔皴法学起，从一根干树枝画起。郝石林以为这样循序渐进太枯燥缓慢，就画了一张中堂当成作业让老师指正，他心中暗想，自己画得这样认真、复杂，老师或许会表扬自己几句。哪知潘天寿看了之后，却大不以为然，批评他说："不能这样干啊！这样心急，随便乱画，很不严肃，还不会走的时候就要跑，是要跌跤的，没有规矩不成方圆啊！"他要郝石林扎扎实实从头练起，不要做欲速则不达的事。每每当他拿着自己的习作请老师指教的时候，潘天寿总是说，人品和画品，人品第一。画品和人品紧密相连，二者不可分割。一幅成功的作品，总能反映出一位画家的品质。品质不高的人，是画不出好作品来的。郝石林毕业的时候请老师题几个字留念，潘天寿给他题了八个大字："品格不高，落墨无法。"潘天寿把"品格"二字看得非常重要的观点，使郝石林难以忘怀，他把"先学做人，再学作画"作为努力奋斗的信条，终生不渝。

画家寿崇德从小就崇拜潘天寿的文章和艺术，他从西安小学刚毕业，就买了潘天寿的《中国书画史》和《白社画集》两本书，每天苦读、苦练不止。十六岁的时候，他只身到了重庆，决心报考艺专。他在重庆盘溪的一个祠堂的破屋里见到了校长潘天寿。潘天寿听说他不远千里，历尽艰辛入蜀要学画画的志向后，很高兴，对他进行了一番诚挚的鼓励，然后给他安排好食宿，还带他拜望了吴茀之和林风眠先生。当天晚上，潘天寿在寿崇德带来的册页上，给他画了一幅焦墨山水，并在画上题字道："破笔焦墨每多凝重之至，此意关董诸家知之。崇德小弟从陕千里入蜀学画，其志弥坚，灯下草草以为纪念，甲申夏。阿寿。"和第一次见面的小学生就以自己的焦墨山水相赠，而且题字恳切诚挚，真是让人动容。潘天寿在题字中说自己的破笔焦墨是向前人学习的，五代的关仝、董源或许知道自己"凝重"的笔意。而关仝是长安人，寿崇德又是从陕西西安来的，用意如此讲究、认真，使他对第一次见面、仰慕已久的老师的高尚品德有了深深的了解。因为寿崇德走了一个多月才到达重庆，艺专招生的日期已经截止，无法入学，潘天寿不能眼看着这位学子失去深造的机会，就找到了当时在重庆璧山创办正则艺专的吕凤子先生，让寿崇德拿着自己的手书去见吕凤子。吕凤子见了潘天寿的信后，就让寿崇德考入了正则艺专的绘画科。

潘天寿平时对人敦厚、诚恳，和人交往处事也很坦诚、直率。二十世纪三十年代潘天寿在上海兼课的昌明艺专，暑期经常举办学习班，当时是诸乐三担任专任教师。学校每周都要请几位当时上海的名家到校给学生讲课，王一亭、诸闻韵、马公愚等人都来过。讲课的形式大多是边讲边画，给学生做示范。示范结束后，示范的作品往往就送给出纸的学生留作纪念。由于学生对这样的授课方式兴趣越来越高，出纸请名师示范的事情也便名正言顺地延续下去，于是许多学生便把听课当成了次要事情，而主要目的是向讲课老师索取画作了。轮到潘天寿来上课了，同学们更是喜出望外，希望能得到他的画作。没想到潘天寿一进教室便笑容可掬地对听课的学生们说（这时桌子上已经有学生铺好了老师示范作画的宣纸）："画画是一件严肃、认真的事情，非等胸有成竹，是不能轻易动笔的，我们不能把作画当作是一种消遣和玩乐。所以，我不想送画。我既然来讲课，就要做示范，但是示范要有题目。只要是同学们提个要求，或者是同学们拿张作品来，咱们共同研究一个题目，我再讲一讲，同学们或许会学到一些东西。"潘天寿开门见山的一番表白，使在座的同学们都鸦雀无声。他们知道老师不想示范送画，目的还是要把大家的心思转移到学习上来。这是出于真心对同学们的关爱，因此，大家对潘天寿不仅没有反感，反而更加尊重了。

抗战时期，学生高冠华在昆明、重庆办了画展，卖出的作品得"黄金百两"，他把情况报告给校长潘天寿，希望校长也能抽空办个画展。潘天寿听了，当时便嗟叹道："嘿！国难当头要那么多钱有什么用呀！"高冠华听了校长的直言，顿时大悟，此后，他把"名利"二字置之脑后，更加潜心向学了。

呕心沥血办学

潘天寿一生都执着地奋斗在他热爱的教育事业岗位上，不管是战争年代还是和平时期，他呕心沥血办教育的辉煌业绩都被人争相传诵。

抗日战争胜利后，国立艺专正要迁回杭州之际，学校的教务长吴茀之、秘书邹有华推荐曾经在上海听过潘天寿讲课的学生宋秉恒到杭州艺专任教。宋秉恒一直在福建谋生，因为是浙江人，思乡心切，所以就请吴、邹二位说项，潘天寿便答应了。

学校刚刚迁回杭州一年，潘天寿辞去了校长职务，上面便让汪日章担任杭州艺专校长。这时，宋秉恒已经辞去福建的工作，来到杭州打听工作安排情况。当听说潘天寿已辞去校长之职，便有进退维谷之感。见了潘天寿之后，潘天寿却对宋秉恒说："你既然辞了那边的工作，又是远道而来，就留下来吧。"潘天寿未辞职前，曾准备让宋秉恒负责学校的总务工作，情况既然发生了变化，潘天寿就对宋秉恒说："总务长一职，就不麻烦你了。你原来学的是西画，有一定的素描教学经验，我已和校长说定，你就留下来做素描的教学工作吧，因为正好有一位素描教师准备出国。"潘天寿还对宋秉恒一再嘱咐说，这个专业能够施展才能，就安心留下来做吧。一番话说得宋秉恒心里热乎乎的。他本来以为潘天寿不做校长了，原来答应的事情或许会成为泡影，哪知现在自己不仅留在了杭州，潘天寿对他的工作还安排得这样认真，这让他非常感动。从与潘天寿的实际接触中，宋秉恒真正领悟到了潘天寿坚守诚信、与人为善的高尚品格。

抗战期间还发生过这样一件事。离乱岁月中，潘天寿把家人留在了浙江的偏远山区，只身跟随艺专西撤，一直到了四川的璧山。然而，由于时局动荡，人事不断更迭，加上他的教学主张不能得以很好地实施，潘天寿便决定离开艺专东归。因潘天寿学养深厚，育人有方，深受学生们的尊重和喜爱，校长吕凤子便一再挽留。学生们听说潘天寿要离开艺专的消息，心头不免蒙上了一层阴影，认为他一走，就再也学不到什么东西了。潘天寿离艺专以后，国画系的不少学生也无心上课了，有的打算辍学，有的便跑到松林岗下边的马路上去谈心散步，有的则在教室里随便用笔画起花鸟画来，有的则有滋有味地回忆起潘天寿教他们学习平仄作诗填词的情景。不久，国画系的同学便给当时的教育部写信，要求潘天寿继续回校任教，后来，又多次到教育部请愿。一九四三年冬天，教育部给潘天寿发电，请他回到艺专担任校长。潘天寿以自己办事能力不强为由，对艺专校长一职坚辞不就。

艺专的学生们看潘天寿仍然不能回校，心急如焚，便给他直接发去电报，请他"救救孩子"，尽快答应日夜盼望他回到艺专的师生们。一九四四年四月，教育部再次给他去电，出任艺专校长。在艺专师生们的一再邀请之下，潘天寿决定回来，和当时正在兼课的国立英士大学艺术专修科的师生们依依告别后，于这年的

◎潘天寿（中）在国立艺专

七月和吴茀之、谢海燕一起来到了已经搬迁到重庆盘溪的艺专做了校长。师生们看到盼望已久的潘天寿又回来了，亲切地偎依在他的身旁说这说那，亲热之至。

二十世纪五十年代，潘天寿被任命为浙江美院院长。为了办好学校，提高教学质量，他想方设法，延揽人才。一九六〇年，著名画家陆俨少应潘天寿之邀来到学校任教。当时，陆俨少住在杭州小塔儿巷，潘天寿到学校去的时候，有时就路过陆俨少住的地方，到他那里小坐一会儿。一

次，他恳切地问陆俨少："好的老师是教低年级好呢，还是教高年级好？"陆俨少因为没有思想准备，被潘天寿问得一片茫然。潘天寿自己回答说："我看好的老师还是教低年级好，这样能使学生有一个好的起步。这一点很重要。"那么，好的老师教了低年级，高年级又要什么人来教呢？当然也应该用好的老师。尽管潘天寿没有这么问，陆俨少也没有回答，他当时只是深深地感觉到，潘天寿为了办好学校，提高教学质量，

⊙潘天寿（右）与谢海燕在国立艺专

无时无刻不把教学问题放在自己心上，一句话，好的老师总是不够用。他时时刻刻都在想着这个问题。潘天寿说他平生缺少干事之才，新中国成立前曾经几度做过校长之类的行政工作，总是做得焦头烂额、苦不堪言。所以从那以后，他发下誓愿，今后再也不做行政工作，只是勤勤恳恳地教好书。让他做浙江美院副院长的时候，他就多次向当时的文化部司长王子成表示不愿担任这个职务。可是任职已经决定，不能更改，潘天寿也只好答应下来。既然答应下来了，就要做事。潘天寿是个实诚人，他想担任这个职务后，就要按照"职务"的要求，一心想着如何把学校办好。他对书法、篆刻的研究功力颇深，就想到要在学院开设书法篆刻专业。然而，开设专业要有老师，于是，他就把著名书法家陆维钊从浙江大学调到学校，还请了浙江博物馆的沙孟海到校为学生讲课。他也曾经想把著名篆刻家、篆刻造诣很深的余任天调到学校，结果被余任天以"草野之人，不登大雅之堂"为由婉拒了。潘天寿矢志不渝，依然要把书法篆刻专业办起来，他不无忧虑地说，目前老书法家已是寥寥无几，几乎平均年龄都在六十岁以上了，这种后继无人的状况实在令人担忧啊！所以他一再建议要尽快把书法专业办起来，包括金石篆刻。

直到一九六三年九月，他的这个愿望才得以实现，浙江美院的中国画系创办了国内第一家书法篆刻专业，并开始向社会招生。看一看当时这个专业的师资阵容和课程设置，就有令人"高山仰止"之感：负责人陆维钊，导师诸乐三，兼任导师沙孟海、朱家济、方介堪。课程设置有书法、书史、书论、篆刻及史论、文字学、印学、古代汉语学、写作等。后来，全国各有关美术院校也纷纷仿效开设了类似专业，国中许多知名书法家大多经过这方面的专业学习，这不能不说潘天寿为国家培养高端人才做出了突出贡献。

沪上师友

　　潘天寿一九二三年从家乡到上海，经师友介绍，在上海女子工艺学校教国画，夏初时他辞去该校职务，到上海美专任教。上海美专的校长是刘海粟。潘天寿之所以到上海美专，是因为他当年在浙一师读书的时候，曾经和刘海粟有过接触。当时的上海美专以教授油画为主，刘海粟常常带领学生到苏州、宁波、绍兴、杭州等地写生。听说刘海粟常来杭州，而且在杭州的丁家山还有别墅，潘天寿就慕名前去拜访他，结果两次都没有见到。后来他就给门房说，请刘校长等他一下，下午再来拜望。

　　这天下午，潘天寿带了自己的几张作品来到了刘海粟的别墅。潘天寿见到了刘海粟，自我介绍说是浙一师的学生，想请刘校长对自己的作品给予指点。刘海粟打开作品一看，一张是卧着的水牛、一张是鹰。刘海粟对潘天寿说，你画的这张牛很有气魄，笔沉墨实；鹰画得也是野气十足，颇有岭南高剑父的气韵。听了刘海粟的评点，潘天寿只是笑笑，没有多说什么，因为和刘海粟毕竟是初见。刘海粟对潘天寿说以后可以到上海找他。刘海粟望着潘天寿修长的身材、和善的面容、朴实的举止，很有好感。两人又叙了年庚，当年刘海粟二十五岁，

⊙刘海粟

⊙潘天寿（左二）和诸闻韵（左三）等人合影

比潘天寿大一岁。

潘天寿到上海女子工艺学校教了几个月的书后，又想起三年前在杭州丁家山和刘海粟见面的情景，便到上海美专去找他。这时的美专已从乍浦路迁到了婴雪堂，房子很大，是当年的绍兴会馆。潘天寿说明来意后，刘海粟说，学校正准备开设国画系，目前由教师诸闻韵在筹备，他叫潘天寿和诸闻韵一起工作，争取尽快有个眉目，以便招收学国画的学生。开课以后，刘海粟就让潘天寿教国画习作和中国绘画史。刘海粟对西式教育比较了解，他认为学校有责任向学生传授中国和世界的绘画历史，因此，便在美专开设了中国绘画史和外国绘画史课程，他聘请刚从国外回来不久的滕固讲授外国绘画史。当时，上海美专是全国唯一开设讲解美术史的学校。

讲授中国绘画史没有现成的教材，需要靠自己编写。潘天寿就利用课余时间，搜集有关绘画史方面的素材，特别是《佩文斋书画谱》《美术丛刊》等资料对他帮助很大，同时他还研习日文，从日本方面了解中国绘画历史方面的有关内容和资料。

潘天寿在上海美专任教时备课认真，讲授也很受学生的欢迎，因为他是师范学校毕业，能把自己掌握的知识讲解出来，自然比一些心里知道得很多却表达不出来的老师要被人高看一眼，再加上他为人很谦和，见人总笑嘻嘻的，从来不和别人发生什么争执，有时他还和刘海粟以及其他教师一起写写画画，所以他在美专的声望越来越高。

上海美专的国画专业是潘天寿和诸闻韵一起筹办起来的。诸闻韵比潘天寿年长三岁，为人处世也很谦和老成，加之他又是系主任，潘天寿对他十分尊重。经过一段时间相处，潘天寿才知道诸闻韵是当时沪上著名画家吴昌硕的亲戚，他很想通过诸闻韵拜望一下这位自己非常尊崇的大师。潘天寿少年时代就知道吴昌硕先生是一位了不起的巨匠，对他的诗文、书法、绘画、治印都很痴迷。他到上海的前一年（即一九二二年）在吴昌硕先生家乡安吉的高小任教，曾于这年的八月间与吴昌硕先生称赞过的沈遂贞合办过一次书画展，他的丈二匹作品《松月图》还有荷花、杜鹃、葫芦、梅、兰、竹、菊以及仙、佛、山水等作品，都很引人注目，并受到称赞。因此，他极想立雪吴门，拜入吴老门下，希望这个愿望能成为现实。不久，诸闻韵答应带他去拜见缶翁（吴昌硕，号缶庐、缶翁）。第一次去见的时候，他带了自己的几张书画作品向吴老先生请教。这时吴昌硕已由弟子王一亭安排，从上海的吴淞搬到山西北路吉庆里多年，时年已近八十高龄，他看了潘天寿的作品，又问了他对诗画方面的见解，心里不免对这位后生有了爱才之心。潘天寿后来回忆吴昌硕时这样写道："那时候，先生的年龄已近八十了。身体虽然清癯，而精神却很充沛，每日上午作画，下午大概休息。先生平易近人，喜谐语，在休息时，很喜欢有朋友和他谈天。我与昌硕先生认识以后，以年龄的差距，自然以晚辈自居，态度恭敬，而先生却不以此而有距离，因此谈论诗画，请益亦多。"一天下午，潘天寿又到吉庆里向吴昌硕先生请教，这时的吴昌硕先生午睡刚醒，精神很好，便和潘天寿谈起了诗画。吴昌硕听了潘天寿的见解，觉得与自己的看法相合，甚为欢喜，第二天便写成一副诗句篆联让诸闻韵送给潘天寿。上联写的是"天惊地怪见落笔"，下联是"巷语街谈总入诗"。据说缶翁平时看了别人的书画一般都是说好，不多加评语，而写给潘天寿的这副篆联，既是对潘天寿所谈诗画见解的肯定，又是对他今后再攀高峰的一种勉励。吴昌硕以这种办法奖掖后进，还是不大多用的。望着昌硕先生篆联的"如锥画沙"之笔，再细看篆书的"如渴骥奔泉"之势，潘天寿心头久久不能平静，觉得昌硕先生对自己的褒奖勉励实在是分量太重，特别是那具有强烈的特殊个性、自成体系的古篆，更使得他觉得弥足珍贵。这副联语他小心翼翼地珍藏有十年之久，孰料日军入侵，杭州沦陷，因这副对联没有带在身边，便遗失了。他后来不无后悔地说，这副对联"不知落入何人之手？至为可念！"

还有一次，潘天寿又带了一件自己觉得画得比较满意的山水画请昌硕先生指教。吴昌硕看了画以后，仍然是说好，哪知当天晚上他便写了一首长古，让诸闻韵带给潘天寿。潘天寿从头到尾一字一句细细揣摩，觉得老师对自己作画的最大不足之处，即轻视古人"重功夫，严法则"的主张，给予了严厉的告诫。诗中一开始对潘天寿是赞扬的，"寿何状兮欣而长，年仅弱冠才斗量"；而诗的结尾才是昌硕先生真正要对他说的话，也是对他的诚勉："只恐荆棘丛中行太速，一跌须防堕深谷，寿乎寿乎悉而独。"希望他不要以为自己天分很好，只凭个人兴趣出发，横涂直抹，如野马奔驰，不受缰勒，今后千万不要"行不由径"。这些警钟般的告诫，使潘天寿牢记心头，终生不忘。抗日战争流离失所之际，他十分怀念昌硕先生："月明每忆斫桂吴，大布衣朗数茎须。文章有力自折叠，性情弥古眸清癯。老山林外无魏晋，驱蛟龙走耕唐虞。即今人物盼眼底，独往之往谁与俱。"对老师的言谈举止和治学精神，描述得绘声绘色，如在眼前。昌硕先生谢世之后，潘天寿与诸位旧友谈及老师时，更觉得老师当年对自己的教诲，字字珠玑，情深意切，无处不闪耀着惊世的智慧光芒。

喜欢八大和石涛

潘天寿被林风眠聘请到杭州国立艺术院的第二年，即一九二九年春天，上海举办了一个唐宋元明古画和石涛、八大山人主题画展，因为这时他还兼着上海美专、新华艺专的课，参观画展很方便，他不止一次看了画展，特别是八大、石涛的作品让他感触尤深。于是，他作了一首五律《读八大石涛二上人画展后》："妙运金刚腕，辟支演太阿。奇才瞎尊者，怪物哑头陀。气可撼天地，人谁识哭歌。离离禾黍感，墨沈乱滂沱。"（"瞎尊者"，石涛别号；"哑头陀"，即八大，八大因口吃而佯作哑人。）诗的前两句是说八大、石涛二位上人都是佛门中人，他们以自己特有的学养和腕力，用自己手中的笔描画出了气势恢宏的山川风物。他们笔底的气势，撼山岳、泣鬼神，或悲或歌，都生动地表现出来了。短短四十字，潘天寿把对八大、石涛作品的理解、崇仰和对二位上人的真挚情感描绘得入情入理，仿佛也使读者置身于画展之中，深有所悟。

潘天寿在艺专的学生吴冠中回忆起潘天寿时这样说："潘天寿很喜爱石涛，他早期作品受石涛的影响较深，他也经常要我们多临摹石涛、石溪及弘仁等人的作品。我们同学大都偏爱石涛和八大山人，这与潘师的指导是有密切关系的。"他还说，"潘师授课期间，我们谈得最多的除石涛外便是八大，在师友们的熏陶下，我一开始也爱上了八大，但除了遗民、气节、郁勃之气等人的品质外……我认为八大山人是我国传统画家中进入抽象美领域最深远的探索者。凭黑白墨趣、凭线底动荡透露了作者内心的不宁与哀思。"从吴冠中这些对老师潘天寿情深意切的回忆文字中，至少可以使我们了解到潘天寿早年喜欢八大和石涛的原因。吴冠中文中所说的潘天寿要他们多临摹石涛、石溪及弘仁等人的作品。这里说的石溪，即髡残；

⊙《兰菊图》（潘天寿作）

弘仁，即渐江；还有石涛、八大，他们是明末清初画坛的四大名僧。石溪擅长山水，他笔墨苍茫，长于干笔皴擦，所作繁复幽深，峰峦浑厚，平中见奇。八大山人名朱耷，即明宁王朱权的后裔，他擅长山水、花鸟、竹林，他的作品笔法劲疾简约，造型夸张，蕴藉含蓄，书法淳朴圆润，狂草自成一家。石涛是明靖王朱赞仪的后裔，法号原济，他以造化为师，师法自然，山水、花鸟、人物皆工，用笔高古，变化无定。潘天寿喜欢八大、石涛，最核心的是喜欢他们能够打破习俗，不循规蹈矩，以造化为师，以我为主的秉性，特别是八大的劲疾简约、石溪的繁复幽深、石涛的变化无定，这些具有独特棱角的风格，使潘天寿如醉如痴。同时，于潜移默化之中，独辟蹊径，最终也形成了特有的自家风貌。不管是山水还是花鸟，较之于八大、石涛，特别是八大，我们在他的许多作品中看到更多的是拓展、延伸与变化，更加神完气足。

他早年喜爱八大、石涛，不仅讲课时常常向学生们提起，而且在自己的许多诗文、题跋中，也常常对八大、石涛的笔墨、布局等予以评说，阐发幽微。他早年曾写了二十首论画绝句诗，从东晋的顾恺之写起，一直写到清代的高铁岭，每人一首，每首仅用二十八个字，就把他们的特色活脱脱地勾勒了出来，既传神逼真，又深邃含蓄。写八大是这样四句："不堪听唱念家山，尽在疾狂苦笑间。一鸟

⊙《兰菊图》（潘天寿作）

219

一花山一角，破袈裟湿暮云烟。"八大狂怪的特色让人一看便知。写石溪是这样四句："镕六州铁锻千锤，沉默幽深累梦思。鼻息一丝云一衲，万山千水老垂垂。"由此概括出了石溪作品的苍茫繁复。写石涛是这样四句："古阿罗汉是前身，五百年来无此人。岂仅江南推第一？笔参造化墨通神。"潘天寿在诗后加一小注说："瞎尊者石涛，王麓台尝云：海内丹青家未能尽识，而大江以南当推石涛为第一。予与石谷皆有所未逮。"小注里引用了清代著名"四王"之一王原祁（字茂京，号麓台）的话，说石涛是江南第一人，同时又说石谷（清"四王"之一的王翚）和他本人都有许多地方不及石涛。抗战时期的一九四〇年，他随艺专到了昆明，一天夜里又梦见了石涛，次日，他写了一首七律《重梦石涛》，诗中说："清湘去我年三百，底事翩然入梦频。阿阁灯辉云外寺，都天相变壁中身。书从屋漏飞来远，诗接秋容淡有神。我是打包苦行僧，苇航何日可知津。"意思是说："虽然石涛已经逝去了三百余年，但是他的艺事常常进入我的梦中。现在是抗战时期，离乱之中，我还是忘不了诗书和绘画，石涛上人什么时候能知道我喜爱他的书画艺术的一片真心呢？"可知潘天寿对石涛艺术的喜爱与追求，真是到了痴迷如醉的地步。后来，他又在自己画的一张山水上题了一首诗《题拟石涛山水轴》，诗曰："习俗派争吴浙间，随声相誉与相讪。苦瓜佛去画人少，谁写拖泥带水山？"历史上吴浙画派之间的论争，各派之间无非都是为了固守自己，争来争去，都忘记了发展与开拓。他不无遗憾地说，自从石涛和尚故去之后，又有几人能拿出像他那样的作品呢？

一九四四年潘天寿重回艺专担任校长之职，不久，他为当时国立戏剧专科学校校长徐伯璞画了一张《八哥盆景》，他在画上这样题道："个山僧一点一抹，均能不落恒蹊，此是从蒲团中来，学之者以绳墨守之，怎能得其似处。伯璞先生道正，三十三年，寿。"他说八大（号个山）的一笔一画之所以不落前人窠臼，都是因为出于他对事物的感悟，从自我出发，如果学他的人以墨守成规的方法去学，学其画而不师其心，是学不像的。实质上，他是在告诫人们，不管搞什么艺术，都应该创新才能有所建树。

抗战胜利后，潘天寿回到杭州，他辞去了校长之职，全身心地投入教学和创作中。当年底，他又在自己画的一张《笔外之笔山水》上题句道："画事能得笔外之笔、墨外之墨、意外之意，即臻上乘禅矣，此意近代唯残道者得之。丁亥腊梅开候，心阿兰住持者草草并志。"这里的题款实际是他对如何画好山水画的真知灼见，他的意思是，真要能画出"上乘禅"的意境，只有石溪（髡残）才能做到，而真要达到"笔外之笔、墨外之墨、意外之意"的境界，那是十分不容易的事情。

一九六六年五月间他还为学生寿崇德收藏的一张石涛山水画题款，款云："此清湘晚年精品，云水苍茫，笔力劲肆，其意致在高尚书之外矣！崇德仁弟宝之。"这也是他一生中最后一次对石涛的作品给予评价，也可以这样说，潘天寿的一生中，几乎无时不在思索着八大和石涛的超群艺术。

创立"白社"

　　潘天寿儿时在浙江宁海冠庄老家读私塾的时候，就喜欢写字、画画，常常临摹《三国演义》和《水浒传》等小说中的人物绣像。后来读了小学，仍然痴迷于写字、绘画，同时又爱上了治印。他得到了一本《芥子园画传》，更是喜不自胜，每天临摹不止。到浙一师读书的时候，校长经亨颐擅长书画，潘天寿经常向经校长请教，得到校长的悉心指导，潘天寿对书画的热爱之情更是一发而不可收，书画、治印几乎成了他每日必不可少的功课。

　　因为家境清苦，他无力继续升学深造，浙一师毕业后，便回到家乡正学高小教书，教国文、算学，也教图画。家境虽然贫寒，但他从小就立下鸿鹄之志，很想从偏僻穷困的家乡"飞"出去，看一看外面的世界。不久，他经人介绍，到上海女子工艺学校教授图画课。后他又兼上海美专的课，每天忙着教书、写字、作画、治印，沉浸在浓郁的艺术氛围之中。一九二八年，林风眠奉蔡元培之命在杭州创办杭州国立艺术院，聘请潘天寿担任中国画主任教授，他原来在上海美专、新华艺专、昌明艺专的课还要兼下去。于是，今天杭州，明天沪上，每天往来不辍，仅是备课一项，就忙得不可开交，作画、写字的时间自然少了许多。作画写字少，也有一定好处，就是对于那些世俗之辈无理索要作品的应酬，有了借口。特别是当他正在认真思考一个问题，静下心来想写点字的时候，一些不速之客往往会找上门来，缠着要这要那，令他心烦。他是一个寡言少语的人，不愿轻易得罪别人，只好硬着头皮应酬。差事多了之后，平时也便不大作画写字了。日久天长，潘天寿认为自己的作画写字实践少了，艺术功夫欠了火候，还何谈大进？往来奔波于沪宁杭道上的几位艺术同道似乎也有同感。于是，一九三二年春天，他约请诸闻

222

韵、吴茀之、张书旂、张振铎四人在上海成立"白社"。诸闻韵当时在上海美专、新华艺专任课，时年三十八岁；张书旂在南京中央大学艺术系任教，时年四十二岁；吴茀之在上海美专任课，时年三十二岁；张振铎在新华美专任课，时年二十四岁，年纪最轻，是潘天寿的学生；潘天寿时年三十五岁。潘天寿说："同道五人聚首成立'白社'，主要是五位师友之间年龄相近，且年富力强，志趣相投，互相比较了解。'白'是清白之'白'，在世风日

⊙潘天寿与张振铎（右）

下、世俗陋习不断袭扰的情况下，我们以白社为乐土，可以坚守清白。再者，'白'字为五划，正好代表我们五个人。"大家听了，都由衷高兴。潘天寿说，尽管白社是他发起成立的，但是，他还是请比他年长三岁的诸闻韵担任社长。潘天寿说诸先生在沪上经营多年，一直是上海美专国画系的主任，社会阅历多，根基牢，还是屈就吧。在众人拥戴之下，诸闻韵推辞不过，当了社长。

潘天寿当时和大家一起商议了白社的宗旨和义务。一是正式定名白社为"白社国画研究会"；二是以弘扬富有革新精神的"扬州画派"为宗旨，潜心研究国画创作，同时，兼攻与国画有关的其他课目，如金石、篆刻、书法、诗词、题跋、画论、画史等。还规定，书法一项是五人的必修功课，在规定的一定时期内（半月或一月之内）必须交出作业，逾期未交者，罚款一元；三是在一两年之内举办会员展览一次，出版《白社画集》，以检阅社员同仁的国画创作及其他课目的研修情况。

白社成立的第二年，即一九三三年夏秋之交，他们在南京举办了首次展览。展览之前，五人于炎炎盛夏聚首金陵，来到南京的张书旂家中。南京是全国著名的火炉之一，在当时的条件下，五位先生的日子虽然过得不怎么穷困，但也并不

富裕，再说，当时也还没有什么空调之类，只是用芭蕉扇和蒲扇驱暑。于是，五人在室内各占一方，画的画、写的写，有的赤着膊，有的穿个背心，身上搭条毛巾，每个人忙得汗流浃背，各自陶醉在自己的艺术天地里。之后，便是你看看我的，我看看你的，互相提提想法和建议，有时还不免要争论一番。此时，酷暑热浪和室内热烈的气氛完全融在了一起，五位先生也完全忘记了自己。张书旂住的地方也不太宽裕，晚上他们便把地板当床睡了下来，还想着白天的画作，说着，议论着，渐渐地进入了梦乡。这一年，潘天寿教课之余抓住一切时间，作画、写字二十余幅，其中《晴秋图》《秃鹫》《竹石图》《映日荷花册页》等，墨色淋漓，光彩照人，得到朋友、同道不少赞誉。在白社编印的《白社画集》中，他的《江洲夜泊》《鸡》《远浦归帆》《梅兰竹》《海鹰》被收了进去。

白社成立的第二年，潘天寿在研究大量史料的基础上，对以前编著的《中国绘画史》进行了认真整理、修改，三年后由上海商务印书馆又进行了再版，并成为"大学丛书"之一。他把《域外绘画流入中土考略》一文收进本书，文中提出的"东西方艺术并存发展"的观点，奠定了他终生治学的基本思想。

潘天寿与几位同道在南京举办过白社首次画展后，又在杭州举办了第二次画展，几个人都住在杭州潘天寿的家里。这一次几位同道虽然与在南京张书旂家里忙碌时的情景相似，但是，每位先生对自己的艺术创作都进行了回顾和展望。潘天寿心里似乎更加充实一些。他想，自己过去忙于教书，毕竟因为有了几位志同道合朋友的提示和切磋，疏懒于艺术创作的情景有了大改观。特别值得一提的是，他的《中国书法史》也已杀青，等待付梓。《白社画集》第二集问世的时候，潘天寿的《石梁归瀑》《松鹤鸣泉》也被选了进去。当时上海办的比较有影响的《良友》画报和《文华》《艺风》等刊物，对《白社画集》进行了报道和宣传，在社会上产生了很大影响。

潘天寿和几位同道的白社辛辛苦苦经营了五年，日寇的铁蹄踏进了中华国土，清白的白社被炮火硝烟所玷污，随着流离亡命，白社也便留在了逝去的历史岁月里……

违心和顺心

新中国成立之初，潘天寿也和许多从旧社会过来的知识分子一样，怀着十分兴奋的心情，迎接新的生活。每每想起战乱频仍、居无定所、民不聊生的旧中国，他的心头总会笼罩上一层阴影。现在好了，新中国诞生了，人民生活在祥和、安定的环境之中，潘天寿作为留用教授，仍在杭州艺专教课，日子过得还算安定，他也感到满足。

然而，大自然的规律是：树欲静而风不止。一九四九年十月，在杭州艺专召开的一次国画改革讨论会上，作为学校当时负责人之一的江丰在会上说："……中国画不能反映现实，不能做大画，必然淘汰。将来是（会要）有世界性的绘画出来。油画能反映现实，能做大画，是有世界性的……"潘天寿听了，望了望国画系的其他教授们，心头不免生出一种说不出来的滋味。不久，江丰就让刘开渠（当时是艺专主要负责人）转告潘天寿：以后不要画山水、花鸟了，改画人物画。事实上，当时杭州艺专已经把中国画系与油画系合并成了绘画系，而中国画每周只有几个小时的白描人物画课，等同虚设。当时北京的艺术院校也很少设立甚至取消了中国画课程，教授、老师有的去画人物，有的改画了油画。在南北呼应、形势咄咄逼人的大环境之下，潘天寿、吴茀之和诸乐三几乎是无课可教，心头压抑得喘不过气来。

潘天寿平时虽然也画山水，但是以花鸟为主，常常还用指墨画花鸟，他在艺术院校教的也是花鸟画。几十年来的精心挥洒和潜心揣摩，特别是从八大、石涛作品吸收的营养融会贯通之后，潘天寿饱含金石气息的花鸟画形成了独特的风格，几乎无人不知潘天寿是著名的花鸟大家。不久前，他应好友余任天之邀，与黄宾虹、吴茀之、诸乐三到他家里赴宴，觥筹交错之际，几位先生不免来了兴致，于是展纸挥笔，黄宾虹画小松树，潘天寿画大松树，余任天画石……一幅淋漓尽致的大写意出来了。当时是何等的洒脱和尽兴啊！他想，今后这样的日子还会再有吗？真的就不再画花鸟画了？然而，那时是大势所趋，潘天寿也不得不违心地顺应形势，跟着画起了人物画，当然，画的还是中国画风格的人物画。

国画改革讨论会后不久，学校组织毕业班的学生和部分教师到杭州的三墩去体验生活，进行创作，由莫朴带队，潘天寿也跟着去了。这年的十二月七日，艺专举办新年画创作展览，潘天寿下乡深入生活后也画了一幅水墨人物《喜交胜利粮》参加展出。一九五〇年初，这幅画又在上海举办的"新年画展览会"上参加展出。江丰对他的这幅画还给予了肯定，而潘天寿面对自己的这幅作品，既尴尬，又无奈。

一九五〇年三月，潘天寿又和一些师生二次下乡体验生活；十一月去萧山尖山乡参加土改，访贫问苦；次年去余杭义桥乡体验生活。其间，他分别创作了《地主参加劳动》《访问》《杭县农民争缴农业税》等表现新时代风貌的人物画，自己觉得还算是跟上潮流了。还没等潘天寿有一种"安于现状"之感的时候，一九五一年冬天"三反""五反"运动来了。这种政治运动可不同于画不画人物画、油画一类的学术讨论，而是牵扯到每个人的政治命运。每个人不仅要主动投入，还要有深刻认识。潘天寿在一次教师的小组会上自我检查说："……我平时只喜欢作诗、画画，有清高思想。我当了多年校长，吃了人民的血汗，有一所小

⊙潘天寿和师生一起下乡

洋房……现在，我愿意把所有的东西交还给人民……"就是这样，有人还说他检查得不深刻，只说皮毛，不说实质。不久，他就把自己住的一座宅院和一块两亩大的空地赠送给杭州市房管局，自己携带家眷住进了学校的集体宿舍。其实，潘天寿住的这所小洋房，是他用自己的笔墨心血换来的。抗战胜利后不久，有几位朋友劝他说，你在抗战中弄得家破人亡，一无所有，你可以画一点儿画在重庆或昆明办个小展览，卖点钱，到杭州时可以买些家具什物。因为抗战胜利，兴头高，他接受了朋友的建议，于是赶了四十件作品，到昆明办了一个小画展，用这些卖画的钱，在杭州购置了这套房舍。

尽管当时心头压抑，他还是忘不了喜欢了大半辈子的花鸟（特别是指墨画）和山水画。一九五〇年冬天他用指墨画了一张《罢钓》，在上面题款云："翻翻鸥鸟自忘机，眉外斜阳水外肥。罢钓归途闲眺望，轻舟已过旧渔矶。久未作（指）画，偶然染指殊解我颐，世无铁岭，谁与同赏？庚寅，寿.'最后一句的意思是自己好长时间没画指墨画了，如今画了，心里是多么高兴和舒畅啊！世间已经没有了铁岭（清人高其佩，号且园，辽宁铁岭人，指墨画创始人），还会有知音吗？一九五二年秋天，他又画了一张《芒草》指墨画，这样题道："久未作指画，偶然落墨有怀铁岭高且园矣。壬辰枫叶红时秃寿。"他回忆起当时不想画却硬要画的人物画时这样说："人物画是比较为工农兵所喜欢的，我也决意试学人物画。大概搞了三年多，也创作了好几件作品……（但）总是画不好，一是对人物的形象基础太差，二是各项技法跟不上，真是六十六，学大木，感到非常困难。"又说，"孔老夫子倘使还在，看见我作画如此没有办法，一定会感到孺子中有不可教的人物，老头儿当中，也有不可教的人物，要咒骂起来，举起他的杖来敲我的手了。"这些生动形象、亦庄亦谐的叙述，既是出于无奈，也是他当时真实心境的写照。

到了一九五三年秋天，事情有了转机。这年九月二十三日到十月六日召开的中国文学艺术工作者第二次代表大会，把中华美协改组为中国美协，会上讨论了一个很重要的也是潘天寿非常关心的问题，就是社会主义还要不要花鸟画的问题。大家普遍认为还是要。这一下子把笼罩在潘天寿心头的阴影除掉了。会议期间，他曾画了大幅指墨画《和平鸽图》，受到了与会者的赞扬。他后来回忆说："花鸟画还是可画的，只要创新方面有些办法，而且我一向搞花鸟，有三四十年长的时间，是一熟路，比搞人物似乎好办些……”能够自由自在地又搞花鸟画了，潘天寿自然也便感到气顺心安了。

不断出新

二十世纪五十年代后期，一次潘天寿和从北京来到杭州的著名画家蔡若虹一起吃茶闲叙，聊着聊着，话题聊到了爱和恨的问题。潘天寿说："爱和恨不是抽象的东西，人们是从具体的感性认识它的。如五四运动，当时这个运动之所以深入人心，也是因为有个爱和恨的问题在里面。当时恨什么呢？一是恨丧权辱国的《二十一条》，再有就是恨欺负我们中国人的洋鬼子。爱，是对生养自己的故乡本土的爱，是对亲人朋友的爱，是对历史上英雄人物的爱，还有对一山一水一石的爱。如果没有这种爱和恨做基础，就谈不上爱国。"由此他又把话题转到了作画上，"如果没有感情，就没有作画的欲望，没有欲望，也就拿不起来手里的笔。"

特别对故乡本土，潘天寿爱得更是情真意切、深刻执着。年轻时，他生活在故乡宁海的雷婆头峰下，常常喜欢一个人在山野间跑来跑去。有时对着山，一个劲儿地看，默默地看；对着水，也是默默地看，一边看着，一边心里还在想着什么。日久天长，他和山山水水交上了朋友，和花草树木有了感情，有时还自言自语地和花草树木、石头说话。有人对此不解，但他自己知道，这是因为自己对故乡本土有着一种表达不尽的情愫。一天早晨起来，他对着头一天从田间采来的一簇山花垂眸凝视，看着看着，诗思涌上心头："昨天采了一簇山花，我把它供在了明窗之下。它为我排遣了多少幽独，还散发沁人心脾的异香，我深情望着它，想和它说话……"这是他年轻时写的一首诗，叫《早起对几上山花》。

二十世纪五十年代中后期，潘天寿对创作上的认识有了一个很大的转变，也可以叫作飞跃。这就是推陈出新问题。他当年和蔡若虹闲聊，聊到"陈"该怎么推，"新"该怎么出，他认为，绘画上的仿古，只能看作是技术学习的一个阶段，

既然是一个阶段，就不能老是"仿"下去。就艺术作品的立意而言，古人和现代人各有不同；出新，就是要出时代之新，不能守着过去时代的东西不放，抱残守缺。一九五四年四月华东美协在上海成立的时候，潘天寿在会上做了一番即兴讲话，以自己的亲身经历说明艺术创作要跟上时代。他说他早年痴迷明末清初四僧的作品，曾经有一段时间受老师李叔同的影响，想出家当和尚，以为这样就可以求得画格高超，达到上乘了，于是便到烟霞寺去找李叔同。李叔同对他说，尘世间有很多烦恼，有争斗，而出家人之间也有争斗，烦恼并不比尘世少，有些地方，可能比尘世更加厉害。听了这话，潘天寿便打消了出家之想。后来，他通过不断学习、实践，才真正体会到了艺术必须来自人民、来自生活的道理。创作时，必须要考虑到作品对人民所起的作用，要与时代的脉搏息息相通。一个民族的艺术，就是一个民族精神的结晶，它代表着这个民族的气质和精神面貌。

　　一九五八年五月，刚刚做了一年浙江美院副院长的潘天寿，在一次出席院刊《美术研究》编辑部召开"关于油画的民族风格问题"座谈会时，他又做了一次精彩的发言。他谈到民族的艺术风格、时代精神和西为中用等问题，谈得深刻、形象、生动。他举例说，列宾的油画成就高，假使全世界都学列宾，即使学得一模一样也没有意思；齐白石也就是一个齐白石，他的儿子画起来，尽管和他一模一样，但是人家要的还是齐白石的画。一个民族要有一个民族的艺术风格，一个画家要有一个画家的艺术风格，齐白石学吴昌硕而不同于吴昌硕，这便是齐老的成就。

　　因为这个座谈会的题目是"关于油画的民族风格问题"，潘天寿真知灼见的言论，在今天看来，仍然具有深远的历史意义和现实意义。他说："油画要民族化……中国人画油画，要注意中国民族的特点，因为中国人有中国人的思想、感情、风俗和习惯，中国人不论画什么都应该有民族风格。"他在谈到西洋画和中国画之间的辩证关系时指出："我以为从小学西洋画的人，西洋的东西必然多一些，甚至重西轻中，迷信西洋，有些人对中国画一无所知，自然不热爱中国画。有的人从小学中国画，很可能有保守思想，但初学的时候，还是要学古的，要古为今用。学西洋的，要西为中用。假若取消了'古'和'西'，也是不对的。因此，我认为：第一，油画必须民族化，这是原则；第二，学油画的必须西为中用；第三，要西为中用，必须学习中国画。"在这里，潘天寿又谈到了风格："一种风格的形成，十年不一定够，至少十年以上，吴昌硕、齐白石学过很多人，才有自己的独特风格……齐老六十岁以后，他自己的风格才慢慢出来，黄宾虹先生也如此，足见一个画家形成自己的风格是不容易的事情，要苦学苦练。我们必须加把劲儿，把油画民族化起来。"

其后，潘天寿对自己的艺术创作如何出新和怎样出新的问题不断思考，孜孜以求。一次，有学生谈到他的画，说美中不足之处就是缺少意外之趣。潘天寿认为，所谓意外之趣，就是像过去的文人画一样，单纯地追求潇洒狂放的笔墨情趣，搞一些水墨淋漓、墨色渗出的偶然效果，这样的画他年轻时也画过，可是后来为什么不画了呢？他说："如果大家都按文人画的逸笔草草地画下去，不仅会把路子走穷了，而且还会泛滥成灾，把绘画当作儿戏，谁都会抹几笔，搞点艺术底蕴极其浅薄的笔墨效果，这也就无法再把中国画的艺术深化下去了，而且这样的画法也很难体现出我们的民族精神和中华民族博大精神的文化素质。"怎么办呢？于是他便改弦更张，使自己的创作思想回到唐、宋时期的那种认真严肃的艺术创作精神中去，在这种精神支配的基础之上，再与他曾经研究过的文人画重诗情画意、重书法入画、重题跋款位等精义结合起来，进行一番新的思考和创造，从而形成新的绘画风格。当然，这样做非常难。但是潘天寿是一位在艺术上十分注意追求出新的大家，越是难，他越要往前走，通过不断努力和实践，他最终还是创作出来了一件件能够"体现出民族精神的大趣，使人感到大的意外之趣"的神韵之作。

北京办展

一九六二年，潘天寿六十五岁。这个年龄，正是他精力充沛、艺术日臻成熟、阅历和见识都有独特个性的时期。这一年的九月三十日至十月二十日，中国美协和浙江美协为他在北京美协美术馆举办了"潘天寿书画展"。为了办好这次展，潘天寿准备了一年多的时间，除了原有的作品外，又新画了一些，共拿出了九十一件作品。

在举办展览二十多天的时间里，北京的许多著名书画家、艺术家、评论家参观了展览，叶浅予、秦仲文、吴镜汀、李苦禅、唐兰、罗工柳等四十余位当时誉满国中画坛的名家还应邀出席了中国美协举行的座谈会。各位高手对潘天寿的书画艺术给予了高度评价，一时间，潘天寿在北京艺坛名声大振。

展览在北京产生轰动效应、好评如潮的最根本原因，是潘天寿艺术的博大精深和强烈的撞击力。平时他以画花鸟为主，这次展览中的许多作品，把花鸟和山水熔于一炉，使人大开眼界、耳目一新。大家普遍认为只有像他这样的高手，才会有这样的创新胆识和境界，而这个胆识和境界，正是基于他的传统功力和艺术修养的深厚。他从徐青藤、八大、石涛、吴昌硕等大家的艺术宝库中汲取营养，使自己的笔墨老辣而劲健，在他的作品中既能看到"屋漏痕""折钗股"，又能找到力透纸背的"无起止之迹"，不管是山花野草、睡猫青蛙，抑或蜘蛛水牛、芭蕉公鸡，或藤萝蜗牛，或残荷，或水仙，或梅、兰、竹、菊和古松，一幅幅、一件件，无不以奇特、雄浑的布局和笔墨，使观赏者大饱眼福。

许多观众被潘天寿作品中的气势所折服。作品中有一件《松石梅月图》，人们看到的是，潘天寿从纸的右下角出梅枝，而松则从左下角往上伸出，梅和松的交

气结殷周雪天成铁石身
岁寒终闲寂数俏一枝春

黄海湖作
潘天寿

⊙《松石梅月图》（潘天寿作）

又是平直的，这种手法和气势，平时不大多见，却给人冲撞力和震撼力，淋漓狂放的笔墨之中迸发出旺盛的生命力。当然，从这种表现手法当中，人们也看到了潘天寿的最大特点，即在作品中敢于营造"险"的气势。梅松两枝平直交叉，本身就是一个平平稳稳的想法，但是，交叉出来的梅、松却给人以奇特的感觉，这也正是潘天寿既能设"险"，又能破"险"的高人之处。

面对潘天寿寥寥几笔画出的山水，人们不禁拍案叫绝。他画的山水《拟倪云林山水轴》，不管是山石还是远树，都给人笔墨简到不能再简的感觉。著名画家艾中信评论说："他画石只环抱一笔，若有千钧之重；画树只疏落几株，而有森森之感，这种以一当十的手法，在《拟倪云林山水轴》一画上达到了简练的极致。"艾中信特别对潘天寿书画融为一体的鲜明特点大加褒扬："在他的画上，题跋不是附加的东西，而常常是作为绘画形象的补充而存在的……这些字迹和绘画的形象在布局上有密切的联系，加强了节奏和气韵。"潘天寿画的题跋完全根据章法的需要，所以常常一画数题，有时题在画面中央，有时题在石上、树上，而长画《记写雁荡山花》却保留大块空白，宁将字题在花丛间。正因为书画是一体，所以他的书法常常恣意盘屈，特别强调用笔的表现力，但又与狂怪诡异有别，可以看出他在书法上的精湛修养。

潘天寿的艺术虽然不能说是到了炉火纯青的地步，但说他的艺术已经进入笔精墨妙的境界并不为过。纵然当时有那么多的赞扬之声，而潘天寿本人却十分冷静地面对这个火热的现实，他说："……实在这次画展的作品没有什么可满意的，尤其在创新方面，表现不多……"这说明，办展的时机对潘天寿来说并不重要，重要的是他的作品质量是否让人满意。

山东之行

　　一九六三年年初，时任山东省委书记的谭启龙多次给山东美协打招呼，要他们邀请杭州的潘天寿等人到山东讲学，做一些艺术上的交流。当时的山东美协主席、花鸟大家于希宁是潘天寿的学生，他给老师写了信，请潘天寿和另外两位花鸟大家吴茀之、诸乐三同来齐鲁大地，讲讲学、画点画，权作变换一下生活方式，放松放松。

　　因为吴、诸两人系里有课，不能立即成行，潘天寿回信说只能俟暑期再定。到了暑期，诸乐三因为身体不太好，潘天寿只好和吴茀之两人再加上陪同人员叶尚青一起，于七月中旬经上海乘船北上。他们的第一站是青岛。船到青岛后，于希宁早已在那里等候，然后一同驱车到青岛交际处下榻。因为接待条件较好，照顾又周到，潘天寿心里有些不安，就对于希宁说，招待得太好了，过意不去，还是简便一些吧。于希宁说："这次邀请你们到山东来讲学，是省里安排的，我只是奉命尽好接待之责，先生就不要客气了。"他们也就只好客随主便了。

　　潘天寿、吴茀之在青岛住了大约一周，每天都是按照预定的计划行事，或参观、或作画，青岛的水族馆、博物馆、中心公园，都给他们留下了美好的印象。青岛离蓬莱很近，于希宁趁潘、吴作画的间隙，带他们一起游了蓬莱。蓬莱地处渤海、黄海之滨，这里既有许多美丽动人的传说，又有一些令人称羡不已的景点，楼榭歌台、仙山琼阁，游人到此大有飘飘欲仙之感。潘天寿游了蓬莱后，曾作七绝《登蓬莱高阁口号》，诗曰："莫问秦王与汉武，神仙天药事成尘。振衣绝顶观沧海，我是蓬莱最上人。"意思是说，当年秦始皇、汉武帝都曾到此求不死仙药，佳话如今已成过往烟尘了，如今，我登上了蓬莱阁的最高处观看茫茫大海，大有居

⊙《雨霁图》（潘天寿作）

高临下之感呐！

　　游历了青岛、烟台、蓬莱之后，潘天寿一行到了济南。济南是山东省的政治、经济、文化中心，也是人文荟萃之地，潘、吴两人在这里不同的场合作画、示范，受到了同道和后学的热烈欢迎。特别是在山东美协举行的一次次座谈会上，他们示范作画、与同行们切磋交谈，心情颇为舒畅，对山东以于希宁为代表的花鸟画家们苍古、雄健的笔墨，也给予了高度评价。潘、吴一行怀着极大的兴致游览了大明湖、趵突泉等名胜。特别是参观了宋代女词人李清照的故居，潘天寿更是诗思如潮，佳句迭出，在《济南访女词人李易安故居》两首五绝里他这样写道："漱玉真清冽，源邻趵突来。绿肥与红瘦，依旧海棠开。"另一首是："空古词臣泪，天教弱女乾。伤心忆王导，南渡仅衣冠。"潘天寿有着扎实、雄厚的旧诗功底，他对中国历史上这位伟大的女词人脍炙人口的一首首佳作，更是熟记于心，时时吟诵。李清照，号易安居士，山东济南人，是北宋南渡前后的天才女词家。李清照祠前有一泉名"漱玉泉"，她的词清新婉约，有如漱玉泉的清流一般令人神驰心醉。"绿肥与红瘦，依旧海棠开"是潘天寿纪念李清照著名的《如梦令》词中的句子所作。潘诗的第一首实际写的是李清照早期的愉快生活，她和夫君赵明诚收藏金石、图书，填词赋诗，浅斟低唱，有着说不尽的愉悦和幸福。南迁之后，李清照的生活发生了巨大变化，丈夫上任途中死去，她在离乱中过着寄人篱下、愁苦悲戚的生活。李清照这个时期的作品，几乎都是用泪水写出来的，所以潘诗第二首的首句"空古词臣泪"，准确、生动、形象地描绘出了李清照南迁后的遭遇和烦愁。像"物是人非事事休，欲语泪先流"（《武陵春》），"雁过也，正伤心，却是旧时相识……守着窗儿，独自怎生得黑？梧桐更兼细雨，到黄昏、点点滴滴……"（《声声慢》），这些句子，表明了一个家破人亡、离乡背井的女词人对南宋小朝廷偏安一隅，向敌人妥协，不抵抗的愤恨，痛惜和无奈。"南渡仅衣冠"一句，说明李清照是因为情势所迫而南下的，她的"心"实际上仍留在自己的故土。潘天寿抗日战争时期也曾有过颠沛流离的生活，和李清照当时所处的环境有相似之处，所以他参观了李清照故居之后，能写出那种慷慨激越的辞章。

在和吴茀之一行游览泰山的时候，潘天寿又想起在山东期间和吴茀之一起作画八十余幅的忙碌情景，对中国画的创作风格问题即兴发表了不同凡响的见解。他说："中国的艺术风格与世界其他各国不同，极其丰富、灿烂。代表我们民族的绘画，中国人民是热爱的，对祖国的民族遗产是热爱的，对外来的东西，也必须研究、吸收，但不能作为基础。只有在自己民族的优良传统的基础上，才能更好地吸收外来的东西。如果把基础放在外国的形式风格上，那是本末倒置，就会割断历史。"他还指出，绘画表现形式，不外点、线、面三者。中国画以线为主，用点、面较少；线为骨，面为肉，点为装饰。从几何学上说，物体由面组成，不是线，但艺术不能等同于科学，可以用线。当然，西方的油画是成千上万的画家在辛勤劳动中创造的，以面来表现对象，有一定成就。站在西方艺术的角度来说，他们也是特殊风格。但他们的成就和风格同中国是两回事。在艺术上，中西各有各的办法，各有各的路子。这些精辟的见解和论述，既是他对自己多年实践的总结，又是对中国画如何形成自己特有风格的真知灼见。

潘天寿游览泰山的时候，走到斗母宫东北四百米的经石峪，看到了我国现存最大的佛经摩崖《泰山金刚经》。《泰山金刚经》共四十四行，由南向北刻于缓坡石坪之上，南北宽约四十一米，北部长约六十米，南部长约三十二米。刻的内容是《金刚经》的上卷，共二千七百九十九字，每个字的直径约五十厘米，字体融篆隶而为楷，结体宽裕疏阔，从容端庄，气势磅礴，传为北齐天宝年间所刻。潘天寿看到这样一个古代伟大的艺术杰作，不胜感慨唏嘘，他在《泰山观经石峪摩崖》诗中写道："累有名辞七二代，靡同文字渺无余。幸残石峪摩崖在，应铲全山恶赖书。"最末一句，表明了他对金刚经石刻佩服得五体投地的感情和态度，看到

⊙泰山金刚经石刻

这么高妙的金刚经摩崖，他觉得山上那些不值得一谈的所谓书作，都应该铲掉才对。这也正是潘天寿对艺术见解狂放不羁的特有个性的体现。

老友李苦禅

　　一九六三年七月中旬，潘天寿与吴茀之一行到达青岛没几天，便和正在这里一边休养一边作画的花鸟大家李苦禅不期而遇。两人一见，三十余年前在杭州朝夕相处的情景又在眼前历历浮现。潘天寿看了李苦禅的作品后，连说："苦禅的，这才是苦禅的！"欣喜之至，溢于言表。

　　潘天寿与李苦禅于一九三〇年结识于杭州国立艺术院。一九二八年林风眠初创这所学校的时候，首先把当时正在上海美专、新华艺专兼课的潘天寿聘请到学校担任中国画主任教授。过了两年，即一九三〇年春天，林风眠又把在北平艺专担任校长时的学生李苦禅聘请到杭州来担任教授。此时，李苦禅已是齐白石的高足，所作花鸟画备受老人关注，并常有题句相赠。而比李苦禅年长两岁的潘天寿，此时也已是江南花鸟巨擘、吴昌硕的门生，备受缶老的赏识和器重。两人颇为志同道合。这里所说潘、李的"志同道合"，主要指两人的师承、艺术思想、表现技法等大体相近。具体地说，两人都是非常推崇八大、石涛等敢于突破陈陈相因的衰败画风而另辟蹊径的画家。

　　想当初，李苦禅到杭州艺专不久，就极力向自己的老师推荐潘天寿。他把潘天寿的书法给老师寄了过去，很快便得到了回复，齐白石在给李苦禅的信中说："承代寄来潘君字一幅，不独书法入古，诗亦大佳……迟当作画奉答潘君耳。弟代为一言。来日另作谢。"后来，白石老人很想念从北平到杭州教书的李苦禅，又写信给他表述这种难以排遣的思念之情："自弟别后，心中若有所失，知弟亦然""有风眠先生及李、潘诸君自可相携，虽远客他乡不致苦寂……愿弟珍重，小兄璜复白"。对于曾在异国深造多年，主张要摆脱古今中外艺术程式，创造具有个性、民族性新艺术的校长林风眠来说，请来潘天寿、李苦禅到杭州艺专任教，不异于如虎添翼。他激动地说："潘、李二君到校任教，实在是珠联璧合，当有'南潘北李'之美誉，司马德操先生曾云，卧龙凤雏，得一人可安天下，如今左有'卧龙'，右有'凤雏'，我艺专兴盛有望了。"李苦禅刚到杭州，林风眠为他接风洗尘，把潘天寿等人也约来见面。李苦禅望着眼前儒雅、稳重的潘天寿，激动得连忙上去紧紧握住他的手说："在北平的时候我就久仰先生的大名了，早就盼着能当面聆教，今日有缘相见，望潘先生日后多多赐教啊！"李苦禅那双有力的大手握得潘天寿疼得直咧嘴，潘天寿也连忙回说："李先生的大作，我们也都有幸欣赏过，你也不必太谦。林校长收藏有李先生当年的大作，虽是初出茅庐之作，却是大见功力，今后定有长足发展。目下能和李先生一起同堂备课，也望李先生不吝指点。"李苦禅又连忙逊让，两人你推我让，有如故友重逢，大有相见恨晚之感。

每每在谈到人品和艺品时，潘天寿一定要把人品摆在第一位。在这一点上，李、潘二人绝无二致。潘天寿早年在杭州的浙一师读书时，就受老师李叔同的影响，记住老师"文艺以人传，不可人以文艺传"的教导，并以此来规范自己的艺术行为和德操，他还以罗丹"做一艺术家，须先做一堂堂之人"的格言警醒自己。他曾引用过唐代大书法家柳公权的"用笔在心，心正则笔正"的话，阐释"心正则笔正"的道理，他说："心正者，人之思想道德品质也。文学艺术，乃艺术家人格思想感情的反映，艺术家思想正、志向大、胸襟宽、眼光远，则画品必高，成就必大。余谓笔正则画正，心正则笔正。人格方正，画品亦高。人品不高，画品必低劣。"

李苦禅到了杭州后，上课之前林风眠校长深情地对他说："你此次到学校来，不光要教授学生们绘画的技艺，还要以你的勤学苦练精神影响他们。这也是我千里迢迢请你前来任教的良苦用心啊！"李苦禅听了林校长的一番谆谆告诫，深深地点了点头。他走上讲台，在黑板上写下了五个醒目有力的大字"人格与画格"，然后以他那浓重的山东乡音响亮地给学生们讲解道："我以为，必先有人格尔后才有画格。人无品格，则下笔无方。"接着，他以学校附近的岳坟为例，生动地讲述岳飞塑像前跪着的秦桧、王氏夫妇的铸像。他说："秦桧的书法尽管很不错，但是，由于他的人格低劣，卖国求荣，残害忠良岳飞，为人所不齿，人们见到他的书法手迹不是拿着上厕所就是丢进炉灶烧掉,唯恐脏了自己的身手。"说到这里,李苦禅又把话锋一转,"同学们一定要牢牢记住,美术乃真善美之物,搞美术的人切不可追逐名利,依附权贵……"一字一句,振聋发聩,使学生们啧啧赞赏不已。

由于潘天寿与李苦禅同在一校,又都十分崇尚八大、石涛等先贤,画风也很接近,因此,两人经常在一起切磋笔墨、技法、构图等,相互都有收获甚多之感。李苦禅是山东大汉,豪爽、直率,作起画来才思涌动,信手挥来;潘天寿则是秉性内向,行动稳健,常常是偏居一隅,认真构思,稳稳下笔。李苦禅平时常到西湖边画速写,回来后就把勾好的稿子拿给潘天寿看,请他提意见。一次,李苦禅看到一只鸡拴在一只草鞋上,很有生活情趣,便立即画了一幅画,潘天寿看见了,赞扬李苦禅对生活中的现象观察细致,画出来的东西不俗,于是也照着李苦禅的构图画了一张。潘天寿对这张作品十分喜爱,一直珍藏在身边。中国美协在北京举办"潘天寿遗作展"时,又把这张佳作悬挂了出来,李苦禅看了,悲喜交集,当年与潘天寿朝夕相处的情景又一幕幕浮现在脑际,特别是回忆起"文革"中他从朋友处得知老友潘天寿被迫害而重病卧床的消息,不禁悲从中来,珠泪滚滚,失声痛哭。

潘天寿逝世后,一位潘天寿的学生从杭州来北京看望苦禅老人,他噙着泪水对老人说:"老师重病时一再叮嘱他,今后要是有志学习大写意,就一定要到北京去找苦禅先生,除了他的笔墨……"说到这里,这个学生已是泣不成声了。李苦禅听到这里,也是泪流满面,连说:"知我者,天寿老友也!当年故交,如今斯人已去,此刻只有遥望南天,祝愿老友英魂永在,浩气常存,艺苑永远留馨了……"

一个"霸"字怎生了得

潘天寿常常在自己的画作嵌上"一味霸悍"的印章。一个"霸"字，把他绘画艺术的苍古文华、雄浑老辣、奇险逼人的特色生动地展现了出来。"霸悍"两字，既有居高临下、威猛强劲之意；又有气势逼人、奇绝凌健之势。不管是花鸟还是山水，这一件件佳构，都会让人感觉到他对我国传统绘画艺术的传承和变革付出的巨大辛劳和智慧。他以自己的独特风格，在中

⊙ "一味霸悍"（潘天寿印）

国绘画发展的进程中书写了辉煌的一页。他常说："凡事有常有变：常，承也；变，革也。"就是说，要把事物发展变化的规律运用到书画艺术创作上，既能继承，又能创新、开拓。山水大家陆俨少对潘天寿的艺术成就有这样的评价："东坡称'奇趣为宗，反常合道为用'。潘天寿先生一生不论诗、书、画，无不反常合道，奇趣为宗，其中天组相互渗透。"他还说，"潘天寿的花鸟画，以沉着凝重的笔墨造型设色，形成'一种兀傲雄强之气'。而其山水画风格韵味亦与花鸟画相当……大之高峰叠岭、悬瀑奔湍、横云落日、平楚远林；小之野花异卉、危矶幽涧、小桥流水、曲径村聚，无不自成面目，迥不犹人。及至晚岁，笔墨亦臻简练，坚如屈铁，重若崩云……"这些话对于人们欣赏潘天寿的艺术起着重要的引导作用。

形成潘天寿绘画艺术"霸悍"特色之一的，就是他构图奇崛，平中有奇。按照吴茀之的话说，潘天寿既能"造险"，又能"破险"。从他一九六二年画的《雪》中，我们可以找到佐证。画面被一块巨大的岩石占满，几乎把人压得透不过气来。如果要让其他画家出手，绝对不敢这样落笔，不管怎样苦心经营，都很难找

到破解之策。一般情况下，画家多是把石与树、水画在一起，或远或近，或高或低，或大或小，自可窥见奇趣。潘天寿偏偏不按常人所想的这样画。他在巨石的左上端，画上三只禽鸟（八哥儿），二蹲一立，参差排列，鸟的眼神专注，极为传神，仿佛能语，意思是说：天要下雪了啊……鸟的身后，有两层茅草；最下端中间位置，画了几枝竹叶；特别是巨石上的苔点，潘天寿更是信手拈来，疏密得当，轻重适宜，散落有致。整个画面用了两种颜色——赭石和花青，他用赭石平涂巨石，用花青渲染茅草、苔点、竹叶和鸟嘴，画面虽然几乎全部被铺满，但并没有给观者窒息之感，倒仿佛使人觉得画面上有很大的空间，放眼望去，辽阔而高远，峭拔的山石、旺盛的茅草、劲简的竹叶、湿漉漉的苔点、站立的禽鸟，都给人以生机勃勃、旺盛盎然之感，丝毫感觉不到下雪前的萧瑟、冷逸的气氛。这种画面，平中见奇，险而能破，只有潘天寿这样敢于突破恒蹊的高手，才能有这样震人心魄的巨制。

　　潘天寿曾说："我落墨处黑，我着眼处却在白。"说明他在构图上十分注意知白守黑，独具匠心。他的学生吴冠中对老师的构图之法曾经做过精到的研究。吴冠中把潘天寿的一幅《红莲》构图，一一剖析开来，包括留白、题款部分，把画面分成了大小不等的七个长方形。这幅画上一枝红莲出水而立，下面是淡墨荷叶衬托，按照吴冠中的话说，画面"笔墨不多，洗练而绝不单调，空间宽敞、洁净、大方"。吴冠中认为画面的七个长方形是这样安排的：第一个，没有物象的留白之处，是最大的立形白块长方形；第二个，是画面最下端横卧的荷叶，这也是一个长方形，两个长方形占据的面积最大，一卧一立、一白一黑、一大一小，和谐而照应，形成了画面对比的基调；第三个长方形是画面最上端的题款；第四、五两个长方形，是出水耸立的两枝红莲右边的留白部分；第六个是画面右下部分的一个小长方形题款；第七个是出水开放的红莲，是一个扁长方形。这样七个大小不等的长方形以不同的墨色展现在不同部位，构成了鲜活、生动、热烈的画面。吴冠中深有感触地说道："潘天寿对（画面）空间的占领'一着不让'，真是稳、准、狠！"

　　形成潘天寿"霸悍"特色之二的，是他在用笔上风骨高物，华彩照人。这也是潘天寿用手中的笔生动地表现各种物象的支柱。潘天寿在自己的许多作品上，还常常打上"强其骨"的印章。这里的"骨"字，含义隽永，他的儿子潘公凯诠释道："骨，也就是筋骨、骨力、骨气的意思。父亲将'强其骨'一语刻为印，既是指作画之道，也是指做人之道""强其骨的艺术主张，正是他'强其骨'的个性、思想的深刻反映"。而表现在不同作品画面上的，我们总可以看到一种扑人眉宇、不可阻挡的力量。潘天寿曾说："吾因绘画，以笔线为间架，故以线为骨"，"骨

⊙ "强其骨"（潘天寿印）

须有骨气，骨气者，骨之质也，以此为表达对象生机活力之基础"。我们从他《灵芝图轴》里花瓶中向上展伸的灵芝，《灵鹫图轴》里雄视前方、展翅欲飞的灵鹫，《黄山松图轴》里的松干与松枝等，都能看出潘天寿在运笔、用线上"力能扛鼎"（黄宾虹称赞潘天寿的用笔之语）的雄健之风，这也和他常说的用笔有力，要像写字那样，"可与书法中'怒猊扶石，渴骥奔泉'二语相参证"，意思是狮子（狻猊）愤怒时可以把巨石挑飞，骏马渴了要急切飞奔寻找泉水，想想看，以这种力量运笔用线，笔力能不雄健？

潘天寿艺术的"一味霸悍"特色并非形成于一朝一夕，是他长年累月勤学苦练，大省大悟，刻苦实践得来的。据说曾有这样一件事：他早年在上海美专教课时，有一年上海"天马会"开画展，他和诸闻韵负责布置中国画部分。布置好后，他和诸闻韵议论起陈师曾的花鸟和山水来。潘天寿说："我看陈师曾先生的墨蕉、梧桐，画得都很精彩。"诸闻韵说："陈先生不仅花鸟画得好，几幅山水也画得非常好。"潘天寿听了，便着意去看陈师曾的那几幅山水，可是左看右看，总看不出好在哪里。后来画展结束了，陈师曾的作品都留存在刘海粟的家里，刘海粟常常调换悬挂，以便欣赏。潘天寿到刘家去时，因为心思都用在花鸟上，对墙上挂的陈师曾的山水还没有看出什么门道。后来他也常常研习山水，过了一年，他又到刘海粟家，看到墙上挂的陈师曾的山水，觉得画得好。第二年又去，更觉得陈师曾画的山水好。第三年再去看，潘天寿便看出陈师曾画的山水的来龙去脉和功夫了。后来他对人说："倘使我不在山水画上做三年的努力，恐怕至今仍看不出师曾先生在山水画上的成就。"意思是说，对绘画的学习和研究，如果没有刻苦的实践和多方探讨，很难出道。不能出道，自然也就不会有"霸悍"一说了。

绚丽奇葩指墨画

指墨画是潘天寿艺术宝库中的一支绚丽奇葩，它伴随着潘天寿度过了辉煌的艺术人生。

一九七一年九月一日，距潘公仙逝前五天，他的病情忽然奇迹般地转好，他的大儿子潘炘要为他修剪指甲，他说："留着吧，好起来我还是要画指头画的……"九月五日凌晨，潘天寿驾鹤西去。到了临终前最后一刻，潘天寿还念念不忘他的指头画，足见他对这样一种非常人能够涉猎的艺术样式是何等眷恋和沉醉。

关于为什么要画指头画的问题，他有许多精辟的论述。他说："余作毛笔画外，间作指头画，何哉？为求指笔间运用技法之不同，笔情指趣之相异，互为参证耳！运笔，常也；运指，变也；常中求变以悟常，亦系钝根人之钝法欤？"这就是说，他用指头作画，是为了在平常用的毛笔上发生变化，通过这种变化，找到毛笔与指头之间的不同技法和情趣，从而打破毛笔作画的常规，最终目的还是为了使自己的艺术得以开拓和创新。潘天寿深深知道"有常必有变"的道理，但是常易变难，变革越难，他越要往前走，尽管他自谦是"钝根"之人，是用钝办法变革。他的秉性之一就是这样：知难而上。

对于笔和指之间的关系，他讲得更是生动透彻。他说："要想在指头画上有所成就，必须先认真学习毛笔画，如果不在毛笔画扎下稳固的基础，而错误地认为指头画新奇，或者以为用指头画可以取巧，可以为奇炫世，不愿在毛笔上下苦功，这是不对的。有了毛笔的基础，还得对指头画有个循序渐进的学习过程。学无偷巧，必须踏踏实实，才能更多更好地创作指头画，绽放出这朵美丽的花。"

指头画又称指画，方法是用指头、指甲和手掌蘸水墨颜料在纸或者绢上作画。

据有关资料记载，指头画始于唐代的张璪。张璪平时喜用"退笔"（无锋的秃笔）作画，只是偶尔用手指涂抹而已。真正使指头画绽放光芒的，是清代康熙年间辽宁铁岭人高其佩（字韦之，号且园），他擅画花鸟、走兽、人物、山水。其人天资聪颖，八岁时学画，临摹了许多名家作品，特别在指头画方面成就最高，他被称为指画的创始人。潘天寿受高其佩的影响，通过在"常与变"的艺术创作道路上苦苦探索，最终成了开拓、创新指头画的一代大家。正因为潘天寿面前有高其佩这样一座指头画的"大山"，所以他才下定恒心，一定要逾越过去。他经常在自己的指头画上这样题款："拟高铁岭""有忆高铁岭且园"，"忆"，拟的意思，就是翻越、超过。他说："予作指画，每拟高其佩而不同，拟而不同，斯谓之拟耳。"这里的"不同"和"忆""拟"是一回事，就是要超越、创新、开拓。

潘天寿在指头画上拟高其佩而又"不同"于高其佩的重要一点，就是他不管是大幅巨制，或者是盈尺小品，都倾其全力、苦思冥想、战战兢兢、一丝不苟地进行创作。而高其佩则不然，他多是应急、应酬之作，有时还请别人代笔，作品虽多，但精者甚少。潘天寿大量的指头画中，题材多是鹰、鹫、猫、梅、竹、松、荷、蛙等，也有山水，特别是他画的鹰鹫，既有高瞻远瞩者，也有俯视逼人者，有立有蹲，有敛翅也有振羽。从鹰鹫炯炯有神的双目之中，从生涩老辣、水墨淋漓的挥写中，我们可以看到潘天寿指头画的非凡功底和独特创造力。开始画鹫是他三十三岁那年五月，在西湖博览会上看到了比鹰更强劲的这种猛禽，便开始画鹫了。有一幅《雄视图》，他就是以手掌蘸浓墨画出来的：蹲踞在山崖上的一对秃鹫，一为回首仰视，一为俯首凝神。他用指甲勾出秃鹫颈部的几根羽毛，细如芒刺，使秃鹫栩栩如生，灵动而传神。如果说潘天寿的鹰、鹫指头画是通过生涩老辣的墨色使我们感受到了剑拔弩张的磅礴气势，那么他的荷、芭蕉、梅、松等指头画作品，则使我们在简约明快的构图中领略到了他丰厚的艺术学养和超然之气。《新放》的画面他是这样安排的：荷杆从右部弯曲出纸，一大片荷叶以泼墨挥洒而出，几乎占了二分之一画面。画面的底部，他以指甲勾出了新放和含苞的红莲，还有几株小草，红莲画在底部正中间部位，明晰有力的荷蕊，张力中透放出妩媚，妩媚中蕴涵着劲健。画的上端泼墨荷叶，潇洒、秀逸，特别是荷叶的断裂之处，如古印的不整边款，断中有连，连中有断，大有金石之气。他说，画指画"因为取

《小憩图》（指墨画，潘天寿作）

近景物体大，材料简，落指可粗；取远景，物体小，材料多，处理需细……"就是说指头画不适宜表现细碎的东西，要以简约取胜。我们还可以他的一幅《梅花图轴》为例：纸的右上端，画出向左下方低垂的梅枝，俏丽而挺拔，枝头勾出三朵盛开的梅花，末梢处分别在左右两端勾出三个花苞，错落有致，恰到好处；画面的右上角出一短枝向右下伸展，又以一长枝和一短枝破开，坚屈如铁，俏如处子；最下部的老干，从右底部往右上部伸出，不到画面的三分之一，苍劲挺拔，力透纸背。在大片的留白空间，他在右上端先题竖款，感到意犹未尽，又在左上端题横款。右上端题的是隶书"雷婆头峰寿者"。左上端题款是"铁岭高且园不喜用熟纸作指墨，以其少枯湿之浚也。颐大又记"，说的是高其佩不喜用熟纸的事，实际是潘天寿要占用画面左上端这一块地方，使留白之处生花，与右边的竖款相映成趣。画面上仅一枝垂下的梅花和一枝向上的老干，却可以使我们联想到千枝万朵的梅花，这种以少胜多、简而不能再简的构图，以题款为画面增色的手法，正是潘天寿指墨画匠心独具的高人之处。潘天寿作指墨画异常勤奋，平时兴致一来，就要临池。二十世纪六十年代，他作指墨最多，一年中多达近二十张。勤奋创作的同时，他还写出了许多自己在创作指墨画时的见解和感悟。这也是高其佩不能企及的地方，因为高其佩没有把创作的感受留给后世。我们在观赏潘天寿的许多出新、大气的指墨画的同时，可以从他精到的论述中理解他指墨画的个中三昧。

寿者何以不寿

一九六四年是新中国成立十五周年，文化部和中国美协主办了"庆祝中华人民共和国成立十五周年全国美术作品展览"（即第四届全国美展）。此前，潘天寿曾创作了六幅作品准备参展，结果六幅作品均未入选。这六幅作品是：《暮色苍茫看劲松》《牡丹》《无边海色漾春晖》《满堂红》《菊花》《红宫灯》。为了创作好这些作品，潘天寿花了不少功夫，也下了不少力气。为什么没有入选呢？潘天寿回忆说："……主观愿望是想画好这些作品的，但因政治水平低，配合技术不适合，以致客观效果未能达到观众的期望。这是我各方面能力限制造成的。因之心里也颇彷徨，也很心急，因曾刻'未能陈言务去'的图章以为警示。"问题很清楚，作品落选的主要原因是他的"政治水平低""配合技术不适合"（实际是跟形势跟得"不紧"）。在这种形势面前，潘天寿自然感到"心里也颇彷徨，也很心急"。

一九六六年，"文革"风暴来了，厄运降临到了潘天寿的头上。随着形势一天天变化，强加在潘天寿身上的罪名也一天天升级。开始说他是"反动学术权威"，他天天除了在学校参加政治学习以外，还要接受学校造反派、红卫兵的批判。接着，他被关进了"牛棚"，批判会也变成了批斗会，今天被带到这里，明天被带到那里，到处都刷着"打倒潘天寿"的标语。就是在这样的形势下，他还不忘如何继承传统的问题。一九六八年一月，他在写给学生的一封信中说："今后的新中国画，一定是极新而且是辉煌灿烂的，然而民族风格、民族气派，以及古人已发现的优良技法，还是应该可以吸收的。故从事新中国画的努力，必须对传统的中国画下一些基础功夫……"人们在批斗他的时候，问他的罪过是什么，他说："我画画创新不好。"在那种形势下，政治帽子满天飞，政治压倒一切，他还在讲什么画画创新不创新的问题，足见潘先生在政治面前实在是太"诚实"了。

随着对他折磨、迫害的形式越来越残酷，特别是他的一些学生为了洗刷自己，保住自身，也对他采取了"无情主义"，他这才感到平时以宽厚之心待人的做法，敌不过"人心险恶"了。这时，学校有野心膨胀的人到处煽风点火，罗织他的罪名，跑到北京向"四人帮"出卖灵魂，回来后擎起"四人帮"的"尚方宝剑"对潘天寿大批特批。这其实是捕风捉影的诬陷。有人说他是"文化特务"。原因是他当年在上海美专教书时，陈立夫的夫人孙禄卿是他的学生，就这样连想带猜，潘天寿也便自然而然地成了"文化特务"。还有人说他是"国民党特别党员"，原因是当年国民党想在有影响的文化人中间发展党员，在拟定的名单中就有潘天寿。事实上既没有任何人发展他，更没有任何批准的文件，就凭着这个子虚乌有的单方面拟的名单，就把他当作了国民党的"特别党员"。他一边挨着批判，一边不解地问和他一起受批判的人："我怎么不知道我加入过国民党？我也没有填过什么表格，怎么就成了国民党员了呢？"然而，对他意想不到的迫害和折磨更是日甚一日。一九六九年初，潘天寿被押回自己的家乡宁海县接受批斗。当时，正值数九隆冬，寒风凛冽，大雪纷飞。在出生地冠庄，他脖子上挂着一个大牌子，造反派把他按倒跪在雪地里，然后又押着他游街示众。回到宁海城里，又对他继续进行批斗，夜里不准他睡觉，让他蹲在墙角过夜，也不给棉被盖。已经是近七十岁的老人了，刺骨的寒风和泯灭人性的摧残，使骨瘦如柴的潘天寿奄奄一息。

杭州潘天寿故居展出一张潘天寿当年写给"红卫兵总部"的"请求医疗假"的假条，字里行间既可以看到他瘦骨嶙峋的病躯，又可以了解到他强烈的求生欲望："我向有高血压，并主动脉弯曲硬化和心脏扩大诸病，故体质殊为匮乏。此次自上月七日来院后，疲劳过度，血压突高，头脑痛晕，烘热，出冷汗，心跳，四肢无力，胃口大减。自上月七日起，至现在止，每日三餐，仅吃一两粥，体重减轻十六市斤。起病后，虽经浙江医院及本院陆医师诊治，仅开降血压片及安定神经片两种，无其他药品治疗，故至今血压虽稍下降，其他进步很少。春初，我也曾病两个半月，情形大体与此次相同……（如再拖延，恐更为匮乏，至为焦虑）因吃中药至十余帖，才渐渐复原。据此情况，拟转请中医诊治，对我病状，较为适合。敬请红卫兵总部加以研究，结合病情，准我回家若干日，进行中医治疗，以期早日复原，无感之至。"尽管后来他去了一家中医院治疗，但是由于身体"匮乏"到了低谷，此时已是无力回天了。他是美院中年龄最大、也是身体最好的一位，平时吃得下饭，睡得着觉，还常常爬玉皇山。他身材高大，为人宽厚，人们都说他是"寿"者相，至少能活到九十岁以上。哪知道，突然间来了一个"文革"，今天大会批斗，明天游街示众，雨淋、风吹、雪冻，住了院被赶出来，病危急了又住进去，既没有人认真地诊治，又不给药物，想想看，就是铁打的身躯，又怎能撑得住这般折磨呀？

一九七一年九月五日凌晨，潘天寿走完了七十五年的人生旅途，悲惨地离开了人世。此前，距他仙逝的前四个月，即五月初，学院派人到重病卧床的潘天寿面前宣读对他定为"敌我矛盾"的材料，这无疑是雪上加霜。铁骨铮铮的潘天寿根本就不服这个决定，当场对宣读人（此人正是他当年带过的"弟子"）进行了驳斥，坚决不在材料上签字。因为刺激太大，气愤至极，潘天寿当晚大量尿血。凭着他原来身体的老底子，顽强地又坚持了一段时间，这才住进了一家中医院。谁知到了九月初，他竟奇迹般地好了许多，他对夫人何愔说："……现在没有啥，想必总慢慢会好了……好起来我别的不会做，帮你烧

⊙潘天寿与夫人何愔、儿子潘公凯

253

烧饭。我会炒年糕的……"九月四日，他的知心老朋友吴茀之到医院看他，他们谈得很兴奋，也很高兴。哪知当天夜里，他又气喘得很厉害，双腿抽搐抖动。他的夫人何愔好不容易找到了一位医生，求他上楼给潘天寿看一看。这位医生勉强地上了楼，也不进病房，只是到办公室翻翻病历，说是没有办法了。天亮之前，潘天寿停止了呼吸。

人间的厮杀、争斗、鲜血、痛苦和折磨，他看得太多太多；亲爱、善良、温顺、谦让和友情，他也都曾经历过，并一一记在心里，或用于劝化和诱导，或因此作诗成画……青灯黄卷，竹杖芒鞋，他把晓畅的音律、翻译的美文，都奉献给了人们。一部耗尽一生的六集巨著《护生画集》是他对恩师弘一法师的虔诚回报。他就是行走无迹的智者——丰子恺。

拜望日月楼

马年元宵节前的一天上午，在淅淅沥沥的春雨中，我来到了坐落于上海陕西南路三十九弄的丰子恺故居。管理人员、子恺先生的外孙宋雪君，还有志愿来此服务的吴达等人，早已知道我的来意，他们热情地带我参观了故居的陈列，向我认真、详细地介绍了丰子恺先生的荣辱一生。

丰子恺是我国文化艺术界一代大家。他那带有漫画色彩、寓意深刻、构图奇特的画作，影响了中国几代人；他还擅长文学创作，他的散文、小说、古典诗词脍炙人口；他会翻译，通音律，懂西洋音乐，能谱曲；他集画、文、译、乐于一身。

⊙丰子恺故居日月楼

⊙丰子恺女儿丰一吟

像这样的奇才、大家，近代中国实属罕见。

说起为什么最后能在这里存身立脚，丰子恺唯一健在的八十六岁高龄的幼女、既是作家又是画家的丰一吟感触甚多。怀着对慈父的深深热爱之情，丰一吟叙说了许多父亲的逸闻趣事。

新中国成立初期，丰子恺与家人到上海后，搬了好几个地方，先是西宝兴路的汉兴里，接下来是南昌路的临园村，后来又搬到四马路。家里人口多，加之手里有了一些稿费和积蓄，他想买一处房子。以前为了谋生，丰子恺和家人居无定所，从日本留学回来后，十二年时间搬了十三次家。但现在是新社会了，可以安居乐业了，为什么不买一处能让自己和家人住得舒适一些的房子呢？当时上海的经济生活还不太稳定，没有买卖房子的企业，最多也只是"顶"，"顶"与北方典当的"当"的含义接近。通过多方寻找，最终找到了陕西南路这所房子。这是一所西班牙式的两层小洋房，在二楼上面还建了一层阁楼。房主董太太的丈夫在印尼居住，她要和孩子一起去丈夫那里，所以就把这所房子"顶"给了丰家。"顶"这所房子的时候丰子恺正住在医院里。一九五四年九月中旬丰子恺才住了进来，他住在二楼。这里不仅有南窗，还有东南窗和西南窗，晚上发现上面还有天窗，可见空中明月。住在阳光充足、空气新鲜的新居，丰子恺随口吟道："好一座日月楼！"少顷，他忽然又吟出一句："日月楼中日月长。"丰一吟说："这好像是一句诗啊！"丰子恺说："这可以作为一副对联的下一联，还缺个上联……"他想了好几天，得不出理想的上联，便想起了在杭州做浙江文史研究馆馆长的学问大家马一浮先生。马一浮是他的师长，又是他的好友。很快，马一浮把上联寄来了："星河界里星河转。"丰子恺接读后喜不自禁，连说到底还是学问大家。后来，他请马一浮写了上下联，自己写了横批"日月楼"三字，装裱后一起挂了起来。从此，陕西南路的这所房子便以"日月楼"

名世了。

丰子恺住进日月楼后，每天忙于作画、写文章、翻译，还有许多推辞不掉的社会活动要参加，十分忙碌，有点时间便和家人出去旅游，日子倒也过得优哉游哉。之前（一九五三年四月）市长陈毅聘请他为上海市文史研究馆馆务委员，每月可以拿到一百元薪水。有了固定收入，全家人的生活水平自然也有所提高。

新中国成立初期，中苏关系密切，中国称苏联为"老大哥"，许多方面都要向"老大哥"学习，当时五十三岁的丰子恺学起了俄文。他买来一本日文版的《俄语一月通》，全书三十课，通过自学，每天学一课或是几课，很快就学完了。之后，他就阅读托尔斯泰的《战争与和平》、屠格涅夫的《猎人笔记》等原著。接下来他花了五个多月的时间把《猎人笔记》译出，于一九五三年由文化生活出版社出版。住进日月楼的次年，即一九五五年，人民文学出版社又把这部书稿列入"外国古典文学名著丛书"重新出版，受到广大读者和专家的好评。不久，丰子恺担任了上海市美协副主席、主席，上海市人民代表，上海市政协委员，全国政协委员，上海画院院长等职务。

一九六〇年六月，丰子恺任上海画院院长，这时已是六十三岁，早过了退休的年龄。上海成立画院的时候，由于各种原因，想把丰子恺请出来主政。开始是美术理论家、画家邵洛羊拜访日月楼，请他出山，他不同意，说是自己过惯了闲散日子，不能担起这个职务。接着上海宣传部、文化部的石西民、徐平羽两位高官亲自出马，丰子恺以自己"不是画中国画的"为由推辞了。徐平羽说，你用中国笔、中国纸画的中国人，怎么不是画中国画的呢？丰子恺不便推辞，说自己不能坐班，不拿工资。两位高官答应他"不坐班"，但不拿工资没有答应。从六月二十日上任起，他每月拿二百二十元的工资。他虽然不到画院上班，但对画院工作却认真负责，许多事情比在职的同事想得还周到。

一九六六年"文革"开始后，已是六十八岁高龄的丰子恺，在这场浩劫中受尽了折磨和摧残。尽管他笃信佛教，以宽厚、仁慈之心待人，灵魂被扭曲的人们却不能以仁慈之心待他。丰子恺没能看到"人民的胜利"这一天，于一九七五年九月十五日驾鹤西去了。他在日月楼里整整生活了二十一年。

染坊出了个小画家

一八九八年十一月九日，浙江省崇得县石门湾（今浙江省桐乡市石门镇）丰家迎来了一件大喜事：一位母亲生了六个女儿之后，终于生下了一个男孩。这个男孩就是丰子恺。

丰子恺的祖父丰小康在石门湾开了一家丰同裕染坊，加上十多亩田地，丰家的日子过得倒也宽绰。丰小康生有一男一女，男的就是丰子恺的父亲丰镤（字迎年，号斛泉）。丰镤很早中了秀才，平时喜文墨、擅诗文，家里事情一概不问，只是埋头读书。妻子钟氏（名云芳），平时吃苦能干，聪慧贤淑，公公过世较早，她和婆婆沈氏一起支撑这个家。她一连生了六个女儿，常以泪洗面，婆婆沈氏尽管对她

⊙丰同裕染坊

的勤俭持家很满意，但是对她不能生个男孩却是满腹牢骚。没有男孩，延续丰家香火的愿望也就成了泡影。丰子恺来到人间的这天，沈氏让人摆起香案，全家一起向神灵跪拜，感谢老天的恩赐。丰鐄给儿子取了个乳名"慈玉"，寓意他是慈母口中的宝玉。

慈玉四岁时，家里又发生了另一件大事：三十六岁的丰鐄中了举人。这也是母亲沈氏最为期盼的一件事。丰家上上下下张灯结彩，人来人往，附近各县知事、亲友也都前来贺喜，丰家在石门湾举行了一次隆重的庆典。不久，老太太沈氏病故，因居母丧，丰鐄不能上京参加会试，只好在家设立塾馆授徒。慈玉五岁时便在父亲的塾馆里读书。学生要有正式的名字，丰鐄便给儿子取名丰润。

丰润对各种启蒙读物，如《三字经》《千家诗》《二十四孝》里的插图都很喜欢。因为家里开染坊，有各种颜料，他就向师傅要来一些，溶在一个个小酒盅里，把书上的插图都涂上了颜色，他给大象等动物涂上红色，人物衣服涂上蓝色，土地涂上紫色……他一边涂色一边高兴地欣赏，哪知书本的纸太薄，涂上颜色后都洇了好几层。一天被父亲发现了，对他大发雷霆，斥责他不好好读书。父亲的斥责并没有打消小小的丰润对图画的兴趣。他悄悄把颜料盅子藏好，趁父亲不注意的时候，又画了起来。

一天，父亲晒书的时候，丰润发现了一本人物画谱。他偷偷藏了起来，晚上趁家里人不注意，便在灯下一页页认真翻看。画谱里的各色人物、不同的神态，深深地吸引了他。他找了一些薄纸，把他喜欢的一个个人物都描绘了下来。他给母亲和姐姐看了，她们都夸他画得好，丰润高兴极了。

丰润十岁的时候，父亲丰鐄去世，母亲钟氏便把他送到一位名叫于云芝的先生办的塾馆读书。课余，他常把自己画的各种人物拿给同学们看。华丽的色彩、生动的神态，把同学们都吸引过来了。看过之后同学们就向他要，有的拿回去还贴在自己的床头上，随时欣赏。塾馆里的学生只能认真读书，不能做其他事情，像画画这样的事情当然也不能允许，同学们只有趁先生不在的时候，围在丰润身边看他画画。

一天上午，于先生刚走进塾馆便看见两个学生在打架，细问之下，才知道是争着要一张丰润的画。于先生对丰润厉声呵斥，从他课桌的抽屉里把画谱、颜料、毛笔还有没画好的图画都搜了出来。丰润伸出小手，准备挨先生的戒尺。先生看了一些画稿，问是不是他画的，丰润说是。先生并没有打他，拿着画谱，坐在自己的位子上认真看起来。放学时，先生对丰润说："这个画谱明天还给你吧。"丰润忙向先生作揖，感谢先生没有惩罚他。

第二天一大早，于先生见到丰润时，指着画谱里的一张孔子像问："你能照这个样子画一张大的吗？"丰润心想，自己过去都是描摹，并没有放大过，如今先生要自己画，只好硬着头皮答应了下来。回到家里，丰润直犯愁，这张孔子像该怎么画呀。他的大姐便把自己裁衣做女红时使用的"九宫格放大法"教给了他。丰润按照九宫格放大的线条，在纸上用毛笔一点一点地勾了出来，然后又着色，一幅孔子像便画好了。第二天，于先生看了后连连点头，对丰润画的孔子像很满意。于先生把孔子像张贴在塾馆正面的墙壁上，学生每天上下学，都在孔子像前膜拜这位圣人。学生们从此也不喊丰润的名字了，而是叫他"小画家"。

不久，于先生又让丰润在一块黄布上画了一条龙，代表当时的国旗。老师带着学生出去的时候，都是举着龙旗，镇上的人都知道这是丰同裕染坊的丰润画的。"小画家"的名声也便在全镇传扬开来。

恩师李叔同

　　辛亥革命前期，塾馆被废止，丰润到石门湾溪西小学堂读书。因"润"字笔画稠，学堂先生又给他改名丰仁。十六岁的丰仁以第一名的成绩从小学堂毕业。毕业后到哪个学校继续读书呢？母亲钟氏向人请教后，认为读师范较好：读师范学费低，家里供得起，再说毕业后可以回到家乡做教师，留在母亲身边。

　　丰仁到了杭州后，同时报考了三所招生日期不同的学校：师范、中学、商业学校。他觉得这样选择的余地大。结果在商业学校考了第一名，师范学校考了第三名，中学考了第八名。丰仁选了师范，这和母亲的想法一致。

　　师范是浙一师，校长经亨颐是著名教育家、社会活动家，又是浙江教育界巨子、浙江文化运动的先觉者。一些名流大家如沈钧儒、鲁迅、叶圣陶、朱自清、李叔同等人都在这里教过书。丰仁平时喜欢读书，国文教师对他颇为赏识，给他起了一个号：子颛，颛（音倚），有安静、和乐之意，颛与恺字通，从此，丰仁以子恺为名。在浙一师教师中，丰子恺最崇拜的是李叔同。李叔同名文涛，世居天津，曾在日本留学六年，攻读美术、音乐和戏剧。一九一三年来到浙一师教音乐和美术。在浙一师只要一提李叔同的名字，全校师生几乎没有不知道的。他待人处事，全从一个"诚"字和一个"敬"字出发，得到了大家的尊敬。

⊙在浙一师读书时的丰子恺

263

弘一大師遺象

先師弘一大師住世之日與閩僧廣洽法師緣誼最深曾約余來閩相見以緣慳未果戊子之冬余從臺灣來廈門過廣洽法師在田星嘉坡送閩南相見甚歡而大師已於五年前往生西方矣見廣洽如見大師臨歿寫大師遺象贈廣洽師即請於星洲廣心蘭院供養以志永恒之追思

丰子愷寫於廈門

丰子恺自小就喜欢文艺，李叔同传授美术、音乐方法别致新鲜，自然使丰子恺对老师有一种好奇和尊重。一次，丰子恺在李先生住处的案头发现一本明朝人刘宗洲撰写的《人谱》。李先生在这本书的封面上写了"身体力行"四个字，意思是自己的作为要按照书本上说的去做。有一回，李先生给丰子恺等同学讲起书中所说的"先器识而后文艺"的问题，李先生认为，"器识"就是人格修养，就是说一个人应该"首重人格修养，次重文艺学习"。一个文艺家如果没有"器识"，即便有再大的才能也不足为道。李先生说，文艺应以人传，不可以文艺传。这些简洁而深刻的哲理，丰子恺听了觉得心中好像开了一扇明窗，大有"胜读十年书"之感。从此，他对李先生更加崇敬了。

丰子恺更尊重李先生的爱国精神。李叔同的爱国精神不是表现在口头上，而是扎扎实实地表现在行动上。社会和学校提出抵制洋货，使用国货，李先生便把平时常穿的洋装脱下，换上了灰色布做的袍子，外面罩上一件黑马褂，看上去既朴实又大方。丰子恺到了浙一师才知道，小时候在家乡唱的《祖国歌》是李先生创作的，其中的歌词"上下数千年，一脉延，文明莫与肩……"一直深深地留在他的记忆里。

李先生严肃的教学风格更让丰子恺震撼。上音乐课的时候，刚刚摇过预备铃，李先生就端坐在讲台上了。有的同学以为先生不会到，进门后看到先生早已坐在那里，便红着脸不好意思地坐到自己的位子上。上课时有人交头接耳，或者看别的书，或者随地吐痰，李先生从不当面指责。下课后，他就让这些学生等一等再走，对他们严肃而不失温和地说，下次上课不要再看别的书了，下次吐痰不要吐在地板上……学生们将李先生这些举止称为"温而厉"，他们对李先生的"温而厉"并不厌烦，反而感到严肃亲切，表示要立即改掉自己身上的毛病。

丰子恺在浙一师上的图画课也是李叔同教的。李先生上课时，手里从来不拿教具，教室里放着石膏头像、碳条、橡皮等，李先生只是让同学们照着这些石膏模型写生，通过直接观察实物，认真作画。久而久之，丰子恺对写生产生了浓厚的兴趣。一天晚上，丰子恺见到了李先生，李先生对他说道："你的画进步很快，在我所教的学生中，从来没有见过进步这样快速的。"李先生轻柔而严肃的语气，使丰子恺的心灵受到了深深的震撼。他后来回忆说："当晚这几句话，便确定了我的一生。这一晚一定是我一生中一个重要的关口，因为从这晚起，我打定主意，专门学画，把一生奉献给艺术……"此后丰子恺把能够看到的物象都看作自己研究写生的模型，他笔不离手，手不离纸，在梦幻般的艺术世界中尽情遨游。李叔同的言行举止影响了丰子恺的一生。

一九一六年秋末，李叔同毅然决定遁入空门。他把自己的书画、书籍、衣物等分送给朋友和弟子。一九一八年七月，李叔同在丰子恺等人的陪同下，来到杭州的虎跑定慧寺，正式披剃出家，法名演音，号弘一。九月，弘一在杭州西湖灵隐寺受具足戒。后来，他成了现代律宗的一代高僧。

东渡扶桑

　　丰子恺二十一岁这一年，结束了五年的浙一师学业。同学吴梦非、刘质平想在上海创办一所美术专科师范学校，为国家培养一批国画、音乐师资力量，校址选在上海的小西门，定名为上海专科师范学校。这是继刘海粟之后创办的第二所美术专科学校。他们邀请丰子恺参加，教授西洋绘画。

　　当时西洋画法已经传进中国，由于美术界对此了解不多，丰子恺只能将自己掌握的"忠实写生"画法传授给学生。教学中，他渐渐感到由于自己没有受过系统的艺术教育，所掌握的一些绘画知识也只是在浙一师偷闲学来的，十分有限，所以他一边教学一边认真读书充实自己。那时的中国社会受西风东渐的影响，有志于学的青年都想多学一些西方文化，出洋留学成了一股潮流。经济上有实力的赴欧美，实力不强的去日本。通过长时间认真思考，丰子恺决定赴日求学。这时他已经结婚，生活上有些拮据，但想到恩师李叔同等老师和很多同学都留学过日本，而自己也是通过他们学会了炭笔素描，初步掌握了日语会话，到日本后可以全面了解西洋绘画，去日本留学是最佳选择。一九二一年春天，他向姐夫周印池借了四百块钱，便毅然上路了。不久，岳父给他寄了一千块钱，朋友也资助了他一些。有了这一两千块钱，他就可以在日本生活一段时间了。

　　丰子恺到日本东京后，先是进入川端洋画学校二科学习油画，同时在独立音乐研究所学习小提琴，后来又到英语补习学校听课。他到日本求学主要的目的就是想实现自己的画家梦，到日本学习西洋油画，就是要成为一个油画家。通过对林立的流派和西洋艺术界的潮流、现状有了更多的了解后，他的视野扩大了。同时他也陷入了深深的迷茫之中，一个很大的疑问在他心头升起：西洋画就等于是绘画艺术吗？它是绘画的唯一形式吗？苦思冥想后，丰子恺深深感到，自己的生活情趣、爱好、艺术感受和艺术趣味与学习的西洋油画并不相宜。他不喜欢刷油漆似的西洋画，喜欢泼墨挥毫的中国画；他不喜欢用五年、十年时间才能完成一件大作，喜欢茶余饭后的小品即兴；他不喜欢精工，喜欢急就；他不喜用钢笔，喜用毛笔；他不喜欢盆景，喜欢野花；他不喜欢洋房，喜欢中国式房子……于是他及时调整自己的求学计划，把时间和精力用在参观展览会、听音乐会、看歌剧、去图书馆、浏览名胜、逛旧书店和跑夜摊等方面，他想尽量多呼吸一些日本艺术界的新鲜空气……

一天，在东京的一个旧书摊上，丰子恺买到一本《梦二画集·春》，里面的画作全是寥寥数笔的速写。回到宿舍，他认真翻看起来，其中一幅坐在车上的贵妇人和路边一位贫妇打招呼的画使他大为震撼。画面上路边的妇人蓬头垢面，身上背着一个光头的婴儿，以非常不安的神色和车上的贵妇人打招呼。画题解释说，两位妇人曾是同窗好友，步入社会后，两人分别成了不同阶级的人，相互疏远了。竹久梦二的画作直面社会、人生，同情弱者，在充满哀伤情调的传统日本美感中，融入悲悯情怀，特别是他早期的作品，更是站在底层大众一边，站在被侮辱、被损害者一边，表现了强烈的批判精神和反权力体制的倾向。在艺术表现上，他融东西画法于一炉，擅长以简单的笔法诗意地描绘人间世相。这些都使丰子恺对竹久梦二的画作情有独钟。另外，竹久梦二的画法与中国的传统画法是同一风格。由此，丰子恺想起了小时候看过名画家陈师曾的小幅简笔画《落日放船好》，那诗一般的意境给他留下了难以忘怀的印象。丰子恺还注意到，竹久梦二在日本画坛产生广泛影响的是他后期的作品，他的代表作《黑屋船》被日本人称作"梦二式美人"。他的早期作品并不被看好。然而，丰子恺看好的恰恰是他的早期作品，这与丰子恺自己的生活感悟和艺术趣味大有关系。

从此，竹久梦二的画作使得丰子恺魂牵梦绕。他想，陷入深深的迷茫之际忽然发现了竹久梦二，就像是天空中投来了一道亮光照亮了自己，这是冥冥之中的定数，还是机缘巧合呢。不管怎么说，他的灵感被竹久梦二点燃了，他的艺术之魂开始觉醒了，这是多么大的收获啊！

一九二一年年底，丰子恺在日本留学了十个月，手里已经没有多少钱，便决定回国。因他在日本时只买到《梦二画集·春》一本画册，便请在日本留学的友人黄涵秋多多留意竹久梦二的画册，并代他购买。不久，黄涵秋帮他买到了竹久梦二的《夏》《秋》《冬》和《京人形》《梦二画手本》等并寄给了丰子恺，他如获至宝，认真地学习起来。

来到了白马湖畔

浙江上虞东南方的驿亭周围是一块环境清幽、三面环水的地方，相传宋时有个姓周的人骑白马入湖仙去，人们便把这里称作白马湖。原浙一师校长经亨颐因同情学生运动，无心留任，便和朋友夏丏尊等人一起回到他的故乡上虞，与乡贤陈春澜几经商酌，决定在风景宜人的白马湖畔成立春晖中学。经亨颐被学校董事会推为校长。他觉得这里是他继续实现教育之梦的理想之地。

春晖中学以"学术救国，研究自由"为宗旨，国内一批文学、艺术、教育界的知名人士闻讯纷纷聚到这里，其中有朱自清、朱光潜、范寿康、王任叔等影响甚广的名流。应邀来春晖讲学考察的名人也很多：蔡元培、黄炎培、张闻天、俞平伯、李叔同、张大千、黄宾虹、叶圣陶等，都给学生、老师留下了深刻印象。

⊙丰子恺住过的上虞小杨柳屋

一九二二年秋初，丰子恺经老师夏丏尊介绍来到春晖中学担任音乐、美术教师。湖光山色中的春晖中学，建筑别具一格，丰子恺一落脚，便对这里产生了好感。不久，他在朱自清住处的不远处，新建了几间房舍，因他特别喜爱杨柳，便移了一株栽在小院的墙角，给自己的房子取名"小杨柳屋"。他曾在《杨柳》一文中写道："杨柳的主要美点，是其下垂……越长得很高，越垂得很低。千万条陌头细柳，条条不忘记根本，时时俯首顾着下面……"文章以杨柳的美德警示自己要虚怀若谷、谦恭做人。

丰子恺在春晖中学上美术、音乐课的教室是全校最大的。他在这里教学生画素描，除了画石膏头像，还让学生互当模特儿，互相写生，以便打好素描的基本功。在舒适、宽松的氛围中，他让学生们把埋藏在心底的"美"呼唤出来，生发出激情和自信，争取有所创新。有时，他还带领学生们在白马湖边作画、写生，把自己的画作展示给学生。此时他刚刚从日本留学回来不久，日本画家竹久梦二等人的画作时时在他的脑际闪现，他出手的一些画作，受到了老师和同学们的喜爱。他常常把孩童的稚趣、老师们开会和乡村的一些家居生活，用毛笔以简笔写意的形式生动、真切地表现出来，然后贴在自己小杨柳屋的墙壁上。朱自清与丰子恺住得很近，常来丰家串门，一天看到墙上的佳作，便让丰子恺再画一张送给他。丰子恺乐呵呵地即席挥毫，画完后送给这位挚友。有一次，夏丏尊、丰子恺到朱自清家里做客闲聊，孩子们时时跑进跑出，高兴地玩耍，这引起了丰子恺的注意，他忽然来了灵感，立即拿起桌上的纸和笔，为朱自清的女儿画了一幅漫画肖像。朱自清接过来看了，连连赞道："太可爱了……可爱!"夏丏尊凑过来看，也连连说画得好，他拿起桌上的纸笔在画的上方题道："丫头(朱自清女儿)四岁时，子恺画，丏尊题。"后来朱自清出版散文集《背影》时，把丰子恺的这幅画作为插图印了上去。

丰子恺带学生们外出写生时，有时忽然来了音乐灵感，却又因没带五线谱，他就拿起画笔在自己的衬衫上画上五线谱谱起曲来。春晖中学的校歌歌词选用的是唐人孟郊的《游子吟》："慈母手中线，游子身上衣……"丰子恺为《游子吟》谱了曲，优美、委婉、动听的校歌便常常在典雅、清幽的学校上空荡漾，更激发了师生们对这块教育热土的深深热爱之情。每逢佳节来临，学校会选一个月白风清的夜晚，在草坪上举行"月光晚会"，这时候丰子恺便带领爱好音乐的学生们一起演奏钢琴和小提琴，贝多芬的一首《月光曲》，使师生们不知不觉地陶醉在优美的旋律和可人的环境之中。一次，著名教育家蔡元培应邀到学校演讲，他对春晖中学实施的"美的教育"很感兴趣,他说:"美的东西,虽饥不可以为食,寒不可以为衣,可是却省不下来,求美也和求知一样,同是要事。"

丰子恺在春晖中学执教,主张采取开放式教学,反对死板、无创意、照本宣科的教学方法。一次上美术课,他对学生们说:"不论画什么,都要抓住其特点。比如你们想画我的头像,就要抓住我的前额宽、下颚尖的特点。"然后他在黑板上画了一个倒立的三角形,又在上面添了几笔,对学生说:"你们看,丰子恺笑了,这是因为你们画得好啊!"接下来他又修改了几笔,给学生们说:"你们看,丰子恺哭了,这是因为你们画得不好啊!"活泼的教学方式,提高了学生们学习的兴趣,也给学生们留出了认真思索的空间。

然而,好景不长。丰子恺在春晖中学执教两年后,即一九二四年,因与学校方发生矛盾,便与夏丏尊等人一起辞职去了上海。白马湖畔的宜人景致和优游生活经常出现在他的笔下,借以慰藉他对这里的美好回忆。

缘缘堂佳话

　　丰子恺与夏丏尊、匡互生等人从春晖中学辞职后，一起到上海先后创办了立达学园和开明书店。丰子恺除了在学校忙于讲授美术、音乐课外，还给叶圣陶主编的《中学生杂志》画插图，也翻译西洋艺术理论文献，日子过得快乐、充实。

　　立达学园迁入江湾校舍后不久，丰子恺一家也迁到了离立达学园不远的永义里。一九二六年春天，他的老师弘一法师云游到上海，住到了他家里。他请弘一法师为寓所命名。弘一法师说，你用一些小纸片，在上面写一些自己喜欢又可以互相搭配的字，把它们揉成小纸团，在释迦牟尼画像前的供桌上撒开，分两次抓

⊙丰子恺故居缘缘堂

⊙丰子恺在缘缘堂二楼书房

起，看能抓到什么字。结果他抓了两次都是"缘"字，弘一法师说寓所就可以叫"缘缘堂"了，然后弘一法师写了"缘缘堂"横额，丰子恺请人精心装裱后挂了起来。他心里知道永义里就是自己租下来的宿舍，既无厅，也没有堂，挂上"缘缘堂"无非是一个象征性的名称而已，这也正是缘缘堂"灵"存在的开始。

一九三〇年春天，丰子恺饱经患难的母亲钟氏不幸逝去，从此他留起了胡须，为母亲守孝志哀。母亲在世时，就对住了上百年的破旧老屋——惇德堂——有重新建造的想法，还在屋后面买了一处平房和空地，由于钱财拮据，愿望未能实现，丰子恺也常常为之遗憾。在外奔波好多年后，他手里渐渐宽裕起来，决心实现母亲的夙愿。一九三三年春天，在石门湾旧居的空地上，丰子恺建起了一座二层小楼。从此，"灵""实"合一的缘缘堂便稳稳地端坐在了石门。

缘缘堂由丰子恺一人设计，这是一座中国古典式的建筑，但风格又有一些近代化，还有一些洋气。因房屋高大、明爽、轩敞，颇有深沉、朴素之美。房子分为上下两层。楼下三间，中间厅堂高悬"缘缘堂"的匾额，因当年弘一法师写的太小，与高大的新居不协调，丰子恺便请老师马一浮重新题写了这三个大字，做成黄底、阴文石绿填字的匾额悬挂起来。匾额下面悬挂着吴昌硕画的老梅，老梅两边的对联是弘一法师书写的《华严经》文句："欲为诸法本，心如工画师。"西间是丰子恺的书房，除了放置数千卷藏书外，还放有一架风琴。东间是餐厅。丰子恺在一篇文章中写道："古朴、明快、轩敞的缘缘堂矗立在古风犹存的石门湾小镇，与周围的环境非常协调，是灵肉完全调和的一件艺术品。"

缘缘堂建成之日，也是丰子恺辞去所有职务的闲居之始。这时的丰子恺已有二男三女，加上三姐丰满的女儿也和他们一起生活，在妻子徐力民的苦心操持下，一家八口人倒也过得其乐融融。丰子恺非常疼爱孩子，孩子们笑了，他就觉得比自己笑还快活；孩子们哭了，他觉得比自己哭更悲伤；孩子如果跌了跤，他又会觉得比自己跌一跤更疼。他常常帮助妻子照看孩子，给他们喂饭，陪他们睡觉，常常逗他们玩，

⊙丰子恺与妻子徐力民

和他们一起搭积木、做游戏、画画。他是孩子们的父亲，更是孩子们的朋友。因多与孩子们亲近，走进了他们的心灵，他创作出了一幅幅以孩子为主题的充满纯真、人生乐趣的漫画，得到了许许多多父亲母亲的赞赏和认同。

第一本漫画集问世前后

丰子恺正式开始漫画创作是在一九二二年，即他到春晖中学执教的时候。教书，在丰子恺看来，只是为了生计，是不得已而为之的事情。因为他心里时时所想的，总是那些关于人生的各种思考。一次学校开教务会议，他看到教师们垂头拱首的倦态，会后，他立即用毛笔把这些情景画了下来，然后贴在自家墙上欣赏。哪知道，这次偶然的创作，却引发了他一发不可收的创作兴味。于是，他把生活中看到的一些琐事随手就画了下来，上课用的讲义、包装纸，甚至香烟盒上，都可以看到他的即兴画作。一九二二年十二月十六日，春晖中学校刊刊登了丰子恺《经子渊先生的演讲》《女来宾——宁波女子师范》两幅漫画，这也是他最早发表的漫画作品。

一九二四年，丰子恺创作了漫画《人散后，一钩新月天如水》，好友朱自清看到后，把这幅作品发表在他和俞平伯合办的刊物《我们

⊙《人散后，一钩新月天如水》（丰子恺作）

的七月》上，这是丰子恺首次公开发表的作品，在读者中引起很大反响。上海《文学周报》主编郑振铎看到后，大为兴奋，说丰子恺几笔疏朗的墨痕，便把他的情思带到了一个诗的仙境。

一九二五年丰子恺在上海创办立达学园的时候，出手的一幅幅题材多样的漫画，饱含诗味和人情味。郑振铎决定以文学周报社的名义为他出一本集子。一天，郑振铎约了好友叶圣陶、胡愈之到江湾丰子恺的家中去看画。丰子恺把没有装裱的作品都钉在了墙上，居然钉满了整整三面墙壁。三人饶有兴味地观看着，品评着，立达学园的教师和学生闻讯也纷纷前来参观，这个在自己家里办的充满亲情和欢乐气氛的小小个人画展，立即引起了轰动。叶圣陶说，丰子恺的画给了他一种不曾有的乐趣，这种乐趣超过了形似和神似的鉴赏。郑振铎说，这是一个他见过的最有趣的展览会。当他拿着一大捆丰子恺的画稿回家的时候，心里有一种像是占领了一块新地一般的愉悦。

郑振铎、叶圣陶和茅盾等人将丰子恺的画作反复看了好几遍，觉得一幅都不可删掉，于是在一九二五年十二月以《子恺漫画》结集出版。为这本漫画集写序和跋的共有七人，他们是郑振铎、夏丏尊、朱自清、刘薰宇、俞平伯、方光焘、丁衍镛。一九二六年一月，《子恺漫画》又由开明书店再版。朱自清把这本书的内容分作两部分，一部分是根据古典诗词创作的，另一部分是对现实生活的速写。又有人把他的这两类作品归纳、概括起来，说画古典诗词的部分，实际上是"翻译"，是他在诵读古诗词之余即兴描绘的"幻象"，是对古人诗词意境的一种"自我体感"，用丰子恺本人的话说，这叫被动的创作；而生活速写则是丰子恺自己对生活认真观察之后的一种形象表现，丰子恺说这是一种自动的创作。

自一九二六年一月上海开明书店重新出版《子恺漫画》后，除了连续再版外，至一九三五年的十年间，他又出版了《子恺画集》《学生漫画》《儿童漫画》《人间相》《护生画集》等十部作品。丰子恺的漫画集出版后产生了广泛影响，有评论认为丰子恺在文艺领域开辟了一个崭新的美术世界，这个美术世界受到了文人学士和普通百姓的欢迎，漫画也成了丰子恺的专利品，还有人称他是中国漫画的创始人。

然而，中国的漫画创作源远流长，自北宋、明、清以来就出现了不少大家和作品。特别到了近代，随着报刊事业的发展，漫画创作领域更是人才辈出。丰子恺本人乜否认他是中国漫画的创始人。他认为"陈师曾在《太平洋报》所载毛笔略画，题意潇洒，用笔简劲，实为漫画之始"。其实，丰子恺对陈师曾的漫画仰慕已久，他认为陈师曾的画之所以和别人不同，是因为他不用纯粹的中国画法，而是加进了一些西洋画法，加得又很自然，使人看了更加坚实、稳定，看不到所谓中西合璧的痕迹，丰子恺本人的画作也受到了陈师曾的影响。然而，为什么有人又把丰子恺当作中国漫画的创始人呢？这是因为丰子恺之前的漫画有实无名，名称也多不一致，《子恺漫画》出版后起到了正名的作用；再则，丰子恺之前的漫画大多处于探索、发展阶段，在美术界没有什么影响，没有得到读者的认可。那时候不管画什么，都是抄袭、临摹古人，死气沉沉的画坛与人们的现实生活拉得越来越远，而当丰子恺漫画以其独特的绘画风格向人们展示了一种新的美术世界时，漫画这一绘画形式很快得到了社会的广泛认可，这一画种逐渐走向了成熟。基于这些原因，人们把丰子恺看作是中国漫画的创始人，也是有一定道理的。

田园生活　美梦破灭

　　一九三七年卢沟桥的一声枪响，把丰子恺"肯与邻翁相对饮，隔篱呼取尽余杯"的田园牧歌式的闲适日子打破了。日军大举入侵中国，杭州城即将燃起战火，丰子恺在杭州的寓所也面临战火威胁，他连忙把这里的书籍和生活用品搬回了石门湾，以免遭难。

　　这时候，许多从上海、嘉兴、杭州等地逃难来的人也到了石门湾。他的许多朋友给他来信劝他赶快携眷离家，否则扩大的战事会让他猝不及防。而家乡石门湾的人却不以为然，认为这里地远天高，是世外桃源，杭州城也只不过是个风景之地，对日军没有什么重要作用。听了这些自我安慰的言论，加之丰子恺对缘缘堂的依依不舍之情，他一时也没有了主张。然而，日军残暴杀戮无辜百姓的血腥传闻不时传来，丰子恺满腔悲愤，找来一本《日本帝国主义侵略中国史》，一边细心阅读，一边认真做笔记，他打算把从明代倭寇扰我海疆直到"八一三"日军侵华的各个事件，以漫画的形式一一画出，并配上说明文字，编成一册《漫画日本侵华史》，让即使不识字的人看了，也能了解到日寇侵略中国的罪行。

　　丰子恺在缘缘堂刚过了四十岁生日，日军的两架轰炸机来到石门湾上空盘旋，连续轰炸了两个小时，有一百多人遇难。两颗炸弹就在缘缘堂后门不远处爆炸了，丰子恺全家和石门湾的人都惊呆了。顷刻间，乡亲们扶老携幼，在绵绵秋雨中逃离了故乡。丰子恺一家来到离石门湾五里多地的南深浜落脚，这里是他妹妹雪雪的家。因为心头时时牵挂着缘缘堂，一天深夜，丰子恺与女儿丰陈宝、店员章桂又回到了石门湾。长夜沉沉，星光惨淡，缘缘堂在死一般的沉寂中，呆呆地矗立在那里。丰子恺到屋里把许多心爱的书装进网篮，拂晓之前又悄悄回到了南深浜。

在妹妹家里住了十余天，战事日紧的消息频频传来，丰子恺一家挤进逃难的人群，经衢州，到上饶，过南昌，一九三八年一月上旬辗转到了江西萍乡。在这里正巧遇到了他在上海立达学园教书时的学生萧而化，萧而化便把他们一家安排到乡下的祠堂里住下。这里除了农田之外，周围全是山峦，一片寂然，丰子恺觉得这里倒是中意的避难之所。一天，上海的朋友给他寄来一封信，说从报上看到石门湾的缘缘堂在一月初被一场大火全部烧毁⋯⋯得知自己的精神乐园彻底倒塌，他和全家人都在噩耗中悲痛饮泣。痛定思痛，他愤然写道："⋯⋯白骨齐山岳，朱殷染版图。缘缘堂已毁，惭赧庶无几。"他又在《还我缘缘堂》一文中讨檄："⋯⋯（缘缘堂）已成一片焦土⋯⋯沿途（逃难途中）看报某处阵亡数千人，某处被敌虐杀数百人⋯⋯我虽老弱，但只要不转乎沟壑，还可凭五寸不烂之笔来对抗暴敌，我绝不为房屋被毁而伤心，此犹破釜沉舟，断绝后路，才能一心向前，勇猛精进，胜利最后之日，我定要日本还我缘缘堂来！"在残酷的现实面前，丰子恺大义凛然，秉笔疾书，隆隆炮声使他胸中的爱国激情如熊熊烈火般燃烧。他俨然一个老战士紧握手中的"五寸不烂之笔"，行进在抗击侵略者的征途上。

一九三八年春天，朋友从长沙来信邀他西行。这时他在萍乡已住了一个多月，由于战事渐渐吃紧，丰子恺全家又到了湘潭。本想在此小住几日，无奈这里聚集的人越来越多，他们只好又乘船到了长沙。还是学生萧而化帮忙，让他们全家住到了萧而化的叔父家里。暂时安定下来的丰子恺和家人商议日后的去路：一是

⊙ 丰子恺在汉口

回上海，二是入川，三是去桂林。因为桂林的朋友早有信来，约他们去那里安身。长沙民众的抗日情绪十分高涨，街头贴满了抗日标语，抗战歌声此起彼伏，群情激奋，同仇敌忾，丰子恺深受鼓舞。距离他们不远的武汉，已经成了全国的抗战中心，听说全国各地的知识分子已经云集到了那里，丰子恺便带了女儿丰陈宝先赶到了汉口。

到了汉口，丰子恺这才感到过去的三个月，或避难于乡野，或行船于水上，消息闭塞得如在梦中，如今仿佛刚刚从梦中醒来一般。到处斗志昂扬的景象，使他目不暇接。汉口的抗战氛围比长沙还要浓烈。当时的抗战宣传大本营是郭沫若领导的三厅，许多朋友都住在那里。不容迟疑，丰子恺也立即赶到那里投入抗日宣传工作。中华全国文艺界抗敌协会（以下简称中华文协）在汉口成立了。《抗战文艺》是中华文协的机关刊物，由丰子恺担任编委，他为刊物设计了封面还题了词。接着，《文艺阵地》也出版了，第一期刊发了由他作词、萧而化作曲的歌曲《我们四百兆人》，歌中唱道："……以此制敌，何敌不崩！哪怕小东邻！我们四百兆人，齐出阵，打倒小日本！"他还把当时各种书刊中的抗战文章和漫画剪辑下来，编成了一本《漫文漫画》，由汉口大路书店出版，他把自己的一幅《生机》放在全书的最后，以此歌颂抗战的精神，像是生机不绝的大树，春来怒抽枝条，气象蓬勃！

生機
子愷畫

从桂林到遵义

丰子恺在汉口时，坊间便流传着"丰子恺割须抗战"的故事，盛赞这位全身心投入抗战的斗士。其实，丰子恺并没有割掉自己的长须，但积极投入抗战倒是事实。工作正在得心应手之际，日军又逼近汉口，丰子恺只好带上自己的两个女儿返回长沙。

此时，他接到了桂林师范学校的聘书，请他到校讲授美术和国文。因桂林师范学校有"以艺术兴学，以礼乐治校"的办学宗旨，丰子恺认为在国难当头的时刻，学校仍然不忘艺术，这种精神实在可嘉，于是，便挈妇将雏，带领全家踏上崎岖坎

⊙在桂林时的丰子恺

坷的山路往桂林赶去。这时，他的妻子徐力民已怀孕四个月，尽管时局动乱，丰子恺还是为即将来到人间的新生儿而兴奋，对妻子百般呵护，对家人悉心照料。一九三八年六月二十四日，他们到达了桂林。桂林师范学校位于距市区七十里以外的两江圩，丰子恺便把家安置在离学校五六里的泮塘岭。每天步行到校上课，他觉得这是一种体育锻炼，心情很愉快。

在讲授如何掌握绘画方法上，丰子恺不落俗套。他对学生们说，宇宙间森罗万象，表现方式不胜枚举。各地传用图画教材，今天教你们画马，明天教你们画牛，后天又教你们画花，这样下去十年也教不完，只知其一不知其二地学习绘画，怎

么也学不好。他通过训练学生们的眼睛和手，教给他们一个一通百通的方法。他说，眼睛是用来辨认形状和色彩的，当你看到两个不同的面孔时，要能辨认出他们的不同之处在哪里。观看山水、花鸟也用这种方法。日久天长，不断研究、积累，勤看勤画，就能画出各种物象的特点来。这就是一通百通，也叫得心应手，凡是能看得见的都能画得出。学生们对丰子恺的这种教学方法赞不绝口，说是可以在较短的时间内掌握绘画的诀窍。

丰子恺教授国文时，给学生们选讲《孟子》，培养学生们的仁爱之心。他说，如果人们都用仁爱之心对待生活，对待人世，生活就会美好，世界也会和平。不久，他又为桂林师范学校谱写了校歌："百年之际树人，教育根本在心。桂林师范仁为训，克己复礼泛爱群……"教课的同时，丰子恺还积极参与学校的抗战宣传工作，学生画壁报和抗战漫画，他不仅示范指导，还带他们到乡下、街头宣传抗战。学校把他画的许多抗战漫画，制版后以石印印刷，贴满了桂林街头。

桂林的安定生活使丰子恺有了更多的时间绘画。抗战以来他创作了不少作品，静下心来，他把这些画稿精选以后，以册页的形式又重新画了一遍，每一幅画稿上面都打上"缘缘堂毁后所蓄"的印章，以便战时辗转流离途中保管。一九三七年，他根据鲁迅的小说创作了《漫画阿Q正传》，寄到上海，请学生张逸心代为刊印，哪知此稿竟毁于战火。在汉口他又重新复制一套，后来也因敌机轰炸而丢失。趁时间宽裕，他又第三次绘制画稿，为免丢失，他用薄纸以铅笔在画稿上又摹印了一套保存起来。

浙江大学迁到广西宜山后，他的老师马一浮也辗转到了那里。马一浮向校长竺可桢推荐，聘丰子恺到浙江大学主

⊙《漫画阿Q正传》封面

讲艺术教育和艺术欣赏。一九三九年四月五日，丰子恺全家离开桂林，经过柳州，四月八日到达宜山。他去拜望了校长竺可桢（此时马一浮已去四川），然后把家安在离学校较近的龙岗园。哪知宜山每天都有敌机来轰炸，他亲眼看到许多同胞被炸蒙难。一天，又有空袭，丰子恺和许多人向着一个山洼跑去，还没有隐蔽好，一颗炸弹便在离他十多步远的地方爆炸了，他庆幸自己没有遭遇不测。他立即把家中老弱六人送到离宜山百里之外的一个学生家里安身。因不远处的宾阳已经沦陷，浙江大学在宜山也不能立足了，需迁到贵州。丰子恺家分两地，他让跟自己在一起的四个大一些的孩子立即携带行李去贵州的都匀，等待会合，他自己则徒步到德胜把家中老幼接了过来。这时，他的幼子新枚已经一岁，加上七十二岁的岳母，一位老姐姐、妻子，还有十一岁的儿子，十岁的女儿，全家七口人，十余件行李，找不到人帮忙，怎么才能逃到贵州呢？一夜之间，丰子恺的头发愁白了。后来，好不容易雇到了十二个挑夫，他们晓行夜宿，走了三天，到达了河池。河池更是一片混乱，人心惶惶，全家被困在一个旅馆里，幸好老板认识一位加油站站长，丰子恺给他写了字，画了画，这位站长才开着汽车把他们全家送到了都匀。经过半个月的奔波，终于和先期到达这里的四个孩子见了面。一个月后，浙江大学也迁到了遵义。他在遵义的南坛巷租了一座小楼，取名星汉楼。

在遵义的两个多月，丰子恺于教书之余，把毁于战火和绝版了的画稿、画集重新整理了一遍，编成了《护生画集》一册、《护生画集续集》一册，还有一部六册的《子恺漫画全集》。尽管八册画集工程十分浩繁，完成之后，他并不感到疲惫，而是无比兴奋。

⊙《遵义的负重》（丰子恺作）

到重庆

　　陈之佛从吕凤子手中接过国立艺专校长的大印之后，首先想到了好友丰子恺，他们当初在日本读书时相识。他认为办好国立艺专丰子恺可助自己一臂之力。一九四二年秋天，他打听到丰子恺在遵义的浙江大学教书，便向他发出了邀请。此时的重庆成了陪都，是政治、经济、文化中心，丰子恺决定前往，于是带领家人于一九四二年十一月到达重庆。

　　国立艺专位于重庆市郊沙坪坝，中央大学、重庆大学、南开中学等名校都在这里。由于一时没有安身之所，丰子恺全家只好暂时住在陈之佛家里，后来搬到了风生书店，再后来又搬到了刘家坂。陈之佛让他兼任校务主任，讲授艺术课。这里毕竟是大后方，日子安定一些，一切步入常规之后，十一月下旬，丰子恺在重庆的夫子池举办了一次画展，这也是他正式举办的第一次画展。

　　画展的作品以彩色风景画为主，都是他逃难以来的新作。这些画作和他抗战前即兴创作的以人物为主的漫画不同，在风格、主题、笔墨等方面都与过去有很大变化。这是因为，他从家乡逃难出来后，到了浙南首先看到的是高山流水，到了江西、湖南，看到的又是崇山峻岭，到了桂林，甲天下的山水更是深深地触动了他，于是，他便把"眼光渐由人物移注到山水上，笔底下也渐有山水画出现"。过去画人物时，山水只是作为背景。当时用纸很小，只是用毛笔寥寥数笔就画好了。现在用纸也大了，简笔改成了繁笔，单色也变成了彩色。这些变化都是战争改变了他的生活所致，另外，思想上也受到了很大的冲撞，给这些作品赋予了许多新的内涵，显现出了活力与特色。人们对丰子恺这些有特色的中国画颇感兴趣，一次展览竟然卖了五万多法币。

手里有了点钱，丰子恺首先想到的是改善全家人居住的条件。刘家坂的房子不仅小、闷，遍布四周的荒坟更是让人感到悲凉和阴沉。几经寻觅，他在沙坪坝的庙湾租地建造了三间平房，花费四万法币左右。平房外是一片空地，用篱笆围起来便成了庭院。他将住处取名为"沙坪小屋"，在庭院里养起了小猫、小狗、鸭和鹅，还种了一些番茄、蚕豆和芭蕉之类。为了过"采菊东篱下，悠然见南山"的闲适日子，他辞去了国立艺专的教职，每天把作画、写文章、饮酒当成乐事。由于观察细微，心态平和，写出来的文章深刻而生动。他喜欢自己喂养的鸭子和鹅，写道："……鸭子走起路来天真自然，有一种滑稽美……狗走起路来皇皇如也，好像是去赶公事；猫走起路来偷偷摸摸，好像去干暗杀……"丰子恺对那只大白鹅特别喜欢，说它走起路来大模大样，像是京戏舞台上的花脸出场一样，有一种傲慢之气。在荒凉沉寂的环境中，"凄风苦雨之日，手酸意倦之时，推窗一望，死气沉沉；唯有这伟大雪白的东西，高擎着琥珀色的喙，在雨中昂然独步，好像一个武装的守卫，使得小屋有了保障，这院子有了主宰，这环境有了生气"。

尽管在沙坪小屋过着几乎与世隔绝的日子，丰子恺却一刻没有忘记抗战时局。一次他在书店遇到了邵力子，邵力子说要向上面推荐他，请他出来做官，他连连摆手拒绝了。他把时间用在了郊游、访友、办画展上。他先是去乐山的复性书院拜访了自己尊重的老师马一浮先生，接着又去长寿、涪陵、丰都、川北、内江、成都等地办了画展。在成都办画展时，他遇到了阔别二十年的老友朱自清，因两人是挚友，相见时自然感慨唏嘘，欢聚一起，朱自清动情地写出四首七言绝句相赠，"三十四年（一九四五年）夏，余自昆明归成都，子恺亦自重庆来，晤言欢甚，成四绝句"，其中一首云："执手相看太瘦生，少年意气比烟轻。教鞭画笔为糊口，能值几钱世上名？"好友多日不见，瘦了、老了，年轻时意气风发的往事如烟云一般逝去，是多么值得怀念啊！

一九四五年八月十五日，日寇投降，山城重庆的人们走向街头欢呼胜利。丰子恺高兴得挤进一家店铺买了许多爆竹，兴冲冲地回到家里，然后又取出两瓶茅台酒，一边让孩子们燃放爆竹，一边招呼邻里来家饮酒庆贺。之后，他又跟着一些年轻人走上街头去看热闹。狂欢之夜，丰子恺忘记了酒意和疲劳，深夜

⊙《胜利之夜》(丰子恺作)

两点多才回到家里。

抑制不住抗战胜利的兴奋，丰子恺即兴画了许多漫画，其中一幅是《胜利之夜》，他把画送给了许多朋友和邻里，让他们和自己一起分享胜利的快乐。此时，到底是回归故里还是留在重庆，他一时难以抉择。然而，"胜利数月内，那些劫收的丑恶，物价的飞涨，交通的困难，以及内战的消息"，把他胜利的欢喜消损殆尽。尽管故园已成焦土，归途的交通又有很多困难，但那毕竟是自己的家啊！他决定要辞别重庆，返回江南。

栖身杭州、厦门

抗战胜利后将近一年，丰子恺才卖掉了重庆的沙坪小屋，于一九四六年七月三日携全家离开重庆，踏上回乡之路。

一路颠簸了两个半月，他们一家到达阔别十年的上海。稍事休息后，丰子恺与家人回到了石门湾。眼前的故乡已是面目全非，遍体鳞伤的石门湾使他不忍驻目，身在异乡时魂牵梦萦的故土竟然变得如此悲凉。丰子恺当晚喝得酩酊大醉，次日便与家人去了杭州，他决定把这里暂作自己的栖身之地。

地处西湖、紧靠葛岭招贤寺的锦江路八十五号有五间平房，这里安静清幽，环境宜人，丰子恺便把全家暂时安顿在这里。在上海时本来还想去浙江大学教书，但十年奔波，身体衰弱，已不能胜任教书之事，只好以作文卖画为生，过起了桃花源的闲适日子。他当时已有七个子女，其中四个已经独立，加之还有一些稿费收入，觉得尚可维持节俭的生活。在杭州安家的第二年元旦，他在上海出版的《论语》半月刊杂志上，刊登了一则书画润格：漫画每幅三十二万元（一尺以内）；

⊙丰子恺在杭州招贤寺

每一方尺册页三十二万元；指定画某种题材，价格加倍；对联四尺三十二万元，五尺四十万元，六尺四十八万元。广告、祝寿、贺婚等字画，除特别例者外，恕不应属……这个润格在当时已经够低了，一平尺三十二万元，以战前的五万元等于战后的二十五万元计算，也就是六万来块钱一尺。当时买一张梅兰芳的戏票还要一百多万呢。一九四八年正是国民党统治全面崩溃的前夜，物价飞涨，法币大跌，他给远在异国的广洽法师写信说："求画者众，贪其廉也，弟应接不暇……故六月一日起改订润例（由每尺的三十二万元增至六十四万元后，再增至二百万元），以求减少笔债，此真不得已之事也……来日生计，不堪预料也。"不曾想，丰子恺的闲适生活如今也"闲适"不得，原来觉得还可以维持的节俭日子，此刻却成天为物价飞涨、全家的生计无着发愁。

一九四八年夏天，开明书店的老板章锡琛要去台湾考察开明分店的经营情况，因丰子恺与开明书店关系密切，便邀他同行。鉴于当时政治腐败，特别是一家人生计艰难等问题，丰子恺想去看看刚刚收复的宝岛是否适宜安家。小女儿丰一吟正好暑假从国立艺专毕业，这年的九月八日丰氏父女与章家便登上"太平轮"离开了上海。

此时距台湾收复才三年时间，丰子恺在台北看到了许多日本统治时期留下的遗迹，有时还要用日语与人会话交流，心里便有些不大自在。过了一个多月，他在台北电台做了一次"中国艺术"的广播演讲，在中山堂举办了一次画展，带着女儿丰一吟游览了阿里山、日月潭等名胜，访问了高山族的公主，十一月二十八日便离开台湾到了厦门。父女俩在台

⊙丰子恺（右一）与女儿在台湾与高山族公主（中）合影

湾一共盘桓了五十六天。

丰子恺之所以要到厦门来，因为这里有恩师弘一法师的遗泽。他和女儿先是到法师常驻的南普陀寺凭吊拜望，正巧，此时与丰子恺神交十七年的新加坡龙山寺僧人广洽法师也来到了这里，他是来普陀寺

⊙丰子恺与广洽法师（左）

参加传戒大会的。广洽法师比丰子恺小两岁，是福建南安人。一九三一年两人经弘一法师介绍认识，从此便一直书信往来，此次两人相见，如同故交。在广洽法师的引领之下，他们参谒了弘一法师的禅室，参观了法师当年创办的佛教养正院，养正院的广义法师请丰子恺题字留念，丰子恺集唐人诗句书成一联："须知诸相皆非相，能使无情尽有情。"他说把此联挂在这里，可以更加虔诚地怀念恩师当年从事艺术升华到理佛信教的伟大历程。他和广洽法师还参谒了弘一法师当时手植的杨柳树，他作画一幅，在画上题诗道："今日我来师已去，摩挲杨柳立多时。"然后赠给广洽法师作为留念。他还应厦门佛学会的邀请，做了《我与弘一法师》的演讲。

丰子恺父女在厦门居住了一个多月，觉得这里倒是可以久居之处，便写信给杭州的妻子，让他们来厦门。一九四九年一月妻子带领子女来到后，不久全家便搬到了古城西路四十三号的二楼住了下来。此时，丰子恺又想起弘一法师在泉州开元寺居住并在那里圆寂的往事，心头十分哀婉。抗战时期他逃亡桂林时，曾给弘一法师写信，希望法师在战乱不安的情况下回到内地，一切由他供养。法师念佛抗战、坚决不前往的决心已定，便一直住在开元寺里。一九四二年秋天，法师病重。十月十三日，法师在泉州不二祠温陵养老院的晚晴室弥留之际，书写"悲欣交集"四字后圆寂。十月十八日，丰子恺正准备去国立艺专任教时得到法师圆寂的消息。

全家在厦门居住下来不久，丰子恺由厦门大学教授虞愚和弟子黎丁陪同，专

程到泉州参拜弘一法师的圆寂之地，参谒法师的骨灰塔、讲经处和晚晴室。在晚晴室弘一法师遗像前，他五体投地行礼，然后又在法师圆寂的床前摄影追思。这时，一位居士拿出一封丰子恺一九三九年在广西宜山写给法师的回信，信中有"世寿所许，定当遵嘱"的话，原来，这是关于绘制《护生画集》的缘由……

一部巨著　回报师恩

　　《护生画集》是丰子恺耗尽一生心血的旷世巨著。从一九二九年到一九七九年五十年间，他共创作护生画稿四百五十幅。其间的曲折、磨难和欣喜，使无数读者震撼、感动。

　　丰子恺一九二七年在上海江湾家中与弘一法师朝夕相处，于虚岁三十生日这天正式皈依佛门。成为居士，法师为之取法名"婴行"。弘一法师一八八〇年生，这年虚岁四十八。为了恭祝恩师五十岁寿辰，丰子恺决心创作一部弘扬佛法的护生画稿。为什么以"护生"为题而创作呢？丰子恺说，"护生"就是"护心"，他要通过画作劝解人们"戒除残杀，由此而养成仁爱，鼓吹和平"。皈依次年，丰子恺开始创作，共得画稿五十幅，每幅都由法师题字。一九二九年二月《护生画集》由开明书店出版，这年法师虚岁五十。法师为画集写了八句向偈（偈：佛经中的唱词）说明创作《护生画集》的旨趣："我依画意，为白话诗，意在导俗，不尚文辞。普愿众生，承斯功德，同发菩提，往生乐园。"十年时间，《护生画集》销售二十万册，同时行销欧美，在读者中产生了很大反响。

　　一九三九年弘一法师虚岁六十，此

⊙《护生画集》封面

⊙《护生画集》之《众生》（丰子恺作）

时正在广西宜山的丰子恺又创作六十幅画稿作为续集，寄给时常在泉州居住的弘一法师，请其配诗。弘一法师给他回信说："朽人七十岁时，请仁者作《护生画集》第三集，共七十幅；八十岁时，作第四集，共八十幅；九十岁时，作第五集，共九十幅；百岁时，作第六集，共百幅。护生画功德于此圆满。"当时丰子恺正在逃难之中，看了法师的嘱托，当即回信说，绝不辜负法师的希望，一定尽力而为。续集（第二集）于一九四〇年由上海开明书店出版，与第一集不同的是，续集以护生为主（初集以戒杀为主），诗意更加浓郁。

一九四九年丰子恺从台湾来到厦门，这一年法师冥寿（虚年）七十，已圆寂七年。丰子恺用了三个多月的时间，作护生画稿七十幅，然后取道香港，请名士叶恭绰题诗。叶恭绰因年迈，写了跋文，丰子恺作诗写序，于一九五〇年二月由上海大法轮书局出版，这是第三集；一九六〇年弘一法师冥寿八十，丰子恺于这一年又完成护生画稿八十幅，由朱幼兰题词，这是第四集；一九七〇年弘一法师冥寿九十，丰子恺应在这一年完成画稿九十幅，他于一九六五年即提前五年就完成了任务，这一集由虞愚题字。四、五两集都交由新加坡的广洽法师出版。

一九六六年"文革"开始不久，丰子恺即遭批判，他一边要接受造反派的隔离审查，一边还要劳动改造。越是遭到折磨和摧残，他越是想到要尽快完成弘一法师的重托，如果不能完成第六集的一百幅护生画稿，在环境越来越险恶的情况下，一旦失去了生命，就会留下不可弥补的遗憾。于是他白天接受审查、改造，晚上冒着风险，在灯下悄悄地一幅一幅创作起来。到一九七三年终于把一百幅画稿完成。他对好友朱幼兰说，为了报答师恩，完成所托，就是冒再大的风险也顾不得了。他本想请朱幼兰题词，但又怕给他带来不测。朱幼兰却说自己也是佛门弟子，为了弘法利生，不怕什么风险，应该题词。第六集画稿由朱幼兰题词并保管起来。

"文革"结束后两年，广洽法师到了沪上，从朱幼兰处取走了《护生画集》的第六集，第二年十月广洽法师请香港时代图书有限公司把六集全部出版。时隔五十年，把全集合起来出版要费一定周折，主要是前三集已经找不到原稿。如今六集之所以能够顺利出版，也有一段曲折的故事。

一九六○年，丰子恺刚刚出任上海画院院长不久，他的一位私塾弟子朱南田兴奋地给他说了一件往事：一次，他在上海广东路的古玩商店忽然看见老师与弘一法师合作的《护生画集》手迹，决定要收藏起来，最后以九十六元成交。因一时拿不出这么多钱，先付了二十元定金，回家便把一张三人沙发卖了，才把钱凑足。朱南田还说，这是《护生画集》第一集，弘一法师题诗的原稿原来在嘉兴范古农居士的一位亲戚手中保存，后来这位亲戚去世，他的子侄把原稿当作废纸卖给了旧货摊，几经转折才到了朱南田手里。丰子恺说，当初护生前三集原稿都是由大法轮书局主人苏慧纯保存的，现在第一集找到了，他又补画了第二、三集画稿，这样六集便完整了。躲过了"文革"浩劫，广洽法师才能把六集全部出版。

一九九六年，福建莆田的广化寺翻印了《护生画集》全集，三十二开，横排。全集在每一集后面加一附录，把手写的书法以铅字排印出来，原来不易识别的繁体字、异体字、草体字在一般读

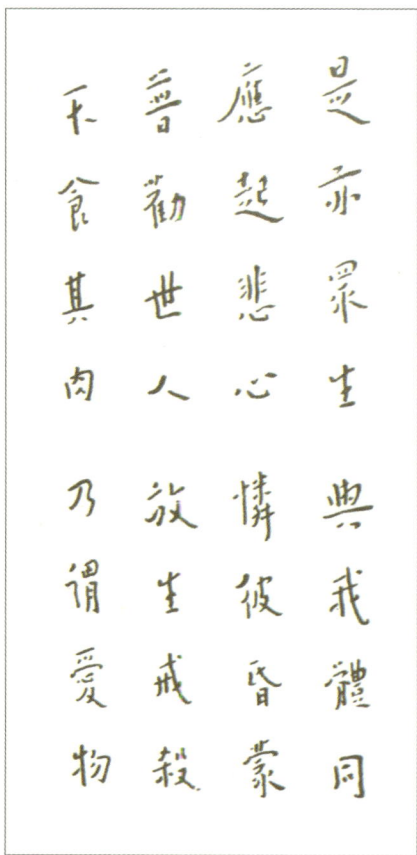

是亦众生　典我体同
应起悲心　情彼昏蒙
晋劝世人　放生戒杀
天食其肉　乃谓爱物

⊙弘一法师题诗手迹

者读起来也就没有困难了。二〇〇五年，上海人民出版社也出版了《护生画集》（全六集）新版本。除前两集保持原貌外，为了统一风格，后四集改由平湖书法家许士明模仿弘一法师的字体重新书写，这部画稿也颇具特色，受到了广大读者的赞誉。

又一位人生导师：马一浮

一九一七年七月的一天，丰子恺陪同恩师李叔同一起来到杭州的宝极观巷，拜望当时在国学界颇有声誉的大儒马一浮。马一浮号湛翁，幼年被称为神童，这一年三十四岁。马一浮学贯中西，博古通今，精通英、日、德、法、俄及梵文。这天，李叔同和马一浮畅谈了佛学问题。随侍在侧的丰子恺听着两人的谈话，如坠云里雾中。他当年不到二十岁，正在浙一师读书，虽然当时对两人的谈话不甚了了，但他知道这位一身布衣、身居陋巷的先生学问太深了。此前，恩师常常带他去看马先生，万万没有想到这一次从马一浮处回来的第二天，恩师李叔同竟让他和另外几位弟子陪同，到杭州虎跑山定慧寺正式披剃出家。后来丰子恺又单独多次到马一浮住处请教。当年，李叔同和丰子恺说："马先生是生而知之。假定有一个人，生出来就读书，每天读两本，而且读了就会背诵，读到马先生的年纪，所读的还不及马先生之多。"基于此，丰子恺与这位饱学之士从来没有中断联系。他在一篇文章中曾这样叙述对马先生的景仰："……往日在杭州，我的寓所是他家的近邻。然而我不常去访，去访时大都选择阴雨的天气，因恐晴天去访，打断他的诗兴或游兴。我每次从马氏门中出来似乎吸了一次新鲜空气，可以延续数天的清醒与健康……"把马一浮的渊博知识和教诲当作是"新鲜空气"，可以想见马一浮在丰子恺心目中的位置了。他把马一浮看作和恩师李叔同一样，都是自己崇拜的人生导师。

一九三三年，丰子恺在故乡石门湾建成新居缘缘堂后，立即请马一浮题写"缘缘堂"三个隶书大字，做成匾，悬挂在厅堂的正中。马一浮在题字后面写了一首偈，其中有这样四句："能缘所缘本一体，收入鸿蒙如双眦。画师观此悟此生，架屋安名聊寄耳……"意思是要丰子恺把天下的万事万物都看在眼里,认真悟解人生。

一九三八年日军入侵石门湾,丰子恺一家离乡逃难,暂时在妹妹居住的南深浜落脚。一天,马一浮来信了,说他正在桐庐的迎薰坊十三号避难,问他住的石门湾近况如何。信中还附长诗一首,题目是《将避兵桐庐,留别杭州诸友》,其中有句云:"……妖寇今见侵,天地为改色。遂令陶唐人,坐饱虎狼食……"看了信,丰子恺便想立刻携家人投奔马先生。此前,他曾写《辞缘缘

⊙丰子恺与马一浮(左)

堂》七绝二首,第二首是:"江南春尽日西斜,血雨腥风卷落花。我有馨香携满袖,将求麟凤向天涯。"他把马一浮比喻为麒麟和凤凰,诗中有追随马一浮之意。丰子恺与家人商议后,决计立刻就走。他们先赶到杭州,一路上不断有隆隆的炮声和敌军空袭的警报,这天赶到桐庐已是晚上十点多钟。丰子恺打算先找一家旅馆安下身来,哪知问了好几家,都被国民党士兵住满了,没有办法只好去迎薰坊十三号,马一浮听说丰子恺全家都来了,连忙让他们到家里住下。

在马一浮家住了三天,丰子恺觉得这总不是长久之计,通过朋友介绍便在离桐庐二十里外的河头上找到了一处住所。这里有一大片竹林,远处是群山,环境倒也清幽。没过多少日子,马一浮也搬到了汤庄,这里距丰子恺居住的河头上仅有一里许。与马先生住得又近了,丰子恺心中暗暗欢喜,每隔一天便去访问一次。此时虽是隆冬,但山中却是风和日丽,丰子恺到了马先生处便一起煮茶论道。无论谈什么,对世间的或出世的问题,马一浮都有高远的见解。他引证古人的话,无论什么书都能背诵出原文。一天,马一浮和丰子恺等人谈论艺术,丰子恺说他

听了马先生一番宏论后，仿佛看见俄国的托尔斯泰和卢那卡尔斯基都羞愧得退避三舍……一次，和丰子恺等人面对群山，马一浮忽发议论道："吾人此时坐对山色，观其层峦叠嶂，宜若混乱，而相看不厌者，以其自然有序、自然调和，即所谓多样的统一是也。"还有一次，丰子恺约马一浮等人到附近游山，回来的路上他们在一座亭子里小憩，忽然看见墙壁上有人用木炭题的诗："山上有好水，平地有好花。好花年年有，铜栈何足夸？"马一浮看了后，说这可能是出自一位农夫或工人之手，但作者胸襟不同一般，值得赞扬，他说诗里的"铜栈"应是"铜钱"之误，最后一句应是"铜钱何足夸"。马一浮的学生王星贤建议把最后一句改成"到处可为家"，马一浮说这样改也很好。丰子恺对他说，作者在长亭中弄斧，恰被鲁班路过看见加以斧正，这也是一段佳话呀！马一浮听了哈哈笑了起来。

抗战时，马一浮应浙江大学聘请做了特约讲座，他又向学校推荐丰子恺到浙江大学教书。不久马一浮到四川乐山主办复兴书院，丰子恺全家也到了重庆，丰子恺专程拜访了马一浮并在那里办了画展。新中国成立后马一浮住在杭州的蒋庄，担任浙江文史馆馆长，丰子恺更是常去拜望请教。一九六七年马一浮在文史馆任上仙逝，享年八十四岁。丰子恺为又失去了一位人生导师而不胜哀婉。

沪上两次访"梅郎"

　　丰子恺是画家也是音乐家，对于西洋音乐更是情有独钟。一九二五年他在亚东图书馆出版《音乐的常识》，对西洋音乐的脉络和发展做了详尽的介绍，受到了读者的欢迎。当初他在石门湾建造好缘缘堂后，买了一台留声机，同时买了许多西洋音乐唱片，也买了一些梅兰芳的京戏唱片。暇时丰子恺便静下心来，慢慢欣赏。一开始，他对京戏不以为然，但是听了几次梅兰芳的唱片后便有了"牵惹人情"的感觉，后来竟发展到一有空就不由自主地想听听梅兰芳美妙的声音。

　　抗战时丰子恺一家到了重庆，一天，上海友人寄来了报纸，上面有梅兰芳留须不再唱戏的报道，不久友人又给他寄来了梅兰芳留须的照片。丰子恺看了，对梅兰芳坚贞不屈的品格甚为赞赏，于是便把梅兰芳的照片贴在墙壁上，心里暗暗祝愿梅兰芳身体健康，希望能够早日重返氍毹。抗战胜利后，梅兰芳复出，在上海演出，刚刚从重庆回到上海暂住的丰子恺，立即赶往天蟾舞台看他的演出。这一天梅兰芳贴出的戏码是喜庆戏《龙凤呈祥》。丰子恺被梅兰芳柔美的唱腔和出神入化的表演震撼住了，看着看着，他仿佛觉得自己是在梦中……事后，他找到上海的朋友、著名摄影家郎静山，决定一起去拜望这位"伶王"，瞻仰他卸妆后的风采。

　　一天下午，丰子恺与郎静山还有摄影家盛学明、陈警聪一起到了梅兰芳马思南路的住所。寒暄之后，他与梅兰芳对坐，丰子恺望着一脸谦和的梅兰芳，仿佛看到了《霸王别姬》里的虞姬和《打渔杀家》里桂英的身影；再仔细端详梅兰芳，修短肥瘠是那样恰到好处。

　　梅兰芳和丰子恺谈得很投机。梅兰芳"本音洪亮，面带粘润"，与丰子恺相见似乎也很兴奋，声情并茂地说了他在沦陷区苦心逃避演出的经过。他还说一个日本军官幼年曾在东京看过他的戏，从此对他产生了好感，也正是由于这位日本军官的帮助，他才得以从香港脱险逃出。梅兰芳说他现在负担很重，主要是有许多梨园弟子生活无着，他都要给予帮助。望着喜欢借助两只手表达情感的梅兰芳，丰子恺深为其重朋友讲义气的品格所感动。他劝梅兰芳多灌一些唱片，多拍一些有声的电影，因为一个演员毕竟有一定的青春时期，也就是"黄金时代"。用唱片和电影来记录稍纵即逝的艺术青春倒不失为一个良策，梅兰芳听了也很赞同，只是说这要牵扯方方面面，尤其是经济，谈何容易！丰子恺访问梅兰芳的第二天，上海的《申报》"自由谈"副刊便把他们会面的情景刊登出来。这一年梅兰芳五十二岁，丰子恺比他小三岁，四十九岁。

在丰子恺的子女中，大女儿丰陈宝、小女儿丰一吟都喜欢京戏，特别是小女儿一吟迷到了发痴的程度，不仅喜欢看，还经常上台表演。这次看了报纸登出父亲访问梅兰芳的照片，便埋怨为什么不带她去。丰子恺被缠不过，便于一九四八年清明过后带着女儿们到上海再访梅兰芳，在天蟾舞台斜对面的振华旅馆下榻。

去年已经访问过了，这次怎么再去呢？要有一个由头啊！说来也巧，为梅兰芳伴奏京二胡的沈秋平先生是一个非常喜欢西洋音乐的人，他迷上西洋音乐，是因为受了丰子恺的影响。他看了《音乐的常识》后对通晓西洋音乐的丰子恺产生了敬佩之心，经常写信向他请教。丰子恺这次带女儿们来看戏，向沈秋平说了她们想见一见"伶王"的想法，沈秋平答应和梅兰芳商定见面时间。每天看完戏回到旅馆后，沈秋平便抱着京二胡来和丰子恺聊天。丰子恺学过西乐而喜欢皮黄，沈秋平拉皮黄而喜欢西乐，两人志趣相投，总觉得时间太短，聊到后半夜还不想打住。

一天，沈秋平通知丰氏父女当天下午四点钟和梅兰芳见面。途中，正好遇上丰子恺的女婿宋慕法，他也跟着一起去。丰子恺对女儿们说，你们想见"伶王"犹如"瞻仰天颜""面见如来"，愿望总算实现了。沈秋平把丰子恺一行先安排在梅家客厅坐下。不一会儿，梅兰芳从楼上下来，握手寒暄后，丰子恺仔细端详，觉得梅兰芳"比去年更加年轻了，脸面更加丰满，头发更加青黑，态度更加和悦了"。这时丰子恺看女儿和女婿三人，目不转睛地注视着梅兰芳，"一句话也不说，

⊙梅兰芳（左）与丰子恺、丰一吟（右）

一动也不动，好像城隍庙里的三个菩萨"，只是觉得好笑。少顷，女儿和女婿望着丰子恺都笑了起来，他们望着比梅先生还小三岁的父亲，竟然如此老相十足，苍颜白发。他们埋怨造人的上帝为什么这么不公。这时梅兰芳对丰子恺说："我在莫斯科看他们演'跳水'，是用一块白布扯起来，使劲晃荡，犹如起了水波。而我们的京戏《打渔杀家》不需要布，只是以身子的起伏表明是在船上"，梅兰芳一边说还一边表演。丰子恺由此想起自己的漫画，他画人物不画眉毛、眼睛、鼻子，有时只画一张嘴，人们自然可以联想到所画人物的面容，这和梅兰芳所说的象征表现手法，不也是有异曲同工之妙吗？二次访梅之前，丰子恺用一个早晨的时间，以苏曼殊"满山红叶女郎樵"的诗句为题，为梅兰芳精心画了一把扇子，梅兰芳对丰子恺表达了深深谢意。

意气相投五十年

钱君匋是集诗、书、画、印于一身的一代大家。他是丰子恺二十世纪二十年代在上海与同学创办上海艺专时的学生。他和丰子恺都是桐乡屠甸人，一九〇七年生，比丰子恺小九岁。

钱君匋和老师丰子恺在开明书店做过同事，一起为书籍的装帧插图尽心尽力。他们高超的装帧艺术，为开明书店赢得了较高的声誉。丰子恺与这位学生关系密切，相处融洽。

抗战胜利后，丰子恺全家从重庆几经周折，又来到了阔别十年的上海。听说老师回来了，当时在上海主持万叶书店的钱君匋连忙赶来看望。知道老师抗战期间画了许多漫画，除了办画展时与观众见面外，大多散放在家里。与老师商量后，钱君匋决定从丰子恺二百六十幅作品中，精选三十六幅以《子恺漫画选》为名出版彩色画册。自一九二五年郑振铎为丰子恺出版第一本漫画集以来，二十余年时间，不同出版社共出版了三十部，这部是唯一的彩色画集。丰子恺知道这是学生对自己的关爱，拿到彩色画集后颇感欣慰。

一九四九年初，丰子恺全家在上海定居，住在闸北西宝兴路汉兴里。钱君匋前去拜望时，看到老师住的房子背光阴暗，且甚狭小，便请老师一家到万叶书店去住。那里是一座三层小楼，在南昌路四十三栋邻园邨七十六号。丰子恺应学生之请，搬到小楼的二楼居住，明亮宽敞的房舍，使丰子恺全家颇感安然。钱君匋又听说老师于抗战初期在广西宜山的浙江大学教书时，曾将鲁迅的八篇小说画成了漫画册子，钱君匋表示想在自己主持的万叶书店出版。丰子恺便选了《祝福》和《孔乙己》两篇，以《绘画鲁迅小说》为名交给钱君匋。丰子恺在序言里说："鲁迅先生的小说，大都是对封建势力的讽刺……现在还有很大的价值。我把它们译作绘画，便于广大群众的阅读，就好比在鲁迅先生的讲话上装一个麦克风，使他的声音扩大。"当时新中国刚刚成立，毛泽东指出，鲁迅的方向就是中国新文化的方向，号召人们学习鲁迅的"硬骨头"精神，从这一点来看，丰子恺出版这部绘画小说很合乎时宜。

出版这本小集子之前，在丰子恺身上发生了一件不愉快的事情，这件事情令钱君匋很难过。一九四九年七月，上海文艺界在绍兴路礼堂召开一个宣传工作大会，研究文艺界今后发展的方向问题。来自解放区的画家介绍了从事革命美术工作的情况；许多画家纷纷发言，表示向来自解放区的同志学习。会议主持人请丰子恺发言。丰子恺表示要向解放区的同志学习，好好为工农兵服务，又说梅兰竹菊四君子，今后还是要画的，因为在紧张的工余时间看看梅兰竹菊，可以陶冶性情，松弛一下神经。丰子恺刚讲完，后面发言的人把矛头全都对准了他，说我们的宣传工作有阶级性，有的人迷恋过去的老一套，迷恋地主资产阶级的闲情逸致，什么梅兰竹菊四君子，这是妄图开历史的倒车！丰子恺听着这些发言，脸上红一阵白一阵，一起参加会议的钱君匋望着老师的神情，心想老师的发言有什么不对？为什么会引来一片批驳之声？在那样的形势面前，钱君匋不敢和老师站在一起和他们唱对台戏，他没有这个勇气。事情过后，钱君匋要出版老师的绘画小说，与老师那次会议上精神受到打击不无关系，他想，这样至少对老师精神上是一个慰藉。

⊙丰子恺与钱君匋（后排右一）等人合影

"文革"开始后不久，钱君匋也和老师一起被关进"牛棚"接受批判和改造。一九七二年两人都被"解放"。

一九七三年，钱君匋曾请老师和老画家朱屺瞻为他的一个好朋友在册页上作画。丰子恺以"买花人去路还香"为题，画了一个红衣少女，手里提着一个白兰花篮子，一只小狗摇着尾巴跟在后面往前行走。画面很有诗意，也很美。朱屺瞻画的是一株在石头缝里长出来的兰花，喻生命力顽强。钱君匋拿着画册请另一位画家作画时，不料"批林批孔"浪潮骤起，美术界也掀起了批黑画高潮。正要作画的那位画家被压顶的黑云吓煞，连忙把册页交了上去。丰子恺的画被当作反党反社会主义的铁证，再度遭受批判，钱君匋也未能幸免。丰子恺给钱君匋"写"了一封信（一九七九年才澄清为丰子恺之子所写，见下文"再也没回日月楼"）："你的行为让我很伤心，想不到你竟然检举我！我们之间的关系从此了结了。你走你的阳关道吧！从今以后我不想再见到你！我们家不欢迎你！"被误解了的钱君匋拿着这封"绝交信"，五内俱焚，连上老师那里去解释的勇气都没有了。一九七五年丰子恺仙逝，钱君匋闻讯后悲痛难忍，不敢前去吊唁，写了一首《哭丰子恺先生》作为哀悼："意气相投五十年，一朝传讹罪沾身。临风遥哭先生殒，难雪此冤百世存。"

两位得意弟子

　　丰子恺在中学、职业学校、大学执教多年，教过的学生不计其数。众多学生中丰子恺颇为得意的弟子有两位，一位是二十世纪三十年代丰子恺全家搬到嘉兴居住时收下的弟子鲍慧和，另一位是二十世纪四十年代在上海收下的弟子胡治均。

　　鲍慧和上中学时就喜欢丰子恺的黑白漫画，他不仅临摹还能创作。一天，他找到丰子恺的住地，请求丰子恺的一位邻居说项，想拜丰子恺为师。邻居向丰子恺说了，丰子恺同意了。鲍慧和见过丰子恺后，便不断登门求教。为了让鲍慧和安心学画，丰子恺让他做了自己的家庭教师。一天，丰子恺对鲍慧和说："学习漫画要有扎实的基本功才可以，基本功就是要打好素描基础，能够画好速写人物。"他建议鲍慧和还是先到正规的美术学校去学素描。遵从老师的教诲，鲍慧和于一九三一年考取了上海美专的西画系，他一边认真读书，一边刻苦学习老师的黑白漫画。一九三四年毕业时，鲍慧和已经有了较好的独立创作漫画的能力，笔下的作品，几乎与老师无异。不久，他的一些作品便在上海的《太白》《宇宙风》《时事新报》《立报》等报刊上发表出来。丰子恺看了这些作品，暗暗欢喜，说鲍慧和是"接我衣钵者"。

　　抗战时期，丰子恺全家流离逃难。一九三九年到达桂林时，鲍慧和也从上海追随老师到了这里，丰子恺高兴地在日记中写道："见鲍慧和，乃我流离后快事之一。此人疏财仗义，而又厚道可风。其画之似吾笔，乃出于自然，非普通模仿皮毛之可比也。"为了解决鲍慧和的生计，丰子恺先是介绍他到梧州教书，后来又让他到郭沫若领导的三厅去画抗日宣传画。不久，鲍慧和去了西安，仍然从事抗日宣传画的创作，不时有作品发表。丰子恺把自己的作品寄给鲍慧和，师生两人在西安、洛阳等地举办了联展。

抗战胜利后，丰子恺全家到了上海，此时鲍慧和已在上海安家，丰子恺与家人便在鲍慧和家暂时落脚。新中国成立后鲍慧和一时找不到工作，丰子恺介绍他到正行女中教书，后来还介绍他到杭州做事。丰子恺对这位得意弟子十分赏识，时时关注他的衣食生活。不久，鲍慧和搬到嘉兴居住，因为出身成分较高（土改时被划为地主成分），身上背着政治包袱，精神上受到打击，而后又患了肝癌，于二十世纪六十年代初去世，丰子恺甚为惋惜。

丰子恺的另一得意弟子——胡治均到上海学徒的时候，因为喜欢丰子恺的绘画作品，常以私淑弟子自居。后来经人介绍，才于一九四七年春天与丰子恺见面，丰子恺热情地接待了他。这年冬天，胡治均写信给住在杭州的丰子恺，请他收自己为正式弟子。丰子恺复信说"愿为师弟之交"，寄给他几本著作，还送他一幅四尺的中堂《双松图》，上题"门前双松，终岁青葱，不识衰荣"，跋文是"此画作于重庆，因爱双松之姿，收为缘缘堂自藏，今赠予新相知治均仁弟永念"。从此，胡治均开始认真刻苦临摹起老师的画作。

丰子恺常常把自己的画作送给胡治均。当报刊社向丰子恺约稿时，他就嘱咐稿子用过后送给胡治均。日积月累，胡治均竟积累老师三百余幅画作。胡治均原来是上海供电局的干部，"反右"时因有不当言论被降为一般的抄表员。"文革"时遭受磨难，老师的三百多幅画作几乎损失殆尽。一九六九年春天，胡治均的问题审查结束，此时丰子恺尚未"解放"，他去看望老师，说到失去的画作时，胡治均失声痛哭，

⊙丰子恺与弟子胡治均（右）

307

丰子恺劝他不要难过，只要不死，还有手，会再给他画的。从此，胡治均每去看望老师，老师都有画作相赠。一九七一年夏天，丰子恺把画过的一批作品题名"敝帚自珍"，共有四套，三套给了家属，一套给了胡治均。他在给胡治均的"敝帚自珍"第一页上写道："爱我者藏之，今生画缘尽于此矣。"胡治均看了心里十分难过，以为老师来日无多，是在"托孤"了。

丰子恺晚年十分想念故乡石门湾，便让胡治均一同前往。一九七五年四月十三日清晨，他们一行五人登上了回乡之路。当石门湾的亲朋开着小汽艇来接他们的时候，胡治均这才发现老师走路已经比较困难，走不多远就得有人搀扶着。看到胡治均和亲朋难过的表情，丰子恺却说："不要紧，慢慢走……"精神上还是那样乐观，充满自信。

因为石门湾的缘缘堂早已于抗战时期毁于战火，他们只好住到南深浜丰子恺的妹妹雪雪家里。石门湾的亲朋听说丰子恺回来了，便纷纷赶到南深浜看望。丰子恺乳名慈玉，来看望他的人有的喊他"慈公公"，有的喊他"慈哥"，还有的喊他"慈伯"。听着人们的亲切问候，浓浓的乡音乡情，丰子恺高兴得抚髯微笑，沉浸在幸福中。来访的亲朋都知道丰子恺是大书画家，便向他求书求画。丰子恺让胡治均把求画者的姓名一一记录下来，说是回到上海后一定画了寄来。回到上海后，他一边画一边写，在给亲朋写唐人贺知章的《回乡偶书》时，旁边用小字"跋"道："离乡三十九年，乙卯百花时节重游旧地，但见建筑全新，园林畅茂，如入一新世界。"望着老师给乡亲们的一幅幅字画，胡治均感慨道："亲友要字画的要求都答应了，先生为人如此厚道，我复何言？"

再也没回日月楼

一九七五年四月丰子恺回故乡之前，他的肺部已经染病。三个多月后一天吃晚饭的时候，他手中的筷子忽然不听使唤，手指头也不灵活了，到医院检查后，医生说是患了感冒。八月中旬，他的三姐丰满在杭州病逝，享年八十五岁。丰子恺在姊妹兄弟中与三姐相处最亲密，如今听到姐姐去世的消息，丰子恺怅然若失，每天都郁郁寡欢。一天，他正在日月楼的阁楼上休息，忽然马一浮书写的对联"日月楼中日月长"掉了下来。家里的人顿时慌了起来，小女一吟心想，这可是一个不好的预兆啊，是不是预示着父亲在日月楼的日子不多了？

到了八月末，家人把病情严重的丰子恺送到了大华医院。病床上，他想起了当年参加全国政协会议时周总理和他握手的情景。他听说总理也在住院治疗，关切地问身边的女儿，总理的身体现在怎么样了？丰子恺肺部的毛病日益加重，都已无法站起来，家人又把他转到了华山医院的观察室，诊断的结果是肺癌。医生说癌细胞已经转移到了左脑。此时，丰子恺右臂已经不能动弹了。妻子和儿女们听到这个消息如遭晴天霹雳，放声痛哭。

九月初，他对侍奉在身旁的小儿子新枚说，自己最放心不下的，是他一生最喜欢的诗词，比如宋人秦观的。他时常吟诵，还说死后只有诗词舍不得抛弃。此时丰子恺病情日益恶化，连发出声音的力量都没有了。新枚给他一支圆珠笔，让他在练习本上写下他想说的话。丰子恺虽然握住了笔，却只是在本子上画了一些不方不圆的图形。一九七五年九月十五日中午十二时八分，一代艺术大家丰子恺在上海华山医院的观察室里驾鹤西去。他再也不能回到每天生活起居的日月楼了，那些不方不圆的图形，成了他的绝笔。自他一九五四年九月一日住进日月楼，每

⊙丰子恺第二排（中）与亲属在一起合影

天在这里写作、译书、作字、作画、会友，到一九七五年八月末住进医院，在这里整整生活了二十一个春秋。日月楼是他一生中住得最安静、最舒心的居所。

丰子恺过世后，上海画院决定于九月十九日在龙华火葬场为这位老院长举行追悼会。画院的老老少少几乎都来了，特别是当年和丰子恺一起蹲过"牛棚"的老画家们，更是感慨唏嘘，心中有说不出的难言之痛。在送来的众多花圈中，一个用小紫花球扎成的"千年红"鲜花花圈尤为引人注目，原来这是当时身患重病的刘海粟送来的。老先生听到丰子恺过世的消息，悲从中来，作诗悼念："暮年兄弟少，悲君亦自悲。泪雨满床头，真梦两依稀。"因为找不到鲜花，他好不容易托人在虹口公园买了一些，扎成了一个花圈，托一位有正义感的学生吴侃送了过来。刘海粟在后来的回忆文章中写到他要送一个鲜花花圈的原因："……子恺和他的艺术是有生命、有气节的真花！真花能留下种子，馨香远播，秀色长存，灌溉后学，美化世界，歌颂青春！"

"文革"结束三年之后，远在新加坡的广洽法师来到上海，在丰子恺的灵前洒泪祭奠。一九七八年六月五日，上海市委为丰子恺平反昭雪，恢复名誉。一九七九年六月二十八日，上海市文化局、文联、画院在龙华公墓大厅为丰子恺举行骨灰安葬仪式。没有想到，丰子恺的学生钱君匋也特地赶了过来。钱君匋当众说了当年他没有背叛老师的事情，还把老师画的《买花人去路还香》的事情经过详细讲述了一遍（见前文"两位得意弟子"）。这时胡治均说，老师当年也并没有给钱君匋写过什么"绝交信"，是老师的儿子对钱君匋有所误解，一气之下，便以丰子恺的名义写了一封信寄给了他，丰子恺并不了解实情。此前，胡治均和丰子恺的子女一起到钱家，邀请他参加骨灰安放仪式。误解消除了，钱君匋站在老师遗像前虽然很悲痛，但心头却感到轻松了许多。

一九八五年，丰子恺逝世十周年之际，缘缘堂在石门湾原址重修建成。这是丰子恺的新加坡老友广洽法师捐资助建的。落成典礼这天，广洽法师不顾年高，远涉重洋赶来参加典礼仪式。望着高大、轩敞、明亮的缘缘堂，广洽法师心头一阵欣喜："老朋友啊！还你缘缘堂的愿望今天终于实现了。"缘缘堂落成之后，也立即成了全国旅游的热点。

人们为了更好地纪念丰子恺，他的文集、画集由多家出版社出版，以丰子恺命名的漫画馆、研究会和学校等也相继问世。一九八三年四月十日，丰子恺的夫人徐力民八十八岁高龄时逝去。二〇〇六年三月十一日，丰子恺的孙辈一行八人，把丰子恺的骨灰暂时安放在缘缘堂。四月二十二日，他与夫人的骨灰被安放在石门镇南深浜修葺一新的墓地，这里被命名为"丰子恺墓园"，是桐乡市政府建造的。墓园坐北朝南，三面环水，环境清幽怡人。人们游览了缘缘堂后，一定要到墓园，向这位世人仰慕的艺术大家默哀行礼。丰子恺为人类创造的卓越艺术，永远留在了人们的记忆之中。

到京城闯荡了六七年的白石山翁，将当时一位名不见经传的学子言中：将来一定会名噪天下……他当时在北平艺专学的是西画，后来却成了寄萍堂的大弟子。这便是来自山东鲁西南大地的寒门学子李苦禅。李苦禅爱国爱家，仗义疏财；他文武兼擅，书画精绝；既是中国近代美术史上的旷世宗师，又是无私授业、身教为先的伟大教育家。

艺高仁厚 李苦禅 ·

万竹园里说励公

励公者，一代国画巨擘李苦禅之名号也，先生常常以此题于书画。至于苦翁何以取"励公"为号，容后再述。

一九八六年六月十一日，一代宗师李苦禅的纪念馆于大师仙逝三年后，在泉城济南趵突泉的万竹园建成，李苦禅夫人李慧文代表全家，将李苦禅先生作品、收藏品、生活与工作用品四百余件，无偿捐献于此。这天，来自全国各地的书画家、评论家、作家、导演以及社会知名人士五百余人济济一堂，大家以崇仰之心，追怀先生的高超艺术和敦厚德操。

二○一六年六月十五日，夏雨初霁后的李苦禅纪念馆在灿烂阳光的照射下，显得更加整洁端庄。这天，为了纪念建馆三十周年，纪念馆隆重推出了"名家画鹰联展"，我如约来到这里。苦禅先生擅长画鹰，老人家生前常常以此作为重要花鸟题材而挥毫不止。这次联展有九位名家的作品：八大山人（朱耷）、齐白石、徐悲鸿、潘天寿、李苦禅、吴作人、许麟庐、黄胄与李燕，展出的都是他们的大写意画鹰之作。苦禅大师之子、中央文史研究馆馆员、年逾七旬的李燕教授专程赶来参加纪念活动。结合此次的名家联展，他在山东大学做了《写意艺术与传统文化漫谈》的学术讲座。李燕教授以幽默风趣的语言向参加纪念活动的苦禅老人弟子和观众，介绍了几位画家作品的不同精神与风格。当然，他谈得最多的还是自己的父亲，苦禅老人将同一题材的鹰展现出了不同的变体画，皆因时代而异，缘物以寄情。

李燕先生说，二十世纪六十年代初，苦禅老人在一幅《松石苍鹰图》中有这样的题句："写鹰松石当写脑中所理想者，抛去实际愈远而所要者愈近也。"这个时候的老人已经脱开写实造型的束缚和原有意象的模式，创造出了自己笔下许许多多理想的意象。他小时候对各种动物非常喜爱，画过鸡、鱼鹰、八哥儿、猫、鹭、鹤等，当然还属画鹰最多。鹰傲然凌空的形象常常使他情动于衷，所以他笔下的一幅幅踞峰蓄势、待击万里而桀骜不驯的雄鹰，总能让人感到一种阳刚之美。

说到苦禅老人的童年，自然要说到他的身世。李燕说父亲一八九九年生于山东高唐县李奇庄的一个贫苦农民家庭，教书先生给他取名"英杰"，说他日后准会有出息，长大了也一定会成

⊙李燕上中学时与父亲李苦禅、母亲李慧文及妹妹李琳、李健在煤渣胡同六号美院宿舍合影

为英雄豪杰。果不其然，小英杰从小就爱看大人们舞枪弄棒，还跟着比画，后来还拜了本地的李存义大叔为师。那时候洋人入侵，国弱民穷，北方各地闹起了义和拳。小英杰拜师后，决心按师父说的去做：学好武艺，强健身体，保家卫国，除暴安良。

后来苦禅老人读了书，学了画，做了大学教授，成了一代宗师；扶弱济贫，爱憎分明，崇义任侠，热爱中华的美德，在老人传奇的一生中都体现得十分感人而生动。李燕说，苦禅老人一生最崇敬的两位古代英雄是岳飞和文天祥，特别是岳飞，他总是尊称"武穆将军"。一九三〇年应林风眠校长之邀到杭州艺专担任国画教授时，住在岳庙后面的小楼，每天去上课之前，必然要绕到岳庙，在岳飞父子墓前肃立片刻后，方才转身去学校上课。他常常给学生们说："我们学习武穆将军的人格是第一位的，其要义就在'爱国'二字。"

谈到爱国，李燕说起了苦禅老人的两件事情。一是北平沦陷于日寇时，他在

北平艺专教课，而此时的艺专已由日寇管制，他立即辞去了"公职"：自己是炎黄子孙，绝不能做"天皇子民"而失去国格。一天，两个汉奸找上门来，自称是新民会的，李苦禅知道这是个汉奸组织。两个人来拉拢李苦禅入会，因为李苦禅当时已是北平有名的画家。他们急于替主子拉名人壮门面，制造"大东亚共荣"的神话。李苦禅朝着两个家伙把眼一瞪，说："我不会做官，也不想做官，只会画画、教书！"两个家伙还是缠着李苦禅让他给"新民会"画张画。李苦禅话语掷地有声："我的画是长着硬骨头的，你们能拿得动吗？"两个家伙无计可施，便恶狠狠地说："你可不要敬酒不吃吃罚酒，等着瞧吧！"说完就灰溜溜地跑了。李苦禅冲着两个汉奸狼狈的背影骂道："我大神州中华怎么会有你们这帮认贼作父的孽种！"还有一件事，一九三八年一月的一天，与李苦禅一起做地下工作、有一定联系的郝冠英找到了他，郝冠英称李苦禅为"二哥"。北平市委交给她一项紧迫的任务，春节前要护送一批人去延安，需要两千元路费，这些钱要在五天之内筹齐。当时一袋面粉价四元钱，这笔钱可不是一个小数目。李苦禅听了忙说："冠英你来巧了，我在天津办画展卖了两千多块钱的画，你就拿去吧！"郝冠英感激地对苦禅说："二哥，我代表去延安的同志们感谢您！共产党是不会忘记您做出的贡献的！"

李燕先生的解说行将结束之际，我问："你心目中的父亲是一个什么样的人？"李燕说："苦禅老人既是一位名画家、教育家、大师；又是一位品德高尚、正直，绝不随波逐流的君子；他更是一位了不起的爱国者。他永远平等待人，绝无'名士'架子，更耻于攀附权贵。凡是与他有过交往的人都有这种评价与感受，非止于我出诸孝情的褒词。"

李苦禅纪念馆开馆三十多年来，已经接待全国各地以及海外宾朋数十万人。广大观众看了他的画作和生平图片，留下了不可磨灭的印象，产生了由衷崇高的敬意。

绘画习武系于一身

　　李苦禅原名李英杰，从小就喜欢各种小动物，蝴蝶、蚂蚱、蝉、螳螂，还有各种小鸟、小猫、小狗之类，经常捉到手里把玩。到了秋冬季，小动物稀少了，甚至看不到了，他就回忆它们的模样，拿着瓦片或树枝在地上画。平时，他还喜欢看村里的老艺人李宾画壁画、塑神像，看完了也在地上学着画。八岁上了村里的小学馆，他迷上画画的同时，在教书先生的指导下，又迷上了写大字。渐渐地，他也能写春联了，家里和村里的春联都是他来写。村里人直夸小英杰：这孩子从小就聪明伶俐，喜欢写、画，日后一定能吃握笔杆子的饭。

　　不久，小英杰以名列全县第二的成绩被高唐县高级小学录取。美术老师傅锡三特别喜欢英杰画的画。一年后，他的国画被学校选中在县城展出，于是，李英杰成了全校的"小名人"。小学毕业了，英杰又以拔尖的成绩被保送到聊城的省立二中。这对穷乡僻壤的鲁西南，可是一个轰动十里八乡的大新闻。村里人更不用说了，纷纷向英杰的父亲李名题道喜："祝贺你呀，名题老弟，你叫名题，可你大字不识，都应在你儿子身上了，小英杰可是金榜题名了。"李名题和夫人冯氏高兴得合不拢嘴，连说："同喜！同喜！"

　　村里有人把柴火挑到集上卖了点钱，连忙送了过来，还有的送来棉花、自己织的布……大伙儿说，家里再穷再难，也要让孩子把学上了，咱们李奇庄出了这么个好孩子，光彩啊！乡亲们的一番深情厚谊在小英杰心头掀起了层层波澜："俺人虽穷，志不能穷，就冲着乡亲们的这番好意，我也一定要把学上好，为李奇庄争光！"

　　一九一六年的初秋，十七岁的李英杰跨进了聊城省立二中的大门。这里是"邓状元府"的旧址。开学典礼这天，校长王祝晨的演讲说到李英杰心坎上了："……我们学校不能给你们一官半职，也不拿着'之乎者也'糊弄你们，我们的每个老师只能是尽职尽责，把你们造就成文能立业、武能从军、不忘百姓的有识之士，那样才能对得起你们的父母，对得起咱们山东的父老乡亲……"这些话英杰好像从来都没有听说过。他使劲拍着巴掌，眼前似乎一亮：王校长的这些话不正是给大家指出了一条真正的人生之路吗？！

⊙十七八岁时的李苦禅

李英杰每天刻苦读书，语文成绩是全校最好的；他痴迷绘画，更是全校闻名。美术老师孙占群是山东有名的花鸟画家，看到李英杰经常背着画夹到处写生，画出来的东西形象、生动，觉得他是一个日后能够在美术事业上有所建树的好苗子。一天，他把李英杰找来，询问了许多绘画的事，决心要好好调教他一番。孙老师教他先从画荷入手，对如何用线、用墨，如何画莲花、荷梗、荷叶等讲得认真、详细、生动。日复一日，李英杰绘画的功夫渐有长进。李英杰的功课好、画好，得到师生们赞扬的同时，也引起了一些富家子弟的嫉妒，说他是乡村来的土包子，一身寒酸相，学得再好，将来也是抒锄把的料！这些话英杰听见了，心里虽然生气，却不屑与他们斗嘴，便写了两首诗回敬："纨绔子弟富而骄，华服彰身自觉荣。俯视一切逞狂妄，金玉其外腹中空。""丈夫自有凌云志，不与俗子较短长。士子任重而道远，无暇羡人文绣裳。"国文老师读了这两首诗后，连连称赞"此仁厚者！志高不群，前途无量……"

在聊城省立二中教健身课的屠月三老师，对李英杰习武的教诲也使他受益匪浅。一天傍晚，英杰在校外的栖凤湖畔漫步吟诗，夜幕徐徐降临之际，他解下身上的七节钢鞭挥舞起来。少顷，只听不远处林中有人也在习拳练武，定睛一看，原来是屠月三先生。屠月三见到英杰也在这里舞鞭，便问了问钢鞭的来历。英杰

⊙李苦禅练武用的石钱（现藏于李苦禅纪念馆）

说是师父李存义所赠。屠先生随口说道："啊！你是我师弟的徒弟啊！"原来，屠先生于光绪十三年（一八八八年）与李存义一起随玄元真人学艺。后来师弟参加了义和团，不幸被洋鬼子枪杀身亡。英杰只知道师父后来不知了去向，现在听说已经为国捐躯，不禁悲恸欲绝。屠先生安慰英杰说："孩子，你不要难过，只要你能够做一个堂堂正正的中国人，你师父也就含笑九泉了。今后，我就代你师父教你习武吧！"

白石山翁大弟子

    一九一八年，李英杰利用暑假之机去了北京大学画法研究会，在那里遇见了美术导师徐悲鸿先生，向他学了炭画、油画和西画的基本知识，打下了比较坚实的素描基础。一九一九年受五四运动的影响，李英杰到北京求学深造。一九二二年秋天，他顺利地考取了国立北京美术学校的西画系。一九二五年林风眠主政，学校精神面貌焕然一新。

    国立北京美术学校于一九一八年由蔡元培创办，目的是要实现他"以美育代替宗教"的思想。林风眠根据蔡元培的办学精神，提出了"调和中西"的主张，李英杰在这里受教于捷克教授齐蒂尔和法国教授克罗多等。从教授们身上，他懂得了爱是艺术生命永不枯竭的源泉，艺术家要保持自己的个性和创作自由，不能受一切强制的束缚。由此，他也了解了西方的印象派、古典派、浪漫派、象征派等各种流派，学得刻苦、认真，在通往艺术的道路上，眼界更加开阔。为了更好地互相切磋，提高技艺，他还和同学王雪涛、王仲年、徐佩遐、孙公符、何冀祥、阎爱兰、颜伯龙、袁仲沂等人一起成立了"九友画会"。

    李英杰在学校与国画系花卉组的学生王雪涛往来较多，因为两人有类似的经历。王雪涛是河北成安人，他因为父母包办了自己并不满意的婚姻，从家庭出走，到北京考上了国立北京美术学校。两人常常在一起谈艺术、谈人生。他们对徐悲鸿先生"融合中西画法"的主张比较认同，认为国画界固步自封，死水一潭，必须要打破这个僵局。一天，李英杰对王雪涛说："听说湖南湘潭来的齐白石先生画作格调清新，一扫画坛弊端，咱们何不前去拜他为老师？"王雪涛听了忙说："听李兄你的。"

白石老人当时住在北京西城的大岔拉胡同（现已拆除）。他因家乡匪患战乱，于一九一七年来到北京以卖画与治印为生，只有三子齐良琨陪同，人生地疏，名声尚微。一九二三年金秋某日，李英杰和王雪涛来到了齐先生住处，良琨听说前来拜访的两人是大学生，便打开了门，引领两人进了院。良琨进去禀报，刚刚午睡后的白石老人听说是两位大学生要来拜师，心里也挺乐意，便招呼两人进来。李英杰一看画案旁端坐的老人面容慈祥，双目有神，胸前飘着长髯，便认定这是白石老人了。白石老人见客人来

⊙李苦禅与齐白石（前）

了，便以浓重的湖南口音招呼他们"坐吧"。李英杰和王雪涛并不敢坐，只做自我介绍，说是国立北京美术学校的，因仰慕先生的画品和人格，想投奔先生门下，不知先生能否慨允阶下咫尺，纳为弟子。又说："俺们都是从乡下来的身无分文的穷孩子，也没有带什么挚见礼，一直不敢登门，今天算是斗胆进来了，请先生收下晚辈，等来日毕业，谋了差事，再好好孝敬您老人家吧！"白石老人也是穷苦放牛娃出身，经历坎坷，听了李英杰的叙述，不仅毫无嫌贫之意，倒引起了万般同情。连说："好！日后你们来吧……"李、王二人听了，异常激动，争着给白石老人叩头行礼。英杰也没有看好站的地方，一屈身，右额竟蹭下一块白墙皮。白石老人被英杰的质朴真诚之举逗得掩口直笑。

白石老人向李英杰传授的是大写意画法。老人就自己如何运笔、用墨、着色以及作画的章法、气韵和意境等，都一一示范、告知，李英杰深深铭记在心。因他有坚实的素描、写生基础，还有民间的绘画技巧和西画的功底，在白石老人的

认真指点下，学起来如鱼得水。作画时他善于思索，敢于创新，进步神速，很快赢得了白石老人的赏识，真正成了白石老人的第一位入室弟子。一九二四年，齐白石作诗赠弟子李英杰："怜君能不误聪明，耻向邯郸共学行……余初来京师时，绝无人知……独英也欲从余游。"（"游"即《论语》"游于艺"之意）

正当李英杰学得更有心劲时，生活上却陷入了窘境。自从考入学校后，父母东借西借给他凑了四块大洋，加上"留法勤工俭学会"给的那些有限之资，已是坐吃山空，现在连吃饭的钱都窘迫了，学画费用、房租更成了问题。后来，他虽然也能卖一点画，但因为价钱被画商压得太低，甚至连一张油画的颜料和画布钱都换不回来。

一天，李英杰在宣武门外遇到曾在一起练过拳的朋友，英杰不瞒老朋友，实情以告，即托朋友帮忙介绍，到车行去租了一辆洋车自己拉活。从此，北平的冷街背巷里留下了这个山东小伙子拉车小跑的身影，他白天到学校听课，傍晚拉洋车挣钱糊口，晚上到白石老人家里学画。幸好齐白石几乎每天都要画到子夜，让李英杰可以有机会悉心观察恩师的技法。正因为贫穷困苦的磨炼，李英杰才铸就了一身铮铮铁骨，也更珍惜与恩师学艺的宝贵时光。

一张八大见神韵

　　一天，英杰在老师家里认真学画，忽然看见白石老人脸上有不悦之色，心想自己拉洋车谋生的事情可能让老师知道了，无可奈何之下，英杰讪讪地说，自己拉洋车丢了老师的人。老人听了叹口气道："你为了刻苦求学，自食其力拉洋车谋生，怎么能说是丢人呢？我当年就做过木匠，专门刻了'木人'印章钤在画上，就是堂堂正正地宣称自己是鲁班爷大匠之门，这叫光明磊落！"老人又把话题一转，神色黯然，说："你我师徒犹如父子，认识这么长时间了，老师连你的生计艰难都不知道，老夫不慈啊！"英杰眼里闪出了泪花。自己从没有孝敬过老师，听了老师的这一番话真是感慨万千！老人说："只要你刻苦学艺，独创画风，守住砚田耕作就是最大的孝敬了！英杰啊，我要把一生技艺全部传授给你，但你要学我之心，不要学我之手，学我不像我，才有创造之心啊！"老人还问英杰为什么从来没有问他要过画。英杰回说："老师靠一支笔养活一大家子人，自己天天来学画，老师不仅不收学费，还搭上了笔墨、纸张和颜料，怎么还敢向老师索画呢！"老人听了，半晌默然无语。

　　少顷，老人在画案旁取出一张宣纸，凝神细思片刻，一幅《不倒翁》生动形象地从老人手上跳了出来。老人说是送给他的。老人话语字字千钧："不倒翁心根最牢，不管你怎样推它、按它、压它，它都要倔强地把头抬起。人啊，只要横下一条心，不怕站不起来！"老师还说这是自己少年时玩不倒翁悟出来的，送给英杰就是希望他在逆境中能够顽强地生存下去。自古以来，语境决定语义，此刻老人借"不倒翁"比喻不向生活困苦屈服的坚忍志气。绝对不是日后其所画的"乌纱帽不倒翁"之作的意义，那是借喻了它的贬义——讥讽贪官污吏。

英杰时时把白石老人对自己的教诲落实到作画的实践中，心思手挥，融会贯通，特别在借古人之法，独创自家之法等方面更是苦心孤诣，惨淡经营，出手的画作常常得到老人高度肯定。老人题诗鼓励英杰："布局心既小，下笔胆又大。世人如要骂，吾贤休吓怕。"意思是要他作画时拿住主心骨，不要为流言所困。老人还题诗赞扬英杰："论说新奇足起余，吾门中有李生殊。须知风

⊙李苦禅与恩师齐白石（前排），后排左一为许麟庐

雅称三绝，廿七年华好读书。"老人甚至把英杰与宋代绘画大师李公麟（龙眠）相比，诗曰："深耻临摹夸世人，闲花野草写来真。能将有法为无法，方许龙眠作替人。"为了多方借鉴前人之法，李英杰未辜负老人厚望，他在研究、学习八大山人作品方面，下了一番非同寻常的功夫。八大作品的高古冷逸，特别是神奇的草草几笔，便令他折服心醉。他在白石老人那里借了几幅八大的珂罗版印品，日夜端详揣摩，渐渐地，自己的笔墨之中也有了八大山人的气象和神韵，不禁暗喜。

一天，他正在屋内对着刚刚临摹的八大习作端详，忽然一阵"砰砰砰"急促的敲门声让他回过神来，原来是同学林一卢来访。林一卢知道英杰平时喜欢八大的作品，学校的一位老师近日得到了一幅《乌瓜图》，许多人看了都说画得好，是八大真迹。他从老师手里把画借来，匆匆赶到了英杰住地，让他开开眼界，说是对他学习八大或许有好处。英杰对林一卢说了声"谢谢"，然后慢慢把画轴打开，画面上出现了一只立在大瓜上的乌鸦，乌鸦身子向后略倾，高傲地昂着头，表现得生动而含蓄。林一卢见英杰面有喜色，问他这一幅是不是八大的晚年之作？英杰答道："是八大晚年之作，应该是画在民国年代。"林一卢一听这话不禁笑了："八大山人再长寿也不能活到民国啊！"此时英杰一本正经地说："林兄，这幅画是我画的，画商买去挖了我的名款，造了八大山人的名款和印章，又用旧绫子、天地

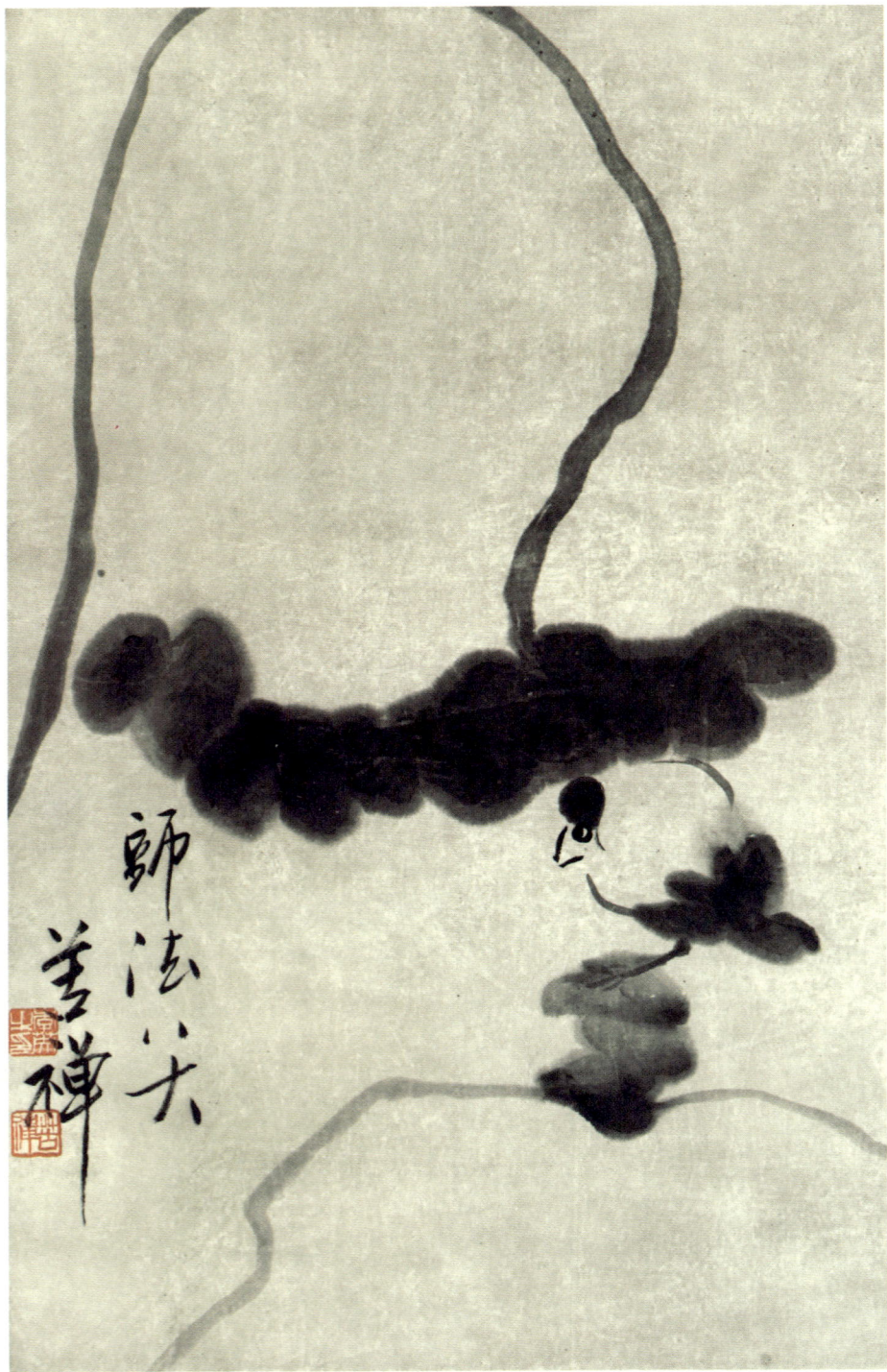

师法八大
苦禅

杆儿裱好，才成了现在这个样子。我可是绝不会造假画的人。"林一卢惊讶得半天说不出话来："这是你画的？真的？"英杰慢慢说道："我怎么能骗你呢？这确实是我画的，八大是柔中寓刚，这幅画里不免有些刚，你仔细辨认一下就能知道了。"他让林一卢告诉老师这张画是当代人仿制的，不要说是自己所为。林一卢连连点头答应。他对英杰刻苦摹习前人画作的精神甚为佩服；特别是英杰白天上课，傍晚去拉车，两天才能睡上一觉的吃苦耐劳精神，更是让他感动。他建议英杰在学校举办毕业展览时，把自己的一些水墨画拿出来，也让大家见识见识。

　　林一卢正要与英杰告别，忽然想起英杰在老家只是取了名号叫"超三"，便似有所悟地对英杰大声说道："我想赠你一个法号：苦禅！"英杰听了会心地拉着一卢的手说："好，好！名之固当！名之固当！从现在起俺就名英杰，字超三，艺名苦禅！"

锋芒初露

　　林风眠为了把学校办好，向封建保守势力发起了猛烈进攻，他亲自发起并组织了北京艺术大会，通过展览和艺术演出等形式，极力向国人展示什么是有生命的新艺术。艺专的老师、学生和社会上的画家名流都有作品参加展出，展品三千余件。

　　展览中李苦禅的油画《合唱》引起了人们的注意。画面上的主人公是七八个男女青年，他们脚踩巨石，神情刚毅而凝重，在灰暗的枫林之旁迎风引吭高歌。当时的时代背景是军阀混战，民不聊生，革命志士常被绞杀，这群青年人的"合唱"实际是对贫困生活不满的倾诉，是对黑暗社会的抨击。《合唱》在观众中引起了强烈的共鸣。此外，在众多大写意的国画作品中，八张栩栩如生的花鸟画也引起了人们的注意。画面上的鹰、鸭、八哥儿、麻雀等或立于山石之上，或嬉戏于水边，或在竹丛中欢唱追逐，清新的画风、泼辣的笔墨、别致的构图，让人们啧啧赞赏不已。一位先生一边饶有兴味地欣赏着画作，一边在琢磨画作落款"苦禅"二字究竟是何许人也。他想来想去学校没有这个人，估计这可能是某寺的僧人借机前来一展技艺。此时看画的人越来越多，连国画系主任肖俊贤也凑了过来，他仔细地欣赏了画作之后，对"苦禅"二字也是莫名其妙。人们正议论间，校长林风眠也走了过来，他认真地观看了画作，频频点头自语："好，好，画得不俗，有新意！"他问肖俊贤："你们系有这个'苦禅'吗？"肖俊贤摇了摇头。这时，图案系主任黄怀英把李英杰从人群中引了过来，对林风眠说这就是苦禅！林风眠一看是他们西画系的李英杰，赞扬说："你还有这个本事啊！画得很有意境，笔墨也很恣肆，你的几幅大作我都买下了！"李苦禅一听林校长要把自己的几幅画都买下来，又是激动又是为难，可怎么能接受林校长的钱呢。他兴奋得泪水夺眶而出，一时不知说什么才好，只是嚅动着嘴唇："林、林校长……"其实林风眠买下苦禅的画作，目的不在一个"买"字，真正的意义在于奖掖能者，鼓励后进。作为一校之长，学校能有这样一位脱颖而出的学生，说明他办学有方，培育出了新生力量，他感到自豪而欣慰。事后，林风眠让人给李苦禅送去了一百四十元钱，在当时来说这可不是一个小数目。

艺术大会当时在北京是一道震撼人心的风景，各个媒体如《国民新报》《晨报》《星期画报》等都派记者跟踪报道。《晨报》在艺术大会期间发表了李苦禅的《松鹰》，同时在编者按中说："李英杰李君者苦禅，画学白石而能变化，在艺术大会中佳构甚多，最得好评。"另有评论云："从此次艺专毕业画展中不难看出，中国美术后继有人，其技艺最佳者当推李苦禅。李君风流倜傥，笔墨豪放，虽初出茅庐，艺术头角已渐露峥嵘……"毕业展览的一炮打响，使得经受贫困折磨的李苦禅经济上有所改观。然而，他想得更多的是，自故乡来到京华几年间的坎坷经历。尽管日子过得很苦，甚至连温饱二字都成了奢望之词，但是在为绘画奋斗的艺术道路上，毕竟向前跨越了一大步。他想起了比自己仅仅年长三岁的悲鸿先生，他把先生称作是自己的开蒙恩师。初识之际，悲鸿先生便向他痛陈传统绘画走下坡路的现实，所谓"文至八股，画至四王，皆入衰途"，还教导他说："古法之佳者守之，垂绝者继之，不佳者改之，未足者增之；西方绘画之可采者，融之。"从此，自己跟随悲鸿先生担负起了改革传统绘画的使命和责任。他向悲鸿先生努力学习西方绘画知识，还认真地临摹了悲鸿先生的一幅杰作《搏狮》。

当然，他想得更多的还是白石老人。正是因为自己遵循白石老人教导，在大写意创作中，敢于突破创新，才有今天这般成果。当他以卖画所得买了礼品看望恩师时，白石老人似早有准备，拿出自己刻好的印章"死无休"送给他，这是老人从杜工部"为人性僻耽佳句，语不惊人死不休"诗句中取来之语。老人似乎是在期盼，在要求这位最可信赖的弟子，今后在艺术创作中一定要做出惊世骇俗、敢为人先之举……

他也想到了买画的林校长对自己的鼓励。正是因为自己选择了这所学校，才能在这里系统地学到应该掌握的知识和技艺。林校长在法国深造多年，深知中国传统绘画的积弊所在，所以提出"调和中西"的艺术主张进行改革。他鼓励师生们冲破一切束缚，努力创作出有生命的新艺术。于是，学校一个个绘画团体应运而生，李苦禅和赵望云等人便组织了"中西画会吼虹社"（又称吼虹艺术社），王雪涛、孙之俊、侯子步、王青芳等人是其重要成员。这些人当时都是时代的才俊，他们都认同"以中为体，以西为用"的主张和艺术观。"吼虹"二字顾名思义就是对着七彩霓虹大声吼叫、呼吁，颇有气魄。成员中除了赵望云不是学生，其他人都在读书，有的画西画，有的画中国画、漫画，有的画水粉或者研究美术史等。不管是研习哪种艺术或理论，他们的目的只有一个，就是在改革中国画方面进行研究、探索。他们互相交流的方式主要是办展览。大家画得多了，够了一定数量，便凑一些钱在前门箭楼或者在中山公园的来今雨轩把画作挂出来，让群众自由参观，这样既可以在社会上产生一定影响，成员之间也可以互相启发，催生新的佳作。

⊙吼虹艺术社成员：李苦禅（中排正中穿白长袍者）、孙之俊（中排右二）、赵望云（中排左三）、王青芳（后排左一）

从京戏艺术中汲取营养

吼虹艺术社的成员们互相鼓励、刻苦创作，李苦禅也愈加勤奋，佳作不断。除国画外，他还创作了油画《和平之泉》《战场之夜》《爱的哲学》《威尼斯的佩环》等。他以前创作的水彩画《宛平县城》《麦收》等至今尚存于世，其他作品则杳然不知去向，颇令人惋惜。

吼虹艺术社也曾集资出版过两期《吼虹月刊》，成员们的作品在刊物上发表后产生了一定影响。但因刊发的作品有进步倾向，受到了反动宪警的干涉，加之经费拮据，只好停刊。社里还编印了两册《苦禅望云画集》，成员们一直把这两本画集当作是吼虹艺术社的重要成果；之后，李苦禅又有白石老人题签的《李苦禅画集》问世。李苦禅在北京美术界也渐渐立足。毕业后，他应聘到北平师范学校和保定第二师范学校做了美术教师，虽然薪水不高，但生活上渐趋稳定。一次在众多学生面前演讲时，出于对进步学生的同情，他激昂慷慨、声色俱厉，把反动势力镇压学生的行径痛斥得淋漓尽致，博得了阵阵掌声。演讲时，李苦禅的手势挥上挥下，有力而有节奏，这让一位内行人看出来他身上有一定的武术和戏曲的功底。

这位内行人看得没错，笔者借此说一说李苦禅和戏曲有关的一些逸事。一九八二年已是耄耋之年的李苦禅应《北京艺术》杂志之约写了一篇文章，题目是《画戏不解缘》，开头的几句话是："我画了一辈子画，也喜欢了一辈子戏，尤其是京戏与我的艺术生活结下了不解之缘。"他回忆说，自己看戏的缘起，是从少年时代在家乡山东高唐农村看"大台子戏"开始的。村里往往在修庙完工为神像开光之际，要唱几天大戏，或河北梆子，或京戏，这时他总和来自十里八乡的乡亲们挤在一起看得津津有味。后来到北京求学，到了京戏名家的荟萃之地，爱好京戏的李苦禅可有了大饱眼福的机会。尽管他当时日子过得艰难，但一刻也没有把自己喜欢的京戏忘掉。平时要是饿了，只要听见耳边京胡一响，饿意便会消失。日寇横行时，他从一些爱国戏曲的唱段中寻找精神寄托，坚定自己的爱国之志，也从高超的戏曲艺术中汲取营养，提高绘画水平。

李苦禅初到北京时，最迷老生刘鸿声的戏。刘鸿声当时与老谭（鑫培）打对台，他那高亢、激越的唱腔使人大有醍醐灌顶之感。李苦禅喜欢刘鸿声，恐怕与他耿直、爽快的性格有关。一天，他在一座古庙前吊嗓："忽听得老娘亲来到帐外……"这是京戏《辕门斩子》里杨延昭见母的一段西皮唱腔，头一句拖腔还没有收住，便有人连连叫好："刘鸿声！刘鸿声！"赞扬他的演唱与刘鸿声酷似。李苦禅从刘鸿声的唱腔中得到的绘画启示是，作画时不管是用笔还是用墨，一定要注意干净利落，绝不可拖泥带水，自己心里要明白营造一个什么样的意境。有时，他一边画一边哼哼，高兴了往往会有得意之笔在腕底出现。李苦禅也喜欢老生言菊鹏的戏，言菊鹏当时自创"言腔"，曾一度不被人们所理解，称之为"怪腔"。而李苦禅却从"言腔"的内敛、婉约、醇厚、浓郁的韵味中，领略到了别人不能意会的精妙。言菊鹏的看家戏《卧龙吊孝》《让徐州》等精彩唱段，常常使他沉醉不能自拔。比如言菊鹏唱《让徐州》里西皮导板转二六"众诸侯分疆土他们各霸一方"一句，他听了就觉得浑身有神韵充溢、痴醉心田之感。他说，听了言菊鹏的戏，在画大写意时就可体会出什么是淡墨之中

⊙ 尚和玉先生亲赠李苦禅其《艳阳楼》之高登剧照

笔断气不断，笔不周而意周的韵味。中国画的大写意蕴含着追求气韵的高超艺术境界，这和具有高度综合艺术性的京戏对神韵的追求是相似的。只有懂得京戏的写意艺术，才能把它作为营养而吸收。然而，大写意画和高超的京戏艺术都需要有深厚的技术功底。李苦禅以著名武生杨小楼为例，说他在舞台上的一招一式和唱念看起来似乎都没有用力，却能给人以天籁之美的享受。为什么？因为他的艺术功底深厚，追求的是"自然归于化境"。这和八大山人的画一笔一墨仿佛是在"不思不勉"之中得来一样，也和武术的"内家拳"绵里藏针，所谓"形不破体、力不露尖"的旨趣无异，越是不经意间的表现越能让人领悟到一种神韵。李苦禅认为京戏的表演虽从生活中来，但都是通过行头、道具、扮相以及唱念做打等形式的夸张和概括，才形成了综合的时空艺术。根据这个艺术规律，他以自己画鹰为例，把几种鹰、雕的雄猛健美合而为一，最终形成自己特有的艺术语言符号，让人一看就知道这是李苦禅笔下的鹰，至于韵味如何，观者自知。

李苦禅与著名武生尚和玉相交几十年，两人亦师亦友的关系曾被传为美谈。尚和玉比李苦禅大二十六岁（一八七三年生），天津宝坻大套村人。他和杨小楼都是名武生俞菊笙的弟子，二人的功夫可谓一时瑜亮。尚和玉武功扎实，特点是粗犷而豪壮，特别讲究从剧情出发塑造人物性格。李苦禅说他人品甚好，没有架子，也没有什么不良习气，给自己说戏时不厌其烦。他曾向尚和玉学了整出的《铁笼山》，还有《挑滑车》《四平山》等戏，且达到登场表演的水平。《铁笼山》是三国故事戏，说的是蜀将姜维伐魏，围困司马师于铁

⊙李苦禅扮演《铁笼山》之姜维

笼山的故事。那时的戏剧表演道具大多是一桌一椅。而尚和玉出演铁笼山姜维探山观星时，却能把天上的星斗、月光和崎岖的山路通过云手、拉山膀等动作绘声绘色地再现于舞台，令人击节。由此，李苦禅也从中悟出了作画时如何运用简洁的笔墨把复杂的意境交代出来的道理。

一九六一年，李苦禅六十二岁，中央美院工会剧团排演《群英会》，他扮赵云一角，足下厚粉底靴，身着长靠，插护背旗，起霸、亮相时气势不减当年，赢得一片掌声。年轻友人黄永玉当时看了演出，写文章说"他在台上累得够呛"。

挚友王森然

李苦禅自一九二五年在白石老人家里与王森然相识，到两人相继驾返道山，其间相交近六十年。艺术、人格、爱好的相近相通，使得两人互为知己，成为莫逆之交。

王森然一八九五年出生于河北定州，斯时八国联军入侵，国家、民族陷于危亡。王森然从小便立下爱国之志，后来积极响应辛亥革命号召，矢志报国，十六岁时孙中山到定州亲自会见了他。后来蔡元培到这里视察，王森然陪同接待，受到蔡元培的赏识。而后王森然到陕西榆林执教，刘志丹、谢子长等革命人士都是他的学生。王森然既是革命家、教育家又是学问家，与李苦禅相识后，王森然便注意到李苦禅的艺术抱负和为人处世的作风。一九二七年八月在《世界日报·骆驼》周刊上王森然以"画家李苦禅"为题，就李苦禅不为穷苦所困、痴迷书画成了众人瞩目的佼佼者写了一篇文章，论述"李苦禅就是一个在美的宇宙里生存的人"。文章说他生活太穷苦，甚至连身上的一裤一褂都是相知的朋友所赠，如果有人给他钱，他坚决不收。他因无钱，寒

⊙李苦禅与王森然（后）

冬中无法生火取暖，身上穿的只是夹裤单鞋，冷极了就到室外打一趟拳暖暖身子。饮食就更不用说了，每天只能吃上一顿饭。尽管如此，他的胳膊下总是夹着速写本子，路旁、墙根、树下，一天到晚拼命地画，从未见他休息片刻。他从来不说自己过得穷、过得苦。他把自己的身心和意识全部投入到了艺术之中，忘掉了所有的欲望，所以他对绘画的认识和技巧日益提高，进步很大。王森然还在文章中说，苦禅激动高兴的时候一天能挥毫作画四十余幅，但他应一个美国人之约，画一件绣屏时，为了追求细腻和精准，却画了两个月。大画他能画两丈四尺的，小画可以画半寸的横幅。李苦禅的一件件佳作得到了当代名家的垂青，归根到底是因他融合"个性"和"内心"并勤勉创作的结果。王森然在文章的最后希望苦禅对艺术和人生要有一个永久的精神追求，在领悟人生痛苦的同时，在泪里、梦里慢慢前进。文章发表后，在当时的书画艺术界影响很大，人们大致了解了李苦禅能够成功的原因。

王森然忠实地遵循蔡元培的治学精神且有所创造，在蔡元培的帮助下，王森然在北京西四石牌胡同买了一处房子。住得宽敞了，王森然就把李苦禅和赵望云接到家里居住，三人一起朝夕相处，常常就作画的技法、笔墨和意境等问题在一起研究探讨。李苦禅也因此画艺大进。李苦禅在美术界的崭露头角，得到了大多数人的认可，也有少数怀着嫉妒之心的人不以为然，说三道四。一天，王森然的母亲正在缝制棉衣，刚刚饮了两杯酒的李苦禅画兴大发，从棉套中抓出一大把棉花，蘸了墨在宣纸上"唰唰"几下，便擦出了两大片残荷出来，王森然见了又惊又喜，这是他第一次看到李苦禅如此随意而潇洒地作画。苦禅画毕，在旁题道："森然兄惠存，二十三年，弟禅醉写并题。"王森然把画拿到白石老人处请其观赏，老人在画的顶端题了这样几句："苦禅仁弟有创造之心手，可喜也。美人招嫉妒，理势自然耳！白石题。"这是老师对学生的鼓励：有了成绩遭人妒忌，这是很自然的事，你要泰然处之！

因与《大公报》主笔张季鸾私交甚笃，王森然向其建议报纸增出《艺术周刊》，介绍当今名噪画坛的画家作品和人生，张季鸾同意并委托王森然来主持。于是，李苦禅、赵望云的画作常常在《艺术周刊》上与读者见面。李苦禅的近似"阴线刻"拓本的《惨淡京都》和带有版画风格的《惨暮》等作品都给了读者耳目一新的感觉，感受到他敢于创造、突破的精神。王森然还多次在文章中赞扬李苦禅在自己的艺术实践中，能够吸收石涛、八大山人、扬州八怪、吴昌硕、齐白石等古今大师的精髓并融会贯通，加之他特有的坎坷和艰苦的生活经历，以及浩然豁达、刚正不阿的性格，所以才造就出了他那奔放奇纵、笔苍墨韵的艺术风格。

不管在艺术上还是生活上，王森然都给了李苦禅力所能及的帮助。当年李苦禅在私立东华美专任教时，因工资短缺而难以糊口，王森然到华北学院担任教育科主任时便聘请李苦禅到学校担任教授。尽管每月只能拿到两块钱的薪金，但对生活上也有帮助。当时是白色恐怖时期，进步教师和青年学生常常受到镇压和围剿，李苦禅参加了地下工作，不仅同情进步学生，还和王森然、张启仁等师生一起参加了在东长安街举行的"一二·九"运动大游行。在滴水成冰的冬日，他们顶着反动军警的高压水枪，高呼"反对华北自治"。

新中国成立后，王森然和李苦禅同在中央美院任职。"文革"期间，二人同样受到了不公正的待遇。李苦禅被当作"反动学术权威""黑画家"批判斗争，王森然也失去了自由，身不由己。尽管如此，李苦禅常常让儿媳陪同去看望在蜗居陋室里的王森然，有时还把他请到家里吃饭。"文革"结束后王森然在中山公园举办画展，李苦禅亲临会场，谈笑如初，为之题写"森然兄画耐人长时寻味"，予以赞扬。

李苦禅不幸于一九八三年仙逝，王森然万万没有想到"声若洪钟，行若飘风"的老友会遽然离去。他在一篇文章中用三句话向世人解读"苦禅"之苦字的含义："不忘天下苦人，不忧一人贫苦，乐在苦中……"

学生们都喜欢听他讲课

北平大学艺术学院校长林风眠于一九二七年辞去校长之职后，奉大学院（教育部）院长蔡元培之命，赴杭州组建国立艺术院。同时，林风眠被任命为院长。两年后，为了延揽人才，增强师资力量，林风眠聘请李苦禅为国立艺术院国画系教授。一九三〇年初秋，李苦禅到了杭州。

杭州是一处风景优美的旅游胜地，学校设在孤山罗苑，这里碧波粼粼，垂柳依依，是一处难得的读书、作画处所。李苦禅在新的环境开始了新的生活，他心情舒畅，精神愉悦。他第一次走进课堂，便用粉笔在黑板上写了这样几个大字：人格与画格。他对学生们说，自己也是一个学生，到这里来是和大家一起共同研究国画等方面问题的。几句简短的开场白，给学生们留下了谦虚、亲切的好印象。

然后，他指着黑板上自己写的几个字说，做学问、画画，一定要把人格放在首位，如果一个人品格不好，下笔也就无方。他说宋时的秦桧书法写得相当不错，但他品德恶劣、陷害忠良、嫉贤妒能，遭到了世人的唾骂，这种人怎么能和艺术结

⊙一九三〇年，李苦禅应聘就任杭州艺专教授（中排右一为林风眠，前排右一为李苦禅，后排左一为潘天寿）

缘呢？同学们听了，觉得这位带有浓重山东乡音的老师讲得有道理，高兴地鼓起掌来。李苦禅还说，做人一定要老实，但作画不能"老实"。同学们须要到大自然中多走走，获得灵感，而不是从古人画里搬用成规成稿，只有这样才能画出有自己风格的好画来。

为了增强同学们听课的兴趣，他自己花钱买了鱼鹰、八哥儿等动物养着，让大家速写。有时还把一些动物标本摆在课堂上，让学生们对着实物描绘。他一边认真讲解某种飞禽的生理结构，一边自己动笔示范。他主张学画分三步走：一是速写（辅助画标本）；二是把速写稿子过渡到宣纸上，将古人技法为己所用；三是进入到独立创作阶段。如此进程，很快会形成自己的风格。于是同学们在轻松愉快的气氛中，不知不觉就上完了课。当时学校国画系另一位教授潘天寿是吴昌硕的弟子，擅长花鸟大写意，李苦禅与潘天寿两人意趣相投，相处极为亲密。为了提高技艺，两人常常在一起研究、探讨作画中遇到的一个个难题，特别在如何突破食古不化，打破传统国画沉闷的僵局等问题方面，两人更是各抒己见。每天晚上，他们都会在灯下展纸挥毫，然后切磋品评。潘天寿知道李苦禅是北派大家白石老人的大弟子，见其用笔用墨老辣劲健，章法多变，已自成风貌；李苦禅则了解潘天寿随昌硕翁研习书画，其所作既能造险又能破险，章法严谨。一天，李苦禅把潘天寿的书法作品寄给老师白石老人，老人很快复信，对潘天寿的诗与书法评价颇高。

一次李苦禅给学生们讲课的时候，一位学生问怎么没见他画过山水画？李苦禅说自己生来性子急，耐不下心来画山水，说着，又给学生们做起了示范，画的仍然是大写意花鸟。同学们一边跟着他画一边议论。正当大家议论很

⊙李苦禅（前排中）与杭州艺专学生王式廓（前排右）、宋步云（后排左）合影

⊙《群鱼鹰》(李苦禅作)

热烈的时候，忽然看见他拿过来一张四尺整纸，然后蘸墨挥毫画起山水来。他一边画一边解释，说自己现在就是用大写意手法画山水。少顷，纸上云烟蔚起，群峰耸立，接着，又是飞流直下。同学们津津有味地欣赏着，惊奇地议论着。他在画上题了"千里江陵"几个字后，放下手中之笔，舒了一口气道："同学们感觉如何？"大家连声说："李教授的这幅简笔山水，真是让我们大开了眼界啊！"还有的学生说："先生所作满纸笔墨豪健，元气淋漓，意境润泽而鲜活，太难得了！"据说，这是李苦禅在杭州艺专的唯一一幅山水佳作。当时这幅画让一位刘姓级长（就是现在的班长）拿去托裱了，但历经抗战，此画已不知下落。几十年后，依然健在的学生李霖灿还津津有味地写文章回忆李苦禅先生当年画这幅画的情景，如同昨日。

除了认真教好学生，对学生生活中遇到的问题，李苦禅也是义不容辞，说管就管。当时在预科三年级读书的学生李霖灿生活贫苦，他一边在学校读书，一边在社会上做家教。因拖欠学费，学校几次催他，通知再不缴清就只能退学了。李霖灿正在一筹莫展之际，会计室的侯主任忽然找到了他，说是他不要再发愁了，也不用再凑钱补缴学费了，顺手拿出一张纸条让他看，只见上面写的是："学生李霖灿的学费在我的薪水项下扣除。李苦禅。"看了小小字条，李霖灿顿时泪水盈眶，当时就悄悄地划着学校的船去了王庄教员宿舍。见了李苦禅教授后，他千恩万谢，感谢先生雪中送炭。李苦禅说："我是和河南的几位同学闲聊时了解到你的难处的。

340

我也是贫苦人出身，最知道穷苦的难处。代你缴了一点学费，也是微不足道的事情，你也不必太介意。你一定要记住这样一句话：穷且益坚，不坠青云之志！你只要努力刻苦学出优秀的成绩来，就是对我的最好报答。"

李霖灿后来成了我国台湾著名美术评论家、鉴定家，任职台北故宫博物院副院长长达二十二年。苦禅教授当年的鼎力相助让他一直深铭五内，一再托人向老师表达敬意。李苦禅知道了学生的一片赤诚之心后，便赠其照片一帧，后面题字道："霖灿仁弟留念，八十五叟苦禅于京华。"手捧恩师照片，李霖灿脑际间又浮现出老师当年上课受到学生们热烈欢迎的情景，自语道："在博物馆做事四十余年，略知中国书画奥妙，都是苦禅恩师苦心教诲的结果啊！"

丰富多彩的教学生活

    杭州艺专从法、英、俄、日等国聘请了十余位外籍教师，这些人大多都有高深的学识和专长，他们与中国的教师配合得比较默契，其中来自俄国的卡姆斯基是俄国宫廷雕塑家，他是艺术巨匠罗丹的弟子。李苦禅感觉他的讲课和创作以及雕塑中有大写意味道，与自己的大写意作画有相通之处，因此，两人常在一起切磋技艺，互谈心得。

    李苦禅有时去听卡姆斯基讲课，他讲的内容主要是"加减法"。卡姆斯基说自己雕塑某件作品时，首先是把泥逐块堆起，大形立现，再一番捋、按，自然留下手段痕迹，不假雕饰，作品即成，这即是"加法"。如果堆泥略显形体之后，再用大小雕塑刀逐次削成，刀痕俱在，也不修饰，这即是"减法"。卡姆斯基说，老师罗丹大师曾经说过，真正的艺术家总是冒着危险去推倒一切既有的偏见，而表现他们自己所想到的东西。罗丹还要求学生不能机械地记录形体，而应该予以"合理的扩张"，才能占据四周的空间，显得神情肖似，灵魂肖似。李苦禅心想，卡姆斯基论述的这些观点，不正好与恩师白石老人的"作画要求神似，妙在似与不似之间"的说法如出一辙吗？他看了卡姆斯基的几件雕塑作品，啧啧赞赏道："你作品上留下的刀痕和指纹就像是中国画家在宣纸上留下的笔触一样，你的雕塑作品就是大写意的雕塑啊！"卡姆斯基也很欣赏李苦禅的画作，说他的画有力度，是用笔写出来的，既有层次感，又很生动，也就像"雕塑的大写意"！卡姆斯基把自己二十多岁时和罗丹大师合影的照片拿给李苦禅看，李苦禅看后说："从你的身上我看到了未能谋面的伟大法国艺术家罗丹的身影……"于是，他请卡姆斯基为学习大写意画的学生们上了一堂"写意雕塑课"。

李苦禅常给学生讲大写意之法，讲"大写意审美观念"，他把京戏的大写意真谛也带到了课堂上，使学生们对京戏艺术也产生了极大兴趣。李苦禅说"京戏是写意的戏"，京戏的演唱有时讲究"声断气不断"，而用大写意之法作画时，讲究"笔断意不断"，两者之间断与不断的关系奥妙，其味无穷。有的学生问他："为什么您说'京戏是写意的戏'呢？"他说："京戏里的一招一式和绘画上的一笔一墨一样，不仅给人'结果美'，也很讲究'手段过程之美'。"李苦禅深入浅出，以戏喻画、以画喻戏的教学方法，很受学生们的欢迎，使他们真正理解了苦禅先生讲的"不懂京戏就不懂写意的审美，也很难画好大写意"的道理。京戏艺术走进高等美术的大学课堂并且取得了成功经验，就是从李苦禅这里开始的。

因为受了李苦禅懂戏爱戏的影响，一些特别爱好京戏的学生希望在艺术院自己组织成立业余京戏团。女学生程丽娜喜欢老生戏，是最热心、积极的一个（她后来成了雕塑家刘开渠的夫人）。组团、租行头、请锣鼓场子、请说戏的师傅，皆由苦禅先生出资。同学们经常把李苦禅请到剧团说戏、排戏，兴致来了，他一边口出"锣鼓点儿"，一边比画唱念做打；还让老师和同学自报角色，互演互看，交相品评，只在校内做学术试验，并不对外演出。一次，业余剧团排演《平贵别窑》，李苦禅不仅是导演，还饰演主角薛平贵。这天晚上，演戏的礼堂座无虚席，李苦禅一身装扮豪迈而英武，身段、演唱赢得了阵阵掌声。当演到薛平贵与王宝钏就要分别上马时，李苦禅即兴编了一个上马的动作，台下顿时叫起好来。座中一位观者不仅叫好，还站起身来鼓掌，观众没有想到，这位先生竟然是京戏著名武生盖叫天。李苦禅到杭州任教不久，一天在杭州西湖边练功时，与盖叫天结识，自此两人成为好友。盖叫天听说李苦禅这天有戏，便匆匆地赶了过来。李苦禅常常到金沙巷"百忍堂"——盖叫天的寓所聊天，两人谈戏论画，他认真聆听这位"活武松"的氍毹生涯与精当之论，他对盖叫天无时不在练功的刻苦精神更是佩服。李苦禅在自己的大写意创作中，也时常把盖叫天在武打、身段使用等方面的"写意夸张"汲取过来，为自己的画作增添不少新意和情趣。

李苦禅在杭州和张大千的结识也是一段佳话。李苦禅到杭州艺专任教之前，张大千兄弟从上海迁到离杭州不远的嘉善居住，有时到杭州办事或游历。某日，张大千到艺专造访李苦禅。李苦禅听说来人是张大千，望着他那胸前飘拂的长髯，笑道："张先生，久仰了！我在上海看过你的墨宝，好啊！今天怎么有空光临寒舍？"张大千道："您在慈静寺大悲阁大殿前的大写意《净土芳华》墨荷，古拙而不失飘逸，到方丈处打听，才知李先生在艺专执教，故而慕名来访啊！"李苦禅忙将张大千让进住所，二人毫无拘束地攀谈起来。张大千问李苦禅，名为苦禅，想来一定是与佛有缘，或者皈依佛门了？李苦禅说当年从老家山东高唐初到北京时，曾在慈音寺里住过一段时间，听禅师说法，深有所悟。张大千则说，自己曾在松江的禅定寺出家为僧，法号"大千"就是寺里逸琳方丈所赐。叙谈之间，二人方知为同庚（同龄），愈感亲切。李苦禅挽留张大千在杭州盘桓几日，两人或荡舟西湖，或漫游飞来峰，时而谈禅论画，时而说古论今，甚为投缘。李苦禅还将武喻文，演示了几式宝刀，给张大千留下了很深的印象，直到晚年张大千定居台北，还对为苦禅捎信问候的友人谈及此事。

认真教书的同时，李苦禅潜心大写意创作，收获颇丰，作品《三鹭图》《鹰》《鱼鹰》《游禽》《喜鹊》《墨鸡》等，巧拙相生、变化莫测、形象生动，莫不源于自然形象，更参以汉隶魏碑之沉厚，或如狂草之笔走龙蛇。他在艺术、思想与教学方面出现了新的飞跃，西子湖畔的历史人文、山山水水，使李苦禅心头幻化出了一个个呼之欲出的精灵……

郡亭枕上看潮头

一九三二年夏天，李苦禅由杭州回北平度暑假。一天早晨，他从外面练功回来，刚用过早饭，忽然看见一个学生匆匆来到家门口。李苦禅认识这人，他是杭州艺专的学生沈福文。原来沈福文也是利用暑假到北平来参观一些古代传统艺术展览的。一天，沈福文接到同学来信，说是学校准备让他退学，原因与他参加"一八艺社"有关。

素有"民主堡垒"之称的杭州艺专，在李苦禅到杭州之前有一个"一八艺社"，是学生陈坤卓等人于一九二九年组织成立的艺术团体，沈福文、胡一川等人是其重要成员。参加"一八艺社"的大多是进步学生，因为受到鲁迅先生的支持，引起了国民党当局的注意，国民党浙江省党部派张彭年到艺专任训育主任，和特务一起监督进步学生。李苦禅听沈福文说了有关情况之后，非常气愤，立即提笔给学校当局写信，说沈福文同学虽是"一八艺社"成员，但无任何越轨行为，该生应该继续留校读书，云云。而后，他又多次给校方写信陈述自己的观点。然而国民党特务对李苦禅的陈述毫不理会，最终沈福文等六名学生被开除。

学生们对特务的淫威并不买账，而是更加团结，曹白、力群（郝立春）等喜欢木刻的学生又悄悄在学校组织成立了"木铃木刻社"（也叫研究会）。他们把李苦禅上课的课堂当作成立的会场。李苦禅把教室门插上，靠近窗处挥动手臂，佯作讲课状，同学们则围在火炉边宣告"木铃木刻社"的成立。木刻家力群回忆说，苦禅先生与进步学生房士圣、宋步云等关系密切，经常到他们住的房间闲聊。由于他的同乡房士圣也参加了"木铃木刻社"，于是苦禅先生对这个进步的学生组织也就更加关注了。一次，力群在班里画了一幅国画《乞丐》，李苦禅看了非常喜欢，随手在画上题了杜甫的两句诗："朱门酒肉臭，路有冻死骨。"当时他对李苦禅先生同情穷苦人的情怀及其艺术思想有了进一步了解，也对李苦禅产生了敬意。后来，力群被逮捕入狱，这幅画也便没有了下落。而对于平易近人的李苦禅教授，力群时时处于思念之中。

李苦禅在杭州执教的第二年，日军发动了侵略中国的"九一八"事变。这时国内形势日渐紧张，李苦禅对爱国学生们的举动也更加关注、同情。特别是沈福文等学生被逮捕之后，他心急如焚，和杭州艺专的一些能够主持正义的教授联络在一起，出面予以保释。同时，他到北平艺专，找到还在这里教书的老朋友和老师，对杭州艺专一些受到特务监视不能专心读书的学生，请他们帮忙安排去北平艺专继续读书。北平艺专的形势也不好，有的学生刚入学不久，因搞进步活动被开除了，他就把这些学生带回杭州或上海，想办法给他们找学校继续读书。在帮助进步学生的同时，李苦禅望着自己精心喂养的八哥儿和心爱的鱼鹰等动物，心里说，不是养活不了你们，也不是不爱你们，只是形势太糟糕，只好让你们走了。他把一只只八哥儿放归了山林，把鱼鹰送给了湖畔附近的渔民们……此时，一件件往事又在他心头翻腾起来——

那是一个没有月亮的晚上，一些进步学生在一个地方开会，研究第二天如何出去散发革命传单。哪知道，学生们刚一聚齐，便被特务们发觉了。此时正在校园散步的李苦禅忽然听到了警车声，刚才一个进步学生去开会地点时正好被他看见，他觉得事情不妙，立即大步跑到学生们开会的楼上，学生们一看来的是李苦禅教授，松了一口气。他对学生们说："你们赶快离开这里，很可能要出事。"这时候一阵杂乱的脚步声传来。一个学生手里的一张名单慌乱之中掉在地上。此时房门大开，七八个便衣特务冲进了屋里。此时的李苦禅不慌不忙，一脚上去踩住了名单，平心静气地对学生们讲道："我再给大家重复一遍刚才讲过的话，人格和画格，为什么首先要讲人格？大家学的是美术，如果人格不高，不热爱自己的国家和民族，你也学不好，画不好。"这时一个特务小头目走到李苦禅身边，问他是什么人。李苦禅镇静地说："我是艺专教授李苦禅，正在给学生们补晚课！"话音刚落，特务们便开始对学生们搜身检查。他们把每个学生的东西都翻了一遍，结果什么也没有搜到。小头目无可奈何地望了望李苦禅，又扫了一眼学生们，便灰溜溜地走了。此时的李苦禅诚恳地嘱咐学生们："你们的爱国之心我能理解，但是你们一定要注意安全、提高警惕，不然的话，做不成事，而且还有生命危险啊！"还有一次，一个学生到李苦禅的宿舍请教，笔记本忘记带走，李苦禅打开一看，里面记了不少对当局不满的话，他赶快把本子藏了起来。当那个学生紧张地来找他时，李苦禅警告他说："如果这个本子落到坏人手里就麻烦了！下不为例啊！"

李苦禅还身兼上海美专的课程，一九三四年初秋，他利用去上海讲课的机会在上海举办了一次画展，作品大多是在杭州教书时所作。画展引起了观众的注意，徐悲鸿、田汉、徐志摩等人都到场参观助兴。展览正进行时，听说内弟凌子风和张仃二人因参加进步文化活动被捕，他立即又赶到苏州反省院保释营救，此事引起了当局的注意。事后，他回到杭州艺专，校方通知他已经被解聘了。他去求助恩师林风眠，林先生也是无可奈何，只能相对无言。学生们则义愤填膺，目送着苦禅先生离去。杭州的山山水水都是李苦禅的最爱，五年时间里，钱塘江潮起起落落，西湖翠柳绿绿黄黄。就要离开心爱的杭州了，他实在舍不得，然而，这里已经没有他的容身之地，不走是不可能的了。他提着简单的行李箱，脑海里浮现了白乐天的两句诗："郡亭枕上看潮头，何日更重游？"

"青出于蓝胜于蓝"

　　李苦禅对杭州有着恋恋不舍的情结，他坐在北去的列车上还在回忆着五年前来艺专的情景：林风眠先生是他的老校长了，看到他应邀而来，高兴地挽着他的手说："你是白石老人大弟子，这里的潘天寿是昌硕翁的弟子，潘、李二君珠联璧合，当有南潘北李之美誉啊！三国时代司马德操（水镜先生）有云：卧龙凤雏，得一人可安天下，如今我左有'卧龙'，右有'凤雏'，艺专兴盛有望矣！"此时就要离开杭州的李苦禅想起与潘天寿、刘开渠、蔡威廉（蔡元培先生之女）、克罗多等同仁朝夕相处的日子，想起卡姆斯基的"写意雕塑"，还有一个个为国家安危而不畏威权，为时代艺术而积极奋斗的学生，李苦禅眼睛湿润了……

　　此时，他去的地方是南京的徐悲鸿先生家。去年他在上海办展时，悲鸿先生到现场观看，说了刚在欧洲各国及苏俄举办中国画展的盛况，这次到南京见悲鸿先生，一是拜望，二是请悲鸿先生对自己近年来的画作提提看法，这对自己进一步提高技艺一定会大有益处。到南京傅厚岗悲鸿先生家里后，悲鸿夫妇劝苦禅不要急着回北平，先在家里住下，略做一下休整未尝不可。苦禅答应了。因为时间充裕，徐悲鸿向李苦禅介绍了出国办展的情况，他说："这次欧洲几国办展用了近一年时间，国外参观中国画展者多达十万余众，他们对中国画赞不绝口。参观者还建议此类展览的规模今后可以办得再大一些，作品再多一些。这说明中国绘画在世界上有了一定地位。这次除了带回一些名家之作，还与俄国政府交换了十三幅名画，年底就可以寄来了，打算近些时日在南京和上海两地举办欧洲名画展览，使国人对欧洲的文化发展有进一步的了解，这样既和这些国家联络了感情，又增进了国际间的文化艺术交流。"老师积极把中国画推向国际的做法和精神，让李苦禅甚为感动。李苦禅把自己在杭州教书期间的画作拿给悲鸿先生过目，他一幅一幅认真地看着，品评着，脸上露出了满意的笑容，说道："咱们有十多年时间不曾谋面了，听说你拜了白石老人为师，长进不少啊！你画的鹰、鱼鹰等很有生气，也很生动，笔力苍劲而丰润，只要这样画下去，还会有更好的成绩。"徐悲鸿还拿出自己的国画《群牛》等作品让苦禅观看，李苦禅赞扬悲鸿先生素描基础雄厚过人，绝不亚于普鲁东。一些创作的"变体画"，人物造型生动，主题思想与构图情节震撼人心。悲鸿先生说："你来得正巧，我马上要赴桂林，那边正等着我去办展览，你就先在这里替我看家吧！"可见他对李苦禅何其信任。当然，这也并不是要苦禅每天当"保安"不出门。毕竟，苦禅离开杭州时身上已经剩不下几块钱了，仗义疏财的他突然遭到解聘，只得另谋生计，靠的是零星为人代课聊以维持生活，但绝不开口向恩师哭穷求援。不久，悲鸿先生返回南京，苦禅便与恩师告别，又回到北平自己的家里。

他想起当年刚到杭州不久，就把杭州的情况写信告诉白石老人，老人立即给他回信道："苦禅仁弟，二函悉。璜自弟别后，心中若有所失，知弟亦然，南方风景气候与北地悬殊，游历一处可增一处之画境。又有风眠先生及李（弘一法师李叔同）潘（潘天寿）诸君子日可相携，虽远客他乡，不至苦寂。平汉通车，年假回平一亲师友可矣！"短短数语，字里行间道出了老人对爱徒浓浓的眷恋之情。于是刚回到北平，他便带上自己的画作去看望恩师白石老人。白石老人看见苦禅回来了，激动得连忙让他坐到自己的身边。有苦难言的李苦禅不能把被解聘的真相告诉老人，只是随口说了"很好"一类的话，便转而向老人嘘寒问暖，他让老人看自己的画作。老人一边看一边喃喃自语道："我齐门后继有人了，有人了……"看着看着，老人在一幅《鱼鹰图》前停住了手，画面上，几只形态各异的鱼鹰栖身在半露水面的石头上，远处湖光潋滟，景色宜人。老人高兴地说道："苦禅啊！你画的怎么和老夫想到一起来了？这正是我心中的景致啊！"然后他把画放到画案上，在空白处题了这样一首诗："曾见赣水石上鸟，却比君家画里多。留写眼前好光景，篷窗烧烛过狂波。苦禅仁弟画此，与余不谋而合，因感往事，记二十八字。白石山翁。"放下笔后，老人又在藤椅上坐了下来，也不和苦禅说话，只是神情严肃地发愣。苦禅不解老人为什么会这样，心中暗想，刚才老师还和自己有说有笑的，题字的时候也很高兴，难道老师累了？他怕惊扰恩师，便悄悄地离开了。苦禅一夜不曾安睡，第二天一大早，他怀着忐忑不安的心情来到老师家里。师母胡宝珠一看苦禅来了，忙说："你昨天来了一趟，你看看你的老师吧！"苦禅定睛一看，只见满地都是画稿，大幅的，小幅的，老师也和衣睡着了。原来，昨天晚上白石老人在烛光下作画不止，左一张，右一张，胡宝珠再三劝说，老人也不愿停下来，后来画累了才睡下。胡宝珠为老人盖上被子，自己披着大衣在藤椅上陪了一夜。此刻老人醒来一看苦禅来了，即道："昨天看了你的画，真是如古人所云'后生可畏'哟！我要是稍有迟疑，就要闪在你的后头喽！"苦禅忙说："您老人家的功夫多深啊，俺一辈子也赶不上老师您啊！"老人摇摇手道："话不能这么说，你要有超过我的勇气才行，不然就不会有什么作为，这叫'青出于蓝而胜于蓝'啊！"

蔑视敌顽　铁骨铮铮

　　白石老人在与苦禅的一次闲谈中，才知道他已被杭州艺专解聘，老人先是一怔，后来是沉默，再后来是自言自语："我原想让你回杭州后，常常给我寄一些写生稿来，激一激我的灵感……"说着说着，老人似乎有些发怒了："不去就不去！凭你一身画艺还怕在北平立不住脚不成？你既然回来了，就办个画展，造个声势，让他们也好好看看你李苦禅的笔墨！"

　　恩师的话是对李苦禅处境的体谅和同情，当然更多的还是鼓励。李苦禅立即和好友赵望云、侯子步、张伯武商量，决定以"吼虹画社"的名义在北平中山公园的来今雨轩举办一次联展。这一天，老舍夫人胡絜青也以"集芳画社"的名义在同一地点举办了女子画家联展。一时间，中山公园热闹起来，前来祝贺的、参观的、选画买画的人熙熙攘攘。此前，北平炳林印书馆老板曾找到李苦禅，说他的画很有生气，笔墨也好，颇有大家风格，要给他出一本画集。他和好友王森然商量后，选出三十年代的十七幅作品交给了炳林，画集由恩师白石老人题签。王森然觉得此时出版李苦禅画集正是时机，与七年前和赵望云一起出版的画集相比有了很大进步和特色。他在序言中说，李苦禅"历任北平市立师范、华北大学、杭州国立艺术院教授……为白石山翁之高足。字工汉魏碑，于规律严谨之中极神明变化之妙"。说到苦禅的画，下面一段更为精彩："近画山水花卉虫鸟，无不精绝，以纵逸之笔寓朴穆之神，研精覃思，尽变古法，沈郁雄浑，大气磅礴，扫除蹊径，另辟幽异。白石先生：'谓英也过我。又曰英也无敌。又曰若老死不享大名，世无神鬼。'可谓推崇备至。诚晚近以来，艺坛不可多得之杰才……"画集在来今雨轩画展的人流中辗转相传，大家争相观看，人们知道李苦禅又从杭州回到了故都。

不久，七七事变爆发，随着日军的大举入侵，北平成为沦陷区，日寇宪兵到处横冲直撞，不把中国人放在眼里。面对此情此景，李苦禅怒火中烧、悲愤难忍，特别对一些没有骨气的中国人做了汉奸更是恨之入骨。

一天，在一条很偏僻的胡同，李苦禅见到一个山东的年轻人，一看原来是先前相识的二十九军的一名抗日军人，名叫袁祥峰。因为军长宋哲元积极抗日，日军恨透了二十九军并下令"窝藏二十九军人员与窝藏八路同罪"。队伍被日军打散后，袁祥峰躲到这个胡同，苦禅把他接到了家里。袁祥峰怕连累李苦禅马上就要离开，李苦禅说："你不要害怕，先等等，我给你找个机会，等街上安全了再走。"后来李苦禅找自己的学生、地下革命工作者黄奇南帮忙，把袁祥峰送到冀东参加了八路军。

黄奇南有一位本家伯父黄浩，是八路军冀中军区平津情报站主任。李苦禅了解了这层关系后，就找到黄浩，请他介绍自己到边区去参加八路军。黄浩、黄奇南和李苦禅在北海公园的九龙壁前相约见面，黄浩说："李老师，你是一位著名的画家，在社会上有一定威望和影响力，你就利用画家身份做掩护，正适合做地下情报与联络工作！"李苦禅同意黄浩的意见，从此也便成了一名正式的地下革命工作者。此前，李苦禅是出于一种"义气"和纯粹的爱国之心，与日寇和汉奸进行针锋相对的斗争。然而，残酷的斗争现实使李苦禅认识到，只有中国共产党领导的队伍才能救人民于水火，才能不做亡国奴，于是他的行为也变成了自觉、主动的革命行为。从此，他利用自己的社会关系，把了解到的敌人武器、被服和军需品等在某仓库存放情况，以及汉奸伪军的动向等，及时秘密地向黄浩汇报，然后黄浩再交给他新的任务。同时，他位于北

⊙一九三八年参加抗日救国地下工作时的李苦禅

平西城柳树井胡同二号的住处也成了转移抗日同志的临时交通站。

一九三九年五月十四日凌晨，一个叫上村的日军少佐带着宪兵队踢开了李苦禅的家门，把李苦禅和他的学生魏隐儒一起带到了沙滩北大红楼，那里已被日寇占据，地下室也改成了宪兵队的牢狱。日寇把李苦禅师生当作"勾结八路军"的重要嫌犯关进了监狱。魏隐儒是李苦禅在北平艺专的学生，也是一名忠诚的爱国者，平时和李苦禅关系密切，接触频繁。李苦禅被捕后，对审问他的日寇毫不畏惧，动辄破口大骂。李苦禅不服软，敌人便对他用刑，鞭子抽，棍棒打，压杠子，用火燎，灌凉水，能用的刑罚都用上了，李苦禅面不改色，依然对日寇大骂不止。敌人对他一天两次过堂审问，他对审问他的上村说道："你们杀人的法子不是有四个吗？一是让狗吃，二是枪毙，三是活埋，再一个就是砍头，你尽管用吧，我不怕！"李苦禅在狱中大义凛然、铁骨铮铮的举动，让日寇胆战心惊。因李苦禅在北平画界影响太大，加之又找不出他私通八路的真凭实据，最后只好把他们师生二人释放。但不许他们声张，还依然派人监视，以图"放长线钓大鱼"。魏隐儒比李苦禅早出来几天，因受刑过重住进了医院，李苦禅出来后立即前去看望，帮他购买德国进口药，才使他挺了过来。

济南画展牵情缘

　　一九四二年初，山东的朋友冀蔚怀、关友声、周子寅等人多次给李苦禅写信，说是好长时间没有联系了，很想念，希望他能回济南办一次画展，利用这个机会叙叙乡友旧谊。李苦禅也很想念昔日的朋友，决定与学生魏隐儒一起到济南办一个联展。

　　此次李苦禅带去的作品有六十四幅，其中《群鸠》《枯木苍鹰》《芙蓉小鸟》《白梅喜声》《松鹰》《铁树荔枝》《蝶恋花》等作品，在构图、笔墨等方面都较前有很大突破。四月二日画展开幕这天，济南普利门外青年会的展厅里人头攒动，盛况空前。画展目录上印了冀蔚怀写的《赠苦禅》一文，说他是"当代画坛上的一大权威，他的地位是以其个人深沉的智慧与有力的笔创造出来的……苦禅先生的画是现代共苦的物质生活之下充作精神食粮的甘饴"。画展上的作品全部标价出售，其中价格最高的《松鹊》三百元，最少的《墨竹》七十元。

　　在众多参观画展的人群中，有一对五十多岁的夫妻颇为引人注目，他们对李苦禅的画作极为喜欢，一边认真观赏，一边啧啧赞赏不已。画展虽然只办了三天（四月二日至四日），但他们三天几乎全到了。这对夫妻的名字是李省三、陆佩云，两人都是小学教员。李省三不仅喜欢书画，有时还能伏案挥毫。他们通过朋友关友声和李苦禅的老乡金瑞堂的介绍互相认识了，李省三还提出向李苦禅学习绘画。说到李省三夫妇，这里要说一说李苦禅的婚姻，说到他的婚姻也要说到他名字中的一个"苦"字。

　　李苦禅十六岁，在聊城中学读书时，父母望孙心切，通过媒人说合，给他和离本村李奇庄只有十几里地远的肖庄的肖姓姑娘订了婚。肖氏比苦禅大六岁，人长得俊俏，老实贤惠，尽管当时苦禅是"洋学生"，觉得比自己大六岁的姑娘"不合适"，但对封建社会的"父母之命，媒妁之言"不能不从，也就硬着头皮办了婚事。肖氏为苦禅生下一女，名李嫦。后来，肖氏因体弱多病去世。苦禅是一个忠厚善良之人，心里总觉得长时间没有在家乡和妻子一起生活颇为内疚，后来便把李嫦接到身边一起生活。

李苦禅到北平谋生后，知识女性凌眉琳闯进了他的生活。她也喜欢画画，因看过李苦禅的画作，对其产生了爱慕之心，主动找上门来。通过一段时间相处，两人结为秦晋之好。凌眉琳还跟李苦禅到了杭州，生子李杭。但姻缘有限，二人又各奔前程，凌眉琳后来奔赴延安。凌眉琳的弟弟凌子风（后来成了著名电影导演）和岳母仍旧一直带着孩子和苦禅生活在一起。当时靠卖画为生的李苦禅生活上虽然常常捉襟见肘，但对岳母的关怀和照顾从来不敢懈怠，老人家也一直把苦禅当作儿子一样看待。苦禅此时又取一字"励公"，意谓生活遇到坎坷不能消沉下去，应以远大目标激励自己奋勇前行。

在济南办画展时，乡友、老同学金瑞堂和朋友关友声觉得苦禅一直是单身一人，身边无人照料，他们知道老友李省三夫妇有一女正是于归之年，便起了牵搭红线之意。李女名慧文，乃省三先生之继女。慧文之母陆佩云原籍苏州，与王姓夫君生下慧文，不幸三岁时其父病故，陆佩云二伯父在河北张家口从事教育工作，便召其母女前往相互照应。尔后，陆佩云与当地小学教员李省三相识并成婚，慧文从了继父之姓，改名李慧文。李省三夫妇后来到济南谋生，仍做小学教员，慧文随父母来到泉城。苦禅来济南办画展之前，李慧文在德州一所美国教会的护士学校读书，即将毕业时因日寇轰炸，学校不能继续再办，慧文拿了毕业文凭回济南家中待业。因李慧文模样生得姣好，又是护士学校的学生，有着高雅的气质，颇为引人注目，官、商、军等方面常常有人到家提亲。李省三夫妇是知识分子，对这样的婚姻没有兴趣，便一一回绝，他们只是想为女儿找一个既有人品才华又有一技之长的夫婿，认为这样才能给女儿一个稳定的家。恰好，金、关二人向他们提起此事，慧文父母觉得颇合心意，征求女儿看法时，慧文从侧面对苦禅了解后，也很满意。开始金、关二人给苦禅说起此事时，因有过两次婚姻经历，心头的伤痛一次比一次严重，李苦禅不想再娶。金、关二人再三劝说，苦禅才说自己过去的婚姻状况一定要实情告知省三先生一家，目下自己既要照顾岳母，还要照顾孩子李杭，生活负担不轻，再说自己的年龄又比女方大得多……经再三说合，苦禅决定和慧文相处一段时日再作定夺。李慧文与李苦禅一次次接触后，觉得他不仅画画得好，有才气，而且为人诚恳、忠厚、实在，且处处关心她，想着她；李苦禅对李慧文的印象则是美丽、大方，说话和做事通情达理。一个如花似玉的大姑娘对自己（特别是有过两次婚姻经历）不仅一点不嫌弃，而且做起事情来更是体贴入微。他从心底里感到，李慧文是自己需要的能和自己终生相伴的好妻子。

一九四二年秋天，李苦禅、李慧文决定举办合卺之礼，择定良辰吉日后，在饮虎池关友声住宅借用两间房屋做了新房。当日，旧朋新友纷纷赶来庆贺花烛之喜。李苦禅忙里忙外，介绍人金瑞堂、关友声更是笑逐颜开，与客人拱手相庆。他们请苦禅好友、泉城资深教育家王钦甫为证婚人，著名书画家黑白龙、乡友李扬等都是喜宴上的宾客。

终于等到心花怒放时

在济南期间，教育界前辈王钦甫认为以李苦禅的画艺、学问和人品，山东省可以建立一所美术学院，请李苦禅主持政务。他和朋友们找他商量多次，李苦禅认为目下日寇当政，绝不可在此类学校担任伪职。后来又商定由李苦禅筹资创办私立美术学院，苦禅应允。他让学生魏隐儒襄理此事。后因款项被人骗去，学院之事也便成为泡影。

李苦禅与李慧文新婚燕尔，琴瑟和谐，不久慧文有了身孕。为了生计，李苦禅先是与魏隐儒、关友声一起去了一趟青岛，在那里办了三人联展，但因日寇统治，经济萧条，画卖得并不理想。后来还去了山西大同，销售也不尽如人意。回到济南后，苦禅与妻子商量，自己在北平有一定根基，即使形势再不好，或多或少还可以卖点画糊口，说是在北平安顿好后立即把她接去。李慧文虽然依依不舍，但新建的小家庭毕竟要在困苦艰难的环境中挣扎下去，只好忍痛让苦禅去京，暂时过着分居的生活。

回到北平后，李苦禅从原来的柳树井搬到了什刹海王府夹道一号与魏隐儒住在一起。此时的北平依旧在日寇的铁蹄践踏之下，李苦禅和百姓们一起忍受着摧残、折磨，过着贫苦不堪的生活。然而，由于全国民众同仇敌忾，抗日战场不断有好消息传来，日寇也成了强弩之末，李苦禅对赶走日寇充满信心，他一方面把卖画所得用于生活，另一方面仍旧支持地下抗战工作。在创作上他更是把笔锋指向日寇，如有一幅《大官风顺图》，画面上的人物是一个戏曲丑官，他在画上题道："有乳为母金为爷，奴颜婢腿三世节。励公戏作。"他对那些没有人格的汉奸恨之入骨，这幅画作就是对那帮常在日寇面前摇尾乞怜的败类的辛辣嘲讽。李苦禅平

大官风顺图

有乳为母
金多为爷
奴颜婢膝
三字品节

时还画一些兰草，他在一幅《墨兰图》上题了这样一段文字："曾记宋人写兰而无根无土，或有问曰：'奈兰无土何以生？'即曰：'土被金人夺去矣！'文人为社稷之怀抱如此，其伟大可知矣！"题款婉转地表达了李苦禅对宋代著名诗人、画家郑思肖的肯定与崇仰。郑思肖原名郑之因，南宋福建连江县人。南宋亡后改名思肖。"肖"是"赵"的一部分（赵字繁体由"走"和"肖"组成），赵是宋的国姓，宋亡后郑之因思念之情不了，故改名思肖。据说他每天坐卧都是背北向南（北是金人入侵之地），表示对金人的不齿。他画兰时只是画上几根草叶萧疏的兰花，不画根土，意思是大宋土地已被金人掠去，故兰亦无根无土矣！平时一些达官权贵知其画兰有名而索要之，但其"绝对不与"。而一些平民百姓索要，则常与之。一些收取田亩税赋的官僚常常在这方面打他的主意，以多收税赋要挟向他索兰，郑思肖则说："头可断，兰不可与！"郑思肖的高风亮节对李苦禅颇有影响，每每握管画兰时，李苦禅便会想到郑思肖的为人，但他却画有根之兰，表达的是他对国土必定光复的坚定信念。李苦禅还画一些"墨竹"，表述自己的爱国抱负，他常常在画上题写"胸无气节者不可画竹""胸有气节者写竹易成"等。他认为竹刚毅挺拔，是富有高尚民族气节的象征，最能体现伟大的民族精神，所以屡画不辍。另外，苦禅早年就喜欢八大山人的画。八大山人一生不得志，装聋作哑不向清廷称臣，他觉得八大的遭遇与自己所面临的国破家亡的处境甚为相似，于是，常常临摹和创作与八大风格相近的一些作品，或八哥儿，或鸟雀，或兰，或梅，构图和造型奇崛而冷逸，通过一幅幅画作表白他对时局的痛惜。

由于平时劳累过度，加之生活困苦，李苦禅不幸染病住进了医院。此时妻子李慧文为了维持生活，正在济南一所小学代课。听说丈夫病了，她拖着即将临产的身子来到苦禅病床前，只见其正在昏睡，便伤心地流着眼泪，默默地守在那里。苦禅醒来看到心爱的妻子，不禁泪水夺眶而出，说道："我还没有把家安顿好，让你受苦了……"妻子也泣不成声："咱们是恩爱夫妻，不说那些，你先安心养病，早早康复。"没过几天，李慧文在医院里生产了，她给李苦禅生了一个胖小子，护士把孩子抱到了李苦禅身边，他高兴而激动，连说："好啊！好！"即给孩子取名李燕，字壮北。他说北平古属燕地，所以取名燕（读平声，即"烟"声）。苦禅康复出院后，李慧文母子也仅仅休养一周时间就回到了济南。

一天，李苦禅正在朋友处饮酒，忽然一个人来相告："听说日本鬼子投降了！"李苦禅以为听错了，再问，那人已跑出去了，他连忙和朋友走上街头看个究竟。只见群众都围在一个茶叶店门口，从门上的"话匣子"里听到"日军于一九四五年八月十五日正式向中国投降"，而且还广播了日本天皇所谓《终战诏书》。人们将信将疑，但听着一遍又一遍地广播这条特大新闻，又看到了平日里在街上横行霸道的日本人和狗腿子们都失魂落魄的样子，才爆发出同一个声音："咱们胜啦！胜啦！鬼子完蛋啦！"不大一会儿，街上挤满了人，爆竹声中人们喜极而泣地欢呼跳跃，各处"酒缸"（老北京的小酒馆）纷纷把桌子摆在路边，一桌一桌的酒杯斟满，不收钱，让大家举杯痛饮。十四年抗战终于见到了天日，李苦禅激动地练了一通拳，回到朋友室内，又端起酒杯痛饮起来，他一边饮酒，一边挥笔作画，借着酒兴，一会儿一幅，一会儿一幅，一气儿画了十四幅。后来他在记述当时的情景时说，听到日寇投降的消息后，"全国同胞为之弹冠，尔时，余正在友家酣饮，闻之亦酣饮矣！即案间笔砚，遂成十四帧，当时乘酒兴，奋发提笔乱挥，自不知所为耳……"他终于等到了心花怒放的时刻！

走进北平艺专

抗战胜利后不久，中国艺术专科学校在济南复校，聘请李苦禅为教务主任。一九四六年七月底，北平艺专聘请李苦禅为中国画系教授。他立即赶赴北平与恩师悲鸿先生相见。

一九四六年八月一日，北平艺专开始对外招生。此前，徐悲鸿在上海拜会郭沫若时与周恩来巧遇。周恩来听说徐悲鸿要去接管北平艺专，谆谆告诫说："希望你把北平艺专办好，为人民培养一批有能力的美术工作者。"徐悲鸿遵从周恩来的教导，首先在聘请师资方面认真动了脑筋。他决定聘吴作人为艺专教务主任兼西画系主任；叶浅予为中国画系主任，因叶浅予尚在美国，未归国前系主任暂由徐悲鸿兼任；还聘黄宾虹为中国画系理论教授，齐白石为国画教授；其他如李桦、李瑞年、艾中信、李可染、周令钊、董希文、王临乙等艺术界的精英都被聘为教授。北平艺专师资阵容之雄强，声誉之高，在社会上影响甚大。徐悲鸿于招

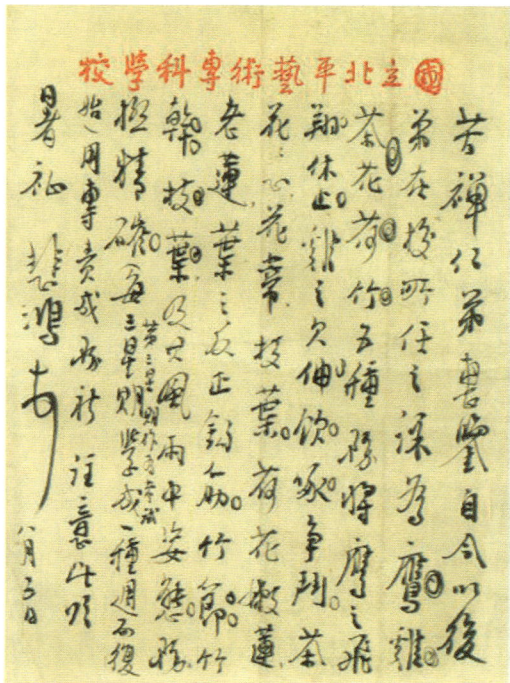

⊙ 徐悲鸿给李苦禅的信

收新生之际，给李苦禅写信，对他的任课要求讲得甚为详细、具体。信中说："苦禅仁弟惠鉴：自今以后，弟在校所任之课为：鹰、鸡、茶花、荷、竹五种。务将鹰之飞翔、休止；鸡之欠伸、饮、啄、争斗；茶花之心、花蒂、枝叶，荷花，嫩蓬、老莲、叶之反正钩筋；竹节、竹干、枝叶及其风雨中姿态，务极精确（每三星期学成一种，周而复始，第三星期作为考试）。用专责成，务祈注意！此颂暑祉，悲鸿顿首，八月五日。"短短不到两百字的信函，无一句空话，对李苦禅授课要求之细致具体，说明徐悲鸿在美术教育方面经验之丰富，责任心之强，令人佩服。苦禅则时时捧笺在手，反复诵读，按信中要求一一认真准备。抗战胜利、接受艺专聘请的喜讯，使苦禅激动，他决心把自己的才学毫无保留地奉献给这所由悲鸿先生主持的高等艺术学府。

由于李苦禅在教学过程中耐心细致，对学生关怀备至，赢得了学生们众口一词的称赞。他对所教的每一个学生，自己知道多少教多少，从不保守。上课时，他一边讲一边示范，还把戏曲、诗词、古典文学等方面的知识讲给学生，提高了他们的听课兴趣。学生杨先让虽然没有跟苦禅先生上过课，但他喜爱李苦禅的艺术，尊敬李苦禅的人品。苦禅用皮纸给他画了一张花鸟长卷，他对李苦禅画中的大写意手法特别是兰花的构图和酣畅淋漓的笔墨如醉如痴。后来画家黄永玉见了这幅作品后，连说："先让，你得了一件国宝啊！"

学生、画家吴丽珠说，苦禅老师对待学生像父亲一样亲切，他总是唯恐学生学不好，这种真情用金钱是买不来的。学生庄寿红开始看不懂李苦禅的画，后来是越看越喜欢，再后来则是崇拜得五体投地了，为什么呢？她说："苦禅先生的画不是甜俗的美，也不是一看就美的美。苦禅先生理解抽象的艺术规律，讲究笔墨的点、线、面和形式之间的关系，他经过多年的修养和磨炼，所以能在不经意间把线和墨点表现得恰到好处，他作画时是全身心投入，笔下没有丝毫的矫揉造作。"学生裘照明对李苦禅在教学中引导学生，既要求学好专业又要求触类旁通的潜移默化的做法感触特深。她说："苦禅老师常常给我们说，作为一个学习国画的学生，除了学好画国画外，还要学习书法，多画速写，多临摹，对于戏剧、电影、文学书籍等也要多看。身体还要好。"苦禅老师不就是这样一个人吗？裘照明还说："苦禅老师常常送画给学生，这和有的老师不轻易给学生送画的做法不同，苦禅先生

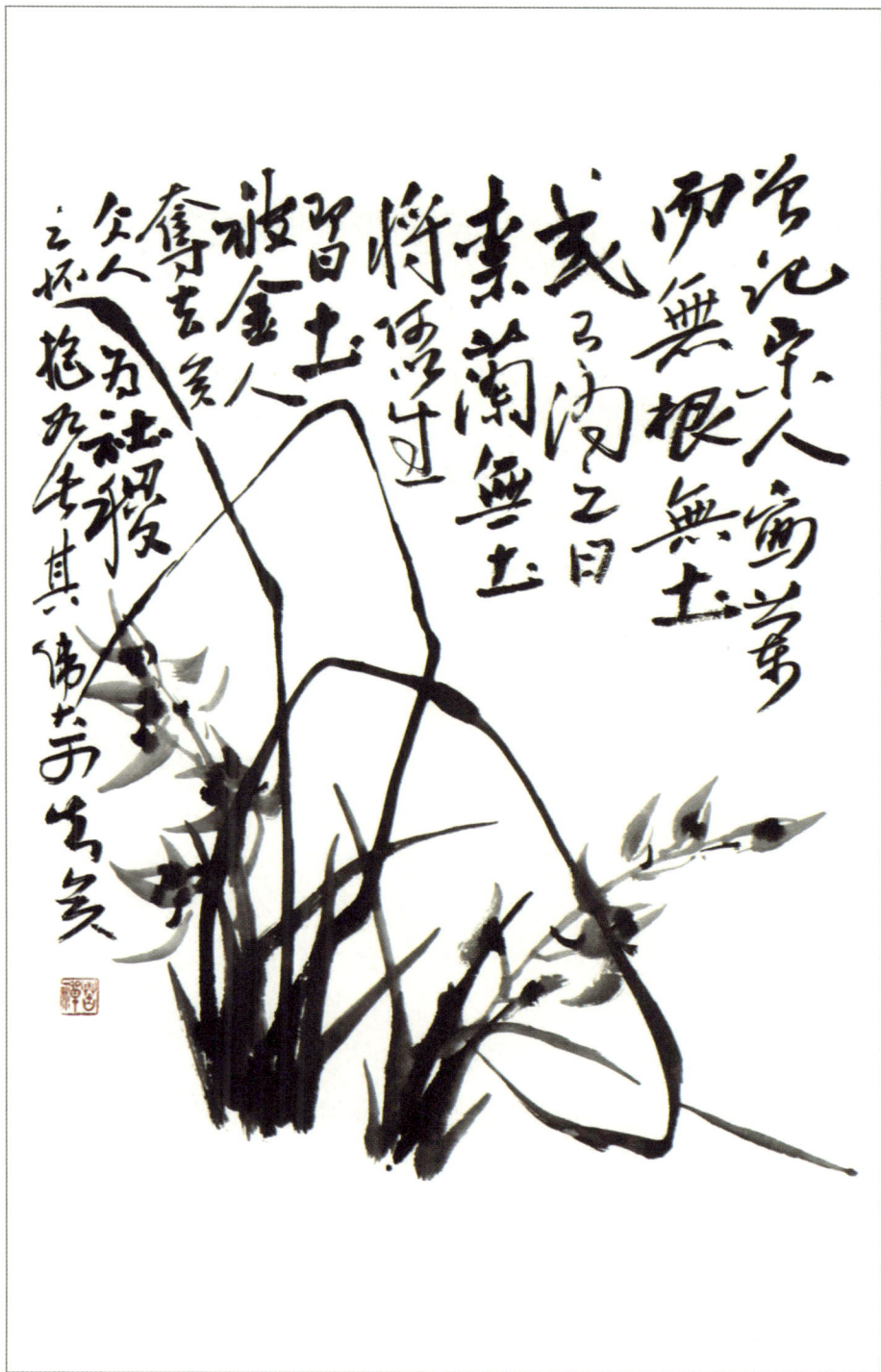

所南翁写人高兰蕙
而无根无土
或云泥之曰
素兰无土
将何所过
留土
被金人
夺去矣
欠人
为社稷
之坏抱乃于其锦
苦于心矣

363

是哪个学生问他要，他都给，有求必应，特别是毕业分配的时候，他先问谁被分配到外地了，就先给谁画一张。"学生、版画家蒋正鸿说，他有一次到苦禅老师家里请教如何画海棠花，李先生二话没说，拿起笔来就画，画完后给蒋正鸿说，这是春天的海棠树，然后又画了一张草本秋海棠给他。蒋正鸿临走时，老师说："人家问你海棠花怎么画你说不会，这说明老师没有教好，老师对不起学生！"学生、画家王振中说："苦禅先生看上去不像是一个大教授、大师，更像是一个家长、一个老年人，我自己一生中碰到许多老人，而苦禅先生的心是最善良的，他什么事情都想着别人，从来不想自己。家乡有一个叫邓天福的农民画家也画大写意，他把自己的画让我带给苦禅先生指点，苦禅老师看了后，在每一幅画上都作了题跋，题跋的内容全是画论，共有五十多张。苦禅先生的平易近人让邓天福感动得热泪盈眶……"

一九四六年冬天，李苦禅在北平艺专有了稳定的工作和生活，他把妻子李慧文、儿子李燕、女儿李嫦接到了身边，然后又从凌姥姥（前妻凌眉琳之母）处把李杭也接了过来，一家人这才算是真正团聚在一起了。

一九四八年，辽沈、淮海战役之后，国民党反动政权摇摇欲坠。北平是文化古都，为了使之免遭战火，人民解放军决定争取北平和平解放。当时的北平市长何思源是李苦禅的山东老乡，两人接触较多，李苦禅就协助徐悲鸿校长常常去找何思源，因为他们知道何先生希望和平解决北平战事，他又有机会见到傅作义将军，可以动员将军以保全古都为重，以北平人民为重，以大局为重。国民党特务已有所闻，便对何思源采取了卑劣手段，用定时炸弹炸了他的住宅，他的一个女儿不幸身亡，何思源也受了伤。李苦禅闻讯后，冒着被特务暗杀的危险，急欲去探望何思源，对何思源为北平解放做出的贡献和牺牲表示慰问。但何思源一家已被转移到秘密地点，以免遭到二次暗杀。李苦禅又去安慰受到惊吓的老师白石老人，将自己对中国共产党的了解详细讲给老师听。老人听说以后共产党进入北平，自己的安全绝对有保障，从而解除了忧虑，放下心来。

"咱们同是山东老乡，就交个朋友吧"

    李苦禅在北平画界声名鹊起，也传到了北平的门户——天津，经朋友介绍，李苦禅于一九四五年春天到天津举办画展。天津名家对李苦禅的鹰、喜鹊、竹及书法等称赞不止，对这位白石老人的大弟子不是亦步亦趋地仅学老人手法，而是独辟蹊径的做法更为推崇。

    一天，李苦禅画展的展厅里，来了一位不到三十岁的绘画爱好者，在一幅幅画作前徘徊流连，不忍离去。他对一位同来的朋友说："李苦禅先生的画实在是大度，有气派，不愧是白石老人大弟子！"很想与李苦禅结识。这天李苦禅刚走进展厅，有人就对他说，看，这就是李苦禅，来了！他连忙走上前去，向李苦禅打了一躬，自报家门说，自己叫许德麟，喜欢白石老人的画，也喜欢苦禅先生的画，很想与苦禅先生交个朋友。李苦禅望着眼前这位热情的年轻人，又听他说自己喜欢画画，祖籍山东蓬莱，是津门清室王孙溥心畬的门人。苦禅对许德麟拱拱手道："好啊！我是山东高唐人，咱们同是山东老乡，就交个朋友吧！"叙了年庚，李苦禅比许德麟大十八岁。自此，李、许二人相处几十年，成了莫逆之交。

    许德麟于一九一六年生于山东蓬莱，祖父以捕鱼为业，父亲许树亭是铁匠。他四岁时因家乡闹霍乱，举家迁到了天津大沽。其父擅长经营，从一个打铁的工匠后来成了一个面粉厂的主人。他对儿子抱有很大期望，希望他将来能做洋行的经理。许德麟十六岁时从天津的一所商业学校毕业，父亲又让他去一家德国公司学生意，但他对经商没有兴趣，对绘画却是情有独钟，成天忙着临摹《芥子园画谱》，再不然就是逛书店。一天在一家南纸店里看到了齐白石的画，连连惊呼"妙哉！妙哉！"从此，白石老人的艺术在他心里生了根，只要手里有了钱，就去买齐白石的画。二十三岁那一年，他结识了溥心畬并拜为老师，画作上常署"渤海许郎"。

一次他和李苦禅闲聊，向他吐露心声："二哥，我也想和你一样拜在白石老人门下，不知行不？"苦禅笑笑，说："老师八十多岁了，不知还收不收徒，只能带你去试试吧！"苦禅先生既然答应了，这事或许就十有八九能成了。许德麟激动得几乎一夜没合眼。苦禅在天津办完画展不久，就把许德麟带到了北平。这天二人来到白石老人住处，只见老人门上贴了一张字条："心病发作，停止见客。"此时老人已是八十一岁高龄，贴出这张字条来，一是因为时局不稳，常有军、政各界派人前来滋扰，老人静不下心来作画；二是想来拜师的人太多，特别是一些沽名钓誉之人常来纠缠，令老人心烦。苦禅把许德麟带到老师面前，把他的情况和心情向老师说了，老人认真地望了望面前这位对自己的艺术十分崇拜的年轻人，又看了他的画作，便对苦禅说道："既然你引进门了，那就收下吧！"许德麟连忙俯身下拜，行拜师大礼。白石老人说："既拜师了，就要有所表示，我送你一个名字吧！缶翁昌硕名缶庐，我看你就叫麟庐吧！"自此许德麟便更名许麟庐，时常随师兄苦禅一起，在白石老人门下学艺，聆听大师的独特教诲。

后来，许麟庐随父亲一起举家迁到北平谋生，这样离老师和师兄更近，见面也更方便了。一九五二年，许父开办了大华面粉厂，让许麟庐当经理。面粉厂楼下是厂房和机械，楼上是经理办公室。他把办公室布置成了画室，三天两头把师兄苦禅约来，时而纵酒弦歌，时而挥毫作画，时而坐山论道，常常是通宵不眠。一天下起了暴雨，李、许二人只是在楼上作画饮酒，而晒在东单"东大地"广场上准备磨面的麦子都淋湿了，家人上楼禀报，许大经理这才如梦初醒，与苦禅师兄一起放下了手里的笔，赶去扯席盖麦子，心头已生一念：不要面粉厂了，太烦人！

许麟庐听师兄说老师常在早上作画，他就天天早上跑到老师家里，看老师案头水盂里养的小虾，再看老师如何运笔，然后回到家再练。他一个通宵能画一百多只虾。天长日久，许麟庐画的虾几可乱真。

后来在苦禅师兄的建议下，许麟庐关了面粉厂。他卖了三台磨面机，在东单西观音寺开了一间和平画店，齐白石、徐悲鸿、陈半丁分别为画店写了招牌。许麟庐素有仁侠之风，知道画家日子多不宽裕，便想尽办法托朋友把画家们的画卖出去，有时还将尚未售出去的画先付了钱，以解他们的燃眉之急。朋友们称他是《水浒传》里的柴大官人，说他出手大方，如员外一般接济穷朋友。有一次，黄永玉在店里看中了齐白石的一张画，还看中了李苦禅的一幅《鹤》，但手里只有够买一张画的钱，最后决定买李苦禅的。许麟庐连忙对他说："永玉，你买齐白石的吧！苦禅的那一张我说说让他送给你。"后来苦禅听说此事后，对许麟庐并不责怪，说他一心向着老师，仗义！由此事也可见，"黄永玉乃真知音者也"！

一次，白石老人画了两幅荷花送给李、许二人，自署为"平生孤本"，一为《荷花倒影》，一为《荷花蝌蚪》。《荷花倒影》一张更为精彩，二人都想要，老人让二人抓阄，结果此幅让许麟庐抓去。老人在画上题道："麟庐弟得此，缘也。九十二岁齐白石画。若问是何缘故？只问苦禅、麟庐二人便知。白石记。"另一幅则题："苦禅弟得此，缘也……"其余题字完全一样，一时传为画坛佳话。

一九八三年六月十一日李苦禅病逝，许先生那时正在烟台，闻讯后立即星夜返京，在苦禅灵前几次哭昏过去。他挥笔疾书，写了一篇《哭苦禅》，文章中尽述师兄弟的情谊，说苦禅的艺术是"上追宋代牧谿，学贯青藤、石涛、八大，师承齐白石先生……他的字从碑来，如刀劈斧斫；他的画乃写来，融书法绘画于一炉。用墨更是让人瞠目结舌，泼墨浓而不滞，淡墨淡而不薄，世上几人能为？……"文中还说自己忽然想到苦禅赠他母亲的旧作《双鸡图》，上有白石老人的题句："雪个先生（八大山人）无此超纵，白石老人无此肝胆……"恩师白石翁与师弟许麟庐对苦禅艺术评价之精准可谓举世无双！

毛主席派人来了

自进入北平艺专后，在教学、创作、生活等方面，李苦禅和家人过得很愉快、舒心，学校经常搞一些展览和公益活动，他都积极参加，还被推选为中国美协的常务理事。

新中国成立后，一九五〇年二月经中央人民政府政务院批准，北平艺专和华北大学三部美术系合并，成立中央美院，徐悲鸿仍任院长。国家强调教育要与政治相结合，要突出"为人民服务和为工农兵服务"的宗旨。有人提出中国传统的山水、花鸟、人物画，距时代和"为工农兵服务"的宗旨太远，应该取消。在大力扶持油画、连环画、新年画等画种的同时，学校的中国画系改为彩墨画系，从事国画教学的老师课时被削减，而且教非所长。李苦禅的日子最不好过，先是给他安排极少的课时，去教人物写生，幸而当初在西画系学过画人体模特，又有速写功力，任此课并不生疏，但毕竟不是大写意书画啊！接着又让他到陶瓷系画茶壶、茶碗，不久，又让他到学院工会搞勤杂，具体的工作是和黄警顽一起为学校工会的师生员工们买电影票，剩余的票还要站在影院门口卖掉。学校搞展览时本来准备展出他的作品，等到正式展出时，他的作品却被拿掉了。种种现实面前，李苦禅百思不得其解。

对李苦禅受到不公平待遇最不理解的是夫人李慧文。一天，她从外面回来，在自己居住的大雅宝胡同甲二号门前小广场上，忽然听到有人高喊："李教授舞大刀了！快来看啊！"一片喝彩声过后，围观的路人纷纷向地上掷钱，几位吴桥艺人慌忙跟着拾，李苦禅则分文不取，全送给艺人。她不忍再看下去，急忙回到家里，失声痛哭起来。想当年，一位蜚声南北的著名画家，如今却落到无书可教和

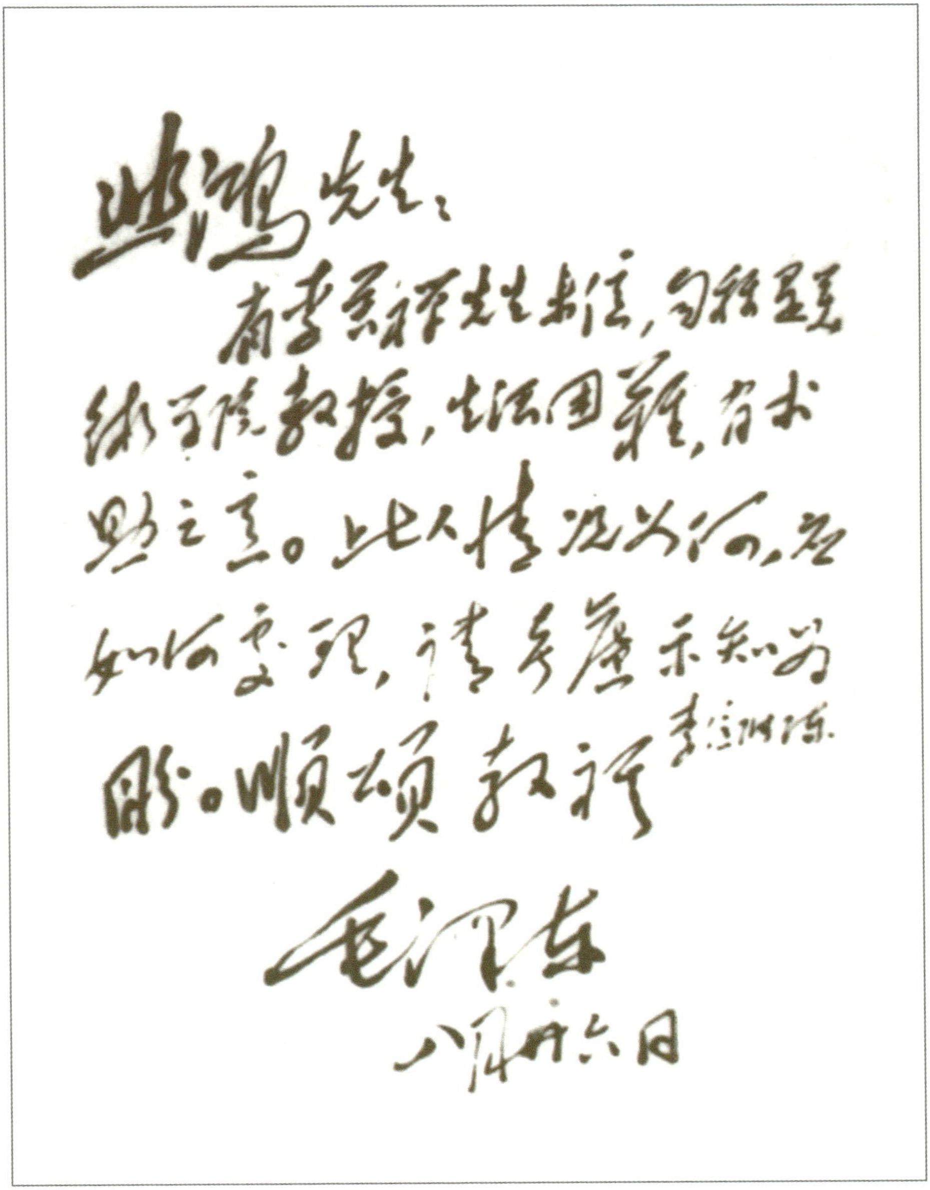
悲鸿先生：

有李苦禅先生来信，自称是美术学院教授，生活困难，有求助之意。此人情况如何，应如何处理，请考虑示知为盼。顺颂教祺 李信附陈

毛泽东

八月廿六日

⊙毛主席写给徐悲鸿关于李苦禅的信

摆地摊的艺人一起耍大刀的地步，这究竟是为什么啊？一向自尊心很强的苦禅夫人，面对这种精神打击，如乱箭穿心。

李苦禅这样的处境，朋友、同学、亲戚都看到了，有知道底细的就劝他，给当年一起在北大勤工俭学的同学毛润之（泽东）写封信，把自己的实际情况一五一十地告诉他，或许能够解决问题。李苦禅心想，此事已经过去了三十年，当年的毛润之如今已是国家领袖，他还能记住自己吗？给这样高职务的人写信过去叫"告御状"，要是告不成遭到报复，后果就不堪设想了，五口之家全靠自己养活吃饭啊！实在闲得无聊，他就到师弟许麟庐的和平画店去解闷，可以在那里喝点闷酒，和一些老朋友说说知心话，再不然就挥毫泼墨，直抒胸臆。一天，白石老人、徐悲鸿等人都来了，李苦禅兴之所至，随手挥了一张《扁豆图》，自题"鹅鼻山民浪墨"，恩师在画上题道"傍观叫好者就是白石老人"。徐悲鸿则在画上题了"天趣洋溢"四个字，对李苦禅的这幅神来之笔给予了极高的评价。

某日，李苦禅在外面又喝了几两闷酒回家，不知怎的，一股郁积在心头的怨愤之气仿佛非要吐出来一般，他顺手拿出一卷日本美浓纸，然后蘸起浓墨，时而笔走龙蛇，时而疾风骤雨，一封长达丈余的书信写好了。信是写给国家主席毛泽东的。他在信的开首这样写道："毛泽东主席：如今我的困难蒋介石不管了，所以我找您来管……"他把长信投进了邮筒。回来的路上酒醒了，他又有些后悔，感到有一种莫可名状的不安，他想这封"御状"会给自己带来什么样的结果呢？

信寄出不到二十天的光景，一天，同院的美术评论家王朝闻陪着一位书生模样的人来到家里拜访李苦禅："你是李苦禅先生吗？"来人和蔼地问。他连忙回答是。来人笑容可掬地自我介绍说："我叫田家英，是毛主席的秘书。"一听是毛主席派的人来了，他吃惊地连忙招呼客人屋里坐下。田家英说："你的长信毛主席收到了，他很重视这事，他给徐悲鸿院长写了信，还特意派我来调查了解有关情况，以便向主席当面汇报。"他把毛主席写给徐悲鸿院长的信函副本念给李苦禅听："悲鸿先生：有李苦禅先生来信，自称是美术学院教授，生活困难，有求助之意，此人情况如何？应如何处理？请考虑示知为盼。顺颂，教祺（李信附陈）。毛泽东，八月二十六日。"李苦禅激动得连忙用颤抖的手把信的副本接了过来，说是自己实在不该写这样的信,打扰了日理万机的毛主席。田家英拉着李苦禅的手说:"毛主席很重视你反映的问题,他因为太忙,不能前来看望你,就派我来调查解决。你有什么在信里来不及讲清的困难情况,尽管向我反映,我一定会原原本本向毛主席汇报的……毛主席派我来之前,让我转告你,目前国家初建,正忙于结束战争和恢复生产建设,对文化事业还有一时顾不到的地方。但是,主席说,你的写意画还要坚持画下去,子孙后代还是会需要的。"田家英还说,至于李苦禅的工作和生活困难具体如何解决,等他回去再做妥善安排。此时的李苦禅被和蔼可亲的田家英一番话说得热泪盈眶,把自己受到的压抑和种种不平都倾诉了出来。他说最不能理解的是,自己和日寇、国民党不屈不挠地斗争,就是为了建立一个新中国,让大家过上平等、自由的幸福日子,如今幸福日子来了,自己却没有书教了,处处受到歧视,甚至连温饱也成了问题,这怎么解释啊?

　　田家英和李苦禅谈兴正浓,不知不觉屋里的座钟时针指向了十二点。李苦禅连忙留田家英在自己家里吃午饭,说是两人还可以多聊聊。田家英马上表示同意,认为这样可以边吃边聊。李苦禅刚向田家英说出此意,心里便后悔了,心想家里只有棒子面窝窝头,还有一点咸菜,这怎么招待毛主席派来的客人呀!他想让女儿李嫱去买一点荤菜,可是口袋里却拿不出分文。岳母陆佩云在估衣市卖点旧衣服能换点零用钱,可是要到下午才能回来。正在心急火燎之际,王朝闻说话了:"今天难得和好朋友家英见面,中午李先生和家英一起到我家用餐吧!刚才我已经给家人关照过了,饺子也已经包好了。"王朝闻原来也是杭州艺专的学生,后来到了解放区与田家英成了好朋友,如今好友来了,自然要尽战友之谊。他这一番话可给正在左右为难的李苦禅解了大围了。在餐桌上,三人你言我语,越谈越热烈,李苦禅感觉好长时间没吃到这样香喷喷的饺子了。

得到了一件传世"珍宝"

像李苦禅这样受到不公正待遇的，在中央美院不止一人，只不过他的问题更为突出罢了，作为院长的徐悲鸿心里是清楚的。然而，新中国成立初期百废待兴，特别是在政治方面，一切向苏联老大哥学习，在那样的形势下，长期只会办美术教育的徐悲鸿也只能是跟着形势走，无力解决每一个国画家工作、生活的具体问题。如今毛泽东主席的亲笔信来了，而且指明李苦禅"生活困难，有求助之意"，因为有了"尚方宝剑"，徐院长觉得是时候解决李苦禅的问题了。

此时的徐悲鸿把毛泽东写给他的书信又认真地展读一遍，决定立即解决李苦禅的困难问题，先把李苦禅原来每月十元的"课时费"增加到六十二元。李苦禅夫人李慧文是徐悲鸿聘的美院医务室的医生，本来有四十元工资，两人的工资加起来对一个五口之家来说，虽然不算宽裕，但衣食问题可基本解决了。更重要的是，大家知道一直被作为"落后分子"的李苦禅，原来还是毛主席的老同学，此后要对李教授刮目相看了！

其实，毛泽东接到李苦禅的信让田家英去了解情况时，田家英对李苦禅的有关背景早就有所了解。田家英本人就是一位有学识、有修养的知识分子。他看过一九三九年《晨报》第六版"现代艺人志"栏目《名画家李苦禅》，文章是这样写的："近年来北方艺坛上创造派的先锋，胆大心细，异帜独标，绝类离伦，优入化境者，要算这位大名鼎鼎的李苦禅先生……"这表明李苦禅二十世纪三十年代在艺术上就已经卓然成家，名声大振了。还有资料记载，李苦禅在新中国成立前曾积极与国民党特务进行斗争，保护过进步学生，坐过日寇的监狱，受过酷刑，但他大义凛然，不向敌寇屈服。田家英认为，像这样一位在民族解放事业中做出过突出贡献的知识分子，在人民当家做主的新中国却受到了这和不公正的待遇，从情理上是说不过去的。当然，这与中央美院个别同志的官僚主义和执行党的政策不力有很大关系。尽管李苦禅向他反映情况时再三说明，这不怪中央美院的负责同志，然而，李苦禅的问题毕竟应该有人过问才对呀！

接下来，李苦禅在一九五一年被调到中央美院的民族美术研究所任研究员，虽然工作未必对口，但从此不再和那些勤杂工作打交道了。李苦禅为了表达对毛主席和新中国政府的至诚谢意，将自己画的一幅《英姿图》通过中央美院献给毛主席。后来此画并未转呈，中间被人"调了包"，将他一件手帕那么小的试笔画稿送了上去。直到那幅《英姿图》被儿子李燕在旧货市场偶然发现立即买回之后，苦禅方知此事，愤然道这是"有小人不服，从中作祟啊"！

当时，全国"土地改革"运动正在如火如荼地进行，李苦禅出于对新中国的热爱，主动报名要求参加"土改"工作队，他被分派到了四川最穷的江油。一下到农村，他立即和朴实的农民们交上了朋友，同吃同住，不嫌弃屋里养猪的臭味；田埂地头，庭前屋后，都成了他向农民们宣传文化知识的课堂。一天早晨，一个学生匆匆跑来跟他说，刚刚在村头看见几个农民正用一个铜盘和石灰，让先生赶快去识别一下那个铜盘。李苦禅赶到现场，立刻让人把生满绿锈的铜盘洗刷干净一看，顿时惊讶道："哎呀，这可是一件传世的国宝啊！"在场的人都惊呆了。他问几位干活的农民是从什么地方把这个物件弄来和泥的，一个农民说是斗地主分浮财的时候，从一个地主家的地窖里找到的。李苦禅说："那应是周朝的青铜大盘，散落在民间了。"他立即向领队的上级胡耀邦写了报告，请国家文物部门速来鉴定。不久，这件稀世珍宝被送到了北京，收藏在中国历史博物馆里。

在此期间，李苦禅也发现了土改过程中的问题。一是很多地主家的文物收藏品分到贫下中农手里，他们不懂，无意中给毁坏了。有的把古人的手卷糊在炕墙上，当成了炕围子；有的看古字画裱得"硬挺"，干脆就用来剪鞋样……但纪律规定不准向农民索要或购买"土改成果"。所以，李苦禅本想拯救文物，带回北京的愿望也泡了汤。由于这种现象很普遍，他就向小组领导汇报了，在一片"反封建"的大气候下，谁也不会把这种"封建文人的东西"当回事。所以，他的汇报也被当成了无用的"闲话"。二是土改运动将要结束时，把一些所谓"土改积极分子"

美姿
苦禅

任命为村干部。李苦禅明知里面有不少是在土改前吃喝嫖赌倾尽田产家产的家伙（当年被称为"干地主"，不划在地主"成分"内），这些人违反土改政策，殴打地主，逼供浮财，非常积极。把这些家伙任命为村干部，必会成为政府部门的隐患。当时工作队还没有离村，这些家伙就在拉帮结伙，多吃多占，霸道不已了。李苦禅多次向工作组提出他对这种现象的忧虑，结果落了个"闲话过多"的答复。

　　然而老百姓是喜欢他的。在李苦禅回京时，他的《工作成绩鉴定书》上，签满了贫下中农的名字，还按上了一片鲜红的手印，都是对他工作的赞扬。他将此视为无价珍宝，泪别农民兄弟后，带回了北京，并嘱咐儿子李燕好好收藏起来。这件"珍宝"至今还完好无损地保存在家里。

汉魏碑刻伴随一生

　　古往今来，能够写好字的画家都能画好画，他们把"书画同源"一说奉为圭臬。书画家们深知要想画好画，就必须要先写好字。李苦禅在习书方面下的功夫比画画要多得多。他在过世前六小时，还在临写草书字帖。

　　李苦禅八岁时，在家乡村里的小学馆读书，在先生的指点下学写大字，后来在给村里人写春联时，便显露出了他在书法方面的才能。李苦禅学书是从汉、魏碑开始的。这与其所处时代有一定关系。清末民初之际，由于康有为的鼓吹倡导，碑学大兴，当时学书者都把"二王"奉为正途，但是，临来临去临的大多都是后人仿制的伪帖，越临越呆滞。康有为指出唯一拯救的办法便是把目光对准碑刻，学书者认为康有为的提法新鲜、有道理，于是便趋之若鹜，碑学逐渐兴盛起来。

　　李苦禅拜白石老人为师后，见老人对唐人李邕的书法情有独钟，于是按老人的指点也临了好长一段时间。唐人对"二王"的书法更是顶礼膜拜，但李邕为人落拓不羁，对此不屑一顾，首先出来打破因袭传统的保守格局，在求新求变上下功夫，他的书法以劲拙起伏，气度舒缓，笔力雄劲等特色在书坛独树一帜，这也正是白石老人心仪李邕之原因所在。李苦禅在学李书时，特别对李字大小错落，字形横肆开张，不受牢笼束缚等方面苦心摹写，受益甚多。

　　后来李苦禅到杭州艺专教书，又对明人黄道周的书法产生了兴趣。当时的挚友潘天寿也喜黄书，二人时常谈书论艺，各有所悟。李苦禅学写黄字还有一个重要原因，就是对其品德节操十分尊仰。黄道周是晚明时期福建漳浦人，他的书法特色是：行草向右上仰侧，形态扁平，笔画婉曲流畅，字形奇异生拙与奔放洒脱相结合，当时曾有"漳浦体"之谓。黄道周一生仕途坎坷，明亡后，其与清兵对阵被俘，因不肯做降臣，在金陵被处决。行刑时见不远处是明孝陵，于是便坐地不起，大呼"我君在焉，我亲在焉，死于此可也！"然后撕下衣襟，咬破手指，写了血书："纲常万古，节义千秋；天地知我，家人无忧。"黄道周被处决的悲壮故事，使李苦禅唏嘘不已。所以他在给学生讲课时，总是把人格放在第一，说这个故事有一定的道理，并非褒扬愚忠。

到了中年以后，李苦禅对清末学问大家沈曾植的书法痴迷喜爱。沈曾植学贯中西，书法由帖入碑，碑帖并治，融汉隶、北碑、章草于一炉，书法体势飞动朴茂，个性尤为强烈，于右任、马一浮、谢无量等近代大家都受沈书影响。李苦禅是画家，对书法的趣味性有所追求，而沈曾植的字又为其所爱，所以李苦禅的作品，不管是精心而书或是信手拈来，都可看出有沈字的精髓。

然而，伴随李苦禅终生的，还是汉代和北魏的碑刻。他不仅每日临写不辍，还十分注意收藏。二十世纪人们一度对古代碑刻不以为然，有时甚至当作废纸扔掉。一天，他的学生谷豁跑来给他提供一个信息，说是安定门外有一位老人时常在家门口出售古代碑帖。一九四九年前老人经常到全国各地拓碑，手头保存着很多资料，且出售的价钱不高。谷豁在老人那里挑选几件，拿来给老师看，李苦禅看了当即让儿子李燕和谷豁一起到老人那里买了许多碑帖。一次，李苦禅看到一件晋代的《好太王碑》拓片，好太王碑位于吉林省集安市高句丽国王墓地，系中国东北地方官于公元四一四年所立，碑身巨大，字体介于隶楷之间，十分独特，碑文方整纯厚，气静神凝，李苦禅早年即非常喜爱。此碑拓本只有很少石印本问世，他俱已收存，但拓本难觅。后来又发现了整幅拓本两种，李苦禅便都买来临摹，并研究其文史内容。前几年北京画院美术馆举办"苦禅金石缘"展览时，曾吸引了大批观众，人们看到从先秦到汉魏隋唐宋代与古埃及的系列珍贵拓本，以及金石文字学的工具书，对李苦禅平生能够收藏这么多金石拓本（展品占两层展馆，还仅仅只是一部分收藏）而感到吃惊、佩服，赞扬他不仅学问高深，收藏丰富，在书画艺术界更是国中少有，令人仰止。

李苦禅书写时，是中、侧、逆三锋并用，出手的字自然是厚重、奇拙而朴茂。说到这里，必须要提到他与"郑文公""爨宝子"二碑的渊源。魏碑郑文公结体宽博整饬，秀丽清朗，有人评其"以侧（锋）而得妍，以逆（锋）而刚劲"；而晋碑爨宝子的端庄古朴，拙中见巧，看似呆笨，实则却有飞动之势，此碑以方笔为主。李苦禅书写时三锋并用，都是因为常临写郑、爨二碑的扎实基本功。然而可贵的是，他对古碑的临写不是为临而临，而是临有所悟，悟而生巧，久而久之也便形成了他特有的书法语言符号。

有雄厚书法基础的书画家喜欢在自己的画作上大面积题字，这样做一是可以展现自己的艺术修养，二是可以抒写胸中之块垒，三是书与画可以珠联璧合，相得益彰。这三者有机地融合，在李苦禅的许多画作上都可以找到佐证。李可染先生在谈到现代画家"用笔过关"时，曾说到这样几位：黄宾虹、齐白石、李苦禅和潘天寿，这个评价是很高的。可染先生这里所说的"用笔过关"，指的是他们书法功力深厚，有自家风格。黄宾虹的篆、行、草书，齐白石自创的篆书体，潘天寿的隶书和金文，李苦禅的汉魏风骨，他们尽管书名为画名所掩，但其书法造诣及成就完全登上了艺术顶峰。

更重要的是，苦禅先生用自己的笔写出了旷世名言"书至画为高度，画至书为极则"，欧阳中石先生非常赞赏，认为此论断将"书画同源"又分流之后的关系讲得十分透彻。

英视瞵瞵　直射牛斗

　　李苦禅是中国写意花鸟画的一代巨擘，鹰是其一生中常画的重要题材之一。他常常以鹰的雄姿展现中华民族的精神和气魄，何以如此？人格心性使然也。

　　二十世纪五十年代初某日，画家黄苗子、郁风夫妇邀请几位画家到家里小聚，说好让白石老人在和平画店等候。黄苗子到了画店，只见白石老人坐在藤椅上，对着墙上一幅李苦禅画的石上巨鹰目不转睛地看。黄苗子说来接他了，老人还是看墙上的鹰，不想走。后来到了黄苗子家里，几位画家朋友谈笑风生，白石老人

⊙李苦禅示范鹰头画法

⊙李苦禅示范鹰画法

却坐在那里，一言不发，过了好大一会儿，忽然对陪他来的护士说："让画店把苦禅画的那幅大鹰拿到我家，我还要再看看。"黄苗子问白石老人："你觉得那幅鹰画得好？"老人露出得意的神情说："苦禅画的鹰比我好啊！"白石老人对苦禅画的鹰欢喜至极，并自谦说不如弟子画得好，从这段趣事中表明李苦禅画的鹰已有大家风范。

李苦禅画鹰有一个嬗变、渐进的过程。正如他自己所说，早年他以写实手法画了许多，但因鹰的体型不大，画出来总觉得气魄不够。后来，他反复观察与鹰同类的隼、雕和各种鹫，不断写生，抓住它们的突出特点，把这些形象综合在一起，再经过不断提炼，摆脱客观物象对自己的束缚，于是便画出了夸张变形，自己心中所想、所爱的雄鹰了。这些雄鹰和现实生活中人们对鹰的形象感受是一致的，但这是艺术的真实，重要的一点是他在创作时使用了夸张手法。首先是对鹰的身躯进行夸张，画得庞大而丰满，以显示其厚重、雄伟。再有就是对鹰的嘴、眼进行夸张。他把鹰的眼睛画成有棱角的方形，英视瞵瞵而凶猛，鹰的嘴变大、变宽，爪子画得粗壮，爪尖粗钝，表现出能够支撑住庞大躯体的力量。为了强调雄鹰体量的厚重感，特别将西画的"高光"变为"白羽"，置于鹰伫中间，又将古人点睛只点一笔变为两笔——夹出眼神光来，皆属首创之法。至于用什么物象做配景，李苦禅更是苦心孤诣，认真经营。他说："贤能的人总是要根据时间、时令来决定自己的行止和踪迹，而飞禽就要靠树枝栖息。鹰，则是非巨石而不栖，非同族本属而不侣，它和流云相伴，远瞻群峰，聆听瀑布的声音，其英视瞵瞵射牛斗，振羽熠熠反照青辉的形象，有如一位猛士以虎贲相配，驰骋沙场，方显现出气壮山河的气魄。"他还说曾经看见有人画鹰时，把鹰和牡丹花配在一起，就好像是把壮士画在仕女的闺阁绣房一般，贻笑大方。

李苦禅画鹰构图严谨、凝练而富于变化，他主张画面上要有矛盾，矛盾中又要有和谐。比如他画三只鹰，身体要有不同方向的变化，这就是有了矛盾，但鹰的头部要往一个方向看，这就是注意到了和谐。"文革"后李苦禅画了一件尺幅并

⊙《远瞻山河壮》（李苦禅作）

不太大的巨鹰，评论家孙美兰看了后大为惊奇、赞叹，她认为这幅鹰和平时李苦禅所画的大不一样，画面上鹰的整个头部藏在它的羽翼之下，只能看到它上部眼睛的一部分。而鹰的身、爪使人感到一种莫可名状的困倦和痛苦。李苦禅在"文革"期间曾经受到迫害和摧残，这幅鹰实际是对他经历的痛苦和折磨的再现。看到这幅作品后，孙美兰立即想到了文艺复兴时期著名雕塑家米开朗琪罗的一件巨人雕像《昼》，表现的是一位巨人经受了痛苦，却时时警惕着不愿睡去的神态。孙美兰认为《昼》和《巨鹰》两件作品的艺术气质息息相通，所寄托的感情深厚而雄壮。于是她立即以《读苦禅先生花鸟画》为题，写了一篇文章在香港《文汇报》上发表出来，说："李苦禅画了一只警惕着、不能睡去、受压抑和痛苦的巨人式的鹰，一只英雄式的鹰，这正是苦禅先生的人格在鹰的意象上的体现。"李苦禅看了这篇评论后很喜欢，认为作者所说与自己所思有所共鸣。一次在故宫看画展时，李苦禅看到了孙美兰，老远就把手伸了过去，孙美兰当时高兴极了，心里说一个巨人已经复活了！他的艺术已经苏醒了！握着苦禅老人的手，她心情激动，感到温暖，这是一位巨人在为自己灌注无限的活力和信心……

晚年的李苦禅欣逢盛世，看到欣欣向荣的祖国励精图治，奋发向上，笔下的雄鹰也便日渐增多，常常在画上题写"远瞻山河壮"等句，通过鹰的形象表达自己对祖国无限热爱的情感。著名作家管桦看了他画的鹰后，认为这是李苦禅"生命激发的状态诗"，表现了强烈的爱国主义，他写了这样一首短诗赞扬李苦禅的鹰：凌空站立在青松树，回首万里风云路，莽苍苍正是搏击狂雨处……

一九九七年，香港回归之前，航天科学家们连续成功发射三颗卫星，向全世界宣告中国空前强大的综合国力。苦禅夫人李慧文女士同儿子李燕等人来到航天科学家们中间，献上了一件苦禅大师的《雄鹰图》复制品，上面是大师题的"天峰立足"四字，这是苦禅大师生前祈盼祖国永远立定世界之巅的心情写照。这天，到场的科学家、书画家和社会知名人士一百多人，纷纷在大师之子李燕创作的《大鹏图》上签名留念。这幅大作搭乘我国的第一艘试验载人飞船"神舟一号"飞向了太空，又在环绕地球十四圈后安然返回，成为"人类第一件乘航天器遨游太空又安全返回的绘画——中国画"，经国家公证后载入史册《大世界吉尼斯之最》，也成了苦禅先生书写的"中国画驾于世界之表"之最大最佳的当代"行为派"艺术！

缘分与原则

从二十世纪五十年代中期到"文革"前夕，李苦禅在中央美院的工作主要是教书、画画，如有相关部门邀请，就去参加社会上的一些公益活动。这期间，他有机会到青岛、济南、烟台、蚌埠、合肥等地举办画展和讲座，受到了热烈欢迎。

北京大学的美术社活动搞得有声有色。一天，几位喜欢绘画的同学议论，说大家总是默默作画不见长进，要是能请到一位名家来学校讲一讲，给指点一下该有多好？一次，学生邓锡良在和平画店看画，忽然看到了李苦禅先生，便立即走上前去深深鞠了一躬，说想请先生给美术社的同学们去讲讲课，李苦禅亲切地问了美术社的有关情况，然后说："咱们见面了就是一种缘分。"

一九五六年初夏的一天，北大学生们把李苦禅接到了学校，顿时"著名花鸟画家李苦禅来北大讲课"的消息不胫而走。这天除了美术社的同学外，其他系的、东欧的留学生以及一些老师也都赶了过来。李苦禅看来了这么多人，大家的情绪又如此高涨，自己心里也分外高

⊙李苦禅为中央美院的学生（从左至右依次是王振中、詹庚西、龚继先、苏友中）做示范

383

兴。于是他先讲了画画要先做人，接着又讲了继承传统和深入生活等问题，然后是现场作画示范。学生们里三层外三层把他团团围住，只见苦禅先生蘸水调墨后，气定神闲，在宣纸上忽疾忽徐，不多时一幅《江波水禽》呈现在了大家面前。自此，北大学生与李苦禅结下了不解之缘，去李家学画的、请教的，络绎不绝。放寒暑假之际，学生们去得更勤了，有时遇到吃饭，他就招呼学生一定要留下。学生在家里学画，他给画的示范画也常常送给学生。一次，邓锡良画了一幅《蚕》，苦禅先生看了说画得还可以，就在画上题写："蚕吐丝为昆虫之天职，而游手好闲弗知劳动者见蚕将无赧颜乎？"短短两句把赞美劳动的主旨表达得深刻而生动，使学生们佩服之至。

给北大学生讲课的第二年，一些记者采访李苦禅，写了很多文章发表在报纸上，北大的同学看了后，对苦禅先生曾经遭受的不公正待遇深表同情，纷纷写信向他慰问。苦禅先生立即给邓锡良写了一封回信。

锡良同志：

　　来信和美术社同学们的来信都接到了，知道你们见了报上关于我的访问和座谈的讲话，同情我、安慰我、惦记我。这样推心热诚，确给我极大勉励与更坚决的内在力量。大凡一切学术的发展都是曲折性与弹性的，常常在中途上会被风摧雹打，这只是在我们预料的意识上做了准备，迟早是成功的！这就叫作"送力"，便是最大的努力、最后的奋斗，一种事业成功与否，最重要的"关键"即在此点。认清了一切事项：文化、工业、技艺、学术等，将我们人生彻底下来，便大胆地去做，即便发生偏差波折，我们的方向与动机总是不错的。任他们有权威的尽管来摧毁压制，我们的业务即是我们的权威，或在生前，或在死后，早晚会被群众发现知道的，那便是我们的成功与永久的安慰！

　　我是贫穷的学生出身，我深尝过贫苦的滋味，因此朋友极多，岁数上不论等差，业务上不分高低，但军阀、官僚、富商、律师们，向不接近他们。在二十七岁开始做教读生活（教授），在物质上帮助了许多贫困的学生，也接济了许多当时地下工作的干部们，并因此在日本侵略中国时被逮捕入监狱。

……

从李苦禅为北大学生讲课这件事，说明他为人直率而坦诚，对有权势的人他从不逢迎，对一般平民百姓他绝不歧视。二十世纪六十年代初，他对老友潘天寿到北京举办画展的评价，颇能说明这个问题。

当年潘天寿办的展览颇有来头，是奉了当时权势显赫的康生的"旨意"，为"装饰"他自己雅好文艺而举办的。画展开幕时，《光明日报》在潘天寿的画作专版上显著位置刊发了康生的题词："画坛师首，艺苑班头。"名为捧潘老，实为吹嘘自己。当时北京画院院长陈半丁看到这个题词后，认为违背了"双百"（百花齐放，百家争鸣）方针，把潘天寿封为画坛和文艺界的领袖影响不好。北京画院奉命召开潘天寿的学术座谈会时，陈半丁主持会议，只是做了简短发言后，便拂袖而去，表示对康生题词的强烈不满。康生得知此事后怀恨在心，"文革"时对陈半丁进行报复，说当时的题词褒扬潘天寿"是为了对抗反动画家陈半丁"，九十二岁高龄的陈半丁老人每天被批斗得死去活来，不久即含冤去世！当时李苦禅对康生的这个题词也有看法，尽管他和潘天寿是多年同事和老友，但并没有因为趋附康生而发表一味奉迎的看法，依然就艺论艺，对潘天寿的画展做了客观的评价。

中央美院中国画系奉命召开潘天寿个展座谈会时，系领导让李苦禅"务必"准备发言。于是他在开会的头天晚上，准备了发言稿。为了不失原意，谨摘录苦禅先生手稿如下：

老潘进京搞个展，余收获颇多。中国花鸟画自古至今，就写意花鸟画而言，论成就当首推徐青藤及朱雪个也，余以为是这样。其次吴俊卿，再后当属余师白石翁，以后可为潘公天寿耳。曾有人赠"南潘北李"之称号，盖起于林风眠先生与白石翁，余实则尝不及也。潘兄一生平稳，作画亦未尝间断，故功力深厚，尤以线著称，在当今画坛是非常独到的。无奈余之生活坎坷，奇遇九死一生，艺术方面或作或辍数月数年，因此功力不如老潘。潘兄作画严谨，所制大小幅，件件皆为精品，实在难得。

吾则随意，时常游戏笔墨，认为自然随意才能达到禅意在其中。常与人且聊且画，漫不经心处亦存不朽之物耳。风格不同，追求有别，才有"百花齐放"之局面，才有所谓之称号。京人多闭门作画，或借或抄，或用笔或用大刷，据说还有添胶加盐、印拓等之法，以及工具材料制作而成。长久下去，中国画将会向制作方向发展，那将会误入歧途，失去了写意的生命力。有人说"只要效果好就可"，这种做法是危险的。愚以为，不管怎样创新发展，古法用笔、气韵生动是永远也不可丢掉的。故余认为，写意画法应该在结构造型、笔墨熟练基础上高度概括，挥洒自如地完成。当今有不少人不写生、不临摹，一味追求功力老辣，是行不通的。另外，画家还要读画论、经、史、文学，这样才能达到雅，文气在其中也。

这里虽然他说的是"京派画家"的弱点，实际江南画界亦有此弊病，不过在当时政治权威及画界舆论的语境之下，他也只能如是说。苦禅先生的这些观点和见解，对当时的中国画界产生了很大影响。对如今书画的现状，亦颇有预见，并不过时。

特殊的岁月

一九六六年盛夏，中央美院的大操场上，李苦禅成为美术界第一个被红卫兵批斗的人，他站在用昔日讲台搭成的高台子上，头上扣着高帽子，脸上身上流淌着湿漉漉的糨糊和红墨水，红卫兵和"革命群众"正在对这位"反动学术权威"进行声讨。从"文革"初期，李苦禅的日子就不好过了，接受"革命小将"和"革命造反派"的批斗打骂，成了家常便饭，收藏的古字画和自己的画作也被查抄没收。

李苦禅被关进了"牛棚"。每天不是和许幸之、佟景韩、华君武等一起打扫美院的操场和厕所，就是被迫写"认罪交代材料"，再不然就是接受批斗。儿子李燕怎么也想不通敬爱的父亲会是"反党反社会主义的黑帮""牛鬼蛇神"，父亲如果坚决不写认罪书，就要挨打，于是他模仿父亲的笔迹代写"交代材料"，实为"戴空帽子"，被"造反派"看出，说成是给"反革命老子翻案""和黑帮划不清界限"，也被关进了"牛棚"。因为李苦禅根本就不承认自己有什么罪行，尤其是让他"如实写出一些社会关系名单"时，他想到了当年自己参加八路军地下党的领导黄浩曾叮嘱自己，在秘密组织没有解密之前，没有组织上的同意，绝对不能讲出组织的人事关系。为此，他遭到了三个造反派的审讯毒打，头破血流，几乎要了老命，但他坚决不写一个字。关在隔壁的儿子李燕看在眼里，痛在心里，可也只能眼睁睁地看着父亲被无情摧残、侮辱。

当时社会上有一帮用心歹毒的造反派，放风说中央美院的图书馆与资料室里"四旧"最多，特别是徐悲鸿时期从法国买来的一些维纳斯雕像等珍贵的原模教具和书籍字画，他们鼓动造反派们把这些"封资修"砸烂或烧毁。李苦禅听说后很惊恐，直念叨"这些东西要是真的被毁了，国家的损失就大了"，李燕听父亲说了也跟着着急。在这种情况下，中央美院部分学生也自发成立了红卫兵组织，实质上是对所谓"反动学术权威"的老教授以及图书馆的珍贵资料进行暗中保护。这天，外面的造反派聚众前来冲击图书馆，学院的红卫兵们立即把有关人员召集起来，李燕和大家一起手挽着手，组成一道道人墙，使劲拦住要冲进美院的造反派。那边冲，这边拦，外面的造反派看看实在没有办法，只好撤退，图书馆的文物被保存了下来。但是江青发出了"批判反动画家齐白石"的号令之后，美院的另一帮造反派把白石老人的石膏像搬了出来，让李苦禅揭发老师的"反动历史"，李苦禅不仅不揭发，反而说了老师可圈可点的历史事实。这下造反派不答应了，当着他的面要砸齐白石的像，李苦禅冲上去抱着恩师的像，大喝："不许砸！"但他势单力薄，造反派还是把齐白石的石膏像砸碎了，拿了半个白石翁头像扣在李苦禅头上，跪在烧"四旧"的火堆前，烈日、火焰在他身边烘烤着……李苦禅回到家里对妻子李慧文说："今天我头上能扣着老师的石膏塑像，是自己的造化，能陪着老师忍受摧残，这也是一种缘分！老师的像护佑着我的头，没烤死啊！"

一九七〇年初，已是七十三岁高龄的李苦禅，也要去山间地头干活。一天，他去山上背柴，一不小心从山坡上滑了下去，幸亏他身上有点功夫，使了一个"抢背"的动作，头和身子垫在背着的干柴上，才没有摔伤。第二年，下放到河北磁县"五七"干校劳动改造的苦禅老人，因病被批准回京，安排在中央美院传达室看门，每天的任务是收发报纸、接听电话。后来才被允许退休回家。

这时的"家"只有李苦禅孤身一人，儿子李燕被发配到宣化农场"接受再教育"，两个女儿也分别到了内蒙古和云南插队，夫人李慧文因任校医仍被留在干校。李苦禅平时没有做过饭，也不会生蜂窝煤炉子，他去街上买几个火烧，饿了就啃一个，就点咸菜，喝点凉水。就是这样他也没有忘记自己酷爱的绘画，他一个人躲在一间斗室里，悄悄地趴在一个小桌子上，蘸着墨汁在半张元书纸上画，所画的大多是一些浓墨小幅，有的也不便在上面题字。实在寂寞了，他就悄悄去看望老朋友。一天他跑到苏州胡同许麟庐的家里，此时的许麟庐被他所在单位荣宝斋的造反派列入了批斗对象，李苦禅问许麟庐解放了没有，许麟庐说没有。李苦禅说："麟庐啊！我是偷着跑出来看你的。"二人相抱，许麟庐泣不成声："二哥呀，二哥！

你可要好好保重啊……"

一九七二年初美国总统尼克松要来华访问，面对当时中国艺术界比较单调的状况，周恩来总理认为可以在一些涉外宾馆布置上带有民族特色、中国传统的书画作品，他提出让一些有成就的老书画家完成这项任务。总理还说，李苦禅的竹子画得不错嘛！然而这些人大多还没有被解放，有的关在"牛棚"里，有的还在"五七"干校劳动。于是有关方面便以国务院绘画组的名义把这些人借调上来，李苦禅、李可染、黄永玉、黄胄、李斛、刘继卣等名列其中。作画的地点在六国饭店等宾馆，李苦禅每天由刚退休的夫人陪着去，晚上再回家。因为要画一些大画，他感到力不从心，便想让在宣化劳动的儿子李燕来协助。那时候原新四军出身的画家阿老负责这方面的工作，听说这个事情后，阿老说他对李燕很了解，李燕是国画系毕业，尤其速写画得好，可以助李苦禅一臂之力。有了儿子的帮助，又有了宽松的环境，两年多的时间里李苦禅创作了大小作品近三百幅，其中《劲节图》《三友图》《会英图》《古松八哥》等作品得到了国务院绘画组的肯定，苦禅老人非常感激周总理。

老画家们心情舒畅了，"四人帮"难受了，从老画家能够执笔那天起，他们就怀恨在心。一九七四年初，报复的机会来了，他们以"批林批孔"为名，把矛头指向周恩来总理，说让老画家们出来就是"复辟"，重新搞"四旧"，组织人来批判反动"黑画"。黄永玉、黄胄、李可染的花鸟、人物、山水画作都在劫难逃，李苦禅更是首当其冲。他被中央美院的"新领导"组织批斗了四次，说他画的"荷花"把矛头指向了"八个革命样板戏"。中央美院当时的负责人竟然在大礼堂当众羞辱李苦禅，让他站起来，"回过身去，

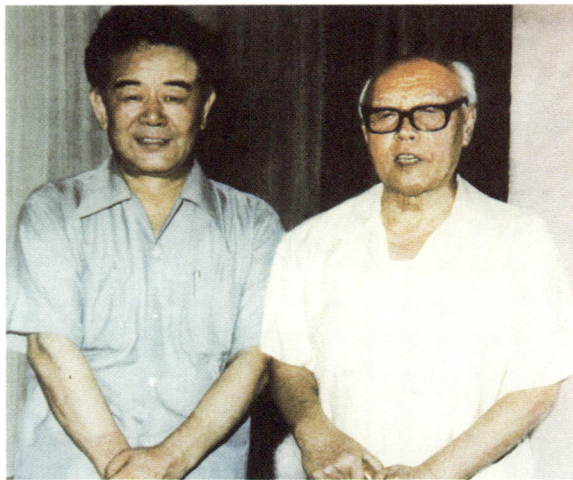

⊙李苦禅和黄胄（左）

让大家认识认识"。七十七岁的李苦禅心里说："我从艺专到美院效命了一辈子，谁不认得我？你们这些恶势力横行无忌，竟敢反对人民热爱的周总理，难道就不怕遭报应吗……"

晚年迸发创作激情

　　"文革"期间工人不上工，学生不上课，农民不种地，教师不教书……人们天天忙着"闹革命"，搞"阶级斗争"，这究竟是什么世道？李苦禅对此怎么都想不通。他想如此下去，国将何以为国？一天，他挥笔画了一幅《白菜江蟹图》，挂在墙上

⊙《山村》（李苦禅作）

初霁

一九七九年春

苦禅写

392

后越看越觉得解气，他以白菜比喻自己清白，以"江蟹"讽喻"四人帮"的横行逆施。不久"四人帮"的末日果然到了，这是一九七六年的事。

看到"四人帮"倒台，李苦禅兴奋至极，没想到自己到了耄耋之年，又能看到盛世的希望，这真是老天开眼啊！他激动得挥笔连续创作了《初霁》《晴雪》《红梅怒放》等画作，借以抒发豪情壮志，人们在美术馆等场合看到李苦禅的画作后，大发感慨：苦老又焕发了艺术青春，宝刀不老，他这是要把丢掉的时间补回来啊！这时候李苦禅光是给人民大会堂就创作了几件巨制。《墨竹图》是画在三张丈二匹接起来的大纸上。作画之前，作为助手的儿子李燕心里直打鼓："你都是八十高龄的老人了，万一失了手怎么办？"李苦禅看出了儿子将信将疑的神情，胸有成竹道："快把笔墨拿来，我画！"李燕把盛墨水的脸盆端到父亲面前，只见老爷子穿着袜子走到纸上，双手握住特制的一米多长的毛笔，不疾不徐，一笔一笔，粗壮的竹节，挺拔遒劲，出枝有序；苍翠的竹叶浓密相间，参差而生，若飒飒有声。整个画面洋溢着豪气凛然的气势，催人奋发向上。之后李苦禅在画上题道："未出土时先有节，待到凌云尚虚心。"其实绘制这件巨幅画作，李苦禅已酝酿多时。一九七六年敬爱的周恩来总理逝世之际，他曾痛哭失声，当时就想画一幅《劲节图》，以缅怀周公的高尚德操，无奈，那时豺狼当道，自己只是敢想而不能为，如今人民扬眉吐气了，所以当他握起巨笔运腕挥毫时，心里想的只是一句话：一定能够画成！再说，当年总理说他的竹子画得好，这给了他多么大的动力啊！

改革的形势越来越好，李苦禅的笔也越来越忙碌，创作激情越来越旺盛，于是一幅幅巨制佳构问世了。八十四岁之际，他抑制不住激动的心情创作了历史上最大的中国大写意花鸟巨制《盛夏图》，在画上他写了这样的话："国家日趋兴盛，乃余之愿。祖国古称华夏，炎夏之际荷花盛开，乃作荷塘即景，何不题之《盛夏图》耶？岁在辛酉，冬月之初，八四叟苦禅。"他觉得余兴未尽，又在画的左端题道："荷之性情不枝不蔓，出淤泥而不染，余素喜爱之，故六年来写荷不计其数，然若如此巨幅，乃平生首次也。励公又题。"如今此画已由夫人李慧文捐献给了国家。

李苦禅心情舒畅，创作劲头这样足还有另外一个原因，就是"四人帮"当年制造的"批黑画"冤案得到了组织上的彻底平反，主持平反的就是当时力抓全国经济工作的李先念、万里和谷牧等领导同志。特别是谷牧，当初组织老画家们作

⊙李可染等老画家齐聚颐和园藻鉴堂（从左至右依次是黄胄、李可染、张仃、李苦禅、蒋兆和、田世光）

⊙中国画研究院筹备时，万里（左三）、谷牧（右三）、黄胄（右二）、张仃（右一）、许麟庐（左一）等观看李苦禅作画

画的时候，他积极执行周恩来总理的指示，对老画家们百般关心。"批黑画"的时候，李苦禅受到了冲击，身体有了病，谷牧秘密地去看望老人家，使李苦禅非常感动。打倒"四人帮"之后，谷牧又让黄胄出面把老画家们组织起来，在颐和园的藻鉴堂一面作画，一面共同商量筹建国家画院。老画家们每天被接到这里画画、写字，聊国家大事，在清幽的环境中，心情非常舒畅。这时李苦禅恢复了教授职务，还被选为中国美协理事，当上了全国政协的特邀委员。他在藻鉴堂为未来的国家

画院创作了两百余幅书画作品。

一九八〇年十二月六日，李苦禅夫妇和儿子李燕应新华社驻香港分社之邀，前往香港举办"李苦禅、李燕父子书画展"，同时进行讲学活动。展出一周后，应香港市民要求，展览又移到九龙尖沙咀博雅画

⊙李苦禅（右）在香港"李苦禅、李燕父子书画展"上遇见林风眠（中）

廊继续展出。在香港展出期间，受到了香港同胞的空前欢迎，日本、新加坡以及我国台湾和香港的朋友、弟子纷纷致电表示祝贺，有的还特意赶来参加开幕式。李苦禅和几十年不曾谋面的老校长林风眠、岭南派老画家赵少昂等人见了面。特别是见到老校长林风眠他感慨万端，深情地回忆起当年在北平与杭州艺专时的风雨岁月。李苦禅感谢老校长当年对自己的呵护与提携，亲自书函聘请自己到杭州艺专执教中国画，说到"文革"期间又各遭折磨与摧残，真是酸甜苦辣，五味杂陈，没想到二人都过了耄耋之年！他紧紧握住林风眠的手说："画界像咱们这样八十多岁的老人已经不多了，能见上一面真如隔世之人啊！"林风眠说："咱们都要多多保重，争取再多活几年，为这个世界多留下一点自己的作品。"李苦禅问："林校长，看看我的画有进步了吗？"林风眠连连说："好啊！好啊！更有气魄了！"

李苦禅父子到香港后，曾经托朋友向台湾的张大千发出邀请，希望他能来香港一叙。孰料大千身体欠佳，不便登机远行。李苦禅回京后即画了一帧扇面《鹰》，又让李燕画了一幅《母子猴》，分别题了上款之后托友人捎给台湾的大千先生，祝愿他早日康复，回到祖国大陆观光。李燕的《母子猴》画的是一只母猴怀里抱着亲昵依偎的小猴，因大千出生时母亲梦猿，故大千乳名"猿"，成年后改用"爰"，古人称猴为猿，此画含有海峡两岸亲人团聚的寓意。张大千接到赠画后勾起了浓浓的思乡之情，他取出《蜀郡张爰大千父笔》画册，在扉页题道："苦禅道兄教正，

弟大千寄呈，庚申十二月。"同时还把《张大千巴西荒废之八德园摄影集》、画册
《西康游屐》等包在一起，托朋友转赠给李苦禅父子。次年中秋节之际，李苦禅又
想起老友张大千，画了幅扇面《兰花》，题了"苦禅作于壬戌中秋"寄给张大千。
张大千收到扇面后感慨系之，当年在杭州拜访苦禅以及后来在北平相遇的情景历
历在目，自语道："苦禅道兄，何日能再相会？恐怕此生难矣！"他找出《大千画集》
第四册，在封面题上"苦禅道兄惠扇拜知，感极无似，拙作影本呈上见教，弟爰。"
孰料画册在途中辗转不已，未及苦禅看到，大千便溘然长逝，成为无法弥补的
遗憾。

有朋自远方来不亦乐乎

　　身上没有了政治枷锁，环境宽松，心情舒畅，亲戚朋友相互走动也就自然频繁了。"文革"后一些演艺界的名家与苦禅老人接触颇多，留下了许多佳话。

　　电影表演艺术家赵丹当年曾是上海艺专刘海粟的学生，喜画花鸟。这时，他把平时喜欢的花鸟画又重新拾了起来，想到了写意花鸟大家李苦禅，几经打听，才找到了他的住地。这天李苦禅正在聚精会神地挥毫，开门一看是赵丹来访，两人便亲热地拥抱起来。原来李赵之间曾有过一段缘分。新中国成立初期，赵丹曾想在银幕上塑造白石老人的神态风韵，便常到白石老人住处，认真观察老人的一举一动，目的是为将来扮演齐白石做准备。因苦禅是白石弟子，也常到白石画屋，有时与赵丹见了，就聊艺术，颇为投机。此刻故友重逢，又都是劫余之人，非常激动。李苦禅指着赵丹说："你演的电影我看了很多，我认为最好的应该是《马路天使》和《武训传》，武训是离我们老家高唐不远的山东老乡，你把他演活了，再有《李时珍》。你的扮相很像白石老人，也演得挺好，我很喜欢。"二人聊过之后，老革命家何长工的侄子何康理好客，提出近日在他家里请几位朋友坐坐。

　　这天到何家做客的有刘海

⊙李苦禅与赵丹（左）

粟、王雪涛、谢添、赵丹、黄宗英、黄宗江，还有就是李苦禅、夫人李慧文、儿子李燕。推杯换盏之后，大家情绪来了，苦禅老人与赵丹便作起画来。苦禅老人先开笔，不多时两片大写意荷花跃然纸上，赵丹凝视良久，调好曙红，左上端抹出轻放的荷花，右上端画出欲放的荷苞，苦禅老人在上端题了宋人杨万里的"映日荷花别样红"的诗句，然后又写了"一九七七年夏月，赵丹、苦禅合作"。这天李燕和赵丹还合作了一幅《猴子抱桃》，李燕画猴，赵丹画桃，苦禅老人又在画上题了"赵丹画桃，李燕画猴，苦禅题字"。赵丹余兴未尽，又给朋友们画了几幅，好不痛快！

　　第二年夏天，赵丹又到北京开会，住在和平宾馆，一天忽然与李燕不期相遇，赵丹热情地招呼他一起聊聊。他们一边喝着啤酒，一边大发感慨，赵丹对中国电影的发展谈了许多想法，也有一番雄伟的抱负，但感到有关部门管得太具体，难以充分发挥演艺家的创造性。后来，赵丹给李燕一张《鱼乐图》，画的是一条鳜鱼。赵丹在画的左上端题"李燕法家教正。一九七八年夏初赵丹画"。后来赵丹患重病从上海的医院转到北京的医院，李燕闻讯立即把赵丹画的《鱼乐图》找出来裱了，

⊙李苦禅和众亲友。前排就座者从左至右依次是胡爽庵、董寿平、蒋兆和、包尔汉（前蹲者是其女儿）、李苦禅、王遐举；后排站立者从左至右是李燕、范曾、刘炳森、包尔汉夫人、李慧文（李苦禅夫人）、萧琼（蒋兆和夫人）

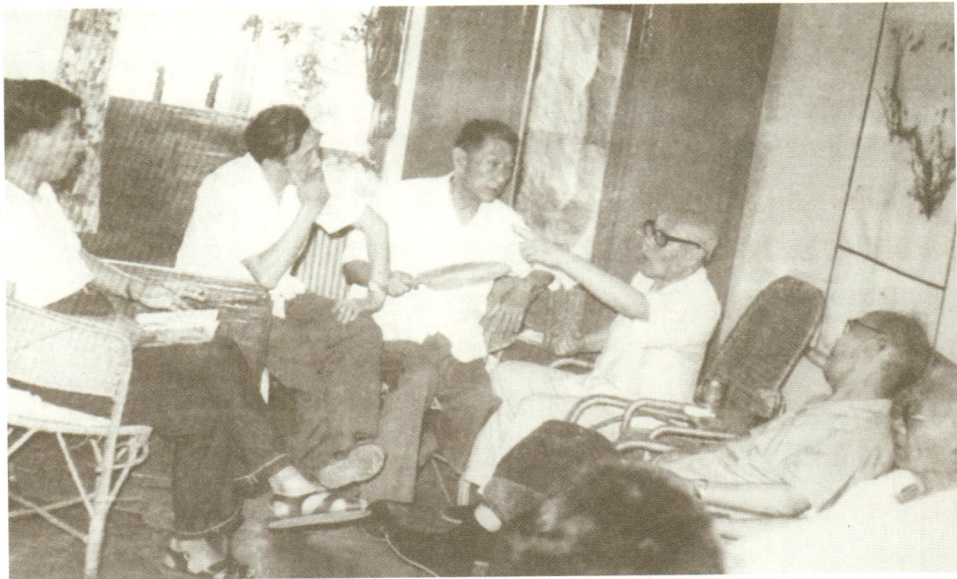

⊙ "文革"结束后李苦禅首次参加在京聚会（从左至右分别是赵丹、黄宗汉、谢添、李苦禅、王雪涛、刘海粟）

他当时在荣宝斋工作，就亲自勾版印了一张《鱼乐图》的水印木刻精品，带着这幅画到医院探望赵丹。见了赵丹，李燕首先代父亲向他问候，然后把画拿出来给赵丹看，赵丹很高兴，让李燕把画挂在病床的对面以便时时观赏。没有料到，这次竟然是赵丹与李燕的最后一面。苦禅老人后来在这张画的绫子上题了这样一段话："此幅为影界艺友赵丹遗作，世人只知其天才演员，不知其绘事天才不减影业耳，此其生前游戏之作以赠燕儿者，宝之作纪念耳。辛酉初冬月，八四叟苦禅题。"题款表达了苦禅老人对这位世纪电影艺术家由衷的赞扬，且要李燕把这幅宝贵的作品好好珍藏起来。后来李燕见到了赵丹的女儿赵青，说起苦禅老人与赵丹之间的丹青缘分，并把一些珍贵的照片拿出来让她看，赵青十分激动，为两辈人的交往又能薪火相传而由衷高兴。不久前，赵丹与赵青父女作品展《翰墨丹青》在国家博物馆开幕，李、赵两家昔日合作的珍品也首次与观众见面。

相声大师侯宝林与苦禅老人也有一段交往的佳话。一天，苦禅的学生、北京人艺著名演员蓝天野看望老师时说："相声大师侯宝林久仰老师的大名，他听了许多您的逸闻趣事，很想来拜访您，不知可不可以。"苦禅老人高兴地说："欢迎他来啊！"新中国成立之初，美院工会组织晚会演出，请侯宝林和郭启儒两位来说了一段《戏曲与方言》助兴，只是因为他们还要赶戏，来去匆匆，没有顾得上说话。几十年过去了，苦禅老人一直特别爱听侯宝林的相声。如今侯宝林先生主动要来拜访，苦禅老人当然喜不自胜。

蓝天野把侯宝林带来后，两人聊得都忘了吃饭。侯宝林说："我今天来就是想请教您，您的书法写得这样好，您是怎么写的？我这人文化水平不灵，得向您老学啊！"苦禅老人是一个热心肠的人，听了便当场示范，手里握着毛笔，给侯宝林一板一眼地讲了起来：写字怎样入笔、藏锋；行笔怎样才能稳，如何走中锋；收笔的时候怎么往回带笔等；再有就是隶书、楷书、行书都怎么下笔……侯宝林一边认真听着，一边跟着比画，还拿起笔来写了一阵子。自此，侯宝林回去后认真练起了书法。事后他对蓝天野说："我真没想到，苦禅老人是这么个真诚、痛快、直率的人，一点儿名画家架子都没有，真恨相识太晚啊！"

过了一段时间，侯宝林又来拜访苦禅老人，恰巧他外出，李燕在家，李燕说："听说您老的字练得挺好了，好多人向您求字，看在老人的面子上，也给我留张字吧！"侯宝林听了高兴地说："得得得，拿纸来，我给你写。"于是提笔写了"人才"两个字。后来侯宝林又常给别人写"求乐"二字。苦禅老人后来看了，连说"不错"，对侯宝林的好学进步非常认可。一次，侯宝林又到了苦禅老人家，苦禅老人给他画鹰，正在挥笔时，侯宝林对李燕说："老人都动笔了，你也别闲着，你画的猴好，我又姓侯，给我画一张吧！"侯宝林还说："古人有'万户侯'的爵位，我给自个儿家写了一块匾'一户侯'，我的这个官儿就配管我们自己一户人家！"大家听得都乐了。这天苦禅父子给侯宝林画的"鹰"和"猴"一直挂在他自己的卧室里，陪伴他直到去世。

⊙侯宝林（右）给李苦禅之子李燕写字

"我妻慧文就是我的主心骨"

　　李苦禅之所以能够名扬海内外，与其崇高的人品、高超的绘画艺术与深厚的学问固然有关，然而，夫人李慧文女士也是做出了很大贡献的。可以这样说，没有慧文夫人，几乎就不可能有苦禅大师的一切。有人以为这话说重了，且看事实。

　　自从一九四二年李慧文与李苦禅在济南结合并走进这个家后，就把所有的义务和责任都担在自己的肩上了。苦禅先生和她结婚不久即两地分居，一个北平，一个济南；抗战胜利后，李苦禅应徐悲鸿之聘担任北平艺专中国画系教授，有了固定工作，夫人这才带着儿子李燕到北平团聚。当时家里有李苦禅、凌姥姥（前妻凌眉琳之母）、儿子李杭（凌眉琳所生）、前妻肖氏所生之女李嫦，还有岳母陆佩云、慧文夫人和儿子李燕七口人。大家来自五个方面，正因为有了慧文夫人的宽容、大度和包容，才使得这个七口之家亲密团结，履艰度日。也正因为如此，李苦禅才能无忧无虑地创作书画，研究学问，精心授业。

　　新中国成立之初，和平环境下的李苦禅生活初

⊙ 李苦禅、李慧文在济南结婚时合影

401

⊙李慧文协助李苦禅左右并承担保健重任

步稳定了，但是工作却不顺心了，当时中央美院乃至美术界要把花鸟画、中国画取消，李苦禅几乎无事可做，他痛苦至极，经常借酒浇愁。李慧文总是平心静气地安慰、开导丈夫："这是全美术界的大势所趋，咱不能只怪学校，也不能怪哪个人。只要咱们画得好，人格

好，有真本事，有人缘，不愁没有命运的转机，凡事不能急，急则无济于事，反而伤身体，养好身体才能有未来……"一字一句像春风化雨，滋润着李苦禅的心田。当时家里生活困苦，每天只能是杂和面窝头、老咸菜，小李燕已懂得常常跑到不远的城外去挖野菜，不向父母要零花钱。慧文夫人省吃俭用，又承蒙徐悲鸿院长安排她在美院医务室担任医生，一家人才能勉强度日。后来毛主席看了李苦禅的来信，派秘书田家英到李苦禅家里了解情况，接着给李苦禅增加了工资，全家的生活才算有所好转。在夫人的精心安排下，全家的日子过得更加美满。

"文革"期间，灾难降临到了李家。李苦禅成了"反动学术权威""牛鬼蛇神"，每天被造反派们批来斗去。每天回到家里，望着被折磨、摧残的丈夫，妻子心疼流泪，先是让他脱下沾满泥污和红蓝墨水的衣裤，然后把早已准备好的、洗得干干净净的衣服给他换上，并且劝慰道："咱们毕竟是堂堂正正的教授，不能穿得窝窝囊囊的叫人瞧不起，他们这边给弄脏了，咱们马上就换上干净的，这是咱清清白白做人的形象！"一次，批斗会上几个打手看到衣衫整齐的李苦禅，没好气地说："看你穿得衣冠楚楚的，哪有半点认罪的样子！"李苦禅望了望说话的人，心里顿时想到给自己换上整齐衣服的妻子，心里说："是慧文给了我力量，让你们这帮小丑知道，我是士可杀而不可辱的大丈夫！我妻慧文就是我的主心骨！"

李苦禅平时喜欢搞一些收藏，二十世纪五十年代，有价值的文物贱得可怜，

这样他才买得起。不过，这也是他节衣缩食一点一点收藏起来的，每一件珍宝里面都有他和夫人的心血。"文革"突降，一批造反派早就把这些宝贝看作是猎物了。一天，造反派在李苦禅的文物箱上面贴了封条，因为抄家，仓库早已物满为患，造反派说是三天后就来人查抄搬走，到时如见封条不整，"格打勿论"！李苦禅看着自己多年的心血就要毁于一旦，心急如焚，坐卧不宁。妻子李慧文也是看在眼里，急在心里，她和儿子商量，决定冒着风险打开贴了封条的箱子，取出几件来。这天夜里，李慧文在门口为儿子放哨，李燕拿出了当年临摹古画的本领，模仿制作了造反派的封条和公章，赶快取出了几件最重要的东西，然后再把箱子原样封好。取出来的有齐白石、徐悲鸿的珍贵手札等，用油纸包好，藏在檐下的废鸡窝里。后来，慧文和儿子的果敢行为，成了一段值得骄傲的佳话传了开来。而这些"偷出来"的珍贵文物，在苦禅老人作古之后，慧文夫人都无偿捐献给了国家。

李苦禅在"牛棚"不愿交代自己的所谓"社会关系名单"，因为他参加的秘密革命工作尚未解密，又遭到了造反派的毒打和单独关押。李慧文送饭时，看到了遍体鳞伤的丈夫，强忍着悲痛，一边给他擦着伤口，一边小声安慰说："苦禅，美院的好人多，他们很同情咱们，有的还来医务室装着找我看病，实际上托我多安慰你，大家都是几十年的同事，谁不知道你是好人啊！想开一些，坚强起来，一切都会过去的！"李苦禅望着善良的妻子，默默地使劲点着头。李慧文买来精肉、螃蟹，剁成肉末放在米饭或者面条里，然后再放上几片菜叶，以掩造反派的眼目，让李苦禅的营养略得补充，更增强了他战胜凶顽的斗志，对未来也更加充满了信心。不久，敬爱的周恩来总理指示，让一些老画家为涉外宾馆作画，李慧文办了退休，全力照顾、帮助丈夫完成这个光荣的任务。到了宾馆，李慧文对李苦禅说："这里就是周总理给咱们的保护伞啊，你可要好好地画，感谢恩人周总理！"慧文这番发自内心的话语和丈夫内心所想产生了共鸣，李苦禅连连点头称是。李苦禅画了一张又一张，几乎连说话的工夫都没有，他多少年没有这样心情舒畅地作画了。妻子只是听从丈夫的指挥，一会儿给他磨墨，一会儿帮助抻纸，一会儿又帮助调颜料，两人配合得十分默契。邓小平出国时送给日本的《鸟语花香图》、邓颖超带给泰国的《兰香图》等，都是李苦禅的得意之作。

粉碎"四人帮"后，李苦禅已是八旬老人，他精神矍铄，创作激情不减当年。

⊙一九八〇年，李苦禅与夫人李慧文在一起

然而由于"四人帮"的摧残和迫害，加之长期积劳成疾，严重的心脏病时时袭扰着老人。妻子把丈夫的健康当作第一大事，随时把需要的药物准备好，以备不时之需，为苦禅老人争取了向国家、社会奉献更多宝贵作品的时间。

中国近现代美术史的旷世宗师

一九八二年，李苦禅虚岁八十五，这一年刚一开春他就应邀南下深圳、珠海、广州、苏州等地参观访问、讲学。

二月的广东肇庆繁花似锦，争奇斗艳。鼎湖、庆云寺、越秀公园让他流连忘返，那里的一草一木，都让他很感兴趣，因为那里是世界上罕见的"化石植物"最多、最集中的地方，被联合国列为自然生态保护区。那些怪异的花木是草本、木本？叶子是轮生，还是对生、互生？是单数，还是双数？还有花叶的反正前后……陪同参观的人非常佩服老人这等认真观察的精神，他们感叹道："难怪老人家笔下草木禽鸟的题材是那样丰富而栩栩如生，原来他对事物都是这样细致观察和研究的

⊙李苦禅应邀在广州美院讲学并示范

啊！"人们怕他累了，几次劝他休息，他都说："不要紧，还行！这些花木我都没见过，太神奇了！"岭南派著名画家黎雄才也陪伴在侧，打趣道："李教授练过武功，底子厚，有精神！"广州美院请李苦禅讲学，面对层层围拢的师生们，他简要地回顾了自己的从艺经历，然后就如何画鹰、荷、竹等技法和理论，做了生动精辟的阐释，并当场挥毫作画示范，画作赠送给学院，得到了师生们的热诚感谢。回到北京后，他把南行的所见所闻认真回顾、梳理后，做了个作画一百幅的计划。哪知刚刚画了三十幅，他就患了脑血栓。住了两个月医院，他又像一个奔赴征途的老战士，每天一边坚持锻炼身体，一边临帖、作画，一日不得闲。

去南方之前，文化部给中央美院下达了一个任务，就是给李苦禅、李可染、蒋兆和、叶浅予四位教授每人拍一部教学电影片，作为教学专用，同时也是抢救老画师的绝技，以便留存后世。拍摄工作具体由北京科教电影制片厂负责。片子要拍内外景，要有老人的作画过程示范，有画家的代表作品，既要抢时间，更要讲质量，陆陆续续拍了三年时间。李苦禅是第一位用水墨写意塑造鱼鹰形象的画家，为此，摄制组把老人请到了"山水甲天下"的桂林。李苦禅和喂养鱼鹰的渔民像拉家常一样促膝谈心，了解鱼鹰的生活习性和特点，当场还指导李燕画了许多速写。因为李苦禅年龄太大，身体又不太好，摄制组采取难易互相交替的办法，最后拍成了《苦禅写意》《苦禅画鹰》两部片子。在《苦禅写意》中，李苦禅将作画的章法、用笔、用墨、设色以及艺术观点等都演示表达得非常生动具体，毫无保留之处。对于最难讲的章法，苦禅率先发明了用动画来拍"变体画"的方法，受到中央美院广大师生的赞扬。后来李苦禅老人看了两部片子连声说好，高兴得像个

⊙李苦禅与渔民在漓江畔话鱼鹰

孩子。殊不知，领导这次拍摄工作的中央美院张启仁副院长，恰是当年通知他参加"一二·九"运动的共产党地下党员、他的老学生。通过拍摄影片，师生二人有机会畅谈，他们尽忆当年往事，忘却了一切辛苦。

⊙ 李苦禅八十六岁寿宴（左一、左二是吴作人、萧淑芳夫妇，右一是李可染，右二是李苦禅）

一九八二年春天，李苦禅应邀到正在试验改革开放的深圳经济特区参观访问，受到了香港招商局领导袁庚的亲切接待。在人们对改革很不理解的当年，李苦禅却非常振奋，在蛇口挥毫写下了"振兴中华，由南启北"，认为这种试验一定可以推广到北方，甚至北京郊区。回京后，他对来家看望的谷牧副总理激动地讲了自己的感受和亲眼看到的"深圳速度"，但他并不知道谷牧正在艰难地推进着邓小平交给他的特区工作。谷牧惊讶地说："真想不到，苦老还能这么理解我们的工作呀！"

一九八三年苦禅老人八十五岁高龄，这年春节北京市美协、中国美协、中央美院联合给他做寿，同时祝贺他从事美术教育工作六十周年，地点在北京饭店。中央美院党委书记陈沛，院长吴作人，教授李可染、刘开渠以及华君武等老朋友等一百余人参加了此次盛会。李苦禅非常激动，他在开场白中说："我这一辈子受了多少罪，经历了多少坎坷，从来也没有享受过这么高的荣誉，大家今天都来了……"说到这里，老人流下了眼泪，也不能再念稿子，儿子李燕连忙过来，替父亲把稿子读完。然后，他当场画了一幅《苍鹰图》献给中国美协，表示自己诚挚的谢意。

这年六月五日，李苦禅心情甚好，与儿子李燕合作了一幅《哺幼图》，画面是一只母猴给怀里的幼猴喂奶，老人在画上补了石头和竹子并题了字。三天后即六月八日，老人应日本长崎孔庙之请，为之书写仪门对联"至圣无域泽天下，盛德有范垂人间"，每幅六尺整纸，一共写了两件，一件无偿赠给长崎孔庙，一件自己留存，后来夫人又无偿捐献给了国家。没想到，这两件墨宝竟成了苦禅老人的绝笔。

天气渐渐热了起来，加之家里当时没有空调，湿度增加，老人有些不适。六月十一日凌晨，夫人李慧文招儿子李燕过去，说是苦禅老人有口痰吐不出来，憋得难受。李燕连忙跑去给父亲敲背，对嘴给他吸痰，还是不行。李慧文虽然是医生，知道这是"痰涌"，但是家里没有吸痰器，只好叫了救护车送到心血管医院抢救，但抢救的"黄金五分钟"已过，苦禅老人从此驾鹤西去……

苦禅老人驾返道山的噩耗，清晨即由新华社报出，当晚在中央电视台的《晚间新闻》里播出，惊动了全国书画界。中央美院院长吴作人和夫人萧淑芳首先发来唁函，老友王森然、李可染、蒋兆和、许麟庐、李洪春、史树青、王朝闻等五六十位艺坛名士和老弟子们纷纷送来了挽联。七月五日，在全国政协礼堂隆重举行了追悼大会。习仲勋、杨尚昆、宋任穷、谷牧、杨静仁、刘澜涛、钱昌照、屈武、朱穆之等党和国家领导人亲自前来志哀；叶剑英、邓颖超、乌兰夫、万里、王震、余秋里、胡乔木、邓力群、朱学范、张爱萍等老革命家送了花圈。追悼大会由政协副主席赵朴初主持，文化部副部长周巍峙致悼词。李苦禅"艰苦奋斗，辛勤劳动，历尽坎坷，自强不息，不断进行艺术创造，把艺术奉献给人民"，对国家和人民"心口如一"的光荣一生受到了党和国家、人民的赞扬和肯定。

李苦禅仙逝三周年之际，即一九八六年六月十一日，李苦禅纪念馆在泉城济南万竹园落成并开馆，国务院副总理谷牧发来了贺信，杨成武委托秘书向纪念馆致信祝贺。苦禅夫人李慧文代表全家，根据苦禅老人的夙愿向纪念馆捐赠他各个时期的作品近四百件，老人收藏的珍贵文物数十件，还有老人的生平图片、手稿、生活和工作用品等。纪念馆占地一万两千平方米，由中、西、东三组院落组成。纪念馆建成至今，已接待来自海内外的观众已逾百万人。苦禅老人的高尚德操和精湛的书画艺术在中国近现代美术史、教育史上留下了辉煌灿烂的一页。

李苦禅是国家沦亡之际的民族英豪，是中国大写意画史上继吴昌硕、齐白石之后又一座高峰，是将新文化运动思想带进艺术教学、无私授业、身教为先的伟大教育家，是中华优秀传统文化全方位并"一以贯之"的坚守者，是永远平凡地生活在民众中的一位普通人。

他是伟大教育家蔡元培先生的高足。他秉承恩师教诲，中西合璧，精心治艺，融中西绘画于一炉。他曾是北平艺专、杭州艺专的掌门人，桃李满天下。然而，就是这样一位艺术大家，却被一些无名枷锁折磨得自顾不暇，居无定所，几乎葬送了自己的身体和艺术道路。他就是一生默默耕耘的林风眠。

· 默默耕耘 **林风眠** ·

永远不能愈合的心灵创伤

一九〇八年，广东梅县西阳堡白宫圩公平街三十二号，一间名为"義和德"的店铺里，一个只有八九岁模样的孩子正手执毛笔，在一张白纸上勾来画去。他时而凝神端详着画面，时而挥毫纵笔。乡邻们好奇地围拢过来看稀奇。孩子旁若无人，依然聚精会神地默默作画。少顷，一幅《梅鹤图》画好了，乡邻们啧啧称赏，拍起了巴掌。内中一位家资颇丰的乡邻走了过来，轻轻拍着孩子的头说："阿琼画得好啊！这幅画我买下了。"随即在桌上放下一串铜钱。

作画的孩子就是本文的主人公，后来成为一代宗师的著名画家林风眠。

林风眠乳名阿琼，是祖父林维仁给他取的名字。阿琼因为七岁时失去母亲，性格变得内向起来。阿琼的父亲林伯恩（号雨农）是石匠，但会画画，还略通文墨，性格内向，不大爱说话。阿琼喜欢画画，父亲便指导他临摹《芥子园画谱》，但常常在临摹时，阿琼的泪水和着墨痕流淌，母亲蒙难时的情景在他眼前浮现……

阿琼的母亲阙亚带，娘家在离阁公岭较远的山里，中等身材，瓜子脸，一双细长眼睛，美丽、温柔而动人。阿琼隐隐记得，自己五岁时的一个秋天午后，母亲和她的堂嫂在一条清清的小溪边洗头发，这里也是阿琼最喜欢捉小鱼的地方。他拱进母亲怀里，一边抓母亲头发，一边撒娇，缠得母亲没有办法洗下去。在这秋收时节母亲忙着烧热水，做酒。她在一个大酒瓮里装好酒，大酒瓮安放在灰堆里用小干树枝加热。阿琼的记忆里，母亲穿着青黑色的衣服，用热水洗自己的长发，其实这就是一幅构图很美丽的图画。

阿琼当时居住的白宫镇（现在叫西阳镇）有一条小街，街两旁是一些店铺。白宫镇距阁公岭村很近。这里的农民大多以种田、烧炭、刻石为生，由于许多男人

411

到南洋谋生，源源不断寄回来的钱使这里渐渐繁荣起来。一些外乡人也被吸引到这里，他们在这里打铁、开染坊。其中一位从兴宁搬来的染坊主人，多才多艺，对常来染坊染布的阙亚带产生了好感。阿琼常常跟着母亲到染坊染布，主人对阿琼也很喜欢，常常带着他一起玩耍。日久生情，亚带便跟着染坊主人私奔了。十几天后，亚带被族人抓了回来。触犯族规家法的人是要受到严惩的，他们把亚带捆绑起来，先是游街示众、殴打，然后决定用火把她烧死。这时阿琼被关在一个屋子里，对外面发生的惨剧毫无所知。蓦地，他忽然有一种预感似的，发觉母亲处于危险之中，手里拿着砍刀，像疯了一样冲出大门大叫："我要杀死你们！你们要是杀了我妈妈，我就把全族的人杀光！"许多人看事情不妙，立即把阿琼紧紧抱住，不准他靠近妈妈。远远望着被折磨得奄奄一息的妈妈，阿琼放声大哭，被人抱回家里。他听说妈妈会免于一死，但是族人要把她卖掉。他偷偷溜出去找到妈妈，母子两人伤心地抱头痛哭，自此他再也没有看到母亲。后来阿琼做了杭州艺专的校长，派人回到家乡寻找母亲的下落。得到的消息是母亲被人几经转卖，最后被卖到一个尼姑庵里当用人，已经去世。母亲这段曲折悲惨的经历在幼小的阿琼心头留下了深深的永远不可愈合的创伤。后来，他常常画一些美丽的仕女和《宝莲灯》《白蛇传》等神话戏曲故事，都是因为怀念母亲。他用自己手中的笔和当年在染坊看到的各种颜色，寄托对母亲的哀思。

阿琼的祖父林维仁对他十分喜爱，成天让他守在身边，看自己刻石碑上的图案和花样。因为没有别的手艺，林维仁只有靠打石头、刻墓碑养活一家人。小阿琼成了祖父的好帮手，每天除了跟祖父一起上山，还给祖父磨凿子、递榔头。祖父常常对他说："你就老老实实地继承我的石匠手艺，不要去想那些读书做官的事，日后做什么事情都靠自己的一双手，就可以混口饭吃。"他还跟阿琼说，"脚下磨出功夫来，将来什么路都可以走。"祖父平常头上盘着辫子，束着腰带，卷着裤管，光着脚板走路的样子，一直深深留在他的脑海里，到老都没有忘记。他回忆起自己的祖父来情深意浓："祖父已经去世几十年了。他说给我的一些话，像被他用凿子刻进我的心里一样，永远也磨不掉。现在的我，已经活到我祖父的岁数了。我不敢说能像祖父一样勤劳俭朴，可是我的双手和手中的一支笔恰也像祖父的双手和他手中的凿子一样成天是闲不住的。不过祖父是在沉重的、粗硬的石头上消磨了一生；而我却在轻薄的、光滑的纸面上消磨了一生。除了作画，日常生活中的一些事，我也都会做，也乐意做。这些习惯的养成，不能不感谢祖父对我的训诫。"

恩师梁伯聪

　　阿琼生于一九〇〇年十一月二十二日，他后来对别人说，这一年是非常倒霉的庚子年。八国联军这一年打进北京，腐败的清政府与列强签了不平等的《辛丑条约》，赔款四亿五千万两白银。他总感觉不吉利的年份会给他一生带来无数坎坷。母亲的灾难不就是他遇到的头一个坎坷吗？他悲伤、痛苦，在自卑、无奈的精神压力之下，进了本村的立本学堂读书，家人为他取名"凤鸣"。他在学堂读的是《百家姓》《三字经》《千字文》等启蒙读物。立本学堂虽然名为学堂，实际上是一所私塾。

　　凤鸣九岁这一年，他的父亲林雨农续娶姓邱的女子为妻，陆续生了三个弟弟。读过高级小学后，十五岁这一年，凤鸣考上县里的省立梅州中学，离开家乡到了梅州县城。

　　梅州中学又称广东省立第五中学，有雄厚的师资和严格的教学管理制度。学校于一九〇四年创办，由原来的东山初级师范学堂、梅县公立中学堂和务本中学堂合并而成。凤鸣因家境贫苦，只能在林氏宗祠寄宿，但是每月三个银圆的伙食费必须要交付，而且他还需自带干粮。生活越是清苦，他越是刻苦用功读书，学习成绩很好。他最喜欢阅读的是南北朝时昭明太子萧统编选的《昭明文选》。萧统是南北朝时梁武帝萧衍的儿子，他一岁时被封为太子，有文才，可惜寿命不长，仅仅活了三十岁。《昭明文选》编选了自先秦至梁初一百三十位作家的诗文辞赋，共计七百五十二篇，这部书对后世研究先秦到南北朝七八百年的历史有很高的价值。凤鸣每天把《昭明文选》拿在手里，内中的诗、赋和文章使他如醉如痴。同时，他对李白、杜甫、王维、孟浩然等人的诗也非常喜欢，自己还写过一些旧体

⊙林风眠就读的梅州中学

诗。在这里，他结识了不少诗友。后来做了国家领导人的叶剑英是他的同学，两人还在同一张课桌上读过书。现代派诗人李金发、从印尼回乡的华侨林文铮都是他当年的诗友，他们一起组织了一个"探骊诗社"，林文铮当社长，凤鸣任副社长。"骊"是古人对深黑色马的叫法，又传说是黑色的龙，颔下有名贵的珠子，成语"探骊得珠"即来自这个传说。他们以"探骊"为名，顾名思义就是通过观察、研究和学习争取写出好的诗歌来。

在梅州中学，凤鸣最大的收获是学会了画画。梅州虽然地处山区，但出外谋生的人很多，国外华侨常常把新式图画和卡通寄回家乡。凤鸣在临摹《芥子园画谱》的同时，把更多的精力用在学画外国卡画上，他感觉这些艺术是新颖的，既生动形象，表现方式又丰富。也就是这个时候，梅州中学的美术老师梁伯聪发现了凤鸣的绘画天赋。

梁伯聪是梅州当地有名的儒雅之士，一八七〇年生，比凤鸣大三十岁。他能诗善画，有《梅县风土二百咏》存世，他称这些咏叹是俚歌，又将之比作《竹枝词》。其中有这样一首写梅州的诗："文化高于一省强，自宜满目富琳琅。欲寻古董无商肆，美术如何不发皇？"意思是梅州的文化虽然在广东全省很强盛，但是在美术方面并不发达，想给学生们找一幅名人的画作临摹都很难。于是，他自绘画稿让学生临摹。他尤工翎毛花卉，也擅山水，书法也是朴茂劲健，学生们尤为佩服。他看了凤鸣临摹的一些作品，诸如《芥子园画谱》、卡通还有自己画的松树和仙鹤等，不仅准确生动，还把自己的想法糅合在里面，他觉得凤鸣是一个聪明、有天赋的孩子，日后在美术方面肯定会有很大的造诣。凤鸣每次把作业交上去，梁老师总是赞赏一番之后，就在上面打一百二十分。有的同学感到很奇怪，问老师为什么这样打分，梁老师说："你们不要奇怪，如果你们当中谁的画和我画得

⊙林风眠恩师梁伯聪

一样好，我就给你们打一百分。凤鸣画得比我好，我就应该给他打一百二十分啊！"

凤鸣住的林氏宗祠里，有一张画案，每天课余，他就在这里默默地伏案作画。梁老师隔三差五地到这里来，一边看他作画，一边给他讲一些绘画的知识和外界的信息。梁先生七十岁那年，曾经给自己作了一副自寿联。上联是："不饮酒，不吸烟，不选茶，不藉补供，七十年健健康康，过尽平民生活"；下联是："能读书，能写字，能作画，能登讲席，三千士跄跄济济，居然学界师资。"随着新文化运动的风云变幻和新潮涌动，学校常常组织学生开展一些课外艺术活动，特别是在孔子诞辰之日，学校要搞一次美术展览。美展中凤鸣的作品最多，也最好，是展览中的台柱子。凤鸣把这一切都看作是梁老师热心教诲的结果。一生之中只要一提到梁伯聪老师，他总是念念不忘。抗日战争期间，他住在重庆，在国无宁日的乱世，又想起了梁伯聪老师，于是提笔画了一幅由竹、梅、水仙组成的《三清图》寄给老师，题款是："伯聪老师指正，生林风眠，三十二年，渝。"这时他与老师梁伯聪已经分别了二十五年，想起自己二十五年间，出国深造、北平、杭州执教，如今又因战乱流落到陪都重庆，从未有机会去拜望老师，只好用这幅清雅的画作表达对恩师的怀念了。

法兰西岁月

一九一九年，凤鸣十九岁，从梅州中学毕业。这一年五四运动在北京爆发，一时间，新思想、新风潮席卷全国。凤鸣不愿意回到阁公岭继承祖业打石头，他要从家乡走出去闯荡属于自己的一片新天地。听说同学兼好友林文铮去了上海，他也决定远走沪上。

林文铮小凤鸣三岁，祖籍梅县，生于博罗县，其父是印尼华侨、打金匠，五岁时跟父亲到了雅加达，十二岁只身回国，十四岁考入梅州中学。他从梅县到上海后，受当时青年学生赴法勤工俭学思潮的影响，找到了上海的法华教育会，想申请去法国。他还立即给凤鸣写信，希望和他同去法国。此时凤鸣已经来到了上海，并没有收到林文铮的信。一天，他在报纸上看到了招收青年学生留法勤工俭学的广告，便也到了法华教育会打听消息，没想到在这里和林文铮不期而遇。他也立即报了名，和林文铮一起等候赴法。等候的日子，他还在刘海粟办的上海美专注册学习了一段时间。到了初冬，即一九一九年十二月二十八日，他和林文铮还有湖南来的蔡和森、向警予、蔡畅、

⊙林风眠（前）与林文铮（右）等合影

417

⊙林风眠（二排左三）在巴黎"枫丹白露"法华学校补习法文时留影

李维汉等人一起乘坐"央脱莱蓬"号邮船，在海上漂泊了三十五天，在法国的马赛登了岸。稍事休息后，他和林文铮去了巴黎郊区的"枫丹白露"法华学校补习法文。这时他正式改名林风眠。

不久，得到毛里求斯一位亲戚的资助，林风眠进入第戎高等美术学院学习木炭人体素描。校长杨西斯出身清苦，是位著名的浮雕家。他非常同情一些出身贫苦的学生。林风眠因为一幅水彩风景画作引起了杨西斯的注意，他知道林风眠也是一位出身清贫的学生，便把这幅画作买了下来。渐渐地，杨西斯发现林风眠既聪明，又有艺术天赋。半年之后的一天，他对林风眠说："你在这里已经学不到什么东西了，我介绍你到巴黎高等美术学院著名教授柯罗蒙的工作室继续深造吧！"同学林文铮、李金发也一起去到那里。他们在学校附近的拉丁区租了一个房间住了下来，因为是勤工俭学，每月的收入仅有三百法郎，为了节省开支，他们三个人就一起做饭，有时为了节省时间，就干脆吃干面包，加上一点盐和洋葱，算是一顿饭。

巴黎高等美术学院是学院派的堡垒。柯罗蒙是著名的学院派画家。林风眠从一九二〇年入学，到一九二三年离校，在这里学了整整三年。在此期间，他陷入了"自然主义的框子"。柯罗蒙教授非常强调色彩，他认为要想成为色彩画家，必须要有想象力，这一观点影响了林风眠的一生。他的住处离卢浮宫很近，便时常参观卢浮宫。在这样一座宏伟的艺术宫殿里，林风眠看到了希腊的雕塑艺术和文艺复兴时期的珍品。在达·芬奇的《蒙娜丽莎》面前，他激动得流出了泪水，又勾起了失去母亲的悲伤。对拉斐尔和米开朗琪罗（和达·芬奇并称文艺复兴时期"三杰"）的作品，他也非常喜欢，认为这些作品都有雄伟的气魄和力量。

这个时期，自然主义和写实技艺两种艺术观点在林风眠的脑海里经常发生碰撞。也就是在这个时候，杨西斯专程从巴黎赶来看他，考察他的学习成绩。结果杨西斯对他的画作很不满意，认为没有多大进步，批评他学得太肤浅。他诚恳而严厉地对这位昔日十分喜爱的学生说："你是一个中国人，你可知道你们中国的艺术有多么宝贵优秀吗？你怎么不去好好学习呢？去吧！走出学院的大门，到东方艺术博物馆、陶瓷博物馆去，到那些富饶的宝藏中去挖掘吧！还有，你要做一个艺术家，不能光学绘画，美术领域的雕塑、陶瓷、木刻、工艺……什么都应该学习，要像蜜蜂一样从各种花朵中吸取精华，才能酿出甜蜜来……"杨西斯振聋发聩的告诫，犹如在林风眠身上击了一记猛拳，他立即按照杨西斯院长的点拨，啃着又冷又硬的面包，在东方艺术博物馆、陶瓷博物馆里，细心而认真地学习、研究许许多多的中国雕塑、绘画还有陶瓷工艺品，对中国丰富的文化遗产产生了更加浓厚的兴趣。在故乡读书的时候，在梁伯聪老师的指点下，他就了解了许多传统的中国文化艺术，这次又从头学起，对原来曾经接触过的许多东西，印象更深了，兴趣更浓了。通过深入学习和研究，林风眠认为绘画艺术需要创造，不能总是对着事物如实描写。回过头来再思索一下杨西斯的教诲，他对现代艺术的东方化又有了新的理解。林风眠知道，莫奈、毕加索、梵高，他们在自己的创作中或多或少地吸收了东方艺术的某些元素，像边角式的构图、对比强烈的色彩、强调线条形体的变形等。经过严格的西方写实主义的基本训练和比较深入地了解了西方艺术之后，他对二十世纪二十年代巴黎画坛的野兽派、表现主义、立体主义，特别是毕加索、马蒂斯、莫迪里阿尼等炙手可热的画家的作品，更是喜爱，在他的许多创作中，也留下了这些画家的影子。从西方发现东方之后，远在异国他乡的林风眠，对人道主义、个人主义思想、提倡艺术的纯粹性等问题也产生了兴趣。

海外遇知己

　　林风眠结束了巴黎高等美术学院的学习，于一九二三年春天和林文铮、李金发、黄士奇来到了德国的柏林。他是应在这里留学的同学熊君悦之邀而来。此时，熊君悦已是中国共产党旅欧支部的负责人之一，与周恩来等人一起参加了共产主义运动。他动员林风眠一行也与他一起从事革命活动，林风眠表示要为中国的艺术运动而献身，委婉谢绝了。这时国内罢工高潮此起彼伏，尤以京汉铁路工人的大罢工气势最大，后来发生了震惊中外的二七惨案。熊君悦请林风眠、林文铮立即把惨案的相关材料译成法文公之于世，在国外产生了很大影响。

　　此时第一次世界大战刚刚结束不久，经济衰退导致德国马克贬值，一个中国大洋可以换十八个马克，他们租住在柏林夏洛腾堡的一个退伍军官的家里，生活很宽裕。他们每天乘着环城火车到各地游览，经常出入电影院、咖啡馆、剧院和音乐厅。在德国的这一段时间，林风眠过得最为轻松。这里是欧洲新艺术的又一个中心，是表现主义、抽象主义的发源地，是康德、黑格尔、尼采、歌德、席勒、海涅等在世界上产生很大影响的伟大哲学家和诗人的故乡。在欣赏了许许多多西方和东方的艺术杰作之后，林风眠进入了非常自由的创作状态。他以表现主义的笔触描绘的《柏林之醉》，通过午夜柏林的沉醉和寂寞，深刻地揭示了人性。而另一代表作《宁静》，则画的是雨后海滨一群渔女在这里流连徘徊，她们把目光投向画面之外的右方，既像是在焦灼地等待亲人们归来的帆影，又仿佛在默默地为亲人们的平安祈祷。画面气氛安恬而静谧，笔触潇洒而灵动，人物的淡淡哀愁都隐匿在浓浓的抒情诗般的意境之中，因为这是表现人性的，许多人看了都为生动的画面而震撼。林风眠在柏林逗留了一年时间，读了许多名著，受浪漫派和象征主义的影响，他根据雨果的名著创作了描绘法国中世纪勇士的《罗兰》，根据拜伦的叙事诗绘制了《战栗于恶魔之前》《唐又汉之决斗》等。一九二四年年初，他创作的《摸索》问世，是他揭示人生真谛的气势恢宏的杰作。他仅以一天时间完成的这幅宽四点五米、高两米的巨幅杰作，画了众多古今伟人，有蹲伏于地的荷马、折腰伸手的托尔斯泰，还有易卜生、歌德、但丁、梵高、米开朗琪罗、伽利略、雨果、孔子等。画面上的人物线条粗犷而奔放，色调用的是灰、黑两种颜色，通过描绘历代思想家、文学家探索光明的精神，告诉芸芸众生如何认识人生的真谛与奥妙。《摸索》像磁石一样吸引着许多观众，他们感叹这幅杰作与拉斐尔的《雅典学派》有着同样的探索精神。当年《中国艺术》杂志社的记者杨静在柏林采访过林风眠，并把专访寄回国内发表，称赞这是林风眠大胆的尝试。后来著名教育家蔡元培看到了这幅杰作，认为林风眠不仅是一个很有天赋的青年，而且还是一位有新思想的艺术家。他在意大利时看过拉斐尔的《雅典学派》，认为《摸索》和拉斐尔的人文主义精神相暗合，所以对林风眠及其这幅作品给予了高度评价。当时亲眼看见林风眠创作这幅巨制的同学林文铮说，他采用的是一种写实和表现主义相结合的手法，非常富有表现力。画这幅画时，林风眠尚没有研究雨果拜伦等大家的叙事诗，还没有受到叙事诗的影响，但在画作的表现上却蕴含着比任何叙事诗都更为深刻的内涵。

在创作高潮不可抑制的同时，林风眠在柏林也找到了自己的人生知己。据说，他和这位姑娘是在兑换马克的市场上认识的。因为他的德语不太过关，兑换时总会有些损失。这天，他正在和兑换者讨价还价，忽然有一位德国姑娘过来帮他。林风眠定睛一

⊙林风眠的第一任妻子罗达

看，顿时愣了，眼前的这位姑娘怎么好像在哪里见过啊？他想来想去并没有见过这位姑娘。然而，这位美丽的姑娘不正是自己要追求的女郎吗？原来这位姑娘叫罗达，是奥地利贵族的后裔，父母已经去世，她一个人在柏林大学的化学系读书。她看到这位来自东方的文质彬彬的青年德语不好，说话结结巴巴的样子，就主动上去帮助他，实际上姑娘也对他产生了好感。这真是天作之合。不久，他便和这位一见钟情的德国姑娘相爱了。

罗达虽然学的是化学，但她生性活泼，酷爱艺术，她家里有一架父母留给她的大钢琴，她弹奏的德国古典主义和现代的乐曲，使林风眠如醉如痴。罗达的父母还给她留下了一套《世界美术全集》，她经常欣赏里面的画作，以调剂自己的精神生活。而林风眠更把这套书视作珍宝，每天都要全神贯注地捧在手里欣赏，特别是书内收了一些他在卢浮宫里都没有看到的一些名作，更使他眼界大开，从此他也更明确和坚定了自己的艺术取向，即要用线条和色彩去表现自然界的生命，把自己看到的和想到的尽情表现出来。一九二三年冬天，罗达还没有大学毕业，就毅然随林风眠一起回到了法国，在巴黎玫瑰别墅的公寓里筑起爱巢。

蔡元培赏识

　　有了美满幸福婚姻的同时，林风眠在学习西方现代艺术、实践调和中西艺术等方面也有了新的进展。为了能够创作出更富有生命力的艺术作品，他和刘既漂、林文铮、吴大羽、王代之等人一起组织了霍普斯会，霍普斯是希腊人对太阳神阿波罗的代称。一九二四年二月，他们又和另一旅法艺术团体——美术工学社——联合成立中国古代和现代艺术展览会筹备委员会，林风眠、林文铮、王代之、刘既漂、曾以鲁等十人为筹委会成员，特邀正在欧洲考察的蔡元培先生为名誉会长。他们决定在法国东部斯特拉斯堡的莱茵河宫举办第一次美术展览会。

　　五月二十一日这天，展览会隆重开幕。展品在三个大厅展出，古代和现代的绘画、雕刻、刺绣等作品展示了学子们对祖国美术的关心和热爱，他们希望此次展出能与西方美术起到互补作用。由于展览规模宏大，仅布置会场一项就花费两万法郎，当时法国的各大报纸"无不连日满纸予以报道赞扬"。有报道称："新画中殊多杰作，如林风眠、刘既漂、方君璧、王代之、曾以鲁诸君，皆有极优之作品，新雕刻则有吴大羽、李淑良诸君之作品。尤以林风眠君之画最多，而最赋予创造之价值。不独中国人士望而重之，即外国美术批评家亦称赏不正。"他们称林风眠为"中国留学美术者第一人"。

　　主张"中西美术自有互换所长之必要"的蔡元培，在精美的展品目录册上写了序言。他认为在留法学生当中，研究美术者较多，且成立了霍普斯会和美术工学社等组织，出现了不少的杰出人才。蔡元培说他们不仅仅模仿欧洲人的作品，而且能够把中国艺术的特殊个性和风格融到自己创作的作品中来。"欧洲美术参与中国风，自文艺中兴以还，日益显著，而以今日为尤甚……采中国之所长，以加入欧风，欧洲美术家既试验之，然则采欧人之所长以加入国风，岂非吾国美术家之责任耶？"接着，在举行的招待酒会上，蔡元培又发表了"学术上调和、民族上调和"的感想。这和林风眠"调和中西艺术"的观点一致。

这次林风眠有四十二件作品展出，油画除《摸索》《宁静》等轰动一时外，尚有《哭泣的大海》《柏林之醉》《致泰戈尔的故乡》《春天的早晨》等，彩墨画有《生之欲》《月光里》《古代的抒情》《四月的雨》《夜》等。好友林文铮介绍这些作品时说，林风眠是中国最有前途的天才艺术家，他自由地游弋于东西两种艺术传统之间，他有着敏感和不安的心灵……

一九二四年的秋天，正当林风眠处于创作旺盛的大好时期，不幸的事情发生了：他的妻子罗达生了一个儿子后，因产褥热病去世，婴儿后亦夭折。这突如其来的沉痛打击，仿佛是一场噩梦，让林风眠陷入极度悲痛之中。为了表达对妻子的真挚感情，他在一块石碑上没日没夜地刻着，一行行、一字字刻上自己撰写的碑文，然后立在爱妻的墓前。从此林风眠把所有的精力都用于研究印象主义、后印象主义、野兽派、立体派等现代艺术，试图以西方的新艺术风格调和中国绘画，创造出一种新的艺术。一九二五年初，巴黎国际装饰艺术和现代工艺博览会在法国举办，中国政府在这次大展中建立了专馆，由林文铮、刘既漂主持工作，林风眠又拿出十余件作品参展。他的画作《波罗米尼的黄昏》画的是两位诗人在水边散步的情景；《不可挽回的伊甸园》画的是亚当和夏娃失去的乐园，朦胧地显现于桃花和雾气之后，满树桃花，瀑布长流，在孤寂的山谷中组成了一部自然的协奏曲和神圣的交响乐。另外，《悲叹命运的鸟》《令人赞赏的春天失去了它的香味》等，或表现栖息在芦苇丛中忧郁而哀伤的鸟，或叙说欢乐和悲哀糅在一起的柔情和惆怅等。从这些作品中，我们可以看到心中充满矛盾的林风眠，看到画中体现出来的朦胧诗意和淡淡的哀愁。无疑，这些作品不同程度地受到了象征主义的影响。

罗达的去世使林风眠一度陷入痛苦之中而不能自拔。好友林文铮想到当年在第戎高等美术学院读书时，有一位个子高高的雕塑系女生阿丽丝·法当曾经送给林风眠一朵野蔷薇，于是他做月老牵线把林风眠从痛苦中解脱了出来。一九二五年秋天，林风眠和法国姑娘阿丽丝结为秦晋之好。不久，林风眠与阿丽丝从巴黎的玫瑰路搬到弟戎城外的乡下居住。巴黎国际装饰艺术和现代工艺博览会结束后不久，蔡元培始终惦记着才华出众、品德纯良的林风眠，于是和夫人周养浩一起到第戎乡下看望了林风眠夫妇。他和林风眠谈东西方艺术的调和，谈他对林风眠《生之欲》等画作的感想。他在第戎逗留了三天才离去。他看到林风眠的生活并不宽裕，就送给他们夫妇三千法郎作为生活的补贴。林风眠深深感到这位祖国教育大家对自己的关心和呵护，决心以最大的信心和勇气在国外学有所成，创造出震撼人心的杰作回报心目中崇仰的导师。

师生信得过的艺专校长

林风眠在法、德两国虽然学了西方艺术，但心里仍然牵系着自己祖国的东方艺术，在东西方艺术之间，他主张"调和中西"。他认为只有回到自己的祖国，和众多的艺术家们在一起，才能创造出新的东方艺术来。于是他于一九二六年二月六日毅然携妻子阿丽丝乘上"爱纳克"号邮轮回国。

邮轮在新加坡停靠时，由法国转道回国的徐悲鸿从这里上船。徐、林两人虽然同在法、德学习，但因互相往来不多，并不太熟悉。此次见面后，林风眠向比自己大五岁的徐悲鸿致意。因徐悲鸿在去欧洲留学之前，在国内艺术界已享有盛名，林风眠说自己对国内现状等一切都不熟悉，请徐先生关照一下自己的工作，徐悲鸿表示尽力相助。船到上海港口停泊，客人大多下船后，徐、林方才下船，此时，忽见岸上有几个年轻人打出一个写有"欢迎林校长回国"的横幅，林风眠不知所以，茫然间，只见徐悲鸿望了望条幅面有愠色，下船而去，估计心想林风眠已经有了工作，为什么还要他关照？据说这便是徐、林二人产生嫌隙之始。

港口上，"欢迎林校长回国"横幅中提到的林校长，指的是北平艺专的校长，恰指林风眠。此时，林风眠并不知道自己已经被当时的教育部任命为北平艺专校长，据说这是蔡元培先生推荐的。蔡元培在法国看到林风眠的许多画作后，认为林风眠是人才，应该重用。蔡元培虽然是前清进士出身，有着非常深厚的旧学功底，但他拥护孙中山的主张，追随中山先生而选择了革命道路。他是教育家、改革家、五四运动的领袖、青年人的导师，也是崇尚科学与民主、探求人生真理的知识分子中的杰出人物，更是我国启蒙运动的先驱。他求贤若渴，所以对林风眠这样的年轻人极力推荐、重用。

⊙任北平艺专校长时的林风眠（右二）

北平艺专于一九一八年由蔡元培首创，当时叫国立北京美术学校。蔡元培创办这个学校的目的，就是想实践他的"以美育代替宗教"的教育思想。首任校长是郑锦，因学生反对而辞职。余绍宋被任命为校长时，学校正闹学潮，余绍宋不能就任，又换了刘百昭。他又因经济等原因遭到学生驱逐，不得不主动辞职。此时学生们召开代表大会，向教育部提出新校长必须与美专的风潮无关，必须具有高深学识，能使学校平衡发展。相持不下之际，学生们又几次闹起学潮，提出由学生投票选举新校长，教育部只好答应。选举由艺专学生会领导，全体学生进行总投票，报纸刊登了选举结果：林风眠一百一十一票、蔡元培八十二票、萧俊贤四十八票、彭沛民四十六票、李石曾四十四票。以上五人为得票最多者，是正式当选人。其余得票多少的顺序是：凌文渊二十一票、闻一多二十票、冯白十八票、张镜生十六票、徐悲鸿十五票、萧友梅十四票。学生会向教育部呈文，请从得票最多的林、蔡、萧、彭、李五人中选择一位任命。于是教育部雅从众意，任命林风眠为校长。据有关资料介绍，林风眠的此次当选除蔡先生举荐外，与先期回国的同学王代之等人的极力宣传也有关。通过看了林风眠在国外创作的一些作品，又了解了他的人品，学生们对林风眠产生了好感。

在当时军阀混战、民不聊生的现状之下，北平艺专办得奄奄一息，去这样的学校做校长，林风眠顾虑很多。但他转而一想，不管学校现状如何，自己回国后毕竟有了立足之地，有了一个可以施展本领的平台，自己只要努力作为，就可以实现"调和中西艺术"的主张。林风眠到上海后和妻子与蔡元培一起住在沧州旅社。因春节在即，上海还有一些亲友需要探视，林风眠决定过一些时日再赴北京。

春节过后，林风眠携妻子于三月二日到达北京。这时学校已改名为国立北京艺术专门学校。对学校的现状和过去做了一些了解后，林风眠即走马上任。他立即做了这样几件事：一、聘请留法同学王代之做总务主任，负责处理学校的一些重要日常事务；二、把郑锦任校长时辞退的陈师曾、吴法鼎、李士毅等五位教授挽留下来，继续在学校执教；三、撤销开除四十五位同学的决定，让他们参加一次考试，成绩及格后继续入学读书（四十五位同学中年龄最小、在预科读书的刘开渠，后来成了著名的雕塑家）；四、对学校进行院系调整，设国画、西画、音乐、图案、戏剧五个系，萧俊贤为国画系主任，校长林风眠兼西画系主任，萧友梅为音乐系主任，图案系主任黄怀英，戏剧系主任赵太侔，后来还有余上沅、熊佛西。在校读书的当时各系学生，英才辈出，有不少后来成了国家的文艺中坚力量，比如李苦禅、雷圭元、李有行等，还有音乐系的学生冼星海、戏剧系的学生黄柏生等。此外，法籍教授克罗多也被聘来教授西画。林风眠还把谢冰心、郁达夫等名人请到学校教课。林风眠了解到齐白石对中国画颇有创造精神，便请老先生到学校担任国画教席，齐白石认为自己是穷苦出身，不宜到"洋大学"教书。林风眠一次次到齐白石住处邀请，齐白石才答应试一下。齐白石上课的时候，林风眠让人专门给老先生预备了一个藤椅。一次齐白石讲完课，林风眠亲自把他送到大门口，齐白石握住林风眠的手说："林校长，我信得过你了。"

刚刚看到新艺术的曙光

林风眠到学校主政后，进行了初步整顿，并在上任当月在学校举办了他的个展，展出作品一百幅，其中有在国外创作的油画《摸索》《人类的历史》《平静》和中国画《伤鸟》《春水》《晚秋》等，学生们看了后大开眼界，赞扬这些画作给沉闷的学校和社会带来了新鲜的空气。当时在教育部做事的鲁迅还专门去看了展览。

林风眠正要把艺专办得更有生气之际，北京出现了鲁迅所说的"民国以来最黑暗的一天"，段祺瑞政府制造了对手无寸铁的学生进行镇压的"三一八"惨案。林风眠在思想和行为上都支持进步学生。腥风血雨之中，林风眠对于为捍卫真理和正义而牺牲的仁人志士无限感佩，他发表文章对反动军阀进行猛烈抨击："多少可怜的同胞们，都断送在他们手里……谁不爱生命？然而在中国的小民，生命实在不值半文钱。"他呼吁艺术家们要为中国艺术的起死回生而奋斗，要创造有生命的新艺术拯救国人，以美育引导国人恢复正常的人生。不久，他还发表了《东西艺术之前途》的论文，指出东西艺术各有所长，应该沟通调和。

在林风眠的影响和指导下，北平艺专办得越来越富有生气，学术气氛也越来越浓厚。学校先后成立了十余种绘画团体，几乎每周都要办一次展览。西洋画系、图案画系、中国画系的学生们自发组织了"形艺社"，林风眠主动参加他们的活动。形艺社提出的宗旨是：我们要打倒非人间所谓为艺术而艺术的艺术，我们要创造新艺术，我们要使艺术深入，不是与人无关的天上的东西。这与林风眠的"艺术社会化""艺术大众化"的观点一脉相承。不久，形艺社成员举办了首次展览，产生了一定影响。

一九二七年五月，林风眠在艺专发起组织北京艺术大会，提出艺术大会要"实行整个的艺术运动，促进艺术社会艺术化"。口号是："打倒模仿的传统艺术！打倒贵族的少数人独享的艺术！全国艺术家联合起来！东西艺术家联合起来！"艺术大会的主要内容是举办作品展览和艺术演出。开幕前，林风眠还画了一幅安琪儿向北京街头撒播艺术种子的宣传画。

五月十一日，艺术大会正式开幕，艺专师生参加展出的作品约三千件，绘画、雕刻和建筑设计等各类作品按克罗多的建议混合排列，不分中西。陈师曾、齐白石、萧俊贤、陈半丁、凌文渊、余绍宋、冯臼、邵逸轩、黄怀英、林风眠、王代之、克罗多、彭沛民、李超士、李苦禅、王青芳、王雪涛、王子云等人都有作品参加展出，此外还邀请了法国、日本的艺术家提供作品参展。戏剧系师生演出了自编自演的节目，也很受欢迎。另外，演讲会、批评会、茶会等活动形式也使艺术大会的气氛更加活跃而热烈。林风眠发表演说指出："此次艺术大会，作为吾艺专学校一部分来组织展览，实为吾中国来提倡艺术，使吾国人都能领悟艺术本意。"艺术大会引起了北京各界的关注，《晨报》《国民新报》《星期画报》等媒体天天跟踪报道，艺术大会成了北京一道好看而又热闹的风景。实质上艺术大会就是林风眠和进步艺术家、进步的师生们向封建保守派发起的一次攻击。林风眠创作的油画《斗争》《民间》《人类的痛苦》等，真实、生动地展现了当时中国社会最底层民众的生活状态。《民间》画的是某个集市上摆地摊的两个神情无可奈何的汉子，表明作者对芸芸众生的同情和哀怜。《人类的痛苦》画了众多夸张变形了的女性人体，通过人物的不同姿势展现其痛苦心态，这也是林风眠本人的心态，这幅画是有创作背景的。一九二七年，蒋介石发动"四一二"反革命政变，当年在德国留学的同学、地下党员，曾经邀请林风眠和林文铮等人到德国游览，回国后到中山大学做事的熊君悦被国民党反动派杀害了，林风眠闻讯后痛苦至极，愤怒之下便创作了这幅油画。

北京艺术大会的独立艺术倾向性，加之学生们特别是一些进步青年学生蓬勃向上的斗争精神，引起了北洋政府当局的注意。此时，奉系军阀张作霖在北京主政，中共领导人李大钊惨遭杀害，北京的肃杀气氛越来越浓重。一天，当时的教育部长刘哲找林风眠谈话。谈话时北京各报的记者旁听，谈话像审讯似的，刘哲居高临下地责问林风眠："你既然是纯粹的学者，为什么学校里有共产党？是不是学校被赤化了？再有，你们学校的学生画女人裸体，这是有伤风化的事情。"后来报纸以半个版的篇幅刊载了谈话内容。据传，张作霖认为像林风眠这类被"赤化"的人物应该杀掉，他的儿子张学良说林风眠"是一个清白的人"，才免于一劫。刚刚露出新艺术曙光的大会以失败而告终。林风眠在《致全国艺术界书》中说："不期横逆之来，不先不后，偏于此艺术运动刚有复兴希望时来到，于是，费尽多少心血的、刚刚扶持得起的一点艺术运动的曙光，又被灭裂破坏！"

林风眠并没有因为艺术大会的失败而消沉，反而更加增强了他要冲破压抑的环境，为继续传播艺术的火种而献身的决心。当然，艺专的校长也不能再继续做下去了，一九二七年七月，他向当时的教育部递上了辞呈。

此时，蔡元培在南京组织国民政府大学院艺术教育委员会，聘请林风眠为主任委员，林风眠便携妻子和刚刚出生不久的女儿蒂娜南下了。

筹办国立艺术院

  林风眠南下南京，投奔自己尊敬的老师蔡元培，那时蔡先生担任大学院及中央研究院院长。大学院实际就是过去的教育部，蔡元培之所以更名，是因为他对过去北洋政府腐败、不学无术的官僚机构——教育部——深恶痛绝，想通过更名使中国的教育事业学术化，非官僚化，使教育事业更加纯洁而神圣。蔡元培了解到林风眠在北平艺专遭受的挫折，出于对这位优秀人才的爱惜欣赏，聘请林风眠担任大学院艺术教育委员会的主任委员。

  林风眠刚到南京，艺术界便有许多议论，说他是为做官而来，忘记了艺术运动的职责，也有一些人对他在北京搞的艺术大会极尽污蔑之能事。然而，林风眠并不在乎。他说："你只要随便拉来一个在北京住过的人，问他知不知道艺专，他就会说他看过艺专的艺术大会！"他说自己始终是把艺术运动当作职业和志向来做的，此次到南京来也是这个目的。他认为靠一个人很难挑起艺术运动的重担，需要大家团结起来共同努力。但如果有三五同道，就共同把这个责任担在肩上，如果三五同道也没有，自己一个人也要把艺术运动进行下去。

  到南京不久，林风眠创作了以"十年树木，百年树人"为题的大幅油画，这幅油画挂在国民政府的大礼堂里，画面上的主人公就是自己崇仰的著名教育家、思想家、启蒙运动的先驱——蔡元培先生。大学院艺术教育委员会于林风眠到南京的四个月之后，即十一月在南京的马斯南路召开了由蔡元培主持的第一次会议，林风眠在会上提出筹办国立艺术院的提案，同时提出办学宗旨是把"美术列为近代教育之骨干……以养成高深艺术人才，以谋美育之实施于普及"。提案还预定设立国画、西画、图案、雕塑、建筑五院，蔡元培初步设定建院地点在杭州，因为这里山水美，是培养艺术人才的理想环境。另外，杭州远离政治中心，适宜搞艺术运动。

这年年底，大学院艺术教育委员会又召开第二次会议，地点在南京成贤街的大学院会议室，议题是拟举办全国第一届美术展览会，由蔡元培任会长、林文铮任秘书长，负责处理美展事宜。林风眠则负责筹办国立艺术院事宜。一九二八年一月一日至八日，全国第一届美术展览会在南京中大桥的通俗教育馆艺术部大楼举行。具体筹办人是林风眠、王代之、王子云、刘开渠等十余人，参加展出的作品有绘画、雕刻、建筑、制图等共四百余件，每天观者如云，颇有影响。林文铮写了《首都第一届美术展览会》的介绍文章，他说："一九二八年之元旦在沉寂的首都突起一个空前的美术展览会，可以说是首都美术画之先兆，也可以说是将来灿烂的中华民国之象征。该会（展览会）不起于当局之提倡，而由少数的热血艺术家如王子云先生等自动发起，并得沪宁艺术界之襄助而成。这是尤其难得而很可佩服的，也足见新中国之精神，不拘泥于'上行下效'的古道，而能自动发挥才力，贡献人类，也足见今日之新艺术家并无往昔文人相轻之陋习，而能随时代之趋势……我们希望今年是中国艺术之新纪元！我们希望首都第一届美术展览会是全国民众艺术化之曙光！"

大约也就是这个时候，林风眠新创作的大幅油画《人道》在杭州西湖博览会展出。他说："我从北京跑到南京后，经常听到和看到一些杀人的消息，心情非常沉重，于是便创作了这幅作品。"画面上是无数遇难的男女，镣铐、绞架、锁链和鲜血隐喻的是一些被无辜杀害的仁人志士，整个画面使用的色彩凝重而沉郁，这是对双手沾满鲜血的刽子手的揭露和强烈控诉。惊心动魄的画面使许多人看了后被激起满腔怒火。有评论说："这幅作品不是描写被自然摧残的苦痛，而是直接描写人类自相残杀的恶性，画家沉痛的情绪，可于人物之姿态及着色上领略得到！我们拭目四顾，何处不是人食人的气象？从横的方面看起来，这幅画可以说是中国现状之背影，亦即是全世界之剖面图！从纵方面看起来，可以说是自有宇宙以来人类本性的象征！"这篇文章在当时出版发行的《美展特刊》上发表出来，从一个侧面帮助读者对林风眠画的深刻含义有了新的理解。

此时，南京的中央大学（南京大学前身）成立了艺术系，蔡元培聘请徐悲鸿担

⊙《海帆相伴》（林风眠作）

任系主任，还把留德的萧友梅从北京聘来上海筹办音乐专科学校，他也是林风眠主持北平艺专时的重要教师之一。

　　一九二八年三月一日，林风眠被正式任命为国立艺术院院长。此前，他和林文铮、王代之曾到杭州为艺术院选过院址。

国立艺术院正式建立

大学院决定建立国立艺术院后，林风眠与林文铮、王代之三人于一九二八年二月到杭州选址。"江南忆，最忆是杭州，山寺月中寻桂子，郡亭枕上看潮头"，白居易的这首诗使林风眠一行三人对杭州更增添了好感。他们认为，艺术院放在这样一个如诗如画的地方，最是相宜，还是蔡元培先生想得细啊！由于经费紧张，无力兴建校舍，林风眠一行把艺术院的地址选在西湖边上的孤山罗苑。这里原来是哈同夫人罗迦陵的别墅，因为侵占了湖面，被省政府收去，交由国立第三中山大学（浙江大学前身）保管使用，学校认为罗苑距离校本部较远，不便管理，便租给林风眠作为艺术院的校舍。当时学校有一座希腊式六根大柱门面的大礼堂，这也便成了艺术院的标志。学校有了办公地点，但是校舍仍然不足，林风眠又与杭州市政府相商，租了照胆台、三贤祠、忠烈祠等地作为教室及学生宿舍。

一九二八年三月，国立艺术院颁布了组织法：一、学院定名为国立艺术院，直属中华民国大学院；二、艺术院以培养专门艺术人才、倡导艺术运动、促进社会美育为宗旨。大学院任命林风眠为院长兼教授，林文铮为教务长兼教授，克罗多为研究部导师兼教授，潘天寿为中国画系主任兼教授，吴大羽为西画系主任兼教授，李金发为雕塑系主任兼教授，刘既漂为图案系主任兼教授，王代之为驻欧代表，负责采购石膏模型及图书资料等。国立艺术院提出的口号是：介绍西洋艺术，整理中国艺术，调和中西艺术，创造时代艺术。

通过一番紧张的筹备和招生，艺术院于三月二十六日开学。此时学校忽然闹起了学潮，原因是一些学生嫌校舍简陋，对一些教员也不满意，甚至有人反对林风眠出任校长。他们打烂了学校里的关帝头像，把反对林风眠的标语贴到了校外。

被林风眠聘来的年轻助教刘开渠看到了这个情况后，便主动去开导学生，说有这样美好的环境学画很难得了，千万不要耽误了大好时光。遵从学校的安排，他和吴大羽教授一起带领一部分不愿闹事的学生到绍兴旅游写生半个多月，同时，林风眠打算开除个别带头闹事的学生，学潮才渐有平息之势。林风眠决定四月八日正式开学，并电告了蔡元培。

四月五日蔡元培给林风眠写了一封信，全文是："风眠先生大鉴：奉电知学潮已平，学生照常上课为慰。弟拟星期五（从南京）乘夜车往上海，星期六之午车来杭州；如艺术院开学式已举行过，不必说。若尚拟补行，而要弟参与，则最好于星期日（四月八日）行之，因弟星期一仍须回上海，乘夜车赴南京也。今日已函告内子（夫人），劝其携威廉（蔡之女儿，后嫁给林文铮）与醉盎两儿同于星期六来杭州。如果能来，则威廉拟住女学生寄宿舍，请为留一间空屋，弟及内子拟附住贵寓中（如贵寓不便，则临时改寓湖滨之旅馆亦可，幸勿客气。）被褥枕头等自行携来，请下一榻可也。但有扰先生及夫人殊不安耳。清明时节，故乡好湖山，益萦梦寐；重与故人欢聚，欣赏佳作，真大幸事；希望此次所预定计划，不致忽生阻

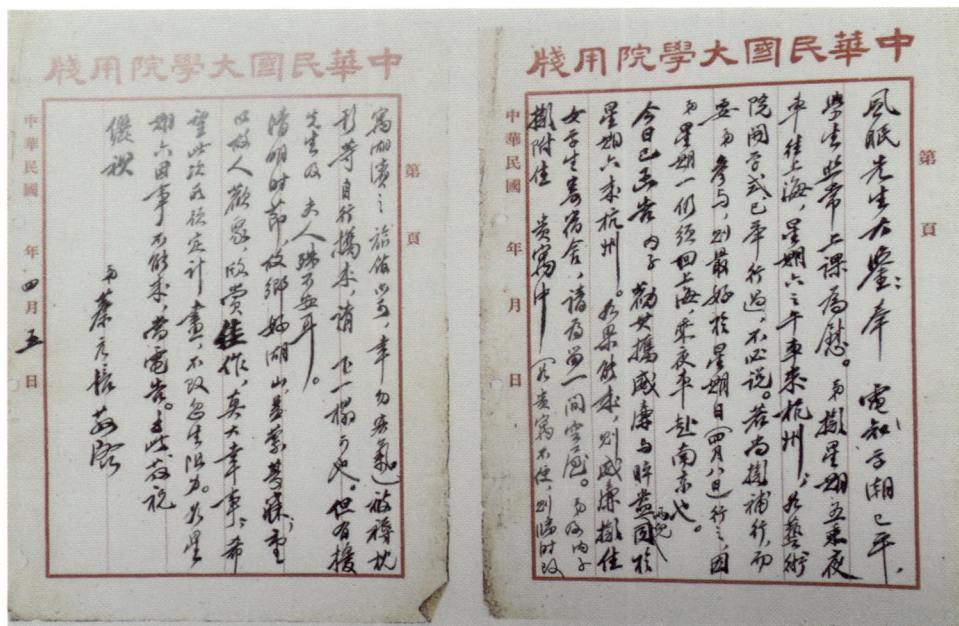

⊙蔡元培写给林风眠的信

436

力。如星期六因事不能来，当电告。专此，敬祝俪祺。弟蔡元培敬启。四月五日。"

听到蔡元培要来杭州的消息后，当时的三中大校长蒋梦麟已经做好在家里接待的准备，而蔡元培在信中说要住到林风眠的家里。林风眠的住所当时刚建成不久，为木式结构，甚为简陋。蔡元培不计较这些，想通过这件事情告诉人们，他这样一位大学院长而又年逾花甲的老人，极其看重不满二十八岁的年轻校长林风眠。蔡元培认为林风眠既是一位艺术家，也是一位新艺术运动的旗手。当时他入住林家，许多人对蔡元培的礼贤下士极为称赏，同时，林风眠的威望也日高。

蔡元培到达杭州后，和林风眠说不要开除学生，既然他们不想上学，让他们自行退学就可以了。艺术院开学典礼如期举行，蔡元培到会祝贺并发表了演说。他说："自然美不能完全满足人的爱美欲望，所以必定要于自然之外有人造美。艺术是创造美的，实现美的，西湖既有自然美，必定要再加上人造美，所以大学院在这里设立艺术院。"自此，艺术院开始正常运行。这时的林风眠也在思考这样几个问题：如何把艺术院办得更有生气？如何实现蔡元培先生"美育代替宗教"的主张？等等。他认为办北平艺专的指导思想是对的，办艺术院应该是这种思想的继续，而现在要做的是，把艺术院和倡导艺术运动结合起来，促进社会美育，达到改造民族性、振兴中华民族的目的。为达到这个目的，办好艺术院要有国家一流的师资队伍，单就艺术院的教师名单，就使林风眠很欣慰了，除了几位系主任外，方干民、周碧初、汪日章、颜文梁几位教师都是林风眠留法时在巴黎高等美术学院的同学，还有蔡威廉、潘玉良两位女教授，另外，也有李凤白、李超士、王悦之、叶云、李苦禅、张光、王静远、刘开渠、孙福熙、陶元庆、王子云、雷圭元、姜丹书、李朴园、钟敬文、张天翼，以及英、俄、日等外籍教授多人。

兴旺的"艺术运动"之火

　　林风眠从回国到北京执教，再到南下建立国立艺术院，他始终没有忘记"艺术运动"四个字，他这样做都是为了实现蔡元培"美育代替宗教"的理想。国立艺术院正式上课不久，林风眠推出了第一个重要的举措，即把中西绘画两个系合并成一个绘画系。他在《艺术教育大纲》中公开宣称："本校绘画系和各地不同的地方就是把国画、西画合并一系之中，原因是我们一般人士都说国画和西画之间有一条不可逾越的鸿沟，二者风马牛不相及，而各地的艺术学校也有这样的见解，应把绘画分成中西两系，两系之间便出现了互相轻视的局面，这实在是艺术界的不幸。艺术院把二系合并成一系，目的是使国画适应社会的需要另辟新的途径，不要忽视西画的贡献；研究西画者也不要忽视千百年来国画的成绩。"

　　两系合并之后带来了这样几个结果：一是系虽合并，上课时还是要分开上，国画教国画，西画教西画；二是西画和国画的上课时间有悬殊，西画每周安排二十课时，国画每周只有四课时。再加上教师大多是留法的，教学上又这样重西轻中，外界就议论说，国立艺术院就是法国巴黎高等美术学院的分院。这种情况对学生也有影响，学生学习中国画时根本不认真，有的干脆不来，来了也是心不在焉。

　　教授中国画的系主任潘天寿对两系合并的做法极不满意，他认为这样一心模拟西人，不为民族争光，到头来就是培养出一个个洋奴隶。他认为东西方绘画犹如两座大山，两者之间可以互相取长补短。中国画有自己的民族风格，如果中国画和西洋画画得差不多，无形之中就是把中国画自我取消了。尽管有意见，潘天寿对自己教授的中国画还是十分认真负责，即使上课时只来一个学生，他除了表露出些许失望的神情外，还是照样为这一个学生认真上课。当然，作为校长的林风眠对潘天寿主持的国画教学的工作还是支持的。他在潘天寿到任的同时，还给北平的白石老人写信，请他来艺术院执教，老人因年事已高不能应命，便推荐了自己的弟子李苦禅。白石老人还应林风眠的要求，画了一百幅画给他作为教学的示范教材。

林风眠在国立艺术院实施的第二个重要措施就是成立艺术运动社。一九二八年的暑假，尽管暑热难当，精神抖擞的林风眠还是于八月十六日邀请了二十位艺术院的教师，在自己居住的平房里开会，讨论成立艺术运动社的问题。会上研究了组织大纲、工作计划等，推荐林风眠、王子云、李朴园为首届负责人。艺术运动社共有二十七条章程，其中有一条说："本社以绝对的友谊为基础，团结艺术界的新力量，致力于艺术运动，促成东方之新兴艺术为宗旨。"艺术院的教师就是艺术运动社的社员，艺术运动社的活动和艺术院也紧紧联系在一起。艺术院为艺术运动社提供艺术运动的各个条件，艺术运动社的精神又于艺术院的教学中得以贯

⊙艺术运动社社员于一九二八年夏天郊游（前排蹲坐者由左至右依次是林风眠夫妇及女儿蒂娜、潘天寿、吴大羽、蔡威廉、林文铮，中排蹲坐者左起刘开渠、李朴园，后排右二为方干民）

⊙ 艺术运动社举办展览

彻，使艺术运动社起到了走在新时代前面、宣传新文化的启蒙作用。艺术运动社在宣言中指出："凡是头脑清醒的人都知道，艺术是随时代潮流而变迁的……凡是致力于创新时代艺术之艺术家，当是我们的同道。"

有了组织，就要有活动。艺术运动社首先从推动创作活动开始，要求每个社员每年要交出五件作品。为了创作出五件有个人特色和风格的作品，社员们都鼓足了劲，画了一张又一张，白天时间不够，晚上继续作画到深夜。夏天有大风扇送凉，冬天装了大火炉取暖，社员们的创作热情越来越高。有了作品之后，就要通过展览等形式介绍出去。次年（一九二九年），艺术运动社接连举办了三次展览，同时还参加了当年四月在上海举行的全国首届美展，五月又参加了在杭州西湖世界博览会艺术馆的展览，八月在上海举行"艺术运动社首次展览"。后来在南京、东京、上海举行了三次大型展览。这些展览都有社员的作品参展，其中林风眠有十五件，潘天寿有十九件。林风眠的油画《金色的颤音》《贡献》《海》《南方》《痛苦》《悲哀》等反映时代精神的重要作品，产生了强烈的反响，并受到各

⊙《亚波罗》和《亚丹娜》创刊号封面

方的好评。

　　艺术运动社还创办了两本刊物，一本是《亚波罗》，另一本是《亚丹娜》。两本刊物的名字意义大体上一致，亚丹娜是希腊女神，她是从宙斯的头脑中跳出来的，有着好斗的精神。尽管林风眠校务工作繁忙，他还是在繁忙的间隙为《亚波罗》写稿，第一、二两期分别发表了他在艺术院纪念周上的讲演稿，后来又发表了《中国绘画新论》《徒手奈何是不行的》等文章。在他的影响下，潘天寿、刘既漂、李金发、李树化、孙福熙、刘开渠、雷圭元也都有文章在两个刊物上发表，渐渐地形成了一支功力雄厚的理论队伍。他们以严谨的治学态度，以新的观念和科学方法，通过探索艺术方面的诸多问题，对中国艺术运动的发展起到了不可忽视的推动作用。

国立艺术院的教师们

　　林风眠搞艺术运动，要实现国立艺术院"调和中西艺术，创造时代艺术"的宗旨，必须要有一支阵容可观、实力雄厚的教师队伍。这些教师在学识、艺术造诣等方面，在国中堪称高手，可以与之比肩者鲜有。

　　先说校长林风眠。他主要给高年级学生上课，讲课时既不讲作画方法，也不提什么要求，只是让学生拿起笔来，想怎么画就怎么画，学生们一边画，他一边看，看了这个，又看那个，看完了，他再对学生的画作当堂评点，哪一点可取，哪方面应该纠正，指出关键是对所画物象要有感觉，把特色画出来，第一印象十分重要。他常常对学生们说："千万不要作茧自缚，一定要把茧咬破飞出来。这是画家成长的重要而关键的一点。没有感受只是机械化地为画而画，枯燥而无味，永远也画不出来。"

　　林风眠还对学生们说："怎样才能把茧咬破飞出来？重要的一条是要把自己创作力的本能激发出来，有了激情、冲动，才可破茧而出。"林风眠在教学时一般不大给学生改画，只是说一说，点到为止。实在要动手的，往往经他略作改动，画面就活了。学生席德进成绩较好，有较强的自信心，林风眠看了他的画后，不仅口头指点，而且拿起笔来毫不留情地给他改了起来。他说："你对巴黎画派的某位画家模仿的痕迹很重，失去了自我，给你这样大动一下，你要猛醒。"从此，席德进按照林风眠的启示和教诲，逐渐摆脱对某画家的模仿，最终找到了自己的风格。林风眠只要来给学生们上课，整个上午都会和学生们待在一起。课间休息时，他会和学生们蹲在墙角闲聊，东西南北，无所不聊，还聊学生的性格、为人、婚姻等，有时他还会把某个学生的画作拿来和学生们一起讨论、研究，让学生们自由发言。

这些实际是课堂教学的延伸，大受欢迎，同学们得益甚多。

西画系主任吴大羽出身于江苏宜兴的书香门第，早年和林风眠一起在巴黎高等美术学院学习，和他一起组织过海外艺术运动社。国立艺术院聘他为西画系主任，可见林风眠对其何等倚重了。学生们给吴大羽起了一个外号叫"吴大体"，原因就是吴大羽在讲处理构图、线条、色彩、块面等关系时，要同学们从整体出发，要注意一个"大体"，就是从大体到细部，再回到大体；欣赏作品时，也要抓住一个"大体"。学生们都喜欢听吴大羽讲课，他在学生中有很高的威望，有的学生甚至连他的行为举止也跟着学。据说吴大羽平时走路很快，而且是侧着身子走，会发出噔噔的声音，有的学生就学他也这样走路。西画系学生赵无极、朱德群、王式廓、董希文、丁天缺等都是吴大羽的高足。丁天缺当时刚入学上吴大羽的素描课时，吴大羽给这个学生讲几句，给那个学生改几笔，就是不问他的事，最后吴大羽把他拉起来说，你看看别的同学是怎么画的！丁天缺知道自己肯定画得不行，于是就白天黑夜苦练，每天拿了橡皮擦了画，画了擦。一天，吴大羽看了丁天缺的画问："这是你画的？别人没帮你改？"然后说，"这就对了，画画不能太拘泥、琐碎，要的是大体……"后来丁天缺成了吴大羽的得意门生。

姜丹书是艺术院年龄最大的老师，林风眠聘他来校时已四十多岁，他是南京两江师范学堂的学生，毕业时以优异成绩留校任教。姜丹书是中国艺用解剖学、透视学的元老，曾出版过专著，这属于美术技法理论，是美术学校的必修课。他来艺术院就教这两门课，讲课时他的语言幽默、生动，比喻也很恰当，讲到高兴处，他竟能袒胸露背，光着两脚做示范，本来枯燥乏味的两门高深的理论课程，经姜丹书绘声绘色地一讲，学生们很快就明白了。姜丹书是上海美专的艺术师范科主任、教授，在艺术院是兼职教师。每周给学生上课时，要搭乘沪杭火车到校。他曾给同事潘天寿写过一首诗，说每周往返沪杭，不以为苦，反以为乐，顺便调侃了结伴同行的同事潘天寿一句："古无往教只来学，今我憧憧作教航。七日巡回千里路，十年挈破五提筐。春怡桃柳迷烟景，秋赏柏枫耀艳阳。夏雨冬风老扑面，同行赖友一潘郎。"

图案系教授陶元庆到艺术院任教时，因给鲁迅设计了许多书籍的封面，已经有了较高的名气。他虽然个头不高，但很注意仪表，脖子上时刻系着一个黑色的大领结，特别引人注目。他平时讲课时轻声细语，温文尔雅，可惜的是他到校只教了一年左右，便英年早逝，时年三十六岁。鲁迅对他的逝世极为悲伤，不仅为之写了纪念文章，还给他的遗属寄了一笔钱，用于购买墓地和建纪念室。

艺术院的十一位外籍教授也是学校有雄厚教师资源的标志。名声最高的是法籍教授克罗多，校长林风眠对他极为赏识，他担任研究班和绘画系高级班的油画和素描教师，学生们很喜欢他。另外，还有来自东京帝国大学美术院的教授斋藤佳藏、英籍雕塑教授伟达、俄籍音乐教授马巽（中国女高音歌唱家张泉的老师）、奥地利籍音乐教授普洛克。普洛克是一位多才多艺的小提琴家，一手创办了艺术院的管弦乐队。

"一八艺社"风波

国立艺术院的老师和学生们思想都很活跃，争论学术问题的气氛也很浓厚，然而不管是哪一派，持什么观点，校长林风眠都不明确表态支持，也不表态反对，结果大家都以为林校长是在保护支持他们，对他们有好感。

一九二九年一月，学生陈卓坤发动组织了一个学术团体，因为有十八人参加，成立地点又在西湖，所以就叫"西湖一八艺社"。学校对这个学术团体表示同意和支持，林风眠和克罗多被聘为导师。他们每月都要搞一次学术展览，参展的作品有国画、油画、水彩、速写。一九三〇年初春，他们在上海举行了首次公开展览，引起了上海美术界的关注。

不久，上海拟成立的"左翼美术家联盟"（以下简称左联）派领导人许幸之到杭州，与"西湖一八艺社"的成员一起座谈，提出了"普罗"（大众之意）美术的口号。有的同学不同意这个口号，主张"为艺术而艺术"，"西湖一八艺社"就此出现了分歧。张眺、陈卓坤、刘毅亚、刘志江等人称自己是"一八艺社"，把"西湖"二字去掉，以示与原来的组织有所区别，后来又吸收力扬、胡一川、沈福文、王肇民、汪占非、卢鸿基等人为新社员。三月二日，"一八艺社"派刘梦莹、刘毅亚、胡一川为代表，到上海参加"左联"成立大会，许幸之在会上提出了要搞"新美术运动"的问题，提出了"阶级立场论"。同时，鲁迅和冯雪峰编译的《科学的艺术论丛书》也成了进步青年和"一八艺社"成员的必读之物。此时的林风眠并没有意识到自己提倡的"人本主义"与"新美术运动""阶级立场论"并不吻合，处于他们的对立面，然而，国民党当局却"嗅"到了新的动向，便让杭州市党部派遣张彭年到学校当训育主任，监督进步学生的行动。

一九二九年十月，教育部命令国立艺术院改名为杭州艺专，改系为组，由五年制缩短为三年制，附设高级艺术职业学校，招初中毕业生，三年制毕业。次年，即一九三〇年杭州艺专诞生了校歌："莫道西湖好，雷峰已倒。莫道国粹高，保俶倾凋。看，四百兆生灵快变虎豹！不有新艺宫，情感何以赢？艺校健儿，齐挥毫横扫！艺校健儿，要把亚东艺坛重造，要把艺光遍地耀！"这首由林文铮作词、李树化谱曲的校歌，唱出了艺专健儿"要把亚东艺坛重造"的信心和勇气，进步青年学生受到了有力的鼓舞。

一九三一年五月二十二日，"一八艺社"在上海举办第二次习作展览会。林风眠为习作展览会画册题写"西湖国立艺专一八艺社一九三一年展览会画册"，卷首印了鲁迅为习作展览会写的文章《一八艺社习作展览会小引》，鲁迅指出"一八艺社"是"新的、青年的、前进的艺术，唯其幼小，所以希望就正在这一方面"。然而，这个画册特刊并没有在展览会期间发出，林风眠看到这个特刊后立即把力扬、胡一川、夏明、刘梦莹等人找了去，说是要把鲁迅为画册写的文章撕掉再发。林风眠说，他本人和鲁迅是很好的朋友，对他也很佩服，但是从去年（一九三〇年）的春天开始，国民党浙江省党部就以"组织中国自由大同盟"的罪名，把鲁迅当作"堕落文人"予以通缉。画册没有发出还有另外一个原因，林风眠的题字里面有"西湖"两字，有了这两个字就不是"左联"的"一八艺社"，而是"西湖一八艺社"了。

上面说的林风眠题字和鲁迅文章的事倒不在话下，重要的问题是国民党当局并不问你什么"西湖"派、"一八"派，也不问你打出什么招牌，艺专训育主任张彭年只是说学生们受了赤化分子的利用，推波助澜，影响了"国家前途"，他让林风眠立即下令解散"一八艺社"，并开除或逮捕几个比较进步的学生。林风眠只好叫教务长林文铮解散"一八艺社"，国民党当局逮捕了学生张锷。另外几位如王肇民、汪占非、沈福文等同学也不能再继续上课了，林风眠比较喜欢的学生张眺也被逮捕，法籍教授克罗多对国民党的这种做法很不满。和张眺最要好的同学李可染找到林风眠，请他一定把张眺救出来。几经周折，张眺被保释救出，为了安全起见，林风眠给了他一些钱，让他赶快出走。张眺到了上海，担任了"左联"的党团书记。

到了一九三一年"九一八"事变前后，白色恐怖越来越严重。艺专学生曹白、力群、叶洛等人成立了"木铃木刻社"，国民党当局先是派特务对他们的活动进行破坏，接着又逮捕了曹白等三人。此时，国民党当局又要对进步学生进行一次大搜查、大清洗，林风眠知道他喜欢的学生李可染就在搜查清洗之列，立即写了一封信，信里装了六十块钱，托人转给李可染，意思是这六十块钱就是你回家的路费，千万不能陷入罗网。李可染在紧急关头离开艺专的时候，心里也在惦记着林校长的安全，他一直把林风眠当作自己的恩师。

心力交瘁而辞职

国立艺术院改成杭州艺专后，打算新开图案教育专业，因为在国内一时找不到合适的授课教师，林文铮建议到东京看看是否能找到合适的。林风眠认为这个想法可以一试，他先托日本东京驻杭州领事馆领事米内山庸夫从日本找来了斋藤佳藏，斋藤到校后，建议他到日本考察一下美术教育。

一九三〇年暑假，林风眠和潘天寿、李树化、王子云、袁惠辰一行五人，由斋藤陪同到了东京。他们参观了日本工艺美术学校等地方，举办了杭州艺专教师的画展。因身体不适，林风眠一行提前回国。这一年，蔡元培离开了大学院。

⊙林风眠（左一）一行在日本考察

一九三四年，林风眠又完成了揭露黑暗社会三部曲的第三部作品《悲哀》，画面中左侧一个男子双手托起一个瘦弱的少年，右侧两个男子抬着一个死去的女子。据说林风眠和朋友胡也频、丁玲见面不久，胡也频在上海龙华遇难，于是林风眠悲愤而痛苦地创作了这幅作品。

一九三七年一月《东方杂志》发起"中日问题"笔会，林风眠在投给笔会的文章里写了这样的话："中日过去的一切悬案，征诸过去张群与川越之迭次交涉，可知凭外交途径是清算不了的，要清算只有付之一战。"又云，"在中日悬案未清之前，我们民族即使想与东邻握手，东邻给我们的不是同情的友谊，而是无情的敌视的剑锋！所以，为实现与东邻互相提携，我们只能先用大炮震醒它的耳朵，用刺刀刮亮它的眼睛，然后英雄般的同它握手——这样场合的提携才是可行的。"林风眠的这些言论发表不久，"七七"事变爆发，"八一三"日军侵占上海后，杭州形势危急，他立即通知在法国探亲的夫人、女儿回国，然后把家安到上海的法租界。他安排夫人做一些事情维持生计，他本人则立即率领艺专师生向内地迁移。此时，正是艺专建校十周年之际，学校原来准备搞一次规模很大的校庆，然而虎狼来了，课桌和课堂都将不复存在，哪还有校庆一说？一九三七年十一月五日，日军登陆杭州湾的时候，林风眠带领师生员工和家属两百余人，还有图书、教具等分乘几只大木船恋恋不舍地离开了杭州。林风眠上船之前，还对看门的工作人员说："把学校门看好！"

林风眠一行经诸暨、金华到了江西贵溪，他们把学校安在了一个教堂里。一天夜里，学生罗工柳、彦涵、卢鸿基听说林校长第二天要和学校几位负责人乘坐汽车去长沙，让学生们各自想办法到长沙会合。没有经过调查和了解，他们就把这个传言告诉了同学们，有的同学先是拔了林校长汽车的气门塞，然后把林校长和林文铮请了过来，二人说根本就没有这回事，他们正在想办法让师生们早些赶到长沙呢！

一九三八年，林风眠和艺专一行人到达长沙后，教育部指令杭州艺专与先期赶到湖南沅陵的北平艺专合并（此时北平艺专已从庐山到了沅陵），成立国立艺专。林风眠一行到沅陵后，在地鸭溪选了一处上课的地方。这时，张学良因西安事变也被囚禁在这里。当年因为少帅的一句话，林风眠在北平艺专免于一难，所以他冒着危险去看望了张学良，以报当年的一句话之恩。

经过半年的流徙生活，入不敷出，杭州艺专已经难以为继。两校合并后，改校长制为委员制，林风眠为主任，北平的常书鸿、赵太侔为副主任。此时北平艺专因学生、教师都很少，花费不多，经费充足，林风眠让赵太侔拿出一些钱作为办学之用，赵太侔予以拒绝。两校合并后矛盾日益凸显，常常因为一点小事争执不下。不久"八大教授"联名写信给林风眠，让其辞职离校，让赵太侔接任。"八大教授"是王曼硕、李朴园、王子云、雷圭元、王临乙、刘开渠、李有行、庞薰琹，其中有的是林风眠的学生和同事，如今公开倒戈，林风眠心寒至极，辞职后去了武汉。有人称这次事件为"八凶闹沅陵"。

林风眠离开艺专后，学校风波迭起，罗工柳、彦涵、卢鸿基商量后决定头一个要打击的是"八大教授"的为首分子李教授。彦涵带领杭州艺专几十名同学找到李教授的住处，朱德群出面把李教授拉了出来。李教授吓得脸色苍白，连说对不起林先生。学生们让他立即辞职，滚出学校。李教授答应辞职。彦涵让他写了字据，不到一个星期，李教授即匆匆离去。其他教授也自知理亏，吓得躲了起来。

但是，艺专究竟由谁当校长的问题并没有真正解决，两校学生搞了一个公开大辩论，学生彦涵指出，张道藩（时任教育部次长）和教育部的策划逼走了林校长，"八大教授"的信是张道藩授意写的，接着又拿出李教授辞职时写的字据，北平艺专的学生们沉默了。后来教育部答应学生们的要求，仍让林风眠回校主持校务。林风眠回校时，学生们燃放鞭炮，列队欢迎。此时，赵太侔也辞了职，"八大教授"也大多回到学校。不久，学校又出现了第二次"倒林"风潮，尽管学生们主持正义平息了风潮，但林风眠感到实在是心力交瘁，说不定日后还会闹出什么事情来，于是于四月十二日，第二次向教育部长陈立夫递上辞呈，毅然离开了国立艺专。

寂寞中修炼

　　辞去艺专校长的职务后，林风眠回到上海的法租界看望妻女。过了不长时间，他知道恩师蔡元培先生在香港卧病在床，便去探望。蔡元培此时身体极为虚弱，也曾有去重庆之想，但终因身体不支，未能成行。他对林风眠辞职的事也略有所知，但已无力回天。更令蔡元培想不到的是，国立艺专校长换了滕固之后，滕固秉承张道藩的旨意办事，首先罢免了蔡元培的女婿林文铮、女儿蔡威廉的教职。夫妻二人生活无着，蔡威廉后因染病日渐沉重，不久即故去。

　　林风眠从香港回到上海，与妻子商定，此后留在租界靠卖画为生，日子应该可以过得比较舒适。尚待按计划行事之际，一天，林风眠在外面办事，忽然与褚民谊相遇，二人在日本办展览时结识，此时，褚民谊已投靠日本做了大汉奸，他让林风眠去汪伪政府做事。林风眠回到家里，不容分说，第二天便与妻子告别，匆匆离开孤岛，走香港，经河内，转昆明，最终到了重庆。他怕在上海被奸人利用，留下洗不清的罪名。

　　按照林风眠的资历和名声，只要俯身于当时的达官贵人，不管怎么样，还是会有他的一席之地的。但林风眠不是那种人。为了醉心的事业，他安贫乐道，甘受寂寞。当时正是国共合作的抗战时期，国民政府军委会有个政治部，陈诚、周恩来分做正副部长。政治部有个设计委员会，林风眠便做了个每月只拿两百元薪水、不做具体事务的设计委员。他住在重庆南岸弹子石的军政部的一个旧仓库里，每天作画不止。当年杭州艺专的学生李可染在三厅做事，听说老师也在重庆，便常常来看望他，看到老师住在一个仅有十多平方米的斗室里，屋里除了一张靠墙放着的小床，还有一个切菜的小桌子外，其他便没有什么东西了。他还听说老师

⊙林风眠在重庆时作的山水画

每天到看守仓库的士兵营房那里打两碗米饭，自己再烧一点菜，日子过得极其清苦。因为和老师的感情很好，李可染常常买一些鸡蛋、肉去看望他。林风眠每天从早到晚就是画画。这一天李可染看到的是林风眠在以流利的线条画马，都是画在方方正正的宣纸上，他画得很快，从早到晚画了九十张。用方方正正的纸作画，按照林风眠自己的话说，这叫"方纸布阵"。宋人的画作大多使用方纸，而中国传统的用纸非横批即立轴，林风眠便欲打破这个传统习俗，以方纸画出花鸟、仕女、风景等，既显得画面轻松，又有静态特色，这也符合他当时的心境和处境。其实在方方正正的纸上构图并不容易，但他却能够独出心裁，加之又能把西方的色彩运用到自己的画作上，所以，出手的作品便有一种神奇之感。这也正是林风眠能

452

够适应各种特殊环境，并能创造出新的艺术形式来的过人之处。实际上，他这是在寂寞的环境中修炼真功夫。

　　林风眠在重庆虽然整天埋头作画，但一些有必要参加的活动他还是得时常露面，但他绝不张扬，尽量不惊动别人。一次，徐悲鸿在中央图书馆举办画展，各界人士车水马龙般地向展室涌来。来看展览的人群中，林风眠的学生吴冠中看到了老师，只见老师穿的衣服很旧，袖子都破了。林风眠对着一件件展品只是认真

⊙《仕女图》（林风眠作）

地看，也不加评论。这时正好西装革履的徐悲鸿与夫人蒋碧薇来到展厅，林风眠就去和徐悲鸿握手。二人打了招呼后，徐悲鸿就忙着接待别人去了，在一旁看得很真切的吴冠中觉得，徐悲鸿对林风眠太冷淡了。当时的林风眠却并没有这种感觉，多年后，吴冠中在香港问起林风眠这件事，他说早已不记得了。

还有一次，李可染去了林风眠的住处，说接下来要到徐悲鸿先生家里去，问林风眠是不是同去，林风眠说："我跟你一道去。"到了徐悲鸿家里，徐悲鸿一开门，李可染便说林风眠先生来看你了！徐悲鸿听后惊得脸色都变了，马上把林风眠请到房间。还没有谈上几句，徐悲鸿就说三天之后要摆一桌盛宴请林先生。三天后，徐悲鸿果然办了一桌酒席，李可染、张安治和李瑞年等人也都去了。

一九四四年夏初，迁到重庆的国立艺专已经换了三任校长，先是滕固于三年前病故，后来换了吕凤子、陈之佛。一九四四年暑假，教育部任命潘天寿为艺专校长、谢海燕为教务长。此时，潘、谢二人正在浙江英士大学授课。暑假过后，潘天寿到了重庆，还没去艺专，就坐了滑竿直奔林风眠的住所探望。他请林风眠回艺专任教。林风眠不答应。二人连续谈了三天，林风眠被潘天寿的真挚之情感动，决定去艺专任教。当时艺专西画系有李超士、方干民、吕霞光三个画室，林风眠来了，又开了林风眠画室。许多新派的学生听说老校长又来任教了，既高兴又激动，几日之内，学生席德进、苏天赐、徐坚白等二十余人申请进到他的画室，学校安排赵无极担任林风眠的助教。

到艺专任教之前，国民党的一些大员和作家、文人也都曾到林风眠的陋室访问过。他们看到曾经名闻海内外的艺专校长能在这种地方居住和生活，说他成了"得道之人"。林风眠对这些人的惊奇并没有作答，心里说："正是因为这间茅屋、这张白木桌子和厨刀、油瓶使我真正变成了一个'人'，过去当校长时住洋房，坐私人汽车，身上的'人气'几乎被耗光了，现在过上了和中国几万万人同样的生活，身上才真正有了'人'味儿！"

不能有所作为了

林风眠回到国立艺专教书后，开始是每周到校上课一次，他从南岸的弹子石到盘溪的黑院墙，先要乘船过江，接下来坐公共汽车，再步行十余华里的山路才能到学校。学校给教师们准备了简陋的单人宿舍，林风眠有时住上一晚，第二天再回弹子石。后来有时就不回去，常常和关良、丁衍庸、李可染、赵无极等人一起聊天谈话，互相观摩画作，生活得既充实愉快，也和谐融洽。次年初，他还参加了在重庆举办的"现代绘画展览"。

一九四五年八月十五日日寇投降，杭州艺专奉命回杭州复校，校名为杭州艺专，任命潘天寿为校长；北平艺专的师生回北平，校名为北平艺专，任命徐悲鸿为校长。此时的教育部长换成了朱家骅。据说朱家骅比较喜欢洋派，对潘天寿做校长不大满意。这时学生们认为既然艺专迁回杭州，还应该让老校长林风眠出来主政。林风眠跟学校一起回到杭州后，学潮一直没停。此前潘天寿也已辞去职务，校长换成了汪日章。据说潘天寿对学潮一事有所误会，以为是林风眠指使学生在

⊙林风眠和关良（右）

455

闹。实际上，林、潘二人一直互相尊重，关系尚好，当初是林风眠请的潘天寿到杭州艺专做国画系主任；潘天寿到艺专主政时，又请林风眠到艺专教授西画，说明他们的初心都是为了事业，并无私人成见。

汪日章做校长后，开始时没有聘林风眠继续执教，由于学生不答应，闹学潮，他只好又把林风眠请回学校。从重庆回到杭州后，林风眠看到原来住的房子玉泉山别墅被日本人糟践得一塌糊涂，他住的房子成了兵营，花园成了马厩，只好暂时住在岳王庙里。他到上海把妻女接了回来，对房子进行了一番整修，别墅有了昔日模样，全家才从岳王庙搬了回去。在安静的环境中，林风眠把全部精力都投入到了绘画创作中。当年在重庆，曾经到弹子石访问过他的作家无名氏也来到了杭州，并且和林风眠住得不远，成了邻居。他曾几次到林风眠的画室拜访，看到墙上挂着的一张张"蓝衣女""黑衣女""绿衣女"以及"红衣女"，这些带有古希腊和中国色彩的画作，仿佛要飞起来，它们带着雷霆、带着火飞舞盘桓，令人惊诧。无名氏说："一种极度灿烂的美拥抱我的视觉，我发现了一个我从未认识的世界。"这些画作是林风眠经过千百次试验后的成果，也是摆脱传统水墨画束缚的东西方艺术最完美的结合。这些画作鲜明的艺术个性，表明林风眠水墨与色彩相融合的风格已经成熟。

杭州于一九四九年五月三日解放，不久，军管会任命倪贻德为军代表，负责管理杭州艺专。七月二日，中华全国文学艺术工作者第一次代表大会在北京召开，倪贻德以华东代表团副团长的名义参加。九月，浙江省军管会任命了杭州艺专的领导班子：校长刘开渠、第一副校长倪贻德、第二副校长兼党委书记江丰、教务长庞薰琹、总务长郑野夫、人事科长刘苇。后来，谭震林做了浙江省省长，江华做了杭州市市长，林风眠参加杭州政协会议时被选为政协委员，后来又被选为常委。

这时的林风眠对新中国的一些文艺政策，特别是毛泽东关于文艺要为人民服务的方针从内心是非常拥护的，他还跟学生说过这样的话："共产党来了，叶剑英肯定会支持我，因为我们是梅州同乡，他又是我的同学，说不定这个学校能按我们的理想来办。"此前，全国文代会期间，周恩来总理曾找一些文艺界著名人士座谈，并请到家里吃饭。他对刘开渠说："林风眠先生在你们学校，你要当校长了，有事你们可以商量商量。"刘开渠回到杭州见到老师亲切地说："周总理让我来看看您，总理对您很关心。"林风眠心里颇为快慰。

一九五〇年杭州艺专改名为中央美院华东分院，党委书记江丰提出新的教育方针，就是要以马列主义、毛泽东思想进行政治教育和思想教育……发扬爱国主义和为人民服务的思想，以现实主义的、中华民族的和中国革命的美术进行美术理论和实际教育……核心思想是艺术大众化，联系实际，反映人民群众喜闻乐见的生活。林风眠认为这个方针和他的"为人生而艺术"的观点并不矛盾，于是，他积极随学校下乡深入生活，为创作农村题材的作品做准备。这一时期，他以年画的形式画了许多人物，虽然画得很拙，但因为采用的是线描手法，自有一番趣味。

⊙林风眠和江丰（左二）等人在一起

⊙林风眠和画家一起下乡深入生活

正当林风眠想在创作上有一番作为之际，学校对原艺专所秉承的教学体系进行了改造：学校以延安鲁艺美术系和华北联合大学文艺学院美术系的教育为基础，把"线描形式、宣传画题材"当作是唯一正确的方向，这样，林风眠主张的"调和中西"的艺术主张便和"艺术为政治服务""表现工农兵的形象"不能相融。这时的林风眠仿佛有了一种感觉，就是对自己的所思所想太自信了，自己想问题也太天真了，既然如此，他感到在艺术上不能再"有所作为了"。

全新的戏曲人物创作

新中国成立之后，面对新的生活，林风眠在许多地方都不能与之相适应。许多外国客人时常在他的家里出出进进引起了人们的注意，有人不理解地问他，国民党和共产党方面，你都认识什么人？他不假思索地回答："国民党方面认识蒋介石，我曾是杭州艺专的校长，蒋介石到学校来由我陪同参观，自然就认识了。共产党方面的周恩来和我是法国的同学，我们不仅认识，关系还不错呢……"

对一些不三不四的盘问，林风眠还没有感到什么压力。最使他感到不安的是学院把一些教学上的问题与政治联系起来，把不同性质的矛盾混淆在一起，自己成了"被改造的对象"，这使他难以接受。学校根据上面的指示精神，把他所在的杭州艺专当作是"形式主义的大本营"。林风眠是画新派画的，他和同仁也便成了"新派画小集团"，时常受到批判；另外，他的挚友、原来学校油画系主任吴大羽因为没有被学校继续聘用，也暂时失了业，离开了杭州；他的得意弟子苏天赐被调到了别的学校；他画室的几个学生不仅在艺术上受到批判，生活上也受到一定限制。在这种情况下，林风眠感到继续待在学校，自己会更加痛苦，也会使自己的学生们在政治、生活上受到歧视和影响，不如尽早离开。于是，他以身体不好为由，要求到上海去休养，并不要补助和津贴。经学校同意，他于一九五一年春天携妻女到了上海。

林风眠一家到沪上后，把家安在南昌路五十一号的一座两层法式小楼里。虽是两层小楼，但面积并不大。首先要解决生计问题。他先是把当年从法国带来的一些珍贵书籍卖掉，把心爱的西方古典音乐唱片也卖给了旧货商店。再就是通过夫人，到外国人的圈子里去卖自己的画。当时在上海的外国领事馆、临时代办处以及在一些商业、金融机构工作的外国人，都比较喜欢林风眠的画，常常买一些带回自己的国家。开始，他卖的价钱并不高，一张四尺整纸才卖几十块钱人民币，后来买的人多了，一张可以卖到两百元左右。

此时的林风眠除了会见一些朋友外，把大部分精力都放在作画上。当时戏曲经过改良之后，旧戏如京戏、绍兴戏等更加显露出来的特色和个性引起了他的注意，他认为这些戏曲题材都适合作画，于是，便兴致勃勃地一幅一幅画了起来。他说，画戏曲人物的目的不是追求物体和人物的体积感，而是追求综合连续感，

⊙林风眠画戏曲人物之一

460

他并不在意戏曲的唱腔和音乐，而对戏曲新鲜丰富的色彩，奇怪的动作，带有原始味道的脸谱等很感兴趣。于是，他以西方立体派艺术的眼光并结合某种美学形式看待这些具有中国传统特色的艺术，经过一番探索、实践，他出手的许多戏曲人物都是以分化的手段完成演员在表演中的连续动作的。这些画作看起来别致新颖，给人一种全新的感觉。他画的《霸王别姬》将空间压平折叠，使之产生奇特的视觉效果。他把一场场故事、一个个人物并置在画面上，使画中的霸王身体、服饰平面化，虞姬的身体、水袖在空间错乱，这些像剪纸一样把形体拼贴在画面上的艺术，使读者既有一种非理性的空间感受，又觉得它生动、形象、真实，可以接受。另外他画的《南天门》《武松》等，画面上的人物虽然也有重叠，但仍然可以看出前后关系。《南天门》讲的是明代故事，说的是吏部尚书曹正邦因与魏忠贤不和遭贬，携眷返乡。魏忠贤派心腹在途中杀害曹正邦全家，只有老仆曹福及女儿玉姐逃脱。主仆在赴大同投亲途中天降大雪，曹福被冻死，后大同来人将玉姐接走。故事甚为悲壮。林风眠画的曹福白发白髯，服饰造型简化成几何形，以昂然站立的形象展示他对主人的忠心；立在前面的曹玉姐面容苦凄，水袖平摆，以示人物身姿柔弱。把曹福画在后面，凸显了老仆护主的可贵品格。林风眠画的戏曲人物与关良画的风格迥然不同。关良笔下的戏曲人物重情趣、重动态，追求的是中国画的画外之意，表现的是任性和自然；林风眠画的则追求浓墨重彩，雍容华贵，通过戏曲人物色彩的厚重与造型的抽象简洁，表明他浪漫而热烈的人生情怀。

林风眠画戏曲人物还有一个重要特色，即非常强调背景，当然这与戏曲的发展改革有一定关系。二十世纪五六十年代，为满足观众的需求，戏曲演员摒弃原来的一桌一椅的简单道具，在舞台上搭上布景，配上灯光，以此烘托剧情，吸引观众。这对林风眠很有启发，在画《火烧赤壁》时，背景画了许许多多的脸谱，几乎不留空白。他画的《宝莲灯》背景出现了许多鬼魅，这样画的结果就是以固定的封闭式的办法处理空间，使读者只能把精力集中于欣赏人物，而不会想象其他。

林风眠在二十世纪五十年代创作的戏曲人物线条锐利飞动，形体交叉，空间挤压在一起，给人们留下了快节奏、高速度的深刻印象。

欣逢盛世的喜悦

由于周恩来总理的关照，林风眠于一九五四年参加了上海市第一届政协会议，当上了政协委员。这时，他每月可以领到八十元（后来是一百元）的补贴，生活上宽松了一些。

一九五五年，中国政府出台了有关政策，允许在中国定居的外国人回国。此时，女儿蒂娜已经和奥地利籍的犹太人马国维结婚，林风眠的夫人决定带着女儿、女婿回法国定居。一九五六年，犹太人基金会决定拿出一部分资金资助逗留在上海的犹太人移居巴西。马国维是犹太人，符合这个条件，他们改变了去法国的计划，去了巴西的里约热内卢。临走前，林风眠给了他们两箱画作，还有红木家具以及自己收藏的一些古董。到了巴西后，女婿开了一家古董商店，夫人当了家庭教师，生活尚可维持。

夫人走了以后，林风眠把房子退去一半，自己一人住在二楼，房租也节省下来一部分。

⊙林风眠（中）和女儿女婿在一起

这时的林风眠更是心无旁骛，一心一意地搞自己的创作。一九五七年五月，上海召开宣传工作会议，鼓励知识分子大鸣大放，帮助党整风。林风眠参加了一些会议，在会上也发了言。后来，《文汇报》把林风眠的发言刊登在报纸上，加了个"美术界的两个问题"的题目。文中讲的第一个问题是，美术作品的出路和美术家的生活问题。林风眠说画家创作出来作品后，既卖不出去，又发表不出来，即使参加展览了，最后还是要自己拿回家，因此许多画家的生活成了问题。第二个问题说的是百花齐放。林风眠认为当前用自然主义和学院派代替社会主义、现实主义的美术创作，成了清规戒律，不同意他们观点的，就要被扣上形式主义的大帽子，一棒子打死。这样的结果是，千篇一律、公式化、概念化的作品大量出现，霸占了画坛。他认为学术上的问题不允许主观和粗暴，必须要提倡进行广泛的学术研究，才能达到真正的百花齐放。林风眠的文章在读者中特别是知识分子、作家、艺术家读者中产生了很大反响，他们认为那些话是有的放矢，说出了他们心里想说而又没有说出来的意见。

林风眠是一个办事非常认真的人，他认为自己只是把美术界的两个问题说出来了，至于怎样看待和解决这两个问题还没有说出来。于是，他又在中国美协的刊物《美术》杂志第六期上发表了《要认真地做好研究工作》一文。林风眠在文章中说，一个真正的美术工作者，首先得研究美术史和前人的创作经验，在技术上踏踏实实下功夫。

林风眠的文章发表后不长时间，全国政治形势发生急剧变化，《文汇报》犯了方向性错误。毛泽东亲自执笔撰写文章——《文汇报的资产阶级方向应当批判》。林风眠的好友傅雷是鼓动他发言写文章的人，首先被戴上了"右派分子"的帽子。当初林风眠还劝过傅雷，要他不要过于冲动，少说话，扎扎实实地做好翻译工作。《文汇报》发表的知识分子帮助党整风的一些文章，都成了向党进攻的"毒草"。林风眠在劫难逃。上海排查右派分子名单，林风眠赫然在列。事情无独有偶。上海美协领导赖少其对林风眠在《文汇报》和《美术》杂志上发表的文章都认真看过，他找到宣传部部长石西民，说林风眠的后一篇（《美术》杂志发表的《要认真地做好研究工作》）实际上是对前一篇文章的更正，不应该划成右派。石西民也是一个很爱护知识分子的领导，他认为能保护的应该尽量保护，经赖少其这样一说，便把林风眠的名字从右派的名单中划掉了。

经过一番惊吓最终免于一劫之后，林风眠又谨慎地拿起画笔搞创作，同时，积极参加美协组织的画家下乡劳动。他到了川沙县严桥，住在农民家里，一边劳动，一边给农民画像，和农民交上了知心朋友。后来他还去舟山渔场体验生活，创作了《捕鱼》《帆》《浪》等带有浓厚生活气息的画作。一九五九年国庆十周年之际，他又应《文汇报》之邀，写了《老年欣逢盛世》的文章，通过对自己亲身经历的解放前后生活的对比，发出了这样的感慨："看看祖国的建设一日千里，面貌日新月异，加上那多娇的江山，我的创作兴致越来越好了……"

一九六〇年七月，林风眠参加了第三次全国文艺工作者代表大会。当年又被选为上海美协的副主席。这几年，林风眠生活的应该是"春风得意"了。一九六一年，北京举办了"上海花鸟画展"，林风眠的《秋鹜》《黑鸡》等作品参加了展出。上海花鸟画家唐云对林风眠参加画展的作品评价说："林风眠属于致力于改革和创新的开派画家。"北京漫画家米谷看了林风眠的画后激动地说："我爱林风眠的画！"不久，他以此为题，在《美术》杂志发表文章："林风眠的画像一杯醇香的葡萄酒，像艺术万宝箱中的一颗碧玉，也像百花园中的一朵奇花，叫人陶醉于更好的艺术享受与想象中。"唐云认为，米谷的这篇文章代表了许多人的声音，应该让更多的人看到林风眠的画，了解林风眠。

从"天堂"到"地狱"

正当林风眠与一些画家一起去各地采风，深入生活，认真创作，日子过得有滋有味之际，一九六四年的春天，《美术》杂志发表了石崇明的文章《为什么陶醉？——对〈我爱林风眠的画〉一文的意见》。文章的前面是编辑部的按语："本刊一九六一年第五期发表的《我爱林风眠的画》一文是错误的，发表这篇文章编辑部有责任。文章发表后，曾经引起读者的不满和指责，我们没有及时组织讨论，也是不对的。我们认为，石崇明同志的这篇文章的基本看法是正确的。石崇明在文章中说，米谷欣赏林风眠的画，其实欣赏的是林风眠的古代颓废诗人的情景，那种带有凄凉伤感的情景，表现了孤寂荒凉的情调，和社会主义时代人民群众的感情格格不入。因此，这种宣扬林风眠作品、不健康的东西是错误的。"这实际是批判林风眠作品的开始。林风眠虽然也看了这篇文章，但他没有往深处想，还和唐云、王个簃、朱屺瞻等人到江西景德镇瓷厂，作瓷绘画盘四十余天。

到一九六五年十一月，《文汇报》发表姚文元的文章《评新编历史剧〈海瑞罢官〉》之后，林风眠有些坐不住了，再联系到《美术》杂志刊发批判自己作品的文章，觉得风向有些不对，并且预感到会有严酷的事情来到自己身边。他先是给和他走得比较近的一些学生说，现在赶快把画笔收起来，什么也不要画了，等这个批判运动过去之后再动笔。接着，史无前例的"文革"开始了。上海的作家巴金等人成了要横扫的"牛鬼蛇神"，被抄了家；傅雷、沈尹默、谢稚柳等艺术家也被抄了家；接着又传来傅雷夫妇不堪忍受红卫兵小将的凌辱而自杀的消息。他派学生打听，得知此消息准确无误之后，难过得珠泪滚滚。他想起常到傅家聊天的情景，傅雷的夫人朱梅馥烧得一手好菜，他酒足饭饱之后，还从傅家带一些花种子回来。不久前他还和傅雷通过电话，要他说话小心些，没想到这么快，这对恩爱夫妻就辞世了。他给学生们说，傅雷是一个自尊自爱且又正直的人，怎么能受得了那种侮辱啊！

这时，林风眠想到自己有可能也要被抄家，面对自己呕心沥血创作出来的一幅幅作品，他觉得这些画作都会给自己带来杀身之祸，决定把它们全部毁掉。一九六六年八月十六日，他和学生潘其鎏一起把画藏在楼上天花板的夹层之中。过了一夜之后，坐卧不宁的林风眠觉得这样做不好，万一被查出来，会罪上加罪，他又把画从天花板的夹层中取了出来，把其中色彩艳丽一些的剪成一段段、一片片。他的义女冯叶来了，躲在旁边眼睁睁地看着林风眠毁掉这些画，不知如何是好。林风眠把剪碎的画放在壁炉里焚烧，又怕烟囱冒出的烟被人发现，就把画放在浴缸里，用水浸泡，化成了纸浆之后再冲走。冯叶见义父毁画时一言不发，是那样冷静、坚毅而决绝，还说："不要留下任何一张作为证据的作品，我要亲手毁了它……我还会再画……"

林风眠的两千多幅作品是不是都毁掉了呢？没有。一是潘其鎏帮助老师毁画的时候，实在于心不忍，在他再三恳求下，林风眠给了他一批力作秘密保存起来，后来这批力作由他带到了美国。二是著名电影演员王丹凤的丈夫柳和清和林风眠是要好的朋友，"文革"之初，林风眠对柳和清说，自己有一些裸女模特儿画像，还有一些教学使用的范本，用笔比较大胆，有纪念意义，毁掉吧，可惜，舍不得；不毁吧，一旦红卫兵拿到就是罪证。进退维谷之际，柳和清便出资把这些画买了下来。三是林风眠正在处理画的时候，

⊙林风眠和学生潘其鎏（左）

公安人员带领一群红卫兵抄了他的家。他们抄走了照片、资料以及两万多元现金，最后把他的画放在一个樟木箱里，贴了封条，那批画也保存下来了。

一九六八年八月十五日，几位公安人员来到林风眠家里，向他出示了"拘留证"和"搜查证"，然后把他推进警车，投进了上海第一看守所。隔了一天，对他进行第一次预审，他才知道自己是因为有特务嫌疑才被拘留的，这就是说他有历史问题要弄清楚。一九七一年，从六月到十一月，拘留所对他共进行了二十次预审，问他最多的问题是他和当年的学生邓洁的关系。邓洁当年在北平艺专读书时，因做共产党的地下工作而被捕，关进日本人监狱，后来从监狱逃出到杭州找到林风眠。"文革"时，邓洁被作为日本特务审查，他们想逼迫林风眠承认自己是"日本特务"。另外，就是想从林风眠身上找到打倒周恩来的材料和证据。

对这些莫须有的罪名，林风眠概不承认。看守所就对他百般折磨，用手铐将他的双手铐在背后，让他不能像正常人一样吃饭、睡觉，只好趴在地上舔着吃东西，侧着身子睡觉。他的手肿得像馒头，手铐嵌进肉里，血水模糊。年近七十的老人受尽了百般摧残，他在诗中写道："一夜西风，铁窗寒透，沉沉梦里钟声，诉不尽人间冤苦。铁锁银铛，幢幢鬼影，瘦骨成堆，问苍天所为何来？！……"林风眠向苍天发问："人间折磨人的魔鬼为什么会这样残酷啊？！"

义女冯叶

冯叶的父亲冯纪忠是上海同济大学建筑与城市规划学院名誉院长，母亲席素华是沪上名门之秀。冯纪忠一九一五年生于河南开封的书香世家，在建筑领域的地位与北京的梁思成齐名，有"北梁南冯"之称。新中国成立前席素华在香港居住，与王姓男子离异后，便携子王泽良回到沪上，后与冯纪忠结为夫妇，一九五三年生女冯叶。

林风眠是席素华的老师。席素华有绘画禀赋，曾向杭州艺专的克罗多助教陈盛铎学油画。陈盛铎与冯纪忠是同事，冯纪忠请陈盛铎做中间人，席素华便拜在了林风眠的门下。席素华对林风眠的画极为喜欢，跟他学油画也学中国画，为了虔诚地跟老师学好画，她从同济新村四平路的豪华住房迁出，搬到南昌路附近茂名路的两间较小的屋子里居住，方便接近老师学画。因林风眠孤身一人，席素华便对他的生活多方照顾，吃、穿、用等方面都是亲力亲为。有时席素华把儿子王泽良也带来，王泽良性格内向，平时不大多说话，看母亲跟林风眠学画，有时还给他们当模特儿，很受林风眠的喜爱。

冯叶和林风眠于一九五六年左右认识，因为冯纪忠夫妇都有工作，所以常常把女儿冯叶放在林风眠的家里托管，有时晚上也不接回家，就睡在那里。冯叶童年时对林风眠的深刻印象是：总是光着脑袋，叼着香烟，手里拿着画笔，在画案上不停地作画，画了涂，涂了画。有时看头一天晚上自己的画不满意，就撕掉；有时在画上改了又改，画了又画。总是笑眯眯的……后来冯叶也喜欢上了绘画，就跟林风眠学。为了教好这个喜爱绘画的女孩，林风眠还很认真地做了教学计划。这时"文革"已经开始，虽然林风眠被批斗，劳动改造，但他仍按原计划给冯叶讲课。冯纪忠旧学根底很好，他认为要学好画，必须知识广博，特别是要掌握一定的古典文学知识，从而提高文学修养，于是抽空就给女儿冯叶讲一些经典古文。林风眠则给冯叶讲古典诗词。冯叶在林风眠的指导下，读了李白、王维、白居易、李煜等人的诗词全集。在教授杜甫的诗时，林风眠对冯叶说，杜诗有些造作，不如李白的奔放、自然，林风眠不只为了教而教，而是在教的同时把自己的艺术主张和见解告诉冯叶，让冯叶从小就锻炼独立思考的能力。

林风眠还系统地给冯叶讲授世界美术史。他说一定要了解东西方艺术的历史发展过程，这对学画的人来说很重要，他以一本日本印刷水准并不太高的《世界美术全集》为范本，耐心地给冯叶讲解。尽管书中的作品失真，却能使冯叶粗略地领会到一些大师杰作的神韵，从而开启她幼小的心灵。另外，林风眠还通过讲一些浅显的故事，启发冯叶的思维，使之对哲学产生兴趣，讲杜威的实用主义、尼采的超人学说、叔本华的意志等。有时冯叶也表达对一些问题的看法和体会，林风眠就说她是一个感性多于理性的孩子。冯叶对理论问题很感兴趣，由于资质所限，有时不够理智，但林风眠也总是笑眯眯地听，让冯叶大胆发表她的看法。

冯叶向林风眠学得最多的还是毛笔的运用。林风眠手把手地教她写字，画线条，让她临《芥子园画谱》。在林风眠的指导下，她还读了爱因斯坦的一些书。

随着"文革"的深入，林风眠的日子越来越不好过。一天傍晚，冯叶正准备去义父家里，忽然听说义父已经被抓走坐牢了。她和病中的母亲急得团团转，这时她的父亲也已经被隔离审查好几个月了，现在义父又被抓走，音信全无。再说，天已渐渐转凉，义父被抓走时穿的是汗衫短裤，他是七十岁的人了，怎么受得了呢？

席素华通过多方打听，才知道林风眠被关在上海公安局的第一看守所，她给看守说要给林风眠送一些衣物，直到过了一个星期之后，看守人员才交给她一份林风眠写的"送物单"。自此，她便每月去给林风眠送一些东西。冯叶当时因为年龄小，母亲不让她跟着去，她就在家里把要给义父送去的衣物整理整理，洗一洗，缝缝补补。冯叶后来回忆说，自己以前从来没有用过针线，通过给义父缝补衣服也学会了女红。冯叶给义父整理衣物的时候，常常会想起义父耐心教她学画的情景，更增强了她继续学习的勇气和信心。

一九七二年十月二十八日傍晚，天快黑的时候，冯叶一家人正准备吃晚饭，忽听有人敲门，开门一看，原来是林风眠站在门外。林风眠刚刚被从牢里放出来，回到家里擦了把脸，衣服都没来得及换，就赶到了冯叶家。整整四年零四个月没有见面了，林风眠被关进去的时候，冯叶才到他的肩那么高，现在已经是一个大姑娘了。林风眠高兴地抱着冯叶，冯叶难过地"哇"的一声哭了出来。后来才得知，林风眠是在周恩来的过问下才被放出来的。

人是被放出来了，但是折磨和摧残并没有停止，特别是心灵上的折磨更是使他难以容忍，一会儿批他的"黑画"，一会儿又捉弄他，让他临摹"农民画"，让他无所适从。越是如此，林风眠越是抓紧时间教冯叶学画，他把被抄家后幸存的宣纸拿出来，一口气裁了上百张，对冯叶的父母说："她现在正处于学习的重要阶段，对纸的感觉和体验很重要！"

思亲之痛

从上海第一看守所回到上海南昌路自己的住处到一九七六年粉碎"四人帮"期间，林风眠除了接受一些批判（被当作画黑画的"黑画家"）之外，其余的时间都是躲在家里，深居简出。批黑画的时候，他担心会再次入狱，思想上紧张了一阵子。他白天也不敢待在家里，一大早就去学生席素华家"躲客"，入夜了方才悄悄回家。

夜阑更深之际，望着墙上学生苏天赐为女儿蒂娜二十岁生日画的画像，林风眠不禁老泪纵横。多年来，一直没有再和妻子、女儿见上一面，思亲之痛犹如万箭穿心，使他不能入睡。他让学生潘其鎏为自己拍了一张与墙上女儿画像的合影，在照片的背后，他用颤巍巍的手写了这样的话："人生难得是欢聚，唯有别离多……"他多么希望女儿能够理解父亲的思念之心啊！他找到画院党支部书记沈柔坚，表达自己想去巴西看望妻女的想法，沈柔坚表示同情和支持，但是无能为力。

一九七六年一月，周恩来总理逝世。林风眠面对自己最尊重的老同学的遗像，伤心得泪水如线。他知道这位老同学在法国留学时就喜欢马蹄莲，于是拿起画笔

⊙一九七四年，林风眠出狱后回到上海的家中

在一张宣纸上画了一幅色彩极其淡雅的马蹄莲，落款写道："敬献给周公。风眠。"他把画挂在墙上，每天伤心地对画寄托哀思。周总理的灵柩去八宝山火化的那天，林风眠把画从墙上小心翼翼地取了下来，然后又小心翼翼地烧掉，心里在说："亲爱的老同学啊，你一路走好……"

这年十月，天怒人怨的"四人帮"成了阶下囚，上海美术界举行赛诗赛画会表示庆祝，他们邀请林风眠参加，他和许多画家一起合作创作了巨幅画作《胜似春光》，把内心的无限喜悦都表现在画作里面了。

欢喜过去了，林风眠更想的还是去巴西看望妻女。一天，他的老同学、梅州同乡叶剑英派女儿专程到上海看望他，希望两人能在北京重叙同窗旧谊。一向把名利看得很淡的林风眠婉言谢绝了，只是说想去巴西看望分别了二十余年的妻女。叶剑英帮他实现了这个愿望。出国之前，他想起了自己的学生、朋友和经常来往的人，给他们寄去了自己的画。学生吴冠中回忆说："先生临别之前给我寄了一幅画，我哆嗦着打开，先生画的依旧是芦塘和归雁，我立即复了他四句诗：捧读画图泪湿花，青蓝盈幅难安家（因画的色彩是青蓝色调子）。浮萍苇叶经霜打，失途归雁去复还。"著名画家黄苗子、郁风夫妇与林风眠交往很多，也收到了林风眠寄的画，画的也是芦苇、云天、孤雁。他们向林风眠致信表示感谢，说林先生就要去异国他乡了，自己却没有吴冠中的那种"孤雁离群""万里高飞雁与鸿"的离愁之感。上海著名艺术家吕蒙、黄准（都在上海电影制片厂工作）都是林风眠的好友，临走之前，他把吕、黄二人邀请到家里，拿出一沓画让他们挑选，最后每人挑了一张色彩十分艳丽、调子异常明朗

⊙林风眠（左）赴香港前的留影

的大丽花。后来，吕蒙请林风眠到家里吃饭，林风眠当场为吕蒙的两个孩子作画留念。临走的前一天，他还托人把自己养的心爱的龟背竹送给吕蒙。

上海市委副书记王一平是当年不让给林风眠戴右派帽子的人，他在林风眠即将出行的前夕，设宴为之送行。一九七七年十月十九日上午，林风眠到了上海虹桥机场，这里来了许多为他送行的人。席素华、冯叶母女陪同林风眠一起登机，把他送到了广州。在广州游览了一周，十月二十六日早上，林风眠的堂弟林汝祥从香港来广州接他，当天下午便到了香港。林汝祥是香港中侨国货有限公司的经理，他在油麻地的中侨国货分公司永侨大厦顶端为林风眠提供了一处住宅，供他每天画画和居住，林汝祥夫妇照顾林风眠的生活起居。林风眠因为身体不太好，需要看医生，去巴西的时间只好延期。按照规定，林风眠在香港只能停留四十八小时，现在要延期了，于是又找有关人员帮忙，好不容易才办好了延期的手续。在港治病、休息期间，他每天还是不停地作画，林汝祥在中侨国货公司为他举办了多次"中侨收藏之林风眠画展"。林风眠还打算去巴西之后，再到巴黎办一次画展。

一九七八年二月，林风眠在香港办好了去巴西的手续，于三月二日由东京转机飞往巴西。林风眠到的时候已是午后了，他的妻子阿丽丝、女儿蒂娜还有外孙和朋友们都到机场去迎接他。二十多年没见面了，一家人特别是林风眠经过一番大风大浪再相见，更是万分激动。他仔细看看老伴，已经明显衰老了许多；女儿一会儿忙着照顾这个，一会儿帮助那个，养成了伺候人的性格；原来他不甚喜欢的女婿，此刻已经病得"像'甲'字形怪物"，依然生活懒散，只

⊙林风眠（右二）在巴西时与家人在一起

是偏爱玩古董，缺少养家糊口的责任心，这让林风眠更是耿耿于怀，恨不得上去打他几巴掌！然而，一向沉静、不善言辞的林风眠并没有这样做，他对这个家还是充满一副火热心肠，他希望自己家人的生活更加美满幸福。

巴黎寻梦

林风眠在巴西与妻女一起生活了三个月后，这年夏天又回到了香港。按照林风眠自己的话说，在巴西一天都待不下去，再待下去就会变成"瞎子"，只能看到眼前的那一片小天地，外界什么都看不见；也会成为"聋子"，听不到什么消息，苦闷得很；还会成了"跛子"，天天就是走那一段路，从家到海滨，从海滨到家。这种单调无味的生活对于一个在生活上追求丰富多彩的大艺术家来说，简直是难以忍受，因此只好暂时又回到香港。

⊙林风眠从巴西返回香港后的留影

到香港后，林风眠决心实现自己的"巴黎画展梦"。一九七八年夏天，义女冯叶到了香港。据说冯叶是准备去巴黎学钢琴的，后来决定留在义父身边继续学画。当她决定以画画作为终生职业的时候，林风眠严肃地对冯叶说："你要好好地考虑清楚，我认为你是有能力画的，但要当一个真正的画家，不是单凭喜欢艺术就行，而是要疯狂地投入其中，更需要有很大的勇气和恒心……一定要准备吃很多的苦。要么就不做，要做就要做一个真正搞艺术的人。"冯叶觉得有这样一位义父大师做自己的老师，实在幸运得很，她决心在老师"技术知识可以传授，创作能力只能启发"的宗旨指引下，刻苦勤学，不辜负义父的期望。同时，她也担负起照顾义父生活起居的责任。

林风眠要去巴黎办展，首先要找到牵线人。了解到留法时的同学李树化的女儿李丹妮住在法国，李丹妮和林风眠的女儿蒂娜同年生在北京（林风眠在北平艺专做校长时，李树化做教师），两家关系极为密切。林风眠给李丹妮写信说，自己虽年近八十，但两只脚还可以跑跑路，要像卖豆腐干的一样挑着担子到处跑。实际上，他这时对自己究竟留居何处还没做最后定夺，但无非是三个地方：巴西、巴黎、香港。他说他现在有三个女儿，一个是亲生的蒂娜，一个是香港的金碧芬，再一个就是你李丹妮了。他让丹妮帮助他在巴黎把画展办成。林风眠把自己的画作分成三个时期：一、一九二五年至一九四五年，这二十年分别在北京（北平）、杭州和重庆；二、一九四五年至一九六五年，这二十年基本都在杭州；三、一九六五年至一九七八年，在上海经历了"文革"后，到香港。他在给丹妮的信中说，后来的画作特别是到香港后的画变化较大。除了油画在一九六六年被毁掉之外，从尚存的水墨、水彩的画作中，可以看出自己的创作过程，这也是自己绘画风格逐渐演变的重要依据。

为了办好林风眠在巴黎的画展，居住在里昂的李丹妮要时常奔波于两地之间。展览地点在巴黎的塞尔努西博物馆，时间定在一九七九年九月二十一日至十月二十八日，展出作品八十幅。塞尔努西博物馆的馆长瓦迪默·埃丽塞弗抗战时曾在重庆生活过一段时间，与林风眠认识，一九五六年他又在上海访问过林风眠。他和李丹妮谈了三个小时，对林风眠为什么要离开内地到香港以及画展的相关问题等都有了详细了解。此前林风眠曾给埃丽塞弗写过信，但他没有回，原因就是对林风眠的许多情况不了解。通过丹妮的叙述，埃丽塞弗高兴地说："我和林风眠的友谊并没有被逝去的岁月冲淡，我要全力以赴，办好老朋友的这次画展。"他提出此次画展要以"个展"的形式呈现，作品至少要有六十幅，其中又要有二三十幅旧作，因为博物馆不是私人画廊，要让参观的人欣赏到画家风格的演变过程。他请赵无极去中国驻法大使馆具体联络办展事宜。林风眠给杭州艺专时的学生、时任外交部部长的黄镇写信，通报驻法大使馆办展的有关情况。很快，林风眠在巴黎办展的事情尘埃落定。

林风眠画仕女

　　一九七九年九月二十一日上午，"林风眠画展"在巴黎塞尔努西博物馆隆重开幕。巴黎市市长后来成为法国总统的雅克·勒内·希拉克主持开幕式并剪彩，中国驻法大使馆、巴黎各界政要、联合国教科文组织官员出席了开幕式。这一年林风眠虚岁八十，画展展出八十幅佳作与其大寿相合，暗喻吉祥之意。八十幅作品中或仕女，或花鸟，或戏剧人物、静物、风景等，题材广泛，风格鲜明，让法国观众大饱眼福。埃丽塞弗亲自为《林风眠画展目录》写了序言："半个世纪以来，在所有的中国画家中，对西方绘画及技法做出贡献的，林风眠先生当为之冠。毫无疑问，从一九二八年起，他就认为自己要致力于'协调融合东西方精神的理想'……从他的整个作品看，一部分令人迷恋陶醉，还有一部分则令人惊讶敬佩。不管怎样，它们证明了艺术家的热情和忠诚的探索。"

　　举办画展期间，林风眠去母校巴黎国立高等美术学院参观。在二楼图书馆，他看到当年的桌子和台灯依然摆在那里，不禁感慨万分。然后，他又去了卢浮宫……他还到郊区寻找第一位夫人罗拉的墓地和他亲手为之雕刻的墓碑，然而，这里只有蓝天和白云，一切已经荡然无存，身边也只有帮他一起寻找墓碑的义女冯叶……

魂留香江

　　巴黎画展之后，一九七九年底林风眠又到巴西探望了妻女，次年开春回到香港。一九八○年第二期《美术》杂志发表了《林风眠和他的画》的文章，文中对一九六四年《美术》第四期编辑部的"按语"提出批评，指出当时杂志让读者对林风眠的作品进行讨论，是以极"左"的面目出现，妄图把林先生和他的画一棍子打入冷宫。这篇文章实际是为林风眠及其画作正名。

　　一九八一年盛夏之际，学生席德进病逝于台北，消息传来，林风眠甚为哀婉，立即撰写了《老老实实做人，诚诚恳恳画画》一文以作悼念。席德进两年前曾专门到香港访问过恩师，他当时已是台湾的著名画家，台湾雄狮图书公司出版了他写的《改革中国画的先驱者——林风眠》，这是他与恩师相隔三十年后再相见的有感之作。当年他在艺专读书时，林风眠经常指点他，他对恩师的许多教诲铭记终生。他在素描方面下的功夫最大，也最为林风眠赏识。林风眠在文中赞扬席德进不断地观察自然、深入自然，终于从自然中抓出了一些东西。林风眠还赞扬席德进是一个真正的艺术家，哀悼他去世太早，不然在美术创作上会做更多贡献。林风眠不仅对老学生如此情深意厚，对他身边最年轻的学生冯叶更是爱护有加。冯叶在香港、法国、德国举办画展，林风眠专门在香港《美术家》杂志撰文介绍冯叶，说："她很小跟我学画，开始的时候学习西画的素描基础，同时也学习国画，临摹宋代的中国画，学习传统的画法……她画的是她眼睛所见的对象，而表达出来的则是她心中的感受……"

　　一九八二年六月，林风眠的夫人阿丽丝在巴西逝去。次年一月，他又去巴西探望女儿，这次住了六个月，是他在巴西探亲时间最长的一次。一九八六年和一九九〇年，林风眠曾应日本西武集团两次盛情相邀，到日本东京举办画展，在日本引起很大反响。然而，在诸多展览中，影响最大的还是一九八九年十月在台北历史博物馆举办的"林风眠画展"。之前，我国台湾艺术界和民众都想一睹这位艺术大师的风采。展览十月五日开幕这天，参观人数创新了历年的纪录。林风眠这次共展出画作九十幅，与他九十高龄相合。当时他身上挂着花环，在鲜花丛中向媒体和观众介绍自己的画作，并回答观众的问题。有人问起他常画的仕女，他说自己的灵感来自祖国的陶瓷艺术，特别是受到宋瓷中官窑、龙泉窑的透明和颜色的影响，使他能够产生一种灵感，然后通过自己的技术表现出来。有媒体问到他笔下流畅劲健的线条时，他说自己是用毛笔作画，因为练了很久，出手的作品就有唐代铁线描、游丝描的味道。有人问到流派和个人风格，林风眠说流派是有的，因绘画是个人的东西，个人创造出来的东西就是流派。两年后，即一九九一年三月，台湾当局授予林风眠文艺奖章及美术类特别贡献奖。

⊙林风眠在台湾举办画展

　　林风眠晚年遇的这样两件事不能不提：一是他一九八九年九十岁寿辰之际，北京、杭州准备开展纪念活动，时任浙江美术学院院长的萧峰打电话告知他纪念活动内容：一、拍摄影片；二、中国美术馆举办画展；三、庆祝生日活动；四、出版文集、画集；五、成立林风眠艺术研究会；六、任全国政协委员。义女冯叶把这些内容写好后请林风眠答复。他在文后写了这样的话："萧院长：收到冯叶转交各位同学的信并转告了来电的内容，首先感谢大家的好意，但年纪大了，所以不同意举行以上一切活动。专此即致敬礼！林风眠，一九八九年四月四日，香港。"

再有一事，林风眠的同乡、香港南源永芳集团公司董事长姚美良访问杭州时，听说建造陈列林风眠画作的陈列馆资金有困难，他当即表示由永芳出资一百万元帮助筹建。萧峰把这个消息告诉林风眠，林风眠给萧峰去信表示谢绝。信的内容是："感谢大家的好意。杭州有力量就建（陈列馆），没有条件就不建，要富商帮助，我坚决反对。因与富商姚先生非亲非故，我一生最穷困的时候，也没向人家讨过一分钱，如果姚先生把这一百万元用来帮助青年画家出国进修，比替我建馆更重要，更可流芳千古。"

一九九一年林风眠已九十二岁，这年夏天，他突发心脏病住进了港安医院。这时香港正要举办"傅雷纪念音乐会"，有人问及傅雷之子傅聪请谁为音乐会题字为好，傅聪说父亲与林风眠是挚友，由他题字最为恰当。病榻上的林风眠虽然身体十分虚弱，听到这个消息后，仍然坚持要题字。尽管此时他已经不能用毛笔，还是用日本水笔写了"傅雷纪念音乐会"几个字，并题上了自己的名字。此后，林风眠病情日益恶化，心脏病并发肺部感染，冯叶曾从英国请来名医为之治疗，病情仍无好转。八月十二日，一个风雨交加的日子，林风眠长眠而终。八月十七日，香港各界在殡仪馆为这位中国画坛的一代宗师送行。他的女儿蒂娜因心脏不适不能到港为父亲送行，一切丧事由冯叶料理。林风眠的骨灰被冯叶暂存在香港连臣角火葬场的慎终堂七楼。二〇一二年十二月中旬，他在巴西的外孙马科维茨来到香港要将外祖父林风眠的骨灰移到杭州与外祖母合葬，但火葬场管理人员对他说，二〇一二年十一月二十三日，林风眠的义女冯叶已办好林风眠骨灰移交手续，要移灵需冯叶同意，但他们找不到冯叶。

林风眠的魂灵仍然在香江上空孤独地飘荡……

真情真性　傅抱石

巴山蜀水的灵性和丰腴，成就了他笔下的不朽之作，他也因此成为开拓中国山水画创作的一代巨擘。有了丧国之痛，他不能坐视而蒙受屈辱，于是他跋涉危途，历尽艰险。偏安山城一隅时，『往往醉后』，便呼风唤雨，横扫千军，洋洋洒洒，淋漓尽致！此乃『时势造英雄』之谓也！斯人者，『酒仙』抱石先生耳。

艺术青春常在

——傅二石说父亲

　　二〇一五年初的一天上午，我来到了南京中山北路龙吟广场傅二石先生的家里。傅先生夫妇为人宽厚，他们热情的接待使我如沐春风。我们的话题从"儿子眼中的父亲"开始。

　　一说到父亲傅抱石，二石先生陷入深深回忆中。他的神情严肃而凝重，仿佛在喃喃自语：父亲的艺术和为人，让人永远忘不掉……二石先生知道我今天要来，一大早就把有关傅抱石先生的画册、书籍和资料摆上了画案。他指着一本画册里的一张老照片说："这里就是当年我们在重庆乡下金刚坡的住所，也就是在这所门房改成的住所里，父亲开始了山水画创作的辉煌时期。"

　　一九三六年，傅二石生于江西南昌，名益钜。一九三九年随母亲罗时慧、哥哥傅小

⊙傅抱石之子傅二石

石一起来到南京。他们一家在这里生活了七八年。傅二石说："自己对童年时期的父亲印象最深刻，父亲的一颦一笑，一举手一投足，饮酒，作画，仿佛在昨日。"

刚开始读小学，傅二石常在放学后为父亲磨墨。当时父亲身体虽然瘦削，但却有着儒雅之气，君子之风。他身上常穿的是一件灰布长袍，脚上是一双胶鞋（重庆当时雨多），腋下夹着一个公文包，公文包里大都是上课的讲义，手里拿着一把油纸伞。父亲在风雨中离家远去的背影、归来时亲切和蔼的笑容，刻在自己心头几十年了，傅二石说："如今自己也已是虚度八十高龄的老人了，父亲的这个形象在脑海里为什么不是越来越模糊，而是越来越清晰？这是因为父亲和他的艺术一样，愈是时间久远，他的魅力愈发闪射出诱人的光芒。"

傅抱石为人谦逊、直率而善良，乐于助人。傅二石说："当年父亲应郭沫若先生的邀请在国民政府政治部第三厅任其秘书。重庆当时经常遭到日寇的轰炸，许多人家破人亡，一些抗日仁人志士的子女成了遗孤。他们生活无着，陷入极度的困难之中。郭老就和父亲商量想办法如何去搞一些钱，救助这些无辜的孩子。于是他们到昆明办了一次'书画联展'，展出所得全部捐给了重庆'七七幼儿园'的孩子们。"尽管当时傅抱石家里的生活也十分拮据，小石、二石兄弟知道父亲做了救助难童的义举后，心灵深处对父亲的敬重和热爱又加深了一层。

三厅解散后，傅抱石到中央大学、国立艺专任教。他每次进城来回要走六十里山路。重庆的天气有时风雨交加，有时浓雾紧锁，有时丽日蓝天，但是晴天总是没有阴雨天多，傅二石说："父亲对四川山区的优美景色特别是雾蒙蒙的雨中景色非常欣赏，不管是上课的路上，还是站在自己家门口，他常常认真观看四周云絮飘忽的变化，当雷声大作、暴雨袭来时，他会跑到高处观看乌云翻滚和狂风中飞舞的树丛，身上的衣服被淋湿了也全然不顾。"这些景色，正是傅抱石创作山水画最生动的"粉本"。傅二石说："这个时期也正是父亲下决心要变革中国画的关键时期。"

傅抱石认为，唐以后的画家重技法而远离自然的藩篱，一直束缚着中国画的变革，使得中国画"日渐僵化"，画家们画来画去就像是把僵化的"骸骨"搬来搬去一样。他希望"给中国画输入温暖，使僵硬的东西渐渐恢复它的知觉"。他说中国画最高的原则是以"气韵生动"为第一（即南齐谢赫"六法"中排在第一位的

《万竿烟雨》（傅抱石作）

"气韵生动")。傅抱石认为只有气韵生动的艺术才有生命和价值，也才会超越时间和空间的限制。于是，傅抱石从亲眼看到的蜀中山水画起，尝试变革中国山水画。没有入川之前，他对四川的山水如何美好只是一种想象，当自己亲临其境之后，便发出了"画山水的如果在四川没有受到感动，实在是辜负了四川山水"的感慨。尽管四川青城、峨眉等胜景他还没有去过，但是，他把以自己居住的金刚坡为中心的数十里地方的一草一木都尽情地收进了自己的画稿。《万竿烟雨》《初夏之雾》《潇潇暮雨》《暮韵》等佳作都引起了轰动。傅二石清晰地记得父亲当时作画的情景：笔墨备好后，他把素纸慢慢展开，又一遍遍抚摸，他这是在审视，构思；然后便提起斗笔在纸上横涂竖抹起来，犹如横扫千军的将军，峰峦、杂树、烟云、骤雨，湿漉漉地在纸上显露了出来；墨色稍干，他又开始收拾、整理，直到满意为止，然后把画挂在墙上。他看着自创的散笔用锋、连皴带擦的"抱石皴"，烟云、峰峦似跳出纸面一般鲜活，脸上也会露出几分得意之色。画到高兴处，他还常常会端起酒杯。傅二石说："父亲每画必饮，醉眼蒙眬中笔下出现的梦幻一般的景色最是传神、灵动。父亲每天喝的酒都是我跑到离家二里来地的小酒馆里沽来的，那时家中并不宽裕，能买得起一些散酒也就算不错了。"

一九四二年傅抱石先生在重庆办了一次画展，一片赞扬声中也出现了一些杂音，一些抱有传统观念的人并不买傅抱石的"变革"账，有的甚至写打油诗在报上对傅抱石进行讥讽："远看是冬瓜，近看是蛤蟆，画的是国画？哎呀我的妈！"傅抱石对这些冷嘲热讽毫不放在心上，依然我行我素，在变革中国山水画的道路上奋勇前行。

不忘知遇之恩

　　傅抱石之所以能成为闻名海内外的一代宗师，画艺超群、学识渊博、天资聪颖是一方面，更重要的是他有着高尚的人品，他孝敬父母，知恩图报。

　　修伞翁何立堂是他父亲的恩人。傅抱石虽然不曾与他谋面，但他知道，就是因为这位老人，他的父亲才能得以在南昌立身，所以每逢年节，他从来没有忘记对这位老人的祭奠。这里要先说一说他的父亲。傅抱石父亲傅得贵，名文苌，字聚和，一八六二年生于江西新喻（现为新余市）东北六十里外罗坊镇北岗乡章塘村。章塘村及周围十几个村子的人家都姓傅，傅姓家族在这里有"喻东十伦堂"之称。傅得贵家祖祖辈辈以务农为生，他从小就给地主家干活，到了十几岁，受不了贫穷与繁重劳动的折磨，怀揣母亲黎氏借来的几吊钱，他只身步行三百余里到南昌谋生。

　　南昌的新喻会馆是本县考生在当地的临时寄居之地，在这里傅得贵请一位堂叔帮忙，到兵营当了一名伙夫。因他身体太弱，又被赶了出来，每天只好给人干一点杂活果腹。一天，他在街上看到一位修伞的老翁挑着担子摇摇晃晃地走了过来，傅得贵看到老人不堪重负，心生恻隐，连忙走过去把担子接了下来。老人望了望这位善良的年轻人，心存感激，细问缘由，才知道眼前的好心人是一个穷苦后生。修伞老人说自己叫何立堂，孤身一人住在臬台衙门后墙外的一个棚户区内，那里有一间"何氏补伞店"小屋，平时没有什么生意，只好挑起担子上街。傅得贵也没有什么营生，于是每天帮助老人挑担子、干杂活，一起艰难度日。一天，何立堂要傅得贵跟自己学修伞，傅得贵立即磕头拜师，自此二人成了师徒关系。傅得贵感激老人收留他，表示要侍奉师父一辈子。何立堂有了依靠，便把自己的

⊙傅抱石的母亲徐氏

手艺毫无保留地传给了他。傅得贵年轻聪明又加上虚心好学，修的伞又快又好，生意也渐渐好了起来。之后不久何立堂患病不起，就把街坊三老四少请来，言明自己所有的一切都由傅得贵继承。傅得贵更是感激涕零，像照顾父亲一样照顾老人，直到把老人送终。傅得贵把破屋修整了一番，在门口竖了一块"傅得泰"的牌子，自己一个人做起了专业修伞匠。因他技术好手艺高，慢慢有了一些结余。一八九三年，傅得贵三十一岁，经人介绍和新建

县一位十六岁的徐姓姑娘结了婚。徐氏原来给人做童养媳，因受不了虐待，来到了南昌。她为人直率，做事干练，性格开朗，和傅得贵成婚后把家料理得井井有条。徐氏生了七个孩子，却只有大女儿招弟活了下来。一九〇四年十月五日，徐氏又生了一个男孩，夫妻二人给孩子起名长生，这就是后来的傅抱石。

长生从小聪明伶俐，五六岁时对瓷器上的花饰产生兴趣，常常学着画。当地一位姓陶的警察见长生聪明异常，就劝徐氏送孩子去读书。无奈家境贫寒，读不起书。陶警察说，自己从今天起就教长生识字，每天教两个。当天教过的，长生第二天就可以写下来，不到一个月的时间，陶警察把肚子里的字全都教完了。他又介绍长生去一位姓俞的先生办的私塾旁听。对启蒙老师陶警察，傅抱石后来也时时提起，不忘他的热心和真诚。

江西省立第一师范学校（以下简称赣一师）附小的张先生对长生贫寒的家境甚为同情，看到他到了读小学的年龄还不能入学，决定特许长生免费到校读书。这时长生已经十三岁了，张老师给他取了个学名叫傅瑞麟。因以前瑞麟旁听过私塾，

学校让他插班读四年级，张老师每晚帮他补习算术，瑞麟慢慢地也就跟上进度了。小学毕业后，傅瑞麟考上了赣一师，但交不起学费，又是这位张老师慷慨解囊，从自己的薪水里拿出十八元钱帮他交了学费，他才成了赣一师的学生。

瑞麟住家东隔壁的邻居熊宝典，也是他不能忘记的恩人。孤身一人的熊宝典是个卖炭翁，他看着瑞麟长大，看他身体瘦弱，但又非常聪明，就从心眼里喜欢这孩子。熊宝典的日子过得也不算好，但他常常把节省下来的钱买点肉食给瑞麟打打牙祭。钱多些的时候，还会炒个大菜让瑞麟补补身子。瑞麟渐渐长大了，因家里房间狭窄，就搬到宝典老人这里住下，认老人为义父。后来熊宝典的炭铺生意萧条，入不敷出，眼看无法维持下去，瑞麟就央求母亲把老人收留下来，母亲念熊宝典从小就疼爱瑞麟，便答应了。熊宝典虽能帮助家里修点雨伞、干点杂活，毕竟年龄大了，动作迟缓，眼力又不济，家里的东西还时常被人偷走。而且老人修的雨伞不好用，客户常常找上门来责难，瑞麟和父母也不生气，一面宽慰客户，一面重新把伞修好。一九二一年，傅得贵五十九岁，因患肺痨不幸辞世，熊宝典就把家里所有的杂活担负起来。一天，瑞麟从外面回来，看到母亲正在数落熊宝典，还要赶他走，瑞麟立即跪在母亲面前说："义父对我这样好，怎好让他一人独自出去呢？"母亲看儿子这样敬爱老人，泪水不禁流了下来。

除何立堂老人外，陶警察、张老师、熊宝典等人对少年傅抱石都有恩，不管什么时候，他总是对人说，滴水之恩当涌泉相报。后来傅抱石事业有成，每每回到家乡，首先要到父亲、何立堂、熊宝典的坟前烧纸祭奠，以寄托哀思。

印章风波骤起

人们不会想到，绘画大师傅抱石早年会因治印而名满南昌，这其中是有故事的。

瑞麟七八岁时在私塾旁听，每天上下学的路上，总要在门前的刻字摊前停留许久。刻字摊主人姓赵，人称赵老板，赵老板刻桌上的印床、刻刀以及石头、黄杨、象牙、牛角、铜等各种印材，使他眼花缭乱。瑞麟渐渐和赵老板熟了，赵老板就一边刻图章，一边跟他讲刻印的技术，瑞麟边听边给老板磨图章。赵老板看瑞麟喜欢学艺，又讨人喜欢，就给了他一些旧刻刀和粗质的石料，让他自己学着刻。

后来姐夫给他买了一本袖珍的《康熙字典》，他每天就认真摹写字典上的字，写熟了，就把篆字反写在图章上。每天刻了磨，磨了刻，没有印床，就用手握着刻，一不小心，刀子划破了手指，手上旧的刀伤没好，新的又出现了。瑞麟咬紧牙，不叫疼，不说苦。到他在赣一师附小读书时，刻出的印章已经很不错了，连赵老板都直夸他。

考上赣一师后，学校念瑞麟家境不好，让他帮助整理图书，可以得到一点补贴。利用这个机会，他阅读了大量金石、画史、画论类著作。他看到了《毛公鼎》

⊙青年傅抱石

492

《散氏盘》等铭文拓片，古拙美妙的铭文结构，让他沉醉其中，百看不厌。后来接触到清代邓石如、吴昌硕的作品，还有介于大小篆之间的石鼓文等，都使他大开眼界。深奥的古玺、精美的秦玺，还有浑朴的汉印，这些千年前古代圣贤们创造的灿烂文化让他深深感受到印章艺术的千变万化。他决心和许多著名篆刻家一样从秦汉印入手，再吸纳各派之长，力争在治印方面施展自己的才能，有所建树。

一天，他在书商那里买到一部赵之谦的《二金蝶堂印谱》。他对赵之谦的治印早就有所了解，如今看到了印谱里所收的刚柔相济、挺拔秀逸的印花更是佩服得五体投地。朝夕捧读之余，他选了几方自己喜欢的刻了起来，刻好后细细一看，几乎与赵印无二。欣喜之余，他兴奋地拿给赵老板看，赵老板惊奇地问他，从哪里搞来的赵之谦印章。他说是自己仿刻的，赵老板又问他是跟谁学的，他如实说了《二金蝶堂印谱》的事，赵老板连连竖起大拇指！

傅瑞麟在赣一师读书时，每月可以领到两块钱的伙食费，他省吃俭用，经常以辣椒下饭，虽然能吃饱，但营养跟不上。家里日子过得紧巴巴的，哪里有多余的钱给他补充营养呢？这事让一位有心人注意到了，他就是赣一师传达室的张姓门房。张门房听说瑞麟仿刻赵之谦的印章可以乱真，就在这上面动了脑筋。他故意接近傅瑞麟，问他想不想赚点钱，让自己和家里都宽裕一些。瑞麟回说想。张门房说现下一些有钱人都在玩名家印章，瑞麟仿刻的赵之谦印很像，只要能刻出来，他就能想办法卖出去。张门房过去曾在一些有钱人家里做过管事，认识不少大户人家，加之他能说会道，许多事情都能办成。一天他拿了瑞麟刻的一方"赵之谦"印去找某位富人。富人一看，忙拿在手里不停地观赏把玩。张门房谎称自己是从农村好不容易得到的，在古董店里可以卖到七八块银圆，因为是熟人，给四块银圆就可以了。富人二话没说买了下来，张门房立即找到瑞麟，说是"赵之谦"印出手了，给了他一块银圆。在瑞麟看来，这可是一笔不小的收入啊，可以顶上半个月的伙食费呢！后来刻得多了，瑞麟还买了鸡血、田黄等高档石材精心仿刻，一方就能卖到十六元之多。张门房那边为了能把瑞麟仿赵之谦的印卖出去，谎言越编越离奇，今天说是从安徽得来的，明天又说是来自浙江，再不然就说是从婺源某乡间农家所得等。张门房每次可得四分之三，瑞麟只得到四分之一，当他把一些银圆交给母亲的时候，母亲既惊又疑，问瑞麟从哪里弄到这么多钱，是不是不义之财？他回说是自己辛苦刻印赚的，母亲这才放心。

日久天长，连省里的一些议员也得到了"赵之谦"印，虽然觉得印章是真的，但又想想，怎么会有这么多的"赵之谦"印出现呢？几经打听，才知道是赣一师的一位学生所刻。议员和富人老爷觉得受了侮辱，面子上过不去，就到学校找黄校长。黄校长好言劝说，才把"赵之谦"风波平了下去。黄校长知道这些印章出自傅瑞麟之手，就把他悄悄找来，说："你既然有这等本事，何必要做造假的事呢？"他说要在报上刊登启事，向社会推荐傅瑞麟的治印。

傅瑞麟素来对大诗人屈原十分崇仰，诗人"抱石怀沙"忧愤而死的悲壮故事更是铭记心头。另外，他对画家石涛、石溪也很崇拜，对酷爱治印的大画家吴昌硕也心仪已久，于是就给自己取了名号"抱石斋主人"。治印广告刊出后，一些社会贤达纷纷请"抱先生"到府上治印，从此，"抱石斋主人"在南昌治印界火了起来。

傅、罗两家联姻

一九二六年，傅抱石从赣一师艺术科毕业后，因成绩突出留校做了附小教员。后来赣一师改成省一中，傅抱石在高中部的艺术科教国画、篆刻、画论等。

傅抱石学富五车，平时讲起课来声音洪亮，抑扬顿挫，很受学生欢迎。尽管有人嫉妒，但学校教务长知道他能够胜任教职，不理会嫉妒者的谗言，傅抱石仍然稳坐在自己的位置上。学校越是信任，他越感到肩头担子很重，越要拿出真本领教好学生，对学生负责，对得起学校。一天，他走进课堂后，神情严肃地对学生们说："我在黑板上如果写错一个字，一经指出，甘罚一元。"傅抱石平时不讲究穿戴，比较随意，当天的神情引起了学生们的窃窃私语。讲课之后，他在黑板上写下一段文字，让学生们抄录。少顷，他从外面回来，一位女同学举手站了起来，说："傅老师，你把'直'字写错了，里面应该是三横，你写成两横了，应该罚款一元！"傅抱石转身一看，会心笑道："我怎么能把字写错呢？你们看这里面被人擦掉了一横，没擦干净的粉笔印子还在呢！"傅抱石心里明白，擦掉这一横的就是举手站起来的女生，她叫罗时慧。

罗时慧可不是一般的女学生，她是"豫章罗家"的掌上明珠。父亲罗鸿宾是前清的监生，曾经做过税务局长、法院院长，年老回到老家南昌闲居，平时以读书写字自娱。罗时慧是他的姨太太李维屏所生，在南昌省立女中读过书，北伐战争时曾在蔡畅部下做过宣传工作，后来还跟方志敏在九江闹过革命，再后来被派回到南昌秘密搞宣传，结果身份暴露，只好回来读书。罗时慧从小聪明伶俐，写得一手好字，同学们都很羡慕。因为出身大户人家，父亲给她张罗婚事时，要把她嫁给一位富家子弟，但她对富家子弟十分厌恶，坚决不从。

班里的女生中，罗时慧虽然个头不高，但身材苗条，鹅蛋脸、白皮肤，还有一双水灵灵的大眼睛，显得气质很高雅。她见多识广，说话直言快语，常常向傅抱石提出一些难解的问题，但傅抱石总是对答如流。傅抱石对这位"带刺的玫瑰"心生好感，罗时慧对学识渊博、为人真诚的傅老师，也同样心存好感。她经常和傅抱石开玩笑，常常引得同学们开怀大笑，傅抱石也不生气，愈是如此，罗时慧对傅抱石的一举一动、一言一行愈是留心，他堂堂的相貌和潇洒的举止总是在罗时慧的心头出现……

上绘画课的时候，傅抱石常常要给学生做示范。一次罗时慧请傅抱石画一幅菊花以便临摹，罗时慧临摹几朵花后便停手了，傅抱石问她为什么不把叶、梗画出来，罗时慧说不知该怎么画才好。傅抱石不假思索地拿起笔，边讲边画，罗时慧又请傅抱石给题个款。他在画上题道："时慧作花，抱石添梗叶。"画稿完成了，罗时慧喜滋滋地端详着，不禁浮想联翩。傅、罗二人互相有意，自然瞒不过众人的眼睛。一天，同学们去看望傅抱石，看到家里挂着一张二人合作的大幅山水中堂，他们惊奇地睁大了眼睛，心想傅老师挂着这张师生合作的大画，肯定是对罗时慧有意思啊！这张画的来历是：一次傅抱石让罗时慧临摹一幅较大的山水画，罗时慧认真临摹后，觉得不太满意，就请傅抱石帮助润色，润色后画作顿时有了气势，傅抱石在上面题字道："时慧作山水，抱石题。"

罗时慧对傅抱石有意后，曾到他家去看过，还见过了傅妈妈，没想到老师会住在这样一个人员繁杂的地方。她觉得傅妈妈为人直率，说话也和气，心中颇有好感。后来傅抱石也常到罗家走动，罗父对这位温文尔雅、满腹经纶的老师也从内心里喜欢。后来罗时慧让傅抱石找自己的母亲提亲，罗母同意了，但要求时慧毕业之后才可以正式成婚。傅、罗二人订婚不久，罗时慧患了胃炎，腹痛难忍，傅抱石忙里忙外，把未婚妻送到医院，每天守护在床前，罗时慧的病前后经过两个月才算痊愈。

一九三〇年正月，傅抱石与罗时慧喜结连理。这年傅抱石二十六岁，罗时慧二十岁，婚前双方议定，傅抱石搬到罗家居住。婚礼这天，傅抱石请德高望重的省一中校长罗九经老先生为证婚人，罗时慧则请曾经住在自己家里的数学老师吴洞周先生为介绍人，婚礼上同学们请二人介绍恋爱经过。傅抱石也不拘束，放声言道："我们认识的全部过程，同学们谁人不知？哪个不晓？人嘛！都要走这条路。成了家就要尽责任，人好比骆驼，驮重不驮轻，要保家就得背着包袱，有个压力只有拼命工作……"话音未落，便迎来一片掌声。从此，傅、罗二人步入新的生活，他们或花前月下，或浅斟低唱，或读书论议，相互尊敬，和谐恩爱。此后的几十年里，罗时慧把精力全部用于丈夫酷爱的艺术事业，傅抱石则像一头骆驼，身载重负，一步一个脚印，行进在广阔的艺术天地。

⊙傅抱石与夫人罗时慧

喜得贵人相助

　　一九三一年盛夏时节，荷香水面，蝉噪枝头。一天，江西南昌行营参谋长熊式辉的官邸来了一位儒雅的客人。名片递上后，熊式辉连忙迎了出来，拱手道："悲鸿先生乃当今大家，能光临鄙寓，实乃荣幸之至！"二人坐定后，徐悲鸿才道出拜见原委。

　　此时的徐悲鸿在国内已是声名赫赫。他刚一到南昌，《民国日报》就刊发消息称：驰名世界的绘画大师徐悲鸿抵达南昌。原来他的好友、国学家陈寅恪的父亲——著名同光体诗派大家陈三立（字伯严，号散原）老人——住在庐山的牯岭，特邀请徐悲鸿来避暑度假。徐悲鸿决定先在南昌拜访朋友，小住几日后再上山。此时的傅抱石为了实现新的发展，已辞去省一中教职，专以治印、绘画为生。这天，夫妻二人看到徐悲鸿来南昌的消息后，迫不及待想当面会晤，以便求教，但与他素不相识，何以造访？正踌躇间，一中教务长廖季登的儿子跑来告诉他，叔叔廖兴仁是江西裕民银行行长，与悲鸿先生早就相熟，廖先生向徐悲鸿推荐了傅抱石，徐悲鸿答应第二天见面。

　　这真是喜从天降。抱石夫妇立即准备著作、手稿、画作、印章等，兴奋得几乎一夜没有合眼。第二天一大早，傅抱石就与廖氏叔侄一起赶往徐悲鸿下榻的江西大旅社。主宾相见后，廖兴仁说："抱石志向远大，又多才多艺，倘能有名家指路，日后定是前途无量。"抱石把带去的画作打开，都是他临摹的前人之作，有米南宫、倪云林的山水，有恽南田的没骨花鸟，还有石涛、石溪、龚贤等的作品。徐悲鸿一幅一幅认真地审视着，自语道："有才有才，基本功扎实！"转身对傅抱石说："你今年才二十七岁，从你临摹的这些画作中，可以看出你身手不凡。"因为要求谒见徐悲鸿的人很多，不能和傅抱石多聊，他让抱石晚上再来细谈。

傅抱石与徐悲鸿当晚谈兴甚浓，直至深夜二人仍无倦意。徐悲鸿看了傅抱石刻的印章，特别对一方边款刻有《离骚》全文共两千四百九十字（编按，《离骚》全文字数学界意见不统一，今取北京大学出版社《中国文学五十讲》之说）的印章赞扬不已。傅抱石说自己五年前二十二岁时，为了撰写《摹印学》书稿，利用在省一中帮助整理图书的机会，广泛搜集资料，加上在社会上、书商处所见所得，共集

⊙傅抱石与徐悲鸿（右）

得两百余册资料，对前人的传记、印论、印谱等多有涉猎，大有所获。傅抱石还对徐悲鸿说，《摹印学》由总论、印材、印式、篆法、章法、刀法、杂识等七个部分组成，从前秦论起，直至民国年间，表达了自己对治印这门学识的感悟和见解。徐悲鸿翻阅傅抱石用工工整整的小楷一笔一画写出来的四万余字书稿之后，感叹道："抱石如此苦心做学问，日后定有所成。"

傅抱石与罗时慧结成连理之前，把耗用数年心血撰写的《中国绘画变迁史纲》一书也完成了。即使是在罗时慧生病住院的两个多月时间里，他在殷勤照料未婚妻的同时，也没有停止补充、修改书稿。他向徐悲鸿先生讲了书的大概内容。徐悲鸿对傅抱石的唐宋之后中国绘画陈陈相因走向末路，必须注入新的活力，到大自然中去写生等观点特别赞同，鼓励他多画素描，多动笔，时时注意积累和总结。

令傅抱石夫妇没有想到的是，他们见面后的第二天，徐悲鸿先生竟然在廖兴仁叔侄陪同下前来回访。傅抱石听说徐悲鸿先生亲自登门了，慌忙迎了出来，请徐悲鸿先生宽恕未能远迎之罪。这天正好是罗时慧父亲六十大寿，家里正在为寿宴忙碌。徐悲鸿看到罗时慧为祝贺父亲寿辰，新换了丝绸旗袍，加之她举止言谈优雅，就对傅抱石说道："尊夫人不愧是名门闺秀，气质高雅，你真是慧眼识人，今天取得的成就，肯定有夫人的一份功劳啊！"罗时慧连忙答道："大师夸奖了！我不过就是一个磨墨妇而已。"

老寿星罗鸿宾听说徐悲鸿先生光临了，敬请先生入寿宴上座，感谢先生对傅抱石的栽培和教诲。席后，傅抱石请徐悲鸿先生到画室休息，看到室内悬挂的傅抱石夫妇画作，徐悲鸿也来了兴致，要作画一幅。罗时慧大喜过望，一边磨墨一边兴奋地说："能亲眼看到大师挥毫，这真是修来的福分，我们该怎么报答您呢？"徐悲鸿挽起袖子，握笔在手，端详少许后，即笔飞墨舞，一只引吭高歌的白鹅跃然纸上。然后鹅头、鹅蹼敷以朱磦，题"嬉鹅图"于其上，然后又写："时慧夫人清正。辛未盛暑，悲鸿时客南昌。"众人连连鼓掌以贺。

与傅抱石接触几天后，徐悲鸿觉得傅抱石确实是一个奇才，应该到国外特别是到北欧等国深造，方可大展宏图，徐悲鸿遂晋见熊式辉为傅抱石出国说项。熊式辉对徐悲鸿笔下的奔马极为赏识，赞不绝口，第二天，徐悲鸿着人送去早已裱好了的《奔马》一幅并信札，再为傅抱石留学拨款之事进言。公费拨款之事江西没有先例，熊式辉决定从自己家中拿出一千元作为傅抱石的留学之资。对徐悲鸿先生的热情举荐，傅抱石夫妇千恩万谢，深铭五内；对熊式辉的慷慨相助，以鸡血等石为之治印三方以报。之后，傅抱石又陪徐悲鸿游览了佑民寺、八大山人故居等地。

异国苦读深造

不久，傅抱石经人介绍为陈立夫刻了几方印章，陈立夫资助其五百元。有了熊式辉和陈立夫赞助的一千五百元，傅抱石可以出国深造了。因去欧洲费用太高，傅抱石向徐悲鸿先生去信，询问去哪里为好。徐悲鸿说自己早年去过日本，日本自明治维新之后，吸收了不少西方艺术，可以去开开眼界。一九三二年秋天，傅抱石以江西派赴日本考察改良陶瓷的名义，先去南京办理出国手续。在南京期间，他经常到徐悲鸿先生家里叙谈、请教，在徐悲

⊙傅抱石赴日本留学前摄于南京玄武湖

鸿家里还结识了曾去日本学过工艺美术的陈之佛等人，颇有得益。

办好出国手续后，傅抱石回到老家章塘看望乡亲们。此前，家乡的人听说傅抱石要出国深造，觉得这是家乡人的荣耀，说什么都要他回乡一趟，为他隆重祝贺。回到章塘的这天，"十伦堂"傅氏家族从华田、老赤塘、火田、邦甫、路溪等十个村聚来了一些士绅和族长。他们先是和傅抱石一起向祖宗牌位行鞠躬大礼，

之后，族长向大家宣布，经"十伦堂"商议决定，把属于公共产业的王坑山松树全部卖出，得一百元，以助抱石出国之用。傅抱石对乡亲们的丰厚馈赠不敢收受，连连推辞。族长和士绅们纷纷向傅抱石解释说："这是借'十年树木，百年树人'之典，以激励后生们好好攻读书文，以便奋发有为。再说，松林砍了之后，还可再种，你也无须推辞。"傅抱石只好收下。他激动地表示，日后倘是学有所成，一定要报答乡亲们的厚爱。

一九三二年深秋，傅抱石由上海乘船到了东京，在郊区一位朋友的家里暂住并补习日语。因为来前考虑到母亲、妻子和儿女的生活安排，他把一部分钱留在了家里，到了东京后手里的钱已是所剩无几。大使馆的一位参赞和傅抱石交谈后，知道他手头并不宽裕，说是大使馆留学生监督处缺少一名秘书，每日只需工作半天，月薪六十元，钱虽不多，尚可救一点急。抱石当即答应，对这位参赞表示了深深谢意。

傅抱石把主要精力用于考察日本的陶瓷工艺，以便将来回去为振兴景德镇的陶瓷事业尽绵薄之力。他经常到许多商店和摊点去考察出售的陶瓷制品，总的印象是日本制作的陶瓷工艺品既很精良，又各有特色，非常注意求新。通过考察、调查和研究，傅抱石认为日本的工艺美术事业之所以兴旺，是因为这里的工艺美术教育事业非常发达。他听说图画教育奖励会（以下简称奖励会）取得了不少成就，便前去拜访。奖励会设在东京市下谷区樱木町二番地，会长是冈登贞治，听到傅抱石来自中国，马上热情接待。冈登说自己一九二八年曾受文部省委派到欧洲考察美术教育，回来后便建立了这个奖励会，虽然仅有四五位工作人员，但他们都有一定的学识和美术教育经验。奖励会的主要任务是了解学校的美术教育情况，举办美术展览会和演讲会等，以促进美术教育事业发展，繁荣创作。冈登还向傅抱石介绍说，日本朝野上下十分注意提倡发展工艺美术，仅京都的装饰艺术协会民间团体就有二十九家之多。

傅抱石决定拟一份《日本工艺美术之几点报告》，寄给江西省政府，以表明自己没有虚来日本一行。他在报告中称，日本每年出口的陶瓷产品数量巨大，为了生产更多的物美价廉的日用工艺品，占领更多的市场，日本外务省在各国使馆设立了商务官，让他们注意调查各国陶瓷市场，以指导国内的产品设计和生产。他认为日本的锐意创新精神，值得借鉴。他在报告中还指出，我国的许多工艺品才刚刚制作出来，可日本早已生产了很长时间，而且质量、款式、价格等都优于我国，如果我们没有丝毫的危机感，前途将不堪设想。他还就如何振兴我国工艺美术提出了许多具体方案。这篇报告展示了傅抱石的远大抱负和热忱的爱国情怀，后来《日本评论》刊发了这个报告。

因为在留学生监督处做一些事，傅抱石在这里见到了江西省教育厅厅长朱念祖的儿子朱洁夫。朱洁夫是傅抱石的旧友，他先期来日本，在早稻田大学攻读政治经济学。朱洁夫喜交游，善言辞，为人豪爽。快过旧历新年的时候，朱洁夫向傅抱石推荐了一位中国的年轻学者，这位学者就是在国内外享有崇高威望的郭沫若。一听说是郭沫若，傅抱石就不免有几分兴奋。他说夫人罗时慧早年曾在郭沫若手下做过事，对郭沫若比较了解。另外，傅抱石拜读过郭沫若的诗集《女神》和译著《少年维特之烦恼》等著作，对他极为敬仰。

一天，朱洁夫与傅抱石一起去拜见郭沫若。郭沫若住在千叶县对岸的市川镇真间驿。在一条小巷的尽头处，他们叩开了主人的房门。郭沫若的日本夫人安娜出来迎接他们，身着深色和服、笑容可掬的郭沫若与傅抱石、朱洁夫紧紧握手。这时的郭沫若四十岁。大革命失败后，他写了揭露蒋介石屠杀革命党人罪行的文章，受到通缉，逃亡到了日本。此时他正从事金文、甲骨文的研究。望着比自己大十二岁的郭沫若，傅抱石诚恳地说："今日能在异国结识先生，真是三生有幸，愿先生收下我这个学生，经常聆听先生的教诲……"

⊙傅抱石和郭沫若（右）

师事金原省吾

　　傅抱石撰写《中国绘画变迁史纲》时，曾参阅不少著作，其中他最看重的，是日本学者金原省吾的著述，此后，他翻译了金原省吾的《唐宋之绘画》等著作。在日本读书时，因资金拮据，傅抱石决定回国筹措资金后再回日本深造。回国后，金原省吾和他的著述时时在傅抱石的脑际闪现。他认为金原是日本正派的学者，再到日本后，决心前去拜望，争取能够追随其左右。他给金原写了一封信，表明自己对他的仰慕和尊敬。

　　金原省吾在日本是名声显赫的学者、著名的东方美术史研究专家。他曾经学过文学，是早稻田大学的博士，著名画家平福百穗是他的绘画老师，他出版了美术研究方面的著作十余部，影响深远。傅抱石二次到日本后的第二年（一九三四年）春末，他又给金原省吾写了一封信，希望到他办的帝国美术学校读书。打听到帝国美术学校离他的住处不远，便立即前去拜望。在武藏野美术学校东边的西荻洼附近，一处环境清幽的所在，便是金原的家。傅抱石一路想的是，金原的住处一定会十分阔绰，因为他毕竟是帝国学校的教务长。哪知到了之后，才发现金原住在一座极其简陋的木屋里。木屋门前挂着写有"金原"字样的灯笼。金原夫人正在门前缝制衣服。这天金原有事外出，傅抱石向金原夫人问候后，说第二天再来拜望。

　　第二天见到金原时，见身着一身宽松和服的金原省吾态度十分和蔼，丝毫没有名流大家的架子，两人一见如故。傅抱石这才知道金原比自己年长十六岁。进屋之后，只见满地堆的都是书。金原对于傅抱石的到来非常欢迎，他看了傅抱石带来的著作，觉得这位中国的年轻人是一位不可多得的人才。金原指着傅抱石说：

"你从中国给我寄来一封信，地址只写'日本江户金原省吾先生收'，这怎么能行呢？但是我还是收到了。"傅抱石连连自责道："一是我太粗心，二是确实不知道老师的住址，只知道老师是日本著名的学者，住在江户。您能收到这封信，只能说明您在日

⊙傅抱石在日本时的老师、著名学者金原省吾和夫人

本的名气很大啊！"金原听了，哈哈大笑起来，然后拿出几本自己的著作赠给傅抱石。初次拜访时间不宜太长，傅抱石怕影响金原先生的工作和休息，正要告辞时，金原对他说："刚才看到你的印谱，感到水平很高。"傅抱石说："如果先生不嫌弃的话，给您治印一方，请予指教。"金原拿了一方早些时候在中国买的狮钮铜印，问傅抱石好不好刻。傅抱石说自己刻过很多铜印，试试吧。再去见金原的时候，傅抱石将刻着仿秦玺朱文"金原"二字的铜印带给金原，金原看了，高兴地连连称赞说："太好了，我非常喜欢！"此后，傅抱石为金原又刻了名章和一些藏书印。

后来，傅抱石成了金原省吾的研究生，主要向金原学习美术史论、雕塑等。一次，金原把傅抱石带到学校雕塑系与师生见面，大家听说他来自中国，表示热烈欢迎。当傅抱石了解到日本尚在以中国古代的雕塑方法进行新的创作时，想起当年陪徐悲鸿在南昌参观佑民寺与雕塑艺人范振华闲聊时，徐悲鸿曾经大发感慨说："一些民间艺人有许多绝技没有得到发挥，可惜！"看看眼前的情况，深感日本确实比中国做得好。和金原省吾相处时间长了，金原对傅抱石的经历也就更加了解了，傅抱石刻苦求学的精神，使金原大为感动。一次，傅抱石向金原说起中国画坛衰颓之状，表明自己有力挽狂澜的宏愿时，金原说："在绘画、雕刻、篆刻、书法等方面你的才能都很高超，相信通过不断学习和努力，学识和技艺日益提高了，你的宏愿一定可以实现。"后来，傅抱石名声佼佼，事业有成，果然不出金原

所料。

　　傅抱石读了日本画家桥本关雪的《石涛》一书后，对金原说："桥本在书中把中国清初的这位绘画名僧说得有些太神秘，连写石涛评传的勇气都不敢有，未免有些不妥。"金原问傅抱石："是不是想做这件事情？"傅抱石说自己已收集、整理了许多关于石涛的资料，一九三三年就在东京发表了《苦瓜和尚年表》一文，他打算集中一段时间专门对石涛进行研究，尽快拿出研究成果。金原对傅抱石的这个想法表示支持。他问傅抱石每天读这么多书，还写这么多文章，时间够不够用。傅抱石说自己目前在理论研究方面用的时间并不太多，主要把精力用在了绘画、书法、篆刻方面，他说想争取早一些时间能在东京举办一次展览，听听各方面的意见，从这些意见中得到启示，从而建立自己的艺术风格。金原认为傅抱石的这个计划了不起，但是要在秋天办成这个展览，没有特殊的才能和超人的精力是比较困难的。他希望傅抱石利用暑假多创作一些作品，自己也会给他以支持，展览过后可以把他的作品介绍给一些美术杂志刊登。傅抱石感谢老师对自己的鼓励和支持，金原四十六岁生日之际，傅抱石送去自己画的一幅《寿桃》以示祝贺。金原认真端详一番后赞扬道："画在青藤、白阳（陈道复）之间，甚好甚好。你能记住我的生日，我真是十分高兴啊！"

学术上绝不让人

一九三五年二月三日，中国驻日大使馆留学生监督周慧文邀请一些朋友和留学生到家里欢度除夕。傅抱石此时仍在监督处兼任秘书，应邀出席。此时，日本军国主义早已对中国伸出魔爪，中国处于风雨飘摇中，各界人士的爱国之心也在不断凝聚。酒过三巡之后，傅抱石站起来对同席言道："我利用求学的业余时间，作了一些书画，打算在日本办一个展览。我是一个中国人，虽身在异国，但在学术上绝不让人。我要把这次展览办得隆重一些，而且要在东京市中心最热闹的银座一带（百货公司较集中的地方）举办，让日本人不要小看我们。他们能进得去的地方，我也要进得去。"大家听了甚为振奋，说展览一定要办得有大国的气派。

为了这次办展，傅抱石多次与老师金原省吾相商，金原十分赏识这位来自中国的奇才弟子，坚决支持他办展。但是在全日本第一流的美术场馆办展，代表着办展者的艺术水平已经跻身于日本最高殿堂。以往的惯例是，办展人员必须要有一位著名的"画伯"（有一定地位的画家）推荐。

金原省吾请老朋友冈登贞治代为斡旋。傅抱石曾访问过冈登，两人也较熟悉，他们二人先到东京上野的松坂屋去探询。结果是老板并不看好傅抱石的作品，认为水墨画太素净，不合乎他们销售商品的要求。回来与金原言明后，冈登出了一个主意，说还有一家更好的银座松坂屋，主人泽田东作与自己是亲戚，可以到那里联系一下。过了一个多月，事情才有了眉目，原来银座松坂屋的主人为了傅抱石办展的资格能够通过，找到了"画伯"泰斗、日本大学的教授横山大观。横山认真看了傅抱石的书、画、印后，颇为赞赏，同意办展。过了这道关坎，傅抱石和老师都舒了口气，他们把画展的日子定在一九三五年五月十日到十四日。

距展览开幕还有近一个月的时间，傅抱石与郭沫若等老朋友多次商量，认为此次办展绝非一个人的事情，这关系到全体中国人，大家一定要同心协力。日本当地文艺、新闻等各界人士也表示会鼎力相助。

"傅抱石氏书画篆刻个展"于一九三五年五月十日如期在东京银座松坂屋隆重举行。这里是东京最大的百货公司，有五层大楼，地处繁华的十五号大街。楼上大厅也是东京最高档次的美术展览场所。此次共推出傅氏作品一百七十五件。展厅用展板相隔，或字或画，交替悬挂。摆在最前面的是傅抱石临摹的《散氏盘》立轴，接下来是小篆、魏碑、楷书、行草等书法，再接下来是人物、花卉、山水等画作。此时傅抱石的花卉作品已非昔日侧重模仿，而是受吴昌硕等大家影响，画作大气而洒脱。郭沫若为傅抱石的山水《苍山深渊图》题有七绝一首，为画展增色不少，诗云："银河倒泻自天来，如木秋声叶未摧。独树苍山看不厌，渊深默默走惊雷。"画面虽有直追宋元之意，但笔墨恣肆，气势凛然，可看出傅抱石在创新方面所下的功夫，这也为他日后进行有自家风格的山水画创作打下了坚实的基础。

九时整画展隆重开幕，嘉宾和观众向展厅涌来。傅抱石与老师金原省吾亲切地迎接着客人。没想到日本许多名流大家都来到了现场：帝国美术学院院长正木直彦，文学家佐藤春夫，日本政府的文部大臣、书法家中村不折，篆刻家河井仙郎……河井是中国书画大家吴昌硕的弟子，他在大厅中间的展柜前停下了脚步，这里陈列着《傅抱石所造印稿》的许多印章和印拓。他指着刻有"康乐万年""天翼"等印拓对金原省吾说："这些不就是周秦古玺吗？还有那些参透古人真意的汉印白文也很精彩啊！"河井还说，"如果老师昌硕老人还在，看到这些佳作，也一定会大加赞叹的！"

这次展览最能引起观众轰动的是抱石的治印。而治印中使用放大镜方可看清楚的小字，更是让日本行家们惊诧不已。中村不折一边认真观看，一边大发感慨："通过刻这么小的字展示书法艺术，既让人大开眼界，又让人不可思议。这些艺术，就是一座座晋唐碑刻。"许多年轻观众听到了著名书法家的赞扬，也连连惊呼傅抱石这些印章确实是难得的"奇观"。他们一件件认真细数刻件上的字数：屈原的《渔父》全文两百一十一字，《楚辞·宋玉对楚王问》全文两百四十六

⊙傅抱石陪同日本帝国美术院院长正木直彦（弯腰者）参观展览

字，陶渊明的《归去来兮辞》全文三百三十九字，曹植的《洛神赋》并序九百零九字，诸葛亮的《前出师表》全文六百二十四字。字数最多的是在鸡血石三面三十六平方厘米的地方刻的屈原的《离骚》，全文两千四百九十字。最小的字高不足一毫米。东京曾有人在一颗米粒大小的象牙上刻了十七个字，但如果和傅抱石的相比，简直是小巫见大巫了。画展当天，几位名人带头买了一些绘画、书法和印章，画展收入约三百元，这相当于一个大学毕业生五个月的俸薪。

展览第二天，横山大观来看展览。此次展览因为有了他的支持才得以举办。横山在每一件展品前都凝神观看。他这年六十七岁，在展场足足看了近七个小时，兴致一直不减。展品气息清新，笔墨奥妙，使得横山忘记了劳累。他对傅抱石的篆刻和边款尤为赏识，赞扬道："中国的篆刻大师压倒了日本的米粒能手！"艺术家和广大观众潮水般涌向展厅，傅抱石的艺术在日本美术界特别是在权威人士当中得到了充分肯定。

东瀛不了情

　　傅抱石在东京的展览引起了广泛关注。日本最大的报纸《读卖新闻》和各大传媒都以大字号、大标题刊发新闻。"中国篆刻神手傅抱石胜过米滴神手"（"米滴"即米粒），这是横山大观说过的话，他们就以此为标题，对个展的活动和盛况做了生动、详细的介绍。日本文艺界的一些名流大家纷纷请傅抱石刻印。在日本的中国留学生和同胞亲见傅抱石展览的盛况，极受鼓舞，他们说这是对侵略中国的军国主义狂热分子的迎头棒击！我们中国人好不扬眉吐气！展览共持续五天时间，傅抱石售画、刻印总收入三千余元，除去各种开销尚余两千余元。傅抱石向老师金原表示深深谢意，说通过此次办展学到了许多平常学不到的东西。他打算十一月在名古屋的松坂屋举办第二回个展。金原说这次办展既出了名，又有了经验，下回名古屋展览一定会更上一层楼。

　　画展过去一个多月后，一天，傅抱石提着两个大包来到老师家里。原来，他接到了夫人罗时慧的信，说是母亲病情危重，要他火速返回，否则，就可能见不到母亲最后一面了。金原知道傅抱石是讲究孝道的人，要他快去快回，金原为他母亲祈祷，祝愿老人家早日康复。傅抱石打开带来的两个包裹，一个里面是下次准备办展的字画，有的已经装裱好了，另一个里面是自己的著作、文稿、印章、纸笔、画具等。他请老师一一过目后，请老师代为保管。金原表示一定会把它们当成自己家里的东西一样保存，让他放心回去，希望他能在九月下旬回到东京。辞别老师回来的路上，他回首望了望老师那朴实的木屋，感慨万端：两年多的时光，老师总是谦和、认真地教导自己，特别是老师孜孜不卷的治学精神，时时在鞭策自己。自己不仅增长了学识，也得到了历练，自己在日本的每一点成功，几乎都离不开老师的指导，他庆幸自己能在异国遇到这位德高望重的宿儒。

傅抱石回到南昌时，母亲已经病故，他和全家人都陷入悲痛之中。因为家中发生变故，经济也不太宽裕，一时不能再赴日本。金原收到他的信后，很快把傅抱石的毕业证书寄了过来，信中说，还有一枚毕业纪念铜徽留在身边，等他日后再到日本时，亲手交给他。每每接到老师的信，瀛岛的美丽风光特别是春天的樱花和秋天的红枫，总像是长了翅膀一样飞到傅抱石的心头，萦绕，盘旋，如诗如梦的情景使他如醉如痴。他时时都在想着老师，老师也时时在

⊙傅抱石赠金原先生存照

想着这位得意门生。有时候他会看看学生的手稿、书画，有时还会用一点当年傅抱石给他带来的万金油（即清凉油），然后在日记中写道："这是九年前的东西了，抱石君，你现在怎么样了？"金原省吾总是执着地盼望傅抱石会来到自己的身边。一九五七年，金原已是六十九岁高龄，他任教的帝国美术学校也已改为武藏野美术大学。弥留之际，他在遗嘱中说，自己收藏的傅抱石全部作品都捐给学校。金原带着对抱石的悠悠思念之情，驾鹤西去。

时光流逝，二十多个春秋后，金原省吾和傅抱石都已成了故人，傅抱石的女儿傅益瑶、傅益玉来到日本求学，进入当年父亲曾经读过书的这所高等学府。到校的第一天，日本著名东方美术理论家、武藏野美术大学的校长米泽嘉圃，日本画系主任盐出英雄接见了傅氏姐妹。盐出与傅抱石是同期同学，也是金原省吾的高足。说起傅抱石，盐出陷入了深深的回忆，深情地说："傅君的许多逸事，常常在我们中间相传。'武藏野'为能有傅先生这样的学生而感到骄傲。"傅抱石与这所学校中断了几乎半个世纪的情缘，如今傅氏姐妹又接续上了。事情传开之后，傅氏父女先后在同一学校留学的佳话在岛国不胫而走。

一天，一位手里拿着一个布包的中年日本人在校长室见到了益瑶、益玉姐妹，原来这是金原省吾先生的幼子金原卓郎。卓郎为能见到傅抱石先生的女儿兴奋不已。他慢慢打开手里的布包，是一方砚台，原来这是傅抱石当年赠送给老师的。金原生前十分喜欢此物，甚至连旅游写生都要带上。还有两方印章，分别是傅抱石给金原刻的名章和藏书章，以及一张放在精美小盒子里的傅抱石年轻时的照片。另外，当年傅抱石毕业时的纪念铜徽，今天终于通过金原之子的手交到了傅氏女儿的手中。随后，益瑶、益玉姐妹又去拜见了健在的金原夫人，老人家当时已八十九岁，但精神很好，她亲切地拉着姐妹俩的手不愿放下，泪眼模糊地说道："你们就是抱石的女儿吗？……抱石是个好青年，我丈夫非常喜欢他，我们一家人都喜欢他，他长得文雅、俊秀……他的照片和来信我们常常看，我们一直在想他……"

紧急应召到武汉

　　傅抱石从日本回到南昌后不久，便应徐悲鸿之邀于一九三五年八月到南京中央大学执教，他负责的课程是中国美术史、书法、篆刻等。因尚未在南京安定下来，家小只好暂时留在南昌。傅抱石在中央大学一边教书，一边进行自己的理论研究，因资料匮乏，唯"首都图书馆"藏书甚丰，傅抱石便常去那里抄书，妻子来看他，他也把妻子拉去一起抄。

　　一天，时任江西省主席的熊式辉到南京公干，顺便到中央大学看傅抱石，说是要请他回到故乡出任某县县长。傅抱石听了委婉拒之，说自己心在教书，不在从政，感谢熊主席给予出国留学的帮助。事后，他刻了"富贵于我如浮云""闲来写得青山卖""无官一身轻"等印语以明志。

　　一九三七年七月，卢沟桥事变爆发，八月，南京屡遭日机轰炸，国民政府决

⊙傅抱石与南京中央大学同仁（前排左三为傅抱石，左二为丰子恺，左四为陈之佛）

定西迁重庆，中央大学也要随之西迁。一片混乱中，傅抱石只身回到南昌的妻子身边，此时，他的次子二石也已两岁多，亲情、骨肉情时时牵系着抱石的心。时局依然动荡不安，傅抱石便携一家老小五口（还有岳母李维屏）回到老家新喻的章塘村。乡亲们以最隆重的礼仪迎接这位东洋留学归来的游子。这里虽是穷乡僻壤，但安恬寂静，处处可以感受到亲情、善良。傅抱石全家每天沉浸在安详的日子里。然而，对于血气方刚的傅抱石来说，这不是他要过的日子，他时时刻刻在想着敌人给自己的国家带来的悲伤和痛苦。他每天跑到十多里以外的罗坊镇去看报，打听消息。再不然就跑到新喻县城，把写好的一封封信发给各地的朋友，询问国情，一天，两天，几乎半年过去了，依然没有丝毫消息传来。他实在坐不住了，一天从报纸上看到一则信息，他的朋友、老师郭沫若正在武汉筹备国民政府军事委员会政治部第三厅，老师在文章中提到了他，想到了他。傅抱石立即回到家里，让大家打点行装，火速赶往武汉，说报国的时机到了，不可耽搁。一九三八年七月初，傅抱石一家五口告别章塘村的乡亲故旧，从新喻乘车直奔武汉。

郭沫若看到傅抱石一家来了，激动得连忙迎了上去，说他来得正是时候，让他感受一下武汉三镇百万人民的抗战激情，安顿好之后，立即投入到工作中来。这时，激荡在武汉上空的救亡歌曲此起彼伏，墙上的抗日标语、宣传画，街上游行队伍、演讲……整个武汉都处在沸腾之中。支持抗日的"献金台"前，从早到晚人流不断，富商巨贾、官员、老师、学生、挑夫小贩，哪怕拿着一个铜板，也要献上去。这一切，让傅抱石感动得不能自己。他每天冒着酷暑，忙着绘制壁画，制作标语，和滚滚人流一起涌向"献金台"……

没过多久，他来到郭沫若身边做秘书工作。工作再多、再忙，他也没有忘记自己痴迷的治印。他刻了文天祥的《正气歌》，刻了岳飞《满江红》中的句子，还刻了"无限江山""上马杀贼"等。可贵的民族气节、伟大的浩然正气，都通过一枚枚印章钤进了不屈不挠、坚决抗日到底的志士仁人的心头。然而，现实的情况是日寇步步逼近武汉，形势一天比一天险恶，一九三八年十月二十五日，武汉沦陷。傅抱石要随三厅一起撤到长沙。此时，他的妻子罗时慧就要临产，他们一家便临时到湖南的东安住了下来。年底，罗时慧生一女，傅抱石夫妇视女儿如掌上明珠，取名大毛。听说大部队已经到了桂林，傅抱石一家便往那里赶去。此时，三厅的人员已经减少了许多，郭沫若仍让傅抱石继续做秘书工作。面对撤退再撤退的局势，傅抱石有些心灰意冷了。他每天辛辛苦苦地忙碌着，一些千篇一律、空洞无物的印刷品使他厌烦、头疼。尽管郭沫若屡屡劝他，他也提不起精神，只是应付手头的工作，只有回到家里，拿起自己的画笔，他的心头才能激起层层涟漪。也就是在这个时候，他的酒量越来越大，甚至发展到非有大曲酒麻醉自己而不能亢奋作画的地步。每当酒酣耳热之际，他出手的画作总会有一些神来之笔，或云或雾，或石或树，或瀑布，总是气势逼人，令人拍案叫绝。

失意、麻醉、"空悲切"之际，一件令傅抱石撕心裂肺的事情发生了。只有几个月大的女儿在从桂林撤往重庆的途中突然发起了高烧。过了贵阳，女儿仍然高烧不退。车子好不容易颠簸到了四川綦江，傅抱石夫妇急忙把女儿抱到一家医院，此时女儿已经奄奄一息，再加上缺少药品，于一九三九年五月五日早晨离开了人间。傅抱石夫妇号啕大哭。在綦江郊野，傅抱石掩埋了心爱的女儿，他五内俱焚，呼天唤地："苍天啊！你为何要夺走我心爱的女儿？万恶的日寇，没有你们这些禽兽，我何至于流离奔波到这里！还我的女儿……"

"下山斋"佳话频传

一九三九年初春，傅抱石一家几经辗转，来到了当时的陪都重庆，日寇飞机的狂轰滥炸使得这座大后方的山城千疮百孔、弹痕累累，傅抱石望着眼前的残垣断壁，又想起刚刚逝去不久的女儿，更是怒火中烧。他和三厅工作人员一起立即投入救亡工作，忙着抢救伤员，疏散民众。这时的三厅分城乡两地办公。厅长郭沫若往来于城里的天官府和乡间赖家桥的全家院子，傅抱石一家则住在金刚坡。

从赖家桥往东走，过了龙凤桥往南沿着小溪步行百余步，就到了青竹掩映的傅家。傅家的房子原来是房东堆放杂物的两间厢房，为了居住方便，他用竹篱隔成了三小间。房屋没有窗户，每天需要开开门才能看到光亮。门前的一片空旷地，是原来晒谷子的地方。房屋内仅有一张小方桌，全家人吃饭，傅抱石写文作画都用它。这张小方桌，是傅抱石入蜀八年来呕心沥血改革中国画的最好见证。就是在这张小方桌上，傅抱石"呼云唤雨""劈石造林"，创造出了"抱石皴"……

金刚坡的山山水水使傅抱石心醉神驰。他常常跑到金刚坡的山间极目远眺，望着山峦层树、鸣泉清流，还有修竹梯田和飘忽的云雾，傅抱石狂呼道："这不就是一幅幅神闲气足的天然水墨画吗？"山雨袭来、狂风大作时，傅抱石顾不得回家，依然立在山间，以身体感受风云突变给他带来的灵感。以金刚坡为中心的方圆数十里，既有川东雄奇的群山，又有丰茂的百草，瀑布沟壑，云蒸霞蔚，大自然提供的这些粉本，是多么可贵啊！他感谢上苍给了他这样一处陋室茅庐，因为有了这块栖身之地，胸中也便有了沟壑丛林，自己便能在一张张宣纸上飞笔走墨，指挥"万马千军"，他以造化为师，自然为师，代山川而言志。

傅抱石为自己居住的地方取名金刚坡"下山斋"，他在这里出手了一幅幅震人

民國三十二年十月十七日

沫若先生惠降金刚坡下山齋上罍

敬獻為作以志紀念 抱石記

後旦最上光輝也

魂魄的山水画作。这里虽为陋室，却常常是高朋满座，画家司徒乔、秦宣夫、李可染、高龙生、张倩英等，作家老舍、赵清阁等，常来这里把酒论艺，乃至通宵达旦。郭沫若从天官府到了赖家桥的全家院子，有时也会来这里，看他作画，为他的画作题诗。更没有想到的是，一些外国人也跋山涉水，到此造访。

⊙傅抱石全家在下山斋

　　一天，英国驻华大使带着一帮外国人来到了下山斋。他们远道而来是为了求画。因为居住条件简陋，傅抱石便向房东借了客厅作为接待之处。傅抱石拿出自己的画作让大使一行观赏，外国人惊奇地议论、观赏，说这些作品都是很难看到的杰作，他们要收藏。不久，法国籍的越南人杜安主动登门与傅抱石结识，说自己原来姓段，与中国的段姓是一家，他以《古文观止》的开篇文章《郑伯克段于鄢》为题，请傅抱石为他画一幅画。傅抱石把这篇文章读了好几遍，认真揣摩之后，认为"颍考叔，纯孝也。爱其母，施及庄公"是画作的引子，他把颍考叔给庄公"掘地见母"的建议组成画面。看到这幅画，法国大使馆的人对他的画作更增添了兴趣，纷纷跑到下山斋向他求画。

　　法国驻华大使毕士高通过杜安的介绍认识了傅抱石之后，提出请傅抱石以自己夫人的一个梦为题为他作一幅画。毕士高夫人的这个梦非常奇异：她梦见自己站在马蹄莲丛中，隐隐约约地望见了远处的一座教堂。这个梦境让毕士高夫人一直不能释怀。傅抱石听完后，认为自己从来没有画过"梦境"，这样的作品很难创作。毕士高不愿轻易放弃，说傅先生是东方著名的艺术家，一定能够胜任这件作品的创作。傅抱石推辞不过，几经构思，一幅烟云满纸、如梦如幻、如诗如画的作品出手了。毕士高夫人看了后，激动地说："太妙了，傅先生画的就是我的梦！"

傅抱石在下山斋除了每天作画、撰写论文、在山间游走之外，就是和妻子、儿女在一起享天伦之乐。然而，流落他乡、故园丢失、百姓惨遭不幸的现实是他生活中的阴影，怎么都摆脱不掉。一天，儿子小石、二石放学回来，看到墙上挂着一幅父亲的新作《苏武牧羊》。小石、二石不解画中之意，傅抱石晚饭后乘凉时，给他们讲了这里面的故事：西汉的苏武出使西域，被扣押不能回国，在西域住了十九年，天天抱着大汉的使节到北海去牧羊，但他始终不忘自己的家乡和祖国，不变节，不投降。他让孩子们记住，不论何时何地，都不能忘了自己的国家。他还给孩子们讲了一个日本故事：一个武士受主人之命去杀一个仇人，而这个仇人恰恰是当年救过自己母亲的恩人。武士经过一番思想斗争之后，还是为主人杀了仇人，接着他也剖腹自杀。傅抱石对孩子们说："日本的文化是受咱们中国影响而发展起来的，中国是他们的恩人，他们现在正屠杀着中国人，这不正是在杀他们的恩人吗？武士道精神既害了咱们中国，也害了日本人自己啊！"

"壬午画展"令人刮目相看

一九四二年十月十日，傅抱石拿出一百件作品举办"壬午画展"。开幕当天，各界政要、画家、作家纷至沓来，他们对傅抱石一幅幅别具一格、震人心魄的画作非常感兴趣。画展于十月十二日结束，展期三天，观者如潮。

这年傅抱石三十八岁，这是他举办的第三次画展。第一次在日本东京，展出书画、篆刻等作品一百七十五件；第二次在南昌，展出作品一百二十件。傅抱石本人介绍这次画展的作品，一部分来自老家江西新喻和湖南东安、广西桂林等地，占总数的十分之三四，而十分之六七则是出自重庆金刚坡，尤以当年二月至画展开幕前创作的最多。

傅抱石举办此次画展距首次在日本办展已有七八年时间。这期间，发生了很多事情，社会处于大动荡中，傅抱石的笔墨、思想、情感也有所变化。日本留学归来，他一直在中央大学讲授书法、篆刻和中国画史。特别在中国画史的研究方面，他成绩卓著，出版了许多著作，在国内影响甚大，以至于很多人只知道他能写书，而不知道他会画画。他便暗暗下定决心，要下狠功夫把画艺提高上去，而且要在改革中国画方面做出惊人之举。于是，他废寝忘食地拼命作画。此次展出的作品不仅数量多，而且很多都带有开创性，令人目不暇接。

"壬午画展"的举办还有一个小故事。三厅的同事时任周恩来秘书的常任侠一次和傅抱石闲聊，劝傅抱石办一个画展，向人们展示一下自己的才艺，让人们把他只会写文章而不会画画的观念转变过来。常任侠看了傅抱石的一些画作，对《江东布衣》一画甚感兴趣，说这幅作品徐悲鸿先生看了也一定会喜欢。这幅作品画的是江东布衣程邃与常州画派开山人物恽南田在山林中品茶谈诗的故事。画上的

茶壶用朱砂画成，特别醒目。傅抱石听后对常任侠说："咱们打个赌，如果此画徐悲鸿先生真的看中，这幅画就归你常任侠，然后我再画一幅给徐悲鸿先生。"结果，这幅画果然被徐悲鸿看中，贴了订购的红条。

画展中重头之作有《巴山夜雨》《兰亭图》《大涤草堂图》《屈原》等，还有以石涛为题材的十余幅画作。教育部部长朱家骅看好傅抱石的一幅山水中堂立轴，因为这是傅抱石的看家之作，不忍相让，朱家骅也只好作罢。画展不到一天时间，许多画作都被贴上订购的红条，傅抱石的拮据生活得到了改善。他说四川是最可忆念的一个地方，自己创作的过程中，大半是先有了某一特别不能忘的自然境界，而后演变成一幅画。在演变的过程中随缘变化，有的甚至变得和原来想象的截然不同。也有人说傅抱石的画作面目多，变化大。他说这是造化给自己的恩惠。因为这样作画，势必要改变传统的作画习惯和技法，如画树、皴石之类。傅抱石说，自己这样作画的经验，就是让自己坚信只有这样画才是打破笔墨约束的第一法门。

在众多闪烁着智慧光芒的人物画作中，傅抱石对每一幅作品都是苦心构思，精心创作。比如他画的《洗手图》就别有风致。画作描绘的是东晋桓温之子桓玄的故事。桓玄官至大司马，与顾恺之、羊欣是好朋友，常常把二人请到家里谈论书画，自己则是坐在一边静听。宴客的时候，桓玄常常把收藏的画作拿出来让大家观赏。一次，某客人手上沾了带油的食物把画弄脏了，这位大司马发了脾气，命人观画时务必要先洗手，不管是谁。傅抱石说，虽然人们评论桓玄是"贪鄙好奇"，但从他保护书画的行为来看，倒是令人肃然起敬。于是他在一张五尺对裁的宣纸上安排了这样的画面：观画者四人，一人正在洗手，桓玄则在屏风旁肃立，神情庄重，意思是看谁不注意卫生，把书画弄脏了。傅抱石说这幅画用两天时间完成，那两天正是蜀中高温大热之际，而自己作画时注意力都集中到了画上的主人公桓玄身上，要把他塑造得形象而生动，也并没有感到热得难受。画上他请郭沫若题了钟鼎文"洗手图"三字。

傅抱石的恩师徐悲鸿在报上发表文章，对他的山水画作给予了高度评价，说他"潜心于艺，尤通金石之学，于绘事轻重之际（古人气韵之气）有微解，故能豪放不羁……抱石更能以近代画上应用大块体积，分配画面……抱石年富力强，倘要致力于人物、鸟兽、花卉，备尽其奇，充其极，未可量也""大千君璧之外，又现一巨星，非盛世将至之乎？"张道藩也发表文章说傅抱石的画展是"作者丰富心灵的展望"，他是"伟大时代的开拓者之一……是艺坛中一株果实丰盈的大树"。另外，陈晓楠、张安治、老舍、潘伯鹰等人也都对傅抱石的画作给予准确、生动的评介。

　　"壬午画展"实际是傅抱石在国内首次崭露头角，也使他一举成名。有人甚至预言他在中国美术史上会成为一位"灿烂之巨人"。这个预言绝非虚夸。在中国近代美术史上，像傅抱石这样有学问、有思想、有能力、敢于开拓创新的画家毕竟寥若晨星，而他能成为中国画坛的"巨人"，也是必然的。

从青年时代起，傅抱石就对石涛的生平、绘画艺术进行认真研究。在日本留学时，他对老师金原说，读了日本桥本关雪著的《石涛》一书，自己也有对石涛进行深入研究的想法。金原对此很欣赏，一九三三年日本的《美之国》杂志十一卷三号发表了傅抱石的《苦瓜和尚石涛年表》一文，他在序言中说，文章是利用"寒假之暇试着撰写的"。那时他正在赣一师附小教书。日本留学归来后，他对石涛研究的兴趣一发而不可收，先后有《石涛年谱稿》《石涛丛考》《石涛再考》《大涤子题画诗跋校补》《石涛画论之研究》《石涛生卒考》等著作发表。抗战时期到了重庆，傅抱石对石涛的研究又进入了新的层面。

傅抱石对石涛的崇仰，主要在于其革新精神，他认为石涛是中国画史上一位永远绽放着璀璨光辉的画家。他留下的作品，"无论是寻丈巨制或是尺贡小品，都给人以鲜明的难忘印象"，特别是"他的浓厚时代气息和深刻的生活刻画"更是震动了读者，人们从石涛的伟大艺术中，得到了高度的艺术享受。傅抱石本身就不是一位在艺术上陈陈相因、食古不化的"卫道者"，他要进取，要创新，要做"前无古人后无来者"的开拓者，与石涛的艺术和创作思想自然一脉相承。

抗战时到了四川的金刚坡，因为石涛的形影在他的脑海里总是挥之不去，为了使广大读者从形象上进一步了解石涛，傅抱石在对石涛进行文字研究和撰述的基础上，决定用图画的形式来表现这位伟大的艺术家。他居住的茅庐，左依金刚坡，有清流而下，右边是青竹掩围，背后是老松枯干，他说自己居住的地方就是石涛一首诗的写照："年来我得傍山居，消受涛声与竹渠。坐处忽闻风雨到，忙乎童子乱翻书。"原来他对这首诗还有些怀疑，当他把居住的环境与石涛的诗对应之

《苦瓜炼丹台》（傅抱石作）

后，对石涛的诗意也便深信无疑了。

明清之际的人物中，傅抱石把研究石涛当作重头戏。石涛的许多诗、纪行、遭遇等常常使他"擎笔伸纸的时候往往会不经意间便触动了这位伟大的艺术家"。开始时，他试图把石涛的一生"写成一部史画"，由于各种原因，这个计划没有实现，但陆续画了不少，比如《访石图》《石公种松图》《过石涛上人故居》《大涤草堂图》《石涛上人像》《对牛弹琴图》《送苦瓜和尚南返》等十余幅，这些画作都是傅抱石精心研究石涛成果的生动再现。

《送苦瓜和尚南返》是傅抱石当年画石涛作品中比较满意的一幅。康熙二十八年（一六八九），石涛去了燕地（今北京），在这里结识了许多上层人物，其中与辅国将军博尔都的关系最为密切，二人成为挚友，他给博尔都画了许多精品。石涛在燕地过了三年近似"乞食"的生活，决定买舟南返，定居扬州。临行前，博尔都为之送行时，有"况此摇落时，复送故人去"的诗句，傅抱石便依此诗进行创作，最早的一幅画面上布满摇落的树，博、石二人远远立在河边。旷达而深邃的意境，傅抱石甚为满意，这幅画被人收藏后，他又画了许多类似题材，结果是"无一次满意"。因为原来博尔都的意境极为深刻，傅抱石总是想再画一幅满意的佳作。"壬午画展"中的这一幅，画面上身着满服的博尔都和身穿僧衣的石涛，缓缓前行，画面左方则是一棵不屈的老松，用以烘托彼时彼地石涛郁闷的心境。傅抱石对这幅作品比较满意。

另一幅《大涤草堂图》内中有曲折的故事，傅抱石辗转反侧，苦心思索，决心要把草堂图画得形神兼备，才对得住自己崇仰已久的这位石涛上人。据传，当时身居扬州的石涛已是五十九岁，他曾致信远在南昌青云谱的八大山人朱耷，请他为自己画一幅小画，画面要安排在平坡之上，有老屋数椽，古木樗散数株，阁中一老叟，此即大涤子也。信上还说："如果你事情不多，可以在后面再写上几句话，这样这幅画就成了我的宝物了。"他还说明请不要把自己写成和尚，因为自己是一个有发有冠之人。据说，十年之后已是八十五岁高龄的八大山人才把这幅画寄给石涛。石涛收到画作后"欢喜骇叹"，激动得连忙在上面题了一首七古长诗。傅抱石认为这幅画究竟存在与否不能断定，他曾经看过日本长兴善郎收藏的一幅画的照片，名为八大山人《大涤草堂图》，画上也配有石涛的七古长诗，这幅画于

元氣
淋漓
真宰
上訴

八大山人大
滌艸堂圖
余之拜世予幼冬必
難弓加巫此也
悲鴻懽奉贊草題
壬午之秋

大滌艸堂圖

一九三六年在东京展览过。傅抱石认为这幅画的布局与石涛致八六山人信上的要求并不相合。他思前想后，认为自己不能"按图索骥"，应该认真琢磨石涛信札的内涵后再动笔。石涛信中说画上要有"古木樗散数株"，"樗"就是平时人们所说的臭椿树，古人认为是无用之才，实际上这是石涛以木自谦。思考成熟之后，他在一张四尺整纸上这样构图，粗大的樗树由正中向右错落排列。树虽已老，但根深叶茂。左下部树丛及矮竹层中有布帘半挑的茅屋，一老翁立在屋中，凭栏远眺，这就是画的主人公大涤子了。以樗树隐喻石涛的卓越艺术，以远眺昭示这位奇才高僧的跌宕人生。徐悲鸿看了画作后说，傅抱石对画题领会深刻，随即在画上题了"元气淋漓，真宰上诉"八个字，旁又用小字跋道："八大山人《大涤草堂图》未见于世，吾知其必难有加乎此也，悲鸿欢喜赞叹题。"中央大学艺术系的教授们看了此画，也认为这是一件不可多得的绝妙艺术品。

疾恶如仇写屈子

　　一九四二年四月的一个晚上，重庆市中心的国泰戏院里观众爆满。"风！你咆哮吧！咆哮吧！尽力地咆哮吧！在这暗无天日的时候，一切都睡着了，都死了的时候，正是你应该咆哮的时候，应该你尽力咆哮的时候！……"话音刚落，雷鸣般的掌声和叫好声在剧场里此起彼伏。这是话剧《屈原》的台词。饰演屈原的著名演员金山抑扬顿挫、掷地有声的台词，震撼了每一位观众，这时台下坐着的两位男子被群众沸腾的场面感染也激动得连连鼓掌。两位中的一位就是《屈原》的作者郭沫若，他以十天时间完成的五幕大型历史剧，通过主人公屈原，抒发自己和广大人民群众的爱国主义情怀，同时对国民党的腐败政治和黑暗世界进行痛斥和鞭挞；坐在郭沫若身边那位是他的秘书——画家傅抱石。

　　傅抱石回到金刚坡下山斋后，《屈原》中一句句震人魂魄的台词，还在他的心头荡着波澜，让他久久不能平静下来。他和郭沫若进行过多次探讨和研究，决心以屈原的《离骚》等诗歌为主题，创作《屈原像》和与之有关的一系列作品。

　　如何创造屈原的形象，他一次次阅读了屈原的《离骚》和其他著作，特别是郭沫若译的《离骚》和屈原的《渔父》。"颜色憔悴，形容枯槁"八个字，成了他创造屈原形象的重要依据。他这样安排画面：屈原头发散乱，在芦苇摇曳、野草横生的江边，一边行走，一边吟咏。屈原热爱祖国，不忍看其沦亡，不忍看到人民遭受痛苦，在忧愤中投水而死的爱国精神得到了充分展现。画面是屈原投江之前的情景。根据郭沫若的研究，傅抱石把屈原画成六十二岁的老人。一九四二年夏初，他完成画作后，请郭沫若题签，言："拙作《屈原》大幅，曾四易其稿，画屈原之江滨，将投入前情景也。"郭沫若看了画作后，激情澎湃，在画上题了三十八句五言长诗，其中有句云："屈子是我师，惜哉憔悴死……无怪昔庸人，难敌暴秦诡。生民复何辜，涂炭二千祀？斯文遭斫丧，焚坑相表里。向使王者明，屈子不谗毁……华夏今再生，屈子芳无比……"完成这幅作品的两年前，即一九四〇年傅抱石也曾创作过一幅《屈原》，他参考了日本画家横山大观四十二年前的作品，画的也是屈原在江边行走的情景。当时画的屈原不是头发散乱，而是扎着发髻，右手下垂，左手拿着香草，颇有学者风范。

从二十世纪四十年代到六十年代，二十年的时间里，傅抱石几乎没有一年不画屈原，特别是每年的端午佳节，他一定要画一幅作为纪念。新加坡著名收藏家潘受曾经收藏过二十世纪四十年代傅抱石在金刚坡画的一幅《屈原》。一九四三年的端午佳节，傅抱石刚刚画完不久，正好潘受到下山斋拜访，傅抱石便把此作送给了潘受。他在画上加了这样几句话："国渠（潘之号）先生因战事自星州归来，过山斋作半日畅谈，适余写此数小时后也。先生工诗，即以奉尘如何。"一九六三年，潘受整理藏品时，又看到了这幅作品，遂在上面题了一首七律："二十年前寇正顽，万悲澎湃画图间。怀沙已作湘累去，抱石

⊙《屈原》（傅抱石作）

531

能招屈子还。只有沧浪真可濯，向来萧艾最难删。高冠长铗铺糟否，泽畔行吟此悴颜。"

屈原《九歌》中的《湘君》《湘夫人》也是傅抱石创作灵感的来源。湘君原名娥皇，湘夫人原名女英，是尧帝的两个女儿，都嫁给了舜，娥皇是正妃，称君，女英称夫人。舜南巡时于九嶷驾崩，二妃痛心不已，泪水将竹染出点点斑痕。后二妃死于湘江，葬于洞庭，成了湘水之神。可歌可泣的爱情故事感染了傅抱石，他多次以"二妃"为题材作画。壬午画展中，当人们看到《湘君》《湘夫人》画作时，被深深感动，画作也很快被人购买。一九四三年他创作的《湘夫人》除在题跋上抄录了全诗，还写了当时创作的背景——"强敌正张焰于沅澧之间"的战乱之时，表达了他对侵略者的仇视和痛恨。他把这幅佳作赠送给正在庆祝五十三岁寿辰的郭沫若，恰逢周恩来从延安到重庆造访郭沫若。周恩来看中了这幅画，郭沫若便把画转赠给了周恩来，虽然几经转移，但周恩来一直把此画藏在身边，珍若拱璧。

⊙《湘君》（傅抱石作）

亦师亦友郭沫若

　　傅抱石一生遇到了两位贵人，一位是他在南昌时结识的徐悲鸿，另一位就是在日本留学时认识的郭沫若。在事业、学问、为人处世等方面，郭、徐二位都对他有很大影响。有人认为，傅抱石一生中如果没有遇到这二位知人善任、惜才爱才的"大贤"，他的人生很可能就要从另外一个方向书写。这话有一定道理。

　　傅抱石一直把郭沫若看作是自己敬爱的师长，而郭沫若却把他看作是挚友加兄弟。郭沫若比傅抱石大十二岁，两人相识时郭沫若四十岁，已是海内外闻名的诗人、作家、学者；傅抱石二十八岁，正是风华正茂，对学问、艺术求索如饥似渴的时刻。两人头一次见面，相叙之后，郭沫若就喜欢上了傅抱石的篆刻、绘画。当时郭沫若正在研究甲骨文和金文，便请傅抱石给他刻一方"沫若著述"的押角图章，傅抱石欣然应命。郭沫若看了傅抱石画的国画《笼鸡图》，连连称赞画得美，郭沫若说曾作过一首类似的诗，其中有"笼中一天地，天地一鸡笼"等句，傅抱石请郭沫若把诗题在画上，他也立刻爽快地回答"当然可以"。

　　回国参加抗战时，郭沫若在三厅主政，用人之际，他首先想到了傅抱石。傅抱石看到有关报道后，立刻挈妇将雏来到武汉投入抗战宣传工作，后来做了郭沫若的秘书。到重庆后，二人经常在一起，或城里的天官府，或乡下的赖家桥、金刚坡，二人谈诗论画，情浓如酒。傅抱石每有新作，必送郭沫若斧正，或倾听高见，或请其题诗，郭沫若为傅抱石的画作题诗竟有近四十首，从数量上看，是郭沫若为之题诗最多的画家，足见二人关系之密切。

　　新中国成立初期，要不要取消中国画的问题争论激烈。傅抱石坚决反对取消中国画，而且身体力行，不仅在学校成立国画研究组，还在社会上大声疾呼中国

⊙傅抱石陪同郭沫若（右一）参观画展

画不能取消。这时有人拿着傅抱石的历史问题说事，傅抱石陷入极度苦恼之中，他奋笔疾书，给自己的老师长、老朋友郭沫若发去长信，倾诉苦衷。对傅抱石非常了解的郭沫若曾对人说，抱石是个书生、艺术家，不是政治家，有时说话难免偏激，感情用事，会引起误解，但他在政治上可以信得过。收到傅抱石的长信后，郭沫若当即给有关方面写信，对傅抱石的情况加以说明。很快，问题得以解决，傅抱石也卸下了思想包袱。

据郭沫若的秘书王廷芳回忆，在收藏的傅抱石的画作中，郭沫若最喜欢的有两幅，一大一小，大的是《丽人行》，小的是《全家院子》。《丽人行》画的是杜甫诗意，诗的开篇两句"三月三日天气新，长安水边多丽人"，把唐时长安城内丽人群聚的形象勾画得栩栩如生，令人心羡。此作系六尺整纸，画上有徐悲鸿、张大千的题跋。郭沫若对此画作珍爱有加，很少张挂，也多不示人，唯亲近好友，方才取出与之共同赏析。一次，陈毅听说郭沫若有此画跑来欣赏，看后连连称妙，走时把画借回去独自观赏了好长时间才送还。《全家院子》是一张不足二尺的小画，画面上有一棵高大的银杏树，旁边树丛中有几间房舍。这是傅抱石画的一处实景，即抗战年间郭沫若在赖家桥的住处。画面清新、朴实，乡情浓浓。郭沫若在此居住了七八年，当时进步的文化界人士多来此聚会，周恩来也多次来此与郭沫若相晤。郭沫若在赖家桥住处写了不少诗文，他的名篇《银杏》就是据此树而作。《全家院子》是郭沫若和家人、朋友永远不能忘怀的地方，在这里经历过的许多悲痛与欢乐都留在了他深深的记忆之中。他把这幅妙品装框后悬挂出来，每每看到这幅画，便会勾起对峥嵘岁月的回忆。二十世纪六十年代初，郭沫若还带领家人

到故地重游一番，感慨
甚多。

郭沫若与傅抱石两
家的友谊，非同寻常。
傅抱石只要进京必去郭
府造访，或请其指教画
作，或把酒论艺。有什
么难处，彼此也尽力相
助。二十世纪五十年代
初，郭家急需奶妈，动
用了各种关系也没找到，

○郭沫若（坐者）和夫人于立群（中立者）等人观赏傅抱石作画

郭沫若便给傅抱石写信。傅抱石告诉夫人罗时慧，她很快帮郭沫若找到人，郭沫
若对此十分满意。得知傅抱石于一九六五年九月二十九日不幸驾返道山的噩耗后，
郭沫若悲从中来，伤心至极。此后，他不断询问傅抱石的家庭情况。

"文革"期间，傅夫人罗时慧给郭沫若写去一信，大致内容是：新中国成立
前傅抱石曾将一批画交给当时中国驻法大使馆的郭有守先生，请其带到巴黎办一
次画展，画展后剩余的画作仍存在郭有守处，听说郭有守先生已经回国，这批画
不知还可找到否？当时正是"文革"高潮时期，极"左"思潮把整个中国搞得乱
糟糟的，傅抱石当时虽已故去，但造反派仍然把他当作反动学术权威批判，郭沫
若虽然是副委员长，但日子也不好过，顶着很大的压力和风险让秘书王廷芳办理
此事。通过各种渠道，找到郭有守后，他说确有其事，傅先生的三十二幅画作在
他回国之前交给了巴黎博物馆馆长契利夫，请其保管。郭有守便给契利夫写信询
问，契利夫建议我国驻法大使馆与之联系。郭沫若立即请外交部和驻法大使馆帮
忙。通过一番斡旋，对中国很友好的契利夫先生说傅抱石的三十二幅画作就在馆
里保存着，而且一直藏在保险柜里，很多人没有见过，他请求将作品在博物馆公
开展览一段时间再送回中国。不久，傅抱石的三十二幅画作回到了北京。郭沫若
找到当时负责文物工作的王冶秋商量，并得到罗时慧同意，把这批画作捐赠给了
故宫博物院。罗夫人与女儿傅益瑶到北京办理了有关手续，拿到了三千二百元奖

金，相当于每幅画一百元。现在看来这点奖金实在少得可怜，然而，在"四人帮"肆虐的时期，傅抱石（包括齐白石、徐悲鸿、李可染等大家）的作品都被当作"四旧""毒草"看待，而郭沫若以自己的特殊身份把傅抱石的这批堪称瑰宝的画作要回国并留存下来，既为国家收藏了珍贵的艺术品，又向老朋友傅抱石的亲属表达了关怀和呵护，单从这一点来说，不能不让人感到郭沫若对傅抱石感情的真挚。

失望中看到希望

　　抗战胜利之后，等了近一年时间，傅抱石才于一九四六年十月由重庆飞回南京，继续执教于中央大学艺术系。此刻，经过战乱的南京到处是萧条、败落的景象。接收大员们却异常活跃，他们颐指气使，跑来跑去，大发国难财。赶走日寇，本来指望能过上平安日子的人们，哪料到横征暴敛、物价飞涨的现实把他们折磨得透不过气来。傅抱石失望了。

　　这时的傅抱石已是七口之家（五个子女）的顶梁柱，人多钱少，生活拮据。为了生存，他先是与徐悲鸿、陈之佛、吕斯百、秦宣夫五人在南京香铺营的文化会堂举办了"五教授联合画展"，后于一九四七年十月二十七日，在学生沈左尧的苦心操办下，在上海南京东路慈淑大厦的"中国艺苑"举办"傅抱石教授国画展"。在慌乱的时局中举办这次画展，傅抱石并不抱多大希望。当时国共两党和谈破裂，全国上下"反饥饿，反内战"的民主运动如火如荼，在人心惶惶的当口，谁还有心思来看画买画？但既然办了，就顺其自然吧。画展的作品中人物、山水各占一半，计有一百八十多幅，其中大幅作品较多。没有想到的是，画展广告刚贴出

⊙傅抱石（中）在"傅抱石教授国画展"上与观者在一起

不久，便引起了不小的轰动。开幕这天，南京路上慈淑大厦的门前人头攒动，既有富商大贾、名流学者，也有普通百姓。原来傅抱石在重庆的画展引起轰动之后，当时未能一睹他艺术风采的人们，早就想亲眼看看这位被誉为具有创新开拓精神的大家的笔墨妙趣了。另外，画展开幕的前四天，即十月二十三日的上海《大公报》刊载了郭沫若《勖抱石——为傅抱石画展作》的文章。郭文一开始，肯定地说"傅抱石教授在中国国画坛上有他卓越的成绩是毫无疑问的事"。郭沫若认为唐代古文大家韩愈以"沉浸浓郁，含英咀华"标榜自己的文章，把这八个字用在傅抱石其人其画上也很恰当。郭沫若在文中还说："一个真正伟大的画家必须成为人民的画家。以抱石的学力、功力，于师法自然、沉浸古逸之余……遂使今之抱石更已骎骎乎迈入大家之林，欧美人士之识画者亦讶其独造。"另外，潘伯鹰、张圣时等大家也在《大公报》著文说，傅抱石的人物画"线条真如天马行空，细窥之不知所指，略远观之，则眉目必现……"观众之中早就有人把傅抱石的作品作为收藏的目标了，此次画展正是机会，不几天一百多幅画作下面全被贴上了订购的横条。上海画展后，人们心目中的傅抱石成了中国画坛名副其实的大家。这年出版的比较权威的《美术年鉴》对当时年仅四十七岁的傅抱石做了全面评价："于传统革新之中独具建树……开我国绘画新纪元……"上海画展所得使他在经济上有了很大改观，除了还清裱画的欠款，他还在南京傅厚岗徐悲鸿住地的旁边买了一块地，建造了自己的房屋。

⊙傅抱石在南昌举办画展

此时，南京国民政府已是日薄西山，许多学校准备迁往台湾，有人劝傅抱石随之一起走，傅抱石以家中人口拖累不便为由委婉拒绝。学校既然无法上课，傅抱石一家又回到南昌老家，在一位老友处暂且安身。妻子罗时慧劝他

⊙傅抱石及家人在傅厚岗六号寓中

在南昌也办一次画展，傅抱石又拿出百余幅作品在南昌的青年会举办画展。因上海画展引起轰动，虽在兵荒马乱中，南昌的画展也取得了意想不到的成功，画作全部售出。不久新中国成立，傅抱石便和全家又回到南京执教。

一九四九年底，傅厚岗六号的新居也已建好，全家喜气洋洋地搬了过来。正当傅抱石满怀信心地迎接新的生活之际，有人趁文化部"关于新年画工作的指示"下达之际，以极"左"的面目出现，全盘否定中国画。他们大批特批中国的山水、花鸟画，将之视为封建主义的产物，是士大夫、没落文人隐逸遁世的"消遣品"，云云。接着，全国许多高等艺术院校取消了中国画的教学。傅抱石所在的南京大学（原中央大学）艺术系的国画概论、书法、篆刻等课也被取消。面对这种诋毁中国传统文化的逆流，傅抱石拍案而起，力排众议，大声疾呼，指出全盘否定中国画是地地道道的虚无主义，那些人的论点幼稚、荒唐而可笑。不久，南京大学艺术系并入南京师范学院，傅抱石到美术系任教。系里组建中国画教研室，学校任命他为教研室主任。原有的人物、山水、花鸟等课程全部保留下来，当时这是全国高等艺术院校唯一完整的美术系。他还帮助四年级学生撰写了《我们对继承民族绘画优秀传统的意见》一文，旗帜鲜明地捍卫祖国优秀的传统绘画艺术。《美术》杂志发表了这篇文章后，在读者中产生了强烈反响。

　　傅抱石大声疾呼捍卫祖国优秀的传统绘画艺术，完全是出于对祖国优秀传统文化的尊重和爱护。他在政治上受到非难，在令人窒息的日子里，他也没有退缩。开始，学校成立教育工会，有人放出风声说他有历史问题，能不能加入还要打个问号。"三反"和知识分子思想改造运动中，傅抱石的历史问题又被提了出来。他的同事、美术系外国史论教授宋征殷成了改造重点对象，傅抱石还主动帮他修改交代材料，不久，肃反运动中傅抱石也成了要整的对象。好在当时在北京担任国务院副总理的老友郭沫若对他了解，给他解了围。轻装上阵之后，忙于教书的同时，傅抱石开始认真研读毛泽东诗词，领会毛泽东诗词的革命现实主义和浪漫主义相结合的雄浑气魄，先后有《长征诗意》《沁园春·雪》《六盘山》等佳作问世，成为新中国第一位为毛泽东诗词配画的画家。

"江山如此多娇"

一九五九年夏初，湖南人民出版社邀请傅抱石到长沙、韶山参观写生。一个多月的时间里，他怀着对毛泽东的崇仰之情，创作了手卷《韶山》《韶山耸翠》《慈悦晚钟》《石壁浪泉》《毛主席故居》等二十余幅作品。正在紧张忙碌之际，江苏省国画院筹备处来电催他火速进京。

傅抱石匆匆回到南京家里，才知道周恩来总理和陈毅等人点将，要他为人民大会堂创作一幅巨制，迎接新中国成立十周年，合作者是岭南派的关山月。傅抱石赶到北京时已是八月初，下榻于前门的东方饭店。周恩来总理接见傅、关二人后，亲切地说："北京最大的建筑人民大会堂，是国家召开重要会议、接待重要外宾的地方，也可以看作是新中国的象征。二人创作的巨制就放在大会堂主会场外大厅的正面。而画幅之大，在中国的绘画史上也不多见，它宽九米、高五点五米。"周恩来总理接着说，"画作就以毛主席的《沁园春·雪》为基础，反映祖国长城内外、大江南北的壮丽景色。"他建议把傅抱石的奔放、深厚和关山月的细致、柔和风格融为一体，把四季的景色画在上面，要气势磅礴，水墨淋漓。傅、关二人听后表示要认真落实总理的指示，一定创作好这幅作品。当总理问有什么困难和想法时，傅抱石说："到了北京买酒要凭户口本和票证，买不到怎么办呢？"总理听了大笑道："抱石啊，你是醉后的画仙，名不虚传啊！特供你两箱茅台如何？"抱石连连拱手说："太谢谢总理了！"

一九四五年傅抱石在重庆金刚坡居住的时候，毛泽东应邀到重庆和蒋介石进行国共谈判。这期间，毛泽东发表了名篇《沁园春·雪》，雄浑的气魄，豪迈的格调，高超的意境，丰富的想象力，使他受到了强烈的感染。如今要根据这首词进行创作了，该从何处下手呢？再说要在不到两个月的时间里完成这项光荣而又艰巨的任务，太紧迫了！

望着荣宝斋师傅用三十多张乾隆年间丈二匹宣纸接起来的大画纸，他和关山月研究出作画的办法：在画厅立起一块三米高、九米宽的大画板，上下设九米长的两根画轴，把纸卷在轴上，从上往下画，画一点，纸落下一点。他们用的笔有一米多长，如扫帚一般，调色用五六个大号搪瓷脸盆。

开始，他和关山月只是在词的写景部分兜圈子，尽管要着重描写"江山如此多娇"，但"北国风光，千里冰封，万里雪飘"的意境如何表现的问题，傅、关二人反复商量、推敲，勾了一遍又一遍小画稿。初稿画出来后，周恩来和一些领导来审看，指出太阳画得太小，远处天空灰调子太大，与雄伟的建筑物不相称。领导们提出画太阳时不妨夸张一些，让人看了马上就能感觉到"东方红，太阳升"的宏大气魄。

将大家的意见认真理解、消化后，傅、关二人把近景的高山苍松用青绿山水的重色表现，长城、大河、平原用淡绿表现，然后渐渐虚远；远处，云海茫茫，雪山蜿蜒；右上角的太阳加大到直径接近一米，这样，红霞耀目、光辉一片的"红装素裹、分外妖娆"的效果也就出来了。九月二十七日，毛泽东为画作题写的"江山如此多娇"六个字送了过来，著名画家张正宇进行照相放大，描到了画上面，接下来是装裱上墙。

后来关山月在回忆与傅抱石创作这幅大画时说，当时最大的担心就是如何既保持各自的画风又能达到整体的协调统一。他们二人过去从来没在一起合作过，怎样才能合作好？关山月说："最大的体会是二人在合作过程中，都从全局出发，从效果考虑，尊重各自的优点，发扬各自的长处，互相尊重，取长补短，目标一致，自觉甘当对方的助手，乐于当对方的配角，全力以赴完成这项严肃而艰巨的任务。"

傅抱石对创作这幅巨制最深的体会是，从探索主题、经营位置……直到挥毫落墨，一点一画都浸透了集体的智慧。特别是周恩来总理对这幅巨制的关心和呵护，更是感人至深。总理来审看画稿时，先是亲切地问候二人："你们辛苦了！"然后登上汉白玉台阶凝神看画。他上下阶梯多次，还爬到画的左右两侧最高处，反复看，上下看，每个角度仔细看，总共看了个把钟头，慈祥、认真、谦和的总理，

⊙傅抱石与关山月为人民大会堂创作《江山如此多娇》

一举一动都让人感到亲切而难忘。

据说毛泽东当时写了四张题字，他在每个字旁都用铅笔画了圈，傅、关二人选了画圈最多的题字用在画上。

《江山如此多娇》在人民大会堂悬挂后，赢得了国内外许多人士的赞扬，这幅在中国绘画史上留下辉煌一页的巨制，使傅抱石的高超绘画艺术得到了社会各界的认同和赞扬。新中国成立十周年的国庆节，他和关山月还登上了天安门观礼台，出席了国庆招待会。画作在媒体发表后，产生的影响越来越深远。

笔墨不能不变

　　根据许多画家、美术理论家的建议，为了繁荣中国画创作，培养新生力量，一九五六年的一次国务院工作会议决定于北京、上海两地设立中国画院。江苏是人文荟萃之地，文学和绘画艺术名声远播，江苏省也决定成立画院。谁来出任画院筹委会主任呢，当时许多人的意见是由傅抱石出任。傅抱石一再推荐身在苏州的吕凤子先生，说吕凤子是老艺术教育家，艺术成就很高。筹委会建立后，吕凤子因身体不好只是挂名，画院的一切筹备工作实际都在傅抱石身上。经过三四年的筹备，直至一九六〇年三月画院才在南京正式成立，傅抱石出任院长。一个月后，中国美协江苏分会成立，他又当选主席。这年八月，中国美协召开第二届全国代表大会，傅抱石又当选为中国美协副主席。

　　职务多了，身上的担子重了，傅抱石认为在飞速发展、变化的时代面前，画家们的思想和笔墨也不能不变，而自己的责任也更加重大。他也在认真地思考一个问题，即如何把中国的国画创作

⊙傅抱石在江苏省国画院成立大会上讲话

⊙国画工作团一行到各地旅行写生

向前推进一步。根据江苏省委的要求，中国美协江苏分会决定组建"国画工作团"，赴全国各地旅行写生，目的是开眼界，开胸襟，长见识。工作团由老、中、青三代十三人组成。团长傅抱石，副团长亚明、钱松嵒，团员有宋文治、魏紫熙、余彤甫、丁士青、张晋、王绪阳、睦关荣、朱修立、邰启佑、黄名芊。工作团中的五老是：六十岁以上的余彤甫、钱松嵒和丁士青，五十多岁的傅抱石和张晋。这年傅抱石五十七岁。

一九六〇年九月十五日工作团从南京启程，在三个月的时间内，他们行程两万三千里，走遍了河南、陕西、湖北、四川、湖南、广东六省的十一个城市。当时正是三年困难时期，工作团在各地的吃、住、行等条件都非常艰苦。然而，社会主义建设的热潮感染了每个团员。国庆节这天他们在延安，傅抱石和钱老一起走在雄踞延河上的延安大桥上，看到四周的一片片梯田，看到延河岸边绿葱葱的杨树，还有雄浑起伏的峰峦，两人不禁大发感慨。钱松嵒对傅抱石说："若是要我把延安画出来，人家一定会说我画的是江南。"傅抱石听了说："现在陕北和江南也

⊙傅抱石一行在各地旅行写生

的确没有多大差别了。"

一路上看到城市建设发展带来的巨大变化，画家们的思想感情也发生了巨大变化。他们在笔墨上变化的苗头也渐渐显露出来。傅抱石说，他对同行者的笔墨还是比较熟悉的，即使不加任何款识，也能大体说出是某某所作。然而到了重庆的作品观摩会上，他在好几幅作品面前踌躇起来，一位青年画家指出其中一幅作品是丁士青的，傅抱石兴奋地感慨道，这真是士别三日当刮目相看啊！他认为这种变化是思想发生变化的结果，只有在现实生活中认真观察、感受，才能使自己掌握的传统笔墨技法有创造性的发展，才能大胆地寻找新的表现形式和技法。

与异地画家、艺术家们的交流使江苏画家们得益颇多，随行的年轻画家黄名芊对此曾有较详细的记述。傅抱石一行在西安参观长安画派领军人物石鲁的工作室时，石鲁把自己《转战陕北》《延河饮马》等作品拿出来请大家批评指正，傅抱石赞扬说作品画得有气魄，境界新。西安的朋友们刻意求新的精神使江苏的同志很受启发。他建议西安的朋友也到江苏去写生，办画展，对艺术的发展进行切磋、探讨。在成都杜甫草堂写生时，傅抱石与著名作家巴金相遇。傅、巴二人是旧交，相识于抗战时的重庆，新中国成立后两人又多次在全国性的会议上见面。巴金对傅抱石的艺术很钦佩，问他缘何到了成都。傅抱石说江苏刚刚成立了画院，画家们从各地集中到南京之后，感到自己的作品缺乏时代气息，特别是一些有成就的老先生，功底虽然深厚，但缺乏丰富的内涵。省委出于对画家们的关心，提出让大家出来走走。此时，杜甫草堂的负责同志请江苏画家作画留念。宋文治先动笔，在画面上勾出了草堂花园内的两座桥，接着，傅抱石在桥边画了一棵松树，钱松嵒画上了亭子，而后余彤甫、丁士青、张晋、魏紫熙一个一个接着往上画。大家画的时候，傅抱石则在旁边为大家做参谋，让大家注意画面达到整体统一。最后，傅抱石在画上以篆书题了"草堂图"三字，画家们一一题上姓名。《草堂图》整个画面以墨色为主，略加青绿淡彩，使画面颇富神韵。在一个多小时的作画过程中，巴金始终站在一旁观看，兴致很高。

十二月中旬，傅抱石一行到了广州，他和老友关山月重逢，两人道不尽合作大画时的快乐。傅抱石说现在看来那张大画还没有达到理想的效果，关山月也有同感，两人商量把一些想法给总理汇报一下，约定第二年一起赴京。当时的广东省委书记陶铸知道傅抱石一行到了广州，便驱车前来探望，而后带傅抱石、钱松嵒、亚明三位驱车游览了从化温泉。陶铸赞扬江苏有魄力，此次旅游写生一定会出好成绩。宴请时，陶铸说傅抱石画的毛主席诗词词意甚好，特别是《蝶恋花》一幅，把"泪飞顿作倾盆雨"的意境画了出来，表现得很完美，他很喜欢这幅画，希望傅抱石能在有空的时候也给他画一幅。傅抱石说回到南京后画了就给寄来。分别时，陶铸拿出两瓶茅台送给了傅抱石。

⊙傅抱石（右者）与陈之佛（作画者）、钱松嵒（左者）合作国画

结识宋振庭

　　傅抱石带领江苏画家行程两万三千里旅行写生后，准备了近半年时间，一九六一年五月二日，在北京帅府园中国美协的美术馆举行了以"山河新貌"为题的江苏国画家写生作品展，展出了参与写生十三人的一百五十幅作品。傅抱石的《待细把江山图画》《西陵峡》《黄河清》《红岩村》《陕北风光》等，在首都画界引起轰动。

　　此前，一九六〇年傅抱石曾与关山月商定，找个时机到北京向周总理汇报一下关于《江山如此多娇》的思考，以弥补不足。"山河新貌"画展后，周总理了解到傅、关二人的想法，认为原画还是很好的，无须再重画。再说傅抱石已年近六十，身体上也要注意，就请美协安排傅、关二人去东北旅行写生。一九六一年六月，傅、关二人随中国美协赴东北三省美术写生团去了东北。

　　傅抱石在东北写生共四个月，行程四千余里。面对牡丹江的镜泊湖，他激情难遏，创作了大幅《镜泊飞泉》，在鞍钢、抚顺创作了《绿满钢都》《煤都壮观》等，另有《长白山》《林海雪原》《天池林海图卷》

⊙傅抱石在写生

548

等大小佳作一百余幅，收获颇
丰。此次东北之行，令傅抱石
最为欣慰的是与吉林省委宣
传部部长宋振庭的结识。宋振
庭比傅抱石小十七岁，属于晚
辈。宋振庭学识渊博，特别长
于对马列主义的研究。傅抱石
与宋振庭多次畅谈后，了解到
宋振庭在绘画方面的见解，大
为吃惊，遂引以为知己，后来
曾对家人说："没想到东北竟
有这样的人物。"

傅、关二人在人民大会堂
的《江山如此多娇》，引来的
赞扬之声不绝于耳。宋振庭说

⊙傅抱石在东北与关山月、宋振庭（左二）

当年他到人民大会堂开会，看到这幅画正要挂起来，他认为画得很有气势，但是
笔墨多少有些拘谨。他当时还见过傅抱石的许多小品，认为很好，他从傅抱石创
新的皴法等绘画技法中，预见中国画可能要从这里开始发生大的转折。这话他对
傅抱石当面讲过，也在许多场合说过。

对"抱石皴"的问题，宋振庭认为这是一切皴法的综合，囊括了古今中外的。
当时有人对他的这个论点不赞同，宋振庭便据理力争，坚持自己的观点。傅、宋
二人结识后，常在一起谈历史，谈画论，也谈宗教和禅学。一次，傅抱石拿出自
己所写的关于日本雪舟以及石涛、八大等人的书籍给宋振庭，他认真拜读后，认
为傅抱石不仅是一位画家，还是一位科学家、学者，是当代高明的学者。他认为
傅抱石有着学者的冷静、诗人的情感和画家的笔墨，这叫"三个高分子的有机结
合"。他认为中国历史上真正的大画家，都具备这三条，也正是这些大画家使中国
的美术史发生了转折。更让宋振庭想象不到的是，他看到了傅抱石随身带的一本
书，书名是《地貌学》。傅抱石对他说，画山水的不从地质的纹理、地质的科学、

地貌的科学中去寻求事物的本来面目，仅仅从纸上画山水是没有出路的。即此一端，宋振庭认为以科学的态度认真对待作画的中国画家少之又少，傅抱石的做法是典型的学者风范。在如何研究、学习傅抱石的问题上，宋振庭在傅抱石逝世后曾明确表达过自己的主张：不要为学而学、为研究而研究，关键要搞清楚傅抱石的艺术本质和非本质的东西区别在哪里，其实质就是对傅抱石的"三合一"本质的理解。至于"抱石皴"，考虑到还要发展，学的人就不能把它绝对化，要灵活，要用活，单用傅抱石的笔法皴两下子，远看还可以，近看就空了。这些真知灼见，对推动学习和研究傅抱石的艺术起了重要作用。

二人在东北相处多日后，傅抱石主动给他画了一些画。一九六一年七月一日这天，傅抱石让宋振庭谢绝一切客人，专找一安静之处给自己出题。宋振庭提出请傅抱石画一幅不用一点颜色的《水墨飞泉图》，画面上要万山空蟊，泉水从山里喷出来，进到屋子看到这幅画后，会觉得满室可以听见泉水之声，身上觉得冷……傅抱石听到后打趣道："这真要我老命！"傅抱石"白纸对青天"地端详了一阵子之后，在纸上唰唰画了几块墨、几块石头，然后就是对墨块认真端详；他看了又看，再拿起笔往上扫，接着，用小笔收拾，渐渐地，山脊、栏杆、人物都显现出来，远远望去，万山空蟊、流泉飞鸣，这幅画足足画了五个多小时。他在画上题道："振庭同志出题考试之作，即请教正如何？"宋振庭连连拊掌赞道："妙！妙极了！"还有一次，傅抱石交给宋振庭一本画集，说是他喜欢画集里哪一张，就给他画哪一张。宋振庭说喜欢《听泉图》，结果傅抱石又给他画了一整天，宋振庭说这幅画超过了画集里的那一幅。宋振庭特别喜欢傅抱石的著作《石涛上人年谱》，也喜欢石涛的诗，于是傅抱石又给他画了一幅《石涛小像》，画上的石涛没有留发，旁有一棵孤松，然后以行草题了一首高克恭的诗。傅抱石从长春离开之际，又给了宋振庭两个扇面，画的是《二湘图》，这是傅抱石精彩的人物作品。宋振庭万万没有想到傅抱石先生会这样对待自己，单就送画而言，傅抱石曾当面对他说："我一生中从没有给某一个人画过这么多的画。"宋振庭说抱石先生给他和他的朋友画了十五幅画，其中五幅是精品。

喜酒成瘾

写傅抱石如果不写到酒，对他多少有些了解的人都会觉得这是不可思议的事。酒对于傅抱石来说，是绝对绕不过去的话题。从喜欢到成瘾，至驾返道山，他和酒总是形影不离。

傅抱石喜酒成瘾是有原因的，他的酒瘾应该追溯到抗日战争时期。国民政府从武汉失守到节节撤退，对傅抱石来说是一个不小的打击。他携全家到武汉投奔郭沫若领导的三厅，"上马杀贼"的信心非常足。面对一退再退的局面，他心中"抗战必胜"的信念也便成了一句空洞的口号，他心如冷灰。当他回到家里拿起画笔，端起大曲酒，把心中的愤懑和抑郁通过宣纸上的山峦飞瀑发泄出来之后，心头才会生出些许快意。久而久之，"大曲"也便成了麻醉自己的"长物"。到了重庆的金刚坡后，手里端着酒杯也便成了常事。此时的傅抱石主要是教书、作画、治印。而他又把作画的创新、变革、开拓当作大事来做，巴山蜀水的山岚、烟云、奇峰、黄昏等成了他变革中国山水画的重要蓝本。这时候，酒对于傅抱石来说，无疑起到了清醒、兴奋、刺激的作用。基于此，他才能佳作迭出，佳作之中一个重要的绘画语言和符号也便逐渐形成，即后来人们常说的"抱石皴"。

"抱石皴"在技法上主要是凸显"墨"的运用，虽不用色，但色都在墨中。在用笔上，他使用散锋，犹如"横扫千军"，上下开阖，灵动劲健，然后再精心渲染（有时待画略干后进行多次渲染）。傅抱石的画作或雾气氤氲，或山雨空蒙，或林木葱茏，或奇峰叠翠，湿漉漉，沉甸甸，这些作品被人们誉为"金刚神韵"。他当时创作的《万竿烟雨》《潇潇暮雨》等都是开创中国山水画新面貌、大胆变革的代表作。

《瀟瀟暮雨》（傅抱石作）

由于作画时常有美酒在手，兴之所至时得了意想不到的佳作，他便会钤上"往往醉后"的印章，凡是有这方印章的作品应该说都是他的满意之作。傅抱石常常对别人说，酒后往往露出天真的本性，这时自己的感情便会如喷泉一样涌上画面。这的确是一位嗜酒画家的肺腑之言。他的客厅挂着一副书家黄易的对联"左壁观图右壁观史，无酒学佛有酒学仙"，这可以看作是傅抱石艺术和人生的自白和宣言。傅氏之子二石曾回忆说，他的父亲酷爱饮酒，不论吃饭、作画都离不开酒，甚至在看书、写文章、与朋友聊天的时候也少不了酒。抗战时期住在金刚坡时，母亲常常让他去"坡脚"上的店铺给父亲打散酒。其实，傅抱石虽喜欢酒，但酒量并不大，半斤左右就可以进入微醺状态。往往也就是在这个时候，他会借酒"找茬儿"，或训斥子女，或与夫人争执，有时是真的生气，便会拂袖而去。傅抱石的女儿傅益璇曾回忆说，她十岁那年的一个大雪之夜，家里来了客人，酒不够了，她便主动去买，路上摔了跤，"金奖白兰地"却被她紧紧抱在怀里。一九六四年她随学校去涟水县搞"四清运动"，有一个工作队长是双沟大曲酒厂的厂长，傅益璇请他帮忙买了两瓶顶级的双沟大曲。回家过年的时候，在长途汽车上颠簸了六个小时才把酒带回家。傅抱石见了非常高兴，连连感叹道："我璇子也会帮我买酒了……"她说，酒对父亲有着特殊意义，特别是在他的绘画艺术里起着微妙作用。构思作画时，他总是手里拿着酒杯以助构思；作画过程中，也要有酒振奋情绪；画顺手了，就要喝一杯一鼓作气画下去；如果画得不顺手，也要喝上一杯排忧解难；大功告成之时，他就会兴奋地痛饮几杯。

画家亚明与傅抱石一起带领江苏画家进行两万三千里旅行写生时，回忆起傅抱石与酒的两个故事颇令人拊掌。一个故事是在去延安的路上，石鲁陪同，因天黑找不到旅店，就借宿在一个妇女浴

⊙接受采访时的傅抱石也酒不离手

554

室内。次日傅抱石到小溪边洗脸，说是一夜睡得很舒服，问亚明道："这里有卖酒的吗？"亚明说有"辣椒粉"，傅抱石说那就回头弄它一包。傅抱石意思是辣椒粉也可以代酒。另一个故事是在华山写生时，傅抱石与一行人在青柯坪的一个道观下榻，老道拿出秋茄子、秋扁豆、秋辣椒各一盆，另有清汤一海碗。傅抱石见到有辣椒，欣喜异常，便取出酒来以解上山写生的疲劳，刚要上口，老道跑过来训斥道："这里不能喝酒！不能喝酒！"傅抱石与老道关于在道观内能不能喝酒的问题展开了一番激烈的舌战，之后，是把餐桌移到山门外的老柿子树下面才痛痛快快地畅饮。

夫人罗时慧对傅抱石饮酒的问题，只能用四个字来形容：无可奈何。傅抱石在中年时就有高血压、高血脂、血管硬化的毛病，夫人知道酒对健康的害处，常常劝其少饮、不饮，哪里劝得了？没有办法，有时还要拿着酒给傅抱石送到楼上去。傅抱石也知道酒对于健康的损害，早前他曾对别人说，自己虽能小饮，但不常喝。到了抗战时期，由于种种原因，逐日以杯中物自遣……大约二十年来，此病渐深，每当忙乱、兴奋、紧张……非此不可。许多朋友、亲戚劝他与此物绝缘，但是由于主观上不重视，戒酒之说也便流于形式，还是一杯一杯照饮下去。

好夫妻一世和谐

傅抱石一生事业有成，夫人罗时慧功不可没。如果没有罗夫人，傅抱石的艺术事业会不会走到令人瞩目的地步，就很难说了。

傅抱石与罗时慧结婚后，事业上如虎添翼。他总是亲切地称之为"奉姑"或"时慧"。罗时慧做的一手饭菜，尽管都是家常菜，但总能根据丈夫的口味把握得恰到好处。傅抱石最欣赏夫人的两道菜——红烧肉和芦蒿炒腊肉。红烧肉用五花肉来做，烧到外层焦干内里软烂之后方才装盘。芦蒿炒腊肉用的腊肉是夫人自己腌制、晾晒的，而芦蒿只用老根上面的那一节，吃起来又香又脆。傅抱石常常对人说，在外面即使吃山珍海味，也不如回到家里吃夫人烧的普通饭菜可口。

罗时慧生性活泼开朗，既通诗书画，又通情达理，特别是她的幽默常常使傅抱石忍俊不禁。傅抱石对夫人的爱总是深深印在心里。他只要在外地办事，必然会给夫人写信。有时在外面寄的信夫人还没有收到，他已经到家了。婚后不久，他去日本读书，几乎天天都给夫人写一封信，一个月下来，竟有二三十封之多。罗时慧把这些信都收集起来，最后装订成册，一直放在身边珍藏。

⊙ 傅抱石夫妇于南京寓中

傅抱石作画时，夫人常在旁相伴，她一边磨墨，一边给丈夫做参谋，自称是"磨墨妇"。傅抱石对夫人磨出的墨也常常啧啧赞赏。更重要的是，夫人对丈夫的画作有自己的见解，或构图、或用墨，总会提出中肯的意见。抗战时在金刚坡，傅抱石画了一幅《巴山夜雨》。他以重墨画出了占了画面五分

⊙傅抱石创作《韶山丛翠》完成后与夫人罗时慧合影

之四的山坡，山坡上有房舍，图的下方有一很明亮的窗户，仿佛是傅抱石与夫人在舍中谈论往事。这是在一次与夫人的交谈中，傅抱石触发了灵感，便随手画了此图，他在画上题道："予旅蜀将五载，寄居西郊金刚坡下，迩来兼旬淋雨，矮屋淅沥，益增旅人之感。昨夜与时慧纵谈抗战后流徙之迹，因商量营此图为纪念。"其实，傅抱石的许多作品都是与夫人交谈、商量后，才"营此图"的。他还画了一幅两个古装仕女在柳林下信步游春的情景，傅抱石在画上题句道："予写此幅未竟，时慧曰：此春光也，即题之。"罗时慧的敏捷诗思的确为傅抱石的创作带来了灵感。因为他对自己的作品总是要做到完美，所以对第一位鉴赏作品的观众——妻子——所提的意见和建议也都极为重视。虽然傅抱石有时觉得罗时慧提的意见很苛刻，但罗时慧把自己的想法有条有理地说出来后，傅抱石经过认真思索，第二天往往会在原作上做重大修改，或者重新再画一张。这足以说明罗时慧的意见正确，对傅抱石的艺术创作有益。为此，傅抱石曾刻有一方"抱石与时慧同观"的印章，这方印章看起来说的是二人常常在一起观赏画作，实质说的是罗时慧常常参与傅抱石的创作。创作过程中和创作完成后，罗时慧在选定画题、鉴赏等方面都有卓越的见解，说明夫妻二人相处和谐，生活充实而幸福。

日寇投降前夕，罗时慧三十五岁生日之际，傅抱石为妻子精心创作了一幅

《柳岸仕女图》。画上的题词诚挚而恳切，笔者用白话译写如下："今天是妻子时慧三十五岁的生日，想想入川以来的六年里，对妻子的生日我从来没有重视过。我与时慧结婚已经十五个年头了，现在大儿益钧（小石）十四岁，二儿益钜（二石）十岁，长女益珊六岁，次女益璇方九（个）月，按照虚龄来算也是两岁了。我经历了艰难困苦来到东川避难，岳母李太夫人也一起来了。尽管生活动荡不安，但我仍然没有忘记笔墨丹青，每日作画不止。而居住的地方又是这样简陋，仅仅只能遮风挡雨，家里常常没有隔夜之粮，幸亏夫人时慧把不能忍受的贫困都忍受了，她辛辛苦苦操持这个家，还要哺育孩子，我实在过意不去啊！当年老母曾训教我说，将来生儿育女之后，方知父母之大德。当时自己冥顽不灵，不能体会母亲的训示深意，今天我已成了几个孩子的父亲，且又生活在浑浊的乱世之中，一切不堪回首。倘若将来家庭能够传延下去，能有所得，这也是母亲训教和妻子帮助的结果啊！丁酉五月十七重庆西郊金刚坡下寄寓。致意时慧赏之，傅抱石。"这实际是傅抱石写给妻子的一篇绝妙散文。画中的仕女，就是妻子罗时慧的化身。题词娓娓道来，不加雕饰，情真意切，特别是将对母亲训教的怀念和对妻子辛苦操劳的作为写得令人感慨系之。傅氏驾返道山若干年后，罗时慧回忆起夫君时这样写道："我与抱石相识到分别其间近四十年……我佩服他坚强的意志、百折不挠的毅力、勤奋刻苦的钻研精神，只是因为儿女众多，家务繁重，对他的帮助太不够……"由此可见，时慧对夫君的关爱和欣赏。

⊙傅抱石夫妇于南京寓中

一次经受了严肃考验的东欧之行

　　除了二十世纪三十年代到日本读书外，新中国成立后及至病逝，傅抱石只获得一次出国的机会，即一九五七年的春夏之交，他率领中国美术家代表团访问了东欧的捷克斯洛伐克和罗马尼亚两个国家。这次出访也是执行中国对外文化交流协定的项目。傅抱石任团长，团员有特伟、王临乙、阳太阳和刘继卣。

　　此前，东欧的一些美术家在北京的全国美展上，看到过傅抱石的许多作品，他们颇受震动，想与作者见见面。不久，中国美协秘书长华君武带领这些美术家

⊙傅抱石（右二）率中国美术家代表团（王临乙、特伟、阳太阳、刘继卣）访问东欧

⊙傅抱石（左二）在南京会见捷克斯洛伐克漫画家霍夫梅斯特（右一）

到江苏访问，与傅抱石见了面。傅抱石在家里向客人们介绍了自己的创作和想法，画家们回到自己的国家后，向本国民众介绍了傅抱石和他的许多作品。不久，他便到东欧来了。傅抱石一行先到了捷克斯洛伐克，当地画家请中国的画家们现场写生作画，而后把写生的画稿和创作的作品在当地举办展览展出。

接受访问、参观，与当地艺术家们进行学术交流，这都是能够从容对付的事。然而，真要拿出自己的毛笔和砚台，对着东欧的楼房、建筑工地、沙滩、海湾、蓝色的多瑙河进行实地写生，把这些景物用国画技法表现出来，特别是在异国人面前表现，如果没有十分的把握，很难收到满意的效果。好在傅抱石在日本读书时，对素描进行过认真研究，观摩过西方的一些水彩、油画作品。经过认真观察和细心研究，他先用铅笔写生，再把中国山水画技法的散点透视、焦点透视和"以大观小"等方法运用到创作中，把粗犷、敦实的建筑物和美好的风景以不同风格的墨块表现出来，让东欧的艺术家和观众大为惊奇。他们没有想到，本土的这些司空见惯的景物能够在东方艺术家的一支毛笔和几张宣纸上表现得这样生动，他们连连惊呼："奇迹！奇迹！"

到罗马尼亚访问的时候，首都布加勒斯特博物馆正在举办罗马尼亚二十世纪初期著名画家鲁其安的画展。鲁其安是罗马尼亚现代绘画的杰出大师，虽然活了不到五十岁，却给罗马尼亚人留下了许多瑰宝。傅抱石的住地与布加勒斯特博物馆很近，稍有空闲，他便去"会见"这位罗马尼亚的绘画大师。一九○七年，四十岁的鲁其安画过一幅自画像，傅抱石多次去观看，对鲁其安刻画自己的紧锁眉宇和炯炯有神的眼睛留下了深刻印象。由此他想起了石涛，想起了齐白石。他想，不论国内还是国外，艺术大师们的共同特点都是以他们卓越的艺术让人们震惊和感动，因此人们佩服、尊重、热爱他们。过了一些日子，布加勒斯特又举办了另一位罗马尼亚现实主义绘画大师格里高莱斯库的画展，傅抱石应邀参加了展览的开幕式。格里高莱斯库擅长风景和农村题材的创作，特别喜欢画牛。因为他与牛的感情很深，他曾说自己死后要用牛车拉他的棺材。傅抱石感慨万端，他对这位热爱生活和艺术的大师由衷佩服。

在罗马尼亚参观、写生的同时，应罗马尼亚文化科技协会之邀，傅抱石在文化科技小礼堂举办了一次关于"现代中国画"的学术报告，数百位文化艺术界人士和绘画爱好者兴致勃勃地来到这里，聆听这位中国杰出艺术家的高论。傅抱石指出，有着几千年历史的中国绘画，具有丰富的人民性和现实性。形象、光线、空间关系是画家们处理绘画作品的重要形式，也是中国人民思想感情的产物。中国人以造型艺术表达思想感情和意志，也成了世界优秀绘画艺术的一部分，这也是中国人对世界文化的贡献……傅抱石抑扬顿挫、铿锵有力的演讲，赢得了经久不息的掌声。这次演讲傅抱石向友好的罗马尼亚人重点介绍了中国

⊙傅抱石（中）等在东欧

杰出的人民艺术家齐白石。傅抱石说，齐白石出色地完成了中国绘画朴素、天真、健康、有力的美的造型，丰富了中国人的精神生活和文化财富。齐白石的一幅画就是一曲令人难忘的交响乐，画上的书法、篆刻都是艺术的有机组成部分。齐白石的绘画创作受到了中国人的尊重，他的艺术放射出伟大且永恒的光芒。这时，会场的灯光忽然转暗，《画家齐白石》的专题艺术片给所有观众带来了极大的艺术享受。报告会结束了，傅抱石走出大门的时候，许多人走了过来，亲切地握着傅抱石的手说："傅先生的报告太生动、精彩了，我们非常满意，您向我们介绍了中国杰出的人民艺术家齐白石，我们为您的国家有这样的艺术家而感到骄傲。"

傅抱石在捷克斯洛伐克和罗马尼亚一共生活了三个月。他在捷克斯洛伐克访问了十几个城市，创作了三十幅作品；在罗马尼亚访问了四五个城市，创作了二十一幅作品，并分别在两国的首都举办了作品观摩会。这些作品被傅抱石称为"东欧系列"，其中《布拉格宫》《斯摩列尼兹宫大门》《西那业城中俯瞰》《美丽的国都布拉格》《多瑙河畔》《比加滋水电站大坝工程》等堪称不可多得的佳作。尽管如此，傅抱石仍谦虚地说："这些粗糙的作品，是我思想上尖锐斗争的结果，也是对我创作的一场严肃的考验。"也正因为经历了这场创作上的严肃考验，才为他后来在人民大会堂创作、两万三千里写生、东北写生创作出许多划时代的扛鼎之作打下了坚实的基础。

儿女情长

一九五七年夏末秋初的一天，傅抱石与妻子罗时慧正在为儿子小石一直没有和家里联系而焦虑，忽然，北京传来了消息，傅小石在整风运动中表现不好，被打成右派……晴天霹雳般的消息把夫妇二人吓呆了。罗时慧不禁放声痛哭，傅抱石则是浑身颤抖，不知所措。瞬间，爱子傅小石的许多往事在脑际闪现出来……

小石从小就喜欢绘画，他常常用绘画来表达自己对某些事情的想法。一天，家里来了客人，正好傅氏夫妇外出，回来问起是哪位客人来过，小石立即拿起笔来，把客人的模样勾画出来。傅抱石一眼就看出来的客人是谁，心里非常高兴，他觉得小石将来也是块画画的料。一九五三年夏，小石因成绩优秀，考取了中央美院版画专业。他聪慧过人，学习勤奋刻苦，因为经常参加社会上的一些公益活动，还被选为班长。放假回家的时候，傅抱石听到儿子在学校这样有出息，心里更加高兴，他盼望儿子早日学有所成，报效国家。然而，傅抱石哪里会料到……

一九五七年，大鸣大放，中央美院的师生们也动了起来。傅小石平时就很活跃，天天忙着写大字报，参加各种

⊙重庆金刚坡时的傅小石（右）、傅二石（左）、傅益珊（中）

辩论会，他还就社会主义民主法制问题写论文，招来了灭顶之灾——他和另一个同学谢力刚一起被打成"反党小集团"。揭发、批判的大字报铺天盖地而来，一位天真无邪的普普通通大学生，就这样成了"右派"分子。他不敢回家，也不敢把这一切告诉自己的父母。尽管很快要毕业了，书却不能继续读下去了，他先是到学校图书馆干杂活。一九五八年初，被发配到河北双桥农场劳动改造。繁重的体力劳动、痛苦的精神折磨，再加上饥寒，傅小石瘦骨嶙峋，蓬头垢面，简直成了另外一个人。

傅抱石于一九五九年到北京为人民大会堂创作《江山如此多娇》巨幅国画，心里最放心不下的还是自己的儿子。傅小石得到允许可以看望父亲，他难过地站在父亲面前。眼前这个从小就疼爱有加的儿子，昔日才华横溢的爱子，如今却成了衣衫褴褛的"敌人"，傅抱石心里怎么都想不通。他心如刀绞："孩子啊，你不就是为了我们心爱的祖国和人民说了几句真话吗？……"他小声问儿子："冷不冷？饿不饿？"傅抱石连忙把儿子带到餐厅。傅小石一连吃了三盘绿豆面炸的丸子……望着狼吞虎咽的儿子，他的心被泪水浸透了。四年后，傅小石回到南京，在傅抱石所在的江苏国画院做了一名勤杂工。又过了一年，即一九六二年，傅小石摘掉了右派帽子，虽然仍是勤杂工，但可以画画了，他创作了不少国画作品。

三年后，傅抱石仙逝。傅小石坎坷的人生经历，一直是这位慈祥父亲心头没有解开的结。

傅抱石的大女儿傅益珊的健康问题，也一直是傅抱石心头挥之不去的阴影。一九五八年全民大炼钢铁之际，傅益珊因疲劳过度，从炼铁炉旁摔了下来，苏醒后又淋了雨，高烧一周不退，从

⊙傅抱石与小石、二石在北京

此落下病根。后来就是经常失眠。就是这样，她还在南京化工学院坚持读书。病情日益加重后，只好住进医院，傅氏夫妇叫苦不迭。女儿住院后，傅抱石每天都要去探望，因为他对这个女儿爱得太深切了。因时时忧虑女儿的病，

⊙傅抱石夫妇与长女益珊（前）在南京玄武湖

傅抱石常常精神恍惚，白发渐渐增多。抗战时期，傅抱石在金刚坡居住，在他创作的一幅《金刚坡麓》画作上曾有这样的题句："此余金刚坡麓山斋倚门东望金刚坡也。长女益珊方五岁，每晨嬉于残蕉叶下……"一九五九年又作《牵羊图》并在上面题道："见予长女益珊赞赏不已……此画二年前所写，牵羊嬉于桃树下即小女也。"益珊患病的前一年即一九五七年，傅抱石在南京作《东山图》，并在画上题道："丁酉四月初六，长女益珊请写人像之法，为剖此帧。盖幼时多见余写画，理解较易耳。"益珊患病后四年，即一九六二年傅抱石为之画扇《二老松下观瀑》，又这样题道："长女益珊在太湖疗养院已二月有半，即不见二月余也。今日突然念念不已，予非英雄，未能免儿女之情……"据说，傅抱石生前画作中提到长女益珊的竟有十七八幅之多，足见这位仁慈的父亲对女儿益珊是何等怜爱。为了治好女儿的病，他想尽一切办法为之请医购药。香港人士唐遵之向傅抱石求画，傅抱石便在信中请其在港为女儿购买药物。傅抱石仙逝前的三个月，因女儿服了唐遵之代购的外国产的"斯特拉精"镇静药，见了效果，便在给唐遵之的信中说："关于长女（名益珊，二五）自服'斯特拉精'一年余来，从整个情况看，确实显效（友人中亦有三人服此丸无效）。据家中观察，自六二年秋以后，要以现在为最好，生活谈吐，一切如常……当此医药日新月异，这方面是（如）有新药问世的，因此敢敬恳足下，随时遇朋友中（最好业医者）知道新药消息者，务乞费神代为注意……"

⊙傅抱石全家摄于南京傅厚岗六号

为了能够彻底治好女儿的病，父亲不吝"敬恳"之请，请朋友"费神代为注意"，怜女之情，真是溢于言表。

带着"井冈山"画稿的构思永远走了

一九六五年的夏秋之交，可以与世界一流机场媲美的上海虹桥国际机场落成。机场的候机大厅要接待国内外旅客，上海市领导决定要用一幅类似人民大会堂《江山如此多娇》的巨制为之添彩。经向国务院请示，他们决定邀请《江山如此多娇》的作者之一傅抱石担当此任。

这时的傅抱石健康状况已是每况愈下。一九六二年的春天，他因疲劳过度，致使右手和臂膀疼痛难忍，几乎动弹不得，甚至连吃饭都很困难，提笔作画更不必说了。那时的医学没有今天这样发达，尽管多方找人诊治，也没收到明显效果。他一边延医，一边歇息，在略有好转的情况下又伏案作画。浙江省委书记霍士廉得知傅抱石的病情后，邀请他到杭州休息疗养一段时间。他携全家在杭州住了近半年时间，精神、身体都略有起色。这次上海机场作画的任务不同一般，考虑到傅抱石的身体，领导决定请江苏画院的钱松喦、宋文治、张文俊一同赴沪，由傅抱石挂帅，集体完成这一佳作。

上海方面对傅抱石的到来极为重视，尽管空中飞行不到一个小时，却专门派飞机到南京来接。抵沪后，市委副书记王一平代表市领导看望傅抱石一行。傅抱石当即说了自己创作这幅大画的构想。他说："既然是国际机场，就要考虑到它的特殊环境和地位，既要有国家级水平，也要有地方特色。上海是华东局所在地，所辖六省一市，江西的井冈山就在这个范围之内，再说，井冈山是革命圣地，这幅作品可以表现中国气派。"傅抱石于一九六三年曾去井冈山写生过，积累了一定经验，另外，他还有当年创作《江山如此多娇》的基础，可以把这幅巨制完成好。王一平听后，当场拍板同意傅抱石的意见。

从九月二十三日上午到达上海后，傅抱石一行便在上海方面的认真安排下参加各项活动。先是参加不同场合的会议，然后是座谈、讨论，接受市领导看望，拜访亲朋故旧等。夜深人静了，他还要提起笔来一幅一幅"偿还"答应下来的人情债……会议也好，接待也好，参观也好，都可以应付，唯独各种场合的宴会，他怎么都躲不过去。他是有酒必饮，饮而必多，再加上身旁又没有夫人的提醒，他更是"敢作敢为"了，一杯接一杯，一场又一场，一天又一天；领导的酒得给面子，朋友的酒不在话下，故旧的酒更是不能推辞。在上海的四天，傅先生茅台不离左右，自然是过足了瘾。他的老友赵清阁（女作家、诗人）曾著文回忆说："六五年的九月深秋，抱石又到上海，我请他在文化俱乐部吃了顿饭，他说了为机场作画的事。第二天晚上魏文伯（上海市副市长）请他吃饭，回到锦江饭店给我打电话，说明天清早回南京，过了国庆再回上海，从声音里我听得出他又喝多了酒……"

由沪返宁仍是飞机相送。至于为机场作画问题，由于上海方面的信任和尊重，傅抱石一行也做好了准备，决定国庆节后拿出一个初步方案，再来上海讨论、研究。另外，傅抱石本人心里也已有了创作的大体轮廓。来时，傅抱石在飞机上优哉游哉，还时不时地看看窗外景致，十分惬意。登上回去的飞机，他的心情是愉快的。但是，飞机一起，他便觉得心跳加快，头目眩晕，躺在座椅上双目紧闭，浑身不好受。九月二十八日上午回到家里后，罗时慧看到他一脸疲惫，知道他在外面一定是喝多了酒，不便多说什么，忙着张罗让他好好休息。休息没有多久，他想起从上海带来的一些绘画资料，又立即进行整理。这天下午在江苏省画院工作的学生喻继高来看望他，傅抱石很高兴，问了一些画院的事情，说了此次上海作画的任务。送走喻继高后，他又觉得头有些晕，四肢无力，要上楼休息。晚饭他也不想吃，夫人问他，他只是说想好好睡一觉。

九月二十九日一大早，罗时慧早早起来就忙着要办的事情，再过两天就是国庆节了，在外面学习、工作的孩子们都要回来。全家人要好好团聚一下，当然是要准备好可口的饭菜；另外，家里的客厅要清扫，因为有几位朋友要来。傅抱石的朋友多，平时难得一聚，趁国庆放假有空，要请几位朋友来家里坐坐。不知不觉间已经到了上午九点，傅抱石还没有起床，夫人连忙上楼去看，只见他仍在沉

⊙傅抱石（右三）等在上海虹桥机场

沉地睡着，发出的鼾声倒也均匀，她没惊扰傅先生，又下了楼。

快到十点了，傅抱石还没有下楼。这时罗时慧感到有些不妙，上楼一看，果然不出所料，傅抱石已不能说话，她立即与画院办主任张文俊联系，说傅抱石身体不适。张文俊骑着自行车来到傅抱石的家里，只见傅抱石在楼上沙发里坐着，闭着眼睛打呼噜，脸色发红，嘴唇已经发紫，他当即给省委宣传部、文联和医院的领导打电话。领导和医生们来了，医生看了说是脑出血，不让转动，哪知到了下午一时许，一代宗师傅抱石带着没完成的"井冈山"画稿的构思离开了人世，享年六十一岁。

几天后，傅抱石的追悼大会在南京中山南路的殡仪馆举行，江苏省各方面领导都到了。中国美协秘书长华君武专程到南京参加吊唁。傅抱石的遗体被安葬在南京城南菊花台望江矶的山坡之上。

大师身后事

"文革"时罗时慧及其子女遭了大难，小石、二石先后被打成"反革命分子"关进了监狱，大女儿益珊患病在床，益璇、益瑶、益玉姊妹也都下放农村，不能在母亲身边随侍。罗时慧有个当农业科学家的胞弟也因不堪凌辱跳楼自杀，留下了六个孤苦伶仃的儿女……"妻离子散，家破人亡"这八个字，便是当时傅家的真实写照。然而，大家闺秀出身的罗时慧尽管从来没有经受过这样的灭顶之灾，但是凭她的人格、学养和智慧总算挺了过来。她在被审查的过程中也曾想到以一条绳索结束自己的生命，冥冥之中，傅抱石好像在告诫她："你千万不能走，我们还有五个儿女啊……"她坚强起来，终于等到了"四人帮"倒台的这一天。

逆境之中，罗时慧感受最深的是人情的冷暖，既有冷峻残酷，也有温馨如春。据说，一位当年在傅家一周要吃五顿饭、自称傅抱石"入室弟子"的学生，运动一开始便吓得远远躲开傅家，甚至在大街上见到傅家的人也形同陌路。罗时慧听到这个消息后，神情木然，世态炎凉到了这般地步，一个看似亲密无间的人竟一眨眼变得忘恩负义，真是不可想象！回家探望母亲的女儿为让母亲宽心，说是这种人不值得念叨。母亲只是不言不语，站在火炉旁默默地为在狱中受难的儿子做炒面……

人间并非没有真情。一天清晨天还没有亮，一位先生悄悄打开傅家的门闪身进来，给罗时慧说了许多安慰和鼓励的话，要她坚定信心，一定要活下去，说完又悄悄离去。还有一天，一位挂着拐杖的老人，颤巍巍地走进她家，让罗时慧千万顶得住，说天总会有晴的时候。又一次，正在给别人办学习班的两位军人，摸着黑来到傅家看望罗时慧，嘱咐她说，千万不要在"逼供信"的高压之下，乱编事实，一定要实事求是，一就是一，二就是二，只要耐心等待，事情总会弄清楚的。罗时慧对来人千恩万谢，感动得不知说什么好。"文革"中期，几位当年与傅抱石有所交往的老领导被"解放"了，他们刚刚回到家里，便立即来看望罗时慧。一位老领导说："我知道你家中的遭遇，以为你这位多病的老人会经受不住，今天看到你这样好，说明你很坚强啊！有人以为傅家经历了这样难以承受的灾难会从此衰败下去，哪里知道，罗夫人和子女们不仅顶住了许许多多难以忍受的摧残和折磨，如今还能生活得这样好，真是令人意想不到。"

一九八五年，傅抱石逝世二十周年之际，江苏省委、省政府决定隆重举办傅抱石逝世二十周年纪念活动。纪念内容包括召开纪念大会、出版纪念专辑、成立傅抱石纪念馆等。听到这些消息后，罗时慧激动地说："抱石如果地下有知，也一定会为此感到欣慰。"

不久，一本以"纪念傅抱石先生逝世二十周年筹备委员会"的名义编印的纪念文集问世了，当时有关领导和艺术界著名人士彭冲、钱昌照、赵朴初、赵少昂、关山月、廖静文等都为文集和纪念馆题了词。彭冲的题词是："北有白石南有抱石，一代宗师万世流芳。"赵朴初为傅抱石纪念馆题写了这样一首诗："共餐山色忆峨眉，画笔留云叹世稀。更见扬州明月夜，同心文字献盲师。"诗后有小注说，一九六〇年他在四川峨眉山与抱石先生相遇，傅先生有画像赠。一九六二年，赵朴初陪日本友人到扬州参观鉴真故居，傅抱石也一同前往。为了纪念两国佛文化交流，双方订立了协议，协议由赵朴初撰文，傅抱石书写。时年八十一岁的著

⊙傅抱石故居的纪念碑雕像

名画家赵少昂为纪念文集题的一首诗别有韵味："奉题傅抱石先生纪念集，蜀中常话西窗烛，太息如今隔世人。流水高山群仰止，超然遗作绝纤尘。"诗后小注说，三十多年前他在重庆时，每每于周末与抱石先生还有黄君璧先生等一起聚首，追忆往事，恍如昨日，如今先生的画作已经享誉世界，这实在是一件值得艺海同庆的好事。徐悲鸿夫人廖静文的题词是"笔落惊风雨"。旁有小注云："抱石先生之作品奇气洋溢，有笔落惊风雨气概，诚我国艺坛之伟人也。缅怀风范，感慨系之。"好友关山月则为傅抱石纪念馆题了一副对联："南国奇才笔染江山迹大化，金陵一蠹身归玉石命维新。"

　　如今海内外研究、学习傅抱石艺术的人越来越多，他的画作更为世人所珍视，是难以求得的瑰宝。

这位书画巨擘，开创了『中国山水画的里程碑』，所以才能使中国绘画在世界艺术之林有一席之地。此言绝非虚夸。在为人处世方面，黄永玉说他朴实得就像是一位农民。也就是这位『农民』，在笔山云墨海辛勤耕耘了终生，他的画作使人民了解到了他严谨的哲学头脑、洒脱的诗人风度，还有谦虚务实的君子品格。

· 心系山川 李可染 ·

童年弄墨

李可染四五岁的时候，就对绘画产生了浓厚兴趣。他常常拿着碎碗片，在地上画戏曲人物。他家附近有一个糙米厂，糙米厂旁边有一块晒米的平坦空地，这块空地就成了李可染画画的"宣纸"。小时候他经常到徐州的黄河底听书看戏，听了故事，看了戏，回来就在空地上画"回忆画"。后来，他在舅舅家看到了《三国演义》《水浒传》《岳飞传》等古典小说，小说前面的绣像人物，又成了他学习绘画的"蓝本"。他天天像着了魔似的画个不停，经常忘了吃饭、上学。

童年李可染眼中的徐州，有许多乐土。除了到黄河底听书看戏以外，他还喜欢在三里多长的徐州城墙上漫游。一次，他又爬上了城墙的南门，向着快哉亭的方向观望的时候，忽然发现一位老先生正在快哉亭的南窗之下挥笔作画。李可染心里顿时怦怦跳了起来，他连忙从城墙飞步跑下，悄悄地走到那位先生画画的窗子底下，入神地看他理纸挥毫，直到先生停笔，他才恋恋不舍地离去。第二天一大早，李可染又来到了那个窗子底下，聚精会神地看那位先生画画。第三天，第四天，李可染早早起来就往那个窗子底下跑去。那位先生画的是梅花。他先画老干，在空白处画枝干的时候，却不连接，时断时续；然后再用淡墨画梅花，梅花就是圆圈。五个圆圈是全开的，三个圆圈是半开的，四个是大半开的，一个是花苞。头一天看了之后，李可染回家也画了一张。第二天一大早去看那位老先生画画的时候，先生还没有来。八九点的时候，来了几位先生，他就专找那位画梅花的先生。

这几位先生是钱食芝、苗聚五、杨芝侯、阎咏伯，这四位乡贤创办了"集益"书画社。钱食芝作画以山水为主，也画梅花，能诗，人略胖；苗聚五善书，也善花卉，能写榜书，下巴上有几缕胡子，人颇风趣。这天，苗聚五注意到了窗子前

⊙李可染启蒙老师钱食芝先生

面的李可染，就对钱食芝说："这个孩子怎么天天来这里看你画画？"钱食芝微微一笑，略一沉思，嘴里念念有词道："后生可畏也！"苗聚五问李可染："你喜欢画画吗？"看到李可染点头，他就让李可染从前门走到画室。苗聚五问他姓什么，叫什么，家住哪里，父亲是谁。当李可染说自己的父亲是开宴春园饭馆的李会春时，苗聚五惊道："你就是小畅怀吗？"李可染不好意思地点了点头。

原来，李可染九岁的时候，在袁家花园读私塾。一天，袁家把住在铁佛寺的苗聚五请到家里写字。当时苗聚五写了"畅怀"两个大字，正好让李可染看见了。下学回到家，李可染的哥哥李永平用笤帚做了一支大笔，然后又买了一张四尺的大纸，李可染也写了"畅怀"两个大字。他父亲看了，非常惊奇，就把字挂在饭馆的厅堂里让众人观看，一些文人大为赞许，就在字的旁边题起字来。从此，九岁的李可染成了小书法家，大家也不喊他的名字了，只喊他"小畅怀"。

苗聚五把这个情况告诉钱食芝，钱食芝听了很高兴，就让李可染看自己作画。当天回到家，李可染想着钱食芝画的山水，一点一点回忆，也背临了一张。第二天拿给钱食芝看，钱食芝连连夸奖道："孺子可教也！"苗聚五就对钱食芝说："你就收下这个学生吧，这孩子将来前途无量啊！"钱食芝听了，并不拒绝。苗聚五对李可染说："你要是拜老师，就拜这位钱食芝吧。"

李可染回到家，把要拜师的事给父亲说了，父亲非常高兴，说："你拜师不能白拜，快哉亭有厨房，我派个好厨师，办一桌酒席。"过了几天，李可染父子在快哉亭办了酒席，李可染当众给钱食芝磕了头。从此，他就成了钱食芝的入室弟子。钱食芝还有一个名字叫茂椿，字仲灵，他幼年聪明勤奋，早年曾经中过秀才。因为看到科举制度的腐败，便弃绝仕途，一心在书画艺术上下功夫，成了徐州诗、书、画三绝的著名文人。他的书斋叫"怀薇草堂"，曾经有文集面世。钱食芝在书法方面，对汉魏碑刻颇有研究，他也刻意临摹清人刘石庵（墉）的字，在绘画方面他主要攻山水，以临摹"四王"为主。

第二天，钱食芝就给李可染讲山水画的技法，讲勾勒，讲怎样画树，怎样点染。第三天，钱食芝拿了一张五尺的宣纸，对李可染说："我要画一幅画给你作个纪念。"钱食芝学的是清代"四王"之一的王翚（字石谷，号耕烟散人）的山水，字写刘石庵。他一连画了七天，画好后，在画上题了一首五言律诗，前四句写道："童年能弄墨，灵敏市应稀。孺子鹏搏上，余残鹬退飞。"又加几行小字注道："余生可染，年甫十三，拜余为师……"杨芠侯先生还用小篆给李可染写了一副对联，文曰："不因果报方修德，岂受功名始读书。"

从那以后，李可染每天一大早就来到快哉亭，向里面的道士借来小木桶，到荷塘里面提了水，给每一位先生擦好桌子，换好砚池、笔洗里的水。然后，钱食芝来了，就为他磨墨、理纸，看他作画。

过了一年多，钱先生不幸因病遽然离世。后来李可染回忆说："钱先生面微红，人略胖，可能患有高血压一类的病。他名松龄，号食芝，都与长寿的愿望有关，尽管如此，他还是过早地走了。"葬礼时李可染随同钱家人一起把钱食芝的遗体护送到徐州西郊的坟地下葬，尽了弟子之道。后来，他到上海进了刘海粟办的上海

⊙《仿王耕烟山水》（钱食芝作）

美专。毕业的时候，他随意画了一张仿王石谷的山水，竟然以第一名的成绩轰动全班。每每谈到这里，李可染总是深情地说："是钱食芝先生带我接触了中国的传统绘画艺术，没有他老人家，就没有我的今天。我现在没有忘记他，将来我也不会忘记他，我一生永远也不会忘记他。"

美专难忘四件事

因为童年时的李可染就对画画有浓厚的兴趣，小学毕业时，他就在这方面寻找自己将来要走的路。他听说上海有一所美术专科学校，可以在那里学到很多东西，徐州也有人在那里读书。于是，十六岁（一九二三年）这一年，他便去了上海这所学校。

这所学校就是当时已经办了十年的上海美专，是刘海粟于一九一二年和朋友乌始光、张聿光等人在乍浦路创办的。学校开始叫上海图画美术院，到李可染入学的时候，已经改名为上海美专。因为家境并不殷实，他觉得学成后最起码可以做个小学美术教员，所以报了初级师范科，学图画手工。

上海美专是一所带有商业性质的学校。不用考试就可以直接入学，上课也不太正规，也没有什么严格的基本训练，李可染不免对此有些失望，他晚年曾回忆说："在我毕业时，成绩单上的分数虽然很高，但是无论对文艺方向的认识，还是对

⊙上海美专旧貌

社会的认识……（只是）糊里糊涂地混过了长长的时间，甚至连我童年时代对于艺术的喜欢都没得到尽量发挥。"

当时在上海美专主持中国画教学的是上海大家吴昌硕的外甥诸闻韵，还有潘天寿。尽管当时吴昌硕尚且在世，但他并不到校任课。再说，李可染学的是图画手工，没学国画，也不画花卉，所以也就无缘受到吴昌硕的教诲，只是间接了解了吴昌硕的一些笔法。

李可染在世时也常常向人讲起他当年在上海美专时不能忘记的几件事。

一是听康有为的演讲。一天，学校开了一个纪念会，校长刘海粟把康有为请到学校演讲。李可染说他当时坐在第二排，看康有为看得很清楚。康有为头上戴一顶小罗帽（北方俗称"小帽垫"），身穿藏蓝色缎子长袍，白白的"小山羊"胡子。康有为说的是带有广东口音的官话，还能听得懂。李可染当时印象最深刻的是，康有为说他曾到世界各国访问、考察，对美术尤为关注，他得出的结论是，中国的绘画是世界上最好的绘画，应该是世界的高峰，大可展现民族精神云云。康有为的演讲，使得当时听得入神的李可染受到很大震动。李可染虽然说在上海美专没有学到什么东西，但康有为的这些话坚定了他要在绘画这条道路上走下去的信心。

二是曾因为一件事情，气得他浑身颤抖。一次，有位喜欢音乐的同学用钢琴弹了一首中国的古曲《梅花三弄》。一位教师却对这位同学破口大骂，说他侮辱了神圣的钢琴。当时也在现场的李可染看着眼前发生的一切，气得浑身颤抖。因为他也是个学生，毕竟还要考虑"师道尊严"，不能"路见不平，拔刀相助"，但李可染对这种盲目崇洋、藐视本民族文化的洋奴嘴脸，十分鄙视且深恶痛绝。

三是李可染结识了一位好友。据李可染当年上海美专的同乡同学许芳洲回忆，李可染在上海美专结识的好友叫谭抒真。他和李可染同岁，是山东潍坊人，两人同住一间宿舍。李可染对音乐、京戏非常爱好，拉得一手好京胡，而谭抒真会拉小提琴，懂得音乐，对绘画也有浓厚的兴趣，加之两人同住一室，所以成了要好的朋友。李可染和谭抒真常在一起切磋，探讨绘画、音乐、戏曲等方面的问题。一天下午，李可染听谭抒真演奏了一首小提琴曲，也有点技痒，乘兴拿起京胡，演奏了《山坡羊》《万年欢》等几支曲牌。后来，谭抒真成了著名的小提琴演奏家和制作家，还担任过上海音乐学院的副院长。

四是结识了"胡琴圣手"孙佐臣，这也被李可染看作是自己在上海美专学习期间的最大收获。李可染说，他是通过亲戚的介绍认识孙佐臣的，这位亲戚就是后来成为他岳父的苏少卿。苏少卿是二十世纪我国著名的戏剧评论家，对京戏声韵有独到的研究，与不少京戏表演艺术家多有交往，孙佐臣便是其中的一位。孙佐臣精于武术，善使花枪，初习武生及老生戏，倒嗓后学拉京胡，十七岁时即为京戏鼻祖程长庚操

◎李可染在上海美专结识的好友谭抒真

琴，屡受褒奖。孙佐臣操琴的特色除了金声玉振，就是善断，以险奇取胜。李可染见到孙佐臣的时候，首先听到的是他关于学艺路子要正的教诲。孙佐臣说，如果路子不正，很可能会误入歧途。不管学什么艺术，这都是要遇到的第一个也是最重要的问题。因为开始时是打基础阶段，如果打基础阶段路子歪了，以后也就不好挽救了。孙佐臣还说，学艺要不怕吃苦，敢于吃苦，能吃苦。交往日深，李可染也了解到孙佐臣吃苦练琴的经历——为了拉好琴，越是天气最冷、最热的时候越练。三伏天，汗如雨下，手上冒汗，指头在弦上打滑，越是这时候越练，可以使指头更好地控制琴弦；冬天，特别是三九隆冬大雪过后，他还会把手指头插到雪里，等指头冻僵了再练，

◎胡琴圣手孙佐臣

直练到手心出汗。如此日久天长，指法自然娴熟。正因为经过这样的苦练，孙佐臣不但为谭鑫培操过琴，王桂芬、孙菊仙、时小福等名家也对他青睐有加。

在孙佐臣的谆谆教诲下，李可染对京胡演奏更是到了如痴如醉的地步。从上海美专毕业后，李可染回到家乡，经大姐夫冯青仑等人介绍，到国民政府江苏省立第七师范附属小学教美术，同时在徐州私立艺专教木炭画。那时，除了教学、画画，他依旧苦练京胡。他常在大雪茫茫的冬日独自一人跑到云龙山上，坐在山中的亭子里苦练不止。久而久之，他的三个指头上都磨出了无法去掉的沟痕。

人们常说，在李可染的许多画作里面都可以找到"韵味"，找到"律动"，殊不知这是他从京戏艺术、京胡演奏中获得的有益营养。

最忆是杭州

为了能使自己在绘画艺术这条道路上走得更加坚实，李可染在家乡徐州教了几年美术课之后，和同学、朋友几经商量，认为只有获得更多的知识，才能有希望走进自己梦寐以求的艺术殿堂。这时候，杭州艺专正在招生，学校的校长是从法国学成归来、年仅二十八岁的林风眠先生。他想报考这所学校。但是，那个时候要供一个学生上大学，没有一定的经济实力是不可能的。尽管李可染家里开饭庄，但底子薄，家境并不宽裕，好在母亲李氏很支持他的想法，把自己积攒了多

⊙国立杭州艺专

年的二十块钱拿了出来，李可染这才去了杭州。

杭州艺专建在西湖的孤山罗苑，这里碧波荡漾，柳丝依依。李可染看着眼前的美景，不免心旷神怡，他决心在这里刻苦深造，学有所成，日后报效祖国。然而，眼前的秀山媚水却不能消解笼罩在李可染心头的惆怅之情，原因是艺专这一年的大学生部不招生，只有研究生部招生。李可染只有相当于初中毕业的学历，与应考的学历相差七年。他只好以"同等学历"的资格报名。然而考试要考"油画人体"，李可染从来没有画过油画，这更使他为难。

说来也巧，一位来自山东的青年张眺这时也来应考，他曾学过油画。张眺和李可染两人一见如故，他听说李可染没画过油画，就把自己掌握的技法教给了李可染。张眺还鼓励李可染不要受任何约束，放手画下去，任情地画下去，一定会成功。为此，李可染足足抱了一个月的"佛脚"。

考试的日子到了。学校要求每个考生画一张门板大小的油画人体。李可染开始时还有些紧张，一想到张眺的话，再加上他早年曾画过戏曲人物，便大胆地挥笔舞墨，任情地画了起来。林风眠看了，觉得李可染这张习作笔锋大胆，个性强烈，就破格把他录取了，而帮助过李可染的张眺却名落孙山。张眺不甘心落榜，便一次次找林风眠说明自己家境贫寒但却痴迷于艺术，林风眠被这位山东汉子的真诚、坦率感动了，也破格录取了他。

李可染和张眺属于家境贫寒的学生，他们没有在学校附近的大寺院租房的经济条件，便在离学校较远的一个破旧的尼姑庵住了下来。尼姑庵叫"善福庵"，庵里一位七十多岁的老尼姑住在楼下，每日青灯黄卷，焚香诵经，楼上便是他们的宿舍。人在小楼上走动，颤颤巍巍的，一不小心都有掉下来的可能，他们便给自己的宿舍取名"危楼"。好在房租不贵，两人每月各拿一块钱。

担任李可染指导老师的是法籍画家克罗多教授，他是从北平被聘到杭州的。克罗多身高一米七以上，为人爽朗、直率，但也很威严。学生们对克罗多色彩深沉、笔触有力的画技很钦佩。李可染的素描底子弱，画出来的东西总是软绵绵的，他为此感到羞愧。他是一个性格内向却又非常要强的人，决心迎头赶上。他在自己的画板上写了一个"王"字，"王"与"亡"字同音，意思是真要画不好素描，宁可死掉，也不能让老师、同学瞧不起。从此他每天天不亮就起床画素描，上课

⊙李可染在杭州艺专的老师——法国画家克罗多（中坐留须者）

时更是专心致志。一个学期下来，他画的素描不再是软绵绵的，而是厚重，黑亮，结实，整体感非常强烈。专业总评时，他的素描被评为全院第一。李可染的"亡命"精神叩开了素描的大门，而李可染"一字座右铭"的佳话也在艺专广为流传。

李可染画油画多用土黄、土红，尤喜用黑色，用粗重的黑线表现物象特征。一次上课，李可染正在画画，克罗多教授站在他的身后一言不发。过了一会儿，克罗多看看画，又看看李可染，还用手摸了摸李可染的前额，问他是不是发烧了。李可染说没有。克罗多就问李可染为什么连颜色都看不准，还专就黑色不符合色彩学的话题讲了很长时间，李可染一直没说话。

不久之后，再见到李可染时，克罗多不仅跟他和蔼地打招呼，还邀请他到自己家里玩。克罗多对李可染说，自己回去后想了想，上次对他的批评没有道理。他说："你是东方人，东方人绘画的基调不就是黑色吗？东方人的黑眼睛、黑头发就是一种天然的东方美呀，我怎么能不允许你用黑色呢？你今后照用就是了。"后来，李可染回忆说："克罗多教授在艺术上十分民主的作风使我深受感动。正因为杭州艺专有这样的环境和氛围，所以才能使各种艺术门类尽快地成长，发展。"克罗多谦逊、包容、认真的美德也深深地影响了李可染。

在杭州深造时，学校的图书馆是李可染刻苦学习的最好场所。他常常带上一个烧饼，在图书馆一坐就是一天。后来，图书馆的管理人员还破例允许他午休时把门反锁起来，一个人留在馆里继续读书。通过阅读，李可染对中国几千年的艺术发展脉络有了一个非常详细的了解，并把历史上的美术大事、有代表性的画家编成表格，贴在自己住的屋子里。他又广泛接触了欧洲文艺复兴时代的艺术和现代派的艺术。在色彩方面，他比较喜欢高更的用色。他又认为米开朗琪罗、达·芬奇、波提切利等人的作品严肃，富于表现力，特别是波提切利的作品，色彩单纯，线条清晰，和中国画比较接近；米勒丰厚淳朴的画风，反映农民生活恰到好处；杜米埃以自己的作品一针见血地讽刺黑暗社会，很有个性；伦勃朗在用笔上更加豪放，作品有很强的表现力。这些艺术大师对李可染的影响很大，当时他就画了很多以风景为主的油画。他把杭州、西湖可以入画的地方几乎都画尽了，哪座山是什么样子，哪棵有特色的树长在什么地方，他都清清楚楚。有一次，他的一个同学画一棵树，刚落笔不久，他就说出了这棵树具体长在哪里，让那位同学惊奇不已。

虽然学习非常紧张，但李可染从来都没忘记自己的胡琴。每每斜阳日暮，他就坐在大树下操琴自娱，常引得附近居民聚集倾听，一些船工、摊贩流连忘返。入夜，船家们常常把船借给他到西湖中游玩，而且分文不取，以回报他那高亢、清亮的琴音。

虽然李可染在杭州艺专只待了两年多，但林风眠、克罗多、张眺等老师、同学和朋友却给他留下了终生难忘的印象。他后来回忆那段杭州的生活："（那段生活）使我认识了社会，认识了正确的艺术道路和坚强毅力……没有杭州，就没有今天的我。"而他以杭州为题材的众多画作也让人禁不住拍案叫绝，比如《春天的葛岭》《三潭印月》《净慈寺》《龙井》《灵隐翠微亭》等，都是水墨淋漓，氤氲朦胧，让人难以忘怀。

如闻天乐

一九八九年十二月五日，李可染在北京仙逝。清理他的遗物时，在画室"师牛堂"他常坐的沙发旁边有几盘盒式京剧磁带特别引人注意，其中有程砚秋的《锁麟囊》，有孟小冬的《搜孤救孤》。孟小冬的这一盘带是香港的朋友带给他的。李可染平时写字、画画累了，就用录音机放这些带子，闭着眼睛，静静地听，一边养神，一边解乏。

李可染对京戏喜爱了一辈子。从能记事的时候起，他就喜欢听书看戏，特别是乡土气息浓厚的地方戏"拉魂腔"（也叫柳琴戏），把人间悲欢离合的真情故事如泣如诉地演绎出来，使得李可染魂牵梦绕，不能忘怀。十岁左右，李可染喜欢上了京戏，十二岁这一年，他跟徐州云龙山下的一位姓卞的先生学会了拉胡琴，那一段时间，他几乎京胡不离身。他从上海美专毕业后回到徐州不久，正巧遇上奉系军阀张宗昌为母亲祝寿，办了一个规模相当可观的堂会。张宗昌派专人从北京邀请来的名角有杨小楼、余叔岩、程砚秋、荀慧生（白牡丹）、鲍吉祥、王

⊙李可染拉胡琴

587

又宸、钱金福、王长林、张春彦、慈瑞泉等，当时也约了梅兰芳，因为梅兰芳在外埠演出，没有到。张宗昌的执事曾经找到李可染的父亲李会春，想请他的宴春园也帮助办一些寿宴，李可染的父亲胆小忠厚，平时做事谨慎，怕万一办不好会招来麻烦，便委婉推辞了，他请执事转送了一份寿礼。送寿礼的人家，事主会回赠一个字条，拿了这个字条，可以进张府吃饭听戏。

张母的生日是农历四月初八。堂会戏连唱了三天，从四月初七的下午四点开戏，一直到四月初九。李可染当时从父亲手里拿了事主给的字条，和同学郑岩一起进了张府。他想，北京的名角平时连见一见的机会都没有，这次名角们专程来了，无论如何也要一饱眼福。四月初七的夜戏是王又宸的《朱砂痣》，余叔岩、荀慧生、王长林的《庆顶珠》，杨小楼、钱金福、荀慧生的《长坂坡》。王又宸是伶界大王谭鑫培的女婿，又是徐州人，他演出特别卖力，学着孙菊仙的唱腔，演唱了《盗魂铃》，乐得李可染和郑岩都忘了去吃饭，只是跟着叫好。初八、初九两天李可染和郑岩又分别看了程砚秋的《玉堂春》、余叔岩等人的《珠帘寨》、杨小楼的《连环套》、李万春的《英雄义》等。事情过了许久，李可染的耳边还有这些名角优美的唱腔在回荡，眼前还有他们定了格的动作在闪现。直到晚年，每每谈起那次堂会，他总是心情激动，久久不能平静，他说："那真是如闻天乐，看见了人间真正的艺术高峰。"

徐州是有名的京戏之乡，早在二十世纪二十年代初，群众自发组织的京戏社团就有好几处。张宗昌办堂会的第二年，即一九二六年，徐州新闻界人士陈肃仪、姜旭初、许镇南等人筹办了徐州民众俱乐部京戏研究班，李可染和他的朋友郑岩、胡叙之等人都是研究班的成员。他在研究班里专事胡琴伴奏。他们先在大殿学戏，主要学唱段、伴奏和念白，熟练之后，再进行响排。因为苏少卿是谭派名票陈彦衡的学生，所以，研究班学谭派文戏比较多。这期间，李可染学会了《卖马》《洪羊洞》《武家坡》《四郎探母》《南天门》等戏的京戏伴奏。研究班的成员们学戏非常刻苦，他们每天天不亮（规定凌晨五时）到城东南隅快哉亭附近的城墙上喊嗓子，早饭后再到城隍庙大殿吊嗓子，不管是喊嗓还是吊嗓，李可染和另一操琴者周九思都要随同。到了晚上，大家自学自练的时候，李可染仍然是琴不离手。

因苏少卿去了上海，陈肃仪等人于一九二八年又组织了"正风社"。参加的人

⊙徐州"正风社"海报

员都是在研究班经过严格训练的。李可染不仅参加了"正风社",还和其他成员一起参加了云龙舞台的对外售票演出。有一次黄河发大水,"正风社"举办救灾义演,由董事李霭堂主持,其中有一场戏是《贺后骂殿》,快开戏了,主演贺后的人还没有到,李霭堂和管事急得团团转。这时李可染正在和朋友郑岩说话,管事的请郑岩救场,李可染便鼓励他快快化妆上台。郑岩一亮相,没想到还博得了台下一片喝彩声。新中国成立后,郑岩到福建武夷做了画院负责人,他和李可染见面时又聊起了当年救场这件事,郑岩对李可染说:"当时如果没有你的鼓励,说不定我还救不了那个场呢!"而后不久,上海的著名老生杨宝森等人到徐州,为"正风社"做了半个月的示范演出,其间李可染为杨宝森操琴唱了一出《洪羊洞》,事后杨宝森赞扬李可染的琴声"清亮而脆润",还说李可染日后可以正式下海,大有前途。

抗日战争爆发后,李可染离开徐州,在周恩来、郭沫若领导的三厅做抗日宣传工作,后来到重庆,再后来到了北平。随着岁月的流逝,李可染的京胡演奏也日益成熟,他对京戏的喜爱和痴迷,对他绘画艺术创新和发展有极好的促进和影响。他常常引用著名京戏表演艺术家肖长华的话说:"谭鑫培之所以能够成为大师,是因为他逮着谁学谁，从不囿于某一门派，而是取诸家之长，为己所用。他从来不以狭隘的态度对待别人，由于他见多识广，所以才使他更加成熟起来。"

京戏的程式，以及表演艺术的分寸、韵味、写意和格调等，都潜移默化地影响了李可染的绘画创作。一些优美的唱腔和旋律，让他找到了京戏和绘画的共同点，创造性地把这些共同点运用到绘画中去。李可染的儿子、北京画院著名画家李小可谈起父亲喜爱京戏时说，一次他和父亲在吉祥戏院看谭富英、张君秋演的《打渔杀家》，剧中人物萧桂英回来要关门的时候，萧恩说："命都没有了，还要这个家干什么？""这时父亲流眼泪了。因为父亲情感心思细腻，对世事人情非常敏感，戏里的情节，又勾起了他对早年颠沛流离生活的回忆。也正因为这样，父亲常说他绘画中的一笔一墨，都倾注了真情实感。"

画《世说新语》

　　《世说新语》是南朝时徐州人刘义庆编撰的一部笔记小说，记述的是东汉末年至东晋之间士大夫阶级的逸事及琐语等。这是中国最早的一部小说集。因为作者是徐州人，徐州的一些文人雅士常常把这本书当作茶余饭后的谈资。李可染的老师钱食芝及其朋友苗聚五、杨莘侯、阎咏伯等人都非常喜爱这部书。李可染受老师的影响，对《世说新语》也是爱不释手。抗战时期，他在重庆国立艺专教书时，曾经致力于人物画的创作，其中有许多重要作品的素材就来自《世说新语》。

　　一天，李可染忽然发现宿舍院里长出几枝青竹，他惊喜万分，就给自己的居室兼画室取名有君堂。"有君堂"三个字就是受了《世说新语》的影响。《世说新语·任诞》一章的第四十六节里说，王羲之的儿子子猷（徽之）曾经借别人空下来的房子居住，一到门口，他就立即叫人种上竹子。后来有人说，暂时借住一下，何必要这样麻烦，种竹子做什么？王子猷又是吹口哨，又是吟唱了好一阵子，才指着竹子说："怎么可以一天没有这位君子（竹子）呢！"意思是说哪怕借住一天，都要有一个诗意、愉悦的环境。

　　李可染很喜欢《世说新语》里的《任诞》一章。"任诞"，就是任性放纵，不拘礼法，不限制自己，不勉强自己，随心所欲。《任诞》里的各节内容，大多都是写这方面的人和事。当时正是战火纷飞的抗战时期，百姓处在水深火热之中。他以《任诞》里的人物和事件为题材作画，就是想表达对战争给人民带来灾难的憎恶之情，也说明他对天下太平、人人都过上安乐生活的追求和向往。李可染还画过一幅《雪夜访戴》，描绘的也是《任诞》里王子猷的故事，说的是王子猷居住在山阴绍兴的时候，一天他半夜醒来，发现天刚刚下过大雪，打开房门，望着天空皎洁的月光，叫人摆出酒来，一边喝着，一边赏月吟诗，这时他忽然想起朋友戴安道来。戴安道名逵，画家，当时隐居不仕，住在剡地。他便立即找了一条小船去访问他。船在水上走了一夜，天明时到了戴安道的家门口，他并不进去，又让人把船划回来了。有人就问他了："你这是干什么呀？"子猷说："我是乘兴而来的，到了戴安道的门口，兴尽了，也就回来了。回来也就回来了，何必非要见戴安道不可呢？"这幅画的画面很简单：河里一条船，王子猷安然端坐船头，船尾的船家以手掩口，仿佛是在讥笑王子猷的做法，画面右边岸上点缀了几棵杂树。并不复杂的画面，把王子猷放荡不羁的神态和心境刻画得恰到好处。一九四七年，李可染又画了一幅这一题材的画。他拜齐白石为师时，把这幅画拿给老人看，老人非常高兴，立即在画作上题了"雪夜访戴"四个大字，又题了一行小字道："可染画友工作也。"意思是，这幅作品是李可染的力作。

在重庆时，李可染还以《任诞》里的第六节为题，画了一幅《刘伶醉酒图》。故事是说刘伶饮酒不加限制，总是任性放纵，有时喝醉了就在屋里赤身露体。有人见了，讥笑责备他，刘伶却说："我把天地当作我的房子，把屋子当作我的裤子，你们跑到我的裤子里来干什么？"人们看了画面，忍俊不禁。

由于受《世说新语》这部书的影响较大，不管画古代人物还是画历史故事，也不管是画唐宋诗词还是画野史笔记，李可染往往都是用漫画手法表现人物的幽默和风趣。在重庆居住时，他还画了一幅《三酸图》，说的是宋朝诗人苏东坡与黄庭坚一起去金山寺造访佛印和尚。佛印说自己得到了一坛很美的桃花醋，于是便拿出来三人共同品尝，品尝时大家都皱起了眉头。画面上的苏轼，因为重勾了眼睛，显得眉眼生动，而黄庭坚、佛印二人，掩鼻的掩鼻，侧身的侧身，把桃花醋的酸味通过人物表情，表现得淋漓尽致。也是在重庆时期，李可染还画过一幅《铁拐李》，他在画上题句道："铁拐李，把眼挤，你哄我，我哄你。"这几句话实际是当时的民谚俚句，把抗战时期"前方吃紧，后方紧吃"的丑恶现象，刻画得入木三分，但画面上的铁拐李却是黑衫赤足，一副玩世不恭的样子，又着实显得可爱，这也正是《世说新语》里文人雅士"嬉笑怒骂，皆成文章"风格的折射。

在重庆，李可染的这些人物画引起了人们的注意，特别是作家老舍写的《看画》一文，在当时影响很大。老舍认为：李可染的人物画是创造，他想画什么，

雪夜訪戴

⊙《雪夜访戴》（李可染作）

晋王子猷居山陰，夜雪初霽，月色清朗，四望皎然，忽憶戴安道，時戴在剡，便乘小船徑往，經宿方至，造門不前而返，人問其故，王曰：吾本乘興而來，興盡而返，何必見安道耶。

593

铁拐李把眼睛
你哄我，哄你
少东三十年前
直闹中坏画
兴疲惫惟发见
困铁拐逛俚白
无云中樋
干渥兵

就能画好什么。他画杜甫，就是杜甫，他要画一个醉汉，就能创作出一个醉汉。老舍还说："可染兄真聪明，那只是一抹，或画成几条淡墨的线，变成了人物的衣服，他会运用中国画特有的线条简劲之美……把精神都留着画人物的脸眼……可染兄却极聪明地把西洋画中的人物表情法搬到中国画里来，于是他的人物就活了，他的人物有的闭着眼，有的睁着一只眼闭着一只眼，有的挑着眉，有的歪着嘴，不管他们的眉眼是什么样子吧，他们的内心与灵魂，却由他们的脸上钻出来，可怜地或可笑地活在纸上，永远活着。"这是六十多年前老舍看了李可染的一些人物画作之后给予的评价，这个评价准确、深刻、言简意赅，同时也更使人佩服李可染别致的人物构思和酣畅淋漓的笔墨。

抗战胜利后，李可染应徐悲鸿之邀赴北平艺专任教。当时的北平人文荟萃，对于书画艺术的见解，更是高论迭出。李可染仍一边认真教书，一边潜心作画，不为外物所动。当然，也有人对李可染的画作说三道四。但他对这些不惊、不怒，画了人物画《午困图》作答，在上面题了这样几句话："余学国画，既未从四王入手，更未宗法文沈，兴来胡涂乱抹，无怪某公称为左道旁门也。"他还画了《渔夫图》，在上面题诗道："罢钓归来不系船，江村月落正堪眠。纵然一夜风吹去，只在芦花浅水边。"这两幅作品，同样是"我想干什么就干什么"的心境流露。徐悲鸿对李可染的这些人物画给予了高度评价，对李可染的"兴之所至，不加修饰"的笔墨功夫更是大加赞扬。徐悲鸿说："徐州的李先生可染，尤于绘画上独标新韵，特别是他画的人物，更是奇趣洋溢，不可一世，笔歌墨舞，遂罕先例，或披发佯狂，或沉醉卧倒，皆狂狷之真，为圣人所取。"徐悲鸿还说："如果给李可染一些时间，他的成就将会不可限量。"

镌印 "三企" 明志

    李可染二十世纪四十年代画的许多人物画上，常使用一方 "三企" 印章。目前看到钤 "三企" 印章的作品有：《新妆仕女》（一九四三年）、《东山携妓图》（一九四三年）、《松林清话》（一九四三年）、《倪迂洗桐图》（一九四四年）等。

    李可染的学生、香港著名评论家万青力是最早注意并研究 "三企" 印章的学者。他在评述李可染二十世纪四十年代的《洗桐图》时写过这样的话："可染名款下，再一次出现 '三企' 的名章。如果 '三企' 不是可染先生曾用过的名号，是否是别人所盖的图章？…… '三企' 图章为什么在李可染的画上多次出现，而且位置恰当，并不像强加上去的，我希望知者赐教。在对李可染先生的研究中，也有不少疑问、空白等问题尚待研究清楚。"

⊙ "三企"（李可染印）之一

    根据万青力的思路，近年来笔者对 "三企" 印章的来源、出处、含义等问题做了认真研究和考证，在参阅大量资料和走访李可染的四妹李畹之后，得出了一个比较可信的结论："三企" 是李可染二十世纪四十年代的一方明志印。抗战一开始，十七岁的李畹就跟随胞兄李可染一起到了西安和四川，兄妹虽有时不在一起，但是书信往来不断，李畹对 "三企" 最有发言权。她说："'三企' 印章的由来，从李可染四十年代画的《松下观瀑图》的题款上，已经讲得很明白了，当时二哥也曾跟我说过这个事。"

    现在看来，"三企" 这方印章，既不是名号章，又不同于一般的闲章。"三企" 是当时李可染胸中三个志向（企图）的表达，表达的形式有语言、书信、文字、印章等，这里的"三企"印章，是表达的形式之一。"三企"的内容是："企图用最大功力打进去；企图用最大勇气打出来；企图作透网之鳞。"企图的"企"字，字典上解释是"踮着脚看"。企图，就是希望、愿望，是那个时代比较通用的时髦语言。

⊙李可染夫妇与四妹李畹（右）在"师牛堂"

现在再回过头来看看一九七九年李可染在二十世纪四十年代画的《松下观瀑图》上的题识：

> 余演习国画之初，曾作二语自励：一曰用最大功力打进去；二曰用最大勇气打出来。此图为我三十余岁时在蜀中所作，忽忽将四十年矣。当时潜心传统，虽用笔恣肆，但处处未落前人窠臼，所谓企图最大功力打进去者。一九五四年起，吾遍历祖国名山大川，历尽艰苦，画风大变，与此作迥异，古人所谓入网之鳞透脱为难，吾拟用最大勇气打出来，三十年来未知能做透网鳞否？一九七九年于废纸中捡得斯画，不胜今昔之感，因志数语，可染。

题词的末尾李可染说，"三十年来未知能做透网鳞否"的"三十年来"，是指从一九五四年起外出写生，到一九七九年为旧作题识的二十五年，过了近"三十年"，尽管"画风大变"，李可染还不敢说自己的作品是否已做了透网之鳞。这说明"透网鳞"是他四十年代就提出来的奋斗目标，而实现这个目标，甚至要奋斗终生，都不一定能够实现。这也正是李可染后来经常说到自己二十世纪四十年代的"两打"（打进打出），而很少提到"透网鳞"的原因。"三企"印章只在二十世纪四十年代早中期用过，后来没有再用，也与这个指导思想有关。

关于"企图""企望"一类的话，二十世纪四十年代李可染在给李畹的信中多次提到。李可染在一九四二年七月二十三日给李畹的一封信中这样写道："我现在有一点不平之气，便反身来企望自己，并且也同时在期望你……因之，我无时不对你抱着最大的企望……"又说，"我平素做事虽不怎样勤奋，但我胸中的企图，却无时不在燃烧……"

"三企"印章是什么时候刻的呢？李可染一九四二年九月三十日给正在艺专读书的李畹的信中说："梁白云给我刻了两块图章，一块龟甲文颇佳……"信中并没有说刻的是"三企"印章。但是，我们看到的"三企"印章有两种，一种是方型，较大，阳文，是小篆"三企画印"四个字；另一种，略小，也是方型，字却是"龟甲"一类的阳文"三企"二字。一九四二年八九月间，李可染的常用印不管白文或阳文，大多是小篆，唯独"龟甲"一类文字的，只有"三企"这一方，因此可以断定，李可染说的"一块龟甲文颇佳"的图章，就是这方"三企"。因为刻得"颇佳"，李可染常把这方印印在自己满意的作品上。

⊙"三企"（李可染印）之二

这里还要再说一说关于"三企"的时代背景。一九四一年李可染当时所在的三厅已经撤销，改成了文化工作委员会（以下简称"文工会"）。皖南事变后，文工会难于维持，主任郭沫若对工作人员说，大家可以根据自己掌握的专业研究一些学问。这时，李可染便对中国画进行了比较系统的研究，既研究理论，也认真实践作画。日本友人鹿地亘领导的反战同盟（在赖家桥）奉命开赴鄂西南前线之后，房子空了下来，李可染便从金刚坡搬到了赖家桥。这里的会议室很大，还有一个长案子，他每天便在这个长案子上作画不止。也就是在这个时候，李可染提出了"三企"主张和奋斗目标。李可染当时以"不入虎穴，焉得虎子"的决心研究中国画。对待传统，他以最大的功夫，读懂，读透，掌握于心。一九四二年九月三十日在给李畹的信中除了说到"刻了两块图章"外，还说了他下功夫研究传统中国画的情形："……我还借到两本画集，是北平故宫博物馆（院）出版（的），有宋元大家的山水作品三十幅，差不多全是骇目惊心之作，拿到后快慰极了，今后我想临它几幅。领会前人的技法，这在学习过程中似属必要。"同一封信的结尾处又写道："成功的秘诀是'多付代价'，人家用八分心，我用十分，胜算定是在我了……我自信我有一个特长，就是一个'深'字，比如我看一张名画，能看一天。看的时候，真狠（恨）不得能走进这作品每一笔的深处……"

当时李可染和理论家蔡仪住在一起，两人朝夕相处，互为知己，蔡仪对李可染的"三企"主张很关注。每每看到李可染精心构思后挥笔不停的时候，就提醒他注意，不要只是打进去，一定要打出来，做透网之鳞。这个提示像警钟一般，常在李可染耳畔响起。后来李可染回忆这件事情的时候，深有感触，他说："每当迈入中国画的领域，感受它的魅力，头脑有些醺醺然不可自拔的时候，蔡仪总是向我提出'打出来'的问题，实属难能可贵！"

由于战乱、迁徙，李可染的"三企"和二十世纪四十年代用过的一些印章多已失落。而刻印者梁白云，李畹也记不起是何许人了，也不知梁先生而今安在哉？

悲鸿赏识

　　因为李可染的油画、素描基础比较扎实，加之每日目睹金刚坡附近迷人的田园风光，他便画了很多水彩画。一次，上海、香港的文化代表团到重庆访问，文工会便从李可染那里借了三十多幅水彩风景画，布置在中苏友协的大厅里，供代表们参观。

　　原来在中央大学艺术系执教的徐悲鸿，在国外辗转奔波归来后，又回到了学校。一天，他到中苏友协去办事情，被正在展出的李可染的水彩风景画吸引住了。清新、酣畅的笔触，让徐悲鸿感到很新奇。他就向工作人员打听，这些水彩画是什么人画的，这个人在哪里做事。徐悲鸿知道水彩画的作者是在文工会做事的李可染之后，便立即写了一封信，说是看了他的水彩画之后，很有好感，想用自己画的一张《猫》，换李可染一幅水彩画。李可染看了信后，心里泛起波澜：徐悲鸿先生这样的大家，怎么可以和自己交换作品呢？如果徐先生想要哪一张，随便挑选也就可以了。他想，日后有机会，一定要去拜访悲鸿先生。

　　一次，重庆的画家举办了一个当代画家的联展，李可染有人物等题材的作品参加展出。徐悲鸿也去看了，他看见李可染的一幅《牧童遥指杏花村》，便立即在这张画的下面贴了一张"徐悲鸿订购"的条子。当时被徐悲鸿订购的有四幅画，另外三幅分别是梅健鹰的《嘉陵江纤夫》和谭勇的《忍看孤小对凄怆》《征衣密密缝》。徐悲鸿贴订购条子的作品受到观众的热捧，不少人要求复制这几幅作品，有的复制了五六张还不能满足要求。李可染对识人、爱才、提携自己的徐悲鸿感激得无以言表，展览会后，他拿着这张《牧童遥指杏花村》送到徐悲鸿的住处。自此，他和徐悲鸿开始了交往。

因为和徐悲鸿住得不远，李可染便常常去拜访他。徐悲鸿待人和蔼可亲，常常把自己收藏的一些名家翰墨拿出来让李可染观摩。徐悲鸿藏有齐白石的七八十幅精品，李可染看了后，被齐白石的笔墨深深打动了。徐悲鸿向李可染介绍了自己和齐白石之间交往的经过，说齐白石虽然是一个木匠出身，但他有高深的艺术造诣，绘画有独创精神。徐悲鸿在北平时，不理会保守派的世俗观念，多次登门聘请齐白石为北平艺专的教授。后来，他还为齐白石编了一本画集，对齐白石绘画达到"尽广大，致精微""妙造自然"的高度，给予了高度评价。齐白石也把徐悲鸿

⊙李可染（左）和徐悲鸿

当作知己，说"余友之最可钦佩者，唯我悲鸿"。

李可染了解了这些情况后，更加理解了徐悲鸿支持中国画进行革新、支持革新者的博大精神。他决心扎扎实实地走好中国画革新的这条艰难之路，同时，他也希望拜望齐白石，向他请教。

抗日战争胜利后，徐悲鸿接到任命，到北平艺专担任校长。为了建立完整的教学体系，徐悲鸿延揽人才，在众多才华横溢的教师当中，徐悲鸿自然也想到了李可染。这时还在重庆的李可染有两个去向：一是随艺专迁回杭州；二是应徐悲鸿之邀，去北平艺专任教。北平有提携自己的徐悲鸿，有自己仰慕已久的齐白石，还有学识渊博的黄宾虹，更有故宫珍藏的传世书画瑰宝……他毅然应徐悲鸿之约，于一九四六年底携夫人邹佩珠、爱子李小可到了北平。他被聘任为中国画系的副教授，一家被安排在艺专的贡院宿舍住下。

徐悲鸿到北平艺专任职不久，在改革中国画方面付出了很大努力，却被一些

602

保守势力指责为"摧残国画的罪人",有的人甚至煽动"倒徐、驱徐"。面对腐朽保守势力的攻击,徐悲鸿大义凛然,通过报界发表了《新国画建立之步骤》,提倡中国画要师法造化,描写人民生活。刚刚到北平艺专不久的李可染,深知徐悲鸿在改革中国画方面付出的良苦用心。尽管也有人想笼络李可染,他却不为所动,坚决站在徐悲鸿一边,拥护其改革主张。

恰在这时,北平东单发生了女大学生沈崇被美国士兵野蛮强奸的事件。北平各界特别是青年学生义愤填膺,他们自发组织起来上街游行示威,要求严惩肇事者。北平艺专的冯法祀、齐人、高庄、李宗津等人引起了国民党当局的注意。保守势力便借机把矛头指向徐悲鸿,说这些人都是徐悲鸿指使的。身为校长的徐悲鸿陷入了艰难局面。艺专负责调查学生游行事件的人叫姜文锦,是徐州人。他知道李可染是徐悲鸿请来的,而且画艺非同一般,又和自己是同乡,便常和李可染聊叙乡谊。一次,他和李可染闲聊时,拿出上峰要追查冯、齐等人的文件,并说事态严重,校长的态度很重要,这四个人必须开除等。李可染到徐悲鸿的家里,向徐悲鸿说:"我因为要带小孩,不便行动,如果不是这样,我也要上街游行抗议。女大学生被人当众强奸,一个有良心、有血性的中国人能无动于衷吗?"他说,"冯法祀等人的行为完全是出于正义,出于疾恶如仇,无论如何不能开除他们。"李可染从来没有这样激动过。徐悲鸿望着李可染,重重地点了点头。

一九四八年平津战役打响,南京政府要求艺专南迁。姜文锦又告诉李可染,徐校长的机票都订好了,学校南迁已成定局。李可染立即到了徐悲鸿家里,说:"您作为一校之长,绝对不能南迁,您的学生、弟子,特别是艺术教育,都需要您。"徐悲鸿望着诚挚的李可染,又重重地点了点头。

平时,徐悲鸿只要逛旧书摊,一定要把李可染邀上,选择古籍善本和碑帖时,都要征求李可染的意见。一次,李可染看到一本品相很好的法帖《石门铭》,劝徐悲鸿买下,徐悲鸿很高兴,买下后在扉页上题了字,送给了李可染。

一次过中秋,徐悲鸿把李可染一家约到家里,还约了他的一些学生,一起吃蟹赏菊。徐悲鸿的司机曹师傅会唱花脸,他请李可染操琴,自己要来一段《坐寨》,伴着李可染明亮、刚劲的琴音,曹师傅的"将酒宴摆至……"一出口,就响起了一片掌声。

后来，每当提起徐悲鸿时，李可染总是深情地说："我敬悲鸿先生为师长。我能有今天，与悲鸿先生的关怀和提携是分不开的。"

执教国立艺专

"作诗与作画，难得是清新。有品方含韵，无私始入神。悠悠随白鹭，淡淡泛黄醇。美在蹄筌外，庶几善与真。"这首五律是一九四三年三月郭沫若为李可染的山水画《村景》题的诗。这幅作品是金刚坡附近的山村写照。绿树白鹭，黄花柴门，浓郁的山野气息引发了郭沫若的诗兴。诗中郭沫若既说了自己，也说了李可染：不管作诗作画，有了品位，才能出神入化。当时在重庆的艺术家很多，特别是画家，有了得意之作，便想请郭沫若挥笔题句。像郭沫若这样的文学大家，一般的画作是不可能落笔的。而傅抱石的许多佳作却使郭沫若兴奋不已，特别是《云台山图》，郭沫若一口气题了四首诗，读了令人荡气回肠。此时李可染在重庆也已是闻名遐迩，时有作品问世。除了郭沫若外，田汉、沈尹默等名家在李可染的作品上也多有题诗或留句。郭沫若为李可染的人物画《东坡游赤壁图》、山水画《峡里行舟图》以及《水牛图》等作品题过诗，其中《题水牛图》一诗颇为脍炙人口："……农功参化育，气宇混鸿蒙。知是神无馁，力充度自雄。稻粱麦黍稷，尽在一身中。"郭沫若的"气宇混鸿蒙""力充度自雄"将李可染笔下的水牛神态，刻画得入木三分、栩栩如生。

和当时全国的抗战形势相比，重庆是大后方，而远在重庆的山村乡下，更是后方的后方了。此时，李可染既有忧国忧民的忧患意识，也有忧患中不忘艺术的敬业精神。他在研究中国传统绘画理论的同时，对画水彩、人物、牛及山水等方面都下了不少功夫。李可染常与朋辈论道。当时他和傅抱石住得很近，经常到傅抱石的住处，和傅抱石谈石涛、论笔墨，看傅抱石作画。傅抱石勤奋刻苦的精神使他很受鼓舞，他曾给四妹李畹写信说："傅抱石先生近来天天画国画，我去看过

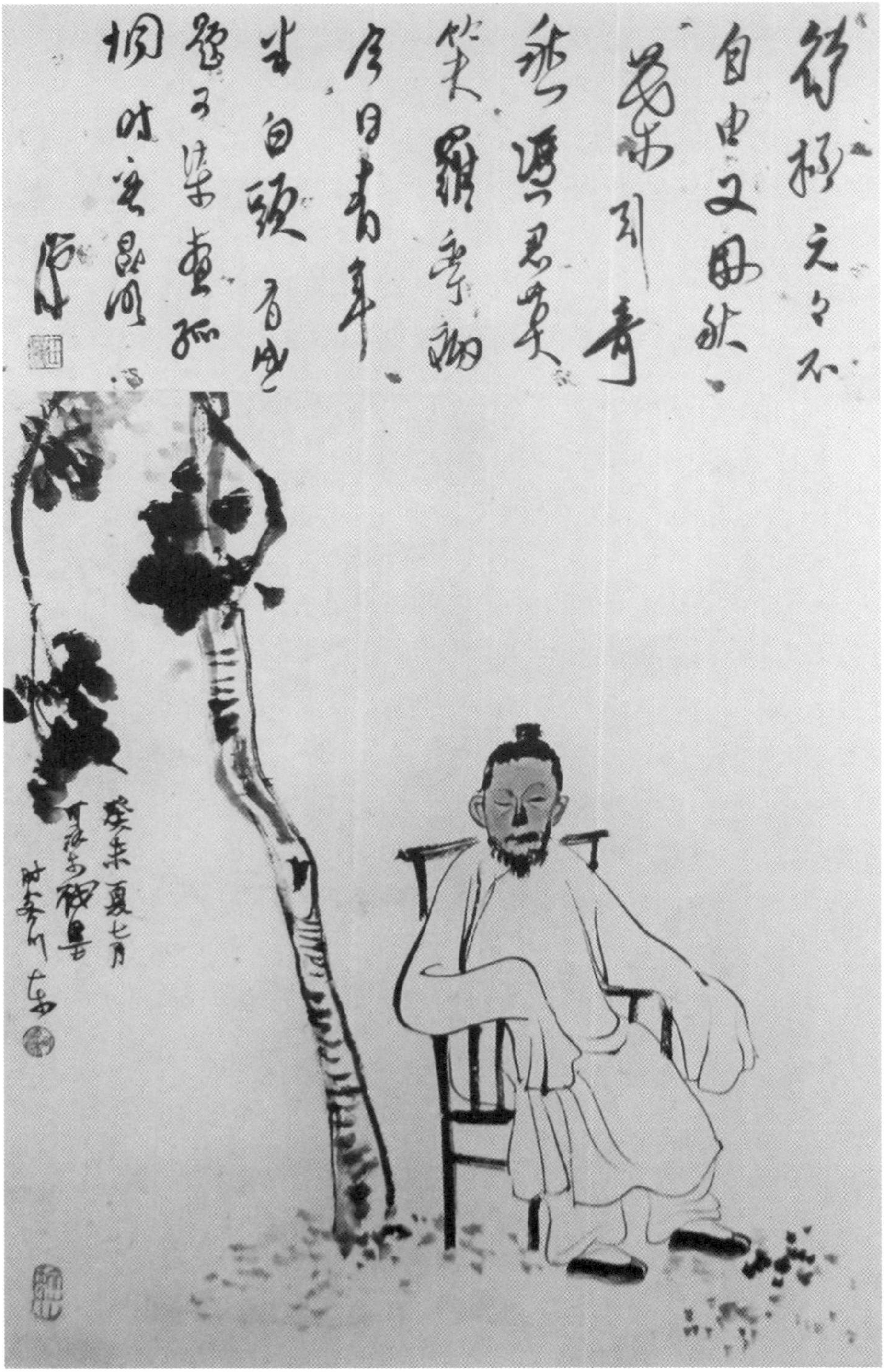

自由之田畝

筇杖元元不

蒙索引青

乔迁君来笑羈季朔

今日青年

坐自頭看此

鬱子凃畵孤

堋時来晁涧

癸未夏七月
可染画此题
时奔川丰

606

二(两)次,是比过去的作品更有进展,打算在今年雾季举行个展,(他)以陈之佛、许士骢作比,定然结果不错……"

三厅撤销,文工会名存实亡,郭沫若让大家研究学问的同时,可以自谋生路。这时,李可染接到重庆国立艺专校长陈之佛的邀请,到学校担任中国画讲师。重庆艺专是当时全国唯一的国立艺术专科学校,由战前的北平艺专和杭州艺专两校合并而成。七七事变后,杭州艺专校长林风眠率领师生带着图书、教具、钢琴等,流亡到了长沙,当时的国民政府教育部让林风眠把艺专迁到沅陵,和北平艺专合并,成立国立艺专。合并后林风眠出任校务委员会主任委员。后来因为学校政治环境复杂,人事关系紧张,林风眠心力交瘁,便辞去该职务。这时国立艺专的校长已经两次易职,先是滕固,再是吕凤子,现在是陈之佛。陈之佛原来是中央大学艺术系的教授,他上任后,便把艺专从青木关附近的松林岗迁到了沙坪坝的盘溪。因为李可染在重庆参加过当代画家的联展,还参加过许多文化艺术社团的活动,陈之佛对李可染的作品和为人比较了解,便给他发了聘书。李可染把这个情况向郭沫若汇报后,郭沫若同意他去任教。

一九四三年九月,国立艺专开学时李可染来到了艺专。这时他的四妹李畹正在这里读书。自从一九三七年底兄妹二人从徐州出来后,已分别了很长时间。过去兄妹间多是书信往来,现在又能朝夕相见了,李可染的心里说不出的高兴。

李可染在国立艺专教书用的是约定俗成的办法,即教学时以示范为主,就是在课堂上,老师现场作画给学生看。李可染这时候正潜心研究传统作品,人物画喜欢梁楷,山水画推崇石涛,画风疏简淡雅。他常常给学生们讲,一定要沉下心来,不要受此派彼派的干扰,抛开杂念,自己认为对的,就坚持下去,扎扎实实地画下去。

我们现在可以看到的《执扇仕女》,就是李可染当年在艺专教书时在课堂上给学生画的。这幅作品,可以看作是李可染的传世之作。画面上的仕女,面容丰腴,体态轻盈,手中的纨扇薄如蝉翼,团扇后人物的口、衣纹清晰可见。面部用淡彩,上衣略渲花青,流畅而飞动的线条、含情脉脉的表情,真是令人拍案叫绝。李可染二十世纪八十年代在北京又见到了当年的这件佳构,据说他以自己的一幅近作,将这件作品换了回来。欣喜之余,他在画上题写了这样一段文字:"此吾一九四三

《执扇仕女》（局部，李可染作）

年在国立艺专课堂为某生所画，四十年后在京得见，因以近作易之。年来眼昏手颤，不复能再作此图矣！人生易老，不胜慨叹。一九八五年岁次乙丑春三月，可染题记。"从这幅作品我们可以看出，李可染当年作画相当快捷。那时候，他已经画了近二十年的人物，不管是素描、宣传画还是国画，自然是技法娴熟，一挥而就。画这幅仕女的时候，李可染三十六岁，这个年龄也正是他思想技艺成熟、展露才华的时候。后来李可染画得慢了，是因为拜了齐白石为师之后，老人谆谆告诫他行笔一定要慢，要如"屋漏痕"，他牢记老师的教诲，坚持终生。

一次，当时住在重庆嘉陵江南岸的林风眠到国立艺专拜访李可染。正在上课的李可染一看林风眠来了，连忙把他请进教室。学生们听说来人是当年杭州艺专的校长、大名鼎鼎的林风眠，好奇地看着，议论着。这时李可染对林风眠说，要劳林风眠的大驾，为学生做一次示范。林风眠笑笑，爽快地答应了。学生们连忙把纸笔准备好，林风眠把笔接了过来，略一端详，然后饱蘸浓墨，在纸的上端轻轻一抹，起伏的远山便呈现在了人们的面前。然后用淡墨，又是一笔，画出了一条大江，江上有船，岸边又画了两个纤夫。极其简单的画面，诗意浓浓，学生们激动得连连鼓掌叫好。

当时的国立艺专聚集了许多大家名士，由于校长陈之佛实施"求良才、课务实、除积弊"的教育主张，中央大学的教授傅抱石、黄君璧、秦宣夫等人也来这里兼课。著名的雕塑家刘开渠也是国立艺专的教员。李可染和刘开渠既是同乡，现在又成了同事，关系也就更加密切了。李可染当时经常和老师们一起谈论艺术，有时还在一起作画。艺专雄厚的师资力量、浓厚的艺术氛围，使得经常过着徘徊不定日子的李可染，更加紧张充实起来。

有了一个家

一九四三年春末的一天，李可染到国立艺专去找四妹李畹。因为艺专从松林岗搬到了盘溪，他不知道学校在什么地方，便走走问问。这时，只见一位女学生正在路边画水彩，他走上前去看了看，就问那位女同学国立艺专在哪里。那位女同学心思只用在画画上，对问话也没太在意，就回答说："你一直往前走，走不多远有个叫黑院墙的地方，那就是我们学校了。"李可染又问："有个叫李畹的学生你知道不知道？"一听问李畹，那位女同学停住了手里的笔，对问话的人略一打量：个子高高的，瘦瘦的，下身穿着一条骑兵常穿的马裤。女同学回答说："李畹是我的同学，她现在正在宿舍里，你去找吧。"

⊙年轻时的邹佩珠

李可染路上遇到的这位女同学，就是他后来的妻子邹佩珠。说起李可染和邹佩珠的姻缘，就不能不说李畹。艺专从云南迁到四川璧山的时候，李畹考了进来。她虽然比邹佩珠低一届，两人却同住一个宿舍，后来两人又睡上下铺。李畹个子大，睡下铺，邹佩珠睡上铺。李畹平时很用功，不大多说话，她见邹佩珠成天笑眯眯的，办事也挺利落，对她很有好感，心里有点什么事就想给她说。日子长了，两人走得也就比较近了。

邹佩珠从李畹那里知道，她在重庆

还有个二哥，叫李可染，也是个画家，现在文工会做事。一天下午，两人在学校不远的一条小路上散步，李婉又向邹佩珠聊起了她的二哥。她说二哥的生活很不幸，三年前，嫂子在上海生下孩子不久就去世了。二哥精神上受了刺激，经常夜里睡不好觉。他现在身体不太好，也没有人照顾。李婉说，要不是奋起抗日，离乡背井，怎么能过上这种日子？一提起抗战，邹佩珠心头也是难以平静。日军侵入杭州时，他们全家出逃避难，母亲在湖南沅陵染病后，无钱医治，去世了。想到这里，邹佩珠对李可染的身世很是同情。

这年暑假过后，李可染到国立艺专任教。三人见面时，李婉向邹佩珠介绍说，这就是她二哥李可染。邹佩珠笑了笑，向他点了点头问好。李可染笑了笑说："那天就是向你问的路啊！"说完三人都哈哈笑了起来。

李可染到艺专后，学校分给了他一间教师宿舍，有七八平方米，地点在教室下面的竹林边上。宿舍里放着一张床、一张画画的桌子，还有一个脸盆架、一把藤椅，小小的屋子挤得满满的。

每天在食堂吃饭的时候，李可染就把李婉喊上。因为李婉和邹佩珠走得比较近，有时也把她喊上一块吃，渐渐地，邹佩珠对李可染也就不生疏了。一次邹佩珠问李可染怎么这么瘦。李可染说，他住在赖家桥的时候，那里有很多杜鹃，常常是彻夜鸣叫不停。没有办法，他就半夜爬起来拿石头去砸，过一会儿又叫，又去砸，经常搞得他彻夜难眠。由于休息不好，身体也渐渐瘦弱起来。望着瘦骨嶙峋的李可染，邹佩珠起了恻隐之心。

一次，邹佩珠在李可染的宿舍看到墙上挂着一把胡琴，就说："听说你胡琴拉得不错，还懂京戏？"一说起胡琴和京戏，李可染就来了精神，他随手把胡琴拿了下来，稍微定了定弦就拉了起来。琴音流畅、婉转、悦耳，邹佩珠随口说了一声："呵，拉的是京戏曲牌《柳青娘》！"李可染顿时收住了弓子，吃惊地望着她说："你也懂戏？"邹佩珠微笑着点了点头。李可染望着面前站着的这位清秀、美丽、才情出众的江南姑娘，心头不禁一震。

邹佩珠说她从小就受母亲的影响喜欢看戏。她十几岁的时候，就在杭州看过昆曲名家白云升、韩世昌联袂主演的《游园惊梦》。邹佩珠说："他们二人在悠扬的笛声里边舞边唱，真是令人心醉啊！"李可染说："你那才是真正享受到了人间最美的艺术呢！"李可染说他迷京戏就是因为它美。不管是唱腔、扮相，还是音乐、做工，都美得不行。邹佩珠说："你对戏这样懂，这样迷，现在有了音乐学院，要是专给你开个戏曲系，你能教得了吗？"李可染笑了笑，认真地说："能。"

邹佩珠是浙江兰溪人。父亲邹德仁，原来是个做鞋的学徒，后来专做收购牛皮的生意。他为人忠厚老实，把生意做到衢州的时候，和当地姑娘徐香莲结婚。徐香莲聪明、美丽而手巧，绣出的花水灵灵的、鲜艳艳的。她还善于理财持家，进门后，邹家的生意越做越火，后来他们就在杭州安了家。邹佩珠排行居二，一九二〇年农历七月初七出生。她既有父亲忠厚、善良的一面，又有母亲聪明、美丽、灵巧的一面。她在艺专雕塑系读书，做过学生会主席，既有能力，也很活跃，她也喜欢唱京戏。邹佩珠原来唱旦角，后来李可染给她说戏，发现她的嗓音高亢，音域也很宽，让她改唱老生。李可染就给她说了《坐宫》《捉放曹》《乌盆记》等戏。李可染给艺专学生们排了整出的《奇冤报》，邹佩珠扮刘世昌一角，老师和同学们听着邹佩珠的大段演唱都报以热烈的掌声。

由于经常接触和相处，李可染和邹佩珠之间产生了感情。一九四四年初，学校给他们分了一处较大一点儿的房子，在一个叫"太极坨"的地方，他们便结婚了。结婚之前，两人一齐动手，用石灰水把墙刷了刷，因为买不起新床，就铺了一个门板。他们的证婚人是郭沫若，主婚人是林风眠，介绍人是老乡刘开渠。望着瘦瘦的李可染，邹佩珠心里一阵酸楚，她对李可染说："你放心，我一定把你照顾好，让你逐渐恢复健康。"

当时，李可染已经是四个儿女的父亲，年龄也已三十七岁。而邹佩珠当时是二十四岁的青春少女。邹佩珠对李可染不仅没有丝毫嫌弃和抱怨，相反，当她了解到李可染的坎坷经历和他忠厚、善良的为人后，从结婚的那一天起，就开始承担起照顾这个家庭的责任了。李可染也为有了这样一个勤奋、聪明、美丽而通情达理的妻子而感到慰藉。

由于志趣相投，婚后，他们的日子苦中有乐，过得很美满。这年底，他们的爱子小可出生。因为奶水少，就养了几只羊挤羊奶，还喂了几只鸡。一次，李可染出去办事，一连三天没有回来。邹佩珠在家里带着孩子，又累又急。李可染回来后，才知道他听戏去了，因为戏好，一连听了三天。邹佩珠一听这话，大发雷霆。

邹佩珠说："可染，你要是这样迷戏，你的画还能成吗？"

邹佩珠回忆说，这是她第一次向李可染发这么大的火，也是一生中唯一的一次。邹佩珠后来说："我把终身托付给他，既是看中了他的忠厚、善良、人品好，更重要的是他有才，画好，民族、国家需要他这样的人。如果不是这样，他一天到晚泡在戏园子里，丢了自己的画，我的期望、我的责任，还有什么意义？……"

拜师白石老人

李可染到北平后，最大的一件心事就是要拜齐白石为师。一九四七年春天，徐悲鸿把此事给齐白石说过后，李可染挑了几件在重庆时的画作，又挑了一些在北平的作品，共有二十多幅，便去了西城跨车胡同。

李可染惴惴不安地来到齐白石家里，说了徐悲鸿的推荐之意，就把画作递给了齐白石。齐白石也不说什么，只是看作品。

⊙李可染和齐白石

一张，两张，差不多要看完了，老人站了起来，问："你就是李可染？"李可染微笑着答："是。"齐白石又问："你出过书吗？"李可染说没有。老人说："你有钱出吗？"李可染摇了摇头。齐白石走到柜子跟前，翻腾了一阵子，拿了几张纸出来，对李可染说："你将来要出书，就用这种纸，这种纸能延年。"李可染连连答应着。这时已近中午，李可染怕惊扰老人，就说要回去。齐白石说："不了，就在这里吃饭啦！"第一次拜见老人，什么都没有带不说，哪能再叨扰老人？他坚持要走。齐白石气呼呼地说："不送喽！"这时服侍老人的夏护士走了过来，对李可染说："老人生气了，他留你吃饭，你就要留下。"一听说老人生气了，李可染又忙回到了他身边。

李可染回到家里，把见到齐白石老人的事高兴地给邹佩珠说了，说要好好攒几个钱，给老人家正式行个拜师礼。邹佩珠点头答应着。她心中暗想，攒钱谈何容易？现在北平物价飞涨，金圆券也不当钱。再说，李可染的老家还有老娘、大哥，大哥还给李可染带两个孩子。每月要从薪水中拿一部分钱寄到徐州，这不了半个月，李可染就要向学校写条子借钱了。

一天，齐白石问刚从东北回来的三儿子齐子如，说有个叫李可染的说好要来拜师，怎么不来了？他要齐子如打个电话问问。李可染在电话中不好意思地对齐子如说，他对齐白石的艺术非常喜爱，很尊敬齐白石，他想找个机会请几个朋友，正式拜师，只是请客的钱现在还没有攒够。齐子如把这话告诉了齐白石。齐白石说，不要叫他请客，叫他现在就来！李可染放下电话，匆匆赶到齐白石家里。齐子如说："父亲正在堂上等你，来来来，我陪你一起磕头。"望着慈眉善目的齐白石，望着诚恳拉着自己一起磕头的师弟齐子如，李可染泪水盈眶。这时，齐白石递过一方印章："给你吧！"李可染接过来一看，是一方成语象形印："李下不整冠。"他没有问老师，对这方印章的寓意已经领悟："李树"的"李"字，是他的姓氏；树下不整冠，是老师期望他要有一个高尚的品德。今后，不管是在生活上还是艺术上，自己一定要辛勤耕耘、奋发努力，千万不要指望不劳而获。再说，一磕过头老师就给了自己这一方印，说明老师早已有所准备，要收自己为弟子，老师的深恩绝不能忘。在此后的一些重要作品上，李可染都要谨慎地盖上这方印章。一直到后来蜚声画坛，他都没有忘记齐白石的谆谆教诲。

又过了一段日子，齐白石又给了李可染一方印章，上面就一个"李"字，下角挂有一个圆圈。李可染看了许久，不解其意。邹佩珠看了，也不知所以然。一次，李可染和邹佩珠一起去看老师，问起这方印章。齐白石半天没有说话，看了看李可染，又看了李可染身边的邹佩珠，随口说道："人家要问，你就说没有什么意思。你的身边就佩有一颗珍珠啊！"回来的路上，李可染想起了老师看他们的眼神，茅塞顿开，他对邹佩珠说："这个小圆圈，就是一颗珠子啊，这个珠子不就是你吗？老师是说我有你这样一个像珍珠一样的妻子在身边

⊙齐白石送给李可染的印章

615

啊！"邹佩珠连连点头，会心地笑了。后来，李可染给老师说了李字印章上面小圆圈的含义，老师微笑地点了点头。李可染和夫人一起，真心诚意地帮助老人办了一些琐碎家务事，得到了老人的由衷赞许。

齐白石是艺专的名誉教授，每月可领取一定薪水。到了领薪水的时候，李可染就代齐白石领了出来，然后送到老人手上。李可染外出写生开会，这事就由邹佩珠代劳，直到老人去世。齐白石是穷苦农民出身，过惯了穷日子，一生勤劳节俭。尽管老人后来卖画有所积蓄，但过日子依然是克勤克俭，绝不铺张，更不娇宠儿孙。卖画的钱多了，老人就把纸币换成小金砖，悄悄地缝在棉袍子里。一次，湖南老家来人要钱，齐白石说："我哪里有钱，卖画所得只是糊口。"于是就叫李可染到学校代他借钱。每次都是李可染拿着齐白石亲笔写的借条，到学校的财务去办这事。后来李可染回忆说，老人亲笔写的那一张张借条，都是珍贵的文物啊！

后来新中国成立了，金砖要兑成人民币才能使用，老人又把李可染找来。为了避嫌，李可染从美协请了一位同志和他一起，把兑换的款子亲手交到老师手上。由于李可染为老师做事处处恪守"诚恳"二字，老人对李可染的信任，他人不可替代。一天，外地客人给齐白石送来一些新鲜的荔枝。天色已晚，外面暴雨倾盆，夏护士打起雨伞，就往住在大雅宝宿舍的李可染家赶去。下这么大的雨老师还让人送来荔枝尝鲜，李可染大为感动，他说："这说明老师时时都在想着我啊！"

◎二十世纪五十年代初李可染（右）和齐白石在一起

尽管齐白石儿孙绕膝，能照顾好老人衣食起居的、让老人满意的还是夏护士。老人很想把夏护士当作自己身边的人对待。那时候夏护士也已是花甲之年，但是，她也有自己的生活和想法。齐白石便坐上黄包车来到李可染家，说起自己的生活，哭了。望着九十多岁的老

忽听穆怀鸣
容易纸金
起壬辰卿作
白石多看
加墨

人，李可染夫妇宽慰说："一切要顺其自然，事情勉强了，不一定会好。"说到这里，老人又落下了泪。后来夏护士走了，李可染夫妇又是多次登门抚慰，劝老师莫要伤悲。

《三堂烟雨图》故事

李可染拜齐白石为师，为老人家处理一些事务，是出于对老人家的关爱，但更多的是为师法老人的艺术。这时的白石老人，艺术上已是炉火纯青，处于顶峰时期。而白石老人对李可染也多是呵护奖掖。

一次，白石老人看了李可染画的《瓜架老人图》，很喜欢，在上面题字道："可染弟画此幅，作为青藤图可矣，若使青藤老人自为之，恐无此超逸也。"在另一张《牧童双牛》上又题句云："中国画后代高出上古者，在乾嘉间，向后高手无多。至同光间，仅有赵㧑叔，再后只有吴缶庐。缶庐去后约二十年，画手如鳞，继缶庐者有李可染。今见可染画多，因多事饶舌。"齐白石不仅对李可染崇仰的赵之谦（㧑叔）、吴昌硕（缶庐）的艺术给予了肯定，更重要的是，齐白石预言吴昌硕艺术的继承者是李可染。这是白石老人看了李可染许多不拘前人窠臼、自有风格特色的作品后，发自内心的感慨。

因为二人的师徒关系，互相走动便是常事。一次齐白石到李可染家里，看到他两岁的儿子李小可很可爱，就随手画了一张鲇鱼给小可，在上面写道："小宝二岁。白石。"（小宝是小可的乳名）一九五〇年小可的弟弟出生，李可染请老人给取个名字，老人说今年是庚寅年，属虎的，就叫李庚吧！李可染和邹佩珠有时带上女儿李珠去看望老人，临走时，老人家除了给车钱，还要给李珠一些零花钱。这些钱他们舍不得花，李珠就买了几个小凳子作纪念，到现在还用着。

一九五七年，李可染要同关良一起去德国访问，走前去看望齐白石。老人拿出了一盒精致的印泥送给他。这是老人用六两黄金买的六两极品朱砂，共两盒，他自己留下一盒。老人说："你这次要走好几个月，不知道我们还能不能见得到，要是见不到了，你用这印泥的时候，就会想起老师了。"没想到这话不幸竟为老人言中。这一年九月，老人去世，李可染其时正在德国，不得回还。邹佩珠去看望病重的老人，劝老人吃药时，老人家还认出了她："这是画牛的家里喽！"

在向齐白石学艺的过程中，李可染体会最深的是老人观察事物的敏感细微。一次，他买了一只鸡送到了老师家里，齐白石就说："鸡有老、嫩之分，买的时候要注意，爪子尖尖的，很锋利，嘴也尖尖的，这是嫩鸡；老鸡叼食久了，嘴是秃的，爪子也不锋利了。"还有一次，他和邹佩珠一起去看望老师，老师正在家里教学生。齐白石把画好的一张《牡丹八哥》夹在铁丝上，让大家观摩。此时一位女弟子站起来给老师提意见，说是老师画的花盆不圆，有些歪。老人家沉默了一会儿，指着画上的花盆说："瓦器不像瓷器。做坯的时候，做得圆，晾晒后，就变了形，再经过烧制，就更不会圆了。"大家听了，都连连点头，佩服老人观察事物深刻细微。

齐白石经常向李可染提起这样一件事，他平生画了很多山水，自己最喜爱的只有两张。大一点的一张，让日本人高价买走了；还有小一点的一张，是画在包鞋的皮纸上的。这幅画看上去水墨淋漓，烟气氤氲，画名叫《三堂烟雨图》，但不知道流传到哪里去了，老人非常想念这张画。

一天，李可染去宣武门附近办事情。他坐在黄包车上，路边画店里的一张山水画，忽然从他眼前飘过，很像老师说的那一张。他下车付了车钱，便去了那家画店。走近一看，正是老师的墨宝。纸用的是包鞋的皮纸，边款还有商家印的红字。他问这张画要卖多少钱，店主说要一百块，不还价。李可染回到家里，把看到老师画的事情说给邹佩珠，商量怎么办。一百块钱在当时不是小数，这相当于他一个月的薪水。邹佩珠说："既然老师的心爱之物有了下落，咱们就想办法筹一些钱，一定把画买来。"李可染凑够了钱，把画拿到手后，就给老师的护士打电话。齐白石听说自己喜欢的画让李可染买到了，让李可染赶快把画拿来，他急着要看。李可染到了跨车胡同，老人家手里攥着钱，已经坐在门槛上等他了。两人高高兴兴地进了画室，慢慢地把画摊开，老人乐得像个孩子似的，连连说："是喽！是喽！这是我的，我的……"坐定之后，他对李可染说："我现在就拿两张画给你换回来！"李可染说："这是老师的心爱之物，我是诚心诚意送给老师的，怎么还能再要您用画换呢？再说，您老人家不是也给了我一些画吗？"李可染清楚地记得，他经常

⊙《三堂烟雨图》（齐白石作）

接到护士打来的电话，说是老人画了一批画，是已经订出去的，人家快要来取了，让他赶快过来挑几张，送给他。每幅画上，老师都在画的后面画了圈，有三个的，四个的，让他挑圈多的。李可染藏有的齐白石的赠画，都是这样来的。老人过世后，《三堂烟雨图》又不知所踪，李可染便又开始到处找人打听。

李可染从德国访问归来，齐白石已经过世了。一天，荣宝斋的一个熟人对李可染说："你常说的齐老喜欢的那一张画，在一个地方又露面了。"李可染很惊讶，问此话当真？对方回答说千真万确。李可染立即赶到那一家画店，在一个很显眼的地方，《三堂烟雨图》稳稳地挂在那里。标价是两百块，不二价。这正是他给老师送去的那一张。李可染回到家里，又和邹佩珠商量。邹佩珠说："两百块就两百块，再凑钱买回来。"于是，《三堂烟雨图》又回到了李可染手上，二次回到了"师牛堂"。

"文革"开始了，一切都处于混乱之中。李可染手头收藏的齐白石的画作都被

621

抄走，无一幸免，当然也包括这张《三堂烟雨图》。

后来，中央美院清理发还抄家的物品，李可染收藏的其他齐白石的画，都没有被退回来，唯独一件带轴的画作回到了家中，李可染打开一看，正是《三堂烟雨图》。他不禁暗暗感叹道："这真是上天有灵啊！老师最喜欢的画作，还是让我保存起来，老人家才放心啊！"于是，《三堂烟雨图》又第三次回到了"师牛堂"。

冷落中徘徊

新中国成立后，半封建半殖民地的中国大地发生了天翻地覆的变化。李可染当时所在的北平艺专在校长徐悲鸿的领导下，按照毛泽东文艺思想的指引，积极投身到各项政治运动当中。新中国成立初期开展的较大运动是农村的土地改革。新中国成立前夕，徐悲鸿给周恩来写信，申请艺专的师生到郊区参加土改。这年底，艺专师生参加郊区土改的建议得到批准。于是，徐悲鸿给师生们逐个谈话，希望他们积极深入到生活中去，"迈开为工农兵服务的第一步"。

艺专的部分老师和同学参加土改的地方在北京的西郊和南郊，共分四个队。李可染去的是南郊，即大兴的大红门。他在那里的任务是访贫问苦、调查研究，了解如何划分农民的阶级成分等。一次农民斗争恶霸地主的时候，李可染还和徐悲鸿一起参加了大会。

一九五〇年二月，妻子邹佩珠即将临产，因为家中无人照顾，李可染必须请假回家。土改工作队和当地的农民想送一送李可染，结果全村连做一顿面条的白面都找不到，贫穷程度，可想而知。李可染回来对妻子说："中国的农民，苦哇！"

一九五〇年二月十七日即庚寅年的大年初一子时，李庚出生。因为难产，邹佩珠身体不适，李可染只好在家里照顾妻子。一九五一年初，李可染又和雕塑家滑田友等人一起去广西农村参加土改，同行的还有艾青和人民日报社的李普等人。土改工作队先在武汉集中学习培训，之后，便开赴广西农村土改第一线。当时广西农村的农民生活也很苦。这里的生活习俗和北方大不相同，下田劳动的多是妇女，她们是重劳力，干的是重活，男的却在家里抱孩子、烧饭。吃饭的饭桌下面可以喂猪。土改工作队要和农民同吃同住同劳动。农民下田都是打赤脚，李可染也和农民一样挽起裤管，赤脚下到田里。

　　由于亲身了解了农民们解放前受到的剥削和压迫，李可染经过认真思考，创作了二十幅宣传画，题目叫《看一看，比一比，想一想》，主题是让农民们知道自己受苦的根本原因是什么，从而增强农民们真正翻身解放的渴望。李可染早年在家乡和抗战时期画过大量的宣传画，这一次创作已是得心应手，画出来的作品生动形象，有感染力，很受农民欢迎。为了扩大影响，当时的《广西壮族自治区土地改革展览会专刊》把这二十幅作品全部刊载了出来。土改结束回到北京的时候，学校还搞了一个展览，李可染的作品和滑田友的雕塑也都在展览中展出。

　　李可染在艺专的主要工作是教中国画。当时受苏联影响，许多老师、教授转向油画、素描、雕塑和年画、连环画的创作，据说是因为这些艺术样式反映火热的现实生活更直接、更形象。而中国画相形之下力量微弱，特别是山水画，勾勾点点，不但不能直接反映现实生活，而且还给人带来一种闲适的感觉，和现实生活格格不入。中国画受到了冷落。原来还有一点点市场的中国画，现在已是门庭冷落。但是，中国画专业又不能立即取消，于是艺专的老师们就想了一个办法：为了让群众买到中国画，他们在中山公园组织了一个教师集体卖画的活动。当时艺专教中国画的老师都去了，李可染当然也在其中。他们标出的销售价格是人民币两千块（合现在的人民币两角）一张。结果社会上的老百姓没有买到，都让学校老师们的家属买去了，还排了长长的队伍。后来有人就说，这个活动并没有得到群众的认可。

　　一九五一年春末，天津马场举办物资交流大会。李可染带着绘画系的学生，邹佩珠带着雕塑系的学生，一起到大会上体验生活。在中国画受到冷落的情况下，李可染受物资交流大会的启发，和妻子商量，决定画点儿年画。那时候学校也提倡画年画，说年画是群众喜闻乐见的艺术形式。实际上，一九四九年底文化部就发文件对创作年画做了许多指示。徐悲鸿为此还专门撰写文章赞扬了许多好的作品和作者。李可染和妻子几经商量，决定以"劳动模范游北海"为题材创作一幅作品。回到北京后，李可染多次到北海公园画速写。从构思到布局安排，他们想得都很细，最后由李可染一个人一笔一笔地画成，整个画面中有人物一百个，树木、白塔、牌塔，甚至牌楼上的毛主席像都画得清清楚楚。为了画好这张年画，

⊙李可染画的《劳动模范游北海》草图

李可染累得眼睛也花了，从此，他戴上了眼镜。尽管这张作品后来参加了展览，但是在编印集子的时候却没有被收进去。李可染心里不免有些抑郁。当时他还画了许多歌剧《白毛女》的人物速写准备参展，也没有被选上。实际上，有关方面对他创作的作品有看法，认为他的这些作品还有旧文人画的影子。

李可染心里明白当时的文艺界有人对中国画有看法。他坚定地认为，中国画是祖国的优秀艺术，不能取消！对此，他想了许多，特别是此前他到云冈石窟考察之后，对中国画的改造问题做了深深的思考。

那是一九五〇年八月二十七日，李可染参加了学校组织的大同云冈旅行团。尽管在云冈只待了短短三天，他却收获不小。学校组织这次活动，实际上也是想从多个方面给老师们提供创作条件，使他们受到启发，以便为新中国的人民美术事业做出努力。

到了云冈，望着横在那里看上去好像并不巨大伟壮的石窟，李可染一行不免有些失望，哪知走进洞里之后，却被其磅礴的气势所震撼。李可染把当时开放的四十个石窟看了一遍，包括著名的"云冈十寺"。这些石窟雕刻着不计其数的佛龛，

625

石窟里有高达十多米的佛像，周围壁上还刻有菩萨、飞天、伎乐天、供养人等。李可染看到，不管是大窟小窟，还是壁上、天花板、门侧、窗沿等处，布置得密密麻麻，而布置得越繁复，结构越是严谨，这些雕刻艺术作品之间配置调和，回环照应，人们看的时候，好像是在听一曲伟大雄壮的交响乐。

李可染回到北京后，按捺不住心头的兴奋，立即撰写了《云冈石刻的印象》一文，在《人民美术》杂志的第五期上发表。他认为，云冈石刻的艺术作风，可分为圆浑的和端庄的两大类。圆浑的，线条曲软，所雕对象也多奇形异状，这是受了印度艺术的影响。而端庄的一类，"在单纯圆满的形象中却带有骨力的锐角和平面，佛像……有崇高安静之感"。李可染认为，这种作风受北魏影响，但基本上继承和发展了汉代石刻的作风。因此，李可染得出结论："尽管佛教艺术是从印度传来的，但是我们古代的美术家却没有囫囵吞枣，而是继承了民族艺术的传统，通过当时的实际生活，加以咀嚼消化，以外来文化为滋养，使民族文化得到了新的发展。"由此，李可染也想到了中国画的改造问题，他认为这和石刻艺术的发展有着异曲同工的道理。

⊙李可染画的云冈石窟草图

江南之行

　　二十世纪五十年代初期，李可染在艺术创作的道路上遇到了两大困惑：一是在传统保守势力面前，他的作品属于"旁门左道"，与亦步亦趋的传统章法相距甚远；二是在比较新的思潮面前，他的作品又似乎属于"旧的文人画"，缺少新意。尽管他也紧跟时代前进的脉搏，认真地画了一些年画，参加了一些展览，但都没有引起人们的注意。"两间余一卒，荷戟独彷徨"，在许多艺术家转向油画、连环画创作的同时，李可染陷入了深深的思索之中。他对自己的艺术经历做了客观分析之后，得出了这样的结论：自己的性格内向，不适合跟着一些人转向搞创作。而自己要走一条什么样的路呢？根据李可染多年对传统绘画的研究和探索，他认为自己还应该在改造中国画的这条道路上勇敢地走下去。

　　一九五三年九月二十六日，李可染尊敬的师长徐悲鸿患脑出血不幸仙逝。想起徐悲鸿在世时对改造中国画付出的心血和汗水，如今斯人已去，李可染哀伤的同时，觉得自己要义不容辞地担负起改造中国画的重任。另外，著名诗人艾青这一年发表了谈中国画的评论文章，其中，许多重要观点与李可染是一致的，这就更增强了他立志改造中国画的信心和决心。

　　然而，要把几千年来的传统中国画特别是一笔一墨都讲究来历的山水画进行改造，谈何容易？要想改好，很难；改得不好，便会落下笑柄。有人劝他还是慎重为好。他想起了恩师齐白石的一首诗："逢人耻听说荆关，宗派夸能却汗颜。自有胸中甲天下，老夫看惯桂林山。"他决心效法老师"自有胸中甲天下"的大胆独创精神，到生活中去，到大自然中去，不受"宗派夸能"的干扰，画出有新的内容和思想的山水画。

⊙ "可贵者胆"（李可染印）

⊙ "所要者魂"（李可染印）

　　李可染请著名篆刻家邓散木为自己刻了两方印章：一方是"可贵者胆"，一方是"所要者魂"。"胆"，是指的胆量和勇气，就是要敢于冲破前人窠臼；"魂"，指的是时代的精神、当代人的情感。一句话，就是要以最大的气魄和胆识，创作出震撼人们心灵的优秀作品。一九五四年春末，他与中央美院教授、好友张仃和罗铭结伴去江南写生。李可染用这两方印章为自己的南下壮行。当时的《新观察》杂志很赞赏李可染的江南之行，给他们预支一百元稿费，表示对这一活动的支持。

　　李可染一行头一站到了无锡。他们在梅园、鼋头渚采风时，与正在太湖写生的刘海粟不期而遇。刘海粟之前是上海美专的校长，李可染是他的学生，听说李可染要在改造中国传统山水画方面做一些努力，刘海粟很高兴。刘海粟听说李可染还要去黄山，他说自己也要去，希望能在那里会合。临走，他怕李可染带的宣纸不够，又送给了他一些。当时，刘海粟在自己画的一张太湖写生山水画上题有这样几句话："余在太湖写生，李可染前来探望……"说的就是那次与李可染一行

⊙李可染（右二）与张仃（右四）、罗铭（右五）等在一起

见面的事。

到了杭州，李可染一行在那里停留了一段时间。杭州的山山水水、一草一木，早就在李可染心目中留下了美好的记忆。这次故地重游，而且又是带着一种使命感来的，李可染像是第一次到杭州似的，登孤山，走葛岭，游西湖，去灵隐寺，上六和塔，尽量把最美的视觉形象收入自己的笔底。当时正值暮春，潮湿的杭州城常有淅淅沥沥的细雨飘洒，加上天色阴晦，浓云笼罩，李可染一行在孤山之上不免感到有些抑郁，张仃说光线不行，写生只好作罢了。李可染却把目光投向远处，蓦地，他像发现了一个惊人的去处，连忙挥起手中的笔来。晚饭后，李可染画了出来，原来是一张雨中的小品。他在画的左上方题了三个字："雨亦奇"。张仃和罗铭看了，不禁连连击节："好，太好了！"正因为他对杭州爱得太深，所以笔下才会有这样的妙品佳构，他是把自己的情感倾注在笔端上作画的啊！

李可染一行的住地与黄宾虹家不远，他们趁着写生的间隙，到黄宾虹家里请教。李可染觉得，黄宾虹还是和当年在北平初见时一样，既亲切又热情，总是有问必答。黄宾虹结合画家的人品和画品，和李可染谈了不少清代三高僧的问题。他认为，淡远和清简值得赞扬，而对髡残的苍茫浑厚，更是津津乐道，黄宾虹本人的风格与髡残比较接近。讲到高兴处他还拿起笔来，一边示范，一边解说，使李可染一行受到了很大教益。从黄宾虹家里回到住处，李可染和张仃还在议论黄宾虹对一些艺术问题的高超见解。

张仃因为有事，先回北京去了，李可染便和罗铭一起去了黄山。他们在玉屏楼找了间房子落了脚。这间房子破破烂烂的，连个窗户也没有，游云有时在小屋里飘来荡去，很有诗意。他们和山上的和尚住在一起，和尚吃什么，他们也跟着吃什么。黄山的阴雨天气很多，时而乱云飞渡，时而天气晴朗。如果天阴了，浓云密布，眼前的视线被挡住，就什么也看不见了。一旦放晴，浓云飘去，他们就抓紧时间写生。面对黄山美景，李可染画了十几张画，有一张《文殊院前望天都峰》就是他趁乱云飞去的十几分钟时间内画出来的。画面左下方的小石屋，就是他和罗铭住的屋子。这张画李可染采用白描手法勾勒，然后再略施一点花青和赭石，将眼前所看到的景物表现得准确而生动。

过了整整三个月，李可染和罗铭才回到了北京。李可染向院长江丰讲述了在

⊙李可染在黄山写生

江南写生的情况，并让他看了一些作品。江丰说这些画和旧中国画不一样，很有新意，可以办个展览让大家看看。李可染、张仃和罗铭便各自整理画作，于一九五四年九月十九日在北海公园的悦心殿举办了"李可染、张仃、罗铭水墨写生画展"。齐白石写了展标，还看了展览。这次共展出八十余件作品，李可染四十件，占了约一半。其中，李可染在杭州富春江上画的《家家都在画屏中》成了扛鼎之作。在当时国画界几乎是万马齐喑的情况下，李可染一行把画室搬到大自然当中去创作，是一次有益的尝试。画面上浓郁的生活气息，给人以生机勃勃之感，许多人把这次画展喻为"中国画发展的里程碑"。

恩师林风眠

　　每当李可染提到林风眠时，总是深情地说："林先生是我的恩师。"他们师生之间的友谊延续了半个多世纪。

　　一九八九年十二月五日，李可染在北京仙逝。此前的二十天，即一一月十五日，林风眠画展在北京中国美术馆开幕，展览大厅里摆放的唯一的花篮就是李可染送的。花篮缎带的上联写道"林风眠老师寿辰大展"，下联是"学生李可染邹佩珠敬献"。此时的李可染已是八十二岁高龄的老人，耄耋老人对恩师依然如此敬重，深为人们称道。

　　在展厅里，李可染一边认真地观看林风眠的一幅幅作品，一边向周围的学生、观众讲述林风眠作品的风格和艺术魅力。在回家的路上，他还向妻子述说当年在杭州艺专时，第一次看到林风眠作品时被深深震撼的情景。

　　李可染二十二岁时，被杭州艺专校长林风眠破格录取。从此，他的人生出现了历史性的转折。当时，林风眠"为人生而艺术"的主张使血性方刚的李可染开阔了视野，增强了终生要在艺术道路上攀登跋涉的信念。一天，他看到了林风眠的一张大幅油画作品《白头巾》（又名《平静》），画面上一群戴白头巾的渔家妇女，在大海边盼望家人归来的欣喜和忧虑的眼神，使李可染大为震动。通过画面，可以看出林风眠对生活的观察深刻而细微，在表现手法上高妙而传神，笔下的人物形象鲜明。后来，他又看到了林风眠的《摸索》《人道》《生死》等巨幅作品。《摸索》的画面上是但丁、荷马、托尔斯泰、歌德等人，他们向前伸开双臂，仿佛在摸索人生道路，这幅画使李可染对林风眠"为人生而艺术"的主张有了更深一层的理解。受林风眠思想的影响，李可染和同学张眺等人阅读了不少进步书籍，包括托尔斯泰的小说、普希金的诗歌等，还有鲁迅的著作和译作。

不久，李可染和张眺等又参加了"一八艺社"。这是当时进步学生自己的艺术团体，因为成立于民国一十八年，所以取名"一八艺社"。张眺是中共地下党成员，在他的努力下，"一八艺社"以文艺为旗帜，团结追求真理的同学，主动和劳苦大众接触，经常组织作品观摩会、座谈会，有时还搞学生运动。这引起了当局的注意，张眺和几个同学也被逮捕。

张眺被捕的那天，李可染从学校图书馆回到住处时，只见房门大开，屋内一片混乱（张、李同居一室）。经过打听，才知道张眺被关进了陆军监狱。李可染立即找到林风眠，恳请他以校长的名义与当局交涉，营救张眺出狱。林风眠觉得张眺等人是有为的青年，出于正义，他让李风白、克罗多等教授出面保释，终将张眺救出。

因为李可染在学校的成绩比较好，林风眠让他在教研室当了一名助理员，主要是做一些教务上的杂事，有时也画画，每个月可以领到八元钱的薪水。林风眠和克罗多教授还打算在李可染毕业后，让他担任两年的助教，然后再送他到法国去深造。

一九三一年六月，"一八艺社"在上海虹口的每日新闻社楼上举办习作展览会，李可染的《失落园》《人体》等三件作品参展。他的这几件作品在观众中产生了反响，当时有评论说："李可染君的三件大幅，用了十分浑圆的笔法如实地把他的抑郁感情写出来了……"这次习作展受到了鲁迅先生的关注和高度评价，他专门写了《一八艺社习作展览会小引》一文，说这些作品"在旧社会里，是新的、年轻的、前进的"，这些作家和作品"以清醒的意识和坚强的努力，在榛莽中露出了日见生长的健壮的新芽"。

由于鲁迅先生受到国民党当局的注意和迫害，他写了这篇小引之后，国民党当局对经常搞进步活动的"一八艺社"更加仇视，并不遗余力地采取措施给予摧残和打压。作为"一八艺社"成员的李可染，自然也受到了注意和怀疑。他的助理员工作自然也无法再继续下去，出于对李可染的关心和爱护，林风眠暗暗派人给他送去六十块钱，让他尽快离开学校，以防不测。李可染理解林风眠的一片苦心，于一九三一年秋末，与同学们依依话别后，又回到了徐州。

抗战爆发后，李可染到了重庆。林风眠因为心力交瘁、人事变故等原因，带领杭州艺专流亡也辗转来到了这里。林风眠住在嘉陵江南岸弹子石的一个仓库般

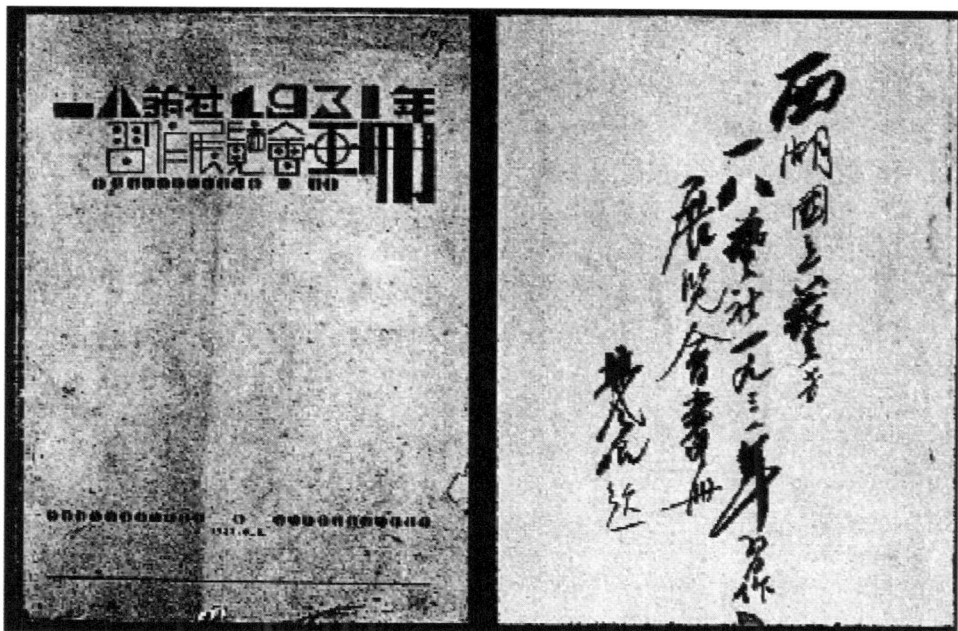

⊙林风眠为"一八艺社"展览题字

的农舍里，低矮的房屋、简陋的设施、困苦的生活，把他变成了另外一个人，他每天躲在屋里作画，以宣泄他对亡国无家的愤懑。听说林风眠也在重庆，李可染来到了他的住处，看到了当年的校长住在这样一个地方，还要挑水、劈柴、烧菜，还跑到士兵的营房去买两碗米饭……李可染的眼睛湿润了。后来，李可染买一些鸡蛋、肉食和其他食品带到林风眠的住地，有时帮助老师做做杂务，有时看老师画画。这一天，李可染去得很早，只见林风眠在宣纸上不停地挥笔舞墨，画的都是马。林风眠从凌晨画起，一直画到晚上点灯，画了九十多张。李可染知道，老师这是对时局的无言控诉，也是对坎坷生活的一种无奈。

仙逝前后

一九八九年十二月三日上午，笔者抵达北京，下午六点来到三里河拜见李可染时，他正在"师牛堂"的画案旁看书。他问了宴春园饭庄的一些情况，听完之后很高兴，说很想给宴春园写几句话，让他们时刻记住"信誉"两个字。我说他太忙，等有空再写吧，先生点点头。

李可染又和我谈起了饮食，谈北京的点心，谈杭州、苏州的小火烧，谈四川成都的小吃。他说："咱们徐州的油酥火烧，加上一碗辣汤，吃起来真叫美。"他又说起一道名菜——吊地瓜。他说这是他家宴春园饭庄的名菜。在制作时用什么样的地瓜、用什么样的锅、掌握什么样的火候、配什么样的料，他说得头头是道，我和师母听得入了神。八十二岁高龄的老人记忆力如此之好，逻辑如此明晰，令人佩服。然而，我们也注意到，李可染性格内向，平时是没有多少语言的。

画案上放着一本《中华英才》画刊，是新收到的。里面刊有记者采写李可染的一篇文章，有他和齐白石在一起的照片，有他作画的照片，还有一幅山水。他问我对这幅山水有什么感觉，我端详了一会儿，说先生的笔墨厚重，光和色的运用特好。他说画面的绿树有远有近，还有房子、流水，就是没有山。但是，叫人一看，画的就是郁郁葱葱的青山。艺术要给人以联想，给人以联想的艺术才有生命力。

我问起了他的画集。他说出版社才把清样送来，让提意见。这时师母把清样拿出来让我看。一大张，三小张，一张人物，其余是山水。印得很精致。先生说，墨色基本上保持了原作的面貌，一些细微处还需要改进。先生还说："我一辈子就是讲究'认真'二字，比如出画集，要么不出，出了，就得要我满意，让读者满意。

这好比查数，从一数到十，如果中间没有数好，不如退到零，从头开始。"李可染之所以成为一代宗师，与他对待生活和艺术总是这般考究，认真，严谨，是密切相关的。

接近晚上八点了，做饭的阿姨喊吃饭。大家边吃饭边看宴春园开业时的录像。专给先生裱画的刘金涛师傅忙活了一下午，也来一起就座。刘师傅对录像中的几个菜肴赞不绝口。李可染说："你别急，等哪天我带你到徐州宴春园，我掏钱请你的客。"刘师傅高兴极了。正在大家高兴之际，李可染说了一件事。他说他出生的那天，家门口一连有两顶花轿经过，这天是三月二十六日，看来是个好日子。这个季节，柳树吐芽，青草泛绿。李可染先生是属羊的，所以他的母亲后来对别人说："这孩子将来不缺饭吃。"师母指着桌子上的饭菜打趣地说："看，你这不是真的有饭吃了。"满桌人听了哈哈大笑。李可染笑得最舒心，说道："有饭吃了，我母亲的话说对了。"

饭后，可染先生又和我回到"师牛堂"叙话。晚上九点二十五分左右，我起身要告辞，先生说不忙，再坐一会儿。这时，我从口袋里取出一幅临摹可染先生的牛（《万古长青图》），请先生指教，他上下看了看，慢慢说道："牛的尾部笔碎了。"我说是三笔，先生说至少是五六笔。还有，"你的松树画得有些快。墨色、造型还可以。"先生略一停顿，说："苦练最重要，不苦练，出不来。你有写字的底子，只要坚持苦练，将来能画出来。不要心急。"对可染先生的教诲，我千恩万谢。我说还带来几张临摹先生的牛和字，过两天再来请先生批改指教。先生要我明天下午来。我说今天坐得晚了，别累着先生，后天再来吧。可染先生执意要我明天来。我坚持后天来，先生同意了。他说："李畹要在徐州办画展，你给她好好准备准备，我明天给她把展标写出来。如果有空，再给她写几句话。"我连连称是。先生送我到门口。我回首深情地望了望先生，又和师母告别。大姨（师母的胞姐）打着灯，一直从四楼把我送到楼底。

十二月五日下午差五分五点的时候，我叩开了可染先生的门。家里来了一些陌生人，乱哄哄的。做饭的阿姨走过来说："先生走了！""上哪儿去了？"我万分惊奇。"先生过去了！"我有点发蒙："怎么过去了？"阿姨落泪了："先生去世了！"我顿时五雷轰顶，五内俱焚，立即奔向躺在小床上的师母，连问这是怎么回事。

师母见我来了，号啕不已："你老师让你今天下午来的，他却没有了，就十多分钟的时间，一个好端端的人就没有了，我没有把他救过来啊！可惜呀……"屋内哭声连成一片。师母慢慢道出了事情的经过——

十二月五日早晨八点多钟，可染先生和往常一样，到老地点练气功、打太极拳。回来时接近十点。洗漱吃饭后，接待了文化部艺术局的四位同志。师母让客人落座后，到隔壁房间吃饭，大姨给客人倒了水也走了出来。刚谈完第一个问题，可染先生说有些不舒服，这时是十点三十五分左右。来人对可染先生的心脏病史不甚了解，更不知道六年前可染先生心脏病发作，差点没有抢救过来。他们继续谈，这时他们发现可染先生气色不好，便去喊师母。师母一看，大惊，连忙拿硝酸甘油往可染先生嘴里放，但是已经放不进去了。师母给可染先生掐人中、虎口，都无济于事。师母给可染先生轻轻捶了几下胸，先生终于舒了一口气，这时是十点五十分左右。京西宾馆的医务人员来抢救，没有成功。便赶紧送到阜外医院抢救，一直抢救到下午两点。一代宗师就这样匆匆驾鹤而去。师母望了望我，说："你要是上午来就好了，身边有个熟人，你再给他打个岔，分一分精力，或许不至于这样……"

⊙李可染旧居

我缓缓来到"师牛堂"。先生的笔、墨、书、砚、眼镜，静静地放在那里，仿佛在等着主人。前天晚上我和可染先生叙话的情景犹在眼前，现在的情景仿佛全是假的。我总觉得可染先生没有走。然而，素烛白帏，挽幛黑纱，"师牛堂"成了另一个天地。面对先生的遗像，我不禁大放悲声。

我是可染先生生前最后看到的徐州人；我是先生最后收下的家乡弟子，也是先生最后见到的弟子。可染先生一生劳碌无暇，履迹遍及海内外，最后在自己的寓所归去，而我又偏偏能与先生见上最后一面，而且谈得又是那样的舒心、愉快，我和可染先生太有缘分了。但是，这个缘分再好，我也不想要，我只想要可染先生寿比南山。

六日下午，可染先生的遗体要从阜外医院移到北京医院，我去办理移灵手续。到达北京医院时，我和同来的六人与可染先生见最后一面。我一边拍照，一边哭泣。

先生逝世的消息传出后，震动了北京。海外的唁电、唁函如雪片一般飞来。党和国家领导人不断打电话向师母表达慰问，恳请师母节哀。我在北京服丧二十天，为可染先生的身后事，尽了一个弟子应该尽的义务。二十五日上午，我向师母辞行。师母录了音，向徐州市政府表示感谢。在一张发行可染先生书画邮票的首日封上，师母用毛笔郑重地为我题字："任颖弟子：让我们永远记住可染老师，做一个高尚的人。邹佩珠。"

师母在可染先生身边生活近六十年，牺牲了自己的雕塑事业，全心全意照料、支持先生，使可染先生把全部精力倾注于自己热爱的绘画事业。可以这样说，没有师母，也就没有可染先生的今天。她的美德有口皆碑。我对可染先生和师母的尊重都是一样的。

可染先生的音容笑貌一直在我的心头萦绕，我终生不能忘记恩师对我的铭心教导。好在我身边有可染先生为我讲学的许多录音，还有先生作画的录像，这对我时时怀念可染先生倒是一个很好的慰藉。

他天资聪慧，刻苦勤奋，他从人们难以想象的各种困苦、折磨中一路走来，终于成长为当今大家。他爱所有的人，更爱自己的亲人，特别是妻子和儿女，他把爱倾注在笔端。他还爱各种动物，天上飞的、地上走的、水里游的……几乎无所不爱，他在一张张宣纸上留下了它们各种可爱的美妙瞬间。

人们永远不会忘记黄胄这个响亮的名字。

● 炎黄赤子 黄胄 ●

与郑闻慧老师一席谈

黄胄是蜚声中外的一代艺术大家，他的人物画和动物画在中国画坛上留下了辉煌的一页。

一次，我和黄胄的夫人郑闻慧老师约定，请她就黄先生的艺术、人生、创作等内容谈一谈，以使更多的人对黄先生有一个多角度且有深度的了解。没想到，一

⊙黄胄和夫人郑闻慧

见面，郑老师就说："咱们先不谈黄胄，先说说近年来我心里一直思考的几个问题吧。"

我们的谈话是从郑老师讲的一件事情开始的。

一次，有几个人找上门来，说他们有一个刊物，想发表几张黄胄的作品，重点介绍黄胄作品的艺术魅力和价值取向。郑老师看了他们的刊物，觉得这是宣传黄胄艺术的一件好事，便选了几张黄胄精品的照片给了对方。不久，作品刊出来了，印刷很精良。郑老师颇为满意。哪知，没过多长时间，刊物上刊出的黄胄作品的复制品、印刷品便纷至沓来，让郑老师应接不暇。这可不是她想要的结果，她感到很失望。再后来，事情甚至发展到让她怒火中烧的地步。她多次找那几个人问事情原因，但都没有结果。又过了好长一段时间，相关的假画也出现了。就

因为这件事，郑老师再也不敢轻易接受某些所谓刊物的访问了，当然更不敢拿出黄胄作品的照片发表了。

郑老师告诉我，一段时间以来，社会上经常出现假冒近现代名流大家的画，不仅假冒黄先生，还假冒齐白石、徐悲鸿、李可染、傅抱石等先生的。郑老师说："这样做的结果，一是使大师的名誉受到伤害，二是广大读者的艺术消费水平大大降低。假造的东西，有时尽管也'像'，但在笔墨、意境等方面和原作绝对不可相提并论。就比如说打篮球的姚明吧，一举手、一投足都有一定的章法，有自己的套路，别人再怎么模仿也成不了姚明。再说黄胄，当年他也经常将自己的作品赠送给别人，但他的每一张作品都是认真创作的。虽然给时很随意，但作品的严肃性并不'随意'。他对作品的质量是极其讲究的。还有齐白石、李可染等大师，他们的作品都已经达到了炉火纯青的地步，怎么造也造不出原作的效果。现在造出来了假的，实质上是把人们心目中大师的艺术水准降下来了。"

说到这里，郑老师有些激动，问我："中国的人口占世界人口的多少？"我说："大约占五分之一吧！"她说："这个数字小吗？占世界总人口五分之一的泱泱大国，不管是在经济还是在政治等方面，都有一定的发言权。再说，我们也是一个文化大国，我们应该用我们民族最优秀的文化感染世界人民。如果把一些大师的赝品拿出去展出，这能对得起世界人民吗？"

郑老师的话和她的认真劲儿，让我很受感动。随后，我们又聊到了关于黄先生作品真伪鉴定的问题。她说："这几年来，不管是谁来找我鉴定黄胄作品的真伪，我都不答应。"二〇〇五年，一家拍卖行拿了一本图录找到她，里面有十张黄先生的作品。郑老师仔细看了看，认为这些作品与原作有差别，建议他们不要上拍。她是在以黄先生家属的身份、炎黄艺术馆理事长的身份规劝对方。哪知作品照样上拍，而且都拍出去了，价格还挺高！后来有人就此发表言论称，连黄胄夫人都对那些作品提出了异议，怎么还能拍呢？但有人立即出来反驳，现在是市场经济，一个愿意买，一个愿意卖，这也是符合市场经济常理的呀！郑老师十分生气地对我说："有人在那里大讲市场经济，却闭口不谈画家的权益得不到保护的问题，这样公平吗？"

郑老师表示，自己之所以不愿给别人鉴定黄先生的作品，是因为心里有气。

虽然这是消极的态度，但目的还是不想让别人上当受骗。她说："解决这个问题的根本办法，是要培养更多的具有一定专业知识的鉴赏人才，以便让更多的人有能力识假、打假。现在有些收藏家、鉴赏家的确有很高的鉴赏水平，他们看作品很少看走眼，这和他们的阅历、学养有关。培养专门的鉴赏人才，现在也有许多有利条件。近现代的一些大师都有以其名字命名的艺术馆、基金会等组织，这些机构都收藏有这些大师的作品，这些作品就是'标杆'。有了'标杆'，就能为研究者、收藏者提供可靠的研究资料，使他们在审慎的研究过程中逐渐知道如何识真、鉴真。能鉴赏的人多了，识别假画的能力提高了，假画也就没有立足之地了。"

郑老师还告诉我，她平时也画雏鸡，这当然是受了黄先生的影响。不过，尽管黄先生给她指点过，甚至亲自修改过她的作品，但是，只要把她画的雏鸡和黄先生画的拿在一起，识者立刻就能辨认出哪幅是黄先生所作。黄先生的作品，经过千锤百炼，已经形成了特有的语言符号和风格。郑老师对我说："黄胄为了画好雏鸡，他下了多少功夫啊！"一九八四年，黄先生在自己画的一张《雏鸡》上写道：

⊙《雏鸡》（黄胄作，炎黄艺术馆藏）

"宋人李迪传世有《雏鸡图》，以工笔写生者。近百年来，任伯年粗笔写画，活泼有生趣，堪称一绝。余写生雏鸡十余载而不得法，好在有自家兴趣。"画了十余载雏鸡仍然感到"不得法"，黄先生的谦虚自不必说，这主要还是反映了他对艺术的执着追求和严谨态度。他又在一张《群雏》上题道："画了十余年小鸡，基本结构还弄不清。看来应该解剖一只小鸡，弄清一只，可能心中有数一些。"他还在另一张《雏鸡》上给同样擅画小鸡的妻子郑闻慧写道："小鸡虽小而情态万千，形状神情似无相同，慧君画雏鸡曾留意否？"画家画一只或者几只雏鸡都是这样认真，这样一丝不苟，要是画其他内容，如人物等，其所下的功夫就可想而知了。

我觉得，郑老师跟我说的这些话的核心就是，那种轻易"造"出大师作品的现象再也不能继续下去了，而要想杜绝这种现象的出现，一是靠立法，二是收藏者要提高鉴赏能力，尽量不要上当受骗。

早年几位老师

　　李可染在世时对黄胄的勤奋精神特别赞赏。他常给学生和子女们说，当代画家黄胄很勤奋，他一年要画二十多刀宣纸。二十多刀是个什么概念？就是平均每天要画六七张，这可不是个小数目，一般人不大容易做得到。

　　黄胄四五岁的时候，就知道拿着碎碗片在地上画画了。他是河北蠡县梁家庄人，当地有个习俗，每逢年节村里都要搭台子唱戏，艺人由村里人自己组织。黄胄的爷爷梁景峰就是专门组织艺人结社唱戏的头领，俗称班主，他组织的戏社名字叫"自乐班"。"自乐班"带着艺人不仅在自己村子里唱，有时还要"巡回演出"。村里一唱戏，黄胄就在台下画戏曲人物。到外村演出的时候，黄胄就跟着爷爷，戏台搭在哪里，他就画到哪里。那时侯因为穷，黄胄上不起学，也请不起老师，可就是喜欢画画，尽管是天天画，但是总得有个老师给他指点指点才会有进步啊！黄胄时常想这个事。其实在画画方面给黄胄启发比较大的是他的母亲，母亲应该算作是他的启蒙老师。黄胄八岁那年，跟随母亲、姐姐到山西找从军的父亲。一天，看到父亲收藏的许多字画里有一张是这样构图的：一个亭子里面坐着一个老头，老头俯首在看一个小孩用竹竿在钩什么东西。黄胄不明白小孩在钩什么。母亲说："那小孩是在钩一双鞋。"黄胄惊奇地望着母亲，心想，你怎么知道小孩是在钩鞋呢？母亲对黄胄说："你不光是要看画，还要会想啊！"这句话给了黄胄很大启发。他们家里还挂着一张年画，画的是一个娃娃在切西瓜。这时母亲又给黄胄讲起了画上的故事。她说，从前有户人家，原来家里很穷，但是为人很善良。这家人家的门口，总是有一个孩子在卖西瓜，他把瓜切成一块一块的，摆得整整齐齐的，招呼人买。这家人家觉得这个孩子大热天的这样不停地切西瓜，又热又累，就主动出门上前帮助他。当他们回到家里以后，却看到桌子上有一些钱，每一回都是这样。一天，这孩子卖完了西瓜来到他们家里，他们想把这个孩子留住问问话，却发现孩子跳到墙上挂的画里去了。母亲讲得形象、生动，小小的黄胄着了迷。母亲有很多这样的故事，神话色彩特浓，在这些故事的熏陶下，黄胄从小就知道要多做善事，不做坏事。其实，这些美好的故事不就是一张张好看的图画吗？从此，黄胄对画画更加喜爱了。

后来父亲去世了，家境更加艰难，黄胄一家从临汾搬到了宝鸡。这时抗战刚刚开始，十多岁的黄胄看到社会上到处乱得一团糟。正在西安上高小的他拿起手里的画笔，画了许多抗日宣传画。学校办了一个展览，画作大多出自黄胄之手。西北画家赵望云当时在社会上影响很大，他经常深入农村，画了许多农村题材的速写。这些速写真实、生动、逼真，黄胄看了非常佩服，于是他也到农村写生，而且一心想当个画家。当画家要拜个老师才好啊，后来经过一个老乡的介绍，他认识了赵望云。赵望云看到黄胄年龄这样小，又对画画这样痴迷，而且画得还不错，人又聪明，很喜欢他。赵望云对一些爱好美术的学生进行指导的时候，也对黄胄的画作给以分析和讲解，使黄胄学到了不少东西。这时的黄胄又读了鲁迅的一些著作，其中介绍德国女画家珂勒惠支的版画，那充满现实主义和战斗力的一幅幅画面，使黄胄大为震撼。他认为眼前的国情就应该用珂勒惠支的手法来控诉侵略者的罪行，表现劳苦大众所受的苦难。想想自己过的食无求饱、居无求安、颠沛流

⊙黄胄的老师赵望云

⊙赵望云的画

离的日子，黄胄又气又恨。

一天，黄胄的好朋友马德鑫找到黄胄，说他认识一位叫韩乐然的画家想出去写生画风景，需要一个背画具的，问黄胄能去吗？黄胄心想，只要能学画画、画好画，干什么都行。当时韩乐然四十四岁，本来的名字叫韩光宇，生于吉林延吉的一个贫苦农民家庭，是朝鲜族人。他十几岁参加革命活动，二十四岁时就是一名共产党员了。他后来到法国勤工俭学，受新印象派影响很深，通过到荷兰、比利时等国写生，创作了许多油画和水彩画，打下了扎实的绘画基础。回国后，一边从事他所热爱的绘画事业，一边投入到抗日宣传工作中。他当时创作的大幅油画《全民抗战》《不愿做奴隶的人们起来消灭日本帝国主义》等作品有很大号召力，对全民抗战起到了很好的宣传作用。一九四〇年，韩乐然在陕西宝鸡被国民党逮捕，关在西安的"特种拘留所"。在狱中他保持共产党人的气节，与敌人展开了各种斗争。后来通过地下党和各方的努力，韩乐然被解救出来，据说国民党元老李济深等人起了一定作用。当时在西安的胡宗南也不好对韩乐然采取过激措施，只准他画一些风物，不能画人物，画了人物就有通共之嫌。当时的黄胄只有十七岁，

647

⊙ 黄胄的老师韩乐然的画像

韩乐然看他小小年纪，热爱绘画，过的却是贫苦的日子，很同情。时间一长，韩乐然觉得黄胄人很老实，也很聪明，一边和他一起写生、画画，一边给他讲一些西洋画家塞尚、米勒等人的故事，还拿出一些油画家的作品给他看。黄胄感到很新鲜，才知道除了每天写生以外，原来在画画方面还有这么多新鲜的事情。有时候，韩乐然还拿一些进步书籍让黄胄阅读，包括毛主席的《在延安文艺座谈会上的讲话》，这本书让黄胄对延安的文艺、美术等方面的情况有了一个初步的了解。

韩乐然带着黄胄跑遍了八百里秦川，时而坐火车，时而步行，到处走走画画，

⊙ 韩乐然的画

只要是发现比较美丽的地方，他们就会停下来写生。这时候黄胄画了许多速写稿，有时还画一些韩乐然正在写生的情景，韩乐然看了便认真给予指点，启发他要多画、勤画，想着画，时间长了笔下的功夫就会大不一样。一天，两人正在画速写，忽然过来几个国民党宪兵，说他们在画地图，是共产党派来的"奸细"。韩乐然和黄胄拿出许多风景画稿给他们看，费了好多口舌才过了关。事后，韩乐然对黄胄说："画风景他们说是画地图，画人物他们说是有通共之嫌，这样昏庸的社会还有什么希望？"其实，韩乐然多么想画一些贫苦的劳动大众啊！但是不能画，画了又要被抓去坐牢。黄胄听了心里也觉得气愤，可又有什么办法呢？

一定要做一个画家

在和韩乐然几个月的接触当中，黄胄不仅画艺有所提高，而且在如何做人上也学到了很多东西。有时在作画间隙，韩乐然常常以拉家常的方式对黄胄进行引导：做一个人一定要知道面对现实，不能靠父母兄弟姊妹和亲戚养活，一切都要靠自己；在国外这一点特别明显，即使是有钱的人，也很自立，没有钱的人更不用说了，也是不依靠任何人。

韩乐然还劝黄胄学学雕塑。韩乐然说，抗战胜利后，城市里面需要大量的表现劳苦大众的雕塑，好的雕塑可以给人以力量和鼓舞，他劝黄胄在这方面好好下点功夫。当三秦大地已经跑得差不多的时候，韩乐然打算再到新疆去写生作画，劝黄胄和他一起去。黄胄不喜欢油画（韩乐然主要是画油画的），以"赵望云先生在外面还没有回来，需要说一声"为由，婉拒了韩乐然。据说，韩乐然和妻子刘玉霞以及女儿先是去了兰州，后来去了新疆、甘肃、青海等地，同时他还秘密地去做西北高层的统战工作。这期间，他以油画、水彩等西画的形式临摹了敦煌等地的壁画，创作了大量作品，为画坛开拓了一种全新的绘画主题。一九四七年七月，韩乐然由新疆迪化（即现在的乌鲁木齐）乘飞机去兰州时不幸失事遇难，年仅四十九岁。后来黄胄知道了这个消息，悲痛万分。

黄胄回到赵望云家里后，听说日寇要打来了，准备把家从宝鸡搬到甘肃的平凉。赵望云一个叫樊粹庭的朋友，他有一个"狮吼剧团"也要迁到平凉，赵望云就让黄胄跟着他的戏班子大车一起走。黄胄和樊粹庭一行一边赶路，一边聊家常，这才知道樊粹庭在河南的名气很大，他是河南大学的高才生，曾经编写过许多剧本，比如《洛阳桥》《姊妹易嫁》等。樊粹庭知道黄胄会画画，到了平凉之后，让黄胄给剧团画了不少广告宣传画，他和剧团的人看了都说黄胄画得好。

一九四五年秋天，赵望云让黄胄去西安看守家里的房子。利用这个机会，黄胄抓紧一切时间作画，把认为画得比较好的作品投给了《西安夜报》，没想到他为鲁迅小说《示众》画的一幅插图被选中发表了。他很兴奋，接着又画了《不良青年的梦》《贫民窟一瞥》《茶馆》等，也陆续发表出来，黄胄更加坚定了日后一定要做一名画家的信心。抗战胜利不久，赵望云的一个在河南《民报》做社长的朋友傅恒书来西安看他，说是报社需要人，赵望云便推荐黄胄前去。《民报》在开封出版。这年冬天，黄胄坐上敞篷火车，经过近二十天的颠簸，才从西安到达开封。一路上，逃荒要饭的，"跑反"的，再加上还没撤退完的日本军队，到处是人挤人，人挨人。火车开开停停，开不动的时候就下来走路，到了开封，满眼都是难民，黄胄心头不禁一阵悲凉。

傅恒书是日本留学生，曾经在北京大学当过教授，思想是比较进步的。他对黄胄很好，让他住在报社里。黄胄在报社画了很多画，其中一幅画的是一个国民党的大官骑在一个老百姓的身上，压得这个老百姓头上直淌汗，画的题目就叫《负荷》。傅恒书看了，表扬黄胄画得很好，但是他说这幅画不能刊出，如果登了出来，报社的安全就成问题了。于是，黄胄只好给报纸画一些中性题材的作品，同时，他把平时画好的各种题材的画稿拿到当地画店去出售，以便换几个零花钱。这段时间，他在报社认识了著名作家姚雪垠、国画家魏紫熙以及版画家刘岘等，经常与他们聚在一起，聊社会问题，聊国家命运。一天，黄胄正在报社画画，一位脸上长了许多胡子的客人来找他。来人说，他在一家画店里看到了黄胄画的一幅马，笔触、线条都很好，几经打听，才知道作画的人是河南《民报》的，所以就找来了。客人自我介绍说，他叫司徒乔，也是画画的，现在是美国救济总署的代表，打算到

⊙黄胄和司徒乔

651

黄泛区去。一说起黄泛区，黄胄便来了精神。他从西安来开封的途中，看到来来往往逃荒的难民。夹杂在难民中间的一些进步学生，向大家介绍国民党蒋介石炸开河南花园口给河南老百姓带来的灾难，控诉国民党祸国殃民的罪行。表面上，炸花园口是要用洪水淹日本人，结果上百万无辜百姓被淹死了，国民党军队却见了日本兵就逃。没有淹死的老百姓就四处逃难，大多逃往西安、宝鸡一带，因为缺吃少喝，许多人死在路上。这些情景黄胄都看到了，他把见到的情景都画了下来，打算到报社安顿下来之后，抽出一些时间就到黄泛区写生。司徒乔要去给黄泛区解决一些药物和食品，正好可以和他一路同行。这时的司徒乔四十二三岁，黄胄才二十岁，他就把司徒乔看作是自己的师长。

司徒乔原名司徒兴，是广东开平人，一九〇二年生。他二十多岁在北京燕京大学读书时，因为擅长绘画，受到了鲁迅的赏识，请他为自己办的文学刊物《莽原》画封面和插图。后来他到法国留学，是写实派大师比鲁的学生。抗日战争爆发后，他流亡到了缅甸、新加坡等地，在那里他看了金山等人演出的话剧《放下你的鞭子》后，便创作了同名油画，这幅画成了他的代表作。后来他参加了国民党军委会政治部的前线视察团，不久又到了美国救济总署做事。黄泛区引起了国际方面的关注，他以总署代表的身份来调查难民的受灾情况。黄胄跟司徒乔去了两次黄泛区，触目惊心的悲惨现实，使得他悲恨交加，放不下手里的笔，甚至画到深夜也不愿停手。他深深认识到，自己作为一个报社的编辑、记者，一个画家，看到老百姓生活在这种水深火热的境遇之中，既要同情，又要把事情报道出去。因为司徒乔是代表美国救济总署来的，地方官员就想宴请他。一次，一个县长要请他吃饭，司徒乔不愿去，还把那个县长大骂一通，说是老百姓天天过的是挨饥受饿的日子，你们却要大鱼大肉地吃喝，良心何在？那个县官被骂得十分尴尬，无地自容。还有一次，黄胄和司徒乔到了一个地方，看到一个地方官对着老百姓指手画脚地大发脾气，司徒乔上去就骂那个地方官，说老百姓都穷到这个份儿上了，你们还对他们横鼻子瞪眼的，你们怎么不把你们的凶劲儿对着仇人发呢？司徒乔强烈的正义感、责任感和见义勇为的精神，使黄胄深为佩服。司徒乔对这些地方官丑恶行为的揭露和痛斥，真是让人既解恨，又过瘾。不管是韩乐然、司徒乔，还是樊粹庭、傅恒书，这些既有一定文化水平，又有一定艺术天赋的知识分子身上有一个共同的特点——都有一颗诚挚的爱国之心，他们同情弱小，同情穷苦百姓，蔑视欺压百姓、横行不法的统治者。他们疾恶如仇的凛然正气，使黄胄学到了画本上根本学不到的东西，往其思想深处注入了丰富的情感和新鲜的活力，所以他以后才会画出更多更好的画。

画笔瞄准穷苦百姓

黄胄两次到河南的黄泛区写生，在中牟、扶沟等地画了五六百张速写。凡是他能看得到的老百姓的悲惨生活，几乎都画了下来，经过整理、润色之后，作品寄给了各地的报社。上海一些小报发表得比较多，那里的读者几乎天天都可以看到"梁黄胄"的名字。有一幅题为《一条鱼》的画稿画的是救济总署给了灾区一条鱼，结果经过层层盘剥，到了老百姓手里时只剩下鱼刺了。黄胄的这些画，起的名字都很有刺激性，比如《人吃人》《眼看人死去》《杯水车薪》《吃骨头吃血》等。

这些带有刺激性的画自然引起了国民党当局的注意。一天，《民报》社长傅恒书对黄胄说，国民党当局又要抓人了，听说要抓的名单里面有你，你要想办法尽快离开。这时他的好友、画家魏紫熙告诉他说，他们的好朋友、版画家刘岘已经被抓走了，让他赶快回西安去吧。黄胄在魏紫熙家里暂时躲避了几天，然后由魏紫熙送他上了回西安的火车。到西安后黄胄依然住在赵望云家里。他把在黄泛区画的许多速写都拿给赵先生看，赵先生连连点头说，画得不错。安定下来之后，黄胄就把画稿进行了梳理。这时他的许多年轻朋友到处张罗，决定要给他办一个展览，地点就在西安同济坊的群艺馆，由河南同乡会出面来办。这是黄胄第一次办的个人展览，题材全是黄泛区的速写。由于当时到处兵荒马乱，老百姓过的又是穷苦不堪的日子，观看展览的人并不多。黄胄的母亲看了画稿以后，觉得他画的都是一些穷苦人，怕惹出乱子来，展览会结束不久，给他撕毁了一大部分画作，黄胄知道了，连说可惜。心里难过之际，他又想起了一张他画得比较满意的《水上作乐图》。这张画稿也是在黄泛区画的，画面是：黄泛区一片黄汤，水上行来一

行行好吧
，五〇年秋苦禅弟侄孙于长安
黄胄〔印〕

⊙《行行好吧，大娘》（黄胄作，炎黄艺术馆藏）

小禿兒三十二年夏於枳溝旅次 黃胄作

⊙《小禿兒》（黃胄作，炎黃艺术馆藏）

条船，船上的官员们大吃大喝，一个个喝得酩酊大醉……他当时拿给司徒乔看的时候，司徒乔表扬他说："你小小年纪，就有这样的胆量画出这样的画，真是太好了！"司徒乔说要把这张画带到美国去！如今虽然母亲撕毁了大部分画稿，但是他认为比较满意的已被司徒乔带到了美国，产生的影响恐怕要比这个展览会大得多，再说，母亲也是为他的安全考虑啊！想到这里，黄胄又有些释然了。

黄胄之所以把画笔瞄准穷苦百姓，画黄泛区形形色色的难民，全是受了恩师赵望云的影响。自从十七岁那年到了赵望云家里，赵老师看了黄胄和他画的画后，非常兴奋，逢人就说："今天我遇到了一个小孩子，画得非常好！我从不收学生，但是我今天收了他做学生。"黄胄把当年在宝鸡千阳以及西安画的一些速写稿拿给赵老师看的时候，没想到会受到赵老师如此由衷赞扬和鼓励，从此他便留在赵老师家里研墨、习画。赵望云家里人口多，生活并不富裕，即使这样，还是把过着贫穷游走生活的黄胄留在了身边，使他过上了安定的日子，这也是黄胄人生的一个重要转折。黄胄在赵望云家里的大部分时间要用在家务上，赵家从不把黄胄当作外人看，他们的孩子都喊黄胄大哥，黄胄也把他们看作是自己的小弟弟。

赵望云当时已是西北很有名望的画家了。他于一九〇六年生于河北省束鹿县（今河北辛集），高小毕业后做过学徒。十九岁那年表兄资助他到北平京华美术专科学校学习绘画，后来做过天津《大公报》的记者。抗战前后，他深入到山东、江苏、浙江、河南、河北等地农村写生，以大量作品描绘贫苦农民的生活而闻名并产生了极大影响，人们称他为"平民画家"。赵望云作画大多根据内容和形式的需要，对中国传统绘画的表现手法进行各种创新和探索。抗日战争开始不久，因他与冯玉祥的关系比较好，在冯玉祥的资助下，他与老舍在武汉创办了抗战画刊。郭沫若写诗评价他的画是"从兹画史中，长留束鹿赵"。二十世纪四十年代中期，他的笔墨逐渐成熟。二十世纪五十年代以后，他的笔墨技巧已经达到了驾轻就熟的地步。除了画现代山水和人物以外，他还擅长画各种动物，画的毛驴笔墨简洁、生动逼真，新中国成立前人们就称他为"赵望驴"了。黄胄之所以精于画驴，也是因为受了老师的影响。

在和赵望云老师的朝夕相处之中，通过看老师作画，跟着老师一起外出写生，在潜移默化中，不管是做人还是学艺，黄胄都学到了很多东西。赵望云常常对他说：

"生活、创作、技巧是统一体，艺术是从生活中来的，这是方向。"他还说，"在生活中写生，从写生中塑造个人风格。"当然，这也不是说赵先生只讲到生活中去写生而不讲传统。黄胄记得，在老师的房间里就挂着一张张大千仿黄鹤山樵的山水画，题目是《空山无人，水流花开》。老师经常对着这张画观看，有时什么也不做，就只是对着画看，实际上，那是老师在体味传统笔墨的奥妙，思考着如何把大师的巧妙构思融入自己的笔墨之中。黄胄在赵望云家里过了五年多，他的勤奋好学、聪明幽默，赢得了老师的呵护和宠爱。赵老师让黄胄一个人住一间屋子，平时凭他随意挥洒作画，展现自己的天性。赵师母有时觉得赵老师太偏爱黄胄，希望也多关心下他们的孩子，赵老师说："孩子都是国家的人，我都应该关心，至于说我偏向黄胄，主要是黄胄做的许多事情都是冒尖的，和别人做的不一样，我就是喜欢冒尖的，谁冒尖我就喜欢谁啊！"

一天，赵望云家里来了一个河北老乡，叫贾一萍，他是一个商人，还办了一个工厂，他要出一本杂志，请赵望云和当时西安著名的文人郑伯奇帮帮忙。赵望云说他们没有时间，这事让黄胄一个人干就行了。郑伯奇早在二十世纪三十年代就参加过郁达夫等人创办的创造社，他很会写文章。贾一萍办的杂志名叫《雍华》，郑伯奇在杂志开办时写的序文中说，杂志的宗旨就是"为艺术而艺术"。杂志出版前前后后都是黄胄一个人在忙碌，从写小说，画插图，到组稿、印刷、校对、发行，全靠他一个人。就这样忙了两年多，杂志出到第十期就出不下去了。办杂志期间，赵望云多次表扬黄胄，说他肯吃苦、能干。黄胄自己则说，这样拼命去做，虽然吃了些苦，但是既磨炼了毅力，又学到了东西，还增长了才干。

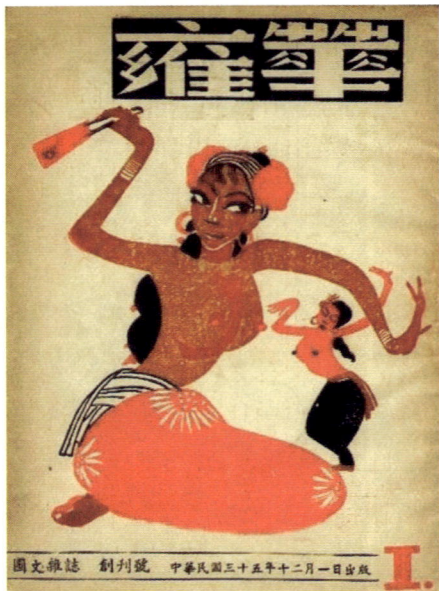

⊙《雍华》杂志封面

悲鸿提携

一九四九年五月下旬，西安解放，赵望云送黄胄参军。因为黄胄会画画，又有一定文化水平，被分配到第一野战军（西北军区）政治部搞宣传，他的任务就是编《战士读物》。

从童年时期就过着穷困、漂泊生活的黄胄，到了中国人民解放军这个革命大家庭之后，开始了全新的生活，吃饭穿衣都不用发愁了，健康、快乐、安定、和谐的环境，使精力旺盛、刻苦勤奋的黄胄有了用武之地。他深入部队，下到农村，走进工厂、机关，解放区人民的喜悦笑脸和幸福生活，时时出现在黄胄的速写本里。他每天总觉得时间不够用，每天都有新的题材让他激动不已，需要他去尽快完成。

黄胄参军的时候，西北地区还有几个省区没有解放，那里的人民还在蒋介石集团的统治之下过着水深火热的生活。人民解放军也正在全力向着这些省区进军。在这种情况下，黄胄多次深入生活，走访了一个个家庭，创作了许多"一定要把革命进行到底"这类题材的作品，其中一幅《爹去打老蒋》最为精彩。画面上，一个年轻的妇女怀里抱着孩子，孩子用手指着旁边正要跨上战马的年轻父亲，父亲亲昵地回头望着孩子和妻子……画面上的战马矫健、有力，年轻妈妈身旁坐着的狗悠闲地吐着舌头，望着眼前发生的一切。四个人物、两个动物，真实生动，没有丝毫的造作和虚夸的画面，把人们带进了一个朴实纯真的氛围中。没承想，这幅作品竟然惊动了国画大师徐悲鸿，也成了黄胄的成名之作。

一九五〇年，为了检阅各地的美术创作成绩，中华全国美术家工作者协会决定在北京举办第一次全国美展。黄胄便把《爹去打老蒋》交给朋友韦江凡，希望

⊙《爹去打老蒋》（黄胄作，徐悲鸿纪念馆藏）

他能推荐这一作品参加这次展览。韦江凡比黄胄年长三岁，是陕西澄城县人，早年师从赵望云，后来又得到过徐悲鸿的指教，新中国成立后在中央美院任教。因为有这一层关系，韦江凡便把这幅作品拿给徐悲鸿看，徐悲鸿看后非常高兴，赞不绝口。他让韦江凡把这幅画推荐给第一次全国美展，还对韦江凡说："我拿我的画换这一张行不行？"韦江凡连忙说："我代表作者黄胄把这幅画送给徐院长吧。"徐悲鸿在韦江凡处了解了一些黄胄的情况，嘱咐韦江凡说，让黄胄再寄几幅作品来。徐悲鸿建议把黄胄调到美院来工作。

《爹去打老蒋》参加第一次全国美展的过程，还有一个小插曲。徐悲鸿当时是中华全国美术家工作者协会的主席。美协评委会规定凡是参展的作品，都要由评委投票决定。评委们先是对每一张作品认真观看，然后再议论，发表看法，最后再举手表决参展与否。凡是评上的作品都要装裱，负责装裱工作的是年轻的装裱师刘金涛。刘金涛负责把每一张参评的作品举起来让评委们观看。评委们看到《爹去打老蒋》后，没有人发言，也没有人表态。徐悲鸿说："这幅不错，我同意。"因为只有徐悲鸿一票,作品就被搁在了一边。进行第二轮评选的时候,刘金涛又把《爹去打老蒋》举了起来,仍然没有人说话。徐悲鸿又说:"我同意这张。"还是一票。到了第三轮,当徐悲鸿再次说他同意这张作品参加展览的时候,美协负责筹备画展的工作人员、著名作家郁达夫的侄女、画家郁风看到徐院长对《爹去打老蒋》如此看重,就举起手来,也赞成这幅作品参展。评委们也理解了徐悲鸿的意思,就举手通过黄胄的这幅作品参加第一次全国美展了。

此后,尽管徐悲鸿没有见过黄胄,但是心里却有了黄胄的影子,认为他有才,画得好,是个好苗子。二十世纪五十年代初,在中国画取消不取消的问题上,社会上争论得比较激烈。不久,毛泽东有了批示,一九五三年初徐悲鸿根据毛泽东的批示精神,让韦江凡等人筹备中国绘画研究所,又对韦江凡说,一定要把黄胄调来。徐悲鸿要把黄胄调到美院来有一个很重要的原因,黄胄当时在西北创作的许多作品,生活气息浓厚,艺术表现手法十分成熟,特别是他几次到新疆深入生活之后创作出来的反映少数民族风情的作品,欢快、炽热、传神。这年春天他又看到了黄胄创作的《苹果花开的时候》,这幅画在全国产生了很大的影响。当时美院长期存在的积重难返的学院派画风,陈腐而无生气,徐悲鸿力图把这种风气扭转过来。他把像黄胄这样既有才、又在生活中经过摸爬滚打的人调来,目的就是打破固有的沉闷画风。

无奈徐悲鸿从一九五一年七月患了脑出血之后,一直卧病在床,后来尽管有所恢复,身体仍很虚弱。他在住院治疗期间,黄胄曾经到病榻前看望过他,因徐悲鸿的身体条件不允许,医生不准他多说话,黄胄也只能看望自己崇拜的恩师,并不能畅叙心曲。徐悲鸿也因不能与黄胄深谈而遗憾。徐悲鸿几次提出要把黄胄调到美院,都是交代给当时负责美院人事工作的丁井文去办理的。他对丁井文曾经说过这样的话:"调黄胄到美院来,无论对美术教育,对艺术实践,都将带来新的血液、无限生机。你要想办法将他调来。"丁井文是河南人,他早年参加革命,新中国刚成立就在中央机关做统战工作,他虽然是文化不高的老八路,却极其珍视人才。他立即起草了要把黄胄调到美院工作的报告。徐悲鸿还亲自给文化部写了信,说明美院急切需要黄胄这样的人。遗憾的是,一九五三年九月二十三日徐悲鸿在参加全国文艺工作者第二次代表大会期间,因劳累过度,脑出血复发,不治而逝。于是，调黄胄进美院的事情也便暂时搁浅。

　　当时中央美院要调走黄胄的消息也传到了部队，部队负责政治工作的同志认为既然有这样的人才为什么自己不用？于是一纸调令，便把黄胄从兰州军区调到了总政治部文化部的创作室，这年黄胄三十岁。黄胄调到北京不久，便去中央美院拜望了丁井文。丁井文比黄胄大十几岁，两人一见如故，他把黄胄拉到家里好酒好菜款待。酒足饭饱后，黄胄便即兴挥毫，一只只活泼、传神的小毛驴在宣纸上跃然而动，丁井文自然是爱不释手，从此两人成了莫逆之交。

有情人终成眷属

　　一九五〇年隆冬，兰州，西北师范学院美术系的一个教室里，一位身穿羊皮大衣、厚棉裤的年轻教师正在给学生们绘声绘色地讲课。讲到高兴之处，他在黑板上画了起来。学生们看得出来，这位站在讲台上的老师，腿有点瘸……这位年轻的教师就是西北军区的黄胄，这年他二十五岁，是应西北师范学院美术系主任吕斯百的邀请在这里兼任创作课教学。

　　吕斯百是徐悲鸿的学生，曾留学法国学美术，油画画得非常好。抗日战争期间回国，在重庆的中央大学艺术系任教，后来做了系主任。新中国成立后他到华北革命大学学习，之后被分配到兰州的西北师范学院艺术系做了主任。学校美术专业师资奇缺，吕斯百便到北京找到徐悲鸿，请老师帮助推荐人才。徐悲鸿便推荐了黄胄。黄胄当时在西北军区编《战士读物》，每天忙得不可开交，画漫画、连环画，还要写好人好事，一个月要出厚厚的一大本。当吕斯百找到军区说明来意后，军区不愿意放人。吕斯百又到杂志社找到黄胄，给他做工作，希望他能到西北师范来。最后西北军区向吕斯百提出条件，请学院的体育系为军区培养几个篮球运动员，这才让黄胄在不影响《战士读物》正常出刊的情况下，去西北师院代课。

　　黄胄所在的《战士读物》杂志社位于兰州的七里河，西北师院则在十里店，中间隔着黄河，黄胄每次到学校先要跨过横在黄河上的一座铁桥到兰州大学附近，再坐上马车到十里店，要走近两个小时。因为吕斯百已经给学生们吹过风了，说有个年轻的画家要来给他们上课，因为没有谈好，迟迟未到，学生们都在翘首以待，看看这位年轻的画家到底是个什么模样。吕斯百第一次带黄胄到课堂跟学生们见面的时候介绍说，黄老师的画画得非常好，他是自学成才，非常优秀。他的作品在全国得了奖。吕斯百所指的获奖作品便是黄胄画的《爹去打老蒋》和《苹果花开的时候》，是在全国产生很大影响的作品。

同学们看出黄胄的腿有些瘸，吕斯百又说，黄老师随着部队到青海去剿匪，右腿受了伤，加上天气太冷，又得了严重的关节炎，行动有些不便，同学们可以搬把椅子，让黄老师坐着给你们讲课。盼了好长时间的年轻美术老师，原来是一个长得并不起眼的"瘸子"，同学们未免有些失落。课堂上，黄胄对同学们说："你们的创作课我也不知该怎么教，但总的来说应该发挥你们的才智，必须锻炼一下你们的技巧。"他还说，"技巧相当重要。你们的吕（斯百）先生素描画得非常好，他在法国受过严格的训练。而我在素描方面没有得到过正规的指导，只是在画的时候敢于去画就是了。"同学们听得倒很认真，后来看到他画了一些外国人物如丘吉尔、铁托、艾森豪威尔的漫画，几笔下来就把一个人物画得活灵活现，这才看出了黄胄的真本事。学生中有一个女生对黄胄特别佩服。这个女生叫郑闻慧，她是陕西城固人，一九四九年到西北师院的幼儿园任教，后来考上幼儿教育系。因为她喜欢唱歌，想学音乐，当时学校没有成立音乐系，只有美术系，她便上了这个系。当时郑闻慧已经上了二年级，班里有十二个同学，只有两个女生。黄胄就教这十二个学生年画创作。其实，没有多久，黄胄也注意到了长得端庄、漂亮、雅致的郑闻慧了。他发现郑闻慧勾线的能力较强，但造型能力很弱，就对她说："你的造型能力这样差，怎么用艺术语言表达你的感受呢？"这话对郑闻慧震动很大，从此她就留心观察各种事物，认真画起了速写。郑闻慧对黄胄最佩服的一次，是在迎接元旦的联欢晚会上。当时西北师院美术系共有三个年级，三年级只有三个学生，二年级十二个人，一年级最多，三十多人。四十多个学生加上老师一起，联欢会开得还是够热闹的。除了学生们表演了拿手节目外，老师们也表演了节目，而最精彩的是黄胄的表演。他先是唱了一段河南梆子，那高亢、纯正的河南味道赢得了满堂彩。同学和老师们觉得没过够瘾，他又来了一段河南坠子，大家还觉得不过瘾，他又来了一段山西梆子。黄胄的节目把联欢会推向了高潮。在大家对黄胄的一片赞扬声中，郑闻慧觉得这个老师不仅有绘画天赋，还有唱戏的天赋，真是太棒了，不免又多了几分爱慕之心。从那以后，她开始注意起黄胄的一言一行来，也想在黄胄面前表现一下自己。一次她跟音乐老师练声，她知道这时候黄胄就要到校给大家上课了，她唱得既洪亮又悦耳，她只想让黄胄听到她的声音。

到四年级的时候，郑闻慧要到北京师范大学参观实习。临动身之前，黄胄见到了她，问道："你需不需要一些钱去买一些参考书？"郑闻慧听了觉得有些不好意思，心想作为一个女孩子怎么好轻易接受老师给的钱呢？她一连几个晚上翻来覆去地睡不好觉，心想，自己在黄胄的心里一定是有了分量了。

毕业之后郑闻慧被分配到西安女子中学任教。一天，她接到了黄胄的一封情书，信中说他非常爱她，早就想向她表达这份爱意，只是没有机会。黄胄说他这三年来一直在注意着她，觉得她朴素、大方、勤俭，正是他所需要的终身伴侣，他非常想用双臂来拥抱她，给她一个可以依赖、休息的臂膀，给她一切想得到的幸福。郑闻慧一字一句读完了黄胄的信，激动得几乎要跳了起来。她知道，黄胄信中所说的一切，正是自己长久以来所盼望得到的。她立即给黄胄写了回信，说黄胄的信打动了她，让她觉得很幸福、很欣慰，她这一年多都在等待着黄胄的求爱，现在终于如愿以偿了，希望暑假的时候两人能见面。

哪知，暑假还没有到，黄胄便出现在了郑闻慧的面前。他们来到了联合公园的垂柳之下，相依相偎，卿卿我我。而后就是约在一起看电影，逛商场，然后黄胄再把郑闻慧送到学校门口，依依不舍地分开。因为黄胄是从兰州请假而来，不能长时间停留，双方约定八月四日举行结婚典礼。

一九五四年八月四日晚上七时，黄胄、郑闻慧的婚礼在陕西省历史博物馆的一座藤萝架下举行。黄胄的老师赵望云和夫人是他们的主婚人，画家石鲁既是他们的证婚人，又是婚礼的司仪，石鲁还给他们安排了新房。这对有情人终于结成眷属，他们从此有了一个温馨的家。

⊙黄胄和郑闻慧新婚合影

兄长石鲁

一九七八年的深秋，北京友谊医院的一间病房里，一位六十岁的病人安静地躺在病床上。他深陷的眼窝、突起的颧骨、枯柴般的手指……这眼前的一切，让一位四十多岁的妇女泪落如雨。这位病人就是著名画家石鲁，落泪者是黄胄的夫人郑闻慧。想起当年潇洒英俊、才艺超群的石鲁，如今成了这般模样，她心如刀割。黄胄此刻也住在北京友谊医院里，自从他一九七七年四月因下肢麻木住进医院，也有一年多了，因行动不便，只有让妻子来看望自己最好的朋友。这个时候石鲁还没有被彻底"解放"，"文革"中石鲁被折磨得几乎丢掉了性命，身体也被糟蹋得不成样子。黄胄便和美协的华君武、文化部的王一平商议，把石鲁接到北京来治疗，希望他能尽快康复。

郑闻慧的啜泣声惊醒了石鲁。石鲁望着眼前哭泣的郑闻慧，便用当年对她的习惯称呼安慰道："新娘子，你不是来看我的吗？怎么只是哭呢？……你赶快把黄胄的情况告诉我呀！"郑闻慧把黄胄的身体近况对他说了，不无责备地对石鲁说："老哥呀，听说你不好好吃饭，你这不是在糟蹋自己的身体吗？你只是喝酒，酒能当饭吗？"石鲁听说黄胄的身体近况后，心里很难过，自己也多次听人说过，黄胄的身体非常不好，自己也很想立刻去看他，可是自己现在这个样子，只能躺在病床上。石鲁眼里噙着泪水说："弟妹呀，你一定要把黄胄照顾好啊！"郑闻慧说："黄胄的下肢麻痹比以前好多了，也能画画了，也知道爱惜自己的身体了。"石鲁听了，端起身边的米饭，慢慢地吃了起来，安慰郑闻慧说："你看，我这不是也能吃饭吗？有时还能吃半碗红烧肉呢！"说着，便又咳嗽起来，饭也吃不下去了。他是为黄胄的身体不好而难过，本来就不太想吃饭的他，此刻更是难以下咽了。

时光飞逝，从一九四八年算起，黄胄与石鲁相识已整整三十年了。石鲁生于一九一九年，比黄胄大六岁。他出身四川仁寿县的大户人家，原名冯亚珩。他早年喜欢绘画，临过石涛、八大山人的山水和花鸟，也学过"扬州八怪"和吴昌硕的作品，有着扎实的国画基本功。抗战爆发后他投身革命，后来到了延安。因为崇拜石涛和鲁迅，改名石鲁。一九四四年，他被调到陕甘宁边区文协美术工作委员会任创作员，新中国成立初期被安排到西安的陕西省美术家协会，当过陕西美协副主任、西安美协副主席《西北画报》社长。在西安他与赵望云一起为创建"长安画派"竭尽全力，贡献了自己的一切。黄胄认识石鲁是因《西北画报》的关系。黄胄常常在这个刊物上发表作品，石鲁觉得黄胄画得很好，颇有天赋，不仅常常向他约稿，还经常和他在一起切磋绘画技艺，探讨如何深入生活。

一九五四年，黄胄与郑闻慧结婚的时候，石鲁没少跟着忙活，既给他们找房子，又主持婚礼，还跟着闹洞房，彼此之间简直是亲密无间。黄胄的新房和石鲁的住处在同一个院子里，石鲁住北屋，黄胄住东屋。石鲁经常到新房里和黄胄聊天，有时高兴了两人就举杯对饮，猜拳行令，日子过得舒心极了。黄胄调到北京解放军原总政治部的文化部后，佳作迭出，特别是《洪荒飞雪》《新生》《巡逻图》等连续在世界青年联欢节获奖，在全国产生了很大影响，名气越来越大。黄胄取得的骄人成绩也在时时激励着石鲁。一九五九年石鲁创作了中国画《转战陕北》，一时间在全国引起轰动，被称作划时代的巨制。在中国现代美术史上，两位新星

⊙黄胄（右二）和石鲁（右三）等人在一起

⊙《转战陕北》(石鲁作)

都闪现出了耀眼的光辉。

　　然而天有不测风云，"文革"来了，两人都遭到了非人的折磨与摧残。西安的造反派每天把石鲁批来斗去不说，还进行人身折磨，把他推到钟楼上，背上插着稻草，让他自己辱骂自己。他受不了这非人的摧残，便跑到宝成铁路当了修路工人，结果又被抓了回来，说他是特务，又进行更疯狂的折磨与摧残。石鲁的精神崩溃了，他天天不吃饭，只是借酒浇愁。黄胄听说这个消息后，欲哭无泪。这个时候黄胄的处境略微好些，一九七二年，因尼克松要访华，周恩来总理便让人把一些画家调到北京的外交部，创作一些作品，改变一下"红海洋"的环境。黄胄也被借到了外交部招待所，他立即让儿子梁穗赶到西安去看望石鲁。梁穗见到石鲁的时候，他正在一个躺椅上躺着，浑身瘦得皮包骨头，似睡非睡的样子，梁穗喊了声"石伯伯"，石鲁也不理，只是在那里眯缝着眼睛。梁穗哭了。这时石鲁忽然坐了起来，问是谁家的娃儿，在面前哭什么？他对着梁穗大声喊叫，梁穗吓得忙说："爸爸黄胄让我代表他来看您，爸爸还给您写了信。"黄胄给石鲁的信里有这样的话："你，我的兄长！身体是受之于父母的，你没有权力毁坏它。你一定不能疯，更不能装疯，要克制自己伤悲的感情。即使难过也不能疯……"石鲁看了信，突然跳了起来说："你爸爸太天真了，他什么也不知道。"他让梁穗快走，还让梁穗拿着他的帽子，不要从原路回去，跳墙走……梁穗这才感到石伯伯是真的精神有问题了。黄胄听了这个消息，只是难过得双眉紧锁，唉声叹气。

　　石鲁去世的那年（一九八二年）的春天，黄胄还和美协的蔡若虹一起到西安的医院去看望过他。那时石鲁已经彻底平反了，当了陕西美协、书协的主席和陕西画院的名誉院长，可是，由于身体经受了长期的折磨和摧残，落下的后遗症使他的健康到了崩溃的边缘。黄胄和蔡若虹去看石鲁的时候，他只是看着天花板发呆，问他什么话也是答非所问，再不然就是不说话，呆呆地坐在那里。黄胄不忍心看到自己最亲密的兄长就这样离开人世，要尽一切力量挽救他，就说："你还是画画吧，有了力气的时候就画吧！一个画家不画画怎么行呢？"说着把买好的笔墨纸砚放到了石鲁的身旁。哪知道与黄胄见面后仅仅三四个月，石鲁便撒手人寰了。

　　黄胄的心头总是拂不掉石鲁的身影，高高的个子、俊秀的面庞、浓密的头发、矫健的步履，这些怎么也不能和他看到的那个干瘦、神情呆滞的小老头联系到一块啊！

　　此时，黄胄仿佛又在一页一页地轻轻翻动着石鲁的速写本：陕北的村落、老人、孩子、青年……他们在挥动着镢头，他们在晒太阳……浓郁的乡土气息似柔柔的春风一阵一阵掠过了他的心头……

为《红旗谱》插图

一九五八年中国青年出版社出版的小说《红旗谱》一炮打响，小说以鲜活的艺术形象和生动简练的语言，受到读者的喜爱和赞扬。作者梁斌的名字从此也和小说一起走进了广大人民群众的心中。

梁斌是河北蠡县人，生于一九一四年。父亲是村里的地主，平时省吃俭用，一心供养儿子读书。梁斌十七岁那年，考上了保定二师。"九一八"事变爆发后，他积极投入到如火如荼的学潮斗争当中，和同学们一起贴标语，散传单，反对日

⊙《红旗谱》作者梁斌

寇入侵。后来他回到家乡，又积极投入革命活动，组织救国会，建立抗日武装。他当过蠡县的宣传部部长和县委副书记。《红旗谱》就是根据他当年参加农村革命斗争的实际生活创作的，从一九五三年动手写作，到一九五八年出版，历时五年。

一九六〇年《红旗谱》要出版精装本，人民文学出版社也要出选编本。出版社找到梁斌，问他想请哪位画家画插图。问到画家，梁斌忽然想起不久前在北京时听到的一件事。当时，一位朋友对他说，北京有位名叫黄胄的著名画家，听说也是他们梁家庄人，说话的口音和他差不多。黄胄当时在全国已经比较出名，许多作品在国际上获了奖。梁斌看了不少黄胄以新疆风情人物为题材的画，画面上飞动流畅的线条，大胆瑰丽的色彩，奇特的构图，草原牧民的真实生活给他留下

了深刻的印象。他想，早年在家乡时就知道有个叫"老傻"的堂弟也会画画，不知道这个黄胄会不会就是当年的"老傻"？于是，梁斌就对出版社的同志说："北京有个画家黄胄，人物画得蛮好，听说他和我是老乡，可能熟悉书中所写的风土人情，就请他来画吧。"

出版社把这个信息转告给了黄胄，黄胄并没有立即答应，而是想和梁斌见一面。他听说梁斌经常到北京的和平画店看画，便给画店经理许麟庐打了个电话，请他约一约梁斌。过了没有多少日子，梁斌便和夫人散国英还有作家方纪一起来到了和平画店。许麟庐立即给黄胄打了电话，说是梁斌到了。黄胄刚走进画店，梁斌一眼就认出来了，激动地喊着黄胄的小名："你不就是'老傻'吗？"这时梁斌已经是近五十的人了，加之长期生病，黄胄对幼年曾在保定见过的"六哥"没有了印象。他知道这是梁斌在喊他，就亲切地上前喊了声"六哥"，紧紧地握住了梁斌的手。

黄胄和梁斌曾在保定见过面，那时梁斌在保定二师读书。黄胄和母亲一起去西北找父亲路过这里，便和梁斌见了面。梁斌是黄胄的堂兄，行六，比黄胄大十一岁。黄胄本名叫梁淦堂。这时方纪要去办别的事情，梁斌说要跟黄胄到家里看看他的母亲。黄胄的母亲正在家拾掇，梁斌和夫人亲切地上前喊道："老婶子，我们来看您了！"老太太一看来的是梁斌，顿时泪花盈盈，说："老六啊，几十年不见了，咱们还能见面，不容易啊！"她指了指黄胄说："我们找到他父亲也没有过上几天安定的日子，后来你叔去世了，我们就流落在西北一带，日子过得难啊！"梁斌也说了当年参加革命斗争的艰辛往事，后来跟大军南下到了湖北襄樊，新中国成立后在《武汉日报》当了社长，不久，就专门写小说了。黄胄认下了这位既是老革命又是著名作家的堂兄，感到非常高兴。梁斌也因为有了这位才华出众的堂弟画家而感到兴奋。说起为小说《红旗谱》插图的事，黄胄认真地说："能为六哥的名作画插图，我感到高兴。一定会用心画的！"

回到家之后，黄胄又认真地读了几遍《红旗谱》，然后便到了河北滹沱河畔的高阳、蠡县一带深入生活。他先是到了老家梁家庄，这是小说一开始描写的矛盾最尖锐的地方，一个农民革命的群体也是在这里孕育诞生的。昔日童年时代的生活，又像梦境一般在黄胄的脑海里不断浮现出来。根据书中写到的朱老忠、严志

《春兰》（黄胄作，炎黄艺术馆藏）

和、贾湘农、大贵、二贵、运涛、江涛、春兰等人物形象，他在村里和附近村里找了许多模特儿，画了一张又一张，渐渐地素材收集得差不多了。他在保定住了几天，把几个主要人物的形象画了下来，还画了一些战斗的场面，然后回到北京集中精力进行创作。用了整整三个月，黄胄一共画了两套插图：一套给了人民文学出版社，这一套比较有情节；另一套给了中国青年出版社，其中塑造得最生动的形象是春兰。后来黄胄谈到关于《红旗谱》插图的创作时说："春兰就是按照生活里真实的人，受人物的感染而画的，追求的每一笔都是明确的，所以下笔比较肯定、准确……她的衣服似乎比较乱，这乱不是为乱而乱，其目的还是在于衬托形体，突出形象。这些来自生活里的探索，是真实的，不是弄虚作假，是在追求生活里自己感受到的东西。离开生活去追求形式，往往不耐看，容易空。"他还说，"春兰那幅画，在俏丽的外形下洋溢着冀中儿女的纯朴感情和青春气息，与其说它是从属于小说的插图，毋宁说是肖像描写。"

中国青年出版社将《红旗谱》再版后，黄胄所画的《红旗谱》插图在社会上产生了很大的影响，有关部门准备拍电影。饰演朱老忠的演员崔嵬找到黄胄，问他要了朱老忠、春兰以及所有的人物速写作为参考，他们还以书中的插图为依据，设计演员的服装。一次在一个文艺联欢会上黄胄遇到了周恩来总理，这时走在总理身后的周扬过来给总理介绍说："这个年轻人叫黄胄，是画中国画的，他就是《红旗谱》作者梁斌的弟弟。"周总理说："噢，我知道你叫黄胄，你怎么不姓梁，叫梁黄胄呢？"黄胄说："我是姓梁，名字叫黄胄，梁斌是我的堂兄。"周总理说："你们一家子出了两个大文化人，很不容易。"周扬说："梁斌的《红旗谱》语言生动简练，有特点，听说黄胄为《红旗谱》绘制的插图也很有特点。"总理听了高兴地点了点头。

黄胄给人民文学出版社画的那套插图，一直没有出版。至于为什么没有出版，是在"文革"中烧掉了还是散失了，据说连人民文学出版社的人也说不清楚了。

好友邓拓

一九五七年的整风"反右"运动，不少有识之士被错划为右派分子，黄胄所在的解放军总政治部文化部创作组的不少人大遭其难。黄胄虽然幸免，却背上了思想包袱，从此，他很少再搞主题绘画创作，常常跑到琉璃厂的一些书画店收集古画。家人和朋友问起来，他只是说自己没有系统学过古典诗文，特别是传统知识，要好好补补文学、历史、哲学方面的基础课。后来，历史博物馆的朋友给他临时准备了一间画室，让他在那里挥毫弄墨。

他接触的古代传统绘画越来越多，加之经常向周怀民、李苦禅、徐邦达、张聪裕、杨仁恺、刘九庵、于非闇、许麟庐等老先生请教，思想上受到很大启发，于是便从传统的构图、立意、用笔等方面吸收营养，结合自己长期深入生活积累的素材进行创作。其中一张《赶集图》就是借鉴传统且颇有独创性的力作。因为历史博物馆距北京市委较近，在那里上班的邓拓常常到这里看黄胄作画，他看到《赶集图》上新疆维吾尔自治区的少数民族往来于集市上的热闹情景后，在画上题词："马儿驰，驴儿驰，生活而今胜昔时，巴扎君莫迟。老相随，幼相随，最是春风吹舞衣，踏歌如梦飞。"精彩的画面、生动的辞章，邓、黄二人自此成为挚友。

邓拓是中国共产党内有名的才子。他学问渊博、才华横溢，特别精于古代传统书画的鉴赏与收藏。二十世纪六十年代，他几经周折，从北洋军阀吴佩孚原来的秘书长白坚夫处得到了一张苏东坡的《潇湘竹石图》，一时传为佳话。当时白坚夫向邓拓索价五千元人民币，邓拓一时囊中羞涩，先拿出两千元给白坚夫，答允三天后全部付清。接着邓拓请荣宝斋的朋友从自己的藏画中挑选出二十四幅画作，卖了后凑足三千元了白坚夫。《潇湘竹石图》纵二十八厘米、横一百零五点六厘米，是国宝级文物。邓拓收藏这件珍品后，也请黄胄到家里欣赏过。

黄胄与邓拓结交后，因志趣相投，两人常常相约去古旧书店买字画。古代字画一般价格不菲，黄胄常常因为买画太多，致使家里生活拮据，郑闻慧向黄胄发过不少牢骚。后来邓拓知道这事后，就约黄胄和郑闻慧一起去拜访故宫文物鉴定专家张聪裕。张聪裕原是天津一富户之子，从小就喜欢玩味字画，见多识广，很有鉴定能力。张聪裕对他们说，自己年轻时也做过许多荒唐事，他曾经一连赌了三个晚

⊙黄胄的好友邓拓

上，结果把自己家的商号、房产还有大部分字画都输掉了，好在鉴定字画的心得体会输不掉。新中国成立后，他把自己留下的一小部分字画都捐给了故宫。他知道邓拓是文物鉴定专家，便把自己写的鉴定字画的心得体会的小本子拿给邓拓一行看。他们被张聪裕渊博而精到的鉴定本领所折服。从张聪裕家出来后，邓拓对黄胄夫妇说："你们是搞文化的，一定要尊重知识，尊重文化，这样才能博采众长哪！"此后，郑闻慧慢慢理解了黄胄搞收藏。为了不使自己家里的生活水平受影响，黄胄常常采取用自己的画作兑换的办法搞收藏，既可以得到自己想要的东西，又不会影响到家庭生活。一时间，黄胄善于收藏的名声也在社会上产生了影响。黄胄在坊间看到元代画家张师夔、雪界翁合作的《松柏苍鹰图》和明代画家边文进的《双鹤图》，对两幅画的真伪一时拿不定主意。邓拓便跟着"掌眼"，认为这两幅作品绝非赝品，让黄胄一定下决心买下来，后来这两件珍品果然被行家视为国宝。

二十世纪六十年代初，黄胄画艺大进，名声更为众人所知。邓拓为这位年轻朋友的进步感到由衷高兴，他在《人民画报》上撰文介绍黄胄说："如今喜欢黄胄画的人越来越多，美术学校的青年学生也常常谈论黄胄的画法，说黄胄的画有人物新、意境新、手法新三个特长。"邓拓主要论述的是黄胄的人物画。他说黄胄的人物为什么新？主要是"作者接触较多比较熟悉的正面人物，他们的一举一动都

给了画家以创作的素材。这些人物的精神面貌充满鲜明的时代特点，他们以生动活泼的新姿态呈现在观众的面前"。说到黄胄人物画的"意境新"，邓拓认为，黄胄"无论采用什么素材，运用什么表现形式，他的意境常常与现实密切结合，充满着对英雄人物的赞美……"至于"手法新"，邓拓说最明显的标志是一出手就很成熟，黄胄从十二岁就爱画，十四岁正式从师学画，后来他自己钻研，追求新的艺术表现手法，特别是参军以后，"一直在部队和边防地区生活，熟悉他的创作对象，勤学苦练，这使他的艺术手法很早就形成了自己的新的一格"。这篇文章的字里行间，流露出了邓拓对这位年轻画家朋友的关心、爱护和支持，同时也为黄胄的创作"更上一层楼"打下了坚定的理论基础。

一九六六年春，时任北京市委书记处书记的邓拓成了"活靶子"，被说成是"三家村""燕山夜话"的"黑掌柜"，以大量的封资修毒素腐蚀"无产阶级"的"无辜群众"。因为黄胄与邓拓是朋友，于是也把他与邓拓划成了同类。《解放军报》于一九六六年七月二十八日用黑体字刊出大标题《彻底揭露"三家村"黑画家黄胄的反革命嘴脸》，开始向黄胄发起猛攻。这个从天而降的弥天大祸，把黄胄全家的正常生活搅乱了！一个好端端的革命家庭里忽然出现了一个反革命分子，这还了得！朋友疏远了，亲戚躲开了，社会上不明真相的群众，还时不时用恶言恶语质问这个家庭。黄胄很惶恐，遇到了这样一个突如其来的政治问题，他苦闷、伤心。他难过地对妻子说："我们离婚吧，我已经变成这个样子了，三个孩子就拜托你了！你把他们都好好带大，我不能再连累你了……"郑闻慧说："怎么是连累我呢？现在运动才刚刚开始，究竟以后会发展到什么地步，还不知道呢。再说，许多事情我也没有想透啊！……你是苦孩子出身，为党和人民画了这么多画，现在反而受批判了，我没有想通！没有想通怎么和你离婚？"

黄胄一个人在屋里结了许多鞋带，想告别这个世界，不再连累家庭。郑闻慧发现了，她对黄胄说："你怎么会有这样荒唐的念头？你这样做，可就真的害了我和孩子了……"望着善良、坚毅的妻子，黄胄伤心地苦笑着，无言以对。

《洪荒飞雪》的故事

一九五四年底，跨越世界屋脊的康藏、青藏公路正式通车，黄胄作为原兰州军区《人民军队报》的记者和画家，参加了通车典礼。典礼结束后，他留在高原各地采访、写生达半年时间，得画稿八百余张。

当时，两条公路刚通车，青藏高原上到处都是荒无人烟的戈壁沙漠，"搅得周天寒彻"的昆仑山飞雪也随时会飘落下来。在这样的环境下，别说是画画了，就是站在外面待上一会儿，都会冻得浑身颤抖。黄胄硬是以坚强的意志战胜了天寒地冻，在零下四十摄氏度的严寒里画了一张又一张速写，甚至因此把手指都冻坏了。在人烟稀少的柴达木盆地，走上大半天都看不见人，他一边在充满艰险的路上前行，一边满怀渴望地寻觅着可以入画的东西。

离开拉萨时，黄胄坐的是大卡车。道路崎岖，一路颠簸，他感觉自己的五脏六腑都要被颠出来了。车到昆仑山口，他突然发现，自己画的好几捆画稿不见了！临上车的前夜，他把那八百多张画稿分成几捆包起来，出发时都带上了。可在车上被颠得死去活来的时候，他就将画稿忘得一干二净了。画稿究竟是在哪里掉下去的，是怎么掉下去的，他一无所知。望着茫茫戈壁，他仰天长叹：想不到！真是想不到啊！……

车在继续前行。忽然，他隐隐约约地听到了驼铃声。问过之后，他才知道，他们所在的地方叫格尔木。驼铃声越来越近了，也越来越清脆响亮。他定睛细看，原来是十几峰雄健的骆驼，载着年轻的勘探队员和工具，正大踏步地前进着。为了寻找祖国的地下宝藏，勘探队员们不畏饥饿和寒冷，精神抖擞地工作着、战斗着。面对此情此景，黄胄情不自禁地想起了半年前那激动人心的场面：在通车典

⊙《洪荒风雪》(黄胄作,中国美术馆藏)

礼庆祝大会上,参加庆典的宾朋和勘探队员们亲热地拥抱,共同赞颂着祖国河山的美丽,期待着发现祖国丰富的地下宝藏⋯⋯看着远去的勘探队员和骆驼,一幅雄伟壮丽的画面很快浮现在黄胄的眼前——他要把这激动人心的瞬间定格在自己的画稿上。

回到兰州之后,黄胄忙碌起来,想尽快把丢掉的那些画稿上的内容追记下来。可是,他刚忙了没有多长时间,北京的调令来了,他被调往解放军总政治部文化部创作室任创作员。于是,忙调动,忙家事,忙开会,他只能干着急,始终抽不出时间把自己在格尔木看到的那激动人心的一幕展现在画稿上。直到一九五五年的秋天,总算安定下来了,他对妻子说:"我的感受太深刻了!新中国地质工作者的那种豪迈之情,时时拨动着我的心,不画出来,我不能平静啊!"总政治部文化部在北京莲花池舞蹈培训班有几间创作室,黄胄的创作室位于训练班的一角,毗邻油画家高虹、何孔德的创作室,当时他们俩去参加中央美院举办的由苏联专家主持教学的油画培训班,不常回来,黄胄乐得清静,遂夜以继日地挥笔作画。

画勘探队员和骆驼对黄胄来说是一个新课题。虽然他在西藏时也画过一些骆驼,但终归画得不太多,而且那些画稿又都丢了。怎么办?他琢磨半天,只好找来一些照片作为参考，又跑到北京动物园去画速写。经过一段时间的准备，他构思出了这样一幅画面：青藏高原上，飞雪满天，一支由十几峰骆驼和勘探队员组成的队伍，从左往右蜿蜒而来……构思完成，他反复琢磨，觉得侧面画的骆驼蜿蜒而来，太小巧，没有气势，勘探队员们大无畏的豪情根本没有展现出来。那几天，他食不知味，席不暇暖，一心在调整画稿上动脑子、想办法。他考虑，首先要把主题扶正：基调上，要舍去悠闲、渺小，要能震撼人心；人物上，要高大威猛，像天兵天将一样，敢于战胜狂风飞雪，似擎天柱一般；场景上，骆驼和勘探队员从正面走来，要有气势，胜利之歌响彻长空……

他打好草稿，然后用枯墨打稿。正面的骆驼画出来后，他左看右看，总觉得不是那么回事儿，越看越不满意，一个劲儿地埋怨自己在了解骆驼的形体和结构上下的功夫不够。于是，他又跑到动物园去对着骆驼写生。好在动物园的同志很体谅他急迫的创作心情，破例允许他到饲养棚里去画。他画了很多张，回到家里再仔细看，还是不满意。他苦闷地对郑闻慧说："画动物园里的骆驼，怎么也画不出高大和雄伟的味道来！"创作陷入瓶颈，他就把笔停下来，埋头看资料、看照片，然后再画。一共画了七八张，大家看了，觉得正面走来的骆驼和人确实雄伟高大多了。他又认真地画起了飘卷的飞雪，一遍一遍，终于完成了画稿。他给画稿取名《柴达木的风雪》，后来又改名为《洪荒飞雪》。

一九五七年，第六届世界青年与学生和平友谊联欢节在莫斯科举行，黄胄的这幅《洪荒飞雪》被评为金质奖。消息传来，黄胄激动地拉起郑闻慧说："走，咱们到照相馆照张相纪念，也是对自己的一个祝贺吧！"郑闻慧说："这是你勤奋努力的结果。我和你去照相，祝贺你的成功！"他们到照相馆照了相，然后便等待有关部门的祝贺。然而，除了报纸和广播里有个简单的消息外，其他的都静悄悄的。

直到一九五七年底，黄胄才正式领到奖章。这一天，他把精美的金质奖章拿回家，郑闻慧高兴地说："金光闪闪的奖章真是漂亮，你一定也很高兴吧？"黄胄却面无喜色，慢慢地坐到椅子上，说："我怎么高兴得起来啊……"原来，这个时候，他的许多同事都被划成了右派，他虽然幸免，却有人说他是因为缺少机会发言才没有成为右派，还说他走的是"白专道路"，只专不红，思想上很危险，甚至把所谓的右派言论安在他的头上。他也辩解过，但没什么用。他差点被当作批判对象，一个金质奖章怎能让他高兴起来呢？当然，更不会有人前来向他祝贺了。

不久，创作室解散，作家、画家们被重新分配，黄胄和何孔德被分到军人俱乐部，工作就是出出墙报、写写美术字、搞搞舞台装饰、画画幻灯片……

爱去新疆

雄伟、壮丽的新疆大地，是黄胄取之不尽、用之不竭的创作源泉。黄胄曾激动地说："新疆太美了，我离不开新疆！"新疆的山美，水美，草原美，人更美，新疆人能歌善舞、好饮好客的直率性格，和黄胄的性格很接近，他便用手中的笔把新疆各族人民的风土人情淋漓尽致地表现出来，受到了广大人民群众的喜爱，特别受到了新疆各族人民的认可。

与新疆结下不解之缘始于一九四八年的夏天，当时他与赵望云一起到新疆写生。这一年赵望云要实现他第三次到西北旅行写生的计划，便带了黄胄同行。开始同行的还有赵望云的弟子徐庶之，因家里有事，徐庶之又折回西安了。他们在青海的祁连山一带写生了一段时间，便在兰州办了一个作品展览。国民党的西北行辕主任张治中在兰州看了展览，便邀请赵望云到新疆写生。赵望云答应后，张治中便派了新疆日报社的社长王次青，陪赵望云和黄胄乘飞机到了迪化（今乌鲁木齐）。黄胄随老师在迪化画了三个多月的速写，新疆的风土人情在黄胄的脑海里留下了难以忘怀的印象。临近春节的时候，黄胄才和老师一起依依不舍地飞回到西安。这一年黄胄二十三岁，正是朝气蓬勃、思维敏捷、进取心强的时候。领略了新疆的壮美，黄胄心里想，今后有时间一定要再到新疆，把这里的山山水水画个够。当时，他是随着老师赵望云而来，老师的生活起居他都要尽心照顾好，自己作画的时间并不多。

一九四九年黄胄参军，随部队到了新疆，因为有采访任务，不能把过多的时间用在写生上。到了一九五三年，黄胄随中央慰问团又到了新疆，在这段时间里，他画了许多速写。最让黄胄动情的，是他一九五六年参加中央慰问团到新疆时遇到的一件事情。慰问团的团长是鲁迅的夫人许广平，点名要黄胄做随团的记者。一天，慰问团遇到了一位牵着毛驴、毛驴背上驮满干粮和水的老人，这位老人是维吾尔族人，名字叫库尔班·吐鲁木。人们问老人这是要到哪里去，他说要去找给他带来幸福生活的大恩人毛主席。老人说："新中国成立前我欠有钱人的债像头发一样多，成天小心谨慎地过日子，一不小心就会遭到巴依（有钱人）的毒打。新中国成立后，我分得了土地，高兴得在自己的土地上打滚、跳舞。我要去北京见毛主席，把我们过上的幸福生活告诉他老人家。"后来，中央知道了新疆还有库尔班这样一位老人，便派人把他接到了中南海和毛主席见了面。库尔班老人的善良、纯朴、诚恳和执着感动了黄胄，他决心要把这位对祖国、对毛主席怀有深深感激之情的老人画出来。后来由于各种原因，黄胄一直没有把这个触动自己思想深处的老人画出来。直到二十年后的一九七六年，他才把画作完成。当年适逢唐山大地震，北京也有震感，黄胄躲在防震棚里，一遍遍地勾勒画稿。画面上，一位维吾尔族老人手牵毛驴，毛驴身上驮着干粮，老人手搭凉棚，像是在寻找道路……对着画稿，黄胄思索着，回忆着，总觉得没有把维吾尔族老人乐观的情绪表现出来。后来，黄胄翻看自己的新疆人物画稿，一件"冬不拉"乐器使他来了灵感。于是，他画了一位骑在毛驴身上弹着冬不拉、边唱边赶路的库尔班。赵朴初看了，连连说好，在画上题词道："……冬不拉弹不尽苦难的回忆，热满特唱不完贫农的心意……黄胄作此图，朴初为题记。"谁知作图时，正是毛主席弥留之际……原来，黄胄完成这张画稿的时候正是毛主席逝世的日子。黄胄正好借这张题为《日夜想念毛主席》的画，表达新疆各族人民对毛主席的思念之情。

黄胄对新疆始终保持着炽热的情感。一九五六年随中央慰问团到新疆慰问的同志们都回来了，黄胄却没有回来，尽管他的妻子这时已生了第二个儿子梁敦。黄胄让和他同去的战友给家里带来了很多葡萄干、杏干、无花果干，并写信向母亲、妻子和儿子问候。他给妻子写信说，新疆太美了，他还要在那里多待一些时间，他虽然也很想家，但是去一次新疆不容易，请她原谅。帮黄胄给家里带东西的同志说，黄胄到了新疆，可受当地人的欢迎啦！他走到哪里，哪里就会有一帮小伙儿跟着他，给他提箱子，拿画具。饿了，有人立即把馕给他拿到面前；渴了，水就送过来了。他平时和牧民睡在一个帐篷里，和他们一起喝奶茶、吃手抓

日夜想念毛主席

日夜想念毛主席
主席想情此天地间
不挥弹不尽苦难的
回忆越满着唱不完
贫农的心意边疆志
放上和东日夜想念
毛主席黄胄作以
园棋初为题记诗知
得志作园时正是
导师珠苗落展园
讲讯流沽脓把华
武夜不成字庠小班
吐鲁木阿咱们的心
在一起日夜想念
毛主席
一九六三年九月十一日
赵朴初题

维族老音豊唱班艺术的故事一九七六年八月黄胄作于北京

羊肉，和他们一起唱歌跳舞，他还能把一些维吾尔族老汉、老太太逗得乐呵呵的。一九五七年春暖花开的时候，黄胄带着他的几大捆厚厚的速写稿回到了北京，很快就完成了作品《春节劳军团》，画的是慰问团的团员们到厨房替换炊事员到广场去看节目的情景，很有年画的风格。另外，他以部队的文艺工作者到维吾尔族同胞当中采风为题材，画成了《采风图》。他还认真整理自己的一些速写稿，发表在《中国青年报》上。中央美院院长江丰看了黄胄的一些速写稿后，觉得这些作品生活气息浓厚，很有新鲜感，便让黄胄在中央美院的小礼堂做一次观摩展览。这是黄胄第一次在北京举办个展，尽管他没有上过专门的美术学校，没有受过专门训练，但那些表现边疆地区现实生活风情人物的作品，线条潇洒而流畅，情趣饱满而昂扬，受到了美院广大师生和一些社会人士的赞扬。

一九五六年，黄胄到新疆画了几个月的速写之后，画艺大进。根据在当地生活中的所见所闻，他不断整理思路，提炼主题，完成了《庆丰收》《赶集》等轰动一时的巨制。"文革"后，黄胄因身体不好，不能再去新疆，但是，他一直没有忘记那个他日夜想念的地方。

一九七九年八月中旬，在新疆担任自治区党委书记的汪锋邀请黄胄再次到新疆写生。这时的黄胄正在医院接受治疗。他决心抓住这个难得的机会，虽然他已经五十四岁了。他向医院提出申请，医院没有同意。查良镒大夫对他说："新疆地域辽阔，一出门就是以一百千米甚至几百千米计算的，我本人也去过新疆，那里的路特别颠簸，如果路上出了差错，得不到及时治疗，就会遇到很大的麻烦。"黄胄听了，并没有气馁，仍然向医生表述自己要去新疆的急切心情……

终生难忘的新疆之旅

　　黄胄要去新疆的心愿终于达成了。查大夫把要陪同黄胄远行的妻子郑闻慧和女儿梁缨叫到了病房，向她们陈述利害。查大夫说："尽管黄胄的病情已经有所恢复，但是，根据他目前的健康状况，还是不适宜出远门。他患有颈椎病、糖尿病，怕劳累。既然黄先生一再要求到他曾经的生活基地去，你们陪同的人，就应该时刻想到他是一个病人，千万不要让他摔跤，不要感冒。"郑闻慧和梁缨诚恳地向大夫们表示感谢，表示一定要照顾好黄胄。

　　一九七九年八月二十九日下午，黄胄一行三人乘坐伊尔-18飞机去新疆。去机场的路上，望着车窗外飞逝的树林、房屋和田野，大自然的清新之气扑面而来，黄胄按捺不住心头的激动，他高兴地说："一到了生活当中，我的心情就兴奋起来，这和在病房里的感受真是截然不同啊！"飞机到兰州暂时停下，装载了兰州去新疆的乘客之后，准备再起飞。这时已是晚上六点多钟。哪知飞机刚刚起飞不到几分钟，忽然又降落了。飞机落地的刹那间，强烈的震动把机舱里的乘客都从座位上甩了下来。机舱里顿时一片大乱，灯也灭了，大家不停地惊呼："这是怎么回事？怎么回事？"郑闻慧连忙扶着摔在地上的黄胄，问他摔着没有，身体难受不难受？黑暗中，黄胄不说话，也不让妻子多嚷嚷。乘务员让大家赶快下飞机。梁缨和空姐搀扶着黄胄，黄胄感觉到搀扶他的空姐的手在发抖，猜想飞机一定是出了问题，黄胄安慰她说："不要怕，我抓住椅背慢慢往前走，很快就会好起来的。"到了候机室，已经是夜里十点多了。原来伊尔-18是老飞机，刚起飞就出了故障，落地时飞机扎进了泥土里。如果是在飞行中出了这样的问题，那可就不是现在这个状况了。黄胄和妻子、女儿依偎在一起，暗暗庆幸躲过了一次大难。

　　第二天，黄胄一行换乘另一架飞机到了新疆，汪锋把他们安排在延安宾馆住下，同时还为黄胄安排好了在新疆的行程。黄胄对热情接待他的人说："我这次到新疆来是复习功课的，你们都很忙，不能耽误你们的工作……"黄胄一行先是去了南疆，在吐鲁番看了高昌故城旧址，然后又去了保存得比较完好的交河岸上的交河故城旧址。《西游记》里曾说唐僧两次在交河讲经说法，黄胄顾不得行走的艰难和扑面的风沙，到了故城的最高处看了佛像的残体。这时，黄胄想起了一首写交河的唐诗："琵琶长笛曲相和，羌儿胡雏齐唱歌。浑炙犁牛烹野驼，交河美酒归叵罗。"他说，回到北京以后一定要根据唐人李颀的"黄昏饮马傍交河"画一幅画。

　　他一边看着眼前的美景，一边画着速写，生怕漏掉了一处好景。在白杨沟一位赤脚医生家里做客的时候，很多妇女和小女孩都穿着漂亮的衣服，争着要黄胄画她们，黄胄画了一张又一张，一直画到吃晚饭时分。第二天，草原上要举办赛马，表演"姑娘追"的节目。黄胄很喜欢这种带有民族风情的活动，也在速写本上留下了一个个青年男女的美好神情和动作。

　　半个多月之后，黄胄一行到了喀什。这里是最能让人们感受到少数民族特色的地区。一九六三年黄胄曾经来过，当时的喀什还没有这样美。喀什地委热情地接待了他们，派了一位留着小胡子名叫库尔班·买买提的年轻人做翻译。看到黄胄对喀什这样熟悉，他觉得很亲切，便给黄胄说了一段往事。买买提说，"文革"一开始的时候，他正在北京的民族学院学习，当时学校正在"造反"。一天，他们到了新疆餐厅，看到那里挂着一张黄胄的《丰收送粮图》，画面上有男有女，女性居多，赶着毛驴的女人走在前面。买买提等人一看，画面上的女人走在前头，真是太反动了，就让经理把画拿下来，当场撕毁不说，还踩了两脚。买买提说："十年前我对您犯下了罪行，现在想起来后悔得很啊！"黄胄说："过去的事情就不要再提了，咱们现在成了好朋友，以后也是好朋友。"后来黄胄和郑闻慧带着女儿多次到买买提家里做客，黄胄给他的父亲、哥哥画了不少速写。在喀什，黄胄还画了好多骆驼。运输站里骆驼比较多，黄胄就天天到这里画一段时间。有时他一边画，一边还给女儿梁缨讲解，说画骆驼一定要特别用心，它和马、驴的结构不一样。看管骆驼的人看黄胄画得非常用心，就把强壮的骆驼留下来，做黄胄的"模特"——强壮的骆驼和瘦弱的骆驼不一样，强壮的要去拉车，瘦弱的才能留在家里休息。

⊙柔孜巴西（黄胄作，炎黄艺术馆藏）

⊙祖国花朵（黄胄作，炎黄艺术馆藏）

黄胄他们住在喀什地委招待所，这里每天下午都会有许多维吾尔族的孩子来看画报，一家三人就抓住这个机会画维吾尔族的儿童，有的小朋友还会做一些戏剧性的动作让黄胄来画。

喀什过古尔邦节的时候，街上到处都是人，吹号的、打鼓的、跳舞的人群，使整个喀什洋溢着欢乐的气氛。黄胄不能跟着人们跳舞，就坐在外面看，他把激动、欢乐的场面都画在了速写本上。而后，黄胄一行又去了阿图什，看了牧民们的"叼羊"表演。阿图什是柯尔克孜族聚居的地方，这里的人们不仅强壮、彪悍，而且能歌善舞，会弹库姆孜（一种弹拨乐器）。黄胄把这些精彩的场面都画了下来。接着黄胄又去了塔什库尔干，这里是祖国的最西端，空气稀薄，但是他还可以骑骏马，他高兴地对妻子说："这说明我的身体已经恢复得很好，日后又能进行新的创作了。"这里有一位老牧民，曾经帮助边防战士抓住好几个偷越国境的特务，人们赞扬他是打"狼"的老英雄。黄胄给这位老英雄画像，让他坐在河堤上，迎着阳光。因为没有地方坐，黄胄干脆跪在地上画了起来。后来有人听说这事后，埋怨黄胄不爱惜自己的身体，黄胄却说："这样的老英雄，我都想趴下来给他磕个头。

⊙阿不都善讲故事（黄胄作，炎黄艺术馆藏）

⊙牧羊女和考姆孜（黄胄作，炎黄艺术馆藏）

我跪下来画他，也不一定能够画出老英雄的爱国之情啊。"

　　这一次黄胄走遍了新疆的天山南北，历时三个半月，画了大量的速写，为他日后创作出以新疆民族风情为题材的巨制打下了雄厚的基础。

筹建中国画研究院

一九八〇年的夏天，黄胄与家人在黄山写生、作画。原中央美院副院长朱丹给黄胄写了好几封信，希望他能赶快回京，一起筹办中国画研究院。当时"文革"已经结束三年多，国家正处在拨乱反正时期，但是由于"文革"中极"左"思潮的影响，文化艺术界的纷争并没有停止。黄胄在"文革"中是遭受迫害的人，没有参与任何派系斗争，面对当时文艺界不平静的局面及许多复杂的矛盾，黄胄远走各地写生作画，再加之他住院两年多时间，身体状况不好，所以他并不想参与中国画研究院的筹备工作。

国家为什么要筹建中国画研究院呢？因为一九七六年毛主席逝世之后，国家决定修建毛主席纪念堂，邀请了许多老国画家为纪念堂作画，这些作品在构图、笔墨等方面都堪称上乘之作。李先念、谷牧等同志看了这些作品后，很高兴，于是便委托修建纪念堂工程美术组的负责人华君武等人负责筹办一个中国画创作组，给老画家们创造一个舒适的创作环境，让他们为国家创作出一些传世的佳作。在华君武、丁井文等人的努力下，一九七八年中国画创作组正式成立，设在北京友谊宾馆。老画家李可染、李苦禅、许麟庐、白雪石、梁树年、田世光、郑乃珧、张仃等人常到那里作画。

黄镇当了文化部部长后，认为中国画创作组已经不能适应形势的需要，决定让黄胄、朱丹、蔡若虹等人筹建中国画研究院。黄胄在黄山接到朱丹的几封信后，直到九月才回到北京。朱丹知道黄胄思想上有顾虑，便找到黄胄说："你是个画家，我和蔡若虹是理论家，既然部里让咱们做这件事情，咱们就认真做吧，你不要有什么顾虑。"黄胄当时觉得，华君武、丁井文都是自己的好朋友，中国画创作组是他们筹建的，如今让自己取代这些朋友筹建中国画研究院有些说不过去，所以迟迟不想接受这个任务。华君武找到黄胄说："你出来干中国画研究院，我没有任何意见，你就全力干好吧，不要有什么顾虑。再说，你的人际关系处理得好，在绘画上又有很高的成就，是合适的人选。我在中国画创作组做的一些事情，都是应该做的，不要考虑我的问题。"丁井文也表达了和华君武相同的意见。于是，黄胄便走马上任了。

中国画研究院筹备处暂时设在颐和园的藻鉴堂。黄胄上任的头一件大事，就是为研究院选定院址。选来选去，最终选在挨着三环路的紫竹院附近。从此，筹备处的一些事情，黄胄都亲自过问。筹备处的事情刚刚有了眉目，人们的意见却产生了分歧。一种意见认为，不要搞中国画研究院，要搞就搞一个包含更多美术种类的综合研究院；另一种意见认为，还是搞中国画研究院，因为中国画在中国的土地上有根基，对外国也有影响。黄胄倾向于后者。相持不下之际，国家主席李先念，副总理万里、谷牧来到了藻鉴堂，他们听了大家的意见后，看了原来中国画创作组保存下来的一些画稿，就提出先搞一个中国画研究院。

事情就这样定下来了。一九八一年春节过后，黄胄便和画家王迎春等四人一起清理中国画创作组创作的画稿。他听说这些画稿一直放在一个房子里，散乱无章，无人过问，叹息道："这可都是国家的珍宝啊！再不清理，时间长了安全就没有保障了。"于是，黄胄和王迎春等人，吃过早饭后便开始工作，一个人登记造册，两个人找画，黄胄坐在沙发上审看，一连干了一个多月才算完工。最后按照极品、珍品、好、一般、可以出售五个类别登记了四千多幅作品，其中有三千三百幅评级都在好以上。蔡若虹对疲惫不堪的黄胄说："你老兄真能干！堆在那里的画一直是我的一块心病，这下好了，这块心病去掉了。"

中国画研究院筹备期间，黄胄一边督促工程上马，一边筹备召开了文人画、人物画、花鸟画座谈会，全国各地的知名画家纷纷来到藻鉴堂。在花鸟画座谈会上，适逢上海的朱屺瞻老先生生辰，江苏的陈大羽带头画了寿桃向朱老祝寿，朱老高兴地为大家画了兰竹，藻鉴堂里的这一丹青佳话不断传到各地。

一九八一年十一月一日，中国画研究院正式成立。此前，国家对研究院院长的人选问题做了考虑和安排。黄胄主动推荐李可染出任院长。九月三十日黄胄给

人心大快喜若
狂除尽四害
芒挙觞
神州欢
呼新胜
利鸎
歌燕舞蜀
花香
振亚同志喻正
一九七六年十月
荒中为乃北京

⊙《菊蟹图》（黄胄作，炎黄艺术馆藏）

当时分管研究院工作的谷牧副总理写信说："画院领导人选问题，我的意见还是推李可染当院长，蔡若虹、叶浅予、吴作人为副院长，我可以参加院委会工作。院长必须在国内外有较大影响，我曾经广泛征求意见，大家认为比较理想。原因如下：一、李可染没有担任什么社会工作；二、艺术成就比较高，多年来主要精力用于研究绘画，影响较大；三、忠厚长者，热爱社会主义祖国……"十月十二日黄胄又写信给李可染说："寄上一封信的底稿（指黄胄写信给谷牧推荐李可染担任研究院长的底稿），请便中一阅。信中谈的中国画研究院领导问题，组织上已经定了。由阁下担任院长，蔡若虹、叶浅予和我担任副院长。十月八日，文化部办公会议一致通过，我和老蔡同志参加了这次会议。十月九日上午，我又请示了万里同志，十月十一日下午四时，我和老蔡同志又见了谷牧同志，他们二位领导同志同意，认为这些人选很理想，并指示建院典礼即行宣布。十一月以前希望国务院能正式任命并发布院长任职消息，可能还要经过书记处讨论，国家领导人签批。咱们研究院第一任院长，可染同志义不容辞。我也不是搞阴谋，早就说过了，跟佩珠同志谈过多次，你也不要骂我，我不是从个人出发，而是以大局为重，似乎是历史的必然……"李可染一开始并没有出任中国画研究院院长的意愿，因为他的主要精力都是用在中国画的研究上。他说："我没有做出什么事情，黄胄老友推荐我，而我不适合担任领导工作。既然黄胄极力推荐，我可以当院长，但不管人事。黄胄老弟让我做什么，都无怨言。我年事已高，不参加各种行政会议，不要报酬，做所谓'三不管'的院长……"

一九八一年十一月一日，中国画研究院在北京饭店举行了成立大会，万里、姚依林、谷牧、方毅等领导同志和数百位画家出席了大会。谷牧代表国务院讲话，林默涵代表文化部讲话，宣布李可染担任院长，蔡若虹、叶浅予、黄胄任副院长。

画狗

一九七二年美国总统尼克松访华前夕，周恩来总理从各地调来一批著名画家到北京的宾馆作画，希望集中优势兵力创作出一批传世名作。黄胄也被借调到了宾馆，他当时创作了一幅名为《亲人》的国画。

一天，黄胄创作之余忽然来了兴致，他在一幅宣纸上倾情挥洒，不大一会一

⊙双犬（黄胄作，炎黄艺术馆藏）

只活灵活现的藏獒出现了。旁边的几个画家看黄胄画了一只活泼可爱的狗，凑了过来，连连赞扬他画得好，画得生动。黄胄不搭话，只是笑笑，又忙着在画作上细心画起来。这时，一位老画家看了不禁叹道："驴黄胄画绝了，狗黄胄也是天下第一！"众人回头一看，原来是老画家李可染。大家听了李可染对黄胄的赞扬，也跟着连连点头称是。过了一会儿，几个人忽然拊掌仰天哈哈大笑起来，原来刚才李可染赞扬黄胄的时候，因为激动，说得急，"驴"字后边、"狗"字后边都没有停顿，和"黄胄"连在一起了，所以众人大笑不止。

李可染赞扬黄胄画狗"也是天下第一"，这话并不为过。在很多精彩的画作中，黄胄都要画一只或者几只狗点缀其间，令画面增色不少。

黄胄喜欢画狗，最根本的原因就是爱狗。他的夫人郑闻慧曾经讲过这样一段感人的小故事。

一九五四年青藏公路通车的时候，黄胄作为随军记者和中央慰问团一起到了拉萨。黄胄每天忙着到部队、藏民中间采访、写生，画了许多速写。一天，黄胄在一片房舍前写生时，看到一只狗有气无力地走了过来。黄胄停下手里的笔，仔细一看，这是一只害了病的流浪狗，浑身长了癞皮疮，它走几步停停，停停又走。黄胄也不画画了，连忙把狗带到了自己的住地。房东一看黄胄带了一只病狗回来，就说："这只狗病成这个样子了，也不值得一喂，还是把它扔了吧！"黄胄没有说话，三年前在青海的果洛大草原上写生时的情景又浮现在了他的眼前：一望无际的大草原上一群牧人赶着羊群在和煦的阳光下慢慢走来，牧人骑在马上，身边的牧羊犬紧紧跟随着。少顷，羊群骚动起来，东跑西窜，牧羊犬立即扑了上去，堵住了右边，又堵住了左边，羊群逐渐恢复到原来的状况，牧羊犬又走在头羊的前面，护卫着羊群的安全……想到这里，黄胄对房东说："这条狗为了保卫牧区的安宁，肯定出了不少力，它是我们的朋友，不能遗弃它呀！"然后，他便去打听哪里有给狗看病的医生，还真找到了。藏医给他开了一剂草药，因为药的种类不少，他跑了一个又一个药店，才把药配齐了。他又把草药磨碎，搅拌均匀，抹在了狗的身上。他坚持每天给狗抹药，没过多少日子，这只满身长着癞疮的狗，居然好了。黄胄到外面画速写的时候，这只狗就跟在身边，他走到哪里，狗就跟到哪里。

黄胄结束在西藏的采访、写生生活，要回到部队所在地兰州了。当时，拉萨还没有机场，必须要到日喀则去搭乘飞机，他收拾整理好行理准备启程。这时，在他身边转来转去的狗，一个劲地摇着尾巴看他。黄胄心想，乘飞机怎么能把狗带在身边呢？于是，他好好地给狗喂了一顿美餐，便把它牢牢地拴了起来，然后又拍了拍它，意思是他要走了，他们要分手了，以后有机会再见吧。实际上黄胄非常舍不得这只狗。

黄胄到了日喀则机场，正准备登机的时候，这只狗忽然出现在了他的面前。原来，黄胄前脚走了，后脚狗就使劲挣断绳子，跟着黄胄乘坐的汽车追了过来，一直从拉萨追到了日喀则。它泪眼汪汪地望着黄胄，黄胄顿时也泪眼模糊，连说："仁义，仁义啊！"登机的时间到了，黄胄把狗托付给了机场的同志，这才登上了飞机。此后，每当他画狗的时候，总是把自己对狗的真挚情感倾注到笔端，不论是单只的，还是三五只，也不论是跟随主人散步的，还是跟随主人狩猎的，黄胄都画得真实、生动，跃然纸上。平时，他画动物的基本功练习就是画狗。一九五九年夏天，他在军事博物馆的画室里画了一幅《犬》，在上面题字道："牧羊犬由于居住环境及生活需要，守卫放牧等，为主人忠心尽力，此与城里人养犬意义不同。"他在另一张也命名为《犬》的作品上这样题道："谚云：儿不厌母丑，狗

⊙牧羊犬（黄胄作，炎黄艺术馆藏）

不嫌家贫，此狗之可爱也，人主爱狗乃因狗之仁义使然。"黄胄一边画狗，一边赞扬狗的美德，自古以来文人雅士的诗画少有赞颂狗的，而民间谚语赞美狗的较多。至于画狗的技巧问题，黄胄有几句短短的题款表达了他的独特见解："人讲画兽难画狗，可见由于人们对狗的形态熟悉，生活中处处可见，落墨时不能任意纵横……"他在画狗时的态度是十分严肃认真的，有时在题画狗的作品时，也比较幽默："狗年画狗，猪年画猪，因无驴年，画驴者可能失业，故改画狗……"

黄胄画的多是藏獒，也画新疆的狗。在他的许多名作里都有狗，比如有一幅画三个小学生在路上行走，就有两只狗跟在身边；维吾尔族赶巴扎的老人领着狗行走的画面，黄胄起的画名是《逢集的日子里》；还有《秋猎的老人》《放学归来的学生》《采收过石榴回家的姑娘》；《洪荒飞雪》里勘探队员身边的狗等。画里的狗给人许多画外联想：人迹稀少的青藏高原或者是新疆大草原，狗是人们生活中不可缺少的朋友，它们是卫士，也是帮手，几乎和人们须臾不分离。黄胄对各类动物都非常喜爱，不仅是狗，像毛驴、骆驼、水牛、马、鸡等，在他的笔下无不天性纯真、熠熠生辉。二十世纪七十年代末期，他把自己画的各类动物的作品，认真整理一番以后，交由人民美术出版社出版了一本《动物写生》，共含六十四幅，其中一幅用铅笔画的速写《罗布林卡的藏狗》，是当年他在西藏最美的地方——罗布林卡（达赖喇嘛的避暑别墅，又称夏宫）——写生时画的。罗布林卡的美景都没有吸引他，只是单单画了这里的几只狗，说明黄胄对狗的喜爱胜过梦幻般的美景。

驴 "贩子"

　　黄胄在画坛上影响最大的作品题材，莫过于他笔下的驴了。驴几乎是随处都可以看到的动物，人们用它代步、运输，它秉性善良、勤勤恳恳，是人类忠实的朋友。人们一说到驴，往往就会想到黄胄笔下一只只生动、活泼、可爱的驴的形象，黄胄那酣畅淋漓的墨色和笔触，把驴的筋肉、毛皮、鬃毛准确、形象、生动地表现了出来，让人们对驴的喜爱又增加了几分。

⊙ 黄胄和驴

698

黄冑早在年轻的时候就开始画驴了，既练笔，也创作。他生活的地方，几乎家家都喂养毛驴。后来去新疆，毛驴也是随处可见。他通过画速写，观察到毛驴的行、走、坐、卧以及打滚、啃蹄等动作，都非常可爱。日久天长，对毛驴也产生了感情。

然而，对毛驴真正了解并细心观察它身上每一个部位的结构，却是在"文革"初期。那时黄冑成了批判对象，造反派说他是"驴贩子"，画的驴和女人都是小资产阶级情调，是为资产阶级服务的，将他下放到北京莲花池劳改基地改造。他的主要任务就是磨豆子、做豆腐、卖豆腐。他喂了一头小毛驴，每天凌晨，刚一听见驴的叫声他就要起来给驴喂料，吃过早饭后不久，就要把毛驴套好磨豆子。煮熟豆浆点好豆腐，套上毛驴拉着豆腐车子，到羊坊店的家属宿舍院等地去卖。为了消除疲劳，黄冑卖完豆腐之后，常常到一个小酒馆要上二两老酒，热乎乎地饮完，再赶着毛驴回家。时间长了，小毛驴对黄冑经常喝酒的小酒馆也熟悉了。一天，黄冑卖完豆腐，累得在小驴车上迷迷糊糊地睡着了。走到小酒馆门口，毛驴便停下脚步，看到黄冑还在熟睡，就在他的耳边叫了几声，黄冑一看已经到了小酒馆，小毛驴自己停下来了，便用手捋捋小毛驴，亲了亲它，进店喝酒去了。

后来黄冑离开了莲花池，被借到外交部去画画。一天，他在路上正好遇见那挂驴车拉东西，匆匆和两个赶车的人打了招呼，便骑车而去。黄冑刚走，哪知那头毛驴就尥起了蹶子，一个劲儿地往前跑，谁都拦不住。后面赶车的连忙大声向行人喊道："毛驴惊了，大家小心点！"小毛驴一直跑到黄冑面前，停住不动了，黄冑连忙走了过去，用手摩挲着毛驴，激动地说："好朋友，咱们在一起整整三个年头啊！"说着，泪水夺眶而出，他对跑来的赶车人说："牲口通人性啊！"赶车的也说："谁说不是呢，你当年喂它的时候，它喜欢吃什么，你就喂它什么，有时你还给它馒头吃呢！"另一个赶车的说："我还看见你喂过它水果糖呢！"说着，大家都笑了，黄冑说："我那是把它当孩子养啊！"

也就是在这三年里，黄冑对喂养的毛驴进行了深入细致的观察。毛驴身上的毛皮白天是什么颜色，晚上又是什么颜色，这些细微的变化他都在宣纸上精心表现出来。

黄冑爱驴，在他的许多驴画的题跋中，充满了对驴深深喜爱的情感。他在一

拟太湖山水时癸亥冬雪之夜

幅名为《驴》的画上这样题道："忍辱负重步崎岖，引吭啸傲天地间。"还有一处题词是为毛驴鸣不平的："任劳任怨忍饥寒，文人笔下遭鄙视。千年冤屈虽未平，自与牛兄比高低。"一九八〇年春节，黄胄从新疆回来后画了一幅《百驴图》，长长的题跋，表达了他对画驴技法的不懈追求，题词云："一九七九年于友谊医院落墨，一九八〇年春节自新疆旅行返京完工于三里河木斋。我画驴意在突破一点，掌握笔墨技法，像演员练基本功一样。但是由于笨，四十年功夫终难笔墨淋漓兼备神形；画《百驴图》是一种尝试，想把平时的练习集中起来，此系第六卷（第六次画《百驴图》——笔者注）。十八年前曾为邓拓同志画八十余头，并因此获罪，图亦失散。第二卷在八年前为一位大夫而作，均幼稚低劣。第三卷作于一九七八年，邓小平同志访日时赠给裕仁天皇。当时余在医院中，手僵骨疼，勉强成画。满心尽力为国家贡献力量，结果不很理想，思之应是终生憾事。此是第五卷，愈画愈知其难处，愈感自己笨拙，愈感自己不足，而此图费时已两载也。"

中央美院附中校长丁井文是黄胄的挚友，他收藏有许多黄胄画的驴的作品。他在美院附中专给黄胄准备了一间画室，黄胄找他聊天的时候，兴致来了，就开怀畅饮，之后便挥笔作画。一九六四年八月的一天，黄胄来丁井文处叙谈，他一气呵成画了四十二头毛驴，用了两个小时。后来黄胄又来点数，说是干脆凑个整数吧，于是又补了八头，共计五十头。丁井文请张仃为这幅作品补题了"黄胄画驴图"，又请启功题写了数百字的长跋，然后装裱珍藏起来。这幅佳作的妙处，丁井文曾向前来讨教的人说："黄胄以前画的驴，腿特别长，有些过于夸张，线条、墨色等都不如《五十驴图》精巧而练达。"他还说，"黄胄后期画的驴，技术精巧，但短于气。而五十年代后到'文革'前，则是黄胄画驴的黄金时期。因为受了'文革'的折磨，黄胄身心交瘁，如果不是这样，他笔下的驴将是臻于绝唱。"

丁井文收藏的《五十驴图》长卷于"文革"中曾被红卫兵抄走，胡乱堆放在卫生部的库房里。一天，忽然被丁井文的爱人发现了，她就问红卫兵："这些画你们还批判吗？"红卫兵什么都不懂，只是说："这些封资修的东西早让我们批倒斗臭了，你要是想要，就拿走吧。"丁井文的爱人装作不懂，随手把《五十驴图》长卷放到书包里，当作"破烂"拿回了家里。此时丁井文正被当作"走资本主义道路当权派"批判，他的爱人也不敢把拿来长卷的事情告诉他，便把长卷放在了一个不容易被发现的地方。直到"文革"结束，丁井文又看到了这件珍宝，连夸夫人聪明！

后记

　　《巨匠之门：画坛名家寻访录》是任愚颖先生十年磨一剑的精品力作。作者以生花妙笔讲述了中国近现代十大画坛名家的故事，令人信服地回答了他在《自序》中的提问：一个人能否成为大家？怎样才能成为大家？为什么要成为大家？

　　如今，艺术领域的后起之秀，如何才能不被浮云遮望眼，站得高、看得远，承上启下，卓然成家，需要"因寄所托""取诸怀抱"。作者笔下的黄宾虹、潘天寿、林风眠、傅抱石、李可染等彪炳史册的大家就是一座座丰碑。高山仰止，景行行止，虽不能至，心向往之。

　　画坛大师的厚德高艺、言传身教使作者受益良多；再现大师风采既是感恩，又是传承，还是圆其萦绕心头多年的梦，更有对后来者的殷切希冀。

　　说此书励志，自不待言。如果我们的理解仅限于此，那就辜负了作者的良苦用心。作者写作此书，耗费十年。对中国近现代画坛大家的关注研究，利用记者身份采访求教，起于改革开放之初。而他痴迷书画，拜师求艺，更是孩提时代的美好回忆。作者与李可染大师同是徐州老乡，有幸成为李可染先生的入室弟子，深得真传。他追寻师踪，亦喜画牛，颇有先生遗风。对书画艺术高超的鉴赏能力和娴熟的运腕能力，还有诗人的激情和学者的儒雅，以及文化记者的良好职业素养，使他对画坛大师及其家人的接触采访如鱼得水、自然亲近。但要真正深入进去，得其精髓，写出神韵，还是要下苦功夫，认真细致，精益求精。

　　"衣带渐宽终不悔，为伊消得人憔悴"，就是作者筚路蓝缕，废寝忘食，手写录入，玉成此书的写照。

作者笔下的十位画家，品德高尚，功力深厚，寄情丹青，艰难跋涉，勇于探索创新，终成一代大家。书中首篇推出的黄宾虹先生早年师法古人，中年之后师法造化，晚年（七十岁）后画风大变，形成了浑厚华滋、意境高远的独特风格，特别是他独创的"五笔""七法"，更为世人所称赞。

作者对李可染先生"三企"印章的来源、出处、含义等问题做了认真研究和考证，在参阅大量资料和走访李畹之后，得出结论：此印章为李可染二十世纪四十年代的一方明志印。

傅抱石先生喜酒成瘾。酒对傅抱石来说，无疑起到了清醒、兴奋、刺激的作用。微醺之下，犹如神助，催生了独门绝技"抱石皴"——在用笔上，他使用散锋，"横扫千军"，上下开阖，灵动劲健，然后再精心渲染……不是行家里手，没有烂熟于心，怎能将"抱石皴"阐发得如此明白晓畅？

作者善于抓住生动的细节，写出大师最真实感人的一面。傅抱石在仙逝前的三个月，为给女儿益珊治病，致信香港的唐遵之，请他代为购药。不吝"敬肯"，请朋友"费心代为注意"。拳拳爱心，令人动容。傅二石曾说，感谢作者写出了父亲的神韵。

《巨匠之门》写了十位大师，但不是十人传记的汇编。与已有的传记相比，时空跨越，诗意盎然。作者大胆取舍，精心选取了每位画家一生的若干精彩片段。既独立成章，又相互交叉；史料详实、逻辑严谨；语言生动，细节感人；写人写景，活灵活现。文字的画面感、色彩感、历史感极强，插入文中的照片、绘画令人过目难忘。《巨匠之门》犹如一场场扣人心弦的折子戏，汇聚成二十世纪中国画坛绚烂多姿、响遏行云的交响史诗。

读者在阅读过程中如能跟随画家命运的起伏跌宕而心灵愉悦，而凝神沉思，而扼腕叹息，这应该是作者最觉欣慰的吧。感谢著名摄影家郑云峰先生向青岛出版社推荐本书，感谢出版社慧眼识珠，作者巧遇知音，成就了一段珠联璧合的佳话，我辈读者才有幸一睹大作。

多年前任愚颖先生赠我一幅书法作品，那是他以张伯英体书写的伟人名言："人贵有自知之明"。方劲古拙，风骨俊迈；常品常新，受用至今。任先生学养深厚，多才多艺，默默耕耘，不事张扬。他古道热肠，与之相处，亦师亦友，总有收益。愿他在新的起点上，向着更高的目标，前行复前行！

薛利平

徐州工程学院图书馆副馆长

副研究馆员